1982 年
《联合国海洋法公约》
评 注

第四卷

原书主编：迈伦·H·诺德奎斯特

中译本主编：吕文正　毛　彬

审　定：毛　彬　吕文正

翻　译：焦永科　焦　健　秦　莉　吴桂凤

海洋出版社

2018年·北京

图书在版编目（CIP）数据

1982 年《联合国海洋法公约》评注. 第四卷/（美）迈伦·H·诺德奎斯特（Myron H. Nordquist），吕文正，毛彬主编. —北京：海洋出版社，2018.7

书名原文：UNITED NATIONS CONVENTION ON THE LAW OF THE SEA 1982 A COMMENTARY

ISBN 978-7-5210-0156-3

Ⅰ.①1… Ⅱ.①迈… ②吕… ③毛… Ⅲ.①《联合国海洋法公约》-研究 Ⅳ.① D993.5

中国版本图书馆 CIP 数据核字（2018）第 164804 号

图字：01-2018-5503

责任编辑：方　菁
责任印制：赵麟苏

海洋出版社　　**出版发行**

http://www.oceanpress.com.cn

北京市海淀区大慧寺路 8 号　　邮编：100081
北京朝阳印刷厂有限责任公司印刷　　新华书店北京发行所经销
2018 年 9 月第 1 版　　2018 年 9 月第 1 次印刷
开本：787 mm×1092 mm　　1/16　　印张：49
字数：1120 千字　　定价：180.00 元
发行部：62132549　　邮购部：68038093　　总编室：62114335
海洋版图书印、装错误可随时退换

弗吉尼亚大学法学院海洋法律和政策中心

1982 年《联合国海洋法公约》评注

第四卷

第一九二条至第二七八条
《最后文件》、附件六

主　编　迈伦·H·诺德奎斯特
卷编辑　沙卜泰·罗森
　　　　亚历山大·扬科夫

助理编辑：尼尔·R·格兰迪

马蒂努斯·尼伊霍夫出版社
多德雷赫特/波士顿/伦敦

（馆藏、出版、销售、版权等，略）

编者的话

《1982 年<联合国海洋法公约>评注》（以下简称《评注》）在联合国原负责海洋法事务的副秘书长、国际海底管理局原秘书长南丹大使的倡导下，由美国弗吉尼亚大学法学院海洋法律和政策中心编撰、出版。《评注》为系列丛书共分七卷，由南丹大使任丛书的总编辑。《评注》是研究《联合国海洋法公约》（以下简称《公约》）的权威著作，为《公约》的每一个条款和相关文件的产生提供了必要的法律渊源和翔实的历史史料，以评注的方式加以客观地分析，以求对《公约》的全面理解。

《评注》第四卷是本评注系列丛书中对《公约》实质性条款进行评注的第二部，对《公约》的第十二部分、第十三部分和第十四部分所载的第一九二条至第二七八条，以及《最后文件》附件六进行了详尽的评注，内容包括海洋环境的保护和保全、海洋科学研究以及海洋技术的发展和转让。这些条款和附件构成了《公约》的重要组成部分。

翻译出版该《评注》第四卷，旨在帮助了解《公约》在起草过程中和在历次会议上对上述这几部分的条款及相关附件和文件的争论焦点和协商结果，追根溯源厘清认识，为我国从事海洋法学研究和教学工作提供参考。

翻译和编辑本书的原则是力求准确、尊重历史。本卷所涉及的很多文件是在不同的时期产生和通过的，除个别地方所采用的表达方式和数字形式不尽相同外，为尊重历史，在中译本中仍保持原貌。原书资料来源中的文件国内基本上没有馆藏，也没有中文译本。因此，为便于读者查阅，译文的资料来源和脚注中所涉会议名称、文件名、书名、作者名等都尽量保持原文；脚注序号也按照原书章节中的序号编排。另外，该卷在不同的章节中对《公约》的全称有所不同。虽然《公约》已有中文本，并具有法律效力，但考虑到在不同历史时期产生的文件的真实性，仍按原书翻译。

本书涉及的内容浩繁，发生的事件历史跨度大，书中内容虽全部由亲历专家和官员撰写，但角度不同致使有些地方存在歧义，为翻译和编辑工作提出了极大的挑战。编、译者除反复查阅历史资料外，还请教了国内外有关专家和当事人，以免误译或误导。尽管如此，由于编、译者水平有限，错误与疏漏在所难免，欢迎读者批评指正。

　　本书的翻译得到国家海洋局第二海洋研究所、海洋发展战略研究所、国际合作司的指导和资助；中国大洋矿产资源研究开发协会秘书长刘峰教授、海洋发展战略研究所所长张海文博士、第二海洋研究所唐勇研究员和国际海底管理局原高级法律顾问张克宁博士等为本书的翻译和出版提供了诸多帮助，对此，一并表示衷心的感谢。

　　感谢 BRILL 出版社授权在中国翻译并出版该《评注》系列丛书第四卷中译本。

编者

2018 年 2 月

序

　　《1982 年〈联合国海洋法公约〉评注》（以下简称《评注》）第四卷是本评注系列丛书中对《1982 年联合国海洋法公约》（以下简称《公约》）实质性条款进行评注的第二部。《评注》第一卷出版于 1985 年，载有介绍性材料、《公约》文本和对《最后文件》与《公约》序言的评注。第五卷于 1989 年出版，涉及争端的解决以及一般条款和最后条款（第二七九条至第三二〇条、附件五至附件九和《最后文件》的附件一、决议一、决议三和决议四）。本卷载系为对 1982 年《公约》的实质性条款进行评注的各卷中的首卷，处理第三委员会在第三次联合国海洋法会议上的工作，即第十二部分、第十三部分和第十四部分（第一九二条至第二七八条），以及《最后文件》附件六，其中涉及保护和保全海洋环境、海洋科学研究以及海洋技术的发展和转让，这些都是以条约形式对海洋法所作的全面表述中的"新"主题。

　　早在 1982 年 12 月蒙特哥湾会议结束之前，本卷的编写工作就已经开始，当时会议的大量"正式"或"非正式"文件尚不可普遍获取使用。早期的书稿在某种程度上是试验性的，因为它们是在各位项目编辑和卷编辑尚未取得足够的经验以便根据他们设定的目标确定评注的适当格式时编写的，正如在第一卷前言中所解释的那样。因此，后来决定将 1985 年以前积累的所有材料都全部重写。本卷工作是由卷编辑沙卜泰·罗森和亚历山大·扬科夫以及助理编辑尼尔·R·格兰迪在弗吉尼亚大学法学院海洋法律和政策中心完成的，故将其列为本卷主要撰稿人。

　　我们想再次向给予我们这一项目以持续和宝贵支持的纽约安德鲁·梅隆基金会和日本东京的日本造船工业基金会表示深深的感谢，他们的慷慨赞助使本项目在过去 6 年间得以持续运作。如果没有他们的支持，这一项目不可能达到如此高的学术水平，也不可能有必不可少的世界范围的参与使其成功。

　　如前所述，本卷工作的完成应归功于本卷编辑沙卜泰·罗森和亚历山大·扬科夫以及助理编辑尼尔·R·格兰迪。他们与原作者、其他卷的编辑、作者和总编辑以及与专家组成员和审稿人员密切合作，编写了本卷中的评注，并确保在这一阶段尽可能与本系列丛书其他各卷相协调。我们还要特别感谢参与本书审稿并提出意见以供本书最后修订稿采纳的人士——他们中许多人积极参与了会议。他们的名字列在本卷编辑导言中。

我们还要感谢海洋法律和政策中心及其工作人员。中心的行政办公室主任唐娜·加诺负责项目的行政和预算问题。琼·巴特勒一直以来承担着手稿的文字处理和印刷前准备的繁重任务，书稿的付梓依赖于她兢兢业业的工作。助理编辑尼尔·R·格兰迪担任项目协调员和副研究员，还作为技术编辑承担了与印刷和出版商的联络工作。在本卷的工作中，他得到了伊丽莎白·K·西格尔和莎莉·T·威尔逊的得力帮助，后者是马里兰州执业律师。连振中（音译）提供了与中文本有关的帮助。

我们还要感谢联合国副秘书长兼联合国海洋事务和海洋法秘书长特别代表萨切亚·南丹先生及其下属，他们自本项目开始以来一直提供支持。由于本卷处理海洋实体法中的若干新议题，故特别有必要反复求助于与1982年《公约》的实际适用有关的不同国际组织。我们虽然无法列出其全部名称，但我们要特别感谢联合国副秘书长、联合国法律顾问和联合国法律事务厅、国际民航组织秘书长及工作人员、国际海事组织和政府间海洋学委员会，以及联合国环境规划署执行主任和工作人员。我们还要感谢在日内瓦万国宫国际法委员会的各办公室以及政府间海洋学委员会在巴黎联合国教科文组织大楼的各办公室为编辑人员举行会议提供场地。

值得在这里一提的是，其他机构和个人也直接或间接地为本卷的编写作出了贡献。弗吉尼亚大学法学院图书馆国际法和海洋法分部管理员玛格丽特·艾科克多次协助我们取得所需的资料。负责管理大量海洋法档案的法律图书馆档案员玛莎·特里姆布也为我们提供了同样的协助。

最后，我们还要对荷兰多德雷赫特马蒂努斯·尼伊霍夫出版社的工作人员表示特别感谢，他们为此卷得以出版给予了指导与合作。

本卷由多名有关人士以个人身份编写，不反映任何政府、国际组织或现在或过去与之有关的其他机构的立场。

项目主任   主编
约翰·诺顿·摩尔   迈伦·H·诺德奎斯特
于弗吉尼亚州夏洛茨维尔   于华盛顿特区
1989 年 12 月

编辑导言

　　本卷包含了对第十二部分（海洋环境的保护和保全，第一九二条至第二三七条）、第十三部分（海洋科学研究，第二三八条至第二六五条）和第十四部分（海洋技术的发展和转让，第二六六条至第二七八条）以及对《最后文件》附件六所载决议的评注。这些条款是在亚历山大·扬科夫（保加利亚）主持下在第三次联合国海洋法会议第三委员会协商产生的。分配给第三委员会并构成第三次联合国海洋法会议主要议程的主题和问题清单是直接从海底委员会第三分委员会继承而来的（见《评注》英文版第一卷第 32 页），该清单包括以下项目：

项目 12　海洋环境的保全

12.1　污染源和其他灾害及防治措施

12.2　保护海洋环境生态平衡的措施

12.3　对海洋环境和沿海国损害的责任和赔偿责任

12.4　沿海国的权利和义务

12.5　国际合作

项目 13　科学研究

13.1　海洋研究的性质、特点和目标

13.2　科学情报的取得

13.3　国际合作

项目 14　技术的发展和转让

14.1　发展中国家的技术能力发展

14.1.1　发达国家和发展中国家间的知识和技术分享

14.1.2　发展中国家人员的训练

14.1.3　向发展中国家的技术转让

　　会议还向第三委员会分配了与其任务有关的以下项目：

第三次联合国海洋法会议建议将海底委员会于 1971 年 8 月 27 日达成的协议由会议各主要委员会继续执行下去。因此，虽然沿海国海洋管辖权的界限问题可以在第三次联合国海洋法会议每一个主要委员会进行讨论，但会议需在收到（第三次联合国海洋法会议）第二委员会关于这些界限的确切定义的建议后方可就这一问题作出决定。这意味着（第三次联合国海洋法会议）第三委员会工作的某些方面在大陆架、专属经济区和群岛国以及沿海国在这些区域内的管辖范围问题得到解决前是无法完成的。

海底委员会第三分委员会的初步工作为第三委员会起草诸项案文奠定了基础。1973 年 11 月 16 日联合国大会第 3067（XXVIII）号决议执行部分第 6 段（第一卷，第 188 页）连同第三次联合国海洋法会议《议事规则》第 31 条作为初步文件将海底委员会的各项报告和联合国大会所有其他有关文件提交第三次联合国海洋法会议。在这方面，第三次联合国海洋法会议以全权代表会议的形式作为海底委员会的延续（向联合国大会汇报）开始其工作。

在第三次联合国海洋法会议第二期会议上（1974 年），第三委员会遵循海底委员会的工作路线继续其工作。它的工作形式包括正式和非正式会议。关于项目 12 的非正式会议是在何塞·路易斯·瓦拉塔（墨西哥）的主持下进行的，关于项目 13 和项目 14 的非正式会议是在科内尔·梅特涅（德意志联邦共和国）的主持下进行的，二者均定期报告其工作进展情况。这些非正式会议也是起草和谈判小组工作会议。此外，专门负责专属经济区及相关事项的非正式司法专家小组（埃文森小组，见《评注》英文版第一卷第 106 页）在第二期和第四期（1976 年）会议之间研究了海洋环境的保全问题，在第三期（1975 年）和第四期会议之间研究了海洋科学研究问题。

第三期会议（1975 年）之后，协商几乎完全在非正式会议上进行，会议结果载于各非正式协商小组主席和第三委员会主席的报告中。在第七期会议上（1978 年），第三委员会主席亲自主持了关于海洋科学研究和技术转让的非正式会议，在第八期会议上（1979 年），主席和瓦拉塔先生主持了关于海洋环境的保护和保全的非正式会议。第三委员会在第八期会议（1979 年）和第九期会议上（1980 年）分别完成了关于第十二部分、第十四部分和第十三部分的实质性工作。委员会最后一次会议在第九期会议续会（1980 年）期间举行，讨论了涉及第十二部分、第十三部分和第十四部分的一些润色性修改。在第十一期会议（1982 年）期间提出了对第三委员会最初通过的条款的一些正式修改提案，但都没有付诸表决。

以下是各非正式协商小组主席提交的报告：

项目 12

A/CONF. 62/C. 3/SR. 10（1974 年），第 2~3 段，《正式记录》第二卷，第 354 页。

A/CONF. 62/C. 3/SR. 11（1974 年），第 2~7 段，《正式记录》第二卷，第 358 页。

A/CONF. 62/C. 3/SR. 13（1974 年），第 1~2 段，《正式记录》第二卷，第 366 页。

A/CONF. 62/C. 3/SR. 15（1974 年），第 1 段，《正式记录》第二卷，第 372 页。

A/CONF. 62/C. 3/SR. 17（1974 年），第 50 段，《正式记录》第二卷，第 383 页。

A/CONF. 62/C. 3/L. 14 和 Add. 1（1974 年），《正式记录》第三卷，第 254~255 页。

A/CONF. 62/C. 3/L. 15（1974 年），《正式记录》第三卷，第 260 页。

A/CONF. 62/C. 3/SR. 37（1977 年），第 2~20 段，《正式记录》第九卷，第 152 页。

A/CONF. 62/C. 3/SR. 38（1977 年），第 3~19 段，《正式记录》第九卷，第 158 页。

A/CONF. 62/RCNG/2（1978 年），第三委员会主席致全会报告（C. 3/Rep. 1），附件二，《正式记录》第十卷，第 126、173、196 页。

项目 13 和项目 14

A/CONF. 62/C. 3/SR. 10（1974 年），第 5~9 段，《正式记录》第二卷，第 355 页。

A/CONF. 62/C. 3/SR. 11（1974 年），第 8~13 段，《正式记录》第二卷，第 358 页。

A/CONF. 62/C. 3/SR. 13（1974 年），第 3~6 段，《正式记录》第二卷，第 366 页。

A/CONF. 62/C. 3/SR. 15（1974 年），第 2 段，《正式记录》第二卷，第 372 页。

A/CONF. 62/C. 3/SR. 17（1974 年），第 51~52 段，《正式记录》第二卷，第 383 页。

A/CONF. 62/C. 3/L. 16（1974 年），《正式记录》第三卷，第 262 页。

A/CONF. 62/C. 3/SR. 37（1977 年），第 21~28 段，《正式记录》第九卷，第 153 页。

第三委员会在第二期（1974 年）和第三期（1975 年）会议上的工作陈述是由该委员会报告员（埃布尔·马吉德·哈桑或曼扬·达沃尔，均来自苏丹）编写的。此外，第三委员会主席还就委员会的工作定期提交了以下报告：

A/CONF. 62/C. 3/SR. 17（1974 年），第 76~85 段，《正式记录》第二卷，第 385 页。

A/CONF. 62/BUR/SR. 8（1975 年），第 5~6 段，《正式记录》第四卷，第 30 页。

A/CONF. 62/BUR/SR. 11（1975 年），第 13~18 段，《正式记录》第四卷，第 37 页。

A/CONF. 62/C. 3/SR. 25（1975 年），第 7~14 段，《正式记录》第四卷，第 116 页。

A/CONF. 62/C. 3/SR. 29（1976 年），第 1~16 段，《正式记录》第六卷，第 90 页。

A/CONF. 62/C. 3/SR. 31（1976 年），第 55~76 段，《正式记录》第六卷，第 104 页。

A/CONF. 62/L. 18（1976 年），《正式记录》第六卷，第 139 页。

A/CONF. 62/SR. 76（1976 年），第 2~8 段，《正式记录》第六卷，第 21 页。

A/CONF. 62/C. 3/SR. 39（1977 年），第 1~8 段，《正式记录》第九卷，第 165 页。

A/CONF. 62/RCNG/1（1978 年），第三委员会主席向全体会议提交的报告，《正式记录》第十卷，第 13、96 页。

A/CONF. 62/RCNG/2（1978 年），第三委员会主席向全体会议提交的报告（C. 3/Rep. 1），《正式记录》第十卷，第 126、173 页。

A/CONF. 62/C. 3/SR. 40（1979 年），第 1~15 段，《正式记录》第十一卷，第 69 页。

A/CONF. 62/L. 34（1979 年），《正式记录》第十一卷，第 83 页。

A/CONF. 62/C. 3/L. 33（1979 年），《正式记录》第十二卷，第 114 页。

A/CONF. 62/C. 3/SR. 41（1979 年），第 1~5 段，《正式记录》第十二卷，第 37 页。

A/CONF. 62/L. 41（1979 年），《正式记录》第十二卷，第 94 页。

A/CONF. 62/SR. 119（1979 年），第 24 段，《正式记录》第十二卷，第 8 页。

A/CONF. 62/L. 50（1980 年），《正式记录》第十三卷，第 80 页。

A/CONF. 62/C. 3/L. 34 和 Add. 1 和 2（1980 年），《正式记录》第十六卷，第 185 页。

A/CONF. 62/C. 3/SR. 45（1980 年），第 4 段，《正式记录》第十四卷，第 101 页。

A/CONF. 62/SR. 134（1980 年），第 36~44 段，《正式记录》第十四卷，第 14 页。

A/CONF. 62/L. 61（1980 年），《正式记录》第十四卷，第 133 页。

A/CONF. 62/SR. 148（1981 年），第 89~90 段，《正式记录》第十五卷，第 24 页。

A/CONF. 62/L. 71（1981 年），《正式记录》第十五卷，第 151 页。

A/CONF. 62/SR. 157（1982 年），第 53~56 段，《正式记录》第十六卷，第 13 页。

A/CONF. 62/L. 92（1982 年），《正式记录》第十六卷，第 209 页。

起草委员会主席代表会议主席和第一、第二与第三委员会主席就《公约》6 种语言正式文本的一致性提交的联合报告分别载于文件 A/CONF. 62/L. 72（1981 年）和 A/CONF. 62/L. 160（1982 年）《正式记录》第十五卷和《正式记录》第十七卷，第 225 页。

起草委员会主席还给非正式单一协商案文第三部分（1975 年）和订正的单一协商案文第三部分（1976 年）添加了适当的引言，并作为执行委员会成员协助编写了非正式综合协商案文（1977 年）及其几个修订版（1979 年一次、1980 年两次）的引言。

与第一委员会和第二委员会不同，第三委员会能够在不求助于特设机构的情况下完成工作。虽然分配给第三委员会的项目与分配给第一委员会的项目之间存在一些重叠，并且与分配给第二委员会的项目之间的重叠问题更为严重，但这些问题通过各主要委员会主席的协调工作得以解决，同时其工作通过执行管理委员会以及起草委员会的工作得到推进。第二委员会最初制定了关于在专属经济区内和大陆架上的科学研究的单独一套条款。虽然各委员会是分开工作的，但第二委员会主席在非正式单一协商案文第二部分导言中提到了第三委员会关于科学研究与防止和控制对海洋环境的污染与其他危害的工作。各主要委员会的主席是在订正的单一协商案文阶段开始其协调工作的。在起草订正的单一协商案文第二部分时，第二委员会主席采纳了基于第三委员会制定的解决方案的建议。在将订正的单一协商案文的不同部分合并为非正式综合协商案文（1977年）时，作为协调"似有矛盾或不必要的重复"内容的工作的一部分，从第二委员会的条文中去除了关于分配给第三委员会的各项问题的详细条文。

在分配给每个主要委员会的项目方面，第三委员会直接处理主要涉及海洋科学研究的争端解决（项目21），但也意识到与分配给它的所有项目有关的问题。会议主席关于非正式综合协商案文的备忘录提示了与第二和第三委员会都有关的关于争端解决的一些特殊问题，即被扣留的船只和船员的迅速释放（第二九二条）、规定保障措施以防止沿海国滥用权力和其他国家滥用法律程序的必要（第二九四条）和用尽当地补救办法规则（第二九五条）。所有这些方面都属于第十五部分（第二七九条至第二九九条）的主题事项，专属经济区范围内涉及的事项主要基于第五协商组的工作，在本系列丛书第五卷中讨论。

在对第三委员会编写的条文的评注中，会经常提到"专属经济区"。不同国家在该区域内权利的细节是第二委员会的处理事项。在这方面，非正式单一协商案文第二部分第45条规定，沿海国除其他外，对科学研究有"专属管辖权"，对海洋环境的保全包括污染的控制和减轻有"管辖权"（无修饰语）。订正的单一协商案文第二部分第44条保留了这一条文。但在非正式综合协商案文第56条中，这一条文被修改为"本公约有关条款规定的对下列事项的管辖权：……（2）海洋科学研究；［和］（3）海洋环境的保全；"在将第（3）目补充成为"海洋环境的保护和保全"后，《公约》第五十六条采纳了这一措辞。关于沿海国在专属经济区内的"管辖权"是否为"专属"的问题的不确定性是第三委员会协商初期的一个复杂化因素。此外，一直到第二期会议（1974年）之后，关于大陆架和专属经济区这两个概念是否应合二为一一直存在着一定的不确定性。

第三分委员会及其各工作组、第三委员会主席和各非正式协商小组主席的报告，连同非正式单一协商案文第三部分和非正式综合协商案文各版本的引言都提供了解释性资料。此外，会议记录上引入的发起人关于正式提案的陈述也得到利用。在相关的情况下，在不影响这些材料可在多大程度上构成《公约》正式记录的前提下，本评注还述及私营团体在会议上的工作，这些工作有助于第三委员会条款的制定。

本书中每一条的评注都沿用了为第五卷制定的体例。材料按时间顺序呈现，如果一条涉及多个主题或假设（偶尔发生），对每一主题的讨论将分别列出。文件说明（见下文）一般性地介绍了第三次海洋法会议的文件体系以及正式和非正式文件之间的区别。此外，为了方便读者，本卷附件载有对第一条评注的摘要。

* * * * * *

第十二部分和第十三部分的引言基于亚历山大·扬科夫撰写的文稿，第十四部分的导言基于 C·凯伦·特洛伊撰写的文稿。佩内洛普·费雷拉于1980年撰写了一部第一九二条至第二六五条的本评注早期书稿。第二六六条至第二七八条的第一稿是由西奥多·G·克朗米勒在此阶段编写的。《公约》于1982年通过之后，C·凯伦·特洛伊恢复了本卷所有评注的工作。1987年，对本卷评注作了重新组织，以使其与本系列丛书的其他各卷一致，重组工作主要是由沙卜泰·罗森和尼尔·R·格兰迪在弗吉尼亚大学法学院海洋法律和政策中心完成的。

编辑和主要作者会议在夏洛茨维尔（1981—1989年）、伦敦和剑桥（英格兰）（1984—1986年）、巴黎（1988年）、日内瓦和苏黎世（瑞士）（1985年、1987年、1988年和1989年）举行，并于1984年11月在纽约举行了一次审稿小组会议。审阅本评注不同部分的其他人员包括帕特丽夏·W·伯尼、嘉丽·哈卡佩、井口武雄、约翰·A·克诺斯、安纳托利·克罗金、芭芭拉·加特科斯卡、安妮克·德·马菲、托马斯·A·门萨、约翰·诺顿·摩尔、L·多利弗·M·纳尔逊、伯纳德·H·奥克斯曼、阿尔维·帕尔多、克里斯托弗·W·平托、路易斯·B·索恩、阿尔弗雷德·H·A·松斯、图里奥·特莱福斯、海尔盖·维纳内斯、约瑟夫·E·沃尔巴赫、诺曼·A·沃尔夫和何塞·安东尼奥·德·伊·巴尔韦兰。以上人士就书稿提供了宝贵的意见，对于他们付出的时间和精力，我们深表感谢。最终文稿由卷编辑参考审稿人和审稿小组成员的意见完成。

弗吉尼亚州夏洛特维尔　　　　　　　　　沙卜泰·罗森/亚历山大·扬科夫
1989年12月

第四卷主要供稿人

沙卜泰·罗森，曾在1948—1983年期间担任以色列参加联合国大会的代表团成员。他是第一次和第二次联合国海洋法会议以色列代表团的副团长，1971—1973年海底委员会会议的以色列观察员，第三次海洋法会议以色列代表团团长（1973年，1978—1982年）和起草委员会英语组的成员。1962—1971年，他还是国际法委员会的成员。自罗森大使1982年以无任所大使的职衔从外交部门退休以后，他一直在剑桥、乌得勒支大学和阿姆斯特丹任客座教授和访问学者，在弗吉尼亚大学任客座教授。他是国际法研究所研究员和美国国际法学会名誉会员和学会奖获得者。

亚历山大·扬科夫，保加利亚驻英国大使（1972—1976年），外交部副部长兼保加利亚常驻联合国代表（1976—1980年）。他曾担任政府间海事协商组织大会主席（1973—1974年）、保加利亚出席海底委员会和第三次联合国海洋法会议代表团团长、第三次联合国海洋法会议第三委员会主席。扬科夫大使现为保加利亚国民议会议员、保加利亚科学院副院长和索菲亚大学国际法教授。自1977年起，他一直担任国际法委员会委员（1984年担任主席）并任政府间海洋学委员会第二副主席。他还是国际法研究所研究员。

尼尔·R·格兰迪，自1984年4月起参与海洋法评注项目，担任助理编辑和项目协调员等多个职务，特别是在本卷评注的编写和修订工作中一直与卷编辑们紧密合作。格兰迪先生获弗吉尼亚大学海洋事务硕士学位，并作为海洋法律和政策中心的研究员和研究合伙人，为中心的计划和项目作出了贡献。

缩略语

Am. J. Int'l L.	American Journal of International Law	《美国国际法期刊》
AROA	United Nations Office for Ocean Affairs and the Law of the Sea, *Annual Review of Ocean Affairs: Law and Policy, Main Documents 1985—1987*	联合国海洋事务和海洋法司，《海洋事务年度回顾：海洋政策，主要文件 1985—1987》
ASBC	*Ad Hoc* Sea-Bed Committee [*Ad Hoc* Committee to Study the Peaceful Uses of the Sea-bed and the Ocean Floor Beyond the Limits of National Jurisdiction]	特设海底委员会［研究国家管辖范围外海床和洋底和平利用特设委员会］
ASBC Report 1968	Report of the *Ad Hoc* Sea-Bed Committee, 23 GAOR (1968), Supp. No. 30 (A/7230)	特设海底委员会报告，《大会正式记录》第23卷补编第30号（A/7230）
Bevans	C. I. Bevans (ed.) *Treaties and Other International Agreements of the United States of America 1776—1949*	C. I. Bevans 编《1776—1949 年美国条约和其他国际协定》
Brit. YB Int'l L.	British Year Book of International Law	《英国国际法年鉴》
C, Cd., Cmd., Cmnd., Cm.	U. K. Command Papers (1870—1899, 1900—1918, 1919—1956, 1956—1986, 1986—present, respectively)	分别代表 1870—1899 年、1900—1918 年、1919—1956 年、1956—1986 年和 1986 年至今《英王敕令》
CRISTAL	Contract Regarding an Interim Supplement to Tanker Liability for Oil Pollution	《油轮油污责任暂行补充协定》

ECOSOC	Economic and Social Council of the United Nations	联合国经济及社会理事会
EEC	European Economic Community	欧洲经济共同体
EEZ	Exclusive Economic Zone	专属经济区
FAO	Food and Agriculture Organization of the United Nations	联合国粮农组织
For. Rel.	Foreign Relations	外交关系
F. R. G.	Federal Republic of Germany	德意志联邦共和国
GAOR	General Assembly Official Records	联合国大会正式记录
GEMS	Global Environmental Monitoring System（UNEP）	全球环境监测系统
GESAMP	Group of Experts on the Scientific Aspects of Marine Pollution	海洋污染科学问题专家组
IAEA	International Atomic Energy Agency	国际原子能机构
ICAO	International Civil Aviation Organization	国际民航组织
ICJ	International Court of Justice	国际法院
ICNT	Informal Composite Negotiating Text（1977）	非正式综合协商案文（1977年）
ICNT/Rev. 1	Informal Composite Negotiating Text, Revision 1（1979）	非正式综合协商案文第一次修订稿（1979年）
ICNT/Rev. 2	Informal Composite Negotiating Text, Revision 2（1980）	非正式综合协商案文第二次修订稿（1980年）
ICNT/Rev. 3	Informal Composite Negotiating Text, Revision 3（1980）（also cited as "Draft Convention（informal text）"）	非正式综合协商案文第三次修订稿（1980年）（本书又称"公约草案（非正式案文）"）

ICSU	International Council of Scientific Unions	国际科学联合会理事会
IHO	International Hydrographic Organization	国际水道测量组织
ILC	International Law Commission	国际法委员会
ILM	International Legal Materials	国际法律资料
ILO	International Labour Organization	国际劳工组织
IMCO	Inter-Governmental Maritime Consultative Organization（now the IMO）	政府间海事协商组织（现国际海事组织）
IMO	International Maritime Organization（formerly IMCO）	国际海事组织（前政府间海事协商组织）
IOC	Intergovernmental Oceanographic Commission	政府间海洋学委员会
IOI	P. J. G. Kapteyn et al.（eds.），International Organization and Integration：Annotated Basic Documents and Descriptive Directory of International Organizations and Arrangements，（two volumes，in five books（1981—1989））	P. J. G. Kapteyn 等（编辑）《国际组织与一体化：国际组织与安排的附有注释的基本文件和描述性目录（两卷五册（1981—1989 年））》
ISNT	Informal Single Negotiating Text（1975）	非正式单一协商案文（1975 年）
IWGMP	Intergovernmental Working Group on Marine Pollution	政府间海洋污染工作组
LL/GDS	Land-locked and Geographically Disadvantaged States	内陆国和地理不利国
LN	League of Nations	国际联盟
LNOJ	League of Nations Official Journal	国际联盟官方公报

London Dumping Convention	Convention on the Prevention of Marine Pollution by Dumping of Wastes and Other Matter（1972）	《防止倾倒废物及其他物质污染海洋的公约》（1972 年）
MARPOL 73/78	International Convention for the Prevention of Pollution from Ships（1973, with 1978 Protocol）	《国际防止船舶造成污染公约》 （1973 年及 1978 年议定书）
mimeo.	Mimeographed （ used to denote documents issued in mimeographed form only）	油印本（用于表示仅以油印本形式发布的文件）
New Directions	*New Directions in the Law of the Sea* （edited at times by S. H. Lay, R. Churchill, M. H. Nordquist, K. R. Simmonds and J. Welch）	《海洋法领域的新方向》（间由 S·H·雷、R·丘吉尔、M·H·诺德奎斯特、K·R·西蒙兹和 J·韦尔奇编辑）
New Dir. NS	K. R. Simmonds （ ed. ）, *New Directions in the Law of the Sea*, *New Series*	K·R·西蒙兹编《海洋法新方向》新书系
NGO	Non-Governmental Organization	非政府组织
NG5	Negotiating Group 5 （dealing with the settlement of disputes relating to the exercise of sovereign rights of coastal States in the EEZ）	第 5 协商小组（处理与沿海国在专属经济区行使主权权利有关的争端）
NG6	Negotiating Group 6 （dealing with the question of the outer limits of the continental shelf and the question of revenue sharing）	第 6 协商小组（处理大陆架外部界限问题和收益分摊问题）
NILOS YB	Netherlands Institute for the Law of the Sea, *International Organizations and the Law of the Sea*: *Documentary Yearbook*	荷兰海洋法研究所《国际组织和海洋法年鉴》

NOAA	National Oceanographic and Atmospheric Administration, United States Department of Commerce	美国商务部国家海洋与大气管理局
OAU	Organization of African Unity	非洲统一组织
ODAS	Ocean Data Acquisition Systems	海洋数据采集系统
Off. Rec	Official Records (unless otherwise noted, this refers to volumes of the *Official Records* of UNCLOS III)	正式记录（除非另有说明，指第三次海洋法会议正式记录）
OILPOL	International Convention for the Prevention of Pollution of the Sea by Oil (1954)	《国际防止海洋油污染公约》（1954 年）
OPOL	Offshore Pollution Liability Agreement	《近海污染责任协议》
Oslo Convention	Convention for the Prevention of Marine Pollution by Dumping from Ships and Aircraft (1972)	《防止船舶和飞机倾倒废物污染海洋公约》（1972 年）
Platzöder	R. Platzöder (ed.) *Third United Nations Conference on the Law of the Sea: Documents* (Volumes I - XIX)	R. Platzöder 编《第三次联合国海洋法会议文件集》（第一卷至第十九卷）
Platzöder, Dokumente	*Dokumente der dritten Seerechtskonferenz der Vereinten Nationen* [Materialeinsammlung für die deutsche Seerechtsdelegation, Stiftung Wissenschaft und Politik]	第三次联合国海洋法会议文件［德国海洋法资料集，科学和政治基金会］
Platzöder, Documents 1975	R. Platzöder (ed.), *Third United Nations Conference on the Law of the Sea: Documents of the Geneva Session 1975*	R. Platzöder 编《第三次联合国海洋法会议：1975 年日内瓦会议文件》

Platzöder PrepCom	R. Platzöder (ed.), *The Law of the Sea: Documents 1983—1989, Preparatory Commission for the International Sea-Bed Authority and for the International Tribunal for the Law of the Sea*	R. Platzöder 编《海洋法：1983—1989 年文件，国际海底管理局和国际海洋法法庭筹备委员会》
RGDIP	Revue Générale de Droit International Public	《一般国际公法评论》
RIAA	[United Nations] Reports of International Arbitral Awards	[联合国] 国际仲裁裁决报告
RSNT	Revised Single Negotiating Text (1976)	订正的单一协商案文（1976 年）
SBC	Sea-Bed Committee [Committee on the Peaceful Uses of the Sea-Bed and the Ocean Floor beyond the Limits of National Jurisdiction]	海底委员会 [和平利用国家管辖范围以外海床洋底委员会]
SBC Report 1969	Report of the Committee on the Peaceful Uses of the Sea-Bed and the Ocean Floor beyond the Limits of National Jurisdiction, 24 GAOR (1969), Supp. Nos. 22 and 22A (A/7622 and Add. 1)	和平利用国家管辖范围以外海床洋底委员会（海底委员会）报告，24 GAOR (1969), Supp. No. 22 和 22A (A/7622 和 Add. 1)
SBC Report 1970	Ibid., 25 GAOR (1970), Supp. No. 21 (A/8021)	同上，25 GAOR (1970), Supp. No. 21 (A/8021)
SBC Report 1971	Ibid., 26 GAOR (1971), Supp. No. 21 (A/8421)	同上，26 GAOR (1971), Supp. No. 21 (A/8421)
SBC Report 1972	Ibid., 27 GAOR (1972), Supp. No. 21 (A/8721)	同上，27 GAOR (1972), Supp. No. 21 (A/8721)

SBC Report 1973	Ibid. , 28 GAOR (1973), Supp. No. 21 (A/9021), Volumes Ⅰ-Ⅵ	同上，28 GAOR (1973)，Supp. No. 21 (A/9021)，第一至第六卷
Stockholm Conference	United Nations Conference on the Human Environment (1972)	联合国人类环境会议（1972 年）
Stockholm Conference Report	Report of the United Nations Conference on the Human Environment (A/CONF. 48/14/Rev. 1 and Corr. 1)	联合国人类环境会议报告（A/CONF. 48/14/Rev. 1 和 Corr. 1）
Supp.	Supplement	补编
TIAS	Treaties and Other International Acts Series (U. S. A.)	条约和其他国际条例集（美国）
TOVALOP	Tanker Owners Voluntary Agreement Concerning Liability for Oil Pollution	《油轮所有人自愿承担油污责任协定》
U. K.	United Kingdom	联合王国
UKTS	United Kingdom Treaty Series	《联合王国条约集》
UN	United Nations	联合国
UNCLOS Ⅰ	United Nations Conference on the Law of the Sea (1958)	第一次联合国海洋法会议（1958 年）
UNCLOS Ⅱ	Second United Nations Conference on the Law of the Sea (1960)	第二次联合国海洋法会议（1960 年）
UNCLOS Ⅲ	Third United Nations Conference on the Law of the Sea (1973—1982)	第三次联合国海洋法会议（1973—1982 年）
UNEP	United Nations Environment Programme	联合国环境规划署
UNESCO	United Nations Educational, Scientific and Cultural Organization	联合国教育、科学及文化组织
UNCTAD	United Nations Conference on Trade and Development	联合国贸易和发展大会
UNTS	United Nations Treaty Series	《联合国条约集》

U. S. A.	United States of America	美国
USSR	Union of Soviet Socialist Republics	苏联
UST	United States Treaties and Other International Agreements	美国条约和其他国际协定
Va. J. Int'l L.	Virginia Journal of International Law	《弗吉尼亚大学国际法期刊》
WG. 2	Working Group 2	第二工作组
WG. 3	Working Group 3	第三工作组
WHO	World Health Organization	世界卫生组织
WMO	World Meteorological Organization	世界气象组织
YB	Yearbook（or Year Book）	年鉴

判例表①

缅因湾地区海洋边界划定案（加拿大/美国），1984 年国际法院《判决、咨询意见和命令汇编》，第 246 页。▶▶246.17（a）（n. 17）

核试验诸案（临时保护）（澳大利亚诉法国；新西兰诉法国），1974 年国际法院《判决、咨询意见和命令汇编》，第 99 页；同上，第 135 页［另见（判决），1974 年国际法院《判决、咨询意见和命令汇编》，第 253 页；同上，第 457 页］。▶▶222.3（n. 9）

---

① "▶▶" 指在本卷（引用的段落和注释编号）。

条 约 表^①

《防止船舶和飞机倾倒废物污染海洋公约》（1972）。►► XII. 10、210. 2、210. 11（e）、216. 1。

《防止陆源海洋污染公约》。►►195. 2（n. 1）。

《勘探和开发海底矿物资源造成的油污损害的民事责任公约》（1976）。►►214. 7（a）。

《公海捕鱼和生物资源养护公约》（1958）。►►194. 1。

《国际民航公约》（1944）。►►212. 9（a）（n. 5）、212. 9（b）、212. 9（c）、224. 7（b）、224. 7（d）（n. 8）、236. 1、236. 6（d）。

《远距离越境空气污染公约》（1979）。►►212. 9（d）（n. 8）、222. 8。

《养护野生动物移栖物种公约》（1979）。►►XII. 25（n. 29）。

《大陆架公约》（1958）。►► XII. 8、194. 1、XIII. 2、238. 1、246. 1、246. 2、246. 3、246. 17（a）、246. 17（d）。

《公海公约》（1958）。►► XII. 8、194. 1、199. 1、210. 1（n. 1）、211. 2、211. 4、212. 2、217. 1、232. 6（a）、236. 1、238. 1。

《国际海事组织（前政府间海事协商组织）公约》（1948）。►►XII. 17（n. 16）。

《核动力船舶经营人责任公约》（1962）►►XII. 9

《防止倾倒废物及其他物质污染海洋的公约》（1972）（"伦敦倾倒公约"）►►XII. 9、XII. 10、XII. 25、193. 6（a）、197. 3、210. 1、210. 2、210. 11（a）、210. 11（c）、210. 11（d）、210. 11（e）、210（附录）、216. 1、228. 2、236. 1、236. 2。

《保护波罗的海地区海洋环境公约》（1974）►►195. 2（n. 1）、211. 15（d）。

《领海和毗连区公约》（1958）►►233. 3。

《海上运输核材料民事责任公约》（1971）►►XII. 9。

《国际防止船舶造成污染公约》（1973）[与其1978年议定书共同简称为"73/78防污公约"]。►► XII. 9、XII. 25、194. 10（j）、211. 1、211. 2（n. 1）、217. 8（b）、217. 8（d）、217. 8（g）、217. 8（i）、221. 9（f）、223. 1、226. 11（b）、228. 2、236. 1。

《国际防止海洋油污染公约》（1954）。►► XII. 6、XII. 9、208. 1、211. 4、236. 1、236. 2。

---

① "►►"是指在本卷引用的段落和注释编号。

《渔船安全国际公约》(1978)。►► XII. 25（n. 29）。

《关于统一有关碰撞事项处罚管辖权的某些规则的国际公约》(1952)。►►221. 9 (f)（n. 16）。

《国际油污损害民事责任公约》(1969)。►► XII. 9。

《海员培训、发证和值班标准国际公约》(1978)。►► XII. 25（n. 29）。

《国际海上搜救公约》(1979)。►► XII. 25（n. 29）。

《建立国际油污损害赔偿基金国际公约》(1971)。►► XII. 9。

《国际干预公海油污事故公约》(1969)。►► XII. 9、211. 2、211. 4、211. 15（m）、221. 2（n. 2）、221. 3、221. 9（c）、221. 9(f)。

《公民权利和政治权利国际公约》(1966)。►►193. 1（n. 1）、230. 14。

《经济、社会、文化权利国际公约》(1966)。►►193. 1（n. 1）。

《关于干预公海上除油类之外的其他物质造成海洋污染的议定书》(1974)。►► XII. 9、211. 2、221. 2（n. 2）。

《国际防止船舶造成污染公约》议定书[与 1973 年公约共同简称为"73/78 防污公约"]。►► XII. 9、XII. 25、194. 10(j)、211. 1、211. 2（n. 1）、217. 8(b)，217. 8(d)、217. 8 (g)、217. 8(i)、221. 9(f)、223. 1、226. 11(b)、228. 2、236. 1。

《国际原子能机构规约》(1948)。►► XII. 17（n. 18）。

《政府间海洋学委员会规约，修正案》(1987)。►► 251. 4(n. 3)。

《国际法院规约》(1945)。[作为《联合国宪章》的一部分]。►► XII. 22。

《联合国宪章》(1945)（另见《国际法院规约》)。►► XII. 17（n. 18）、193. 6(a)、237. 7(d)。

《联合国船舶登记条件公约》(1986)。►►217. 8(j)、231. 9(b)（n. 7）。

《维也纳领事关系公约》(1963)。►►231. 9(a)。

《维也纳外交关系公约》(1961)。►►231. 9(a)。

《维也纳条约法公约》(1969)。►► XII. 17、XII. 18、192. 8、234. 5（f）、237. 7（c）(n. 6)、237. 7(d)、247. 7(b)、268. 5(b)（n. l）。

《国家和国际组织间或国际组织间条约法维也纳公约》(1986)。►► XII. 18、XII. 26 (n. 32)、205. 6(b)（n. 5）、211. 15(j)、237. 7(c)（n. 6）、237. 7(d)，268. 5(b)（n. 1）。

文 件 说 明

1968 年

1. 1967 年 12 月 18 日，联大以第 2340（XXII）号决议设立了研究各国现有管辖范围以外海床洋底专供和平用途特设委员会。该特设委员会的文件号为 A/AC. 135/-，其正式文件分为以下几类：

委员会会议：简要记录编号为 A/AC. 135/SR. 1～36；供普遍散发的文件编号为 A/AC. 135/1～36；供有限散发的文件编号为 A/AC. 135/L. 1～L. 3；供限制散发的文件编号为 A/AC. 135/R. 1～R. 3。

第一工作组—法律工作组（WG. 1）：简要记录编号为 A/AC. 135/WG. 1/SR. 1～3 和 SR. 6～14（第四次和第五次会议无简要记录）。

第二工作组—经济和技术工作组（WG. 2）：简要记录编号为 A/AC. 135/WG. 2/SR. 1 和 SR. 7～15（第二次至第六次会议无简要记录）。

特设委员会报告见 UN Doc. a/7230, 23 GAOR Supp. No. 30（1968）。

1969—1970 年

2. 1968 年 12 月 21 日，联大以第 2467（XXIII）号决议设立了和平利用国家管辖范围以外海床洋底委员会。之后的第 2750C（XXV）号决议（1970 年）和 2881（XXVI）号决议（1971 年）修改了该委员会的任务和组成。截至 1970 年，该委员会通过两个小组委员会工作：法律小组委员会（SC. 1）与经济和技术小组委员会（SC. 2）。1971—1973 年，该委员会经过改组，被分为 3 个小组委员会：第一小组委员会（SC. I），即国际制度和国际机构小组委员会；第二小组委员会（SC. II），即海洋法小组委员会；第三小组委员会（SC. III），即污染、科学研究和技术转让小组委员会。该委员会的文件号为 A/AC. 138/-，其正式文件又分为以下几类：

委员会会议：简要记录编号为 A/AC. 138/SR. 1～104. 供普遍散发的文件编号为 A/AC. 138/1～97；供有限散发的文件编号为 A/AC. 138/L. 1～L. 14。

法律小组委员会（SC. 1）：简要记录编号为 A/AC. 138/SC. 1/SR. 1～35。

供普遍散发的文件编号为 A/AC. 138/SC. 1/1~10；供有限散发的文件编号为 A/AC. 138/SC. l/L. 1~L. 6。

经济和技术小组委员会（SC. 2）：简要记录编号为 A/AC. 138/SC. 2/SR. 1 ~40。供普遍散发的文件编号为 A/AC. 138/SC. 2/1~9；供有限散发的文件编号为 A/AC. 138/SC. 2/L. 1~L. 10.

1971—1973 年

第一小组委员会（SC. I）：简要记录编号为 A/AC. 138/SC. 1/SR. 1 ~ 75。供有限散发的文件编号为 A/AC. 138/SC. I/L. l ~ L. 28。

第二小组委员会（SC. II）：简要记录编号为 A/AC. 138/SC. II/SR. l ~ 80。供有限散发的文件编号为 A/AC. 138/SC. II/L. l ~ L. 63。

第三小组委员会（SC. III）：简要记录编号为 A/AC. 138/SC. III/SR. l ~ 49。供有限散发的文件编号为 A/AC. 138/SC. III/L. 1 ~ L. 56。

该委员会年度报告见 UN Doc. A/7622, 24 GAOR Supp. No. 21（1969 年）；UN Doc. A/8021, 25 GAOR Supp. No. 21（1970 年）；UN Doc. A/8421, 26 GAOR Supp. No. 21（1971 年）；UN Doc. A/8721, 27 GAOR Supp. No. 21（1972 年）和 UN Doc. A/9021, 28 GAOR Supp. No. 21（共六卷）（1973 年）。

1973—1982 年

3. 第三次联合国海洋法会议的文件号是 A/CONF. 62/-。这一符号出现在会议的所有正式文件上。这些文件的最终形式大部分载在《正式记录》第三卷上。《正式记录》至今已发布十七卷，涵盖第一期至第十一期会议以及第三次海洋法会议结果。

4. 众所周知，第三次联合国海洋法会议大部分是以"非正式"形式，即通过无会议记录的非公开会议进行的。由于非正式单一协商案文、订正的单一协商案文和非正式综合协商案文及其 3 个修订稿都是"非正式"文件，故提出的修改也只能是"非正式"的；尽管这些文件本身已作为会议文件发布，但《正式记录》只收录了前 3 个案文。

正式文件

5. 会议正式文件可分为以下几类：

全体会议：简要记录［SR］编号为 A/CONF. 62/SR. 1 ~ 184；于 1982 年 12 月在蒙特哥湾召开的最后会议的逐字记录［PV］为 185 ~ 193。供普遍散发的文件编号为 A/CONF. 62/1 ~ 123；供有限散发的文件编号为 A/CONF. 62/

L. 1 至 L. 160。两者间的区别是一个联合国文件散发办法上的技术问题，"L."文件不交存图书馆。大部分"L."类文件收录在《正式记录》中。

6. 其他会议文件包括 A/CONF. 62/INF/1~17，包括代表团名单及其他会议官员名单（A/CONF. 62/INF/2 和 Rev. 1~3）（均只有油印本）；A/CONF. 62/Background Paper 1（只有油印本），于 1974 年和 1975 年分别在加拉加斯和日内瓦举行的关于争端解决问题的非正式工作组会议的报告（以原文件号 SD. Gp/2nd Session/No. 1/Rev. 514 重印于国际法资料 14 ILM 762 中）；A/CONF. 62/RCNG/1 和 2，第八期会议（1978 年）期间产生的一系列报告，收录在《正式记录》第十卷；A/CONF. 62/WP. 1~11（工作文件）；A/CONF. 62/R. 1~7（限制散发，油印）和 A/CONF. 62/WS/1~38（书面声明）。

7. 非正式全体会议作为一个主要委员会进行工作，没有文件在 A/CONF. 62/- 类下。

8. 总务委员会：简要记录编号为 A/CONF. 62/BUR/SR. 1~66；文件为 A/CONF. 62/BUR/1~14。

9. 第一委员会：简要记录编号为 A/CONF. 62/C. 1/SR. 1~56；文件为 A/CONF. 62/C. 1/L. 1~L. 30；和 A/CONF. 62/C. 1/WR/1~5（每周报告）。

10. 第二委员会：简要记录编号为 A/CONF. 62/C. 2/SR. 1~59；文件为 A/CONF. 62/C. 2/L. 1~L. 101 和 A/CONF. 62/C. 2/WP. 1（与 A/CONF. 62/L. 8/Rev. 1 附件二附录一完全相同）。

11. 第三委员会：简要记录编号为 A/CONF. 62/C. 3/SR. 1~46；文件为 A/CONF. 62/C. 3/L. 1~L. 34/Add. 1 和 2。

12. 供起草委员会使用的多语种文本一致性案文的编号为 A/CONF. 62/DC/WP. 1、2 和 3。

非正式文件

13. 会议非正式文件即被翻译成会议语言并由秘书处散发的文件（右上角带有文件号并标明原文语言）。这些文件有多种编号类别。会议文件号"A/CONF. 62/-"不出现在除非正式单一协商案文、订正的单一协商案文和非正式综合协商案文以及供起草委员会使用的语言案文以外的其他文件的编号中。这些非正式文件几乎都未被《正式记录》收录。

14. 会议室文件（CRP）1~5 号为会议《议事规则》。

15. 各协商小组在第七期会议（1978 年）上确定的"核心"问题的文件编号为 NG1/1~NG1/18、NG2/1~NG2/12/Rev. 1、NG3/1~NG3/6、NG4/1~NG4/11、NG5/1~NG5/18、NG6/1~NG6/21 和 NG7/1~NG7/45。

16. 就序言部分召开的非正式全体会议的文件编号为 Preamble/1 和 Preamble/2。

17. 就争端的解决问题召开的非正式全体会议的文件编号为 SD/1～SD/4。

就一般规定召开的非正式全体会议的文件编号为 GP/1～GP/11。

就最后条款召开的非正式全体会议的文件编号 FC/1～31. 非正式全体会议在第九期会议（1980 年）上设立的最后条款法律专家组的文件编号为 GLE/FC/1～18。

就筹备委员会召开的非正式全体会议的文件编号为 PC/1 和 PC/2。

就划界召开的非正式全体会议的文件编号为 DEL/1 和 DEL/2。

就最后文件召开的非正式全体会议的文件编号为 FA/1 和 FA/2。

18. 二十一国工作组的非正式文件的编号为 WG/21/1～3 和 WG/21/In formal Paper/1～18。

19. 第一工作组文件的编号为 C. 1/Working Paper/1～6。主席非正式说明的编号为 C. l/PBE. 1～17。

20. 第一委员会于第八期会议期间设立的第一委员会关于第十一部分的争端的解决问题法律专家工作组的非正式文件的编号为 GLE/1～4；起草组文件的编号为 GLE/DG/1～5。

21. 第一委员会关于投资保护的非正式文件的编号为 TPIC/1～8。

22. 第二委员会的非正式文件使用以下几种编号：

In formal Working Paper No. 1～13/Rev. 2，第二期会议（1974 年）

C. 2/Blue Paper No. 1～11

C. 2/Informal Meeting/1～73

此外，1974—1980 年间的第二委员会非正式会议还收到了大量未编号的非正式提案。

23. 第三委员会的非正式文件使用以下几种编号：

SR/1 和 MSR/2～15（海洋科学研究）

CRP/Sc. Res. /1～42（科学研究）

MP/1～31（海洋污染）

CRP/MP/1～20/Add. 2（海洋污染）

TT/1（技术转让）

C. 3/Rep. 1

24. 起草委员会的非正式文件使用以下的几种编号：①

LGDC/1 至 Add. 5

LGDC/1/WP. 1 和 2

ALGDC/1～66（阿拉伯语语言组）

---

① 本表所列起草委员会文件均按部分、节、条所列。没有语言组提出的提案的地方（例如第八部分），就没有起草委员会文件。

CLGDC/1～34（汉语语言组）

ELGDC/1～81（英语语言组）

FLGDC/1～78（法语语言组）

RLGDC/1～25（俄语语言组）

SLGDC/1～67（西班牙语语言组）

GLE/CR/1～4（仅有西班牙语版本）

DC/Preamble

DC/Part I/Articles 1～1 bis

DC/Part II/Articles 2～33

DC/Part III/Articles 34～45

DC/Part IV/Articles 46～54

DC/Part V/Articles 55～75

DC/Part VI/Articles 76～85

DC/Part VII/Articles 86～120

DC/Part IX/Articles 122～123

DC/Part X/Articles 124～132

DC/Part XI/Articles 133～191

DC/Part XII/Articles 192～237

DC/Part XIII/Articles 238～265

DC/Part XIV/Articles 266～278

DC/Part XV/Articles 279～299

DC/Part XVI/Articles 300～304

DC/Part XVII/Articles 305～320

DC/Annex I

DC/Annex II/Articles 1～9

DC/Annex III/Articles 1～22

DC/Annex IV/Articles 1～13

DC/Annex V/Articles 1～14

DC/Annex VI/Articles 1～41

DC/Annex VII/Articles 1～13

DC/Annex VIII/Articles 1～5

DC/Annex IX/Articles 1～8

DC/Pending items 1 和 2

DC/Draft Decision

DC/Draft Resolution I

DC/Resolution I

DC/Draft Resolution II

DC/Resolution II/Preamble 和 Operative Paragraphs 1~15

DC/Draft Resolution III

DC/General Recommendations 1~6

In formal Plenary/DC/1

IC/1~7

In formal Papers 1~32

CG/WP. 1~72

A/CONF. 62/DC/WP. 1~3

25. 以上所列文件对增编（Add.）、更正（Corr.）、修订（Rev.）和重发（标以星号"＊"）的标示，都遵循联合国通常的习惯。

26. 包括正式和非正式文件在内的全部会议文件清单，将列于本系列丛书最后一卷中，同时附有其收录处。

27. 包括正式和非正式文件在内的大多数会议文件，连同会议简要记录，已经过系统整理后编入 R. Platzöder 编订的十九卷的《第三次联合国海洋法会议文件汇编》中。

28. 国际海底管理局和国际海洋法法庭的筹备委员会的文件仅以油印的形式发布（文件号 LOS/PCN/-）。1983—1991 年期间的文件，包括非正式文件，也经过系统整理后编入 R. Platzöder 所编《海洋法：1983—1991 文件》（10 卷）中。

资料来源说明

本书中《公约》各条文本之后列出的第三次海洋法会议"资料来源"分为三类。

"资料来源"第一部分中（有时有"第一次会议"、"第二次会议"和"第三次会议"的标题），列出了与各条、附件和决议有关的正式文件。第二委员会本身的文件号为 A/CONF.62/-。对这些文件的描述，见联合国秘书长海洋法特别代表办公室编辑的《列有参考文献的第三次联合国海洋法会议正式文件的主文件》（*Master File Containing References to Official Documents of the Third United Nations Conference on the Law of the Sea*）（联合国出版物销售号 E. 85. V. 9）。在适当之处，"第三次会议"标题下列出的文件中包括了海底特设委员会（1968 年）的文件（文件号 A/AC.135/-）和海底委员会（1969—1973 年）的文件（文件号 A/AC.138/-）。决定召开第三次海洋法会议的 1973 年 11 月 16 日联大第 3067 号（XXVIII）决议的第 6 款决定向海洋法会议提交海底委员会的工作报告，以及联大和委员会的一切其他有关文件。（见第一卷第 188 页）。标题为"初始文件"的会议《议事规则》第三十二条重复了这一决定。[①] 秘书长在第二期会议上（1974 年）对这些文件的参照方法进行了解释。[②]

在"起草委员会"标题下，根据具体情况包括了 1981 年和 1982 年起草委员会提交的包含其就案文的语词协调提出的建议的实质性报告。这些报告本身只有多语言的版本，是作为起草委员会主席转交报告的增编发布的。这些转交报告包括在《联合国海洋法会议正式记录》第三卷中。[③]"资料来源"中仅列出了这些报告的增编。这一系列中每个文件的最后一个增编合并了非正式全体会议对这些起草委员会的报告进行审议后作出的修改，并被包括在"资料来源"中。查阅这些报告可以得知起草委员会提出的某项建议是否涉及会议的 6 种正式语言中的一种或多种或是涉及全部 6 种。如果是后一种情况，则该项建议可能更为重要。非正式全体会议审阅这些报告之后，起草

---

① 会议《议事规则》最初于 1974 年 6 月 27 日通过（A/CONF. 62/30），这套规则于 1974 年 7 月 12 日修订并取代（A/CONF. 62/30/Rev. 1，联合国文件销售号 E. 74. I. 18）。后又于 1975 年 3 月 17 日修订（A/CONF. 62/30/Rev. 2，销售号 E. 76. I. 4）和 1980 年 3 月 6 日（A/CONF. 62/30/Rev. 3，销售号 E. 81. I. 5）。第一、二、三次修订分别见于《第三次联合国海洋法会议文件集》第十三卷，第 456、473 和 489 页。

② A/CONF. 62/L. 5（1974 年），《正式记录》第三卷，第 83 页。

③ 见 A/CONF. 62/L. 67/Rev. l（1981 年），《正式记录》第十五卷，第 145 页；A/CONF. 62/L. 75（1981 年），同上，第 153 页；A/CONF. 62/L. 85（1982 年），《正式记录》第十六卷，第 197 页；和 A/CONF. 62/L. 152（1982 年），《正式记录》第十七卷，第 222 页。

委员会主席代表其本人、会议主席和有关的主要委员会主席向会议提交了正式报告，以向其通知非正式全体会议的决定；会议记录了这些决定。④《正式记录》中包括了这些报告，"资料来源"也根据具体情况列出了这些报告。起草委员会包含其关于案文的多语种协调的建议的较早的报告已全部发表在《正式记录》中。"资料来源"中没有列出这些报告，但评注在适当之处提及了这些报告。

评注还在适当之处包括了对《公约》各部分、节和条的标题的讨论，"资料来源"中也包含了处理这些问题的文件。在 1982 年 9 月 24 日举行的第三次海洋法会议第 184 次会议上，起草委员会主席指出：

> 在与 6 个语言小组的协调员进行磋商的基础上，认为《公约》各部分、节和条的标题有助于理解和澄清审议中的条款的意义。⑤

主席提交给会议的关于起草委员会建议的报告中重复了这一陈述。⑥

在"非正式文件"标题下，按照委员会或会议机关，依时间顺序列出了所有送交会议的已知文件，无论这些文件是否有联合国文件号或工号。这些文件的共有特征是不带有会议文件编号"A/CONF. 62/-"。这些非正式文件大多数已以非正式的方式发表，且不能被本书这种评注所忽视。然而，各主要委员会或较小分组的主席们处理这些非正式提案的方式并不统一。在一些情况下，提交给会议的正式文件中提及了这些非正式文件或将其全文附在正式文件之后。这种做法并不改变这些文件的非正式特性，"资料来源"的"非正式文件"标题下也列出了这些文件，并在必要之处列出了附有它们并借此使其被收入会议《正式记录》的正式文件。本卷"文件说明"部分列出了这些文件。

这些文件中的很多被提交给会议，以便利协商，并且本身也与会议作为其各期工作基础的各协商案文相关。由于这些案文是"协商案文"，故不具有提案的正式地位，而且也不能提出对它们的正式修改。这些非正式文件可以显示出代表团的意图，因此在协商进程中有一定用处。在"资料来源"中列出这些文件并不暗示作为一个整体的本项目、总编或任何卷编辑或供稿人关于这些文件的地位，特别是关于这些文件对于提出它们的代表团的可反对性的立场。

"资料来源"中未列出已记录并发表在会议《正式记录》中的正式辩论。对这些正式辩论的参照出现在不同的评注中并在必要之处对有关的详细情况作了注解。

---

④　见 A/CONF. 62/L. 72（1981 年），《正式记录》第十五卷，第 151 页；A/CONF. 62/L. 82（1981 年），同上，第 243 页；A/CONF. 62/L. 90（1982 年），《正式记录》第十六卷，第 204 页；A/CONF. 62/L. 160（1982 年），同上，第 225 页。

⑤　见 184th plenary meeting（1982 年），《正式记录》第十七卷，第 4 页，第 3 段。

⑥　A/CONF. 62/L. 160（1982 年），《正式记录》第十七卷，第 225 页，第 4 段。

此外《评注》中还可以偶尔遇到未注明资料来源的对会议或其主要委员会或其他机关的非正式会议的讨论的参照。这些参照以编辑、作者或与本项目相关的其他人的个人知识为基础。已尽可能对这些引用作了独立核校。

第三期会议后，通常称为伊文森小组（由该小组主席延斯·伊文森（挪威）之名而来）（见第一卷第106页）的司法专家非正式小组对非正式单一协商案文中处理专属经济区、大陆架和内陆国/地理不利国权利的条款进行了审议，以便就有争议和尚不明确的问题达成折衷。同样地在第六期会议上，卡斯塔尼达小组（由主席豪尔赫·卡斯塔尼达（墨西哥）之名而来）（见第一卷，第108页）试图为关于专属经济区的法律地位和沿海国及其他国家在专属经济区内的权利和义务问题的僵局找到解决办法。对第五和第六部分各条的评注频繁地提到这两个非正式小组或其中之一的工作。但是，由于这两个小组是非公开小组，各条之后的"资料来源"中的"非正式文件"标题下并没有列出其提案，而是在脚注中包括了适当的参考资料来源。

* * * * * *

在第三次联合国海洋法会议上，起草委员会根据较早的先例，通过了关于案文的格式和体例（包括大小写、斜体的使用等）的多个决定。特别是，起草委员会遵循了联合国条约法会议（1968年和1969年于维也纳）关于一条中不成为语法上完整的一句话的一项应出于语法上的原因，由小写字母开头的决定。[⑦] 在整个第三次联合国海洋法会议过程中，进行了多次必要的修改和调整。本评注仅在这些修改对《公约》文字有所影响或澄清之处才提起读者的注意。

---

⑦ 全体委员会关于其在第一次会议上的工作报告中包括了起草委员会的报告，A/CONF.39/14（1969），第16（c）段。见联合国条约法会议第一届和第二届会议《正式记录》，A/CONF.39/11/Add.2第95、108页（联合国销售号 E.70.V.5）。在第三次联合国海洋法会议上，起草委员会在题为《对提议的公约的结构的说明》的文件中就这一问题引用了《维也纳条约法公约》确立的这一做法。见《非正式文件3》（1979年）。

关于 shall （应） 一词的使用

　　起草委员会英语组首先提请注意其初步文本协调报告中的"shall"一词。[①] 它指出自己一般倾向于在提及必须履行的职责和义务时，不论是肯定的还是否定的，均应包含"shall"一词。报告还说，在其他情况下，如果使用现在时态就能充分传达意思，就不应使用"shall"一词。它举了一个规定权利的条文以及另一个用于描述一项规则的效力的条文作为例子。

　　在文本协调的早期阶段，起草委员会的报告说：

　　　　这里的主要问题是关于"shall"的使用。人们普遍认为"shall"表示必要性和表达义务。如例子所显示的，在英语、俄语和西班牙语文本中，使用"shall"与使用现在时态没有什么区别。当然使用这个助动词也有要考虑前后一致的情况。[②]

　　起草委员会还报告说，各语言小组的协调员们正就这个问题继续磋商。它指出，秘书处已经准备了一份关于"shall"一词在英文文本中使用的文件，作为各语言小组进一步讨论的基础。

　　1980年，英语组完善了其立场，提供了以下意见：

　　　　1. 本小组回顾了其先前的建议，即提及必须履行的责任和义务时，不论是肯定的还是否定的，均应包含"shall"一词。然而，本小组认为，问题比所建议的规则的简单性更为复杂。例如，在文字已包含"责任（duty）"或包含"义务（obligation）"时，使用"shall"可能是不必要的。因此，本小组将作为文字的审查工作［统稿过程］的一部分进一步考虑此事。

　　　　2. 原则上，"shall"一词不应在现在时态能充分传达意思时使用：

　　　　（a）在某些条款，但不是在其他条款中，"shall"在英文文本中现在用来

---

　　① LGDC/1（1978年，油印本），第28和29部分，第3页。

　　② A/CONF.62/L.40（1979年），第28和29部分，《正式记录》，第十二卷，第95、104页（起草委员会主席）、秘书处提请注意国际法委员会关于条约法的特别报告员汉弗莱·沃尔多克先生的发言，他在发言中说："在英语中，'shall'形式被用在成文法中来表述必要的规则。"请参见该委员会第872次会议报告，1966年《国际法委员会年鉴》第二部分，第20段，第199页。

描述某一项规则的运用，例如在"*Nothing in this Part shall affect…*（本部分的任何规定不影响……）"和"*Article …shall apply to …*（本条规定应适应于……）"等条款中。

（b）在其他条款中，"shall"用于阐释权利或宣明权利或义务的存在，例如："States *shall have* the right to…（各国应有权……）"。

本小组将另行考虑"shall"在建立机构的条文中的使用，如第十一部分和附件二、附件三、附件四和附件六的条文。

本小组总的倾向性意见将在文本审定时落实。[③]

秘书处随后总结了其他报告此事的语言小组的立场：

在法语中，使用"s'applique"的［现在时态］没有对法语组造成问题。

俄语组指出，英文单词"shall"的翻译在俄语文本中造成了问题。《日内瓦公约》的措辞中凡是用"shall"一词的地方，在俄语文本中一般都用"dolzhny"一词转达。在其他绝大多数条款中，都是使用动词的现在时态，它是用来表达该概念的现代方法。因此，可能会产生这样的印象，有些条款提到了一项必需的义务，而有些条款提到的必要性就少一些。为了避免翻译的困难，除非俄语的语言结构需要使用"dolzhny"这个词，俄语文本应该不再使用《日内瓦公约》的语言，而应该使用现在时态。

西班牙语组指出，在西班牙语中，描述法律后果应该使用将来时态。现在时态可在含有定义和描述的条款中使用，而且也在确立一般原则的条款中使用。[④]

没有来自阿拉伯语组或中文组的相应意见。

文本统稿和一般的逐条文字推敲的工作是在此基础上进行的。

在评注中，无论在《公约》的英文文本中插入"shall"还是去掉"shall"，注意力都会被吸引到文字所作的改动上。根据立法史和上下文将可以确定一个给定的条文在多大程度上确立了必要职责和义务，不论是肯定的还是否定的，或包含一些其他的内涵。

---

③ ELGDC/5（1980年，油印本），第三部分，B节，第2页。
④ 非正式文件4和修订1与修订2（1980年，油印本），第29页。

第三委员会官员

主席	亚历山大·扬科夫（保加利亚）
副主席	哥伦比亚、塞浦路斯和德意志联邦共和国的代表
报告员	
第一、二期会议	埃布尔·马吉德·A·哈桑（苏丹）
第三期会议	曼扬·达沃尔（苏丹）
第四、五期会议	埃布尔·马吉德·A·哈桑（苏丹）
第五期至第十期会议	曼扬·达沃尔（苏丹）

各期会议

第一期会议于 1973 年 12 月 3—15 日在纽约举行；

第二期会议于 1974 年 6 月 20 日至 8 月 29 日在加拉加斯举行；

第三期会议于 1975 年 3 月 17 日至 5 月 9 日在日内瓦举行；

第四期会议于 1976 年 3 月 15 日至 5 月 7 日在纽约举行；

第五期会议于 1976 年 8 月 2 日至 9 月 17 日在纽约举行；

第六期会议于 1977 年 5 月 23 日至 7 月 15 日在纽约举行；

第七期会议于 1978 年 3 月 28 日至 5 月 19 日在日内瓦举行；

第七期会议续会于 1978 年 8 月 21 日至 9 月 15 日在纽约举行；

第八期会议于 1979 年 3 月 19 日至 4 月 27 日在日内瓦举行；

第八期会议续会于 1979 年 7 月 19 日至 8 月 24 日在纽约举行；

第九期会议于 1980 年 3 月 3 日至 4 月 4 日在纽约举行；

第九期会议续会于 1980 年 7 月 28 日至 8 月 29 日在日内瓦举行；

第十期会议于 1981 年 3 月 9 日至 4 月 16 日在纽约举行；

第十期会议续会于 1981 年 8 月 3—28 日在日内瓦举行；

第十一期会议于 1982 年 3 月 8 日至 4 月 30 日在纽约举行；

第十一期会议续会于 1982 年 9 月 22—24 日在纽约举行；

第十一期会议的最后部分于 1982 年 12 月 6—10 日在蒙特哥湾举行。

目　次

第十二部分

海洋环境的保护和保全

导　言

XII. 1. 关于海洋环境的保护和保全的条款是新海洋法的重要组成部分，其协商在第三次联合国海洋法会议中占据突出地位。为海洋环境的保护和保全建立一套共同议定的国际法律框架被认为是遏止海洋生态系统的严重退化趋势的国际合作努力的一项主要目标，同时各方普遍认为，新海洋法应包括关于这一问题的一套范围广泛的规则。这一制度的核心内容集中在第十二部分（第一九二条至第二三七条）。此外，《公约》酌情在其他地方包含了其他规则；的确，在某些情况下，主要规则是包含在其他地方的，如规范外国船舶的设计、施工、人员配备和装备（第二十一条第 2 款）和沿海国将其相关的法律和法规妥为公布的义务（第二十一条第 3 款）的主要规则。争端解决是第十五部分（第二七九条至第二九九条）处理的问题，第二九〇条第 1 款和第二九七条第 1 款（c）项具体提到了海洋环境的保护和保全。

XII. 2. 《公约》序言部分（见原书第一卷第 450 页）强调了作为海洋法律制度一部分的环境问题的重要性，同时考虑到"各海洋区域的种种问题都是彼此密切相关的，有必要作为一个整体来加以考虑"。因而缔约国认识到

> 有需要通过本公约，在妥为顾及所有国家主权的情形下，为海洋建立一种法律秩序，以便利国际交通和促进海洋的和平用途，海洋资源的公平而有效地利用，海洋生物资源的养护和研究，以及保护和保全海洋环境。

XII. 3. 这样，在一项涉及海洋法的编纂和逐步制定的全面公约中，海洋环境的保护和保全第一次被视为管理海洋使用包括勘探和开发其资源的整个法律制度的一个基本组成部分。此外，鉴于海洋污染的范围是全球性的并且其来源的数量和种类繁多，第三次海洋法会议全面地审议了海洋环境的保护和保全问题，以及从内水到公海包括国际海底区域的所有海洋区域内的所有污染源。

在第三次联合国海洋法会议的协商开始时，会议商定，《公约》应制定一般规则作为具体的全球或区域协定的法律框架。《公约》作为基本的普世性法律文书，对于处理具体海洋污染源或适用于各种海洋区域的不同国际文书所产生的义务的协调作用，在第二三七条中得到落实。这一处理方法明显偏离了自第二次世界大战以来建立的早期处理方法，即制定仅处理特定类型的海洋污染的国际文书，例如石油污染或来自邻近海岸区域的船只污染（一般及于至海岸 50 海里处）。

XII. 4. 1926 年，由美国政府召集的通航水域油污染初步会议在华盛顿召开，以"研究通过国际协议处理通航水域油污染问题的提案的制定"。会议通过了一项公约草案，但没有任何政府签署。[①] 然而，在会议期间集会的一些船东自愿达成一项"绅士协议"，不在距任何海岸 50 海里的范围内排放含油水。

XII. 5. 1934 年，国际联盟交通和过境组织召集了一个专家委员会研究海洋油污染问题，并在此后建议缔结一项国际公约。联盟理事会随后通过了一项决议，授权该组织进行必要的初步研究，并在成员国和非成员国间分发了一份调查表。1935 年 9 月，联盟大会通过了一项决议，请理事会在适当时候召开一次基于公约草案的会议。[②] 但是，这次会议最终未能召开，因为不可缺少的德国、意大利和日本当时不能受邀出席国际联盟主持下召开的会议。整个问题随后因第二次世界大战而搁置。

XII. 6. 战后，根据英国政府的倡议，于 1954 年 4 月在伦敦召开了一次关于海洋油污染（即船源污染）的国际会议，42 个国家的代表出席了会议。会议通过了《国际防止海洋油污染公约》。它还通过了一项最后文件，载有关于油污染控制的八项决议，其中第 8 号决议呼吁联合国除其他外，同时收集、分析和传播有关油污染的技术资料。1954 年《公约》后来被政府间海事协商组织接管，并于 1962 年和 1969 年修订，它禁止在某些区域将油类和含油混合物从船舶排放到海洋，这些区域至少距离海岸 50 海里。违规行为只能由船旗国处罚，但没有制定损害赔偿条款。

XII. 7. 第一次联合国海洋法会议只是部分地抛弃了这种零敲碎打式的办法，但在扩大与海洋污染有关的规定的范围方面取得了进展。在筹备第一次联合国海洋法会议期间，国际法委员会在 1956 年拟订的条款草案不仅涉及来自船只的油污染，而且涉及海底开发、放射性废物的倾倒以及使用放射性物质的活动。这些条款还提示应将预防措施扩大到公海。国际法委员会关于公海污染的第 48 条规定如下：

> 1. 每个国家都应拟订规章，以防止船舶或管道或海床及其底土的开发所

---

① 见 1926 年 6 月 8—16 日召开于华盛顿的通航水域油污染初步会议的《最后文件》和《公约草案》（美国政府印刷局，1926 年）；《美国外交关系》第一卷，1926 年，第 238 页（1941 年）；和 B. Rüster、B. Simma 和 M. Bock 编辑的《国际环境保护：条约及相关文件》第十九卷，第 9585 页（1979 年）。另见 A/CONF. 13/8（1957 年），联合国秘书处备忘录《海洋油污染》第 2 段，第一次联合国海洋法会议《正式记录》第一卷，第 169 页。

② 大会第十六届常会（1935 年 9 月 9 日至 10 月 11 日）通过的决议，《国际联盟官方期刊》特别副刊第 137 号，第 15 页。关于第二委员会的讨论，同上，《国际联盟官方期刊》特别副刊第 140 号第 8 页；另见附件 1，同上，第 68-70 页。关于理事会提请交通和过境组织完成《公约草案》编写的举动，见《国际联盟官方期刊》第 16 卷第 1707 页（1935 页）。详情见 M. S. 卡罗尔，1934—1936 年国际联盟公开出售文件索引第 131 页（1938 年）。关于海洋排油污染问题研究专家委员会向该组织交通和过境咨询和技术委员会提交的报告，见国际联盟文件 C. C. T./D. E. 1-3（1934 年，油印本）。参见国际联盟文件 A. 20. 1935. VIII 和 C. 449. M. 1935 年 VIII（均为 1935 年）；联合国秘书处备忘录，前注①，第 3-13 段。

排放的油类对海洋造成污染。

2. 每个国家都应拟订规章，以防止放射性废物的倾倒对海洋造成污染。

3. 所有国家都应合作拟定规章，以期防止涉及放射性材料或其他有害物质的试验或活动对海洋或其上空造成污染。

委员会在对本条的评注中指出：

（1）油类引起的水污染产生严重的问题：对海洋物种、鱼类和鸟类的生命造成危险；港口和海滩的污染；火灾风险。几乎所有海洋国家都制定了规章，以防止船舶排放的油污染其内水和领海。但这些专门规章显然是不够的。在公海排出的石油产品可能被水流和风吹向海岸。因此，所有国家应制定悬挂其旗帜航行的船舶即使在公海上也应遵守的规章，并应对这些规章的遵守进行管控。显然，只有国际上解决这个问题才能有效。
……
（2）第48条首先规定，各国应制定其船舶即使在公海上也必须遵守的规定。污染还可能是由于管道泄漏或用于开发海床及其底土的设施的缺陷造成的。所有这些情况都在第48条的规定范围内。
（3）一个新的海洋污染源是放射性废物的倾倒。委员会认为，这种可能对鱼类及其食用者特别危险的倾倒活动应与油类污染得到同样的重视。
（4）最后，委员会审议了涉及放射性材料或其他有害物质的试验或活动对海洋或其上空造成污染的情形。在这方面，委员会认为，鉴于这一主题的多面性和实行一般性禁则的尝试所遭遇到的困难，自己只应规定各国有义务在拟定规章方面进行合作，以期消除涉及的严重危险……③

XII. 8. 草案条款第48条是1958年《日内瓦公约》所载的关于海洋污染的有关条款的基础。因此，1958年《公海公约》第24条规定：

> 每个国家都应拟订规章，以防止船舶或管道或海床及其底土的开发和勘探所排放的油类对海洋造成污染。

同一公约第25条要求各国"采取办法，以防止倾弃放射废料而污染海水"，同时考虑到"主管国际组织所订定之标准与规章"，并"与主管国际组织合作采取办法，以防止任何活动因使用放射材料或其他有害物剂而污染海水或其上空。"但是，该公约并

---

③ 国际法委员会第八届会议工作报告（A/3159），《国际法委员会年鉴》1956年第2卷，第253、286页。

未尝试定义"污染"一词，也没有采纳执行这两条所规定的义务的规定。

1958 年《大陆架公约》第 5 条第 7 款规定沿海国负有在安全区内采取一切适当办法以保护海洋生物资源免遭有害物剂损害之义务。该条款仅限于大陆架上方的公海，并且不涉及保护海洋环境免受国家管辖范围以外的海底开发所造成的损害。它是基于国际法委员会草案条款第 71 条的。

XII. 9. 在关于海洋环境保全的其他现有多边条约（其清单见本导言附录）中也有类似的零敲碎打式处理办法，例如 1954 年《国际防止海洋油污染公约》、1962 年《核动力船舶经营人责任公约》、1969 年《国际干预公海油污事故公约》、1971 年《设立国际油污损害赔偿基金公约》、1971 年《海运核材料民事责任公约》、1972 年《防止倾倒废物及其他物质污染海洋的公约》（《伦敦倾倒公约》）（经修订）、1973 年《防止船舶造成污染公约》及其 1978 年议定书（简称"73/78 防污公约"）和 1973 年《关于干预公海上除油类之外的其他物质造成海洋污染的议定书》。1969 年《国际干预公海油污事故公约》允许沿海缔约国在必要时在公海采取措施，以防止、减轻或消除海难后的油污染对其海岸或相关利益造成的严重或紧迫危险。1973 年议定书将进行干预的权利扩大到除油类之外的某些其他物质的污染。与之相关的 1969 年《国际油污损害民事责任公约》对油污染造成的损害给由于海上事故而泄漏油类的船舶的所有者规定了严厉的民事责任（例外包括战争或自然现象、第三方的故意行为，或负责助航的管理当局的疏忽）。该公约不适用于在领海以外造成的损害。随后的 1971 年《设立国际油污损害赔偿基金公约》设立了一个特别基金，为油污染损害提供额外赔偿（限额为 3 000 万美元）并减轻《民事责任公约》为船东规定的额外经济负担。该公约同样没有对与海事事故无关的故意排放油类的行为造成的损害，或对给沿海国在领海以外的利益造成的损害规定赔偿；由于战争行为或从军舰或政府运营的船舶泄漏的油类造成的损害也未涉及。

1954 年《国际防止海洋油污染公约》的两个主要缺陷：一是其保护仅限于由油污染造成的损害；二是对违犯行为的惩罚是船旗国的专属管辖权。这些问题在"73/78 防污公约"中得到了处理。如其序言所述，"73/78 防污公约"的目标是"彻底消除有意排放油类和其他有害物质污染海洋环境并将这些物质的意外排放减至最低限底。"④ 该公约的缔约国必须执行其规定，以防止以包装形式、集装箱或车辆运输的有毒液体物质和污水或垃圾从船舶排放。执行仍然是船旗国的主要责任；然而，任何沿海缔约国都有权在其港口或其岸外设施检查外国船舶的违规行为，并根据其本国法律处理任何违法行为。因此，该公约采取步骤，将对海洋环境的保护扩大到油类以外物质的污染，并给予沿海国一定的执法管辖权。该公约提出了"特殊区域"的概念，并在地中海、

---

④ 这一公约中没有对"污染"的定义，但其第 2 条第 1 款规定，就该公约而言，"有害物质"指"任何进入海洋后易于危害人类健康、有害生物资源和海洋生物、损害休憩环境或妨害对海洋的其他合法利用的物质，并包括应受本公约控制的任何物质。"

波罗的海、黑海、红海和"海湾地区"指定了若干这样的区域，在这些区域可以采用更严格的标准和特殊的强制性方法。

XII. 10. 1972 年《防止船舶和飞机倾倒废物污染海洋公约》（《奥斯陆公约》）是以区域为基础监管倾倒废物对海洋环境造成的污染的最早尝试之一。1972 年《防止倾倒废物和其他物质污染海洋公约》（《伦敦倾倒公约》）是朝向更全面的保护和保全海洋环境措施理念的一个重要步骤。该公约第一条规定：

> 各缔约国应个别地或集体地促进对海洋环境污染的一切来源进行有效的控制，并特别保证采取一切切实可行的步骤，防止因倾倒废物及其他物质污染海洋，因为这些物质可能危害人类健康，损害生物资源和海洋生物，破坏娱乐设施，或妨碍对海洋的其他合法利用。

虽然上下文有限，但本条的开头部分即规定了缔约国有义务促进和落实对所有来源的海洋污染的控制。《伦敦倾倒公约》通过引入对倾倒的法律定义，对海洋法的编纂和逐步制定作出了显著的贡献。

经过一些调整，该定义首先在第三次联合国海洋法会议（1977 年）第六期会议上被《非正式综合协商案文》采纳，略作修改后又被 1982 年《公约》第一条第 5 款采纳（见下文 194.1 段）。

XII. 11. 1972 年在斯德哥尔摩举行的联合国人类环境会议（斯德哥尔摩会议）对海底委员会，特别是第三委员会此后关于海洋环境保护和保全的审议具有重大影响。会议随后在《斯德哥尔摩宣言》中通过了由海洋污染科学方面专家组⑤拟定的某些基本概念和原则，称为《海洋污染评估和控制的一般原则》。⑥ 这些原则为《公约》几项有关保护和保全海洋环境的条款发挥了基础或起点的作用，关于这一问题的具体讨论见于对第十二部分各条款评注的适当之处。

斯德哥尔摩会议通过的《人类环境行动计划》的建议 86~94 具体涉及海洋污染。建议 86 提出将多个项目交由海底委员会处理，并建议除其他外，各国政府

> （e）充分参与……海洋法会议，以期将海洋环境中的所有重要污染源置于适当控制之下，包括海面核船舶和潜艇造成的放射性污染，特别是在闭海和半闭海……

---

⑤ 海洋污染科学方面专家组由政府间海事协商组织（现国际海事组织）、联合国粮农组织、教科文组织和气象组织作为一个永久性的联合工作组成立于 1969 年；它现在为非政府组织就有关海洋污染的问题发挥咨询小组的作用。除了成立之初的 4 个组织，海洋污染科学方面专家组目前还为国际原子能机构、世界卫生组织、联合国和联合国环境署提供咨询。专家组由这 8 个发起组织的代表组成。

⑥ 斯德哥尔摩会议报告，附件三，《海洋污染评估和控制的一般原则》，第 73 页。

建议 92 赞同将《斯德哥尔摩会议报告》附件三所包含的海洋污染评估和控制一般原则作为第三次联合国海洋法的"指导思想",并将其提交该会议"以采取适当的行动。"

XII. 12. 第十二部分的标题"海洋环境的保护和保全"在海底委员会讨论的过程中不断演变,尤其是在会议的较早期阶段。其现今形态早在第三委员会主席提交于1975 年的《非正式单一协商案文》第三部分中即已被采用。[⑦]

在《非正式单一协商案文》之前,几项大会决议以及海底委员会和海洋法会议本身的文件使用了多个不同的表述。综合这些表述,旨在保护和保全海洋环境的范围广泛的各种措施都得到了覆盖。例如,包含在 1970 年 12 月 17 日联合国大会 2749 号决议中的《支配海床和洋底的原则宣言》第 11 段(第一卷,第 173 页)要求:

> 对于在该区域的活动,各国应依待建立的国际制度,采取适当措施为除其他外的以下各项通过和执行国际规则、标准和程序:
>
> (a)防止污染(pollution)和污染(contamination),以及对包括海岸在内的海洋环境的其他危害,防止对海洋环境生态平衡的干扰;
>
> (b)保护和养护该区域的自然资源,并防止对海洋环境动植物的损害。

同一决议的第 13 段(b)项提到了

> 在待建立的国际制度的限制下,沿海国关于防止、减轻或消除污染或其威胁或该区域内的任何其他危害性事件造成或导致的危害性事件对其海岸或有关利益造成的严重而紧迫的危险的权利。

该宣言虽然明确提到"在该区域(即国家管辖范围以外的国际海底)内的活动",但在提及海洋环境的保护和保全时,其属物管辖的范围是非常宽泛的。

该宣言所设想的环境措施具有多种功能。它们包括防止对海洋环境的污染和其他危害,包括防止干扰其生态平衡、保护和养护自然资源、防止对海洋环境动、植物的损害,以及防止、减轻或消除污染对沿海国海岸或有关利益造成的严重而紧迫的危险。在这些范围广泛的行动中,预防性措施被赋予了突出的地位,尽管其中一些措施旨在减少、减轻或消除污染已经发生后的有害影响,而不是防止它。

另一个重要方面是明确提到了"保护和养护自然资源"和"防止对海洋环境动植物的损害"。因此,海洋环境的保护和保全措施似乎是以最全面和最包罗万象的方式设想的。这一理念也可以从联合国大会 1970 年 12 月 17 日关于召开第三次联合国海洋法

---

⑦ A/CONF. 62/WP. 8/Part III(非正式单一协商案文,1975 年),第一部分,《正式记录》第四卷,第 171–176 页(第三委员会主席)。

会议的第 2750 C（XXV）号决议推断出来（第一卷，第 178 页）。

XII. 13. 由海底委员会正式批准并在该决议第 2 段中提及的交由海洋法会议审议的与海洋法有关的主题和问题全面清单中载有关于海洋环境保全的主题（除其他外，包括防止污染）。这一表述将防止污染纳入作为待建立的海洋国际制度的主要组成部分之一的海洋环境的保全这一更广泛的语境内。大会 1973 年 11 月 16 日第 3067（XVIII）号决议（第一卷，第 188 页）在确定第三次联合国海洋法会议的任务时，在第 3 段中再次列入了该主题和问题清单。关于海洋环境的保全，该清单列出了 5 个分项目：

12.1 污染源和其他危害源及其防治措施；

12.2 保护海洋环境生态平衡的措施；

12.3 对海洋环境和沿海国损害的责任和赔偿责任；

12.4 沿海国的权利和义务；和

12.5 国际合作。

在第三次联合国海洋法会议上，其研究工作分配给了第三委员会。[⑧]（此外，主题和问题清单的项目 6.8 和项目 7.4 是关于在领海以外的专属经济区内对海洋环境的污染和其他危害的防止和控制以及关于沿海国对领海以外资源的优先权利或其他非专属管辖权的，这些与第二委员会的工作有关（见本书系第二卷）。）

结合联合国大会的有关决议来看，这些分项目共同反映了《公约》第十二部分标题中所规定的海洋环境的保护和保全理念包罗万象的范围。这一理念远远不止于在污染已经发生后对其进行治理。它包括积极采取法律和行政措施，并应用科学方法和程序，这些方法和程序不仅旨在遏止或减轻海洋生态系统的恶化，而且还提供措施保护和保全海洋环境免受污染和其他危害的有害影响。

保全或养护措施，特别是在一切可能需要之处关于海洋环境的自然资源的措施，甚至可能导致海洋环境生态平衡的某些改善。还可以认为，"保护"一词提示出措施与紧迫的或既有的危险或损害有关，而"保全"一词则传达了养护自然资源和保持海洋的环境质量的含义。（不过，这种解释应始终谨慎并在有关条款的语境内作出）。的确，在《公约》中，"养护"是通常用于生物资源保护的术语，而"保护和保全"通常是指第五十六条第 1 款所述的海洋环境。

除第十一部分和附件三和附件四外，《公约》全文中使用的"海洋环境的保护和保全"一语也表达了长期政策的理念。[⑨] 因此，该语通常见于宣明一般原则或基本权利和

---

⑧ A/CONF. 62/29（1974 年），《正式记录》第三卷，第 59 页。

⑨ 关于这一问题，见 L. Dolliver M. Nelson "第三次联合国海洋法会议起草委员会：多种语言文本的影响"，《英国国际法年鉴》第 57 卷，第 176 页（1986 年）。还应注意的是，关于无害通过的第 21 条第 1 款（f）项明确并特意地对"保全……环境"作了一般性的提及。

义务的条款中，例如第一九二条、第一九三条、第二三五条、第二三六条和第二三七条。另一方面，与海洋环境的保护和保全有关的具有明显的操作特性的条款提到"防止、减少和控制海洋环境污染"的措施。第十二部分的大部分条款以及《公约》其他部分的几项条款就是这样（例如第二十一条第1款（f）项、第三十九条第2款（b）项、第四十二条第1款（b）项、第四十三条（b）项、第五十六条、第七十九条第2款和第九十四条第4款（c）项（产生于第二委员会）、第一四五条和第一六五条（产生于第一委员会）、第二七七条（产生于第三委员会）和其他）。在这方面，应当指出，起草委员会建议将"通过（adopt）"作为"法律和规章"的动词，将"采取（take）"作为"措施"的动词，⑩《公约》采用了这种用法。

XII. 14. 第十二部分的另一个重要特点是协调了关于海洋环境的保护和保全的国家法律和规章与国际规则、标准和建议办法以及程序。对相异甚至相反利益的这种和解是长期而艰难协商的结果，这种协商的一方是对海洋环境污染的日益关注；另一方是对海洋具有影响的国家活动的实际意义，包括国际航运的扩大、日趋严重的陆源海洋环境污染，以及逐渐增加的海床和底土开发活动的潜在影响。⑪

一些发展中国家认为其环境政策必须服从于经济和技术进步这些紧迫优先事项，认为它们应该在陆地和船舶来源的海洋环境污染方面享有更宽大的制度。另一方面，一些发达国家则坚持沿海国有权颁布比通过主管国际组织或外交会议确立的普遍接受的国际规则和标准更严格的国家法律和规章。他们主张，更严格的国家法律和条例也应适用于外国船只的设计、建造、人员配备或装备，以避免污染海洋环境。强调任何一个极端都可能导致操作上和法律上的混乱，从而对建立一个保护和保全海洋环境和促进航行自由的完整一致的全球制度产生不利影响。

XII. 15. 会议通过采取了一种基于全球生态系统和全球航行系统完整性理念的综合性办法，成功地克服了这些立场之间的对立。这一综合性办法要求国际规则和标准明显优于国家法律和规章，特别是在主要涉及船舶造成的污染以及海床和底土自然资源的勘探和开发中使用的设施和装置造成的污染和海洋环境中运营的其他设施和装置造成的污染的标准制定和执行措施方面。⑫ 国际规则和标准在总体上的突出地位，特别是关于外国船舶的设计、建造、人员配备或装备方面，以多种表述在整部《公约》中表

---

⑩ 见 A/CONF. 62/L. 57/Rev. 1（1980年），第三节（"涉及的一些问题"），《正式记录》第十四卷，第114、116-117页（起草委员会主席）。

⑪ 本段评述由第三次联合国海洋法会议第三委员会主席亚历山大·扬科夫提供，出自"十字路口上的海洋法会议"，《弗吉尼亚大学国际法期刊》第18卷，第31、36页（1977年）。

⑫ 例见第二十一条第2款，第九十四条第4款（b）项，第一九四条第3款（b）、（c）、（d）项，第二一一条第2款和第6款（c）项、第二一七条第2款、第二二〇条第1~3款，第二二二条和第二二六条第1款（a）项（1）目。

现出来。⑬

形成共识的基础在于各方都努力使国家法律和规章与通过主管国际组织或一般性外交会议确立的普遍接受的规则、标准和建议做法以及程序协调一致。这些目标没有得到统一的实现，因为必须考虑到沿海国在不同海洋区域权利范围的差异。因此，以第二一一条第2款（关于船舶造成的污染）为例，该条规定，关于防止，减少和控制海洋环境污染的国家法律和规章"至少应具有与通过主管国际组织或一般外交会议制订的一般接受的国际规则和标准相同的效力"。提及防止、减少和控制来自船只的污染的国家法律和规章的同一条第5款规定，为沿海国专属经济区内的执行措施的目的，这种法律和规章应"符合通过主管国际组织或一般外交会议制订的一般接受的国际规则和标准，并使其有效"。⑭

对于增订国家法律和规章以便在需要采取特别强制性措施防止污染的专属经济区的明确界定区域内应对特殊情形，同样的协调也是必要的。第二一一条第6款（c）项规定："这种增订的法律和规章可涉及排放和航行办法，但不应要求外国船只遵守一般接受的国际规则和标准以外的设计、建造、人员配备或装备标准。"这一规则也与沿海国关于领海无害通过的国家法律和规章有关。第二十一条第2款规定：

> 这种法律和规章除使一般接受的国际规则或标准有效外，不应适用于外国船舶的设计、建造、人员配备或装备。

XII. 16. 对于国家法律和规章与一般接受的国际规则和标准间的协调，必须从全面的角度加以审视。总体上的国际海洋法，特别是与环境有关的国际法，其编纂和逐步发展制定中每一个新的步伐，都可能为海洋环境的保护和保全领域内的新的国家立法提供基础。在这方面，特别是关于国际规则和标准，第二一一条第1款规定，这种规则和标准应"根据需要随时……重新审查"，以适当应对海洋环境的保护和保全提出的新要求。这意味着某种形式的定期的、甚至是系统的审查。在相当大的程度上，国际海事组织海洋环境保护委员会已经在照此行事，保持着对船只污染问题的监督。

XII. 17. 在《公约》英文本中，"主管国际组织"一语以单、复数形式频繁出现在第十二部分中：其中其复数形式出现在第一九七条、第一九八条、第二〇〇条、第二〇一条、第二〇二条、第二〇三条、第二〇五条、第二〇七条、第二〇八条、第二一〇条、第二一二条、第二一三条、第二一四条、第二一六条和第二二二条中；其

---

⑬ 这一基本规则表述于第二十一条第2款。另见第二一一条第2、5款和第6款（c）项以及第二二〇条，第3款。

⑭ 在第二二〇条第3款中，对于针对违反"符合"国际规则和标准"并使其有效"的国家法律和规章的执行措施，也载有同样的规定。

单数形式出现在第二一一条、第二一七条、第二一八条、第二二〇条和第二二三条中（不过在第二二三条中出现的该语与其他条款中出现的具有不同的含义）。（该语的单数形式也出现在《公约》英文本第二十二条第 3 款（a）项，第四十一条第 4、5 款，第五十三条第 9 款和第六十条第 3、5 款，其含义同前。）在第九期会议续会上（1980年），起草委员会在对案文进行统稿的过程中提请注意这两种形式，并针对不同条款提出了多项以其中一种形式替代另一种形式的建议，以供有关的主要委员会审议。此外，它还建议在第一条（关于用语）中增加以下规定："'国际组织'是指政府间组织。"⑮ 基于1969 年《维也纳条约法公约》第二条第 1 款（壬）项的这一建议并没有获得通过。

复数形式的含义明显取决于时间、地点和情形（这一论断同样适用于第二二三条中的单数形式）。它还允许各国在特定情况下与不同的国际政府间组织进行互动。然而，单数形式的意义受到更多的制约。在涉及适用的规则、标准和建议的办法和程序时，在第二委员会和第三委员会通过的条款中经常可以见到"主管国际组织（单数）"一语，这通常是指国际海事组织。⑯ 而在《公约》其他地方，单数形式是指在有关情形下的任何主管国际组织。在海洋法会议上，在第二委员会和第三委员会内部普遍认为，在预防、减少和控制来自船舶的海洋环境污染，海上倾倒，航行安全和航路规划制度，以及船舶的设计、建造、装备和人员配备方面，国际海事组织应为"主管国际组织"。⑰ 与之相似，在放射性物质方面，国际原子能机构为主管国

---

⑮ 关于起草委员会的统稿报告，见 A/CONF. 62/L 57/Rev. 1（1980 年），第十五节，《正式记录》第十四卷，第 114、125 页。

⑯ 国际海事组织于 1948 年根据 1948 年 3 月 6 日通过于日内瓦、1958 年 3 月 17 日生效的《政府间海事协商组织公约》作为联合国专门机构成立，当时称为政府间海事协商组织（《联合国条约集》第 289 卷，第 48 页；《美国条约集》第 9 卷，第 621 页；《条约和其他国际条例集》第 4044 页）。1975 年 11 月 14 日的修正将该组织的名称改为国际海事组织，同时公约的名称也作了相应的修改，并自 1982 年 5 月 22 日起生效（《联合国条约集》登记号第 4214 号，《条约和其他国际条例集》第 10374 页）。关于其现文本，见国际海事组织《基本文件》第一辑第一卷（国际海事组织销售号 001 86. 17. E；还另刊印于国际海事组织销售号 013 84. 08. E）。

海事组织最初是作为一个协商组织成立的。于 1975 年和 1977 年通过并于 1982 年生效的一系列修正案，原始组建公约中规定该组织应为"协商和咨询"性质的规定已被删去，国际海事组织现在是一个业务专门机构。

⑰ 关于《公约》中的"主管国际组织"一语应指国际海事组织，见国际海事组织秘书处研究报告《1982 年联合国海洋法公约对国际海事组织的影响》，doc. LEG/MISC/1（1986 年），第 5 段。转载在《荷兰海洋法研究所年鉴》第 3 卷［1987 年］，340-341 页；联合国海洋事务和海洋法司《海洋事务年度回顾：法律和政策的主要文件》1985—1987 年第 1 卷，第 123-124 页。

一般情况见该组织秘书长在海洋法会议第二十二次会议（1974 年）上的发言，第 8-19 段，《正式记录》第一卷，第 65 页；和 A/CONF. 62/27（1974 年），政府间海事协商组织关于航运和其他有关海事事项的活动，《正式记录》第三卷，第 43 页。另见 S. Mankabady 编《国际海事组织》（1984 年）。

国际海事组织应为处理海洋污染问题的主管机构这一理念可以追溯到联合国运输和通信委员会在其第四届会议上（1950 年）的一项建议，经济和社会理事会 1950 年 7 月 12 日第 298B（XI）号决议核可了该项建议。见上文脚注①中所引联合国秘书处备忘录，第 15-16 段。关于运输和通信委员会的建议，见经济和社会理事会第五年第十一届会议《正式记录》（E/1665），补编第 2 号第 3 页。

际组织。⑱

在已存在区域安排的情况下（世界上很多地方都是如此），这种安排的基本文书会表明其与主管国际组织的关系，以及该区域安排应在何种程度上充当该特定区域的"主管国际组织"。在斯德哥尔摩会议之后，根据关于国际环境合作的机构和财政安排的 1972 年 12 月 15 日第 2997（XXVIII）号决议，成立了联合国环境规划署，这是联合国内的一项常设机构安排。联合国环境规划署通过其"区域海洋计划活动中心"协调其 10 个区域行动计划，这些计划涉及 120 多个沿海国。然而，这些并不是制定标准的组织；联合国环境规划署与不同的政府间组织和非政府组织以及在每个区域运作的与海洋事务有关的国家机构进行着密切的合作。环境署经常被赋予与某一区域的海洋环境有关的具体责任，并为大多数区域安排提供秘书处。⑲

在《非正式综合协商案文》中，在第十二部分中增加了"全球性和区域性"几个字以限定"主管国际组织"一语。然而，在《非正式综合协商案文》第 2 次修订稿中，根据起草委员会的建议删除了这一限定语，因为该委员会认定"原则上……'主管国际组织'一语足以指称全球性组织或同时指称全球性和其他组织。"⑳

XII. 18. 海洋法会议决定不将"国际组织"的定义包括在第一条中之后，还决定，联合国各机构不具有成为《公约》缔约方的资格（见第五卷，第 193 页，第 305.19 段）。这并不意味着国际政府间组织和联合国或其他专门机构的其他自主机构或计划或国际原子能机构不能承担执行《公约》为其设想的各项任务。此外，自 1982 年以来，一些国际组织缔结并签署了 1986 年 3 月 21 日《国家和国际组织间或国际组织间条约法维也纳公约》，㉑ 包括联合国本身、欧洲委员会、联合国粮农组织、国际民用航空组织、国际劳工组织、国际电信联盟、联合国教科文组织、世界卫生组织和世界气象组织——它们都以某种方式与《海洋法公约》有关。

1986 年《维也纳公约》尚未生效，但国际法委员会已于 1982 年完成了最后草案，其内容已为第三次海洋法会议所知，并确实影响到附件九的起草（见第五卷，第 455

---

⑱ 《国际原子能机构规约》于 1956 年 10 月 26 日在纽约通过，1957 年 7 月 29 日生效，《联合国条约集》第 276 卷第 3 页；《美国条约集》第 8 卷第 1093 页；《条约和其他国际条例集》第 3873 页；《联合王国条约集》第 19 集（1958 年），《英王敕令》第 450 号。（1961 年 10 月 4 日，1970 年 9 月 28 日和 1984 年 9 月 27 日修订）。该机构在技术上并不是《联合国宪章》第五十七条和第六十三条所指的联合国的"专门机构"，但与联合国有特殊关系。

⑲ 关于环境署的一般情况，见 P. M. Dupuy，载于 R·伯恩哈特编《国际公法百科全书》第 5 编第 319 页（1983 年）。《联合国海洋法公约》附件三，第二条，本系列丛书，第五卷，第 446 页。

⑳ A/CONF. 62/L. 40（1970 年），第二十二节，第 2 段，《正式记录》第十二卷，第 95、102 页（起草委员会主席）。

㉑ 关于 1986 年《维也纳公约》，见 A/CONF. 129/15（1986 年，油印本）；杂项第 11 号（1987 年），《英王敕令》第 244 号；《国际法资料》第 25 卷，第 543 页（1986 年）；《一般国际公法评论》第 90 卷，第 501 页（1986 年）。

页）。1986 年《维也纳公约》第 4 节（第 34~38 条）对应于 1969 年《维也纳条约法公约》第 34~38 条，标题为"条约和第三国或第三方组织"，其中后一术语指不是条约缔约方的国际政府间组织。通过 1986 年公约，国际组织将能够享有关于条约和第三方组织的一般法所规定的权利并受其义务限制。随着时间的推移，这可能会改变不同国际组织与 1982 年《海洋法公约》的法律关系。

XII. 19. 通过第三委员会协商的条款（第二三三条除外）中一贯使用了"船舶（ship［s］）"一词，而在第二委员会协商后通过的那些条款中，一贯使用的是"船只（vessels）"一词（第四十二条（"渔船"fishing vessels）和第七十三条除外）。同样，在第二九二条中使用了"船只"，该条是在非正式全体会议上编定的。起草委员会在第八期会议续会（1979 年）的案文统稿过程中提请注意了这一明显的差异，但指出这一问题只影响到英文本和俄文本，因为其他语言的文本中都仅使用了一个词（法语使用了 *navire*，西班牙语使用了 *buque*）："'船舶'和'船只'这两个词在文本中不解释为意思不同的东西。"[22] 起草委员会还建议，英语和俄语语言小组的主席共同协商，以便在其小组内解决这一问题。结果这一方案未能成功，起草委员会遂建议在第一条的英文本和俄文本中增加一项规定，即两个词具有相同的含义，但也未获接受。在第十一期会议（1982 年）上的一份报告中，第三委员会主席提到了这一点。他写道：

> 这个问题已在会议的早期阶段审议，在与一些专家，包括**政府间海事协商组织［现为国际海事组织］**协商后，**第三委员会的认识是，较为宽泛的术语"船只（vessel）"是更为适当的，因为它不仅包括船只，而且包括其使用或操作可能造成海洋环境污染的其他漂浮结构**。[23]

在第 165 次全体会议上，意大利代表在提到该报告时说，没有任何理由认为"船舶（ship）"和"船只（vessel）"二语在《公约》中意指不同的东西；[24] 对这一意见没有人做出反应。

XII. 20. 第十二部分包括 11 节，基本上涵盖了整个主题，不过没有遵循原始的主题和问题清单项目 12 下的各个分项目的次序。第三委员会主席于 1975 年在《非正式

---

[22] 见 A/CONF. 62/L. 40（1979 年），第 6 节，《正式记录》第六节和第十二节第 95、97 页（起草委员会主席）。另见 A/CONF. 62/L. 57/Rev. 1（1980 年），《总结》（"其他建议"），同上，第十六卷，第 114、126 页（起草委员会主席）。

[23] 见 A/CONF. 62/L. 92（1982 年），第 5 节，《正式记录》第十六卷，第 209-210 页（起草委员会主席）。

[24] 见第 165 次全体会议（1982 年），第 70 段，《正式记录》第十六卷，第 76 页。关于这一问题，进一步参见 L. D. M. Nelson，前注⑨，第 177 页。

单一协商案文》第三部分中将第十二部分划分为若干节。㉕ 经过一些修改后，这一结构于 1977 年在非正式综合协商案文中得到采用，并在《公约》的所有后续草案中保留。㉖

第十二部分的结构反映了与海洋环境的保护和保全有关的规定的全面性。它包括所有污染来源，即来自陆地来源、受国家管辖的海底活动、来自"区域"内的活动、倾倒产生的、来自船只的以及来自大气层或通过大气层的污染。它规定了在国家管辖范围之内和之外的所有海洋区域内的范围广泛的标准制定和执行措施。关于防止、减少和控制海洋环境污染的国际规则和国家立法的一节（第五节）包括关于防止、减少和控制海洋环境污染的国家法律和规章以及国际规则、标准和建议的办法和程序。它们针对所有污染来源系统地作了详细规定——包括陆源污染（第二〇七条）、国家管辖的海底活动造成的污染（第二〇八条）、来自"区域"内活动的污染（第二〇九条）、倾倒造成的污染（第二一〇条）、来自船只的污染（第二一一条）和来自大气层或通过大气层的污染（第二一二条）。

关于执行的规定（第六节）对上述污染源（第二〇七条至第二一二条）也采用了属物管辖，而对船旗国（关于倾倒的第二一六条和关于船只来源污染的第二一七条）、沿海国（第二二〇条以及第二一三条、第二一四条、第二一六条和第二二一条）、港口国（第二一八条）和任何国家（关于倾倒的第二一六条和关于来自大气层或通过大气层的污染的第二二二条）采用了属人管辖和属地管辖。《公约》其他部分也有关于标准制定和执行措施的规定。

外国船舶及其船员的保障办法载于第七节（第二二三条至第二三三条）。该节处理关于对这些船只进行调查、司法程序的提起和进行、对船只的违反行为实施的处罚以及旨在避免在行使执行权力时产生不良后果的措施的要求。

XII. 21. 可见，关于标准制定、执行和保障办法的规定是密切相关的。它们是保护和保全海洋环境规则综合框架的核心组成部分。它们的前面有四节。第一节载有关于海洋环境的保护和保全的权利和义务的"一般规定"。第二节处理这一领域的"全球性和区域性合作"的促进。关于"技术援助"的第三节处理为防止、减少和控制海洋环境污染向发展中国家提供科学和技术援助。关于"监测和环境评价"的第四节包含关于监测污染危险和评估污染影响的一些一般规定。

在第十二部分的结构中，有 4 项杂项规定（第二三四条至第二三七条），因为它们所处理的事项明显有别于其他，故认为应将它们各自放在单独的一节中：第八节——冰

㉕ 前注⑦。第三部分的第一部分分为 11 章。有两个单独的章节——一个关于监测，另一个关于环境评估（第 4 章和第 5 章）——后来二者合并成为第十二部分第 4 节。在《非正式单一协商案文》中没有关于保障办法的专门章节。此外，还有一章是关于争端的解决（第 11 章）的，后来经过一些修改后作为第二九七条第 1 款（c）项纳入《公约》第十五部分。

㉖ A/CONF. 62/WP. 10（非正式综合协商案文，1977 年），第十二部分，《正式记录》第八卷，第 1、34—41 页。

封区域；第九节—责任；第十节—主权豁免和第十一节—关于保护和保全海洋环境的其他公约所规定的义务。

XII. 22. 解决与第十二部分的解释或适用有关的争端完全属于第十五部分的范围。第二八二条和第二九九条在适用时保留相关公约的争端解决条款。此外，第二九〇条授权主管法院或法庭在案件的最后决定之前，规定其根据情况认为适当的临时措施，以防止对海洋环境的严重损害。[27] 同时，第十二部分第七节的保障办法如果得到适当适用，很可能减少需要适用第十五部分的国际争端的发生机会，关于用尽当地补救办法的第二九五条强调了这一方面。

20 世纪 80 年代后期，国际法院审议了根据《国际法院规约》第二十六条第 1 款设立一个处理环境争端的分庭的可能性。它认为，没有必要设立一个常设特别分庭，并强调它可以迅速响应组建一个可向其提交任何案件（因而也包括环境案件）的特别分庭的请求（根据《规约》第二十六条第 2 款）。[28]

XII. 23. 在第十二部分的结构中，可发现某些一致性的欠缺和明显的重复。然而，尽管第三委员会和随后的起草委员会做出了努力，但是会议整体上通过"一揽子交易"和协商一致程序方式的特有协商方法，几乎不允许对协商案文的哪怕是结构上的或纯粹文字上的修改——协商案文本身就是艰苦谈判的产物。

XII. 24. 第十二部分旨在建立一个关于海洋环境的保护和保全的全面的规则框架，但《公约》所载的关于这一主题的规则并非全部归于这一部分中。如前所述，《公约》的许多其他部分都有关于防止、减少和控制海洋环境污染的规定。因此，在许多情况下，采用交叉引用是必不可少的，后文的公约评注在必要时都将利用这种方法。与此同时，《公约》第十二部分在关于海洋环境的保护和保全的一般国际法方面的主导地位是应该强调的。

XII. 25. 在正式决定召开第三次海洋法会议的联合国大会 1970 年 12 月 17 日第 2750C（XXV）号决议通过之后，在政府间海事协商组织的主持下，订立了几部重要的国际公约以规范第十二部分所涉事项的不同方面（以及海洋法的其他方面）。其中包括

---

[27] 另例见 LOS/PCN/SCN. 4/WP. 2/Rev. 1/Part I（1986 年，油印本），《国际海洋法法庭规则草案》，第四部分（争端程序）D 节（附带诉讼）1 分节（临时措施），第 83–88 条（由秘书处编写）。转载于《第三次联合国海洋法会议筹备委员会文件集》第七卷，第 259、277、296 页；《荷兰海洋法研究所年鉴》第 2 卷 [1986 年]，第 152、181 页。根据拟定的草案，只有争端当事方可以要求规定临时措施以防止对海洋环境的严重损害，因此，这种要求与规定临时措施以保持争端各方各自权利的要求是具有同等地位的。

[28] 《1987—1988 国际法院年鉴》第 15 页。

1972 年《伦敦倾倒公约》和 "73/78 防污公约"。㉙ 这些公约中包含了如下的一项规定：

> 本公约的任何规定均不妨碍根据联合国大会第 2750 C（XXV）号决议召开的联合国海洋法会议编纂和制定海洋法，也不妨碍任何国家现在或将来关于海洋法和沿海国和船旗国管辖权的性质和范围的主张和法律意见。

《伦敦倾倒公约》还设想在 1976 年以前举行一次会议，以便确定沿海国在毗邻其海岸的区域内适用该公约的权利和责任的性质和范围；然而，由于海洋法会议显然很可能继续进行下去，后来的各公约就没有采纳这一条款。㉚ 此外，1973 年海洋污染问题国际会议通过了一项决议（第 25 号决议），要求国际海事组织秘书长将该公约转交第三次海洋法会议。该决议指出，"关于海洋污染的国际法是海洋法的一部分。"㉛

XII. 26. 关于海洋环境的保护的有关协定的清单见本导言附录。这些文书中的第一项是在第三次海洋法会议召开前通过的，而最后一项是在 1982 年《公约》的大方针已经确定后通过的。而第三次海洋法会议本身也最终通过了互不妨碍条款，即总体上的第三一一条和特别关于第十二部分的义务的第二三七条。这样做的结果是，第十二部分在以下方面规定了一系列关于保护和保全海洋环境免受不同污染源影响的一般原则，包括要遵守的标准和国际接受的规则、标准和建议的办法及程序与国家法律和规章之间的关系，以及可能涉及执行这些国际规则和标准的不同国家的义务。

因此，第十二部分在一般范围内本身也是在 1982 年《公约》所体现的对海洋法的一般性和全面陈述内的一个框架。事实上，第十二部分有时被称为"伞式框架"。它的总体目标是在海洋综合法范围内，尽可能在沿海国管辖范围内的不同海洋区域内，建立一套由沿海国、船旗国和港口国遵守的统一的国家法律和规章制度。它是在一般接

㉙　在国际海事组织主持下缔结的包含此项"第三次海洋法会议"规定的《公约》包括 1977 年《渔船安全国际公约》（托雷莫利诺斯）（尚未生效），《英王敕令》杂项第 17 号第 7252 页；1978 年《海员培训、发证和值班标准国际公约》（伦敦），《联合王国条约集》第 50 号（1984 年），《英王敕令》第 9266 页（1982 年 4 月 28 日生效）；和 1979 年《国际海上搜寻救助公约》（汉堡）（1985 年 6 月 22 日生效），《联合王国条约集》第 59 号（1986 年），《敕令》第 12 号。这些公约分别涉及第二委员会通过的第九十四条和第九十八条。在其他机构主持下通过的涉及海事的公约不包含这一规定。该规定也载于 1979 年 6 月 23 日在波恩通过的《养护野生动物移栖物种公约》（第十二条），《德意志联邦共和国条约》第 62 卷第 179 页（1986 年）；杂项第 11 号（1980 年），《英王敕令》第 7888 页；《国际法资料》第 19 卷第 15 页（1980 年）（1983 年 11 月 1 日生效）。

㉚　关于海事组织随后行动的概述，见《海洋法公约对伦敦倾倒公约的影响：秘书处的说明》（（doc. LDC 10/7, 1986），第十次协商会议报告（doc. LDC. 10/15（1986）。部分转载在《荷兰海洋法研究所年鉴》第 2 卷［1986 年］，第 386、390 页；联合国海洋事务和海洋法司《海洋事务年度回顾：法律和政策的主要文件》第二卷，第 602 页。

㉛　关于向第三次海洋法会议的转交，见 A/CONF. 62/27（1974 年），前注⑰。

受的国际规则和标准的基础上实现这一制度的，而这些规则和标准本身是通过一个或多个主管国际组织（通常是国际海事组织或原子能机构）制定的。虽然该条款可以被视为典型的一系列相关国际公约中常见的"不妨碍"条款（尽管以不同的形式），但第三次海洋法会议的互不妨碍决定在国际海洋法的更宽泛背景下赋予了该条款更多的特征。由于它们，在《海洋法公约》本身中包括详细的、往往技术性甚高的方面不再必要。它们使主管国际组织能够根据其本身的组建文书以及根据该文书通过的决定和决议以及本组织的惯例，㉜不断审查这些细节，并依经验和技术进步对其不断更新。㉝

㉜ 这一表述取自1986年《国家和国际组织间或国际组织间条约法公约》第2条第1款（j）项，前注㉑。如已议定，这可允许默认接受修正，以加速修正的生效，特别是在紧急情况下。

㉝ 联合国大会在1988年11月1日关于海洋法的第43/18号决议中请秘书长对照《公约》有关条款就海洋环境的保护和保全的最新发展情况提交一项特别报告。该报告见《大会正式记录》第44卷，附件，a. i. 30（A/44/461和Corr. 1（1989年，油印本））。另见秘书长关于海洋法的报告（A/44/650（1989年，油印本）），第一部分，第四节，项目C。

附　录

处理海洋环境保护的多边公约 *

1954 年 5 月 12 日　　《防止倾倒废物及其他物质污染海洋的公约》，订于伦敦。《联合国条约集》第 327 卷第 3 页；《美国条约集》第 12 卷第 2989 页，《条约和其他国际条例集》第 4900 页；《联合王国条约集》第 54 集（1958 年），《英王敕令》第 595 号［国际海事组织］（1958 年 7 月 26 日生效）。

1962 年 4 月 11 日修订于伦敦。《联合国条约集》第 600 卷第 332 页；《美国条约集》第 17 卷第 1523 页，《条约和其他国际条例集》第 6109 页；《联合王国条约集》第 59 集（1967 年），《英王敕令》第 3354 号。（1967 年 5 月 18 日和 1967 年 6 月 28 日生效）。

1969 年 10 月 21 日修订于伦敦。《联合国条约集》第 1140 卷第 340 页；《美国条约集》第 28 卷第 1205 页，《条约和其他国际条例集》第 8505 页；《联合王国条约集》第 21 集（1978 年），《英王敕令》第 7094 号（1978 年 1 月 20 日生效）。

1971 年 10 月 12 日修订于伦敦，杂项第 32 号（1972 年），《英王敕令》第 5071 号（未生效）。

1971 年 10 月 15 日修订于伦敦。杂项第 32 号（1972 年），《英王敕令》第 5090 号；《国际法资料》第 11 卷第 267 页（1972 年）（未生效）。

1958 年 4 月 29 日　　《领海和毗连区公约》，订于日内瓦。《联合国条约集》第 516 卷第 205 页；《美国条约集》第 15 卷第 1606 页，《条约和其他国际条例集》第 5639 页；《联合王国条约集》第 3 集（1965 年），《英王敕令》第 2511 号［联合国］（1964 年 9 月 10 日生效）。

---

* 编者注：交存方用方括号［　］表示。《联合国条约集》的登记情况和所注生效日期以 1990 年 1 月为准。

1958 年 4 月 29 日	《公海公约》，订于日内瓦。《联合国条约集》第 450 卷第 82 页；《美国条约集》第 13 卷第 2312 页，《条约和其他国际条例集》第 5200 页；《联合王国条约集》第 5 集（1963 年），《英王敕令》第 1929 号［联合国］。（1962 年 9 月 30 日生效）。
1958 年 4 月 29 日	《大陆架公约》，订于日内瓦。《联合国条约集》第 499 卷第 311 页；《美国条约集》第 15 卷第 471 页，《条约和其他国际条例集》第 5578 页；《联合王国条约集》第 39 集（1964 年），《英王敕令》第 2422 号［联合国］。（1964 年 6 月 10 日生效）。
1962 年 5 月 25 日	《核动力船舶经营人责任公约》，订于布鲁塞尔，《美国国际法期刊》第 57 卷第 268 页（1963 年）［比利时］（未生效）。
1963 年 8 月 5 日	《禁止在大气层、外层空间和水下进行核武器试验条约》，订于莫斯科，《联合国条约集》第 480 卷第 45 页；《美国条约集》第 14 卷第 1313 页，《条约和其他国际条例集》第 5433 页；《联合王国条约集》第 3 集（1964 年），《英王敕令》第 2245 号；《国际法资料》第 2 卷第 883 页（1963 年）［苏联/英国/美国］。（1963 年 10 月 10 日生效）。
1969 年 11 月 29 日	《国际干预公海油污事故公约》，订于布鲁塞尔，《联合国条约集》第 970 卷第 211 页；《美国条约集》第 26 卷第 765 页，《条约和其他国际条例集》第 8068 页；《联合王国条约集》第 7 集（1975 年），《英王敕令》第 6056 号［国际海事组织］。（1975 年 5 月 6 日生效）（见 1973 年 11 月 2 日议定书）。
1969 年 11 月 29 日	《国际油污损害民事责任公约》，订于布鲁塞尔，《联合国条约集》第 973 卷第 3 页；《联合王国条约集》第 106 集（1975 年），《英王敕令》第 6183 号；《美国国际法期刊》第 64 卷第 481 页（1970 年）；《国际法资料》第 9 卷第 45 页（1970 年）［国际海事组织］。（1976 年 11 月 19 日和 1984 年 5 月 25 日生效）。
1971 年 2 月 2 日	《关于特别是作为水禽栖息地的国际重要湿地公约》，订于拉姆萨尔（伊朗），《联合国条约集》第 996 卷第 245 页；《联合王国条约集》第 34 集（1976 年），《英王敕令》第 6465 号；《国际法资料》第 11 卷第 963 页［联合国教科文组织］。（1975 年 12 月 21 日生效）。

1971 年 2 月 11 日	《禁止在海床洋底及其底土安置核武器和其他大规模毁灭性武器条约》，订于伦敦、莫斯科和华盛顿。《联合国条约集》第955 卷第 115 页；《美国条约集》第 23 卷第 701 页，《条约和其他国际条例集》第 7337 页；《联合王国条约集》第 13 集（1973 年），《英王敕令》第 5266 号［苏联/英国/美国］（1972 年 5 月 18 日生效）。
1971 年 12 月 17 日	《海运核材料民事责任公约》，订于布鲁塞尔。《联合国条约集》第 974 卷第 225 页；杂项第 39 号（1972 年），《英王敕令》第 5094 号；《国际法资料》第 11 卷第 277 页（1972 年）［国际海事组织］（1975 年 7 月 15 日生效）。
1971 年 12 月 18 日	《设立国际油污损害赔偿基金公约》，订于布鲁塞尔，《联合国条约集》第 1110 卷第 57 页；《联合王国条约集》第 95 号（1978 年），《英王敕令》第 7383 号；《国际法资料》第 11 卷第 284 页（1972 年）；《美国国际法期刊》第 66 卷第 712 页（1972 年）［国际海事组织］（1978 年 10 月 16 日生效）（见 1976 年 11 月 19 日和 1984 年 5 月 25 日议定书）。
1972 年 12 月 29 日	《防止倾倒废物及其他物质污染海洋的公约》，订于伦敦、墨西哥城、莫斯科和华盛顿。《联合国条约集》第 1046 卷第 120 页；《美国条约集》第 26 卷第 2403 页，《条约和其他国际条例集》第 8165 页；《联合王国条约集》第 43 号（1976 年），《英王敕令》第 6486 号；《国际法资料》第 11 卷第 1294 页（1972 年）［国际海事组织］（1975 年 8 月 30 日生效）。 1978 年 10 月 12 日修订于伦敦（附件一和附件二）。《联合国条约集》第 1140 卷第 377 页；《联合王国条约集》第 71 号（1979 年），《英王敕令》第 7656 号（1979 年 3 月 11 日生效）。 1978 年 10 月 12 日修订于伦敦，杂项第 11 号（1979 年），《英王敕令》第 7570 号（未生效）。 1980 年 9 月 24 日修订于伦敦。《联合国条约集》第 1263 卷（登记号 15749）；《联合王国条约集》第 20 号（1982 年），《英王敕令》第 8555 号（1981 年 3 月 11 日生效）。

1973 年 11 月 2 日	《国际防止船舶造成污染公约》，订于伦敦。《联合国条约集》第 1340 卷（登记号 22484）；杂项第 26 号（1974 年），《英王敕令》第 5748 号；《国际法资料》第 12 卷第 1319 页（1973 年）[国际海事组织][注：该公约一直未生效，但其修订后的文本包括 1978 年 2 月 17 日议定书。]
1973 年 11 月 2 日	《关于干预公海上除油类之外的其他物质造成海洋污染的议定书》，订于伦敦。《联合国条约集》第 1340 卷（登记号 21886）；《条约和其他国际条例集》第 10561 页；《联合王国条约集》第 27 号（1983 年），《英王敕令》第 8924 号；《国际法资料》第 17 卷第 1103 页（1978 年）[国际海事组织]（1983 年 3 月 30 日生效）（见 1969 年 11 月 29 日）。 修订于 1986 年，杂项第 3 号（1987 年），《英王敕令》第 87 号（未生效）。
1976 年 11 月 19 日	《国际油污损害民事责任公约》议定书，订于伦敦，《联合国条约集》第 973 卷第 3 页；《联合王国条约集》第 26 号（1981 年），《英王敕令》第 8238 号；《国际法资料》第 16 卷第 617 页（1977 年）[国际海事组织]（1981 年 4 月 8 日生效）（见 1969 年 11 月 29 日）。
1976 年 11 月 19 日	《设立国际油污损害赔偿基金公约》议定书，订于伦敦。杂项第 27 号（1977 年），《英王敕令》第 7029 号；《国际法资料》第 16 卷第 621 页（1977 年）[国际海事组织]（未生效）（见 1971 年 12 月 18 日）。
1976 年 12 月 10 日	《禁止为军事或任何其他敌对目的使用改变环境的技术的公约》，订于纽约，《联合国条约集》第 1108 卷第 151 页；《美国条约集》第 31 卷第 333 页，《条约和其他国际条例集》第 9614 页；《联合王国条约集》第 24 号（1979 年），《英王敕令》第 7469 号 [联合国]（1978 年 10 月 5 日生效）。
1978 年 2 月 17 日	《国际防止船舶造成污染公约》，订于伦敦，《联合国条约集》第 1340 卷（销售号 22484）；杂项第 27 号（1978 年），《英王敕令》第 7347 号；《国际法资料》第 17 卷第 546 页（1978 年）[国际海事组织]（1983 年 10 月 2 日生效）。（1973 年 11 月 2 日；这些协定统称"73/78 防污公约"）。

1984 年 9 月 7 日修订于伦敦，《联合国条约集》第 1421 卷（即将出版）（1986 年 1 月 7 日生效）。

1985 年 12 月 5 日修订于伦敦，《联合国条约集》第 1460 卷（即将出版）（1987 年 4 月 6 日生效）。

1987 年修订（1989 年 4 月 1 日生效）。

1979 年 6 月 23 日	《养护野生动物移栖物种公约》，订于波恩。《德意志联邦共和国条约》第 62 卷第 178 页；杂项第 11 号（1980 年），《英王敕令》第 7888 页；《国际法资料》第 19 卷第 15 页（1980 年）[德意志联邦共和国]（1983 年 11 月 1 日生效）。
1980 年 3 月 3 日	《核材料实物保护公约》，订于维也纳，《联合国条约集》第 1456 卷（登记号 24631）；杂项第 27 号（1980 年），《英王敕令》第 8112 号；《国际法资料》第 28 卷第 1422 页（1979 年）[国际原子能机构]（1987 年 2 月 8 日生效）。
1982 年 12 月 3 日	修订《关于特别是作为水禽栖息地的国际重要湿地公约》的议定书，订于巴黎，《联合国条约集》第 1437 卷（登记号 14583）；《国际法资料》第 22 卷第 698 页（1983 年）（1986 年 10 月 1 日生效）（见 1971 年 2 月 2 日）。
1984 年 5 月 25 日	修订《设立国际油污损害赔偿基金公约》的议定书，订于伦敦，杂项第 7 号（1986 年），《英王敕令》第 9926 号[国际海事组织]（未生效）（见 1971 年 12 月 18 日）。
1984 年 5 月 25 日	《国际油污损害民事责任公约》议定书，订于伦敦，杂项第 8 号（1986 年），《英王敕令》第 9927 号；国际海事组织文件 LEG/CONF.6/66 号[国际海事组织]（尚未生效）。（与 1969 年 11 月 29 日公约共同作为 1984 年《国际油污损害民事责任公约》释读）。
1986 年 2 月 7 日	《联合国船舶登记条件公约》，订于日内瓦。联合国文件 TD/RS/CONF/23 号；《国际法资料》第 26 卷第 1229 页（1987 年）[联合国]（未生效）。
1988 年 6 月 2 日	《南极矿产资源活动管理公约》，订于惠灵顿。杂项第 6 号（1989 年），《英王敕令》第 634 号；《国际法资料》第 27 卷第 868 页（1988 年）[新西兰]（1989 年 5 月时尚未生效）。

1989 年 3 月 22 日	《控制危险废物越境转移及其处置巴塞尔公约》，订于巴塞尔，联合国文件 UNEP/IG. 80/3；《国际法资料》第 28 卷第 657 页（1989 年）；［联合国］（未生效）。
1989 年 4 月 28 日	《国际打捞公约》，订于伦敦，国际海事组织文件 LEG/CONF. 7/27（文本转载于《海洋法公报》第 14 卷第 77 页）［国际海事组织］（未生效）。

处理海洋污染的区域性多边条约和协定

1967 年 12 月 8 日	《丹麦、芬兰、挪威和瑞典之间关于合作确保遵守〈石油污染海上条例〉的协议》，订于哥本哈根，《联合国条约集》第 620 卷第 226 页［丹麦］（1968 年 1 月 8 日生效）。
1969 年 6 月 9 日	《合作处理北海石油污染协议》，订于波恩，《联合国条约集》第 704 卷第 3 页；《联合王国条约集》第 78 号（1969 年），《英王敕令》第 4205 号；《国际法资料》第 9 卷第 359 页（1970 年）［国际海事组织］（1969 年 8 月 9 日生效）。《技术安排》，1972 年 7 月 28 日订于巴黎，《联合国条约集》第 850 卷第 197 页［国际海事组织］（1972 年 8 月 15 日生效）。
1971 年 9 月 16 日	《丹麦、芬兰、挪威和瑞典之间关于合作采取措施应对海洋石油污染的协议》，订于哥本哈根，《联合国条约集》第 822 卷第 311 页［丹麦］（1971 年 10 月 16 日生效）。
1972 年 2 月 15 日	《防止船舶和飞机倾倒废物污染海洋公约》，订于奥斯陆，《联合国条约集》第 932 卷第 3 页；《联合王国条约集》第 119 号（1975 年），《英王敕令》第 6228 号；《国际法资料》第 11 卷第 262 页（1972 年）［挪威］（1974 年 4 月 7 日生效）。（见 1983 年 3 月 2 日议定书）。
1974 年 2 月 19 日	《丹麦、芬兰、挪威和瑞典之间关于环境保护的公约》，1974 年订于斯德哥尔摩。《联合国条约集》第 1092 卷第 280 页；《国际法资料》第 13 卷第 591 页（1974 年）［瑞典］（1976 年 10 月 5 日生效）。

1974 年 3 月 22 日	《保护波罗的海海洋环境公约》，订于赫尔辛基，《联合国条约集》（1988 年 6 月 22 日登记）；A/CONF.62/-C.3/L.1 和 Corr.l（1974 年，油印本）；《国际法资料》第 13 卷第 546 页（1974 年）；《国际公法综合评论》第 79 卷第 157 页（1975 年）〔芬兰〕（1980 年 5 月 3 日生效）。
	修订于 1980 年（1980 年 12 月 1 日生效）。
	修订于 1981 年（1981 年 5 月 3 日生效）。
	修订于 1983 年（1983 年 9 月 1 日生效）。
	修订于 1984 年（1984 年 7 月 1 日生效）。
	修订于 1985 年（1986 年 1 月 1 日生效）。
1974 年 6 月 4 日	《防止陆源海洋污染公约》，订于巴黎，《联合国条约集》（登记于 1988 年 6 月 22 日）；《联合王国条约集》第 64 号（1978 年），《英王敕令》第 7251 号；《国际法资料》第 13 卷第 352 页（1974 年）；《国际公法综合评论》第 82 卷第 950 页（1978 年）〔法国〕（1978 年 5 月 6 日生效）（见 1986 年 3 月 26 日议定书）。
	修订于 1986 年，杂项第 3 号（1987 年），《英王敕令》第 87 号（未生效）。
1976 年 2 月 16 日	《保护地中海免受〔陆源〕污染公约》，订于巴塞罗那，《联合国条约集》第 1102 卷（登记号 16908）；《国际法资料》第 15 卷第 290 页（1976 年）；《国际公法综合评论》第 83 卷第 602 页（1979 年）；New Dir. NS J.3；〔西班牙〕（1978 年 2 月 12 日生效）（见 1980 年 5 月 17 日议定书）。
1976 年 2 月 16 日	《防止船舶和飞机倾倒污染地中海议定书》，订于巴塞罗那，《联合国条约集》第 1102 卷（登记号 16908）；《国际法资料》第 15 卷第 300 页（1976 年）；国际公法综合评论第 83 卷第 625 页（1979 年），联合国环境规划署〔西班牙〕（1978 年 2 月 12 日生效）。
1976 年 2 月 16 日	《关于在紧急情况下合作应对石油和其他有害物质对地中海污染的议定书》，订于巴塞罗那，《联合国条约集》第 1102 卷（登记号 16908）；《国际法资料》第 15 卷第 306 页（1976 年）；《国际公法综合评论》第 83 卷第 616 页（1979 年），联合国环境规划署〔西班牙〕（1978 年 2 月 12 日生效）。

1976 年 12 月 17 日	《勘探和开发海底矿物资源造成的油污损害的民事责任公约》，订于伦敦，杂项第 8 号（1977 年），《英王敕令》第 6791 号；《国际法资料》第 16 卷第 1450 页（1977 年）［英国］（未生效）。
1978 年 4 月 24 日	《科威特保护海洋环境免受污染区域合作公约》，订于科威特。《联合国条约集》第 1140 卷第 133 页；《国际法资料》第 17 卷第 511 页（1978 年），联合国环境规划署［科威特］（1979 年 7 月 1 日生效）（见 1989 年 3 月 29 日议定书）。
1978 年 4 月 24 日	《关于在紧急情况下合作应对石油和其他有害物质污染议定书》，订于科威特，《联合国条约集》第 1140 卷第 133 页，《国际法资料》第 17 卷第 501 页（1978 年）［科威特］（1979 年 7 月 1 日生效）。
1979 年 12 月 13 日	《远距离越境空气污染公约》，订于日内瓦，《联合国条约集》第 1302 卷（登记号 21623）；《条约和其他国际条例集》第 10941 页；《联合王国条约集》第 57 号（1983 年），《英王敕令》第 9034 号；《国际法资料》第 18 卷第 1442 页（1979 年）［联合国］（1983 年 3 月 16 日生效）（见 1984 年 9 月 28 日、1985 年 7 月 8 日和 1988 年 10 月 31 日议定书）。
1980 年 5 月 17 日	《保护地中海免受陆地来源污染议定书》，订于雅典，《联合国条约集》第 1328 卷（登记号 22281）；《国际法资料》第 19 卷第 869 页（1980 年）［西班牙］（1983 年 6 月 17 日生效）（见 1976 年 2 月 16 日）。
1981 年 3 月 23 日	《合作保护和开发西非和中非区域海洋和沿海环境公约》，订于阿比让，《联合国条约集》（待登记）；联合国登记号 UNEP/16.22/7；《国际法资料》第 20 卷第 746 页（1980 年），联合国环境规划署［象牙海岸］（1984 年 8 月 5 日生效）。
1981 年 3 月 23 日	《关于在紧急情况下［在西非和中非区域］合作应对污染的议定书》，订于阿比让。《国际法资料》第 20 卷第 756 页（1981 年）；New Dir. NS J.5，联合国环境规划署［象牙海岸］（1984 年 8 月 5 日生效）。

1981 年 11 月 12 日	《保护东南太平洋海洋环境和沿海地区公约》，订于利马，联合国文件 UNEP-CPPS/16.32/4 号；New Dir. NS J. 18，联合国环境规划署。[南太平洋常设委员会总秘书处]（1986 年 5 月 19 日生效）（见 1983 年 7 月 22 日议定书）。
1981 年 11 月 12 日	《关于在紧急情况下进行区域合作应对东南太平洋碳氢化合物或其他有害物质污染协定》，订于利马，New Dir. NS J. 18 第 13 页，联合国环境规划署[南太平洋常设委员会总秘书处]（1986 年 7 月 14 日生效）（见 1983 年 7 月 22 日补充议定书）。
1982 年 2 月 14 日	《红海和亚丁湾环境养护公约》，订于吉达，《国际法资料》第 22 卷第 219 页（1983 年）（仅有概要）；New Dir. NS J.19，联合国环境规划署[沙特阿拉伯]（1985 年 8 月 20 日生效）。
1982 年 2 月 14 日	《关于在紧急情况下进行区域合作应对石油和其他有害物质污染的议定书》，订于吉达，New Dir. NS J. 19 第 17 页，联合国环境规划署[沙特阿拉伯]（1985 年 8 月 20 日生效）。
1982 年 4 月 3 日	《关于地中海特别保护区的议定书》，订于日内瓦，《联合国条约集》登记号 24079，联合国环境规划署[西班牙]（1986 年 3 月 23 日生效）（见 1976 年 2 月 16 日）。
1983 年 3 月 2 日	《防止船舶和飞机倾倒废物污染海洋公约》议定书，订于奥斯陆，杂项第 12 号（1983 年），《英王敕令》第 8942 号[挪威]（未生效）（见 1972 年 2 月 15 日）。
1983 年 3 月 24 日	《大加勒比区域海洋环境保护和开发公约》，订于卡塔赫纳，《联合国条约集》（待登记）；《联合王国条约集》第 38 号（1988 年），《英王敕令》第 399 号；《国际法资料》第 22 卷第 227 页（1983 年）联合国环境规划署[哥伦比亚]（1986 年 10 月 11 日生效）（见 1990 年 1 月 18 日）。
1983 年 3 月 24 日	《关于合作应对大加勒比区域漏油事故的议定书》，订于卡塔赫纳。《联合国条约集》（待登记）；《联合王国条约集》第 38 号（1988 年），《英王敕令》第 399 号第 15 页；《国际法资料》第 22 卷第 240 页（1983 年）[哥伦比亚]（1986 年 10 月 11 日生效）。

1983 年 7 月 22 日	《关于进行区域合作应对东南太平洋碳氢化合物或其他有害物质污染的补充议定书》，订于基多，New Dir. NS J. 18 第 19 页，联合国环境规划署［南太平洋常设委员会总秘书处］（1987 年 5 月 20 日生效）（见 1981 年 11 月 12 日）。
1983 年 7 月 22 日	《保护东南太平洋免受陆源污染的议定书》，订于基多，New Dir. NS J. 18 第 25 页，联合国环境规划署［南太平洋常设委员会总秘书处］（1987 年 9 月 23 日生效）（见 1981 年 11 月 12 日）。
1983 年 9 月 13 日	《合作应对北海石油和其他有害物质污染协议》，订于波恩，杂项第 26 号（1983 年），《英王敕令》第 9104 号。［德意志联邦共和国］（未生效）。
1984 年 9 月 28 日	《1979 年远距离越境空气污染公约关于为监测和评估欧洲境内的空气污染物提供资金的议定书》，订于日内瓦，《联合国条约集》已登记（1988 年 1 月 28 日）；《联合王国条约集》第 75 号（1988 年），《英王敕令》第 521 号；《国际法资料》第 24 卷第 484 页（1985 年）［联合国］（1988 年 1 月 28 日生效）（见 1979 年 11 月 13 日）。
1985 年 6 月 21 日	《保护、管理和开发东非区域海洋和沿海环境公约》，订于内罗毕，联合国环境规划署，New Dir. NS J. 26［肯尼亚］（未生效）。
1985 年 6 月 21 日	《关于在紧急情况下在东非区域合作应对海洋污染的议定书》，订于内罗毕。New Dir. NS J. 26［肯尼亚］（未生效）。
1985 年 7 月 8 日	《1979 年远距离越境空气污染公约关于减少硫化物排放量或其越境通量至少 30% 的议定书》，订于赫尔辛基，《联合国条约集》登记号 A－21623；《国际法资料》第 27 卷第 698 页（1988 年）［联合国］（1987 年 9 月 2 日生效）（见 1979 年 11 月 13 日）。
1986 年 3 月 26 日	《防止陆源海洋污染公约》议定书，订于巴黎，杂项第 3 号（1987 年），《英王敕令》第 87 号［法国］（未生效）（见 1974 年 6 月 4 日）。

1986 年 11 月 24 日	《保护南太平洋自然资源与环境公约》，订于努美阿，《国际法资料》第 26 卷第 41 页（1987 年），联合国环境规划署［南太平洋经济合作局局长］（未生效）。
1986 年 11 月 25 日	《关于合作应对南太平洋区域污染紧急情况的议定书》，订于努美阿，《国际法资料》第 26 卷第 59 页［南太平洋经济合作局局长］（未生效）。
1986 年 11 月 25 日	《防止南太平洋区域倾倒污染的议定书》，订于努美阿，《国际法资料》第 26 卷第 65 页［南太平洋经济合作局局长］（未生效）。
1988 年 10 月 31 日	《1979 年远距离越境空气污染公约关于控制氮氧化物或其跨界通量的排放的议定书》，订于索菲亚，《国际法资料》第 28 卷第 212 页（1989 年）［联合国］（未生效）（见 1979 年 11 月 13 日）。
1989 年 3 月 29 日	《关于勘探和开发大陆架造成的海洋污染的议定书》，订于科威特，联合国环境规划署［科威特］（未生效）（见 1978 年 4 月 24 日）。
1990 年 1 月 18 日	《大加勒比区域海洋环境保护和开发公约关于特别保护区和野生动物的议定书》，联合国环境规划署［哥伦比亚］（未生效）（见 1983 年 3 月 24 日）。

处理海洋污染的非政府协议和协约*

1969 年 1 月 7 日	《油轮所有人自愿承担油污责任协定》，订于伦敦，《国际法资料》第 8 卷第 497 页（1969 年）（1969 年 10 月起生效）。修订于 1972 年、1977 年、1978 年、1980 年、1981 年、1984 年和 1986 年（两次）（最后一次于 1987 年 2 月 2 日起生效）。
1971 年 1 月 14 日	《关于油轮油污染责任协定临时增补条款的协约》（CRISTAL），《国际法资料》第 10 卷第 137 页（1971 年）（由百慕大 Cristal 有限公司执行）。

---

* 迄今为止（1989 年 8 月）的基本文件都已在弗吉尼亚大学法律图书馆档案馆存档。

修订于 1985 年和 1987 年。见《关于油轮油污染责任协定临时增补条款的协约》解释备忘录，1989 年 2 月修订。

1974 年 9 月 4 日 阿莫科石油公司–英国石油公司–伯马石油公司–法国石油公司–大陆石油公司–埃克森石油公司–海湾石油公司–汉密尔顿石油公司–美孚石油公司–比利时石油公司–菲利普斯石油公司–壳牌石油公司–德克萨科石油公司：《近海污染责任协议》，订于伦敦，《国际法资料》第 13 卷第 1409 页（1974 年）；及《规则》，《国际法资料》第 14 卷第 147 页（1975 年）（自 1975 年 5 月 1 日起生效）。

修订于 1975 年、1976 年、1980 年、1981 年和 1986 年。

1985 年 6 月 5 日 《油轮船东之间的污染责任协议》，New Dir. NS J. 24（未在 1985 年生效）。

第一节　一般规定

第一九二条　一般义务

各国有保护和保全海洋环境的义务。

资料来源

1. A/AC.138/SC.III/L.26，第三部分，转载在 1972 年《海底委员会报告》第 213、222 页（加拿大）。

2. A/AC.138/SC.III/L.27（1973 年，油印本），原则（a）（澳大利亚）。

3. A/AC.138/SC.III/L.28（1973 年，油印本），第 1 条（加拿大）。

4. A/AC.138/SC.III/L.32（1973 年，油印本），第 1 条和第 2 条（苏联）。

5. A/AC.138/SC.III/L.33（1973 年，油印本），第 2 条第 1 款（马耳他）。

6. A/AC.138/SC.III/L.39（第二工作组第 3 号文件），转载在 1973 年《海底委员会报告》第 85~86 页（第二工作组主席）。

7. A/AC.138/SC.III/L.40（1973 年，油印本），第 1 条（美国）。

8. A/AC.138/SC.III/L.41（1973 年，油印本），第 7 条（肯尼亚）。

9. A/AC.138/SC.III/L.43（1973 年，油印本），第 1 条（挪威）。

10. A/AC.138/SC.III/L.47（1973 年，油印本），第 1 条（厄瓜多尔、萨尔瓦多、秘鲁、乌拉圭）。

11. A/AC.138/SC.III/L.52/Add.1，附件 2（第二工作组第 3 号文件（巴西）），转载在 1973 年《海底委员会报告》第 91、100 页（第二工作组主席）。

12. A/CONF.62/C.3/L.2（1974 年），第 3 条，《正式记录》第三卷，第 245 页（肯尼亚）。

13. A/CONF.62/C.3/L.6（1974 年），第 1 条，《正式记录》第三卷，第 249 页（加拿大、斐济、加纳、圭亚那、冰岛、印度、伊朗、新西兰、菲律宾、西班牙）。

14. A/CONF.62/C.3/L.15（1974 年），《正式记录》第三卷，第 1 条，第 260 页（第三委员会非正式会议）。

15. A/CONF. 62/WP. 8/Part III（非正式单一协商案文，1975 年），第一部分《正式记录》第四卷，第 2 条，第 171 页（第三委员会主席）。

16. A/CONF. 62/WP. 8/Rev. 1/Part III（订正的单一协商案文，1976 年），第 2 条，《正式记录》第五卷，第 173~174 页（第三委员会主席）。

17. A/CONF. 62/WP. 10（非正式综合协商案文，1977 年），第 193 条，《正式记录》第八卷，第 1、34 页。

18. A/CONF. 62/WP. 10/Rev. 1（非正式综合协商案文第一次修订稿，1979 年，油印本），第 192 条，转载在《第三次联合国海洋法会议文件集》第一卷，第 375、462 页。

19. A/CONF. 62/WP. 10/Rev. 2（非正式综合协商案文第二次修订稿，1980 年，油印本），第 192 条，转载在《第三次联合国海洋法会议文件集》第二卷，第 3、91 页。

20. A/CONF. 62/WP. 10/Rev. 3（非正式综合协商案文第三次修订稿，1980 年，油印本），第 192 条，转载在《第三次联合国海洋法会议文件集》第二卷，第 179、268 页。

21. A/CONF. 62/L. 78（《公约草案》，1981 年），第 192 条，《正式记录》第十五卷，第 172、206 页。

起草委员会

统稿过程（1981 年和 1982 年）没有产生文件。

非正式文件

22. CRP/MP/1（1974 年，油印本），第二部分 A 节（关于项目 12 的非正式会议主席）。转载在《第三次联合国海洋法会议文件集》第十卷，第 71~72 页。

23. CRP/MP/2（1974 年，油印本），（第三委员会非正式会议主席）。转载在《第三次联合国海洋法会议文件集》第十卷，第 141 页。

24. 美国（1974 年，油印本），第 1 条，转载在《第三次联合国海洋法会议文件集》第十卷，第 419 页。

25. CRP/MP/14（1974 年，油印本），（第三委员会非正式会议）第 1 条，转载在《第三次联合国海洋法会议文件集》第十卷，第 193 页。

26. CRP/MP/14/Rev. 1（1974 年，油印本），第 1 条（第三委员会非正式会议），转载在《第三次联合国海洋法会议文件集》第十卷，第 198 页。

27. 七十七国集团（1975 年，油印本），第 1 条，转载在《第三次联合国海洋法会议文件集》第十卷，第 433 页。

28. 七十七国集团（1975 年，油印本），第 1 条，转载在《第三次联合国海洋法会议文件集》第十卷，第 436 页。

评　　注

192. 1. 标题为"一般规定"的第一节包含 5 条，即第一九二条至第一九六条，构成第七部分的导言并为后续的实质性规定设置了框架。即使是通过"shall"一词使用了使令性较强的措辞的第一九四条至第一九六条，对可能义务的范围也作了限定，而绝不是绝对的。因此，第一节以适当的条约措辞制定了一系列法律原则，而没有为各国规定具体的义务或可量化的权利。

本节的标题首次出现在非正式单一协商案文第三部分中并在后续的所有案文中保持未变。

192. 2. 第一九二条是第十二部分所包含的对海洋环境的保护和保全的综合办法的必要组成部分之一，它一般是针对各国的。这一表述宣明了保护和保全海洋环境的笼统义务，有人提出可将其扩展适用于按照第三〇五条第 1 款（f）项成为《公约》缔约方的国际组织。这样，它即可使《公约》对"有需要通过本公约，在妥为顾及所有国家主权的情形下，为海洋建立一种法律秩序，以……促进海洋的和平用途，……以及研究、保护和保全海洋环境"的认识具有实效（见第一卷第 461 页）。虽然已存在若干处理这一义务的各个具体方面的国际协定（见第十二部分评注导言附录），第一九二条第一次在一项全球性条约中包含了对保护和保全海洋环境的一般义务的明示陈述。

192. 3. 在这方面，第一九二条是一个在与海洋环境有关的多种类型的国际文书中采取越来越宽泛措施的进程所达到的顶峰。

它以条约措辞表述了政府间海洋污染工作组在其于渥太华召开的第二期会议（1971 年）上通过的保全海洋环境诸原则（政府间海洋污染工作组诸原则），[①] 以及联合国人类环境会议（斯德哥尔摩会议）宣言所包含的诸项原则。[②] 政府间海洋污染工作组原则 1 阐明：

> 每个国家都有保护和保全海洋环境，特别是防止可能影响国际共享资源
> 所在区域的污染的职责。

《斯德哥尔摩宣言》虽然处理的不仅仅是海洋环境，但与其保护和保全是有关的。特别是，该宣言原则 7 规定：

---

① A/CONF. 48/IWGMP. II/5（1971 年，油印本），第 11 段，转载于 A/CONF. 48/8（1972 年，油印本），第 197 段；另收录于 A/AC. 138/SC. III/L. 26 第三部分，转载于 1972 年《海底委员会报告》第 213、222–229 页（加拿大）。

② 《斯德哥尔摩会议报告》第 3 页。

各国应采取一切可能步骤防止海洋受易于产生对人类健康的危害、损害生物资源和海洋生物、损坏环境优美或干扰海洋的其他正当用途的物质的污染。

构成斯德哥尔摩会议报告一部分的一项"人类环境行动计划"也包含了关于对具有宽泛的国际重要性的若干污染物的确认和控制的一系列建议，并包含有关于海洋污染的一节。③ 除其他外，建议 92 呼吁各国政府共同将政府间海洋污染工作组诸原则认可为"海洋法会议和预定于 1973 年召开的政府间海事协商组织海洋污染会议的指导概念"。

192. 4. 在海底委员会 1972 年会议上，加拿大在第三分委员会内部部分地为提供"一套保全海洋环境和防止与控制海洋污染的综合办法的一般大纲"的目的提出了一项关于保全海洋环境的工作文件（资料来源 1，第 213 页）。在该文件中，加拿大指出缺乏一项"明示地规定各国保全海洋环境和防止任何来源的海洋环境污染的一般义务"的条约，并进而强调：

> 在一项关于海洋环境保全的一般条约或主条约中制定这样一项一般性表述，其重要性是无论如何强调都不过分的；它将成为一般条约与处理海洋污染的个别方面的特殊条约或国家措施之间的关联元素或有机连接，并将有助于确立对阐释和遵守这种特殊条约的一般承诺。此外，它还将为政府间海事协商组织［国际海事组织］等专门机构在这一领域的工作提供面向环境的新依据［资料来源 1，第 223 页］。

加拿大的这一文件在为国家保护海洋环境的一般义务建议制定准则时，同时提到了政府间海洋污染工作组诸原则和斯德哥尔摩宣言。

192. 5. 在海底委员会 1973 年会议上，有几项关于总起条款的提案提交给第三分委员会，第二工作组对它们作了非正式审议。澳大利亚的一项工作文件（资料来源 2）将资源开发权（现包含于第一九三条）与保护和保全海洋环境的职责结合起来。加拿大的一项提案（资料来源 3）仅简单地规定"各国有保护和保全海洋环境的义务。"苏联提出的一套草案条款（资料来源 4）中的前两条分别是关于拟议草案的范围和防止海洋污染的义务的，但两条的措辞都比加拿大提案更加一般化。马耳他提案（资料来源 5）也以一般性措辞拟定，规定"各国在维持……"海洋环境质量方面，"……具有共同利益。"

---

③ 同上，第二章，建议 70-94（特别是第 87-94）。另见该报告附件三，包含"海洋污染评估和控制一般原则"。

第二工作组关于非正式协商结果的报告（资料来源 6）包含了以下的文字，并附有下面的脚注：

各国有按照以下条款的规定保护和保全海洋环境的义务。*

挪威提交的草案条款重复了这一理念（资料来源 9）。由 4 个拉丁美洲国家提交的提案将这一事项建立在利益的基础上（资料来源 10）：

所有国家在防止和控制海洋污染以保卫海洋环境和其居民的健康和其他利益方面，具有合法利益。

工作组再次召开会议时，巴西提出删去上述脚注（资料来源 11），但该工作组和第三分委员会都没有就各国的一般义务采取进一步行动。

192. 6. 在海洋法会议第二期会议上（1974 年），提交给第三委员会的提案中有 3 项（资料来源 12 至资料来源 14）处理了保护海洋环境的一般义务的制定。肯尼亚提交的一系列草案条款（资料来源 12）中引入了一种新的表述，其中第 3 条提出如下内容：

各国和管理局有按照以下条款的规定保护和保全海洋环境的质量和资源的义务。

一系列以区划办法处理海洋环境保全的草案条款（资料来源 13）中的第一条重复了加拿大在第三分委员会提出的提案的表述并删去了脚注，其内容仅为：

各国有保护和保全海洋环境的义务。

关于项目 12 的非正式会议和配合这些会议成立的起草和协商组的工作所产生的共同文本（资料来源 14）更加接近地反映了第二工作组采纳的办法，其内容如下：

各国有（按照以下条款的规定）保护和保全海洋环境的义务。

括号中的一句应结合第二工作组编制的其他案文考虑。

---

* 其中提到的"按照以下条款的规定"意在反映工作组打算在随后各条中规定出这一一般义务的范围、条件和限制的事实。例如，工作组可能希望规定这些条款中的任何内容都不应视为给一国规定了有防止仅对其管辖范围内的区域和资源有影响的污染的职责。

192. 7. 在第三期会议上（1975 年），继续进行的非正式协商形成了对加拿大表述的一致赞同，经过修改，其在非正式单一协商案文第三部分（资料来源 15）中内容如下：

> 各国有保护和保全全部海洋环境的义务。

订正的单一协商案文（资料来源 16）对这一案文作了进一步修改，删去了"海洋环境"前的"全部"，并以这一形态最终成为非正式综合协商案文第一次修订稿（资料来源 18）第 192 条。此后，该案文在 6 种语言的公约中都保持未变。

192. 8. 第一九二条面向的是"各国"，而不仅仅是"缔约国"。对简化的"各国"一语的使用是第十二至第十四部分所特有的，这几部分都产生于第三委员会，但它也频频出现在第二至第十部分，这些部分是产生于第二委员会的。这暗示着讨论中的规定或是属于对法律的成文化编纂性质的，④ 或是有意地寻求规定 1969 年《维也纳条约法公约》意义上的第三国权利或义务，或是在与上述两种情况都不甚相符的情况下，以一般性和普遍性的措辞宣明每个国家作为一项国际法一般准则的权利或职责。第一九二条似乎属于第二种情况，它以肯定的措辞明示，作为一项一般法律原则宣明所有国家有保护和保全海洋环境的义务，并暗示（以否定的措辞）有不故意（甚或无意）使其退化的义务。这是具有这一特性的处理办法首次被纳入一项具有全面和普遍范围的一般国际条约中。

从"有……的义务"一语的使用也可见得应将本条阐释为一项一般原则。与本条不同，第一九三条则使用了"职责（duty）"而非"义务（obligation）"一词。起草委员会注意到了两条之间的区别，并询问"职责"与"义务"是否具有相同的法律含义。

> 如果答案是肯定的，整个案文中是否应仅有一个词语表达职责的意思？当然，也可能存在其他准则，比如，在每一具体用例中决定词语的选择。应指出的是，在其他语言中，这一问题是以不同的方式出现的。⑤

在此基础上，起草委员会呼吁各语言小组进行进一步审议，同时建议，"由于注意到诸如第一九二条和第一九三条中的统稿和语言一致性问题，最好使其协调一致"。起

---

④ 《维也纳条约法公约》（1969 年）第 34-38 条；《联合国条约集》第 1155 卷，第 331 页；《联合王国条约集》第 58 集（1980 年），《英王敕令》第 7964 号；《美国国际法期刊》第 63 卷，第 875 页（1969 年）；《国际法资料》第 8 卷，第 679 页（1969 年）。

⑤ A/CONF. 62/L. 40（1979 年），《正式记录》第十二卷，第 24 节，第 95、103 页（起草委员会主席）。

草委员会进而在报告中称，法语语言小组表示倾向于在法语中使用"义务"，但可以同意任何其他协调办法。

在第九期会议续会上（1980 年），第三委员会主席提出一系列润色性修改以使其职责范围内的条款更加清楚明确，其中之一是在第一九二条的标题和正文中用"职责"代替"义务"。⑥ 但第三委员会没有接受这一提案。虽然"义务"和"职责"两词并不一定在所有语境中都具有相同含义，但此处对原始案文的比较表明，为第十二部分的目的，对"义务"和"职责"两词不应作实质性的区分。⑦ 而另一方面，第一九二条中各国"有义务"这一表述则与第十二部分其他地方所使用的"应（shall）"一词截然不同。

192.9. 第一九二条的重点不仅限于防止对海洋环境的可能损害，而是扩展到"保全海洋环境"。保全似乎需要采取积极措施以维持或改善海洋环境的现状（大致情况见前文第 XII.13 段）。经起草委员会提出协调建议⑧并且这些建议在非正式综合协商案文第 2 次修订稿（资料来源 19）中落实后，在第十二部分中始终使用了"海洋环境的保护和保全"一语。这可与第十一部分使用的措辞形成对照，第十一部分的条款一般提到的是确保有效保护海洋环境免受"区域"内活动可能产生的有害影响。第一四五条第 6 款具体提及"保护和养护'区域'的自然资源，并防止对海洋环境中动植物的损害"（黑体为本书所加）。第一五五条第 2 款提到确保"保护海洋环境"。第一六二条第 2 款（w）项和第一六五条第 2 款（k）项提到"防止对海洋环境的严重损害"的措施。此外，第十五部分第二九〇条处理视为对"防止对海洋环境的严重损害"等适当的临时措施。

192.10. 与第十二部分的解释或适用有关的所有争端完全属于《公约》第十五部分（第二七九条至第二九九条）和附件五至附件八的范围；没有专门涉及第十二部分

---

⑥ A/CONF.62/C.3/L.34 和 Add.1 和 2（1980 年），附件，第一九二条，《正式记录》第十四卷，第 185 页（第三委员会主席）。

⑦ 因而，法语文本在第一九二条和第一九三条中使用了"义务"，西班牙语文本在两条中都使用了"义务"，而阿拉伯语和俄语使用了相同的词或词根。中文文本与英文文本相似，分别在第一九二条和第一九三条中使用了对应于"obligation"和"duty"的"义务"和"职责"。

⑧ 在第八期会议续会上（1979 年），起草委员会建议在整个《公约》中使用"海洋环境的保护和保全"一语，但第十一部分除外。见 A/CONF.62/L.40（1979 年），第 21 节，《正式记录》第十二卷，第 95、102 页；另见 A/CONF.62/L.56（1980 年），附件 B 第 21 节，《正式记录》第十三卷，第 94、96 页（均为起草委员会主席）。详见《语言小组协调员对起草委员会的建议》，CG/WP.16（1981 年，油印本），第 54 页。这一表述也见于第二委员会提出的第二十一条、第五十六条和第一二三条。

的特别争端解决条款。⑨ 第二九七条第 1 款规定：

    1. 关于因沿海国行使本公约规定的主权权利或管辖权而发生的对本公约的解释或适用的争端，遇有下列情形，应遵守第二节所规定的程序：
    （a）据指控，沿海国在第五十八条规定的关于航行、飞越或铺设海底电缆和管道的自由和权利，或关于海洋的其他国际合法用途方面，有违反本公约规定的行为；
    （b）据指控，一国在行使上述自由、权利或用途时，有违反本公约或沿海国按照本公约和其他与本公约不相抵触的国际法规则制定的法律或规章的行为；或
    （c）据指控，沿海国有违反适用于该沿海国、并由本公约所制订或通过主管国际组织或外交会议按照本公约制定的关于保护和保全海洋环境的特定国际规则和标准的行为。

这对于根据第十二部分采取的沿海国执法措施引起的争端尤其重要。第二九八条第 1 款（b）项的"军事活动"例外不适用于第二九七条第 1 款。

根据附件八，与海洋环境的保护和保全有关的争端以及与航行有关的争端，包括来自船只和倾倒造成的污染，可以提交该附件所规定的特别仲裁程序。根据该附件第二条，联合国环境规划署被指定为负责保持海洋环境的保护和保全领域的适当专家名单的机构，国际海事组织则为航行领域，包括来自船只和倾倒的污染领域的指定机构。这表明海洋环境的保护和保全以及船只和倾倒造成的污染是不同的概念，尽管毫无疑问总会出现不清楚应将某一特定情况归入哪个类别的情形（关于这一问题，见第五卷第 449 页，第 A.VIII.7 段）。《公约》的实质性条款并不总是作出这种区分，例如第二十一条第 1 款（f）项和第一四五条。

根据《公约》第二八九条，在涉及科学或技术问题的任何争端中，主管法院或法庭可根据其中规定的条件，最好从按照附件八第二条保持的有关名单中，推选科学或技术专家。

在本公约中，根据第二九〇条，主管法庭可根据第十五部分规定临时措施，以防止对案件作出最后裁判前对海洋环境造成严重损害（见第五卷，第 54 页，第 290.4

⑨　在早期阶段，特别是在海底委员会阶段，有多项提案载有关于争端解决的规定，特别是加拿大草案条款第十三条（资料来源 3）和美国草案条款第二十四条（资料来源 7）。然而，这方面似乎没有在海底委员会第三分委员会第二工作组或专门讨论这个项目的第三委员会非正式会议上讨论过。在非正式单一协商案文第三部分（资料来源 15）中，第四十四条是一项正式的争端解决条款，规定关于海洋环境保全的各条款的解释或适用的任何争端应由《公约》所载的一般争端程序解决。订正的单一协商案文第三部分（资料来源 16）第四十七条保留了这一规定，但被非正式综合协商案文删去且未作说明（资料来源 17）。

段）。

192.11（a）.《公约》中对"海洋环境"一语没有规定意义（"海洋环境污染"则不同）。马耳他提案第一条（资料来源5）指出：

> 海洋环境包括海面、其上空、水体和高潮标以外的海床，包括其中或对其有依赖的生物系统。

肯尼亚的一项提案将海洋环境定义为"包括海洋上空、海面和高潮标以外的底土，包括其中的生物和非生物资源的区域"（资料来源12，序言（c）款）。虽然这两项提案都没有被《公约》采纳，但"海洋环境"一词在相关的情况下应包括大气。

此外，在第七期会议上（1978年），第三委员会主席报告说，"海洋环境"一语经讨论理解为包括"海洋生物"（如第一条第1款第（4）项所载）。[10]

192.11（b）.在第十二部分中，"内水"（其含义见第八条和第五十条）仅在第二一一条和第二一八条中具体提及。在其他地方则提到沿海国主权范围内或其管辖范围内的其他海洋区域。从这一点并不能推得内水不包括在海洋环境的范围内。第二〇七条第1款和第二一一条第1款等条款提及了"河流"、"河口湾"和"海岸"等地理特征，都提示了应将内水纳入海洋环境概念之内。"海洋环境"一语理所应当地延伸到任何国家管辖范围内和之外的海洋空间的所有部分，而第一九二条不以任何方式与一国对海洋的管辖权范围具有关系。

192.11（c）.第一九二条中的一般义务是以极其简练的形式载明的，而先前草案中使用的各种表述，例如"按照以下条款的规定"等，未包括在最后案文中。然而，对这一省略不应作出错误的释读。在某种意义上，这种词句是多余的。从《公约》整体（而不仅仅是第十二部分）可以看出，第一九二条的义务（及与之相伴的第一九三条的权利）总是受《公约》规定的具体权利和义务的约束。

---

⑩　A/CONF.62/RCNG/1（1978年），第三委员会主席向全体会议提交的报告，关于第一条第1款第（4）项，《正式记录》第十卷，第13、96、97页。

第一九三条　各国开发其自然资源的主权权利

各国有依据其环境政策和按照其保护和保全海洋环境的职责开发其自然资源的主权权利。

资料来源

1. A/AC. 138/89（1973 年），声明 H，第 15 段，转载在 1973 年《海底委员会报告》第二卷，第 4、7 页（非洲统一组织）。

2. A/AC. 138/SC. III/L. 27（1973 年，油印本），原则（a）和评述（澳大利亚）。

3. A/AC. 138/SC. III/L. 28（1973 年，油印本），序言第 4 段（加拿大）。

4. A/AC. 138/SC. III/L. 39（第二工作组第 7 号文件），转载在 1973 年《海底委员会报告》第一卷，第 85、89 页（第二工作组主席）。

5. A/AC. 138/SC. III/L. 41（1973 年，油印本），第 7 条（肯尼亚）。

6. A/AC. 138/SC. III/L. 43（1973 年，油印本），第 23 条（挪威）。

7. A/AC. 138/SC. III/L. 52/Add. 1，附件 2（第二工作组第 7 号文件（巴西）），转载在 1973 年《海底委员会报告》第一卷，第 91、101 页（第二工作组主席）。

8. A/CONF. 62/33（1974 年），宣言 H 第 15 段，《正式记录》第三卷，第 63~64 页（非洲统一组织）。

9. A/CONF. 62/C. 3/L. 2（1974 年），第 1 条，《正式记录》第三卷，第 245 页（肯尼亚）。

10. A/CONF. 62/C. 3/L. 6（1974 年），第 5 条，《正式记录》第三卷，第 249~250 页（加拿大、斐济、加纳、圭亚那、冰岛、印度、伊朗、新西兰、菲律宾和西班牙）。

11. A/CONF. 62/C. 3/L. 15（1974 年），第 2 条，《正式记录》第三卷，第 260 页（第三委员会，非正式会议）。

12. A/CONF. 62/WP. 8/Part III（非正式单一协商案文，1975 年），第一部分，第 3 条，《正式记录》第四卷，第 171 页（第三委员会主席）。

13. A/CONF. 62/WP. 8/Rev. 1/Part III（订正的单一协商案文，1976 年），第 3 条，《正式记录》第五卷，第 173~174 页（第三委员会主席）。

14. A/CONF. 62/WP. 10（非正式综合协商案文，1977 年），第 194 条，《正式记录》第八卷，第 1、34 页。

15. A/CONF. 62/WP. 10/Rev. 1（非正式综合协商案文第一次修订稿，1979 年，油印本），第 193 条。转载在《第三次联合国海洋法会议文件集》第一卷，第 375、462 页。

16. A/CONF. 62/WP. 10/Rev. 2（非正式综合协商案文第二次修订稿，1980 年，油印本），第 193 条。转载在《第三次联合国海洋法会议文件集》第二卷，第 3、91 页。

17. A/CONF. 62/WP. 10/Rev. 3＊（非正式综合协商案文第三次修订稿，1980 年，油印本），第 193 条。转载在《第三次联合国海洋法会议文件集》第二卷，第 179、268 页。

18. A/CONF. 62/L. 78（《公约草案》，1981 年），第 193 条，《正式记录》第十五卷，第 172、206 页。

起草委员会

19. A/CONF. 62/L. 67/Add. 7（1981 年，油印本），第 2 页。

20. A/CONF. 62/L. 72（1981 年），《正式记录》第十五卷，第 151 页（起草委员会主席）。

非正式文件

21. CRP/MP/1（1974 年，油印本），第三部分 A 节（关于项目 12 的非正式会议主席）。转载在《第三次联合国海洋法会议文件集》第十卷，第 71、75 页。

22. CRP/MP/3（1974 年，油印本），巴西和肯尼亚的提案（第三委员会，非正式会议）。转载在《第三次联合国海洋法会议文件集》第十卷，第 142 页。

23. CRP/MP/4（1974 年，油印本），印度的提案（第三委员会，非正式会议）。转载在《第三次联合国海洋法会议文件集》第十卷，第 155 页。

24. 合并文本（1974 年，油印本）。（第三委员会，非正式会议）。转载在《第三次联合国海洋法会议文件集》第十卷，第 198 页。

25. CRP/MP/14（1974 年，油印本），项目 2（第三委员会，非正式会议）。转载在《第三次联合国海洋法会议文件集》第十卷，第 193 页。

26. CRP/MP/14/第一次修订稿（1974 年，油印本），项目 2（第三委员会，非正式会议）。转载在《第三次联合国海洋法会议文件集》第十卷，第 198 页。

27. 七十七国集团（1975 年，油印本），第 2 条。转载在《第三次联合国海洋法会议文件集》第十卷，第 433 页。

28. 七十七国集团（1975 年，油印本），第 2 条和第 7 条。转载在《第三次联合国海洋法会议文件集》第十卷，第 436、438 页。

评　　注

193. 1. 各国保护和保全海洋环境的义务（载于第一九二条）是与其开发其自然资源的主权权利的概念相关联的。这一概念以这一形式被纳入 1972 年《斯德哥尔摩宣言》的原则 21 中：

> 按照联合国宪章和国际法原则，各国有按照自己的环境政策开发自己资源的主权权利，并且有责任确保在其管辖或控制范围之内的活动，不致损害其他国家的或在国家管辖范围以外地区的环境。①

联合国人类环境会议（斯德哥尔摩会议）的许多与会者认为，各国的环境义务必须与其在经济发展方面的权利一起加以阐明。其中提及的各国"自己的环境政策"尤其反映了发展中国家对引入繁重的环境义务的关切，这些国家正处在以关心其人民的经济福祉的改善为主的时代，对承担这些义务能力不足。还有人认为，发达国家应该承担防止污染的最大负担，因为它们被认为对现有环境损害负有主要责任。

同时，《斯德哥尔摩会议报告》还载有美国对原则 21 的一项重要解释声明：

> 美国认为，该原则［21］或《宣言》其他地方所载任何内容显然没有以任何方式减少各国防止环境损害的义务或导致各国具有任何权利以采取行动减损其他国家或国际社会的权利。关于各国对其他国家的或国家管辖范围以外地区的环境造成损害的责任的措辞［见下文第二三五条］不以任何方式限制上述义务，而是确认了关于在未履行义务的情况下应负责任的现有规则。②

193. 2. 发展中国家在斯德哥尔摩会议上表达的关切反映在 1973 年提交给海底委员会第三分委员会的关于海洋环境的保全的案文中。基于《斯德哥尔摩宣言》原则 21 的

---

① 《斯德哥尔摩会议报告》第 5 页。第一九三条通过提及"开发其自然资源的主权权利"，使对自然资源的永久主权概念和《新国际经济秩序宣言》的理念得以表达。这一概念分别体现在联合国大会 1962 年 12 月 14 日第 1803（XVII）号决议和 1974 年 5 月 1 日第 3201（S-VI）号决议中以及 1966 年《公民权利和政治权利国际公约》（《联合国条约集》第 999 卷第 171 页；《联合王国条约集》第 6 集（1977 年），《英王敕令》第 6702 号（第 22 页）；《国际法资料》第 6 卷第 368 页（1967 年））和 1966 年《经济、社会和文化权利国际公约》（《联合国条约集》第 993 卷第 3 页；《联合王国条约集》第 6 集（1977 年），《英王敕令》第 6702 号（第 5 页）；《国际法资料》第 6 卷第 360 页（1967 年））。

② 《斯德哥尔摩会议报告》，第十章，第 327 段，第 66 页。

一项关于海洋环境的保全的澳大利亚工作文件（资料来源2）规定：

> 按照联合国宪章和国际法原则，各国有依据其自己的环境政策开发其自己的资源的主权权利。这项权利应按照所有国家为了自身利益和整个人类利益保护和保全海洋环境的职责而行使，并采取一切可行措施防止或尽量减少来自所有来源包括其国家管辖范围内的陆上来源的对其领海以外的海洋环境的损害。

在关于该案文的评注中，澳大利亚代表团指出：

> 除其他外，这主要是基于［《斯德哥尔摩宣言》］原则21［等］的……它反映了联合国近年来关于污染问题的审议中产生的一个基本主题，即：虽然一国可以对其自己主权范围内的区域做其想要做的任何损害，但它不得对其主权范围以外的地区造成损害。

加拿大代表团提交的一系列关于海洋污染的草案条款（资料来源3）的序言部分采用了类似的办法，承认

> 按照联合国宪章和国际法原则，各国有依据其自己的环境政策开发其自己的资源的主权权利，并且有责任确保在其管辖或控制范围之内的活动，不致损害其他国家的或在国家管辖范围以外地区的环境。

澳大利亚和加拿大提案的元素在第三分委员会第二工作组编写的案文（资料来源4）中合并，其内容如下：

> 其中任何内容不应减损一国依据其环境政策和按照其为自身利益和整个人类利益保护和保全海洋环境的职责开发其自己资源的主权权利。

该文件所附的说明提示，承认一国依据其本国环境政策开发其自然资源的主权权利，其意图并非是作为保护和保全海洋环境这一首要责任的广泛例外。这一说明的内容如下：

> 在讨论提出的防止海洋污染措施时，有人认为有必要列入一项条款，保留各国依据其环境政策开发其自己的资源的权利。一些代表团认为，这样一项规定应是一项草案条款或一项条款的一部分，而另一些代表团则认为它属

于序言部分更为适当。还有一些国家对这一问题保留立场，一些国家表示认为这与国家采取措施防止海洋污染的具体义务无关。一些代表团还提出，这样一项规定只应涉及陆上资源的开发。

肯尼亚随后向第三分委员会提交了一系列草案条款，其中第七条仅仅提到了各国依据其环境政策开发其资源的"权利"，同时提到"防止和控制海洋环境污染的共同职责和责任"。挪威代表团的一项备选提案（资料来源6）遵循了第二工作组案文的措辞，但没有提交解释性说明。

《非洲统一组织关于海洋法诸问题的宣言》（资料来源1和资料来源8）在第15段中宣明："非洲国家承认，每个国家都有权依据其环境政策管理其资源，并有防止和控制海洋环境污染的义务"。这项规定以及海底委员会第三分委员会产生的案文（资料来源7）构成了第193条的基础，该条第一次将3个概念结合起来，即开发自然资源的主权权利、对这种开发活动适用国家环境政策的权利与保护和保全海洋环境的一般义务。

193.3. 在海洋法会议第二期会议上（1974年），肯尼亚向第三委员会提交了一份新的更详细的提案（资料来源9）。它规定：

> 在国家管辖范围内，沿海国有依据沿海国环境政策并按照以下条款的规定勘探和开发其中的海洋资源的主权权利。在这些范围内，沿海国有权采取适当措施，防止或减轻海洋环境污染所造成的危险或危害。

由10个国家提出的保全海洋环境的区划办法（资料来源10）在其第5条中包含了如下规定：

> 以下条款中的任何内容不应减损一国依据其环境政策和按照其为自身利益和整个人类利益保护和保全海洋环境的职责开发其自己资源的主权权利。

经过非正式会议对以上各提案的审议，产生了关于国家利用自己的自然资源的权利的下列草案条款（资料来源11）：

> 本公约中的任何内容不应减损一国依据其环境政策和经济发展计划和按照其保护和保全海洋环境的职责开发其自己自然资源的主权权利。

该案文附有一项一般性说明，指出一些代表团认为有必要加入这样一项条款，而另一些代表团则反对。

193.4. 在第三期会议上（1975 年），非正式协商继续进行，并导致在非正式单一协商案文第三部分（资料来源 12）中列入了以下案文：

> 各国有依据其环境政策开发其自然资源的主权权利，并应按照其保护和保全海洋环境的义务，考虑到其经济需要及其经济发展方案。

193.5. 在第四期会议（1976 年）上继续进行非正式协商后，删去了对经济需要和经济发展的提及。因此，在订正的单一协商案文第三部分中（资料来源 13），有关案文改为：

> 各国有依据其环境政策和按照其保护和保全海洋环境的职责开发其自然资源的主权权利。

这一条文此后未做进一步修改，后成为非正式综合协商案文第一次修订稿第 193 条（资料来源 15）。

193.6（a）. 第一九三条重申了各国开发其自然资源的"主权权利"，并确认各国可以依据本国的环境政策行使这项权利。1972 年《防止倾倒废物及其他物质污染海洋的公约》的序言部分称这种主权权利是"按照联合国宪章和国际法原则"的。本条的最后一句要求应按照保护和保全海洋环境的"职责"行使这一权利。第一九三条因此体现了 3 个截然分明的概念：（1）一国开发其自然资源的主权权利；（2）一国将其环境政策适用于这种开发；和（3）要求在行使这些权利时，每个国家按照其保护和保全海洋环境的职责行事。第一九三条中这些概念之间的平衡体现了个体国家在其经济发展中的利益与海洋环境的保护和保全的普遍利益之间的折衷。

193.6（b）. 本条内容是完全不言自明的。它与第一九二条相互关联，而"国家"和"职责"两词的解释载于其他地方（见上文第 192.8 段）。上文第 192.11（c）段中所载的意见同样适用于本条，同第一九二条一样，本条规定了一项法治原则。关于第一九三条中的"主权权利"一语，显然它在概念上不等同于第五十六条和第七十七条中可计量的"主权权利"，在这两条中，这些主权权利的实质内容应在职能上并按照第五部分（第五十五条至第七十五条）和第六部分（第七十六条至第八十五条）的详细规定来确定。

193.6（c）. 关于第一九三条中的"职责（duty）"一词（不同于第一九二条中的"义务（obligation）"），法文文本（obligation）和西班牙文文本（obligatión）在两条中使用了同一个词，阿拉伯文文本和俄文文本在两条中使用了同一词根。中文文本则分别在第一九二条和第一九三条中使用了对应于"obligation"和"duty"的"义务"和"职责"。

193.6（d）. 关于不将损害或危险转移或将一种污染转变成另一种污染的义务的第一九五条放大了国家保护和保全海洋环境的义务。

第一九四条　防止、减少和控制海洋环境污染的措施

1. 各国应在适当情形下个别或联合地采取一切符合本公约的必要措施，防止、减少和控制任何来源的海洋环境污染，为此目的，按照其能力使用其所掌握的最切实可行的方法，并应在这方面尽力协调它们的政策。

2. 各国应采取一切必要措施，确保在其管辖或控制下的活动的进行不致使其他国家及其环境遭受污染的损害，并确保在其管辖或控制范围内的事件或活动所造成的污染不致扩大到其按照本公约行使主权权利的区域之外。

3. 依据本部分采取的措施，应针对海洋环境的一切污染来源。这些措施，除其他外，应包括旨在在最大可能范围内尽量减少下列污染的措施：

（a）从陆上来源、从大气层或通过大气层或由于倾倒而放出的有毒、有害或有碍健康的物质，特别是持久不变的物质；

（b）来自船只的污染，特别是为了防止意外事件和处理紧急情况，保证海上操作安全，防止故意和无意的排放，以及规定船只的设计、建造、装备、操作和人员配备的措施；

（c）来自用于勘探或开发海床和底土的自然资源的设施和装置的污染，特别是为了防止意外事件和处理紧急情况，保证海上操作安全，以及规定这些设施或装置的设计、建造、装备、操作和人员配备的措施；

（d）来自在海洋环境内操作的其他设施和装置的污染，特别是为了防止意外事件和处理紧急情况，保证海上操作安全，以及规定这些设施或装置的设计、建造、装备、操作和人员配备的措施。

4. 各国采取措施防止、减少或控制海洋环境的污染时，不应对其他国家依照本公约行使其权利并履行其义务所进行的活动有不当的干扰。

5. 按照本部分采取的措施，应包括为保护和保全稀有或脆弱的生态系统，以及衰竭、受威胁或有灭绝危险的物种和其他形式的海洋生物的生存环境，而有必要的措施。

资料来源

1. A/AC. 138/SC. III/L. 27（1973 年，油印本），原则（a）（澳大利亚）。
2. A/AC. 138/SC. III/L. 28（1973 年，油印本），第 2 条（加拿大）。
3. A/AC. 138/SC. III/L. 32（1973 年，油印本），第 2 条（苏联）。

4. A/AC.138/SC.Ⅲ/L.33（1973 年，油印本），第 2 条（b）款和（c）款（马耳他）。

5. A/AC.138/SC.Ⅲ/L.39（WG.2/Paper No.8/Add.2），转载在 1973 年《海底委员会报告》第一卷，第 85~86 页（第二工作组主席）。

6. A/AC.138/SC.Ⅲ/L.41（1973 年，油印本），第 8 条（肯尼亚）。

7. A/AC.138/SC.Ⅲ/L.43（1974 年，油印本），第 3 条（挪威）。

8. A/AC.138/SC.Ⅲ/L.47（1973 年，油印本），第 3 款（厄瓜多尔、萨尔瓦多、秘鲁和乌拉圭）。

9. A/AC.138/SC.Ⅲ/L.52/Add.1，附件 2（第二工作组第 8 号文件（巴西）），转载在 1973 年《海底委员会报告》第一卷，第 91、101 页（第二工作组主席）。

10. A/CONF.62/C.3/L.2（1974 年），第 4~5 条和第 7 条（a）款，《正式记录》第三卷，第 245~246 页（肯尼亚）。

11. A/CONF.62/C.3/L.6（1974 年），第 3 条，《正式记录》第三卷，第 249 页（加拿大、斐济、加纳、圭亚那、冰岛、印度、伊朗、新西兰、菲律宾和西班牙）。

12. A/CONF.62/C.3/L.15（1974 年），第 3 条，《正式记录》第三卷，第 260 页（第三委员会，非正式会议）。

13. A/CONF.62/C.3/L.25（1975 年），第 1 条，《正式记录》第四卷，第 212 页（苏联）。

14. A/CONF.62/WP.8/Part Ⅲ（非正式单一协商案文，1975 年），第一部分，第 4 条，《正式记录》第四卷，第 171 页（第三委员会主席）。

15. A/CONF.62/WP.8/Rev.1/Part Ⅲ（订正的单一协商案文，1976 年），第 4 条，《正式记录》第五卷，第 173~174 页（第三委员会主席）。

16. A/CONF.62/WP.10（非正式综合协商案文，1977 年），第 195 条，《正式记录》第八卷，第 1、34 页。

17. A/CONF.62/RCNG/1（1978 年），第三委员会主席向全体会议提交的报告，第 195 条，《正式记录》第十卷，第 13、96、98 页。

18. A/CONF.62/RCNG/2（1978 年），第三委员会主席报告（C.3/Rep.1），附件一，第 195 条，《正式记录》第十卷，第 126、173、178 页。

19. A/CONF.62/WP.10/Rev.1（非正式综合协商案文第一次修订稿，1979 年，油印本），第 194 条。转载在《第三次联合国海洋法会议文件集》第一卷，第 375、462 页。

20. A/CONF.62/WP.10/Rev.2（非正式综合协商案文第二次修订稿，1980 年，油印本），第 194 条。转载在《第三次联合国海洋法会议文件集》第二卷，第 3、91 页。

21. A/CONF.62/WP.10/Rev.3*（非正式综合协商案文第三次修订稿，1980 年，油印本），第 194 条。转载在《第三次联合国海洋法会议文件集》第二卷，第 179、

268 页。

22. A/CONF. 62/L. 78（《公约草案》，1981 年），第 194 条，《正式记录》第十五卷，第 172、206 页。

起草委员会

23. A/CONF. 62/L. 67/Add. 7（1981 年，油印本），第 3~22 页。

24. A/CONF. 62/L. 67/Add. 7/Corr. 3（1981 年，油印本），第 1 页。

25. A/CONF. 62/L. 72（1981 年），《正式记录》第十五卷，第 151 页（起草委员会主席）。

26. A/CONF. 62/L. 142/Add. 1（1982 年，油印本），第 31~32 页。

27. A/CONF. 62/L. 147（1982 年），《正式记录》第十六卷，第 254 页（起草委员会主席）。

非正式文件

28. CRP/MP/1（1974 年，油印本），第三部分 A 节（关于项目 12 的非正式会议主席）。转载在《第三次联合国海洋法会议文件集》第十卷，第 71、76 页。

29. CRP/MP/3（1974 年，油印本），巴西、肯尼亚、荷兰、比利时、英国、法国、缅甸、瑞典、苏联、伊朗、埃及、日本、秘鲁、丹麦、意大利和利比里亚［关于资料来源 5］的提案（第三委员会，非正式会议）。转载在《第三次联合国海洋法会议文件集》第十卷，第 142~147 页。

30. CRP/MP/3/Corr. 1（1974 年，油印本），缅甸［关于资料来源 5］的提案（第三委员会，非正式会议）。转载在《第三次联合国海洋法会议文件集》第十卷，第 147 页。

31. CRP/MP/3/Add. 1（1974 年，油印本），印度、西班牙、苏联、委内瑞拉、巴拿马、法国、埃及、巴基斯坦、意大利和德意志联邦共和国［关于资料来源 5］的提案［第三委员会，非正式会议］。转载在《第三次联合国海洋法会议文件集》第十卷，第 148~150 页。

32. 美国（1974 年，油印本），第 11 条。转载在《第三次联合国海洋法会议文件集》第十卷，第 419 页。

33. 合并文本（1974 年，油印本）。（第三委员会，非正式会议）。转载在《第三次联合国海洋法会议文件集》第十卷，第 427 页。

34. 合并文本（1974 年，油印本）。（第三委员会，非正式会议）。转载在《第三次联合国海洋法会议文件集》第十卷，第 428 页。

35. CRP/MP/3/Add. 1/Rev. 1（1974 年，油印本），意大利［关于资料来源 5］的提案（第三委员会，非正式会议）。转载在《第三次联合国海洋法会议文件集》第十卷，第 151 页。

36. CRP/MP/3/Add. 2（1974 年，油印本），突尼斯［关于资料来源 5］的提案（第三委员会，非正式会议）。转载在《第三次联合国海洋法会议文件集》第十卷，第 152 页。

37. CRP/MP/3/Add. 3（1974 年，油印本），以色列［关于资料来源 5］的提案（第三委员会，非正式会议）。转载在《第三次联合国海洋法会议文件集》第十卷，第 153 页。

38. CRP/MP/3/Add. 4（1974 年，油印本），苏联［关于资料来源 5］的提案（第三委员会，非正式会议）。转载在《第三次联合国海洋法会议文件集》第十卷，第 154 页。

39. CRP/MP/14（1974 年，油印本），第 3 条（第三委员会，非正式会议）。转载在《第三次联合国海洋法会议文件集》第十卷，第 193~194 页。

40. CRP/MP/14/Rev. 1（1974 年，油印本），第 3 条（第三委员会，非正式会议）。转载在《第三次联合国海洋法会议文件集》第十卷，第 198、201 页。

41. 七十七国集团（1975 年，油印本），第 4 条和第 8 条。转载在《第三次联合国海洋法会议文件集》第十卷，第 436~437 页。

42. 葡萄牙关于第 4 条第 3 款（a）项的口头提案（第三委员会非正式会议）。转载在《第三次联合国海洋法会议文件集》第十卷，第 497 页。

43. MP/9（1978 年，油印本），第 195 条（美国）。转载在《第三次联合国海洋法会议文件集》第十卷，第 224 页。

44. MP/23/Add. 1（1978 年，油印本），第 195 条（第三委员会，非正式会议）。转载在《第三次联合国海洋法会议文件集》第十卷，第 238 页。

45. MP/24/（1978 年，油印本），第一节，第 195 条（第三委员会，非正式会议）。转载在《第三次联合国海洋法会议文件集》第十卷，第 238~239 页。

46. 美国（1980 年，油印本），第 194 条。转载在《第三次联合国海洋法会议文件集》第十卷，第 511~512 页。

评　注

194. 1. 第一九四条将第一九二条和第一九三条宣明的两项一般原则与第十二部分在其后各条中所载的正式法律规则联系起来。它涉及标题中体现的 3 个独立的主题，即预防、减少和控制海洋环境污染。"海洋环境污染"和"倾倒"为本公约目的的含义见于第一条第 4 款和第 5 款，即：

4. "海洋环境的污染"是指：人类直接或间接把物质或能量引入海洋环

境，其中包括河口湾，以致造成或可能造成损害生物资源和海洋生物、危害人类健康、妨碍包括捕鱼和海洋的其他正当用途在内的各种海洋活动、损坏海水使用质量和减损环境优美等有害影响；①

5. （a）"倾倒"是指：

（1）从船只、飞机、平台或其他人造海上结构故意处置废物或其他物质的行为；

（2）故意处置船只、飞机、平台或其他人造海上结构的行为；

（b）"倾倒"不包括：

（1）船只、飞机、平台或其他人造海上结构及其装备的正常操作所附带发生或产生的废物或其他物质的处置，但为了处置这种物质而操作的船只、飞机、平台或其他人造海上结构所运载或向其输送的废物或其他物质，或在这种船只、飞机、平台或结构上处理这种废物或其他物质所产生的废物或其他物质均除外；

（2）并非为了单纯处置物质而放置物质，但以这种放置不违反本公约的目的为限。②

"防止"这一主题部分取自1958年日内瓦《公海公约》第24条和第25条。不过这两条仅限于防止排放油类或倾倒放射性废物造成的污染。海洋生物资源的保护在《大陆架公约》第5条第7款中得到了表达，但同样是以非常有限的方式。另一方面，公海生物资源的"养护"是1958年《公海捕鱼和生物资源养护公约》的核心要素之一。国际关注延伸到第一九四条所涉及的其他方面的过程可溯因到技术进步和不同国际组织的活动。其中最应予以承认的是国际海事组织（即前政府间海事协商组织）、国际原子能机构（尤在放射源造成的污染领域）和1972年以后的联合国环境规划署（环境规划署）（尤在一般环境方面）。

194. 2. 这种日益增长的兴趣反映在联合国大会通过的导致召开第三次联合国海洋法会议的若干决议中。例如，建立海底委员会的1968年12月21日第2467 A（XXIII）号决议（第一卷，第163页）在其第2款规定的职权范围中含有以下一项：

---

① 这一定义是经修订后的海洋污染科学方面专家组对"污染"所作的如下定义：人类直接或间接把物质或能量引入海洋环境（其中包括河口湾），以致造成损害生物资源、危害人类健康、妨碍包括捕鱼在内的各种海洋活动、损坏海水使用质量和减损环境优美等有害影响。见 Velimir Pravdić《海洋污染科学方面专家组的第一个十二年》（联合国环境署，1981年）第13页。另见 M. Tomczak《定义海洋污染：国际公约采用定义之比较》，《海洋政策》第8卷，第311–322页（1984年）。

② 关于本项，见联合国海洋法问题特别代表办公室《海洋法，倾倒污染》联合国出版物出售品编号 E. 85. V. 12。

（d）审查待由国际社会通过的拟议合作措施，以防止由于勘探和开采本区域［即国际海底区域］的资源而可能造成的海洋污染。

同一日期通过的第 2467 B（XXIII）号决议（第一卷，第 165 页）提出了保护生物资源免受污染后果的理念，并请秘书长就此事项进行研究。③

联合国大会 1970 年 12 月 17 日第 2749（XXV）号决议（第一卷，第 173 页）第 11 段中所载的《支配国家管辖范围以外的海床和洋底及其底土的原则宣言》在支配"区域"内活动的原则中明确包括了"防止污染（pollution）和污染（contamination）以及对海洋环境包括海岸线的其他危害，和海洋环境的生态平衡"，以及"保护和养护区域自然资源和防止损害海洋环境的动植物"。正式载有召开第三次海洋法会议决定的 1970 年 12 月 17 日第 2750 C（XXV）号决议（第一卷，第 178 页）在会议拟处理的主题中明确列出了海洋环境的保全（除其他外包括防止污染）。

194.3. 在 1971 年海底委员会会议上，第二分委员会的讨论注意到会议的这些职权范围体现出比先前存在者更广泛的保全海洋环境的概念，并且不仅限于海底活动或放射性废物的处置所造成的污染。④ 这种认为会议任务已扩大的看法反映在提交给第三分委员会的多项提案中。1972 年《斯德哥尔摩宣言》原则 7 和原则 21 遵循了这一更加广泛的处理办法。原则 7 宣明：

> 各国应采取一切可能步骤防止海洋受易于产生对人类健康的危害、损害生物资源和海洋生物、损坏环境优美或干扰海洋的其他正当用途的物质的污染。⑤

该原则应结合原则 21 一同释读（见前文 193.1 段）。同样，联合国人类环境会议（斯德哥尔摩会议）通过的《政府间海洋污染工作组海洋污染评估和控制原则》中的原则 1 至原则 3、原则 5 和原则 17 进一步反映了这样的共识，即与一个广泛的、甚至是包罗万象的"海洋环境"概念相关的所有来源的污染都应得到处理。⑥

194.4. 斯德哥尔摩会议的决定于 1972 年提请海底委员会第三分委员会注意。这导致了一系列体现这种全面处理办法的草案和提案，从而为制定第一九四条所载的原则

---

③ 关于秘书长的研究报告，见 A/AC.138/13（1969 年，油印本）；另见 1972 年《海底委员会报告》，第 24–32 段，第 9–11 页。

④ 例见 A/AC.138/SC.III/SR.45（1971 年，油印本）第 10 页；和 1971 年《海底委员会报告》第 38–40 页。

⑤ 《斯德哥尔摩会议报告》，第 4 页。

⑥ 同上，附件三，第 73 页。

奠定了基础。⑦

在 1973 年海底委员会春季会议上，第三分委员会第二工作组举行了一系列非正式讨论，结果产生了下面一条条款草案的案文（资料来源5）：⑧

1. 各国应采取一切必要措施防止任何来源的海洋环境污染，[1]为此目的，酌情单独或共同按照其能力使用最切实可行的方法。[2]特别是，各国应采取措施，确保在其管辖或控制[3]下的活动不使其他国家，[5]包括其环境遭受海洋环境污染的损害。[4][6]

2. 按照这些条款采取的措施，应针对海洋环境的一切污染来源，无论是陆地、海洋或任何其他来源，包括河流、河口湾、大气、管道、排水结构、船只、飞机和海底设施或装备。这些措施，除其他外，应包括：[7]

（a）对于陆地来源的海洋环境污染，旨在在最大可能范围内尽量减少有毒和有害的物质，特别是持久不变的物质，排放在海洋环境的措施；

（b）对于来自船只的污染，关于防止意外事件、海上操作安全和故意或其他排放的措施，包括关于船只的设计、装备、操作和维护，特别是从事其意外或通过船只正常操作排放在海洋环境将对海洋环境造成污染的有害物质的载运的船只[8]，和

（c）对于从事勘探或开发海床和底土的自然资源的设施或装置和在海洋环境操作的其他设施或装置，防止意外事件和海上操作安全的措施，特别是关于这种设施和装置的设计、装备、操作和维护的措施；

---

⑦　见 A／AC. 138／SC. III／L. 17（1972 年，油印本）。另见 A／AC. 138／SC. III／L. 19（1972 年，油印本）（苏联）中的决议草案；和 A／AC. 138／SC. III／L. 25，转载于 1972 年《海底委员会报告》第 210 页（澳大利亚、保加利亚、加拿大、冰岛、荷兰、挪威、瑞典、乌克兰苏维埃社会主义共和国和苏联）。详见 A／AC. 138／SC. III／L. 26，转载在 1972 年《海底委员会报告》，第 213 页（加拿大）。

⑧　该文件中的脚注指出了在该阶段仍在审议和讨论的一些问题，其内容如下：

［1］讨论认为，如果没有专门用于定义的章节或条款包含对海洋污染含义的详细规定，可以将其插入以上案文中的"任何来源的（海洋环境污染）"之后。

［2］有人就上述语境中的"能力（capabilities）"一词的含义提出询问，有建议认为需要进一步澄清。

［3］一些代表团认为应保留"或控制"，而另一些代表团认为应删去。一些代表团认为应澄清该语境中"控制"的含义。有人强调，上述句子所指的是国家对活动的控制，而不是指控制区。

［4］该词（"损害"）在此处的使用并无妨碍责任问题的意图。

［5］一些代表团认为，"其他国家"没有充分说明对国际社会造成损害的方面，例如对不在任何国家管辖范围以内的区域的海洋环境，并提出不妨使用更直接的提法。

［6］有人认为，最后一句可能是不必要的。

［7］一些代表团指出，他们将就本款中具体列出的各项的平衡和内容向环境专家咨询。

［8］一些代表团认为，本项中应明确提及"飞机造成的污染"。

3. 按照这些条款采取的措施应：[9]

（a）对于陆地来源的海洋环境污染，考虑到可能拟定的国际标准；

（b）对于海洋来源的海洋环境污染，遵守一般接受的国际标准。[10]

4. 各国采取措施防止海洋环境的污染时，应适当顾及海洋环境的合法用途，不应对这种用途有不当的干扰。

第一九四条高度依循了以上草案。

194.5. 在第三次海洋法会议第二期会议上（1974 年），第三委员会内部提出了对应于第一九四条的两项提案。肯尼亚提交的一套关于海洋环境的保全和保护的条款草案（资料来源 10）包括以下规定：

第 4 条

各国应采取一切必要措施防止或控制海洋环境的污染。这样做的时候，各国应按照其能力和环境政策单独或共同使用最切实可行的方法。特别是，各国应采取措施确保其控制下或其管辖范围内的区域内进行的活动不造成海洋环境污染的损害。

第 5 条

各国应确保按照这些条款采取的措施，应针对海洋环境的一切污染来源，无论是陆地、海洋或任何其他来源，包括河流、河口湾、大气、管道、排水结构、船只、飞机和海底设施或装备。这种措施应包括：

（a）对于陆地来源的海洋环境污染，旨在尽量减少有毒、有害和持久不变的物质排放在海洋环境的措施；

（b）对于来自船只的污染，关于以下的措施

（1）防止意外事件

（2）海上操作安全，和

（3）故意或其他排放，包括关于船只的设计、装备、操作和维护的措施，特别是从事其意外或通过船只正常操作的排放将对海洋环境造成污染的物质的运输的船只；

（c）对于从事勘探或开发海床、底土和水体的海洋资源的设施、装置或

---

[9] 一些代表团接受本款的条件是，在以后关于沿海国的权利或包括海底管理局在内的国际组织的职能（或二者兼有）的条款中，采纳令其满意的规定。

[10] 一些代表团在对与大陆架和海底的开发和利用有关的污染源适用国际标准的问题上保留了其立场，因为针对这一情形的国际标准尚不存在，而适当考虑地理和区域条件的涵盖这一情形的区域性安排可能是更直接相关的。其他代表团指出，建立国际标准是根本性的，但不排除在个案或区域基础上设立更高的标准。

设备，以及在海洋环境操作的其他装置，防止意外事件和海上操作安全的措施，特别是关于这种设施的设计、装备、操作和维护的措施；

（d）对于来自大气层的污染，关于防止涉及飞行器的意外事件，有毒、有害物质的排放，特别是大气核尘埃的措施。

第7条

各国采取措施防止海洋环境的污染时，应

（a）适当顾及海洋环境的其他合法用途，不应对这种用途有不当的干扰；

……

由10个国家提出的关于保全海洋环境的区划办法的条款草案第3条将1973年第二工作组起草的案文的格式（资料来源5）与肯尼亚草案第4条（资料来源10）中所提及的环境政策结合起来。第3条内容如下：

1. 各国应采取一切必要措施防止任何来源的海洋环境污染，为此目的，酌情单独或共同按照其能力使用最切实可行的方法。

2. 各国应采取一切必要措施，确保在其管辖或控制下的活动不使其国家管辖范围以外的区域，包括其他国家及其环境，遭受海洋环境污染的损害。

3. 依据这些条款采取的措施，应针对海洋环境的一切污染来源，无论是空气、陆地、海洋或任何其他来源。这些措施，除其他外，应包括：

（a）对于陆地来源的海洋环境，包括河流、河口湾、管道和排水口结构的污染，旨在在最大可能范围内尽量减少有碍健康（noxious）和有害的物质，特别是持久不变的物质，排放在海洋环境的措施；

（b）对于来自船只的污染，关于防止意外事件、海上操作安全和故意或其他排放的措施，包括关于船只的设计、装备、操作和维护，特别是从事其意外或通过船只正常操作排放在海洋环境将对海洋环境造成污染的有害物质的载运的船只；

（c）对于从事勘探或开发海床和底土的自然资源的设施或装置，防止意外事件和海上操作安全的措施，特别是关于这种设施和装置的设计、装备、操作和维护的措施；和

（d）对于来自船只、飞机和固定或漂浮平台的污染，禁止或管理这种倾倒。

对关于海洋环境保全的建议和修正案的非正式审议产生的案文（资料来源12）第一次提到减少和控制以及防止污染。此外，它还引入了第一九四条第1款文本中所载

的第三项内容，即各国有义务尽力协调它们的环境政策。其内容如下：⑨

三．关于特定义务的条款草案[9]

1. 各国应在适当情形下个别或联合地采取一切必要措施，防止、减少和控制任何来源的海洋环境污染，为此目的，按照其能力使用其所掌握的最切实可行的方法，并应在这方面尽力协调它们的政策。

2. 各国应按照其国家环境政策及其保护和保全海洋环境的义务履行这些义务。[10]

3. 备选案文一

各国应采取一切必要措施，确保在其管辖或控制下的活动不使其国家管辖范围以外的区域，包括其他国家及其环境，遭受海洋环境污染的损害[11]。

备选案文二

各国应采取一切必要措施，确保在其管辖或控制下的活动的进行不致使其国家管辖范围以外的区域，包括其他国家及其环境，遭受海洋环境污染的损害[11]。

备选案文三

特别是，各国应采取一切必要措施确保在其管辖或控制范围内的活动所造成的海洋污染[12]不致扩大到其管辖之外。

4. 依据这些条款采取的措施，应针对海洋环境的一切污染来源。这些措施除其他外应包括：

（a）旨在在最大可能范围内[13-14]尽量减少下列来源放出的有毒和有害[15]物质，特别是持久不变的物质的措施：

---

⑨　该文件中的脚注再次提示了正在审议的项目，其内容如下：

[9]［1973 年《海底委员会报告》第 88 页］中出现的本条第 3 款已推迟到以后结合关于标准、管辖权和执行的项目一同审议。有意见认为本条中应列入这样的一款。

[10] 根据决定，现将该文本记录在此以供将来研究。一些代表团对本条提出反对。

[11] 一些代表团认为，这些措辞中使用的"损害（damage）"一词包括"危害（hazard）"。

[12] 一些代表团认为有必要对海洋污染作出定义，并提出以下定义：

"海洋环境的污染"是指：人类直接或间接把物质或能量引入海洋环境（其中包括河口湾），以致造成损害生物资源、危害人类健康、妨碍包括捕鱼和海洋的其他正当用途在内的各种海洋活动、损坏海水使用质量和减损环境优美等有害影响。

[13] 有意见提出将"在最大可能范围内"几个字删去。

[14] 有意见提出删去（a）、（b）、（c）和（d）项中的"在最大可能范围内"一词，并酌情将其插入第 4 款的导语中。

[15] 有意见认为，"有毒和有害（toxic and harmul）"应改为"有害或有碍健康（harmful or noxious）"。

· 55 ·

（1）从陆上来源；

（2）从大气层或通过大气层；

（3）由于倾倒。

（b）旨在在最大可能范围内[13-14]尽量减少来自船只的污染[16]，特别是为了防止意外事件和处理紧急情况，保证海上操作安全，防止故意和无意的排放，以及规定船只的设计、建造、装备、操作和人员配备的措施；

（c）旨在在最大可能范围内[13-14]尽量减少来自用于勘探或开发海床和底土的自然资源的设施装置的污染，特别是为了防止意外事件和处理紧急情况，保证海上操作安全，以及规定这些设施或装置的设计、建造、装备、操作和人员配备的措施；

（d）来自在海洋环境内操作的其他设施和装置的污染，特别是为了防止意外事件和处理紧急情况，保证海上操作安全，以及规定这些设施或装置的设计、建造、装备、操作和人员配备的措施。

5. 各国采取措施防止海洋环境的污染时，应适当顾及与本公约的规定不相抵触的[18]海洋环境的合法用途，不应对这种用途有不当的干扰。

该草案中特别引人注意之处是脚注［12］中出现的拟议的海洋污染定义，它与现《公约》第一条第1款第（4）项所载的定义几乎相同（见上文第194.1段）。

194.6. 在第三期会议上（1975 年），苏联的一项增加关于防止海洋污染的条款（资料来源 13）的提案提出应限制沿海国对领海的管辖权。然而，这种限制没有得到广泛支持，继续进行的正式和非正式协商的结果是非正式单一协商案文第三部分（资料来源 14）中的该条款草案规定了更加扩大的沿海国管辖权：

1. 各国应在适当情形下个别或联合地采取一切符合本公约规定的必要措施，防止、减少和控制任何来源的海洋环境污染，为此目的，按照其能力使用其所掌握的最切实可行的方法，并应在这方面尽力协调它们的政策。

2. 各国应采取一切必要措施确保海洋污染不致扩大到其管辖之外，并确保在其管辖或控制下的活动的进行不致使其他国家及其环境遭受污染的损害，也不致使其按照本公约行使主权权利的区域之外遭受污染。

3. 依据这些条款采取的措施，应针对海洋环境的一切污染来源。这些措

---

[16] 一些代表团认为，"船只"之前应加上"其操作所需要的"。

[17] 有意见认为，在本项中列入"操作（operation）"一词是不适当的。

[18] 一些代表团认为，"与本公约的规定不相抵触的"几个字不是必要的。支持加入这些词语的代表团认为，这个问题可以整体参考本公约的其他规定，在起草委员会中重新审议。

施，除其他外，应包括旨在在最大可能范围内尽量减少下列污染的措施：

（a）从以下来源放出的有毒、有害和有碍健康的物质，特别是持久不变的物质：

（1）从陆上来源；

（2）从大气层或通过大气层；

（3）由于倾倒。

（b）来自船只的污染，特别是为了防止意外事件和处理紧急情况，保证海上操作安全，防止故意和无意的排放，以及规定船只的设计、建造、装备、操作和人员配备的措施。

（c）来自用于勘探或开发海床和底土的自然资源的设施装置的污染，特别是为了防止意外事件和处理紧急情况，保证海上操作安全，以及规定这些设施或装置的设计、建造、装备、操作和人员配备。

（d）来自在海洋环境内操作的其他设施和装置的污染，特别是为了防止意外事件和处理紧急情况，保证海上操作安全，以及规定这些设施或装置的设计、建造、装备、操作和人员配备。

4. 各国采取措施防止海洋环境的污染时，应适当顾及与本公约的规定不相抵触的海洋环境的合法用途，不应对这种用途有不当的干扰。

194.7. 在第四期会议上（1976 年），第三委员会非正式地讨论了非正式单一协商案文，根据这些讨论，主席将订正的单一协商案文第三部分（资料来源 15）中的第 4 条修改为：

第 4 条

1. 各国应在适当情形下个别或联合地采取一切符合本公约规定的必要措施，防止、减少和控制任何来源的海洋环境污染，为此目的，按照其能力使用其所掌握的最切实可行的方法，并应在这方面尽力协调它们的政策。

2. 各国应采取一切必要措施，确保在其管辖或控制下的活动的进行不致使其他国家及其环境遭受污染的损害，并确保在其管辖或控制范围内的事件或活动所造成的污染不致扩大到其按照本公约行使主权权利的区域之外。

3. 依据本公约本章采取的措施，应针对海洋环境的一切污染来源。这些措施，除其他外，应包括旨在在最大可能范围内尽量减少下列污染的措施：

（a）从以下来源放出的有毒、有害和有碍健康的物质，特别是持久不变的物质：

（1）从陆上来源；

（2）从大气层或通过大气层；

（3）由于倾倒。

（b）来自船只的污染，特别是为了防止意外事件和处理紧急情况，保证海上操作安全，防止故意和无意的排放，以及规定船只的设计、建造、装备、操作和人员配备的措施。

（c）来自用于勘探或开发海床和底土的自然资源的设施装置的污染，特别是为了防止意外事件和处理紧急情况，保证海上操作安全，以及规定这些设施或装置的设计、建造、装备、操作和人员配备。

（d）来自在海洋环境内操作的其他设施和装置的污染，特别是为了防止意外事件和处理紧急情况，保证海上操作安全，以及规定这些设施或装置的设计、建造、装备、操作和人员配备。

4. 各国采取措施防止、减少或控制海洋环境的污染时，不应对其他国家依照本公约行使其权利并履行其义务所进行的活动有不当的干扰。

两个案文之间的主要差别在于第 2 款和第 4 款。在第 2 款中，强调点被颠倒过来：第一是避免造成损害，第二是在发生污染的情况下控制其扩散。第 4 款从仅适用于"防止"污染的措施扩展到"预防，减少或控制"污染的措施，从而与第 1 款相符合。

194.8. 在第六期会议上（1977 年），非正式综合协商案文（资料来源 16）在经过几处无关紧要的润色性修改后作为第一九五条照搬了该案文。

194.9. 在第七期会议上（1978 年），美国提出新增的第 5 款（资料来源 43），内容如下：

5. 按照本部分采取的措施，应包括为保护和保全稀有或脆弱的生态系统，以及衰竭、受威胁或有灭绝危险的物种和其他海洋生物的生存环境，而有必要的措施。

在第三委员会第 38 次会议上，非正式会议主席报告说，已经就第一九五条这一新增款达成协议。[10] 该项提案随后在第三委员会主席报告中列为已达成共识的提案（资料来源 17 和资料来源 18）。该条作为第一九四条列入非正式综合协商案文第一次修订稿（资料来源 19），增加了新的第 5 款和其他细微改动。

在非正式综合协商案文第 3 次修订稿（资料来源 21）中，根据起草委员会随后提出的建议，对第三委员会主席的提案进行了若干润色性改动。[11] 其中包括将第 3 款（a）

---

⑩ 第三委员会，第 38 次会议（1978 年），第 6 段，《正式记录》第 9 卷，第 158 页。

⑪ 见 A/CONF. 62/L. 34 和 Add. 1 和 2（1980 年），附件，《正式记录》第十四卷，第 185–186 页（第三委员会主席）。另见 A/CONF. 62/L. 63/Rev. 1（1980 年），附件二，A 节，同前注，第 139、141 页（起草委员会）。

项从"有毒和有害"改为"有毒或有害"。在按照起草委员会的建议（资料来源23至资料来源25）做过一些细微改动后，该条随后以其在现公约中的形式出现在《公约草案》（资料来源22）中。但是，根据起草委员会的建议（资料来源26和资料来源27），最终文本中又增加了一些修改，包括将起首的"各国应……采取一切"改为"各国应在适当情形下个别或联合地采取一切"。第4款的后半部分也被重新拟订。[12]

194.10(a). 关于本条的所有协商都是在没有记录的非正式会议上进行的，第三委员会主席的报告几乎没有阐释性材料。事实上，除第5款外，本条的纲要在海底委员会的工作中已经逐步清晰，当时产生的附加注释的案文有助于理解本条。

194.10(b). 第1款处理消除现有污染和防止将来进一步污染的问题。考虑到"海洋环境污染"的定义（见前文第194.1段），以及"一切……必要措施，防止、减少和控制任何来源的海洋环境污染"一句，本规定的范围是宽阔的。对与应采取的措施相关的"必要"一词的含义，并没有给出说明加以解释，但按照起草委员会的建议（资料来源26）插入现位置的"适当情形下个别或联合地"一语似乎暗示该决定不完全由沿海国或其他有关国家决定。"按照其能力"一语在肯尼亚条款草案（资料来源10）中第一次出现，但其起源可以追溯到《斯德哥尔摩宣言》的原则7，其中包括"所有可能的步骤"几个字（见上文194.3段）。它清楚地反映了发展中国家的一种关切，即本条所规定的关于防止、减少和控制污染的义务可能给它们带来过重的负担。

194.10(c). 插入订正的单一协商案文（资料来源15）中的"符合本公约规定"一语并非是记录上的任何意见的主题。它包括关于无害通过、过境通行和群岛海道通过权的规定，赋予沿海国控制污染但不妨碍通过的权利。对《公约》缔约国来说，这一短语可能不是绝对必要的，但由于该条是以一般性措辞表述的，适用于所有国家，因此它向非《公约》缔约国的国家表明，它们根据第一九四条采取的行动（假定第一九四条反映了习惯国际法）必须符合作为一个整体的《公约》。此外，该短语的上下文，是在一般海洋法的语境中对支配环境保护的基本法律规则的一般性和全面宣明，该语因而提醒各国它们只能执行与"公约"整体相符的保护措施。尽管如此，在第一九四条中加入这一短语，还是使其明显有别于第一九二条和第一九三条。

194.10(d). 末句中的"应在这方面尽力协调它们的政策"一语中，协调既涉及实质性的法律规则，也涉及国内立法的执行，包括处罚。这是为了避免形成一种其内容与出处彼此不同的多种法律制度的杂糅。在第五节（第二〇七条至第二一二条）中针对国际标准的建立和在第六节（第二一三条至第二二二条）中针对通过在国内立法的基础上运作的司法或其他国家机关对这些标准的执行，都对这一方面作了详细的规定；在这些条款中，国际规则和国内立法之间的关系都作了规定。在所有情况下，通过法

---

⑫ 这些修改是第三委员会在第十一期会议（1982年）上建议的。见 A/CONF.62/L.88（1982年），《正式记录》第十六卷，第203页（第三委员会主席）。

律和规章的国家最初都有责任符合《公约》的要求，《公约》规定了在国家一级遵守国际规则、标准和建议的做法和程序的程度。

第一九四条的最终文本代表了肯尼亚提案（资料来源 10）和前文所述的区划办法（资料来源 11）之间的折中（见上文第 194.5 段）。在这方面，关于公海生物资源养护的第一一七条要求所有国家"采取，或与其他国家合作采取养护公海生物资源的必要措施。"第一二三条要求闭海或半闭海沿岸国"直接或通过适当区域组织"等，协调行使和履行其在保护和保全海洋环境方面的权利和义务。事实上，自第三次联合国海洋法会议以来，在很大程度上由于联合国环境署的活动，在这些方面取得了相当大的进展。第十二部分导言附录中所列的公约和协定清单表明了现已存在的全球性和区域性安排的范围之广。

194.10(e). 第 2 款是对一项一般规则的具体适用，即一国有义务不允许其领土或其行使管辖或控制的任何领土被用于损害另一国。在本款中出现两次的"管辖或控制"一语，在第一次出现之处是清楚明白的；在该处，考虑到《公约》使用的措辞，它包括大陆架和专属经济区，沿岸国对这两个区域都行使管辖权。这可以称为属地管辖权。然而，在第二次出现之处，它似乎是指"事件或活动"，这可以称为"属物管辖权"。[13] 应当指出，第 2 款的措辞包含所有"活动"，而不仅仅是第二○八条所用的"海底活动"。

194.10(f). 参照第一条中"海洋环境的污染"一语的含义来看（见前文 194.1 段），"污染的损害"一语似乎等同于该条中所使用的"损害"，"危害"，"妨碍"，"损坏"和"减损"。

如果"损害"是可以用货币计量的，则无论是根据第二三二条和第三○四条，还是根据"己产可尽用，唯当不损人（*sic utere tuo ut alienum non laedas*）"的格言所体现的国际法一般原则，适当的金钱赔偿都是理所应当的。这种损害也可能属于国际法委员会目前正在研究的"国际法不加禁止的行为所产生的损害性后果的国际责任"的专题范围。

194.10(g). 视具体情况，第 2 款的最后一句提到的或第五十七条或是第七十六条，取决于沿海国是否已取得对从测算领海宽度的基线量起 200 海里以外的大陆架的权益。

194.10(h). 第 3 款规定了各国为履行其义务可采取的一些措施，这些措施不仅是依据本条，而是依据整个第十二部分。这些措施处理从陆上来源、从大气层或通过大气层、由于倾倒和来自用于勘探或开发海床和底土的自然资源（生物或非生物）的设施装置放出的污染。对这些不同类型的污染的管理更加详细地规定在关于防止、减少和控制海洋环境污染的国际规则和国内立法的第十二部分第五节（第二○七条至第二一二条）和关于执行的第六节（第二一三条至第二二二条），但须受第七节

---

[13] 资料来源 5 的脚注 3 证实了这一释读。见前注⑧，内部注释［3］。

（第二二三条至第二三三条）的保障办法的限制。

194. 10(i). 第 3 款几次提及船只的设计、建造、装备、操作和人员配备。这必须结合第二十一条释读，并且在第一九四条中只能指国家登记册上的船舶。关于外国船舶在领海的无害通过一节中的第二十一条允许沿海国除其他外对"保全沿海国的环境，并防止、减少和控制该环境受污染"制定法律和规章（在这里不仅限于海洋环境）。但这种法律和规章"除使一般接受的国际规则或标准有效外，不应适用于外国船舶的设计、建造、人员配备或装备。"

194. 10(j). 第 3 款（a）项使用了"有毒、有害或有碍健康的物质"一语，本公约并没有对这些术语作出定义。"73/78 防污公约"第二条为该公约的目的将"有害物质"定义为"任何进入海洋后易于危害人类健康、伤害生物资源和海洋生物，损害休息环境或妨碍对海洋其他合法利用的物质"，并包括受该公约控制的任何物质。该公约附件二处理"有毒液体物质（noxious liquid substances）"，但第一九四条不仅限于有毒液体物质。（译者注："73/78 防污公约"的中译本将"noxious"译为"有毒液体物质"，而《海洋法公约》中译本将"noxious"译为"有碍健康的物质"。）对最初提案中第 3 款中的"有毒和有害"的扩展，是在非正式单一协商案文第三部分第 5 条中实施的（资料来源 14）。

根据第三委员会的提案和起草委员会随后的建议将"和"改为"或"是在非正式综合协商案文第三次修订稿中实施的。[14] 虽然这是一个微妙的措辞修改，但表明《公约》意图使用 3 个不同的限定语。

194. 10(k). "大气层"一词在本公约第 3 款（a）项中首次出现，随之而来的问题是大气层应在何种程度上被视为海洋环境的一部分。《公约》的若干条通过上空（superjacent airspace）或某些类似词语提及大气层（例如第二条第 2 款、第三十四条第 1 款、第四十九条第 2 款、第七十八条第 1 款、第一三五条、第一五五条第 2 款、第二一二条和第二二二条）。此外还应指出，根据第五十六条第 1 款（a）项，沿海国对于专属经济区的经济开发和勘探等，例如生产风能，享有主权权利。这足以表明大气层本身可以被视为海洋环境的一个组成部分，至少在上空大气层和下层海洋空间的自然品质之间存在着直接联系这一程度上是这样。因此，第一九四条第 3 款（a）项连同第二一二条和第二二二条也构成了与海洋环境有关的法律和与被视为如此的大气层（无论是否上覆于海洋之上）有关的法律之间的联系。同时，本公约的规定，特别是第十二部分中的规定，本身并不妨碍大气层的任何部分本身是否构成海洋环境一部分的问题。

194. 10(l). 第 3 款（b）项在本部分中第一次提及"船只"一语（关于这一点，见前文第 XII. 19 段）。

---

[14] 前注[11]。

194.10(m). 关于"设施或装置"一语，在第五部分中使用的是"设施和结构"（例如在第五十六条和第六十条中）。第十一部分在第一四七条中使用了"设施"一词，在第十三部分第四节（第二五八条至第二六二条）中，使用了"设施或装备"一语。本书不认为"装置"和"装备"之间存在着任何实质性区别。另一方面，考虑到"设施"一词出现的不同语境，它似乎意指更具永久性的东西。⑮

194.10(n). 第4款反映了一项国际法一般规则对第十二部分主题事项的适用。它向其他国家表明了其根据本部分的义务范围，虽然在考虑到第三〇〇条的情况下，这对缔约国可能不是绝对必要的。对"不当的干扰"的含义并没有作出说明，但显然《公约》对其作出规定的"干扰"不会是"不当的"。

194.10(o). 第5款是不言自明的。它将海洋环境的保护和保全概念扩大到"稀有或脆弱的生态系统"和"衰竭、受威胁或有灭绝危险的物种和其他形式的海洋生物的生存环境"（关于对脆弱生态系统的特殊待遇的例子，见后文第二三四条）。

国际法委员会在关于国际水道的非航行使用的法律的语境下对"生态系统"一语作了解释，指出"一般来说，该术语是指由相互依存和作为一个群落发挥作用的生物和非生物成分组成的生态单位。"⑯

---

⑮ 起草委员会曾提请注意可能有必要协调这些不同的类似用语，但没有提到本条。它甚至考虑在第一条中增加如下一个新项："'设施'包括人工岛屿和结构"，但没有获得通过。关于起草委员会的有关报告，见 A/CONF. 62/L. 56（1979年），附件C，第3段，《正式记录》第十三卷，第94、96页；A/CONF. 62/L. 57/Rev. 1（1980年），第八节，《正式记录》第十四章，第114、119页；和 A/CONF. 62/L. 63/Rev. 1（1980年），《正式记录》第十四卷，第139-140页。

⑯ 国际法委员会第四十二届会议工作报告（A/45/10），第四章，第312段，C节，项目2，第22条评注，第2段，《大会正式记录》第45卷补编第10号［预计出版于1990年国际法委员会年鉴第二卷第二部分］。

第一九五条　不将损害或危险转移或将一种污染转变成另一种污染的义务

各国在采取措施防止、减少和控制海洋环境的污染时采取的行动不应直接或间接将损害或危险从一个区域转移到另一个区域，或将一种污染转变成另一种污染。

资料来源

1. A/AC. 138/SC. III/L. 39（第二工作组第 9 号文件），转载在 1973 年《海底委员会报告》第一卷第 85、88 页（第二工作组主席）。

2. A/AC. 138/SC. III/L. 43（1973 年，油印本），第 13 条（挪威）。

3. A/AC. 138/SC. III/L. 47（1973 年，油印本），第 24 款（厄瓜多尔、萨尔瓦多、秘鲁和乌拉圭）。

4. A/CONF. 62/C. 3/L. 2（1974 年），第 7 条（b）款，《正式记录》第三卷，第 245～246 页（肯尼亚）。

5. A/CONF. 62/C. 3/L. 6（1974 年），第 4 条，《正式记录》第三卷，第 249 页（加拿大、斐济、加纳、圭亚那、冰岛、印度、伊朗、新西兰、菲律宾和西班牙）。

6. A/CONF. 62/C. 3/L. 15（1974 年），第 4 条，《正式记录》第三卷，第 260～261 页（第三委员会，非正式会议）。

7. A/CONF. 62/WP. 8/Part III（非正式单一协商案文，1975 年），第一部分，第 5 条，《正式记录》第四卷，第 171～172 页（第三委员会主席）。

8. A/CONF. 62/WP. 8/Rev. 1/Part III（订正的单一协商案文，1976 年），第 5 条，《正式记录》第五卷，第 173～174 页（第三委员会主席）。

9. A/CONF. 62/WP. 10（非正式综合协商案文，1977 年），第 196 条，《正式记录》第八卷，第 1、35 页。

10. A/CONF. 62/WP. 10/Rev. 1（非正式综合协商案文第一次修订稿，1979 年，油印本），第 195 条。转载在《第三次联合国海洋法会议文件集》第一卷，第 375、463 页。

11. A/CONF. 62/WP. 10/Rev. 2（非正式综合协商案文第二次修订稿，1980 年，油印本），第 195 条。转载在《第三次联合国海洋法会议文件集》第二卷，第 3、92 页。

12. A/CONF. 62/WP. 10/Rev. 3*（非正式综合协商案文第三次修订稿，1980 年，

油印本），第 195 条。转载在《第三次联合国海洋法会议文件集》第二卷，第 179、269 页。

13. A/CONF. 62/L. 78（《公约草案》，1981 年），第 195 条，《正式记录》第十五卷，第 172、207 页。

起草委员会

14. A/CONF. 62/L. 67/Add. 7（1981 年，油印本），第 23~24 页。

15. A/CONF. 62/L. 72（1981 年），《正式记录》第十五卷，第 151 页（起草委员会主席）。

非正式文件

16. CRP/MP/1（1974 年，油印本），第三部分 A 节（关于项目 12 的非正式会议主席）。转载在《第三次联合国海洋法会议文件集》第十卷，第 71、80 页。

17. CRP/MP/4（1974 年，油印本），丹麦、挪威和法国［关于资料来源 1］的提案（第三委员会，非正式会议）。转载在《第三次联合国海洋法会议文件集》第十卷，第 155 页。

18. 美国（1974 年，油印本），第 2 条，第 5 款。转载在《第三次联合国海洋法会议文件集》第十卷，第 419、421 页。

19. 合并文本（1974 年，油印本）。（第三委员会，非正式会议）。转载在《第三次联合国海洋法会议文件集》第十卷，第 427 页。

20. CRP/MP/14（1974 年，油印本），第 4 条（第三委员会，非正式会议）。转载在《第三次联合国海洋法会议文件集》第十卷，第 193、195 页。

21. CRP/MP/14/Rev. 1（1974 年，油印本），第 4 条（第三委员会，非正式会议）。转载在《第三次联合国海洋法会议文件集》第十卷，第 198、202 页。

22. 七十七国集团（1975 年，油印本），第 5 条。转载在《第三次联合国海洋法会议文件集》第十卷，第 436、438 页。

23. 美国（1980 年，油印本），第 195 条。转载在《第三次联合国海洋法会议文件集》第十卷，第 511、514 页。

评　　注

195. 1. 本条涉及防止污染从海洋一部分转移到另一部分，或将一种污染转化为另一种污染的必要性。

195. 2. 第一九五条体现的规则源自由政府间海洋污染工作组提出并在联合国人类环境会议上批准的《海洋污染评估和控制原则》中的原则 13，该原则规定：

防止和控制海洋污染（特别是直接禁止和具体排放限制）的行动必须防止简单地将损害或危害从环境的一部分转移到另一部分的效果。①

海底委员会第三分委员会第二工作组（资料来源1）于1973年编写的案文由提交给该工作组和海底委员会的讨论和提案产生，并以原则13为基础。它规定：

各国采取措施防止海洋污染时，应防止仅将损害或危害从一个区域转移到另一个区域的效果。

挪威的一项草案提案（资料来源2）中包括了这一案文的修改版本，其内容如下：

污染的转移

各国（以及国际组织）在采取措施防止污染时，应防止仅将损害或危害（直接或间接）从一个区域转移到另一个区域（或从一种污染转变成另一种污染）的效果。

该案文没有提到减少和控制污染，防止污染的义务不仅针对国家，也针对国际组织。

之后由4个拉丁美洲国家提交的一项工作文件（资料来源3）中的一个替代性表述规定：

沿海国为保护和保全海洋环境免受污染而采取的措施不应将这种污染的影响从一个区域转移到另一个区域。

195.3. 在大会第二期会议（1974年）上提出的几项正式和非正式提案提出修改第二工作组的案文。在非正式会议上，丹麦建议将该项规定扩大到防止"或控制"海洋污染；挪威建议插入"直接或间接"几个字，以及在案文末尾添加"或从一种污染转变成另一种污染"；法国提出在末尾使用以下的替代措辞："或加重其他来源的污染"（见资料来源17）。美国随后提出了对案文的另一种修订（资料来源18），即在最后添加"或从一种形式或来源转变到另一种形式或来源"。

---

① 斯德哥尔摩会议报告第73页。在斯德哥尔摩会议之后，这一规则的基本原则已纳入《保护波罗的海地区海洋环境公约》（1974年3月22日在赫尔辛基通过）、《防止陆源海洋污染公约》（1974年6月4日在巴黎通过）和联合国环境署诸项区域海洋协定。

肯尼亚正式提交的条款草案（资料来源4）和10个国家提交的关于保全海洋环境的区划办法（资料来源5）的草案几乎与第二工作组案文的措辞相同。由于这些建议和讨论（资料来源6和资料来源20）而产生于第三委员会的案文几乎与非正式单一协商案文第三部分（资料来源7）第5条相同。该案文采纳了不少前述提案，包括禁止将一种污染转变为另一种污染，其内容如下：

> 各国在采取措施防止或控制海洋污染时，应防止仅将损害或危害（直接或间接）从一个区域转移到另一个区域或从一种污染转变成另一种污染的结果。

195. 4. 在第四期会议上（1976年），经过非正式协商，订正的单一协商案文第三部分（资料来源8）原文照搬了这一案文。

195. 5. 经过第五期（1976年）和第六期（1977年）会议上的非正式讨论，非正式综合协商案文（资料来源9）将各国在这方面的义务从仅仅防止转移污染的后果，完善成为"采取的行动不应转移"污染损害或危险。该案文还扩大了各国采取措施"防止、减少和控制"海洋污染的义务。这样，非正式综合协商案文中的第一九六条就成为：

> 不将损害或危险或转移或将一种污染转变成另一种污染的义务
> 各国在采取措施防止、减少和控制海洋环境的污染时采取的行动不应直接或间接将损害或危险从一个区域转移到另一个区域，或将一种污染转变成另一种污染。

该条在非正式综合协商案文第一次修订稿（资料来源10）中重新编号为第一九五条，但实质内容没有变化。随后，该条文本在经过一处细微的润色性修改后，在非正式综合协商案文第二次修订稿（资料来源11）中定稿。

195. 6. 本条无需过多评注，会议记录上也没有出现任何对"转移"、"损害或危害"或"转变"等关键词语在本条语境中作出解释的材料。"转移"一词意味着从一个地方到另一个地方的物理移动，包括外来物种的转移（参见第一九六条）。另一方面，"转变"是指污染的实质或性质。分别在标题的英文本和法文本中使用的"义务（duty）"和"义务（obligation）"两词，以及俄文本中使用的相应词根（但其他语言文本中句式结构有所不同）与第十二部分的导言中其他各条的用法是相应的。本条以否定的形式表述了各国的"义务"。由于这一否定形式的表述是第一九五条所包含的该条所阐明的义务的唯一限定语，可以想见，根据这一规定，国家的行动——或不行动都可能产生争端。这种争端将属于《公约》第十五部分的范围。

第一九六条　技术的使用或外来的或新的物种的引进

1. 各国应采取一切必要措施以防止、减少和控制由于在其管辖或控制下使用技术而造成的海洋环境污染，或由于故意或偶然在海洋环境某一特定部分引进外来的或新物种致使海洋环境可能发生重大和有害的变化。

2. 本条不影响本公约对防止、减少和控制海洋环境污染的适用。

资料来源

1. A/AC. 138/SC. Ⅲ/L. 33（1973 年，油印本），第 2 条第 1 款（a）项（马耳他）。

2. A/CONF. 62/C. 3/L. 18（1974 年），《正式记录》第三卷，第 266 页（挪威）。

3. A/CONF. 62/WP. 8/Rev. 1/Part Ⅲ（非正式单一协商案文，1976 年），第 6 条，《正式记录》第五卷，第 173~174 页（第三委员会报告员）。

4. A/CONF. 62/WP. 10（非正式综合协商案文，1977 年），第 197 条，《正式记录》第八卷，第 1、35 页。

5. A/CONF. 62/WP. 10/Rev. 1（非正式综合协商案文第一次修订稿，1979 年，油印本），第 196 条。转载在《第三次联合国海洋法会议文件集》第一卷，第 375、463 页。

6. A/CONF. 62/WP. 10/Rev. 2（非正式综合协商案文第二次修订稿，1980 年，油印本），第 196 条。转载在《第三次联合国海洋法会议文件集》第二卷，第 3、92 页。

7. A/CONF. 62/WP. 10/Rev. 3*（非正式综合协商案文第三次修订稿，1980 年，油印本），第 196 条。转载在《第三次联合国海洋法会议文件集》第二卷，第 179、269 页。

8. A/CONF. 62/L. 78（《公约草案》，1981 年），第 196 条，《正式记录》第十五卷，第 172、207 页。

起草委员会

9. A/CONF. 62/L. 67/Add. 7（1981 年，油印本），第 25~28 页。

10. A/CONF. 62/L. 72（1981 年），《正式记录》第十五卷，第 151 页（起草委员会主席）。

11. 挪威（1976 年，油印本），第 5 条之二。转载在《第三次联合国海洋法会议文件集》第十卷，第 452 页。

12. 美国（1977 年，油印本），第 6 条。转载在《第三次联合国海洋法会议文件集》第十卷，第 492 页。

13. 美国（1980 年，油印本），第 196 条。转载在《第三次联合国海洋法会议文件集》第十卷，第 511、514 页。

评　　注

196.1. 第一九六条是两个概念的混合体，这两个概念有着不同的立足点：各国有义务防止、减少和控制由于在其管辖或控制下使用技术而造成的海洋环境污染；以及各国有责任保持海洋环境的自然状态。虽然从文本的角度来看，这两个方面似乎是对海洋环境污染概念的不同侧面，但本条的立法历史表明，第一九六条设想了两项截然不同的义务。

196.2. 在 1973 年向海底委员会提交的一系列条款草案（资料来源 1）中，马耳他提出规定国家有义务

> 未根据本公约取得国际社会同意，不以致使其管辖范围以外的海洋环境的自然状态可能发生重大和广泛变化的方式使用其技术能力。

然而，由于时间紧迫，第三分委员会第二工作组没有讨论这一案文。

196.3. 在大会第二期会议上（1974 年），挪威提出了关于"海洋环境自然状态的维持"的以下提案（资料来源 2）：

> 1. 各国不应从事或允许通过故意在海洋环境引进或从海洋环境的一个区域向另一个区域转移外来的或新物种致使对海洋环境的自然状态可能发生重大和广泛有害变化的活动。如果任何拟行活动的影响可能引起这方面的不确定性，有关国家应在任何情况下都在从事或准许任何此类活动之前，与有关国家和适当的国际组织协商。
>
> 各国应采取适当措施以防止外来的或新物种的意外引进或转移，并在因外来的或新物种的任何引进或转移而发生干扰的情况下恢复以前存在的海洋环境状态。
>
> 2. 本条不妨碍本公约规定关于防止海洋环境污染的规定的适用。

然而，第三委员会在该期会议和第三期会议上（1975年）的非正式会议没有得出关于这个主题的任何结论，因此在非正式单一协商案文第三部分中没有出现相关规定。

196.4. 在第四期会议上（1976年），挪威作为对非正式单一协商案文第三部分的新增一条（资料来源11），在非正式会议上提出了其早先提案的更长的修订版（资料来源11）。该提案内容如下：

第5条之二

1. 各国应尽最大可能评估任何计划在海洋环境的某一特定部分引进外来的或新物种的可能影响，并且不应在它们致使海洋环境可能发生重大和有害的变化的地方从事或准许任何物种引入。

每当任何计划的活动的影响可能引起海洋环境发生重大和广泛的有害的变化方面的不确定性时，有关国家应与主管国际组织和可能受这种变化影响的其他国家适当协商。

2. 各国应采取一切适当措施以防止外来的或新物种在海洋环境的某一特定部分的意外引进或转移，并应在海洋环境因任何这种引进或转移而发生重大和广泛的有害的变化的情况下尽最大可能努力恢复以前存在的海洋环境状态。

3. 本条不应影响本公约规定对防止、减少和控制海洋环境污染的适用。

该期会议的协商导致订正的单一协商案文第三部分（资料来源3）采纳以下案文作为一个新条：

1. 各国应采取一切必要措施以防止、减少和控制在其管辖或控制下使用技术，或由于故意或偶然在海洋环境某一特定部分引进外来的或新物种致使海洋环境可能发生重大和有害的变化。

2. 本条不应影响本公约规定对防止、减少和控制海洋环境污染的适用。

196.5. 在第五期会议上（1977年），美国建议在"在其管辖或控制下使用技术"之前插入"由于"、之后插入"而造成的海洋环境污染"（资料来源12）。这一措词是非正式综合协商案文（资料来源4）中所包含的唯一实质性改变，其内容如下：

第197条 技术的使用或外来的或新的物种的引进

1. 各国应采取一切必要措施以防止、减少和控制由于在其管辖或控制下使用技术而造成的海洋环境污染，或由于故意或偶然在海洋环境某一特定部分引进外来的或新物种致使海洋环境可能发生重大和有害的变化。

2. 本条不应影响本公约规定对防止、减少和控制海洋环境污染的适用。

该案文在非正式综合协商案文第一次修订稿（资料来源5）中重新编号为第196条，基本上保持未变，后以该形式纳入《公约》。美国于1980年提交了一份修订版本（资料来源13），但由于缺乏时间，未获审议。

196.6. 在第十一期会议上（1982年），第三委员会主席转交了一份题为"润色性修改"的清单以供公约草案的下一版本采纳。① 其中一项提案提出将第一九六条第1款中的"在其管辖或控制下"修改为"在其管辖范围内或在其控制下"。由于这是作为润色性修改提出的，显然它代表了第三委员会的意图，即该条的重点是使用其所针对的技术的地方——即属地管辖权，并且有关国家的管辖和控制及于这些技术，不论其地理位置如何。然而，这项建议没有提交给起草委员会，关于这方面的案文保持不变。② 但是，如果考虑到第一九四条第2款中"控制"一词第二次出现时的含义（见上文第194.10（e）段），主席建议中要澄清的对第一九六条的解释是不无道理的。

196.7(a). 第1款的第二个分句涉及海洋环境的自然状态的维持。它反映了第一九二条的"保护和保全"要素（见上文第192.9段）。在第三委员会第17次会议上，挪威代表介绍这项提案（资料来源2）时解释说，他的目的是

> 提请注意一种人类活动扰乱海洋环境生态平衡的问题，这种扰乱不是通过污染，而是通过引入以前不存在于海洋中的活生物体或将一种形式的海洋生物转移到未显示其存在迹象的区域。③

他强调，这个问题与海洋环境的污染是分开的，通过污水或径流引入新物种的问题应在防止污染的条款中处理。在这方面，他提请注意海底委员会内的马耳他提案（资料来源1），该提案包括维持海洋环境自然状态的一项规定。

将这一概念引入国际法是一种创新，随后它在不同的区域协定中得到遵守。它是法律逐步发展的一个例子。

196.7(b). 第2款将第一九六条与第一九五条的"转移"内容联系起来（见上文第195.6段）。

---

① A/CONF.62/L.88（1982年），《正式记录》第十六卷，第203页（第三委员会主席）。
② 见A/CONF.62/L.93（1982年），第7段，《正式记录》第十六卷，第210-211页（大会执行委员会）。
③ 第三委员会，第17次会议（1974年），第1~3段，《正式记录》第二卷，第381页。

第二节　全球性和区域性合作

第一九七条　在全球性或区域性的基础上的合作

各国在为保护和保全海洋环境而拟订和制订符合本公约的国际规则、标准和建议的办法及程序时，应在全球性的基础上或在区域性的基础上，直接或通过主管国际组织进行合作，同时考虑到区域的特点。

资料来源

1. A/AC. 138/SC. III/L. 27（1973 年，油印本），原则（b）和原则（c）（澳大利亚）。

2. A/AC. 138/SC. III/L. 28（1973 年，油印本），序言第 6 段和第 3 条（加拿大）。

3. A/AC. 138/SC. III/L. 32（1973 年，油印本），第 4 条第 2 款（苏联）。

4. A/AC. 138/SC. III/L. 33（1973 年，油印本），第 2 条第 1 款（e）（马耳他）。

5. A/AC. 138/SC. III/L. 41（1973 年，油印本），第 14 条（肯尼亚）。

6. A/AC. 138/SC. III/L. 43（1973 年，油印本），第 5 条（挪威）。

7. A/AC. 138/SC. III/L. 47（1973 年，油印本），第 10～11 款（厄瓜多尔、萨尔瓦多、秘鲁、乌拉圭）。

8. A/AC. 138/SC. III/L. 52/Add. 1，附件 1（第二工作组第 10 号文件及其增补 1（a）款），转载在 1973 年《海底委员会报告》第一卷，第 91 页（第二工作组主席）。

9. A/CONF. 62/C. 3/L. 2（1974 年），第 12 条，《正式记录》第三卷，第 245～246 页（肯尼亚）。

10. A/CONF. 62/C. 3/L. 6（1974 年），第 2 条第 1 款，《正式记录》第三卷，第 249 页（加拿大、斐济、加纳、圭亚那、冰岛、印度、伊朗、新西兰、菲律宾和西班牙）。

11. A/CONF. 62/WP. 8/Part III（非正式单一协商案文，1975 年），第一部分，第 6 条，《正式记录》第四卷，第 171～172 页（第三委员会报告员）。

12. A/CONF. 62/WP. 8/Rev. 1/Part III（订正的单一协商案文，1976 年），第 7 条，《正式记录》第五卷，第 173、175 页（第三委员会主席）。

13. A／CONF. 62／WP. 10（非正式综合协商案文，1977 年），第 198 条，《正式记录》第八卷，第 1、35 页。

14. A／CONF. 62／WP. 10／Rev. 1（非正式综合协商案文第一次修订稿，1979 年，油印本），第 197 条。转载在《第三次联合国海洋法会议文件集》第一卷，第 375、463 页。

15. A／CONF. 62／WP. 10／Rev. 2（非正式综合协商案文第二次修订稿，1980 年，油印），第 197 条。转载在《第三次联合国海洋法会议文件集》第二卷，第 3、93 页。

16. A／CONF. 62／WP. 10／Rev. 3*（非正式综合协商案文第三次修订稿，1980 年，油印本），第 197 条。转载在《第三次联合国海洋法会议文件集》第二卷，第 179、270 页。

17. A／CONF. 62／L. 78（《公约草案》，1981 年），第 197 条，《正式记录》第十五卷，第 172、207 页。

起草委员会

18. A／CONF. 62／L. 67／Add. 7（1981 年，油印本），第 29~30 页。

19. A／CONF. 62／L. 72（1981 年），《正式记录》第十五卷，第 151 页（起草委员会主席）。

非正式文件

20. CRP／MP／1（1974 年，油印本），第五部分 A 节（关于项目 12 的非正式会议主席）。转载在《第三次联合国海洋法会议文件集》第十卷，第 71、82~86 页。

21. CRP／MP／5（1974 年，油印本），印度、利比亚、苏丹和丹麦［关于资料来源 8］的提案（第三委员会，非正式会议）。转载在《第三次联合国海洋法会议文件集》第十卷，第 156~157 页。

22. CRP／MP／14（1974 年，油印本），第 5 条（a）款（第三委员会，非正式会议）。转载在《第三次联合国海洋法会议文件集》第十卷，第 193、195 页。

23. CRP／MP／14／Rev. 1（1974 年，油印本），第 5 条（a）款（第三委员会，非正式会议）。转载在《第三次联合国海洋法会议文件集》第十卷，第 198、202 页。

24. 美国（1974 年，油印本），第 3 条第 1 款。转载在《第三次联合国海洋法会议文件集》第十卷，第 419、421 页。

25. 七十七国集团（1975 年，油印本），第 3 条第 1 款。转载在《第三次联合国海洋法会议文件集》第十卷，第 433 页。

26. 七十七国集团（1975 年，油印本），第 3 条第 1 款。转载在《第三次联合国海洋法会议文件集》第十卷，第 436 页。

27. 美国关于第 7 条的口头提案（1976 年，油印本）（第三委员会非正式会议）。转载在《第三次联合国海洋法会议文件集》第十卷，第 473 页。

28. 美国（1977 年，油印本），第 7 条。转载在《第三次联合国海洋法会议文件集》第十卷，第 492 页。

29. 美国（1980 年，油印本），第 197 条。转载在《第三次联合国海洋法会议文件集》第十卷，第 511、514 页。

评　注

197.1. 题为"全球性和区域性合作"的第二节规定了各国合作制订所谓"环境法"时的基本义务，特别在海洋环境的保护和保全方面。本节条款在措辞上以供诚意履行的法律义务的形式表述，但这并不影响个体国家在适用本款规定时的行动自由。

197.2. 第一九七条具体处理各国在为保护和保全海洋环境而制订国际规则、标准和建议的办法及程序时，或在全球性的基础上或在区域性的基础上，直接或通过主管国际组织进行合作的义务。①

在特设海底委员会和海底委员会中，在制定规则、标准等方面进行国际合作的呼吁已经在海底活动这一较为有限的语境下提出。② 特别是，载有《支配国家管辖范围以外的海床和洋底及其底土的原则宣言》的大会 1970 年 12 月 17 日第 2749（XXV）号决议第 11 段的开头部分（第一卷，第 173 页）宣明：

> 对于在该区域的活动，各国应依待建立的国际制度，采取适当措施为除其他外的以下各项通过和执行国际规则、标准和程序：
>
> （a）防止污染（pollution）和污染（contamination），以及对包括海岸在内的海洋环境的其他危害，防止对海洋环境生态平衡的干扰 ［。］

197.3. 向海底委员会第三分委员会 1973 年会议提交的综合性条约草案条款提案中的大多数都提到需要在标准制订方面开展国际合作（资料来源 1 至资料来源 7）。在这些提案中，澳大利亚工作文件（资料来源 1）的原则（b）和原则（c）附有根据提案作出的评述，特别令人感兴趣。它们规定：

---

① 关于在两个或多个国家共享的自然资源的环境领域国际合作的更一般办法，特别是关于设立环境署及有关事项，见大会第 2995（XXVII）号、第 2996（XXVII）号和 1972 年 12 月 15 日第 2997（XXVII）号和 1973 年 12 月 13 日第 3129（XXVIII）号决议。这个问题是国际社会普遍关注的问题，绝不限于本公约语境下所理解的"海洋环境"。

② 例见 A/AC.135/31，第 1 段，转载于《1968 年安全理事会报告》第 59-60 段（冰岛）；A/AC.135/36，第 6 款（e）项，同上，第 62、64 页（阿根廷、巴西、锡兰、智利、厄瓜多尔、萨尔瓦多、印度、肯尼亚、利比里亚、利比亚、巴基斯坦、秘鲁、泰国、阿拉伯联合共和国和坦桑尼亚联合共和国）；和 A/AC.138/53，第 2 条第（3）款，转载于 1971 年《海底委员会报告》，第 105、116 页（马耳他）。

（b）各国为在全球、区域和国家一级防止海洋污染而进一步拟定和执行国际议定的规则、标准和程序时，应与其他国家和主管国际组织合作。在为海洋环境的保全制定全球性措施时，各国应考虑到特定地理和生态区域的具体特点。

（c）对于地理共同区域的海洋环境有利益的国家应为……这种区域的保护制定共同的政策和措施。

原则（b）基于1972年斯德哥尔摩会议通过的《人类环境行动计划》建议92所赞同的《海洋污染评估和控制原则》原则8和原则11。③ 特别强调区域性合作的原则（c）是以1972年《防止倾倒废物及其他物质污染海洋的公约》第八条为基础的。根据该规定，对于保护某一特定地理区域的海洋环境有共同利益的各国，"应考虑到特定区域的特征，尽力达成与本公约一致的防止污染（特别是倾倒造成的污染）的区域协定"。通过于雷克雅未克的该《公约草案》为关于海上倾倒废物的政府间会议（在伦敦举行）上的讨论发挥了基础作用，它规定如果倾倒发生在某一区域，缔约方应遵守该区域协议所规定的更严格的标准或禁则。这项提案被认为影响过于深远，因而会议没有接受，而是通过了一个较弱的案文，规定缔约方"应努力按照这种区域协定的目标和规定行事，这些协定应由'组织'（即政府间海事协商组织/国际海事组织）通知缔约方"。

澳大利亚的提案以及提交第三分委员会的其他提案由工作组修改为一项条款草案（资料来源8），它规定：

（a）各国为防止海洋污染而拟订和制订符合本公约的条约、规则、标准及程序，应在全球性的基础上或在区域性的基础上，直接或通过全球性或区域性主管国际组织进行合作，同时考虑到区域的特点和**经济因素**［黑体为原文所加］。

对"经济因素"的提及是对案文的一种备选补充。

197.4. 在海洋法会议第二期会议上（1974年），第三委员会提出的建议大体上反映了第二工作组的案文。主要的差异是关于是否应提及经济因素的问题。肯尼亚提交的条款草案（资料来源9）建议将"同时考虑到……"一句改为"同时考虑到所有相关因素"。区划办法条款（资料来源10）建议用"同时考虑到区域特点、发展中国家的经济能力及其经济发展的需要"取代同一句话。但这些提案都未获接受。

---

③ 斯德哥尔摩会议报告附件三，第73页。

与此同时，在关于项目 12 的非正式会议上（见资料来源 21 和资料来源 24），对第二工作组的案文提出了一些修改。其中多数修改未获得接受。

197. 5. 在第三期会议上（1975 年），七十七国集团再次尝试改善发展中国家的处境，建议在案文末尾增加"发展中国家的经济能力及其对经济发展的需要"（资料来源 25 和资料来源 26）；然而，这也未获接受。经过非正式协商，在非正式单一协商案文第三次修订稿（资料来源 11）中列入了以下案文：

> 各国为防止海洋污染而拟订和制订符合本公约的国际规则、标准和建议的办法及程序，应在全球性的基础上或在区域性的基础上，直接或通过全球性或区域性主管国际组织进行合作，同时考虑到区域的特点。

197. 6. 在第四期会议上（1976 年），非正式协商导致订正的单一协商案文（资料来源 12）采纳了一项重要修改，即"防止海洋污染"被改为"保护和保全海洋环境"。案文的其余部分未做改动。

197. 7. 订正的单一协商案文的版本就以这种形式，仅经过简单的润色性修改后，被所有后续文本采纳。在第九期会议上（1980 年），第三委员会主席提出用"具体的区域特点"代替"区域的特点"，但未获接受。④ 与此同时，美国提议删去"规则、标准和建议的办法及程序"，代之以"措施"（资料来源 29），但也未获得接受，故第一九七条文本保持未变。

在非正式综合协商案文第二次修订稿（资料来源 15）中，根据起草委员会的一份统稿报告，删去了"主管国际组织"前的修饰语"全球性或区域性"。起草委员会解释说，原则上，除了对于第六十一条，"主管国际组织"一语足以指代全球性组织或同时指代全球性组织和其他组织（见前文第 XII. 17 段）。

---

④ A/CONF. 62/C. 3/L. 34 和 Add. 1 和 2（1980 年），附件，《正式记录》第十四卷，第 185–186 页（第三委员会主席）。

第一九八条 即将发生的损害或实际损害的通知

当一国获知海洋环境有即将遭受污染损害的迫切危险或已经遭受污染损害的情况时，应立即通知其认为可能受这种损害影响的其他国家以及各主管国际组织。

资料来源

1. A/AC.138/SC.III/L.28（1973年，油印本），第9条（加拿大）。

2. A/AC.138/SC.III/L.41（1973年，油印本），第15条第1款（肯尼亚）。

3. A/AC.138/SC.III/L.52/Add.1，附件1（第二工作组第10号文件及其增补1（b）款），转载在1973年《海底委员会报告》第一卷，第91页（第二工作组主席）。

4. A/AC.138/SC.III/L.52/Add.1，附件2（第二工作组第10号文件及其增补1（b）款（巴西）），转载在1973年《海底委员会报告》第一卷，第91、101页（第二工作组主席）。

5. A/CONF.62/C.3/L.2（1974年），第10条，《正式记录》第三卷，第245~246页（肯尼亚）。

6. A/CONF.62/C.3/L.15（1974年），第5条（b）款，《正式记录》第三卷，第260~261页（第三委员会非正式会议）。

7. A/CONF.62/WP.8/Part III（非正式单一协商案文，1975年），第一部分，第7条，《正式记录》第四卷，第171~172页（第三委员会主席）。

8. A/CONF.62/WP.8/Rev.1/Part III（订正的单一协商案文，1976年），第8条，《正式记录》第五卷，第173、175页（第三委员会主席）。

9. A/CONF.62/WP.10（非正式综合协商案文，1977年），第199条，《正式记录》第八卷，第1、35页。

10. A/CONF.62/WP.10/Rev.1（非正式综合协商案文第一次修订稿，1979年，油印本），第198条。转载在《第三次联合国海洋法会议文件集》第一卷，第375、463页。

11. A/CONF.62/WP.10/Rev.2（非正式综合协商案文第二次修订稿，1980年，油印本），第198条。转载在《第三次联合国海洋法会议文件集》第二卷，第3、93页。

12. A/CONF.62/WP.10/Rev.3*（非正式综合协商案文第三次修订稿，1980年，油印本），第198条。转载在《第三次联合国海洋法会议文件集》第二卷，第179、

270 页。

13. A/CONF. 62/L. 78（《公约草案》，1981 年），第 198 条，《正式记录》第十五卷，第 172、207 页。

起草委员会

14. A/CONF. 62/L. 67/Add. 7（1981 年，油印本），第 31~33 页。

15. A/CONF. 62/L. 72（1981 年），《正式记录》第十五卷，第 151 页（起草委员会主席）。

非正式文件

16. CRP/MP/1（1974 年，油印本），第四部分 A 节（关于项目 12 的非正式会议主席）。转载在《第三次联合国海洋法会议文件集》第十卷，第 71、82~86 页。

17. CRP/MP/14（1974 年，油印本），第 5 条（b）款（第三委员会，非正式会议）。转载在《第三次联合国海洋法会议文件集》第十卷，第 193、195 页。

18. CRP/MP/14/Rev. 1（1974 年，油印本），第 5 条（b）款（第三委员会，非正式会议）。转载在《第三次联合国海洋法会议文件集》第十卷，第 198、202 页。

19. 美国（1974 年，油印本），第 3 条第 2 款。转载在《第三次联合国海洋法会议文件集》第十卷，第 419、421 页。

20. 以色列关于第 8 条的口头提案（1976 年，油印本）（第三委员会，非正式会议）。转载在《第三次联合国海洋法会议文件集》第十卷，第 459 页。

21. 马耳他关于第 8 条的口头提案（1976 年，油印本）（第三委员会，非正式会议）。转载在《第三次联合国海洋法会议文件集》第十卷，第 473 页。

评　　注

198. 1. 第一九八条规定了一国获知已经存在的或即将发生的可能造成损害的污染时的义务（有时也称为习惯国际法义务），即立即通知其认为可能受这种损害影响的其他国家以及各主管国际组织。

向其他有关国家通报已经存在或即将发生的污染损害的义务本身是无条件的，一旦一国获知污染的可能性就立即存在，无论这种污染是对本国还是对其认为可能受到损害的任何其他国家。本条没有说明如何通知其他国家，这显然是一个取决于所有情况的事项。关于主管国际组织，通知义务不取决于通知国是否是该组织的成员。

第一九八条还设想被通知国可能会采取预防性行动，避免对自己的损害，因此，在一定程度上为第二二一条打下铺垫。

198. 2. 第一九八条起源于向海底委员会第三分委员会 1973 年会议提交的若干提

案。最早提出制定确切的通知义务概念的提案似乎是加拿大提出的一系列条款草案中的第九条（资料来源1）。提议的题为"尽量减轻"的该条内容如下：

> 获知海洋环境有即将遭受污染损害的迫切危险或已经遭受污染损害的情形的一国，应立即通知可能受这种损害影响的其他国家，这些国家应合作采取措施尽量减轻损害。

肯尼亚提交的一项提案（资料来源2）中也有类似的处理办法，其内容如下：

> 每个国家都有义务通知邻国和其他国家以及国际或区域组织其获知已遭受污染或有遭受污染的迫切危险的区域，无论是否在其国家管辖范围内。

这些提案反映在第三分委员会第二工作组（资料来源3）起草的一项案文中，该案文主要反映了本条的最终的组织和措词。其内容如下：

> （b）获知海洋环境有即将遭受污染损害的迫切危险或已经遭受污染损害的情况的一国，应立即通知可能受这种损害影响的其他国家以及各主管国际组织。

198.3. 在海洋法会议第二期会议上（1974年），肯尼亚的条款草案（资料来源5）包括一项将这一义务扩至"主管国际机构"的规定：

> 各国和主管国际机构应互相通知其获知已遭受污染或有遭受污染的迫切危险的海洋环境内的区域。负责有遭受污染的迫切危险或已遭受污染的区域的当局应按照适当的法律和规章确保必要措施得到采取以终止危险或尽量减少损害。

第三委员会审查的其他提案中都没有提及国际组织有义务将污染危险通知各国或其他国际机构（资料来源17至资料来源19），《公约》的任何一项草案中也均未出现这种义务。

198.4. 在第三期会议上（1975年），非正式协商导致在非正式单一协商案文第三部分（资料来源7）中形成了一个与第二工作组案文极为相似的案文：

> 获知海洋环境有即将遭受污染损害的迫切危险或已经遭受污染损害的情况的一国，应立即通知其认为可能受这种损害影响的其他国家以及各主管国

际组织。

"其认为"几个字中所隐含的主观成分是由巴西作为对海底委员会第二工作组案文（资料来源4）的一种替代方案首先提出的，后来又被司法专家非正式小组拟订的诸项案文转载。① 巴西的最初提案提到"重大"损害，但这一限定语没有纳入任何后续案文中，因此，第一九八条的义务是由任何可能造成损害的污染产生的。

198.5. 在第六期会议上（1977年），根据第五期会议（1976年）提出的若干非正式提案（资料来源20和资料来源21）进行的协商导致对包含在非正式综合协商案文第199条（资料来源9）中的案文作出一项细微修改，即在"主管国际组织"之前增加了"全球性或区域性"，但这一限定语随后又被删去（见前文第XII.17和197.7段）。本条重新编号为第一九八条并按照起草委员会的建议作过几处细微修改后即在非正式综合协商案文第三次修订稿（资料来源12）中最终定型。②

---

① 《海洋环境的保全》（1975年2月，油印本），第4条第1款（非正式司法专家小组）；同上（1975年3月，油印本），第4条第2款；同上（1976年1月，油印本），第7条。分别转载在《第三次联合国海洋法会议文件集》第十一卷，第412、451、504页。

② 见A/CONF.62/L.63/Rev.1（1980年），附件二，A节，《正式记录》第十四卷，第139、141页（起草委员会）。另见资料来源14。

第一九九条 对污染的应急计划

第一九八条所指的情形下，受影响区域的各国，应按照其能力，与各主管国际组织尽可能进行合作，以消除污染的影响并防止或尽量减少损害。为此目的，各国应共同发展和促进各种应急计划，以应付海洋环境的污染事故。

资料来源

1. A/AC. 138/SC. III/L. 28（1973 年，油印本），第 3 条和第 9 条（加拿大）。

2. A/AC. 138/SC. III/L. 41（1973 年，油印本），第 14 条和第 15 条（肯尼亚）。

3. A/AC. 138/SC. III/L. 52/Add. 1，附件 1（第二工作组第 10 号文件及其增补第 1 款（c）项），转载在 1973 年《海底委员会报告》第一卷，第 91 页（第二工作组主席）。

4. A/AC. 138/SC. III/L. 52/Add. 1，附件 1（第二工作组第 12 号文件，第 1 款（c）项），转载在 1973 年《海底委员会报告》第一卷，第 91~92 页（第二工作组主席）。

5. A/CONF. 62/C. 3/L. 2（1974 年），第 10 条和第 16 条，《正式记录》第三卷，第 245~246 页（肯尼亚）。

6. A/CONF. 62/C. 3/L. 6（1974 年），第 2 条第 2 款，《正式记录》第三卷，第 249 页（加拿大、斐济、加纳、圭亚那、冰岛、印度、伊朗、新西兰、菲律宾和西班牙）。

7. A/CONF. 62/C. 3/L. 15（1974 年），第 5 条（c）款，《正式记录》第三卷，第 260~261 页（第三委员会非正式会议）。

8. A/CONF. 62/WP. 8/Part III（非正式单一协商案文，1975 年），第一部分，第 8 条，《正式记录》第四卷，第 171~172 页（第三委员会主席）。

9. A/CONF. 62/WP. 8/Rev. 1/Part III（订正的单一协商案文，1976 年），第 9 条，《正式记录》第五卷，第 173、175 页（第三委员会主席）。

10. A/CONF. 62/WP. 10（非正式综合协商案文，1977 年），第 200 条，《正式记录》第八卷，第 1、35 页。

11. A/CONF. 62/WP. 10/Rev. 1（非正式综合协商案文第一次修订稿，1979 年，油印本），第 199 条。转载在《第三次联合国海洋法会议文件集》第一卷，第 375、464 页。

12. A/CONF. 62/WP. 10/Rev. 2（非正式综合协商案文第二次修订稿，1980 年，油印本），第 199 条。转载在《第三次联合国海洋法会议文件集》第二卷，第 3、93 页。

13. A/CONF. 62/WP. 10/Rev. 3* （非正式综合协商案文第三次修订稿，1980 年，油印本），第 199 条。转载在《第三次联合国海洋法会议文件集》第二卷，第 173、270 页。

14. A/CONF. 62/L. 78 （《公约草案》，1981 年），第 199 条，《正式记录》第十五卷，第 172、207 页。

起草委员会

15. A/CONF. 62/L. 67/Add. 7 （1981 年，油印本），第 34~38 页。

16. A/CONF. 62/L. 72 （1981 年），《正式记录》第十五卷，第 151 页 （起草委员会主席）。

非正式文件

17. CRP/MP/5 （1974 年，油印本），美国关于 ［资料来源 3］（c）款的提案。（第三委员会，非正式会议）。转载在《第三次联合国海洋法会议文件集》第十卷，第 156 页。

18. CRP/MP/14 （1974 年，油印本），第 5 条 （c）款 （第三委员会，非正式会议）。转载在《第三次联合国海洋法会议文件集》第十卷，第 193、195 页。

19. CRP/MP/14/Rev. 1 （1974 年，油印本），第 5 条 （c）款 （第三委员会，非正式会议）。转载在《第三次联合国海洋法会议文件集》第十卷，第 198、202 页。

20. 美国 （1974 年，油印本），第 3 条第 3 款。转载在《第三次联合国海洋法会议文件集》第十卷，第 419、421 页。

21. 七十七国集团 （1975 年，油印本），第 3 条第 4 款。转载在《第三次联合国海洋法会议文件集》第十卷，第 433 页。

22. 以色列关于第 9 条的口头提案 （1976 年，油印本）（第三委员会，非正式会议）。转载在《第三次联合国海洋法会议文件集》第十卷，第 459 页。

评　　注

199. 1. 第一九九条是第一九八条的延续，为受到即将发生或已实际发生的海洋污染损害的区域内的所有国家而制定。这些国家应按照其能力与主管国际组织尽可能合作以消除污染的影响并防止或尽量减少损害。本条要求各国共同发展和促进各种应急计划，以应付海洋环境的污染事故。1958 年《公海公约》第 25 条第 2 款规定了防止海洋或海洋上空的污染的联合措施的概念，但在该处仅限于 "与放射性物质或其他有害物质有关" 的活动造成的污染 （见下文第 210. 1 段）。

199. 2. 第一九九条所包含的独立成条的义务首先出现在加拿大于 1973 年向海底委

员会提交的综合性海洋污染公约条款草案（资料来源1）中。该草案第3条提到在拟订"防止海洋环境污染的行动计划"方面的合作。第9条阐明了通知实际或潜在损害的义务（见上文第198.2段），还呼吁有关国家合作"采取措施尽量减少损害"。肯尼亚提交的条款草案第XIV条和第XV条（资料来源2）呼吁合作制定"规则、标准和程序以及行动计划"以防止海洋环境污染。同时，这些条款还规定，如果污染危险发生在沿海国的"海洋污染控制区"，沿海国应按照其本国的规则和规章终止或尽量减少危险。

第三分委员会第二工作组在下文（资料来源3）中部分合并了这些建议：

（c）……受影响区域的各国，应按照其能力，与各主管国际组织尽可能进行合作，以消除污染的影响并防止或尽量减少损害。

第二工作组（资料来源4）关于促进向发展中国家提供技术援助以保护海洋环境和防止海洋污染的计划的一项单独提案呼吁各国"促进和发展各种应急计划，以应对这种重大［污染］事件和协助处理它们的请求。"

199.3. 在海洋法会议第二期会议上（1974年），肯尼亚条款的修订版（资料来源5）分条处理了通知和防止的方面。第10条处理通知（见上文第198.3段），关于防止的方面见第16条，其内容如下：

各国应直接或通过主管国际或区域组织进行合作，以消除污染的影响并防止或尽量减少对海洋环境的损害。

由10个国家提交的关于保全海洋环境的区划办法的第2条在规定了合作的义务后（资料来源6）进而规定：

2. 对于地理共同区域的海洋环境有利益的国家应为这种区域或地区的保护制定共同的政策和措施。各国应努力按照这种政策和措施的目标和规定行事。

同时，在非正式会议上，美国提议在第二工作组文本末尾增加一句："为此目的，各国应共同促进和发展各种应急计划，以应付海洋环境的污染事故"（资料来源17）。

由于这些提案，海底委员会第二工作组的案文在非正式会议（资料来源7）所产生的一系列共同案文中重新拟订如下：

（c）［在海洋环境有即将遭受污染损害的迫切危险或已经遭受污染损害的

情形下]，受影响区域的各国，应按照其能力，与各主管国际组织尽可能进行合作，以消除污染的影响并防止或尽量减少损害。为此目的，各国应共同促进和发展各种应急计划，以应付海洋环境的污染事故。

199.4. 在第三期会议上（1975 年），这一文本几乎未作修改地被非正式单一协商案文第三部分（资料来源 8）采纳。经过第四期会议上（1976 年）的正式和非正式协商之后，这一文本在订正的单一协商案文第三部分（资料来源 9）中基本上没有改变。

在第六期会议上（1977 年），根据以色列的一项非正式提案（资料来源 22），在非正式综合协商案文（资料来源 10）中插入了"全球性或区域性"几个字以限定"主管国际组织"。但是，由于起草委员会认为"'主管国际组织'一语足以指称全球性组织或同时指称全球性和其他组织"（见前文第 XII.17 段），遂根据其意见在非正式综合协商案文第二次修订稿中删去了这一限定语。这一条文在非正式综合协商案文第一次修订稿（资料来源 11）中重新编号为第 199 条。在起草委员会的建议下并经第三委员会接受，非正式综合协商案文第三次修订稿（资料来源 13）采纳了几项细微改动，① 至此本条即最终定型。

199.5. 第一九九条规定的义务在某些情形下依国际法已经存在，这些义务要求受影响区域的各沿海国在第一九八条所设想的情形下采取积极的行动。限定语"按照其能力"和"尽可能"满足了发展中国家的关切，这些国家可能会感到消除污染的影响和防止或尽量减少损害过于繁重。这些限定语的作用是减轻这些国家与受影响区域的主管国际组织合作的绝对质量。这种减轻并不免除不同的主管国际组织承担该义务的负担。

---

① 见 A/CONF.62/L.63/Rev.1（1980 年），附件二，A 节，《正式记录》第十四卷，第 139、141 页（起草委员会）。

第二〇〇条　研究、研究方案及情报和资料的交换

各国应直接或通过主管国际组织进行合作，以促进研究、实施科学研究方案、并鼓励交换所取得的关于海洋环境污染的情报和资料。各国应尽力积极参加区域性和全球性方案，以取得有关鉴定污染的性质和范围、面临污染的情况以及其通过的途径、危险和补救办法的知识。

资料来源

1. A/AC. 138/SC. III/L. 28（1973 年，油印本），第 5 条（加拿大）。

2. A/AC. 138/SC. III/L. 32（1973 年，油印本），第 4 条（苏联）。

3. A/AC. 138/SC. III/L. 41（1973 年，油印本），第 9 条和第 10 条（肯尼亚）。

4. A/AC. 138/SC. III/L. 52/Add. 1，附件 1（第二工作组第 10 号文件及其增补第 1 款（d）项），转载在 1973 年《海底委员会报告》第一卷，第 91 页（第二工作组主席）。

5. A/AC. 138/SC. III/L. 52/Add. 1，附件 2（第二工作组第 10 号文件及其增补第 1 款（d）项（巴西）），转载在 1973 年《海底委员会报告》第一卷，第 91、101 页（第二工作组主席）。

6. A/CONF. 62/C. 3/L. 2（1974 年），第 13 条和第 14 条，《正式记录》第三卷，第 245~246 页（肯尼亚）。

7. A/CONF. 62/C. 3/L. 15（1974 年），第 5 条（d）款，《正式记录》第三卷，第 260~261 页（第三委员会非正式会议）。

8. A/CONF. 62/WP. 8/Part III（非正式单一协商案文，1975 年），第一部分，第 9 条，《正式记录》第四卷，第 171~172 页（第三委员会主席）。

9. A/CONF. 62/WP. 8/Rev. 1/Part III（订正的单一协商案文，1976 年），第 10 条，《正式记录》第五卷，第 173、175 页（第三委员会主席）。

10. A/CONF. 62/WP. 10（非正式综合协商案文，1977 年），第 201 条，《正式记录》第八卷，第 1、35 页。

11. A/CONF. 62/WP. 10/Rev. 1（非正式综合协商案文第一次修订稿，1979 年，油印本），第 200 条。转载在《第三次联合国海洋法会议文件集》第一卷，第 375、464 页。

12. A/CONF. 62/WP. 10/Rev. 2（非正式综合协商案文第二次修订稿，1980 年，油

印本），第 200 条。转载在《第三次联合国海洋法会议文件集》第二卷，第 3、93 页。

13. A/CONF. 62/WP. 10/Rev. 3* （非正式综合协商案文第三次修订稿，1980 年，油印本），第 200 条。转载在《第三次联合国海洋法会议文件集》第二卷，第 179、270 页。

14. A/CONF. 62/L. 78 （《公约草案》，1981 年），第 200 条，《正式记录》第十五卷，第 172、207 页。

起草委员会

15. A/CONF. 62/L. 67/Add. 7 （1981 年，油印本），第 39~40 页。

16. A/CONF. 62/L. 72 （1981 年），《正式记录》第十五卷，第 151 页（起草委员会主席）。

17. A/CONF. 62/L. 152/Add. 25 （1982 年，油印本），第 3 页。

18. A/CONF. 62/L. 160 （1982 年），《正式记录》第十七卷，第 225 页（起草委员会主席）。

非正式文件

19. CRP/MP/5 （1974 年，油印本），苏丹和苏联关于［资料来源 4］（d）款的提案（第三委员会，非正式会议）。转载在《第三次联合国海洋法会议文件集》第十卷，第 156~157 页。

20. CRP/MP/14 （1974 年，油印本），第 5 条（d）款（第三委员会，非正式会议）。转载在《第三次联合国海洋法会议文件集》第十卷，第 193、195 页。

21. CRP/MP/14/Rev. 1 （1974 年，油印本），第 4 条（d）款（第三委员会，非正式会议）。转载在《第三次联合国海洋法会议文件集》第十卷，第 198、202 页。

22. 美国 （1974 年，油印本），第 3 条第 4 款。转载在《第三次联合国海洋法会议文件集》第十卷，第 419、421 页。

23. 七十七国集团 （1975 年，油印本），第 3 条第 3 款和第 5 款。转载在《第三次联合国海洋法会议文件集》第十卷，第 433 页。

24. 七十七国集团 （1975 年，油印本），第 3 条第 3 款和第 5 款。转载在《第三次联合国海洋法会议文件集》第十卷，第 436 页。

25. 以色列关于第 10 条的口头提案 （1976 年，油印本）（第三委员会，非正式会议）。转载在《第三次联合国海洋法会议文件集》第十卷，第 459 页。

评　　注

200. 1. 人们很早就认识到，保护海洋环境的综合性办法需要有充分的资料库、研究和研究方案，以及对所收集的情报和资料的自由和广泛的交换。虽然这适用于一般环境，但对于海洋来说尤其必要，因为在海洋中由于风、波浪、海流和潮汐的影响以及盛行的气候条件，污染物可能散布到广阔的区域。

特设海底委员会于 1968 年承认有必要采取合作措施防止海底勘探和开发造成的海洋污染，这一认可表述在 1968 年 12 月 21 日第 2467 A 和 B（XXIII）号决议中（第一卷，第 163、165 页）。因此，海底委员会在其 1970 年会议上接受了海底资源的开发必然会对海洋环境造成某种程度的干扰，并同意在建立一套国际制度之前，有必要进行研究以获得关于海洋生态以及海洋对于各种污染物的脆弱性的知识。委员会强调"需要在研究和技术上以及向所有国家传播统计和技术资料上开展国际合作，以尽量减少污染的风险"。[1]

随着委员会任务在 1970 年 12 月 17 日联合国大会第 2750 C（XXV）号决议（第一卷，第 178 页）后的进一步扩大，重点转向需要广泛开展涉及整个海洋环境的研究方案和资料收集工作。在委员会 1972 年会议上，第三分委员会从一些处理这一主题的国际机构和会议收到了报告和资料，其中包括海洋污染政府间工作组第二届会议、联合国人类环境会议（斯德哥尔摩会议），政府间海事协商组织、政府间海洋学委员会、粮农组织，海洋资料采集系统筹备会议和奥斯陆海洋倾倒区域会议。[2] 在该届会议的讨论中，有人指出，海洋污染问题"不能仅靠国际法的制定来解决，而是需要各国和国际组织在科学和技术领域积极合作"，以确保全面了解在全世界范围内防止海洋污染所涉及的事项。[3]

200. 2. 第二〇〇条反映了对海洋环境污染问题需要采取跨学科方法以及协调国家和国际研究和资料收集方案这一事实的承认。它基于政府间海洋污染工作组在渥太华拟定并经斯德哥尔摩会议批准的《海洋污染评估和控制一般原则》之原则 10 和原则 15。[4] 原则 10 包括如下内容：

> 保护海洋环境的全面计划应规定的事项包括确定关键污染物及其途径和来源、确定面临这些污染物的情况，以及评估其造成的风险……

根据第二〇〇条第二句应获取其知识的方面来自原则 15，其内容如下：

> 每个国家都应与其他国家和主管国际组织合作，以期制订海洋环境研究

---

① 1970 年《海底委员会报告》，第 26-27 段、第 8-9 页。
② 1972 年《海底委员会报告》，第 205 段，第 50 页。
③ 同前注，第 238 段，第 59 页。
④ 见《斯德哥尔摩会议报告》附件三，第 73 页。

和调查方案以及监测海洋环境变化的系统和手段，包括研究海洋现状、污染影响的趋势以及关于海洋环境的资料和科学情报的交换。在交流关于防止海洋污染的手段的技术情报方面应该有类似的合作，包括可能因近岸资源勘探和开发而产生的污染。

200.3. 1973 年第三分委员会讨论的提案（资料来源 1 至资料来源 3）开始将这些原则的基本要素转变为规定义务的条约条款，并以"应（shall）"替代"应（should）"来强调。第二〇〇条的文本是依据第二工作组提交的一项接近其最终形态的工作文件（资料来源 4）的内容制定的，该工作文件除其他外规定：

（d）各国应直接或通过主管国际组织进行合作，以促进研究、实施科学研究方案、并鼓励交换所取得的关于海洋环境污染的情报和资料。各国应积极支持和贡献于国际方案，以取得有关鉴定污染的来源、途径、面临情况、危险和补救办法的知识。

200.4. 在第二期会议上（1974 年），肯尼亚提出的草案（资料来源 6）中的两条基本上采用了相同的措辞。其中增加了"国际性或区域性组织"和"按照其能力"以限定积极支持和贡献于国际方案的规定。后者反映了给发展中国家规定的潜在负担可能过大的担忧。这些要素被纳入第三委员会起草的一项案文草案（资料来源 7）中，其措辞要求各国"尽力积极参加区域性和全球性方案"。

200.5. 在第三期会议上（1975 年），七十七国集团提议修订第三委员会的案文，将各国的义务扩大到"监视、测量、分析、鉴定污染的来源、途径、面临的情况、危险和补救办法以及及时交换和传播取得的情报和资料"（资料来源 23）。这一扩大没有反映在非正式单一协商案文第三部分（资料来源 8）中，该案文重复了第三委员会先前的案文（资料来源 7），其内容如下：

各国应直接或通过主管国际组织进行合作，以促进研究、实施科学研究方案、并鼓励交换所取得的关于海洋环境污染的情报和资料。各国应尽力积极参加区域性和全球性方案，以取得有关鉴定污染的性质和范围、污染通过的途径和危险、面临的情况以及补救的办法。

订正的单一协商案文第三部分（资料来源 9）原文重复了该案文。

200.6. 非正式综合协商案文（资料来源 10）增加了"全球性或区域性"以限定"主管国际组织"，但非正式综合协商案文第二次修订稿（资料来源 12）根据起草委员会的建议删去了该语（见前文第 XII. 17 段）。根据起草委员会的建议，⑤ 在非正式综合协商案文第三次修订稿（资料来源 13）中重新起草了第二〇〇条，在未改变实质内容的情况下澄清了文本。

---

⑤ 见 A/CONF. 62/L. 63/Rev. 1（1980 年），附件二，A 节，《正式记录》第十四卷，第 139、141 页（起草委员会）。

第二〇一条　规章的科学标准

各国应参照依据第二〇〇条取得的情报和资料，直接或通过主管国际组织进行合作，订立适当的科学准则，以便拟订和制订防止、减少和控制海洋环境污染的规则、标准和建议的办法及程序。

资料来源

1. A/AC.138/SC.III/L.28（1973 年，油印本），第 3 条（加拿大）。

2. A/AC.138/SC.III/L.32（1973 年，油印本），第 4 条第 2 款（苏联）。

3. A/AC.138/SC.III/L.52/Add.1，附件 1（第二工作组第 10 号文件及其增补第 1 款（e）项），转载在 1973 年《海底委员会报告》第一卷，第 91 页（第二工作组主席）。

4. A/AC.138/SC.III/L.52/Add.1，附件 2（第二工作组第 10 号文件及其增补第 1 款（d）项（巴西）），转载在 1973 年《海底委员会报告》第一卷，第 91、101 页（第二工作组主席）。

5. A/CONF.62/C.3/L.2（1974 年），第 15 条，《正式记录》第三卷，第 245~246 页（肯尼亚）。

6. A/CONF.62/C.3/L.15（1974 年），第 5 条（e）款，《正式记录》第三卷，第 260~261 页（第三委员会非正式会议）。

7. A/CONF.62/WP.8/Part III（非正式单一协商案文，1975 年），第一部分，第 10 条，《正式记录》第四卷，第 171~172 页（第三委员会主席）。

8. A/CONF.62/WP.8/Rev.1/Part III（订正的单一协商案文，1976 年），第 11 条，《正式记录》第五卷，第 173、175 页（第三委员会主席）。

9. A/CONF.62/WP.10（非正式综合协商案文，1977 年），第 202 条，《正式记录》第八卷，第 1、35 页。

10. A/CONF.62/WP.10/Rev.1（非正式综合协商案文第一次修订稿，1979 年，油印本），第 201 条。转载在《第三次联合国海洋法会议文件集》第一卷，第 375、464 页。

11. A/CONF.62/WP.10/Rev.2（非正式综合协商案文第二次修订稿，1980 年，油印本），第 201 条。转载在《第三次联合国海洋法会议文件集》第二卷，第 3、93 页。

12. A/CONF.62/WP.10/Rev.3*（非正式综合协商案文第三次修订稿，1980 年，

油印本），第 201 条。转载在《第三次联合国海洋法会议文件集》第二卷，第 179、270 页。

13. A/CONF. 62/L. 78（《公约草案》，1981 年），第 201 条，《正式记录》第十五卷，第 172、207 页。

起草委员会

14. A/CONF. 62/L. 67/Add. 7（1981 年，油印本），第 41~42 页。

15. A/CONF. 62/L. 72（1981 年），《正式记录》第十五卷，第 151 页（起草委员会主席）。

16. A/CONF. 62/L. 142/Add. 1（1982 年，油印本），第 33 页。

17. A/CONF. 62/L. 160（1982 年），《正式记录》第十六卷，第 254 页（起草委员会主席）。

非正式文件

18. CRP/MP/14（1974 年，油印本），第 5 条（e）款（第三委员会，非正式会议）。转载在《第三次联合国海洋法会议文件集》第十卷，第 193、195 页。

19. CRP/MP/14/Rev. 1（1974 年，油印本），第 5 条（e）款（第三委员会，非正式会议）。转载在《第三次联合国海洋法会议文件集》第十卷，第 198、202 页。

20. 美国（1974 年，油印本），第 3 条第 5 款。转载在《第三次联合国海洋法会议文件集》第十卷，第 419、421 页。

21. 以色列关于第 11 条的口头提案（1976 年，油印本）（第三委员会，非正式会议）。转载在《第三次联合国海洋法会议文件集》第十卷，第 459 页。

评　　注

201. 1. 第二〇一条阐明了国家和主管国际组织有义务合作订立科学准则，以用于拟订和制订防止、减少和控制海洋污染的标准、办法及程序。它将第一九七条中关于制定国际规则和标准的义务与第二〇〇条中关于促进科学研究和鼓励情报和资料交换的义务联系起来。

201. 2.《海洋污染评估和控制一般原则》之原则 10 是制订本条时使用的基础文本，① 其内容如下：

---

① 由政府间海洋污染工作组建议并经联合国人类环境会议（斯德哥尔摩会议）批准。见《斯德哥尔摩会议报告》附件三，第 73 页。

应由国家政府和通过政府间机构制定国际方针和准则，以提供控制措施的政策框架。保护海洋环境的全面计划应规定的事项包括确定关键污染物及其途径和来源、确定面临这些污染物的情况和评估其造成的风险、及时侦测不良趋势，以及侦测和监测系统的开发。

加拿大于 1973 年向海底委员会第三分委员会提交的一系列条款草案（资料来源 1）中的第 3 条直接提及了国际"准则，包括水质准则"。将基本准则和根据这些准则拟订的规则和标准区分开来的最早文本出现在苏联之后提交第三分委员会的一系列条款草案中（资料来源 2）。苏联草案的第 4 条第 2 款规定：

各国同意在全球或区域基础上相互合作，为防止海洋污染制订一套彼此均可接受的规则和标准方法体系。

第三分委员会在其 1973 年会议期间提出的建议由该分委员会第二工作组重新编制为一系列草案文本（资料来源 3），其中包括关于科学准则的以下文本：
各国应参照［依据对应于《公约》第二〇〇条的条款］取得的情报和资料，直接或通过主管国际组织进行合作，议定适当的科学准则，以便拟订和制订防止海洋污染的规则和标准。

201. 3. 在海洋法会议第二期会议上（1974 年），肯尼亚根据第二工作组案文提交了一系列条款草案（资料来源 5），其中包括以下规定：

各国应直接或通过主管国际或区域性组织进行合作，拟订适当的科学准则，以便订立和制订防止海洋污染的规则和标准。

关于项目 12 的非正式会议的结果（资料来源 6）随后提交给会议，关于全球性和区域性合作的条款草案包括了关于科学准则的一款：

（e）各国应参照依据上文（d）款［今第二〇〇条］取得的情报和资料，直接或通过主管国际组织进行合作，议定适当的科学准则，以便拟订和制订防止海洋污染的规则、标准和建议的办法及程序。

201. 4. 在第三期会议上（1975 年），经过非正式会议和正式讨论，非正式单一协商案文第三部分（资料来源 7）第 10 条在对其中的交叉引用部分作过适当调整后原文采纳了这一案文。
在第四期会议上（1976 年）进行非正式协商之后，订正的单一协商案文第三部分

（资料来源 8）重复了这一规定，但规定各国应合作"订立（establishing）"而不是"议定（working out）"适当的科学准则。

201.5. 在第五期会议上（1976 年），以色列在非正式会议上口头提议在"主管国际组织"之后插入"全球性和区域性"（资料来源 21）。这一增补随后被非正式综合协商案文（资料来源 9）采纳，该案文内容如下：

第 202 条　科学标准和规章

　　各国应参照依据第 201 条取得的情报和资料，直接或通过全球性或区域性主管国际组织进行合作，订立适当的科学准则，以便拟订和制订防止海洋环境污染的规则、标准和建议的办法及程序。

这一案文以防止"海洋环境污染"代替较为一般性的"海洋污染"。

根据起草委员会的建议，限定语"全球性或区域性"随后被从非正式综合协商案文第二次修订稿（资料来源 11）中删去（见上文第 XII. 17 段）。

201.6. 将"防止……污染"扩展为"防止、减少和控制……污染"是根据起草委员会在第九期会议续会上（1980 年）进行案文统稿工作时的建议作出的。[2] 这一修改经第三委员会认可后，被非正式综合协商案文第三次修订稿（资料来源 12）采纳。此后，根据起草委员会的建议（资料来源 14 至资料来源 17）采纳了若干细微的润色性修改。

201.7. 根据起草委员会的建议（资料来源 16），[3] 在最终文本中本条标题从"科学标准和规章"改为现标题。它强调制定"适当的科学准则"本身，而不是它们随后在规则的拟订和制订中的使用。制订这种标准的前提是各国政府和不同主管国际组织和机构的合作。

---

[2]　见 A/CONF. 62/L. 63/Rev. 1（1980 年），附件二，A 节，《正式记录》第十四卷，第 139、141 页（起草委员会）。

[3]　另见 A/CONF. 62/L. 88（1982 年），《正式记录》第十六卷，第 203 页（第三委员会主席）。

第三节　技术援助

第二〇二条　对发展中国家的科学和技术援助

各国应直接或通过主管国际组织：

（a）促进对发展中国家的科学、教育、技术和其他方面援助的方案，以保护和保全海洋环境，并防止、减少和控制海洋污染。这种援助，除其他外，应包括：

（1）训练其科学和技术人员；

（2）便利其参加有关的国际方案；

（3）向其提供必要的装备和便利；

（4）提高其制造这种装备的能力；

（5）就研究、监测、教育和其他方案提供意见并发展设施。

（b）提供适当的援助，特别是对发展中国家，以尽量减少可能对海洋环境造成严重污染的重大事故的影响；

（c）提供关于编制环境评价的适当援助，特别是对发展中国家。

资料来源

1. A/AC. 138/SC. III/L. 26，转载在 1972 年《海底委员会报告》，第 213、236 页（加拿大）。

2. A/AC. 138/SC. III/L. 27（1973 年，油印本），原则（d）和评述（澳大利亚）。

3. A/AC. 138/SC. III/L. 28（1973 年，油印本），第 5 条（加拿大）。

4. A/AC. 138/SC. III/L. 32（1973 年，油印本），第 6 条（苏联）。

5. A/AC. 138/SC. III/L. 41（1973 年，油印本），第 16 条（肯尼亚）。

6. A/AC. 138/SC. III/L. 52/Add. 1，附件 1（第二工作组第 12 号文件，第 1 款），转载在 1973 年《海底委员会报告》第一卷，第 91~92 页（第二工作组主席）。

7. A/CONF. 62/C. 3/L. 2（1974 年），第 17 条，《正式记录》第三卷，第 245~246 页（肯尼亚）。

8. A/CONF. 62/C. 3/L. 15（1974 年），第 6 条第 1 款，《正式记录》第三卷，第 260~261 页（第三委员会非正式会议）。

9. A/CONF. 62/C. 3/L. 15/Add. 1（1975 年），第 9 条第 2 款，《正式记录》第四卷，第 200 页（第三委员会非正式会议）。

10. A/CONF. 62/WP. 8/Part III（非正式单一协商案文，1975 年），第一部分，第 11 条，《正式记录》第四卷，第 171~172 页（第三委员会主席）。

11. A/CONF. 62/WP. 8/Rev. 1/Part III（订正的单一协商案文，1976 年），第 12 条，《正式记录》第五卷，第 173、175 页（第三委员会主席）。

12. A/CONF. 62/WP. 10（非正式综合协商案文，1977 年），第 203 条，《正式记录》第八卷，第 1、35 页。

13. A/CONF. 62/WP. 10/Rev. 1（非正式综合协商案文第一次修订稿，1979 年，油印本），第 202 条。转载在《第三次联合国海洋法会议文件集》第二卷，第 375、464 页。

14. A/CONF. 62/WP. 10/Rev. 2（非正式综合协商案文第二次修订稿，1980 年，油印本），第 202 条。转载在《第三次联合国海洋法会议文件集》第二卷，第 3、94 页。

15. A/CONF. 62/WP. 10/Rev. 3*（非正式综合协商案文第三次修订稿，1980 年，油印本），第 202 条。转载在《第三次联合国海洋法会议文件集》第二卷，第 179、270 页。

16. A/CONF. 62/L. 78（《公约草案》，1981 年），第 202 条，《正式记录》第十五卷，第 172、207 页。

起草委员会

17. A/CONF. 62/L. 67/Add. 7（1981 年，油印本），第 43~48 页。

18. A/CONF. 62/L. 72（1981 年），《正式记录》第十五卷，第 151 页（起草委员会主席）。

19. A/CONF. 62/L. 152/Add. 25（1982 年，油印本），第 5~7 页。

20. A/CONF. 62/L. 160（1982 年），《正式记录》第十七卷，第 225 页（起草委员会主席）。

非正式文件

21. CRP/MP/1（1974 年，油印本），A 节第四部分（关于项目 12 的非正式会议主席）。转载在《第三次联合国海洋法会议文件集》第十卷，第 71、105~107 页。

22. CRP/MP/6（1974 年，油印本），肯尼亚和法国［关于资料来源 6］的提案（第三委员会，非正式会议）。转载在《第三次联合国海洋法会议文件集》第十卷，第 158 页。

23. CRP/MP/6/Add. 1 （1974 年，油印本），马来西亚［关于资料来源 6］的提案（第三委员会，非正式会议）。转载在《第三次联合国海洋法会议文件集》第十卷第159 页。

24. 综合文本（1974 年，油印本），（a）款和（b）款，（第三委员会，非正式会议）。转载在《第三次联合国海洋法会议文件集》第十卷，第 430 页。

25. CRP/MP/14 （1974 年，油印本），第 6 条第 1 款（第三委员会，非正式会议）。转载在《第三次联合国海洋法会议文件集》第十卷，第 193、196 页。

26. CRP/MP/14/Rev. 1 （1974 年，油印本），第 6 条第 1 款（第三委员会，非正式会议）。转载在《第三次联合国海洋法会议文件集》第十卷，第 198、202 页。

27. 美国（1974 年，油印本），第 4 条第 1 款。转载在《第三次联合国海洋法会议文件集》第十卷，第 419、422 页。

28. 马耳他关于第 12 条的口头提案（1976 年，油印本）（第三委员会非正式会议）。转载在《第三次联合国海洋法会议文件集》第十卷，第 473 页。

评　　注

202. 1. 第二〇二条反映了对欠发达国家需要援助以履行保护和保全海洋环境的义务的承认。在海底委员会中一再提到发展中国家的特殊处境和要求。① 第一九四条提及"按照其能力使用其所掌握的最切实可行的方法"，就是对这些关切的一种承认。

各国提供这种科学和技术援助的义务的基本概念表述于由海洋污染问题政府间工作组提出并经斯德哥尔摩会议核可的《海洋污染评估和控制一般原则》之原则 6 中，其内容如下：

> 技术和科学发展水平较高的国家应协助作出这种请求的国家，例如通过直接或通过设置用来为这些国家的技术和科学人员提供充分的培训的主管机构，以及通过提供在研究、行政、监测或监视、情报、废物处置等领域所需的设备和设施，开展提高其履行其包括保护海洋环境在内的各种义务的能力的方案。②

这一原则成为第二〇二条的基础。

202. 2. 在海底委员会 1972 年会议上，第三分委员会的几个代表团建议，应在《公约》中制订若干适当条款，就向发展中国家提供培训、技术和财政援助以使它们能够

---

① 例见 1971 年《海底委员会报告》第 141 段，第 44 页；1972 年《海底委员会报告》第 216 段，第 54 页。

② 《斯德哥尔摩会议报告》附件三，第 73 页。

遵守有关防止和控制海洋污染的规则和标准作出规定。有关提案载于加拿大提交的工作文件中（资料来源 1）。第三分委员会关于其 1972 年工作的报告明确指出，在最后条款中"必须适当考虑发展中国家的需要和利益"。③

在海底委员会 1973 年会议上，澳大利亚的一份工作文件（资料来源 2）列入了有关技术援助的具体提案。该工作文件回顾了《斯德哥尔摩宣言》原则 21（见上文第193.2 段），认为在不减损有关个体国家责任的情况下，必须提供科学、技术和财政上的相互援助方案，以确保"任何国家的发展都不会因遵守其国际义务而受到不相称的阻碍"。加拿大提交的一套综合性海洋污染公约条款草案的第 5 条（资料来源 3）建议各国应积极支持和贡献于获得有关海洋污染的知识的国际方案，并

应提供教育和技术以及其他形式的援助，以便利各国广泛参加这种方案，不论其经济和技术发展水平如何。

苏联关于这个问题的条款草案（资料来源 4）明确涉及了对发展中国家的科学和技术援助。肯尼亚提交的条款草案（资料来源 5）中更确切地阐述了发展中国家自己的立场，其中第 16 条内容如下：

所有国家，特别是发达国家，应以双边方式或通过主管国际组织加快向有需要的国家提供科学和技术援助，使它们能够有效地防止或控制海洋环境的污染。

对这些建议的讨论导致第二工作组编写了以下案文（资料来源 6）：

技术援助

1. 各国应直接或通过主管国际组织：

（a）促进对发展中国家的科学、教育、技术和其他方面援助的方案，以保全海洋环境，并防止海洋污染。这种援助，除其他外，应包括训练科学和技术人员和便利其参加 ［关于海洋污染的科学研究的］ 国际方案，就防止海洋污染或尽量减少其影响的研究、教育和其他方案提供必要的装备、意见和便利。

（b）提供适当的援助，特别是对发展中国家，以尽量减少可能在海洋环境中造成严重污染的重大事故的影响。

（c）为（b）款的目的，促进和发展各种应急计划，以应付这种重大事故

---

③ 1972 年《海底委员会报告》，第 216 段，第 54 页。

和处理它们的援助请求。

今第二〇二条（a）款的主要成分已载于这一草案的（a）款中，其（b）款则几乎被原文采纳成为今第二〇二条（b）款。④ 与早先的澳大利亚提案不同，第二工作组案文没有直接提及财政援助；然而，（a）款中关于"其他"援助的表述是可能包括财政援助的，因为某些代表团明确认为财政援助是一种适当的援助形式。关于应急计划的第二工作组案文（c）款成为后来的第一九四条。

202.3. 在大会第二期会议上（1974 年），有若干新提案提出。肯尼亚（资料来源 7）在其先前的提案中添加了"对发展中国家提供适当的援助，以尽量减少……"重大污染事故的"……影响"。在非正式会议上编写的一份草案（资料来源 8）采纳了第三委员会非正式会议对若干提案和修正案（资料来源 22 至资料来源 27）的审议结果，其中包括以下关于技术援助的条款草案：

1. 各国应直接或通过主管国际或区域性组织：

（a）促进对发展中国家的科学、教育、技术和其他方面援助的方案，以保全海洋环境，并防止海洋污染。这种援助，除其他外，应包括：
（1）训练科学和技术人员；
（2）便利其参加有关的国际方案；
（3）提供必要的装备和便利；
（4）提高发展中国家制造这种装备的能力；
（5）就研究、监测、教育和其他方案发展设施并提供意见；
（b）提供适当的援助，特别是对发展中国家，以尽量减少可能在海洋环境中造成严重污染的重大事故的影响。

202.4. 在第三期会议上（1975 年），第三委员会的非正式会议在关于环境评价的条款草案（今第二〇六条）中列入了下列规定（资料来源 9）：

2. 各国应根据请求直接或通过主管国际或区域性组织，提供关于编制这种环境评价的适当援助，特别是对发展中国家。

第二〇二条（c）款即起源于此项规定。非正式单一协商案文第三部分（资料来源 10）对这一主题整理后，产生如下条文：

---

④ 第二工作组案文（b）款也反映了《海洋污染评估和控制一般原则》之原则 23，其中规定"各国应尽其所能在针对任何来源的海洋污染的行动中相互协助。"前注②，第 74 页。

各国应直接或通过主管国际或区域性组织：

（a）促进对发展中国家的科学、教育、技术和其他方面援助的方案，以保全海洋环境，并防止海洋污染。这种援助，除其他外，应包括：

（1）训练科学和技术人员；

（2）便利其参加有关的国际方案；

（3）提供必要的装备和便利；

（4）提高发展中国家制造这种装备的能力；

（5）就研究、监测、教育和其他方案发展设施并提供意见。

（b）提供适当的援助，特别是对发展中国家，以尽量减少可能在海洋环境中造成严重污染的重大事故的影响。

（c）提供关于编制环境评价的适当援助，特别是对发展中国家。

新增的（c）款来源于一项关于环境评价的提案（今载于第二〇六条）（见下文第206.3段）。

订正的单一协商案文第三部分（资料来源11）随后作为其第十二条原文保留了该案文。

202.5. 在第五期会议上（1976年），马耳他（资料来源28）建议在（a）款中的"防止"之后添加"和控制"几个字。在非正式综合协商案文（资料来源12）中，该条主要根据司法专家非正式小组的工作进行了重新组织，⑤ 其内容如下：

第203条　对发展中国家的科学和技术援助

各国应直接或通过全球性或区域性主管国际或区域性组织：

（a）促进对发展中国家的科学、教育、技术和其他方面援助的方案，以保护和保全海洋环境，并防止、减少和控制海洋污染。这种援助，除其他外，应包括：

（1）训练其科学和技术人员；

（2）便利其参加有关的国际方案；

（3）提供必要的装备和便利；

（4）提高发展中国家制造这种装备的能力；

---

⑤ 《海洋环境的保全》（1976年1月，油印本），第11条（非正式司法专家小组）。转载在《第三次联合国海洋法会议文件集》第十一卷，第504、506页。关于该非正式司法专家小组的先前案文，同上。（1975年2月，油印本），第5条第1款；和同上。（1975年3月，油印本），第5条第1款。分别转载在《第三次联合国海洋法会议文件集》第十一卷，第412、451页。

（5）就研究、监测、教育和其他方案发展设施并提供意见；

（b）提供适当的援助，特别是对发展中国家，以尽量减少可能在海洋环境中造成严重污染的重大事故的影响；

（c）提供关于编制环境评价的适当援助，特别是对发展中国家。

该条在非正式综合协商案文第一次修订稿（资料来源 13）中重新编号为第二〇二条，随后根据起草委员会在统稿和多语种协调方面的修改建议（资料来源 17 至资料来源 20）最终定型。[6]

202.6(a). 尽管第二〇二条是以义务的措辞表述的，但不影响有关国家的个体行动自由，不论是以双边方式还是以其作为主管国际组织成员的身份行事。这种行动自由通过（a）项中的"促进"与（b）和（c）项中的"适当援助"等语维持。

第二〇三条载有有利于发展中国家的一项更具体的规定。

202.6(b).《公约》在本条或其他地方对"发展中国家"一语都没有作出解释。然而，该语为常用语，而且联合国有确定这一类别国家的既定标准。[7]

---

⑥ 另见 A/CONF.62/L.63/Rev.1（1980 年），附件二，A 节，《正式记录》第十四卷，第 139、141 页（起草委员会）。

⑦ 请参阅 A.A.Fatouros 撰，"发展中国家"词条，载于 R·伯恩哈特编《国际法百科全书》第 9 卷，第 71-77 页（1986 年）。

第二〇三条　对发展中国家的优惠待遇

为了防止、减少和控制海洋环境污染或尽量减少其影响的目的，发展中国家应在下列事项上获得各国际组织的优惠待遇：

(a) 有关款项和技术援助的分配；和

(b) 对各该组织专门服务的利用。

资料来源

1. A/AC. 138/SC. III/L. 41（1973 年，油印本），第 6 条（肯尼亚）。

2. A/AC. 138/SC. III/L. 52/Add. 1，附件 1（第二工作组第 12 号文件，第 2 款），转载在 1973 年《海底委员会报告》第一卷，第 91~92 页（第二工作组主席）。

3. A/CONF. 62/C. 3/L. 2（1974 年），第 18 条，《正式记录》第三卷，第 245~246 页（肯尼亚）。

4. A/CONF. 62/C. 3/L. 15（1974 年），第 6 条第 1 款（b）项和第 2 款，《正式记录》第三卷，第 260~261 页（第三委员会非正式会议）。

5. A/CONF. 62/WP. 8/Part III（非正式单一协商案文，1975 年），第一部分，第 12 条，《正式记录》第四卷，第 171、173 页（第三委员会主席）。

6. A/CONF. 62/WP. 8/Rev. 1/Part III（订正的单一协商案文，1976 年），第 13 条，《正式记录》第五卷，第 173、175 页（第三委员会主席）。

7. A/CONF. 62/WP. 10（非正式综合协商案文，1977 年），第 204 条，《正式记录》第八卷，第 1、36 页。

8. A/CONF. 62/WP. 10/Rev. 1（非正式综合协商案文第一次修订稿，1979 年，油印本），第 203 条。转载在《第三次联合国海洋法会议文件集》第一卷，第 375、465 页。

9. A/CONF. 62/WP. 10/Rev. 2（非正式综合协商案文第二次修订稿，1980 年，油印本），第 203 条。转载在《第三次联合国海洋法会议文件集》第二卷，第 3、94 页。

10. A/CONF. 62/WP. 10/Rev. 3*（非正式综合协商案文第三次修订稿，1980 年，油印本），第 203 条。转载在《第三次联合国海洋法会议文件集》第二卷，第 179、271 页。

11. A/CONF. 62/L. 78（《公约草案》，1981 年），第 203 条，《正式记录》第十五

卷，第 172、208 页。

起草委员会

12. A/CONF. 62/L. 67/Add. 7（1981 年，油印本），第 49~50 页。

13. A/CONF. 62/L. 72（1981 年），《正式记录》第十五卷，第 151 页（起草委员会主席）。

非正式文件

14. CRP/MP/1（1974 年，油印本），A 节第四部分（关于项目 12 的非正式会议主席）。转载在《第三次联合国海洋法会议文件集》第十卷，第 71、105~107 页。

15. CRP/MP/6（1974 年，油印本），肯尼亚［关于资料来源 2］的提案（第三委员会，非正式会议）。转载在《第三次联合国海洋法会议文件集》第十卷，第 158 页。

16. 综合文本（1974 年，油印本），（c）款，（第三委员会，非正式会议）。转载在《第三次联合国海洋法会议文件集》第十卷，第 430 页。

17. CRP/MP/14（1974 年，油印本），第 6 条第 2 款（第三委员会，非正式会议）。转载在《第三次联合国海洋法会议文件集》第十卷，第 193、196 页。

18. CRP/MP/14/Rev. 1（1974 年，油印本），第 6 条第 2 款（第三委员会，非正式会议）。转载在《第三次联合国海洋法会议文件集》第十卷，第 198、203 页。

19. 美国（1974 年，油印本），第 4 条第 2 款，转载在《第三次联合国海洋法会议文件集》第十卷，第 419、422 页。

评　　注

203. 1. 第二○三条的起源见于肯尼亚在海底委员会 1973 年会议上提交的条款草案（资料来源 1）第 6 条，其内容如下：

> 发展中沿海国应在海洋污染款项和其他技术援助便利的分配上和对为控制海洋污染的目的而设置的国际组织专门服务的利用上，获得优惠权利或待遇。

在第三分委员会的非正式会议上，第二工作组将该提案重新拟写如下（资料来源 2）：

> 为了防止海洋环境污染或尽量减少其影响的目的，发展中国家应在下列事项上获得优惠待遇：

（a）国际组织有关款项和技术援助便利的分配；和

（b）对各该组织专门服务的利用。

203. 2. 在海洋法会议第二期会议上（1974 年），肯尼亚提出的一个条款草案（资料来源 3）包含了第二工作组提案的所有要素，但采用了不同的格式。其内容如下：

> 为了防止海洋污染或尽量减少其影响的目的，发展中国家应在国际组织有关款项和技术援助便利的分配和对其专门服务的利用上获得优惠待遇。

但第三委员会非正式会议经过对各种提案和修正案的审议（资料来源 4），决定对第二工作组的案文不做修改。

与此同时，司法专家非正式小组将其注意力转向了保全海洋环境的主题。它提议结论的那段进行重新组织，即将其修改为发展中国家应"在国际组织有关款项和技术援助便利的分配和对其专门服务的利用上"获得优惠待遇。后来，该小组在该项提案中添加了这种优惠待遇是"为了防止、减少和控制海洋污染和尽量减少其影响的目的"的规定。[1]

203. 3. 在第三期会议（1975 年）上进行协商后，第二工作组的案文被原文纳入非正式单一协商案文第三次修订稿（资料来源 5）中。

在第三期会议之后，非正式小组继续就这一主题开展工作。该小组在第四届会议开始时编写的文件设想在非正式单一协商案文中对该条在主旨上作根本性的修改，即将其拟写为对各国的义务的形式，内容如下：

> 各国应采取措施确保为了防止海洋污染或尽量减少其影响的目的，发展中国家应在下列事项上获得优惠待遇：
>
> （a）国际组织有关款项和技术援助便利的分配；和
>
> （b）对各该组织专门服务的利用。[2]

但这一处理办法没有获得接受，订正的单一协商案文第三部分（资料来源 6）重复了非正式单一协商案文的条文。

203. 4. 在第六期会议上（1977 年），经过非正式协商，非正式综合协商案文第 204

---

[1] 《海洋环境的保全》（1975 年 3 月，油印本），第 5 条第 2 款。转载在《第三次联合国海洋法会议文件集》第十一卷，第 451、452 页。关于先前案文，同上（1975 年 2 月，油印本），第 5 条第 2 款，同上，第 412、414 页。

[2] 同上，（1976 年 3 月，油印本），同上，第 12 条，第 504、507 页。

条（资料来源8）保留了订正的单一协商案文第三部分的表述，只是将开头一句中的"海洋污染"改为"海洋环境污染"。在非正式综合协商案文第二次修订稿（资料来源9）中，起首句规定，发展中国家应获得"各国际组织"的优惠待遇。与此相应，（a）款中的"国际组织"和"便利"也被删去。

直到非正式综合协商案文第三次修订稿（资料来源10）本条才最终定型为现今的形式，在起首句中的"防止"之后增加了"减少和控制"。③ 此后，根据起草委员会的建议（资料来源12）对文本作了细微的若干润色性修改。

203.5(a). 第二○三条是第二○二条所表述概念的延伸，具体适用于国际组织的资金、技术援助和专门服务——此处的"国际组织"一语并无"主管"一词的限定。该条为所有有关国际组织——因此间接为其成员国——制定了关于为了防止、减少和控制海洋环境污染的目的而给予发展中国家优惠待遇的准则。这一准则旨在实施的实质性规则出现在第十二部分之后的条文中。它们在原则上不加区别地适用于所有国家。第二○三条不影响发展中国家适用这些规则的一般责任。其功能是减轻本法可能对没有足够能力履行这些义务的国家施加的负担。应当指出，发展中国家本身提出的任何提案都没有设想在适用实体法规则时有任何优惠待遇。它们自己的处理办法都没有超出第二○三条的要旨。

203.5(b). 与第二○二条不同的是，第二○三条直接提到"有关款项和技术援助"的分配，并要求国际组织在这种分配中给予发展中国家"优惠待遇"。这意味着，可用资金和技术援助的分配应根据需要作出，以发展中国家为优先。

203.5(c). 关于对"发展中国家"一语的评注，见前文第202.6（b）段。

---

③ 见 A/CONF. 62/L. 63/Rev. 1（1980年），附件二，A节，《正式记录》第十四卷，第139、141页（起草委员会）。

第四节　监测和环境评价

第二〇四条　对污染危险或影响的监测

1. 各国应在符合其他国家权利的情形下，在实际可行范围内，尽力直接或通过各主管国际组织，用公认的科学方法观察、测算、估计和分析海洋环境污染的危险或影响。

2. 各国特别应不断监视其所准许或从事的任何活动的影响，以便确定这些活动是否可能污染海洋环境。

资料来源

1. A/AC.138/SC.III/L.5 和 Add.1，第 6 段，转载在 1971 年《海底委员会报告》，第 247 页（加拿大和挪威）。

2. A/AC.138/SC.III/L.25，第 4 段，转载在 1972 年《海底委员会报告》，第 210~211 页（澳大利亚、保加利亚、加拿大、冰岛、荷兰、挪威、瑞典、乌克兰和苏联）。

3. A/AC.138/SC.III/L.28（1973 年，油印本），第 6 条第 1 款（加拿大）。

4. A/AC.138/SC.III/L.41（1973 年，油印本），第 11 条（肯尼亚）。

5. A/AC.138/SC.III/L.43（1973 年，油印本），第 14 条第 1 款（挪威）。

6. A/AC.138/SC.III/L.47（1973 年，油印本），第 5 款、第 13 款（a）项、第 21~22 款（厄瓜多尔、萨尔瓦多、秘鲁、乌拉圭）。

7. A/AC.138/SC.III/L.52/Add.1，附件 1（第二工作组第 13 号文件，第 1 款），转载在 1973 年《海底委员会报告》第一卷，第 91~92 页（第二工作组主席）。

8. A/AC.138/SC.III/L.52/Add.1，附件 2（第二工作组第 13 号文件，第 1 款（巴西）），转载在 1973 年《海底委员会报告》第一卷，第 91、101 页（第二工作组主席）。

9. A/CONF.62/C.3/L.2（1974 年），第 19 条，《正式记录》第三卷，第 245~246 页（肯尼亚）。

10. A/CONF.62/C.3/L.14/Add.1（1974 年）（CRP/MP/7 和 Add.1），《正式记

录》第三卷，第255~256页（第三委员会，非正式会议）。

11. A/CONF. 62/C. 3/L. 15/Add. 1（1975年），第8条第1款，《正式记录》第四卷，第200页（第三委员会非正式会议）。

12. A/CONF. 62/WP. 8/Part III（非正式单一协商案文，1975年），第一部分，第13条，《正式记录》第四卷，第171、173页（第三委员会主席）。

13. A/CONF. 62/WP. 8/Rev. 1/Part III（订正的单一协商案文，1976年），第14条，《正式记录》第五卷，第173、175页（第三委员会主席）。

14. A/CONF. 62/WP. 10（非正式综合协商案文，1977年），第205条，《正式记录》第八卷，第1、36页。

15. A/CONF. 62/WP. 10/Rev. 1（非正式综合协商案文第一次修订稿，1979年，油印本），第204条。转载在《第三次联合国海洋法会议文件集》第一卷，第375、465页。

16. A/CONF. 62/WP. 10/Rev. 2（非正式综合协商案文第二次修订稿，1980年，油印本），第204条。转载在《第三次联合国海洋法会议文件集》第二卷，第3、94页。

17. A/CONF. 62/WP. 10/Rev. 3 *（非正式综合协商案文第三次修订稿，1980年，油印本），第204条。转载在《第三次联合国海洋法会议文件集》第二卷，第179、271页。

18. A/CONF. 62/L. 78（《公约草案》，1981年），第204条，《正式记录》第十五卷，第172、208页。

起草委员会

19. A/CONF. 62/L. 67/Add. 7（1981年，油印本），第51~56页。

20. A/CONF. 62/L. 72（1981年），《正式记录》第十五卷，第151页（起草委员会主席）。

21. A/CONF. 62/L. 142/Add. 1（1982年，油印本），第34页。

22. A/CONF. 62/L. 147（1982年），《正式记录》第十六卷，第254页（起草委员会主席）。

非正式文件

23. CRP/MP/1（1974年，油印本），A节第八部分（关于项目12的非正式会议主席）。转载在《第三次联合国海洋法会议文件集》第十卷，第71、108~110页。

24. CRP/MP/7/Add. 1（1974年，油印本），巴西、肯尼亚、法国、意大利、以色列和英国［关于资料来源7］的提案（第三委员会，非正式会议）。转载在《第三次联合国海洋法会议文件集》第十卷，第160页［见上文资料来源10］。

25. CRP/MP/7/Add. 1（1974年，油印本），第1款（关于项目12的非正式会议主席）。转载在《第三次联合国海洋法会议文件集》第十卷，第163页［见上文资料来源10］。

26. 美国（1974 年，油印本），第 5 条第 1 款。转载在《第三次联合国海洋法会议文件集》第十卷，第 419、423 页。

27. CRP/MP/7/Add. 4（1975 年，油印本）（关于项目 12 的非正式会议主席）。转载在《第三次联合国海洋法会议文件集》第十卷，第 166 页。

28. CRP/MP/16（1975 年，油印本），第 1 款（第三委员会，非正式会议）。转载在《第三次联合国海洋法会议文件集》第十卷，第 207 页。

29. 以色列关于第 14 条的口头提案（1976 年，油印本）（第三委员会，非正式会议）。转载在《第三次联合国海洋法会议文件集》第十卷，第 459 页。

30. 综合文本（1976 年，油印本），第 1 款（关于项目 12 的非正式会议主席）。转载在《第三次联合国海洋法会议文件集》第十卷，第 462 页。

评　注

204. 1. 题为"监测和环境评价"的第四节处理两个彼此独立但又密切相关的概念。《公约》并没有解释"监测"的含义。然而，第二〇四条第 1 款描述了该语仅就第十二部分来说所涉及的内容，即"用公认的科学方法观察、测算、估计和分析海洋环境污染的危险或影响。"同样的描述性措辞在前面添加了"定期"后，也用于第一六五条第 2 款（h）项中关于"区域"监测方案的设立。① 监测还包括取样和统一的校准系统。② 然

---

① "'区域'"是指国家管辖范围以外的海床和洋底及其底土（第一条第 1 款第（1）项）。关于"区域"内活动的细节主要由第十一部分（第一三三条至第一九一条）以及附件三和附件四的规定。应注意在这一语境中的"区域"一词应带引号。

② 重要的监测工作由政府间海洋学委员会或在其主持下进行，特别是通过由政府间海洋学委员会和世界气象组织于 1968 年联合设立的综合性全球海洋服务系统。该系统目前也与联合国环境署、政府间海洋学委员会全球海洋环境污染调查工作委员会（GIPME）（在政府间海洋学委员会运作下与该委员会其他附属机构密切协作）、海洋污染科学方面专家组（GESAMP）以及从事海洋污染研究的其他政府间、区域性和非政府机构建立了联系。关于政府间海洋学委员会的大致情况，见《政府间海洋学委员会手册》（1985 年 12 月修订版）第 1.3 节，第 99 页。[1990 年 1 月起发行的修订手册]。政府间海洋学委员会还设有西太平洋海洋污染研究和监测工作组，同上，第 2.4.5 节，第 136 页。此外，环境署还维护着 1974 年设立的全球环境监测系统（GEMS）。

政府间海洋学委员会秘书指出"监测被理解为在给定地点采用相同的方法重复观察。"此外他还解释说：

监测的目的决定了在数据、质量和频率方面的要求。政府间海洋学委员会污染监测（MARPOLMON）系统旨在监测区域和全球单位的海洋污染，由经过协调的国家级项目构成，包括在加勒比地区及大西洋、太平洋和印度洋的部分地区的活动。

1990 年 1 月 23 日（政府间海洋学委员会秘书 Gunnar E. B. Kullenberg 致海洋法律和政策中心（Sh. Rosenne）函，存档于弗吉尼亚大学法律图书馆档案处。

而，可能有必要指出的是，"监测（monitor）"一词在《公约》第三十九条第 3 款（b）项中也有不同的含义，在该处指通过用于国际航行的海峡的过境飞机在行使过境通行权时"监听（monitor）"分配的无线电频率的义务。

至于"海洋环境污染"，其含义见于第一条第 1 款第（4）项（见上文第 194.1 段），海洋环境中的 3 个特定物理要素是与之相关的：海床和底土、水体和上空（大气层）。如第一九二条评注所解释的（见上文第 192.11（a）段），海洋环境一词延伸到内水，包括河口湾，以及国家管辖范围以外的海洋空间。因此，它不仅限于海洋本身，并且该语还包括海洋生物（植物和动物）。因此，完整的监测方案必须考虑到"海洋环境"的所有这些方面。

虽然密切相关，但"监测"的概念与第二〇六条中的"环境评价"是不同的。区别在于一个是执行构成监测的各项功能的持续性职责，一个是评价对海洋环境构成重大威胁的具体活动的潜在影响的专门职责。其中后者即构成"环境评价"。这一区别在第二〇四条（监测）和第二〇六条（环境评价）中使用的截然不同的措辞中是明显可见的。

204. 2. 制定有效的保护海洋环境的政策需要对污染的原因和影响进行科学研究，并建立一个常规化和全面的监测系统，以便观察和评价海洋污染。此外，还通过传播由此产生的情报来补充其功能。第四节为这种监测和污染的环境影响评价，特别是由国家管辖或控制下的活动产生的污染的环境影响以及有关信息的传播规定了基本框架。监测一国管辖范围内或其控制下的活动的义务通过第二〇六条进一步加强，该条要求就可能对海洋环境产生重大和有害影响的活动编制和传达环境评价报告。第四节的条款与第二〇〇条中关于促进研究和科学研究方案以及资料和情报交换方面的国际合作的规定有关。它们共同为开发有效的管理系统建立了一个基础。

204. 3. 海底委员会的讨论最初仅限于在国际区域生态研究方面进行国际合作的必要性，但很快就扩大到涵盖总体上的海洋环境。在海底委员会 1971 年会议上，加拿大和挪威提交了一项关于防止和控制海洋污染的初步措施的决议草案（资料来源 1），其中呼吁各国"在区域性或全球性基础上合作建立各种有效的监测系统，以控制海洋污染和海洋环境的生态系统"。这两个国家和 8 个其他国家在海底委员会 1972 年会议上提出的类似决议（资料来源 2）呼吁各国"在适当的国际机构范围内或在区域合作的基础上合作建立和加强有效的监管和监测系统，以防止和控制海洋污染。"

同样在 1972 年，由政府间海洋污染工作组制定并由联合国人类环境会议（斯德哥尔摩会议）通过的《海洋污染评价和控制原则》③承认科学研究和监测系统对于制定一套有效的制度是必不可少的要素。原则 15 宣明：

---

③ 见《斯德哥尔摩会议报告》附件三，第 73 页。

每个国家都应与其他国家和主管国际组织合作，以期制定海洋环境研究和调查方案以及监测海洋环境变化的系统和手段，包括研究海洋现状、污染影响的趋势以及关于海洋环境的资料和科学情报的交换。在交流关于防止海洋污染的手段的技术情报方面应该有类似的合作，包括可能因近岸资源勘探和开发而产生的污染。

原则 16 则包含了对这一原则的进一步发展：

还应制定国际准则，以便利侦知和测算污染物及其影响的各种方法的可比性。

204. 4. 在海底委员会 1973 年会议上，有若干提案（资料来源 3 至资料来源 6）包括关于监测和环境评价的条款，这些提案合并在第二工作组（资料来源 7）编写的一份文件中。该草案第 1 款规定如下：

各国应采用适当的观察、测算、估计和分析系统确定污染对海洋环境的危险或影响，特别是其所准许或从事的活动可能产生的污染。

巴西的一项提案（资料来源 8）提出将这一规定限制于"［一国］主权和管辖权范围内的区域"，但没有被接受。

204. 5. 在海洋法会议第二期会议上（1974 年），肯尼亚提交的条款草案中的第 19 条（资料来源 9）几乎与第二工作组的案文相同，其内容如下：

各国应在实际可行范围内采用国际议定的观察、测算、估计和分析系统确定污染对海洋环境的危险或影响，特别是其所准许或从事的活动可能产生的污染。

主要的修改是插入了"在实际可行范围内"一语限定各国采用观察和分析系统的义务，它反映了发展中国家对其可能面临过于繁重负担的普遍关切。此外，它还以"国际议定的［制度］"代替了"适当的"制度。

在关于第十二部分的非正式会议上对一系列提案（资料来源 24 和资料来源 26）进行讨论后，该项案文由关于项目 12 的非正式会议主席改写为一项条款草案（资料来源 10），其中第 1 款内容如下：

1. 各国应在符合其他国家权利的情形下，在实际可行范围内，尽力个别地或集体地通过各主管国际组织，采用适当的系统观察、测算、估计和分析海洋环境污染的危险或影响。

各国特别应不断监视其所准许或从事的任何活动的影响，以便确定这些活动是否可能污染海洋环境，并在任何情况下都应不断监视其管辖范围内的区域。

这一案文已经很接近今第二○四条的措辞了。

204. 6. 在第三期会议上（1975 年），第三委员会进行的进一步非正式协商导致议定一项关于监测的条款草案（资料来源 11），其中第 1 款与第二届会议结束时主席案文的措辞近似，但略去了后一款。其第一款内容如下：

1. 各国应在符合其他国家权利的情形下，在实际可行范围内，尽力个别地或集体地通过各主管国际组织，用公认的方法观察、测算、估计和分析海洋环境污染的危险或影响。

各国特别应不断监视其所准许或从事的任何活动的影响，以便确定这些活动是否可能污染海洋环境。

（第 2 款涉及关于所获结果的报告，后来移入第二○五条）

这一案文改变了强调的重点，即以为各国规定（用公认的方法）观察、测量、估计和分析污染的风险或影响的具体义务，代替采用适当的分析系统的一般义务。因此它表明，进行监测活动本身即是一项明确的义务。这一案文增加了各款编号后，未作改动地纳入非正式单一协商案文第三部分（资料来源 12）。

204. 7. 订正的单一协商案文第三部分随后（资料来源 13）原文转载了非正式单一协商案文。非正式综合协商案文和非正式综合协商案文第一次修订稿在采纳这一案文时，仅对其作了几处细微修改，其中根据以色列的提案（资料来源 29），增加了"全球性或区域性"几个词，以澄清"主管国际组织"一语（见上文第 XII. 17 段）。

在非正式综合协商案文第二次修订稿（资料来源 16）中，案文基本上定稿，"个别地或集体地通过各全球性或区域性主管国际组织"改为了"尽力直接或通过各主管国际组织"，这一措辞最终保留在今《公约》中。此后，根据起草委员会的建议（资料来源 19 至资料来源 22）采纳了若干细微的修改。

"直接"一词已广泛到足以包括个人和集体的国家行动；通过国际组织采取的行动必然是集体的。删除对"全球性或区域性的"的明确提及是一项润色性修改，不影响本条的实质内容。④

204.8(a)．第二〇四条第 1 款的措辞使监测国在履行本条规定的义务方面有相当大的酌处权。第 1 款规定，各国应在"实际可行范围内，尽力"实施监测。但是，与《公约》另一缔约国的任何争端都属于第十五部分（第二七九条至第二九九条）的范围这一事实，使这一点受到部分限制。

204.8(b)．在会议记录中没有出现对"在符合其他国家权利的情形下"一语的解释，而该语频繁出现在《公约》中。它并不限于本公约为各国规定的权利。

204.8(c)．在"方法"一词前插入"科学"作为限定语，是由第三委员会在会议末期提出并根据起草委员会的建议作出的。⑤ 它基本上是一个语言规范上的修改，但显然各种"监测"行为只有使用适当的科学方法才能有效地执行。"公认的科学方法"一语也出现在第十一部分第一六五条第 2 款（h）项中。

204.8(d)．第 2 款也给各国带来很大尺度的酌处权。"不断监视"活动的要求是模糊的。这项义务既针对有关国家直接从事的活动，也涉及其所准许的活动。在其中任何一种情况下，从事活动的地点都与此项义务不相关，在第二种情况下，从事有关国家所准许的活动的个人或实体的国籍也是无关紧要的。

---

④ 见 A/CONF. 62/L. 40（1979 年），第二十二节，第 2 款，《正式记录》第十二卷，第 95、102 页（起草委员会主席）。

⑤ 见 A/CONF. 62/L. 88（1982 年），《正式记录》第十六卷，第 203 页（第三委员会主席）；资料来源 21。

第二〇五条　报告的发表

各国应发表依据第二〇四条所取得的结果的报告，或每隔相当期间向主管国际组织提出这种报告，各该组织应将上述报告提供所有国家。

资料来源

1. A/AC.138/SC.III/L.5 和 Add.1，第 6 段，转载在 1971 年《海底委员会报告》，第 247~248 页（加拿大和挪威）。

2. A/AC.138/SC.III/L.25，第 4 段，转载在 1972 年《海底委员会报告》，第 210~211 页（澳大利亚、保加利亚、加拿大、冰岛、荷兰、挪威、瑞典、乌克兰和苏联）。

3. A/AC.138/SC.III/L.28（1973 年，油印本），第 6 条第 2 款（加拿大）。

4. A/AC.138/SC.III/L.41（1973 年，油印本），第 10 条（肯尼亚）。

5. A/AC.138/SC.III/L.43（1973 年，油印本），第 14 条第 2 款（挪威）。

6. A/AC.138/SC.III/L.47（1973 年，油印本），第 6 款和第 13 款（c）项和（d）项（厄瓜多尔、萨尔瓦多、秘鲁、乌拉圭）。

7. A/AC.138/SC.III/L.52/Add.1，附件 1（第二工作组第 13 号文件，第 2 款），转载在 1973 年《海底委员会报告》第一卷第 91~92 页（第二工作组主席）。

8. A/AC.138/SC.III/L.52/Add.1，附件 2（第二工作组第 13 号文件，第 2 款（巴西）），转载在 1973 年《海底委员会报告》第一卷，第 91、101 页（第二工作组主席）。

9. A/CONF.62/C.3/L.2（1974 年），第 20 条，《正式记录》第三卷，第 245、247 页（肯尼亚）。

10. A/CONF.62/C.3/L.14/Add.1（1974 年）（CRP/MP/7 和 Add.1，第 2 段），《正式记录》第三卷，第 255~256 页（第三委员会，非正式会议）。

11. A/CONF.62/C.3/L.15/Add.1（1975 年），第 8 条第 2 款，《正式记录》第四卷，第 200 页（第三委员会非正式会议）。

12. A/CONF.62/WP.8/Part III（非正式单一协商案文，1975 年），第一部分，第 14 条，《正式记录》第四卷，第 171、173 页（第三委员会主席）。

13. A/CONF.62/WP.8/Rev.1/Part III（订正的单一协商案文，1976 年），第 15 条，《正式记录》第五卷，第 173、175 页（第三委员会主席）。

14. A/CONF. 62/WP. 10（非正式综合协商案文，1977 年），第 206 条，《正式记录》第八卷，第 1、36 页。

15. A/CONF. 62/WP. 10/Rev. 1（非正式综合协商案文第一次修订稿，1979 年，油印本），第 205 条，转载在《第三次联合国海洋法会议文件集》第一卷，第 375、465 页。

16. A/CONF. 62/WP. 10/Rev. 2（非正式综合协商案文第二次修订稿，1980 年，油印本），第 205 条。转载在《第三次联合国海洋法会议文件集》第二卷，第 3、94 页。

17. A/CONF. 62/WP. 10/Rev. 3*（非正式综合协商案文第三次修订稿，1980 年，油印本），第 205 条。转载在《第三次联合国海洋法会议文件集》第二卷，第 179、271 页。

18. A/CONF. 62/L. 78（《公约草案》，1981 年），第 205 条，《正式记录》第十五卷，第 172、208 页。

起草委员会

19. A/CONF. 62/L. 67/Add. 7（1981 年，油印本），第 57 页。

20. A/CONF. 62/L. 72（1981 年），《正式记录》第十五卷，第 151 页（起草委员会主席）。

非正式文件

21. CRP/MP/1（1974 年，油印本），A 节第八部分（关于项目 12 的非正式会议主席）。转载在《第三次联合国海洋法会议文件集》第十卷，第 71、108~110 页。

22. CRP/MP/7（1974 年，油印本），巴西、肯尼亚、法国和英国关于［资料来源 7］第 2 款的提案。（第三委员会，非正式会议）。转载在《第三次联合国海洋法会议文件集》第十卷，第 160~161 页［见上文资料来源 10］。

23. CRP/MP/7/Add. 1（1974 年，油印本），第 2 款（第三委员会，非正式会议）。转载在《第三次联合国海洋法会议文件集》第十卷，第 163 页［见上文资料来源 10］。

24. 美国（1974 年，油印本），第 5 条第 2 款。转载在《第三次联合国海洋法会议文件集》第十卷，第 419、423 页。

25. CRP/MP/7/Add. 3（1975 年，油印本）。转载在《第三次联合国海洋法会议文件集》第十卷，第 166 页。

26. CRP/MP/7/Add. 5（1975 年，油印本）。（关于项目 12 的非正式会议主席）。转载在《第三次联合国海洋法会议文件集》第十卷，第 167 页。

27. CRP/MP/16（1975 年，油印本），第 2 款（第三委员会，非正式会议）。转载在《第三次联合国海洋法会议文件集》第十卷，第 207 页。

28. 综合文本（1976 年，油印本），第 3 款（第三委员会）。转载在《第三次联合国海洋法会议文件集》第十卷，第462页。

评　注

205. 1. 第二〇五条通过规定应发表和传播从监测取得的结果，对监测的义务（规定在第二〇四条）作了补充。如果向主管国际组织提出报告，这些组织应将报告提供"所有国家"。因此，发表供普遍获取的报告和向主管国际组织提出的报告之间是有明显的区别的。

这符合1972年政府间海洋污染工作组制定的《海洋污染评估和控制一般原则》之原则15的基本概念（见上文第204.3段）。在1972年联合国人类环境会议上，曾审议过是否需要建立一个单一的环境机构，特别是在保全公海的海洋环境方面，会议还通过了为环境问题设立一个新秘书处的决定。但《海洋污染评估和控制一般原则》之原则22同时强调：

> 在需要由或通过国际机构采取行动来防止、控制或研究海洋污染的情形
> 下，应尽可能利用联合国系统内外的现有机构。①

该规定反映了对处理海洋污染的国际机构可能大量涌现的普遍关切。它力求确保最大限度地利用现有机构，并避免各国因需要向一个以上的组织提交报告而承担过重的负担。

原则15的基本概念载于向海底委员会第三分委会提交的两份单独的关于"防止和控制海洋污染的初步措施"的决议草案（资料来源1和资料来源2）中。传播通过监测取得的情报的理念也载于1973年提交第三分委员会的若干提案（资料来源3至资料来源6）中。第二〇五条起源于1973年海底委员会第三分委员会第二工作组编制的一份文件（资料来源7）中。该文本第2款规定如下：

> 各国应尽快将取得的关于海洋环境污染的危险和影响的资料和情报传播
> 给可能受影响的国家和有关国际组织，并要求传播这些资料和情报。

这一提案经修订（资料来源8）后，删去了"尽快"实施传播的条件。

205. 2. 在大会第二期会议上（1974年），肯尼亚提交的条款草案第20条（资料来源9）在应向其传送资料的"有关国际组织"中，特别提到了国际海底管理局和联合国环境规划署，但其余部分几乎与第二〇五条相同。

---

① 《斯德哥尔摩会议报告》附件三第73页。这导致在联合国内设立环境署（见上文第XII. 17段）。

根据这些工作草案和若干非正式提案（资料来源22），关于项目12的非正式会议主席提出了一项条款草案（资料来源10），其中第2款规定：

> 2. 各国应尽快将取得的结果通知联合国环境署、或在已设立的情形下通知适当的国际组织、或在这种组织不存在的情形下通知可能受到影响的国家。

这一案文中提到的"在已设立的情形下……适当的国际组织"的前提是一个国际环境组织或海洋环境组织的建立，这是当时大量讨论的问题。

205.3. 在第三期会议上（1975年），进一步的非正式协商和提案（资料来源25至资料来源27）产生了如下的修订案文（资料来源11）：

> 2. 各国应每隔相当期间向联合国环境署或任何其他主管国际或区域性组织提出关于海洋环境污染的危险或影响所取得的结果的报告，各该组织应将上述报告提供所有国家。

订正的单一协商案文第三部分（资料来源12）原文采纳了该案文。

会议记录上并无任何内容提示在第三期会议上作出修改的理由。不过，据理解，在第三委员会的非正式协商期间，若干代表团表示担心它们可能必须提供定期或持续的报告；此外，在会议的这一阶段，各方普遍反对将这些规定与环境规划署（当时尚较新）乃至任何其他一个组织过于紧密地关联起来，因为这有可能使向区域性机构提交报告受到阻碍。另一方面，当时有人认为，考虑到对保护和保全海洋环境的普遍关切和兴趣，关于世界海洋状况的全球和区域情报应普遍提供给所有国家和主管国际组织。[②] 第三委员会非正式协商所产生的案文似乎实现了这两种处理办法之间的协调。

205.4. 在第四期会议上（1976年），第三委员会的非正式协商讨论了一项早先提出的建议，即不应在本条中具体指明联合国机构或其他机构（资料来源26，注释1）。因此，在订正的单一协商案文第三部分（资料来源13）中，本条修改为：

> 各国应发表关于海洋污染的危险或影响所取得的结果的报告，或每隔相当期间向主管国际或区域性组织提出这种报告，各该组织应将上述报告提供所有国家。

---

② 参见联合国环境署应第三委员会的请求提交的关于全球环境监测系统的报告，在 A/CONF.62/C.3/L.23（1975年），《正式记录》第四卷，第207页。见荷兰代表在第三委员会第19次会议上的发言（1975年），第79-87段，同前注，第88-89页。

这一版本的另一个值得注意之处是，它引入了"发表"报告的概念，并将向主管国际组织提交报告规定为一项备选案文。这起源于美国的一项非正式提案（资料来源24），该提案重新引入了"传播"一词。

205.5. 在第六期会议上（1977年），订正的单一协商案文的措辞未经修改地被非正式综合协商案文（资料来源14）采纳为第二〇六条。这一案文在非正式综合协商案文第一次修订稿（资料来源15）中重新编号为第二〇五条，并一直保持未变，直到非正式综合协商案文第二次修订稿（资料来源16）根据起草委员会的统稿意见删去"或区域性"几个字。③非正式综合协商案文第三次修订稿（资料来源17）中加入了对第二〇四条的提及，这可能是第三委员会主席按照第三委员会在第九次会议续会（1980年）上讨论后作出的润色性修改建议作出的，该主席并以一般性措辞将这一修改向会议作了报告。④

205.6(a). 第二〇五条规定各国有正式义务发表其监测报告，或"每隔相当期间"向一个或多个主管国际组织提出这种报告。与第二〇四条一样，这给有关国家留有一定程度的酌处权，但须受第十五部分（第二七九条至第二九九条）的管制。

205.6(b). 就国际组织而言，使用的措辞（should、*devront*、*deberán* 等）并不是明确的义务所使用的。这一动词的时态和语气（"should"总是很难译为其他语言）可以通过这样一个事实加以解释，即除第三〇五条第1款（f）项的情形外，国际组织是不能成为《公约》缔约方的，因此《公约》试图为其规定直接义务在技术上是错误的。⑤但可以认为它们理所当然地会将收到的报告提供给所有国家。

205.6(c). 在某种程度上，第二〇五条与关于海洋科学研究所得的情报和知识的公布和传播的第二四四条是相似的。

---

③ 见 A/CONF. 62/L. 40（1979年），第22节，第2款，《正式记录》第十二卷，第95、102页（起草委员会主席）。

④ 见 A/CONF. 62/L. 34 和 Add. 1 and 2（1980年），附件，《正式记录》第十四卷，第185-186页（第三委员会主席）；和 A/CONF. 62/L. 61（1980年），第6段，同上，第133页。

⑤ 然而，《公约》于1982年通过以后，1986年《维也纳国家和国际组织间或国际组织间条约法公约》已为国际政府间组织享受现行条约的第三方条款的利益和承担其义务打开了大门；见 A/CONF. 129/15（1986年，油印本）；《英王敕令》杂项第11号（1987年），第244页；《国际法资料》第25卷，第543页（1986年）；《一般国际公法评论》第90卷，第501页（1986年）。

第二〇六条　对各种活动的可能影响的评价

各国如有合理根据认为在其管辖或控制下的计划中的活动可能对海洋环境造成重大污染或重大和有害的变化，应在实际可行范围内就这种活动对海洋环境的可能影响作出评价，并应依照第二〇五条规定的方式提送这些评价结果的报告。

资料来源

1. A/AC.138/SC.III/L.43（1973 年，油印本），第 15 条（挪威）。

2. A/CONF.62/C.3/L.14/Add.1（1974 年）（CRP/MP/7 和 Add.1，第 2 段和注释 6），《正式记录》第三卷，第 255~256 页（第三委员会，非正式会议）。

3. A/CONF.62/C.3/L.15/Add.1（1975 年），第 9 条第 1 款，《正式记录》第四卷，第 200 页（第三委员会，非正式会议）。

4. A/CONF.62/WP.8/Part III（非正式单一协商案文，1975 年），第一部分，第 15 条，《正式记录》第四卷，第 171、173 页（第三委员会主席）。

5. A/CONF.62/WP.8/Rev.1/Part III（订正的单一协商案文，1976 年），第 16 条，《正式记录》第五卷，第 173、175 页（第三委员会主席）。

6. A/CONF.62/WP.10（非正式综合协商案文，1977 年），第 207 条，《正式记录》第八卷，第 1、36 页。

7. A/CONF.62/WP.10/Rev.1（非正式综合协商案文第一次修订稿，1979 年，油印本），第 206 条。转载在《第三次联合国海洋法会议文件集》第一卷，第 375、465 页。

8. A/CONF.62/WP.10/Rev.2（非正式综合协商案文第二次修订稿，1980 年，油印本），第 206 条。转载在《第三次联合国海洋法会议文件集》第二卷，第 3、95 页。

9. A/CONF.62/WP.10/Rev.3*（非正式综合协商案文第三次修订稿，1980 年，油印本），第 206 条。转载在《第三次联合国海洋法会议文件集》第二卷，第 179、271 页。

10. A/CONF.62/L.78（《公约草案》，1981 年），第 206 条，《正式记录》第十五卷，第 172、208 页。

起草委员会

11. A/CONF.62/L.67/Add.7（1981 年，油印本），第 58~60 页。

12. A/CONF. 62/L. 72（1981 年），《正式记录》第十五卷，第 151 页（起草委员会主席）。

非正式文件

13. CRP/MP/7/Add. 2（1975 年，油印本）（美国）。转载在《第三次联合国海洋法会议文件集》第十卷，第 164 页。

14. CRP/MP/7/Add. 2/Rev. 1（1975 年，油印本）（美国）。转载在《第三次联合国海洋法会议文件集》第十卷，第 165 页。

15. CRP/MP/16/Add. 1（1975 年，油印本），第 1 款（关于项目 12 的非正式会议主席）。转载在《第三次联合国海洋法会议文件集》第十卷，第 208 页。

16. CRP/MP/18（1975 年，油印本），第 1 款（关于项目 12 的非正式会议主席）。转载在《第三次联合国海洋法会议文件集》第十卷，第 213 页。

评　注

206. 1. 第二〇六条所规定的对有污染威胁的活动对海洋环境的可能影响进行环境评价的义务与第二〇四条所规定的监测义务有关，后者涉及各国正在从事的活动或其所准许的活动。然而，第二〇六条的不同之处在于，它关注的是计划中的活动开始之前对其进行的评估。它类似于一些国家环境立法的规定，例如 1969 年的《美国国家环境政策法案》① 要求对可能严重影响环境质量的举措编制环境影响报告书。

大体上，第二〇六条规定在一国管辖或控制下的计划中的活动发生之前，应对关于这些活动的可能污染影响的情报进行收集和传播。其目的是确保这种活动可以得到有效控制，并使其他国家获知这种活动的潜在危险和影响。因此，它是综合环境管理系统的一个基本组成部分，是第一九四条第 2 款宣明的各国"采取一切必要措施，确保在其管辖或控制下的活动的进行不致使其他国家及其环境遭受污染的损害"义务的具体适用。

206. 2. 挪威在海底委员会 1973 年会议上向第三分委员会提交的一份工作文件（资料来源 1）中第一次提到了对可能导致海洋污染的任何活动进行环境影响评价。该草案第十五条规定如下：

在任何国家或其管辖范围内的人从事对海洋环境可能导致重大改变的活

---

① 公共法第 91–190 号，《美国公法》1969 年第 83 卷，第 852 页；《美国法典》（注释版）第 42 卷，第 4332 节；《法律判例录编大全》第 39A 卷 67ff，第 523 页。其他例子详见 UNEP/-1G. 28/Background Doc. No. 3（1981 年）。

动之前，该国应向有关国际组织（联合国机构）提交环境影响报告。该报告应提供评价损害可能性的所有必要情报，并应提送主管国际组织或利益可能受到影响的其他国家。如果这种国家或组织愿意，首先提及的国家应在进行环境改变之前与其协商，以期避免损害其他利益并保全环境免受污染。

在海底委员会以后的几届会议和海洋法会议第二期会议上（1974年），对是否需要关于对拟行活动进行环境评价的条款的问题，结合监测问题进行了一般性讨论。[②] 在第二期会议上，关于项目12的非正式会议主席编写的关于监测问题的条款草案的一项注释中特别提到了这一规定（资料来源2）。在对这些建议进行非正式讨论期间，一个代表团曾提议"应当为各国制定义务为可能合理地预期会产生重大海洋污染危险的活动编制环境评价"（资料来源2，注释6）。

206.3. 在第三期会议上（1975年），美国的一项非正式提案（资料来源13）中提到评价义务，并作为单独一款附加到关于监测的条款草案之后。这一案文的修订稿（资料来源14）被关于项目12的非正式会议主席编制的关于"环境评价"的一项单独草案（资料来源15和资料来源16）采纳，并随后转交海洋法会议（资料来源3）。其内容如下：

> 1. 各国如有合理根据预期在其管辖或控制下的计划中的活动可能对海洋环境造成重大污染，应在实际可行范围内就这种活动对海洋环境的可能影响作出评价，并应依照某条（即关于监测的一条）第2款规定的方式提送这些评价结果的报告。
>
> 2. 各国应根据请求直接或通过主管国际或区域性组织，提供关于编制这种环境评价的适当援助，特别是对发展中国家。

该案文第一款在对最后一句稍作修改后，被包括在非正式单一协商案文第三部分（资料来源4）中，成为（第一部分）第五章的唯一一条，标题为"环境评价"。该案文第2款被移入今第二〇二条（c）款（见上文第202.4段）。

206.4. 在第四期会议上（1976年），第三委员会内的进一步非正式协商，导致订正的单一协商案文第三部分（资料来源5）将这一案文修改如下：

> 各国如有合理根据预期在其管辖或控制下的计划中的活动可能对海洋环

---

② 例见第二工作组主席（José Luis Vallarta）在第三分委员会第四十三次会议（1973年，油印本）上的发言，第14-15页；和环境规划署代表在第三委员会第14届会议（1974年）上的发言，第15-17页，《正式记录》第二卷，第370页。

境造成重大污染或重大和有害的变化，应在实际可行范围内就这种活动对海洋环境的可能影响作出评价，并应依照《公约》本部分第十五条［对应于今第二〇五条］规定的方式提送这些评价结果的报告。

这里的主要修改是增加了"或重大和有害的变化"，通过更加强调污染的影响，扩大了条款的范围。

206.5. 在第六期会议上（1977 年），删去最后的"《公约》本部分"几个字的该案文被作为第二〇七条插入非正式综合协商案文（资料来源 6），并被给予今《公约》中的标题。在非正式综合协商案文第一次修订稿（资料来源 7）中，本条重新编号为第二〇六条，随后唯一一次修改发生在《公约草案》（资料来源 10）中，即根据起草委员会的建议将第一句中的"预期"改为"认为"（资料来源 10）。

206.6(a). 与第四节其他规定一样，第二〇六条规定的责任适用于有关国家"管辖或控制"下的所有计划中的活动，无论计划从事有关活动的个人或实体的国籍如何，或进行这些活动的地点在哪里。考虑到本公约中的"管辖权"概念，在空间意义上（包括专属经济区和大陆架），这项义务的地理范围可能很广。1987 年，联合国环境规划署在环境法专家工作组对环境影响评价问题进行研究后，通过了一系列目标和原则。③

206.6(b). 第二〇六条开头语中的"合理"一词意味着有关国家具有一定程度的酌处权，这一点在提及对有关活动的可能影响的评价时使用的"在实际可行范围内"一语中也有所呼应。而另一方面，按照第二〇五条的规定，提送报告评价结果的义务是绝对的。

206.6(c). 环境评价的概念也出现在第十一部分第一六五条第 2 款（d）项中。

---

③ 联合国环境规划署，理事会报告，《大会正式记录》第 42 卷，补编第 25 号（A/42/25），第 9 页（1987 年）。参见环境署，《环境法准则和原则》第 9 号。转载在《荷兰海洋法研究所年鉴》［1987 年］第三卷：第 535 页［Doc. UNEP/GC.14/17，附件］；联合国海洋事务和海洋法司《海洋事务年度回顾：法律和政策的主要文件》1985—1987 年第二卷，第 536–537 页。

第五节 防止、减少和控制海洋环境污染的国际规则和国内立法

第二〇七条 陆地来源的污染

1. 各国应制定法律和规章，以防止、减少和控制陆地来源，包括河流、河口湾、管道和排水口结构对海洋环境的污染，同时考虑到国际上议定的规则、标准和建议的办法及程序。

2. 各国应采取其他可能必要的措施，以防止、减少和控制这种污染。

3. 各国应尽力在适当的区域一级协调其在这方面的政策。

4. 各国特别应通过主管国际组织或外交会议采取行动，尽力制订全球性和区域性规则、标准和建议的办法及程序，以防止、减少和控制这种污染，同时考虑到区域的特点，发展中国家的经济能力及其经济发展的需要。这种规则、标准和建议的办法及程序应根据需要随时重新审查。

5. 第1、第2和第4款提及的法律、规章、措施、规则、标准和建议的办法及程序，应包括旨在在最大可能范围内尽量减少有毒、有害或有碍健康的物质，特别是持久不变的物质，排放在海洋环境的各种规定。

资料来源

1. A/AC.138/SC.III/L.39（WG.2/Paper No.8/Add.2，第1款、第2款（a）项和第3款（a）项），转载在1973年《海底委员会报告》第一卷，第85~88页（第二工作组主席）。

2. A/AC.138/SC.III/L.43（1973年，油印本），第8条（挪威）。

3. A/AC.138/SC.III/L.52/Add.1，附件1（第二工作组第15号文件，第一节），转载在1973年《海底委员会报告》第一卷，第91、93页（第二工作组主席）。

4. A/CONF.62/C.3/L.2（1974年），第5条（a）款和第25条，《正式记录》第三卷，第245、247页（肯尼亚）。

5. A/CONF. 62/C. 3/L. 4（1974 年），第 1 条，《正式记录》第三卷，第 247 页（希腊）。

6. A/CONF. 62/C. 3/L. 6（1974 年），第 3 条第 3 款（a）项和第 7 条第 3 款（a）项，《正式记录》第三卷，第 249 页（加拿大、斐济、加纳、圭亚那、冰岛、印度、伊朗、新西兰、菲律宾和西班牙）。

7. A/CONF. 62/C. 3/L. 14/Add. l，Corr. 1 和 2，Rev. 1，Section I，备选案文 A 和备选案文 B，《正式记录》第三卷，第 255、257~258 页（第三委员会，非正式会议）。

8. A/CONF. 62/C. 3/L. 15/Add. 1（1975 年），第 10 条，《正式记录》第四卷，第 200 页（第三委员会非正式会议）。

9. A/CONF. 62/C. 3/L. 24（1975 年），第 1 条，《正式记录》第四卷，第 210 页（比利时、保加利亚、丹麦、德意志民主共和国、德意志联邦共和国、希腊、荷兰、波兰和英国）。

10. A/CONF. 62/WP. 8/Part III（非正式单一协商案文，1975 年），第一部分，第 16 条，《正式记录》第四卷，第 171、173 页（第三委员会主席）。

11. A/CONF. 62/WP. 8/Rev. 1/Part III（订正的单一协商案文，1976 年），第 17 条，《正式记录》第五卷，第 173、176 页（第三委员会主席）。

12. A/CONF. 62/WP. 10（非正式综合协商案文，1977 年），第 208 条，《正式记录》第八卷，第 1、36 页。

13. A/CONF. 62/WP. 10/Rev. 1（非正式综合协商案文第一次修订稿，1979 年，油印本），第 207 条。转载在《第三次联合国海洋法会议文件集》第一卷，第 375、466 页。

14. A/CONF. 62/WP. 10/Rev. 2（非正式综合协商案文第二次修订稿，1980 年，油印本），第 207 条。转载在《第三次联合国海洋法会议文件集》第二卷，第 3、95 页。

15. A/CONF. 62/WP. 10/Rev. 3*（非正式综合协商案文第三次修订稿，1980 年，油印本），第 207 条。转载在《第三次联合国海洋法会议文件集》第二卷，第 179、272 页。

16. A/CONF. 62/L. 78（《公约草案》，1981 年），第 207 条，《正式记录》第十五卷，第 172、208 页。

起草委员会

17. A/CONF. 62/L. 67/Add. 7（1981 年，油印本），第 61~72 页。

18. A/CONF. 62/L. 67/Add. 7/Corr. 3（1981 年，油印本），第 1 页。

19. A/CONF. 62/L. 67/Add. 14（1981 年，油印本），第 13 页。

20. A/CONF. 62/L. 72（1981 年），《正式记录》第十五卷，第 151 页（起草委员会主席）。

21. A/CONF. 62/L. 142/Add. 1（1982 年，油印本），第 35 页。

22. A/CONF. 62/L. 147（1982 年），《正式记录》第十六卷，第 254 页（起草委员会主席）。

非正式文件

23. CRP/MP/3（1974 年，油印本），[关于资料来源 1]第 2 款（a）项（苏联）、第 3 款（a）项（巴西、瑞典）的提案（第三委员会，非正式会议）。转载在《第三次联合国海洋法会议文件集》第十卷，第 142、144、146 页。

24. CRP/MP/3/Add. 1（1974 年，油印本），第 3 款（a）项，委内瑞拉、巴拿马、法国、西班牙、埃及和印度提出的[关于资料来源 1]提案（第三委员会，非正式会议）。转载在《第三次联合国海洋法会议文件集》第十卷，第 148~149 页。

25. CRP/MP/9（1974 年，油印本），西班牙、美国、法国、苏联、德意志联邦共和国、意大利、特立尼达和多巴哥、英国、罗马尼亚、伊朗、埃及和圭亚那提出的[关于资料来源 3]提案（第三委员会，非正式会议）。转载在《第三次联合国海洋法会议文件集》第十卷，第 169~172 页[另见上文资料来源 7]。

26. CRP/MP/9/Add. 1（1974 年，油印本），印度[关于资料来源 3]的提案（第三委员会，非正式会议）。转载在《第三次联合国海洋法会议文件集》第十卷，第 178 页[另见上文资料来源 7]。

27. CRP/MP/14（1974 年，油印本），第 7 条（第三委员会，非正式会议）。转载在《第三次联合国海洋法会议文件集》第十卷，第 193、197 页。

28. CRP/MP/14/Rev. 1（1974 年，油印本），第 7 条（第三委员会，非正式会议）。转载在《第三次联合国海洋法会议文件集》第十卷，第 198、204 页。

29. 美国（1974 年，油印本），第 6 条。转载在《第三次联合国海洋法会议文件集》第十卷，第 419、423 页。

30. 主席关于陆地来源的污染的草案（1975 年，油印本）。转载在《第三次联合国海洋法会议文件集》第十卷，第 432 页。

31. CRP/MP/16/Add. 2（1975 年，油印本）。（第三委员会，非正式会议）。转载在《第三次联合国海洋法会议文件集》第十卷，第 208 页。

32. CRP/MP/17（1975 年，油印本）。（关于项目 12 的非正式会议主席）。转载在《第三次联合国海洋法会议文件集》第十卷，第 211 页。

33. CRP/MP/17/Add. 1（1975 年，油印本）。（加拿大）。转载在《第三次联合国海洋法会议文件集》第十卷，第 212 页。

34. CRP/MP/17/Add. 2（1975 年，油印本）。（关于项目 12 的非正式会议主席）。转载在《第三次联合国海洋法会议文件集》第十卷，第 212 页。

35. 七十七国集团（1975 年，油印本），第 10 条。转载在《第三次联合国海洋法会议文件集》第十卷，第 436、439 页。

36. 以色列关于第 17 条的口头提案（1976 年，油印本）（第三委员会，非正式会议）。转载在《第三次联合国海洋法会议文件集》第十卷，第 459 页。

37. 美国（1980 年，油印本），第 207 条。转载在《第三次联合国海洋法会议文件集》第十卷，第 511、518 页。

［注：本条应结合第二一三条释读］。

评　　注

207. 1.　第十二部分第五节的 6 条（第二〇七条至第二一二条）是对第一九四条的补充。第一九四条为制定和通过防止、减少和控制海洋环境污染的国家立法措施确立了框架（背景见上文第 XII. 25 和 XII. 26 段）。第五节定义了国际"规则、标准和建议的办法及程序"与使国际措施生效或按照国际措施通过的国家立法措施（法律和规章）之间的关系。它主要关注的是确立从内水向海的不同海洋区域内关于海洋环境的保护和保全的国际和国内措施之间发生相互关系的方式。因此，本节中的条款不仅对应于第一九四条的政策规定条款，还明确了关于海洋污染的各种来源的国际规则和国家立法之间应维持的关系。第五节的条款在关于执行的第六节（第二一三条至第二二二条）中有并行呼应的条款，这样就使第一九四条第 1 款所要求的政策间的协调得到落实。

特别是第二〇七条补全了第一九四条第 3 款（a）项规定的义务，即在最大可能范围内尽量采取措施减少"从陆上来源……放出的有毒、有害或有碍健康的物质，特别是持久不变的物质"造成的海洋污染。在许多方面，它支持了 1974 年《防止陆源海洋污染公约》（只有少数国家是其缔约国）（该公约的 1986 年议定书尚未生效）。

207. 2.　于 1971 年和 1972 年提交给海底委员会的决议草案中，包括了对制定控制国家管辖范围内的来源产生的海洋环境污染（当包括源自陆地的污染）的国内和国际规则的早期提及。①

在海底委员会 1973 年会议的第一阶段，第三分委员会第二工作组编写了一份专门讨论陆地污染源问题的文件（资料来源 1）。这一案文载有如下几项与第二〇七条的主题相对应的规定：

> 1. 各国应采取一切必要措施防止任何来源的海洋环境污染，为此目的，
> 酌情单独或共同按照其能力使用最切实可行的方法。特别是，各国应采取措

---

①　见 A/AC. 138/SC. III/L. 5 和 Add. 1，第 2、3、7 款，转载于 1971 年海底委员会报告（加拿大和挪威）；和 A/AC138/SCIII/L. 25，第 1、3 款，转载于 1972 年海底委员会报告，第 210-211 页（澳大利亚、保加利亚、加拿大、冰岛、荷兰、挪威、瑞典、乌克兰和苏联）。

施，确保在其管辖或控制下的活动不使其他国家，包括其环境遭受海洋环境污染的损害。

2. 按照这些条款采取的措施，应针对海洋环境的一切污染来源，无论是陆地、海洋或任何其他来源，包括河流、河口湾、大气、管道、排水结构、船只、飞机和海底设施或装备。这些措施，除其他外，应包括：

（a）对于陆地来源的海洋环境污染，旨在在最大可能范围内尽量减少有毒和有害的物质，特别是持久不变的物质，排放在海洋环境的措施；

……

3. 按照这些条款采取的措施应：

（a）对于陆地来源的海洋环境污染，考虑到可能拟订的国际标准［脚注略去］。

在 1973 年会议的第二阶段，挪威提出了一系列关于保护海洋环境免受污染的条款草案（资料来源 2）。该草案第 8 条的部分内容如下：

1. 所有国家都有义务在其境内控制、防止和减少这种可能直接或间接导致或促成海洋环境污染的活动。

……

4. 各国应恪尽职责控制通过排放系统或以任何其他方式处置到内陆水域或海洋中的废物的类型和数量，以防止对另一国领土内或公海上的人、财产或自然资源的不当损害。

第二工作组（资料来源 3）的第二份文件提出了一些涉及标准的条款。该案文第一节在"海洋污染的陆地来源标准"标题下载有两种备选案文：

A. 各国应个别地制定国家标准，并通过适当的国际和区域性组织，考虑到现有的科学证据、其他相关因素和其他相关因素和主管国际机构的工作，努力制订和通过防止陆地来源的海洋环境污染的国际标准。
或
B. 各国应采取适当措施防止陆地海洋污染。

关于备选案文 A，注释指出"据认为，各国应可以个别地通过国际标准，而无需通过适当的国际和区域性组织行事"（资料来源 3，注 2）。虽然一些代表团认为，关于陆地（和海底）海洋污染来源标准的单独条款只是重复与今第一九四条相对应的已议定案文，海洋法会议第三委员会的随后工作还是保留了一项独立的条款。

207.3. 在海洋法会议第二期会议上（1974年），关于项目12的非正式会议起草和协商小组审议了对第二工作组案文之备选案文A的多项修正案（见资料来源23至资料来源29）。这些提案由非正式会议主席以"已正式提出但［其小组］尚未审议"的状态提交给会议（资料来源7）。

在第三委员会的正式会议上也提出了几项提案。肯尼亚（资料来源4）建议各国采取的措施除其他外应包括：

（a）对于陆地来源的海洋环境污染，旨在尽量减少有毒、有害和持久不变的物质排放在海洋环境的措施。

另有单独的一条处理这些措施的执行，希腊提交的提案也是这样的（资料来源5）。由10个国家提交的关于保全海洋环境的区划办法的条款草案（资料来源6）建议采取的措施应包括：

（a）对于陆地来源的海洋环境，包括河流、河口湾、管道和排水口结构的污染，旨在在最大可能范围内尽量减少有碍健康和有害的物质，特别是持久不变的物质，排放在海洋环境的措施。

这些提出的案文为较早提案的一般性措词增加了一些具体内容。

207.4. 在第三期会议上（1975年），提出了若干进一步的非正式提案（资料来源30至资料来源35）和由8个欧洲国家（资料来源9）提出的一项正式提案，关于后者进行了大量讨论。② 关于备选案文A的这些修改和提案被编制成关于海洋污染的陆地来源标准的一项条款草案（资料来源8）。该案文内容如下：

1. 各国应制定法律和规章，以防止、减少和控制陆地来源，包括河流、河口湾、管道和排水口结构对海洋环境的污染，同时考虑到国际上议定的规则、标准和建议的办法及程序。

各国还应采取为防止、减少和控制陆地来源的海洋环境污染所必要的其他措施。

2. 各国应尽力在适当的区域一级协调其国家政策。

3. 各国特别应通过适当的政府间组织或外交会议采取行动，尽力制订全

---

② 例见下列国家在第三委员会第19次会议（1975年）上的发言：丹麦，第31段，《正式记录》第四卷，第84页；坦桑尼亚联合共和国，第28段，同上，第84页；印度，第34段，同上，第85页；塞内加尔，第50段，同上，第86页；加拿大，第57段，同上。

球性和区域性规则、标准和建议的办法及程序，以防止、减少和控制陆地来源的海洋环境污染。

[或]

3. 各国特别应通过适当的政府间组织或外交会议采取行动，尽力制订全球性和区域性规则、标准和建议的办法及程序，以防止、减少和控制陆地来源的海洋环境污染，同时考虑到区域的特点，发展中国家的经济能力及其经济发展的需要。

4. 第 1 款和第 3 款提及的法律、规章和措施、规则、标准和建议的办法及程序，应包括旨在在最大可能范围内尽量减少有毒和有害的物质，特别是持久不变的物质，排放在海洋环境的各种规定。

这一草案与第二〇七条的措辞相似，只是它包含了关于制订国际规则和标准的第 3 款的两种备选案文。其中之一增加了"同时考虑到区域的特点，发展中国家的经济能力及其经济发展的需要"。第 1 款和第 4 款反映了肯尼亚和十国集团先前提案的措辞（见上文第 207.3 段）。

这一版本被非正式单一协商案文第三部分（资料来源 10）采纳，实质内容保留在所有后续文本中。

207.5. 在第四期会议上（1976 年），经过非正式讨论，订正的单一协商案文第三部分（资料来源 11）重新组织了这一案文：

1. 各国应制订法律和规章，以防止、减少和控制陆地来源，包括河流、河口湾、管道和排水口结构对海洋环境的污染，同时考虑到国际上议定的规则、标准和建议的办法及程序。

2. 各国还应采取为防止、减少和控制陆地来源的海洋环境污染所必要的其他措施。

3. 各国应尽力在适当的区域一级协调其国家政策。

4. 各国特别应通过主管国际组织或外交会议采取行动，尽力制订全球性和区域性规则、标准和建议的办法及程序，以防止、减少和控制这种污染，同时考虑到区域的特点，发展中国家的经济能力及其经济发展需要这种规则、标准和建议的办法及程序应根据需要随时重新审查。

5. 第 1 款、第 2 款和第 4 款提及的法律、规章、措施、规则、标准和建议的办法及程序，应包括旨在在最大可能范围内尽量减少有毒、有害或有碍健康的物质，特别是持久不变的物质，排放在海洋环境的各种规定。

除了语言规范上的修改外，本案文中的主要新增部分是第 4 款的最后一句，即提出了对已通过的规则、标准等随时"重新审查"的概念。这一理念可能意味着有定期审查的义务，最初是由司法专家非正式小组提交的提案提出的。③

207.6. 在第五期（1976年）和第六期（1977年）会议上进行非正式协商后，订正的单一协商案文的措词被纳入非正式综合协商案文（资料来源12）中，成为第二〇八条。在非正式综合协商案文第一次修订稿（资料来源13）中重新编号为第二〇七条后，后续的几个版本（资料来源14至资料来源16）仅采纳了起草委员会建议的几项修改（资料来源17至资料来源22），包括将第3款改写为："各国应尽力在适当的区域一级协调其在这方面的政策"（资料来源17，第66页）。在这一阶段，第5款中提及有害或有毒物质时所使用的"和"被改为"或"。

207.7（a）. 第1款重申并扩大了第一九四条第3（a）款所阐明的义务。它规定，对于陆地污染源，国家法律和规章应考虑到"国际上议定的规则、标准和建议的办法及程序"。在没有正式定义"陆地来源"的情况下，第1款通过一种属地描述，即包括"河流、④ 河口、管道和排水口结构"，将该术语扩大。既然是陆地来源的，领土国的主权就占主导地位，但这只能导致第十二部分的处理办法发挥作用。显然，第1款中力求达成的平衡是偏向于国家措施的，因此使各国能够采取比国际上制定的措施或多或少更严格的措施。"同时考虑到国际上议定的规则……"一句是用于表明国家在国际上议定的措施方面的义务的各种限定语中语气最弱的一个，它对有关国家对所有陆地海洋污染来源的主权作出了表达。

207.7（b）. 第2款重申了第一九四条的一般性义务，但在领土主权的背景下，它还要求建立一个框架，在这个框架内国家措施可以偏离相应的国际措施。

207.7（c）. 另一方面，第3款是对最初规定在第一九四条第1款中的协调义务的特殊适用。"在适当的区域一级"一语也顾及到各国的领土主权。

207.7（d）. 第4款要求各国尽力制定全球性和区域性规则、标准和建议的办法及

---

③ 《海洋环境的保全》（1976年，油印本），第16条（非正式司法专家小组）。转载在《第三次联合国海洋法会议文件集》第十一卷，第504、508页。关于该非正式小组的先前案文，同上。（1975年2月，油印本），第8条；及同上。（1975年3月，油印本），第8条。分别转载在《第三次联合国海洋法会议文件集》第十一卷，第412、453页。

④ 国际水道非航行使用法问题自1971年以来一直是国际法委员会的工作内容之一。特别报告员的频繁变动拖延了这项工作的进展，其中保护环境占据了中心地位。这项工作值得注意的是其对协调关于国际水道的国际法与关于污染的防止、减少和控制的国际海洋法的各种尝试。1988年，国际法委员会估计超过80%的海洋污染来自陆地来源。国际法委员会第四十届会议工作报告（A/43/10），第三章，第133段，第55页。关于国际法研究所，见雅典会议（1979年）通过的关于国际法中的河流和湖泊污染的决议，《国际法研究所年鉴》第58卷，t. II，第196页。关于国际法协会，见关于国际河流水域使用的《赫尔辛基规则》，特别是第9条至第40条，第52届大会（1966年）报告，第478、494页。另见第55届会议（1972年）报告中的《大陆来源的海洋污染》规则，第22-106页。两项报告都转载于国际法协会芬兰分会《国际法协会关于国际水资源法的工作》中，（E. J. Manner和V. -M. Metsälampi编），第23、99页（1988年）。

程序，以应对陆地来源的海洋环境污染。这里使用的谨慎措辞也反映了领土主权的影响。在这里，与在其他条款中一样，尽力的义务必须诚意履行。

目前，关于海洋环境的陆地污染源的国际上议定的规则、标准和建议的办法及程序很少，尽管这一污染源是最普遍的。1985 年，联合国环境规划署起草了《保护海洋环境免受陆源污染蒙特利尔准则》，作为制定适当国际协定的一个广泛框架；目前该套准则据宣称是"建议性"的。⑤

各国有义务"特别应通过主管国际组织或外交会议采取行动。"本条（以及相应的关于执行的第二一三条）中的复数用语"主管国际组织（competent international organizations）"承认，在处理陆地海洋环境污染来源时，没有哪一个特定的全球或区域性国际组织具有专属权限。随着知识和技术的进步，一个越来越得到认识的事实是，不同类型的陆基污染需要不同的职能和法律处理办法。按道理说，这可以意味着不同的国际组织，既可以是全球的，也可以是区域性的。

在英文本中可能有一点蹩脚之处，"外交会议（diplomatic conference）"之前并没有冠词，这就产生了形容词"主管（competent）"是否也作用于会议的问题（译注：此句英文为"acting especially through competent international organizations or diplomatic conference"）。然而，与其他语文本的比较显示，这里的意思是任何"主管国际组织"或"某一外交会议"（前语在《公约》中没有定义，但请见上文第 XII. 17 和 18 段）。"外交"一词意味着它必须是各国代表的全权代表会议（而不是仅由国际政府间组织代表或独立专家参与的会议），不论其所通过的文书类型如何（关于"一般外交会议"一语，见下文第 211. 15（d）段）。

主管国际组织和外交会议的结合使得各国可借以建立广泛接受和协调的规则的机制（可以是全球或区域性的）具有必要的灵活性。此外，陆地来源污染特别容易受到区域和地方规章的影响，外交会议对这一问题可能是更适当的论坛。

"同时考虑到区域的特点，发展中国家的经济能力及其经济发展的需要"一语呼应了第一九四条，该条规定各国"按照其能力"采取措施（见上文第 194. 10（b）段）。

207.7(e). 第 5 款更详细地重申了关于"有毒、有害或有碍健康的物质"的第一九四条第 3 款（a）项的原则（见上文第 194. 10（j）段）。将"有害和有碍健康"修改为"有害或有碍健康"，从而与第一九四条一致，是由第三委员会主席提出并根据起草委员会的建议作出的。⑥ 它使这一规定适用于有毒或有害或有碍健康的物质，而并不将其限定于仅适用于符合全部 3 个标准的物质。

---

⑤　环境署出版物：《环境法准则和原则》第 7 号，转载于联合国海洋事务和海洋法司《海洋事务年度回顾：法律和政策的主要文件》第二卷，1985—1987 年，第 655 页。

⑥　见 A/CONF. 62/L. 34 和 Add. 1 和 2（1980 年），附件，《正式记录》第十四卷，第 185-186 页（第三委员会主席）；和 A/CONF. 62/L. 63/Rev. 1（1980 年），附件二，A 节，同上，第 139、141 页（起草委员会）。

第二〇八条　国家管辖的海底活动造成的污染

1. 沿海国应制定法律和规章，以防止、减少和控制来自受其管辖的海底活动或与此种活动有关的对海洋环境的污染以及来自依据第六十条和第八十条在其管辖下的人工岛屿、设施和结构对海洋环境的污染。

2. 各国应采取其他可能必要的措施，以防止、减少和控制这种污染。

3. 这种法律、规章和措施的效力应不低于国际规则、标准和建议的办法及程序。

4. 各国应尽力在适当的区域一级协调其在这方面的政策。

5. 各国特别应通过主管国际组织或外交会议采取行动，制订全球性和区域性规则、标准和建议的办法及程序，以防止、减少和控制第1款所指的海洋环境污染。这种规则、标准和建议的办法及程序应根据需要随时重新审查。

资料来源

1. A/AC.138/53，第2条（c）款，转载在1971年《海底委员会报告》，第105、116页（马耳他）。

2. A/AC.138/SC.III/L.5和Add.1，第5段，转载在1971年《海底委员会报告》，第247~248页（加拿大和挪威）。

3. A/AC.138/SC.III/L.25，第2~3款，转载在1972年《海底委员会报告》，第210页（澳大利亚、保加利亚、加拿大、冰岛、荷兰、挪威、瑞典、乌克兰和苏联）。

4. A/AC.138/SC.III/L.39（WG.2/Paper No.8/Add.2，第1款、第2款（c）项和第3款（b）项），转载在1973年《海底委员会报告》第一卷，第85~88页（第二工作组主席）。

5. A/AC.138/SC.III/L.52/Add.1，附件1（第二工作组第15号文件，第二节，备选案文B和备选案文F），转载在1973年《海底委员会报告》第一卷，第91，93~95页（第二工作组主席）。

6. A/CONF.62/C.3/L.2（1974年），第21条，《正式记录》第三卷，第245、247页（肯尼亚）。

7. A/CONF.62/C.3/L.6（1974年），第6~7条，第1款和第3款（a）项，《正式记录》第三卷，第249~250页（加拿大、斐济、加纳、圭亚那、冰岛、印度、伊朗、新西兰、菲律宾和西班牙）。

8. A/CONF. 62/C. 3/L. 14/Add. 1（1974年）（CRP/MP/9 和 Add. 1, Corr. 1 和 2, Rev. 1, 第二节，备选案文 B（意大利、法国和印度的提案）；新的备选案文 E（特立尼达和多巴哥）和备选案文 G，第 1 款和第 2 款（西班牙），《正式记录》第三卷，第 258~259 页（第三委员会非正式会议）。

9. A/CONF. 62/C. 3/L. 24（1975年），第 2 条，《正式记录》第四卷，第 210 页（比利时、保加利亚、丹麦、德意志民主共和国、德意志联邦共和国、希腊、荷兰、波兰和英国）。

10. A/CONF. 62/C. 3/L. 30 和 Add. 1（1975年）（CRP/MP/19（关于项目 12 的非正式会议主席），以及巴西，印度和秘鲁的提案），《正式记录》第四卷，第 219 页（第三委员会，非正式会议）。

11. A/CONF. 62/WP. 8/Part III（非正式单一协商案文，1975年），第一部分，第 17 条，《正式记录》第四卷，第 171、173 页（第三委员会主席）。

12. A/CONF. 62/WP. 8/Rev. 1/Part III（订正的单一协商案文，1976年），第 18 条，《正式记录》第五卷，第 173、175 页（第三委员会主席）。

13. A/CONF. 62/WP. 10（非正式综合协商案文，1977年），第 209 条，《正式记录》第八卷，第 1、36 页。

14. A/CONF. 62/RCNG/1（1978年），第三委员会主席向全体会议提交的报告，关于第 209 条第 1、5 款的提案（MP/4）（巴西），《正式记录》第十卷，第 13、96、107 页。

15. A/CONF. 62/RCNG/2（1978年），第三委员会主席的报告（C. 3/Rep. 1），关于第 209 条第 1、5 款的提案（MP/4）（巴西），《正式记录》第十卷，第 126、173、182 页。

16. A/CONF. 62/WP. 10/Rev. 1（非正式综合协商案文第一次修订稿，1979年，油印本），第 208 条。转载在《第三次联合国海洋法会议文件集》第一卷，第 375、466 页。

17. A/CONF. 62/WP. 10/Rev. 2（非正式综合协商案文第二次修订稿，1980年，油印本），第 208 条。转载在《第三次联合国海洋法会议文件集》第二卷，第 3、95 页。

18. A/CONF. 62/WP. 10/Rev. 3*（非正式综合协商案文第三次修订稿，1980年，油印本），第 208 条。转载在《第三次联合国海洋法会议文件集》第二卷，第 179、272 页。

19. A/CONF. 62/L. 78（《公约草案》，1981年），第 208 条，《正式记录》第十五卷，第 172、208 页。

起草委员会

20. A/CONF. 62/L. 67/Add. 7（1981年，油印本），第 73~82 页。

21. A/CONF. 62/L. 67/Add. 7/Corr. 3（1981 年，油印本），第 1~2 页。

22. A/CONF. 62/L. 67/Add. 14（1981 年，油印本），第 14 页。

23. A/CONF. 62/L. 72（1981 年），《正式记录》第十五卷，第 151 页（起草委员会主席）。

24. A/CONF. 62/L. 152/Add. 25（1982 年，油印本），第 8~9 页。

25. A/CONF. 62/L. 160（1982 年），《正式记录》第十七卷，第 225 页（起草委员会主席）。

非正式文件

26. CRP/MP/9（1974 年，油印本），意大利和法国［关于资料来源 5］的提案（关于项目 12 的非正式会议主席）。转载在《第三次联合国海洋法会议文件集》第十卷，第 169、172 页［另见上文资料来源 8］。

27. CRP/MP/9/Add. 1（1974 年，油印本），印度、特立尼达和多巴哥［关于资料来源 5］的提案（关于项目 12 的非正式会议主席）。转载在《第三次联合国海洋法会议文件集》第十卷，第 178 页［另见上文资料来源 8］。

28. CRP/MP/19（1975 年，油印本）。（关于项目 12 的非正式会议主席）。转载在《第三次联合国海洋法会议文件集》第十卷，第 214 页［见上文资料来源 10］。

29. 丹麦（1977 年，油印本），第 18 条第 1 款（第三委员会）。转载在《第三次联合国海洋法会议文件集》第十卷，第 497 页。

30. MP/4（1978 年，油印本），第 209 条第 1、5 款（巴西）。转载在《第三次联合国海洋法会议文件集》第十卷，第 220 页［见上文资料来源 14］。

31. MP/24（1978 年，油印本），第 209 条第 1、5 款（巴西）。转载在《第三次联合国海洋法会议文件集》第十卷，第 238、242 页。

32. 美国（1980 年，油印本），第 208 条。转载在《第三次联合国海洋法会议文件集》第十卷，第 511、519 页。

［注：本条应结合第二一四条释读］

评　　注

208. 1. 第二〇八条补充完善了第一九四条第 3 款（c）项所规定的各国应采取措施防止海床和底土自然资源的勘探或开发污染海洋环境的义务。它仅限于海床和底土中沿海国主权范围内或受其管辖的那些部分。对海底活动应尽可能避免造成上覆海洋污染这一概念的最早现代一般性表述见于 1958 年《大陆架公约》第 5 条。该条基于国际法委员会关于海洋法的条款草案中的第 71 条，该条第 1 款规定，探测大陆架及开发其天然资源，除其他外，不得使海中生物资源之养护受任何不当之妨害。国际法委员会在其关于该提案的评注第（2）段中强调，该条意味着"应尽一切可能防止底土开发、与石油探矿有关的地震勘探以及管道泄漏导致的损害"。① 根据《1958年公约》第5条第7款，沿海国有义务在大陆架上建造和维持的安全区内"采取一切适当办法以保护海洋生物资源免遭有害物剂损害"。第7款是根据南斯拉夫在第一次海洋法会议上的提案增加的。南斯拉夫代表在第四委员会第29次会议上介绍该修正案时解释说，其提案的这一部分是与1954年《国际防止海洋油污染公约》的相关措辞相呼应的。②

208.2. 在海底委员会早期的几期会议上再次讨论了这个问题。马耳他于1971年提交的海洋空间条约草案第2条（c）款（资料来源1）要求各国"采取和执行一切合理的监管和控制措施，以避免可能对其他国家或国际社会的利益造成重大伤害的国家海洋空间内的污染"。加拿大和挪威提交的决议草案（资料来源2）呼吁各国"采取适当步骤，尽可能防止和控制由于其国家大陆架之上或之内的矿产资源勘探和开发造成的海洋污染的危险。"这项呼吁在1972年海底委员会会议上由9个国家提出的决议草案（资料来源3）中再一次原文提出。

由政府间海洋污染工作组制定并经斯德哥尔摩会议通过的《海洋污染评估和控制原则》之原则18也处理了这一主题，它规定：

> 沿海国应确保提供充分和适当的资源，以处理在其国家管辖范围内的区域勘探和开发海底资源造成的污染事件。③

208.3. 在1973年海底委员会会议上，第三分委员会审议了原则18以及该会议通过的其他原则。第二工作组编写了两项关于海底活动产生的污染的工作文件（资料来源4和资料来源5）。其中第一项（资料来源4）基本上确立了今第一九四条所体现的概念。然而，该文件第3款（b）项还规定，根据与今第一九四条相对应的案文采取的措施，"对于海洋环境的海洋污染源"，应"符合公认的国际标准"。第二项文件（资料来源5）在一系列备选案文中进一步规定了关于海底海洋污染源控制的国家和国际标准之间的拟议相互关系，其中以下是与第二〇八条有关的：④

B.

1. 各国应通过主管国际组织采取行动，尽快制订关于防止来自国际海底

---

① 国际法委员会第八届会议工作报告（A/3159），《国际法委员会年鉴》，1956年第2卷，第253、299页。

② 见A/CONF. 13/C. 4/L. 15（1958年），第一次海洋法会议，《正式记录》第六卷，第130页（南斯拉夫）。关于南斯拉夫提出这项修正案时的发言，见第四委员会，第29次会议（1958年），第5段，同上，第84页。

③ 《斯德哥尔摩会议报告》附件三，第73页。

④ 原相关脚注内容如下：[4]一些代表团认为"对之行使主权权利的海底区域"应改为"大陆架"。

区域的勘探和开发的海洋环境污染的国际标准。

2. 各国应制订关于防止来自其为勘探和开发自然资源的目的对之行使主权权利[4]的国际海底区域的勘探和开发的海洋环境污染的国家标准，并应通过适当国际组织采取行动，尽力为该区域制定最低国际标准。

或

F.

各国应个别地或通过主管国际或区域性组织，尽快制订和通过关于来自海底资源的勘探和开发的污染的标准。这些标准在任何情况下都不应低于国际上议定的标准。

只有备选案文 B 第 1 款和备选案文 F 款直接涉及对受国家属地管辖的海底活动应适用的标准的问题。其他备选案文仅仅或主要涉及来自"区域"内活动的污染，与今第一六五条、第二〇九条和第二一五条相关。然而，其中很多没有明确区分国家管辖范围内的海底地区和国家管辖范围以外的海底地区，不过它们确实表明了当时所设想的处理海底污染源的国家和国际措施之间关系的性质。其中每一备选案文都规定各国应适用国际标准，同时承认各国除了国际上议定的标准外，还可以采用更高的补充标准。

208.4. 在海洋法会议第二期会议上（1974 年），提出了关于规管受国家管辖的活动的一些提案。肯尼亚提交的条款草案（资料来源6）包含了以下提案：

各国应通过主管国际或区域性组织，制订关于防止来自其管辖范围内的所有来源的海洋环境污染的国际标准，考虑到，除其他外，可获得的科学证据、地理、生态和经济因素。各国应单独并尽可能尽力在其国家管辖范围内通过这些标准。

由 10 个国家提交的保全海洋环境的区划办法（资料来源 7）也包含了如下有关条款：

第 6 条

沿海国应为保护和保全海洋环境和防止和控制污染的目的在其整个经济区内有这些条款所规定的权利和义务。

第 7 条

1. 在经济区内，沿海国为第 6 条所规定的目的，应按照这些条款，对所有自然人和法人、船只、设施和其他实体，有制订和通过法律和规章以及采取行政和其他措施的管辖权。

2. 沿海国有权在经济区内执行按照本条第 1 款制订的法律和规章。

3.（a）对来自陆地来源和从事海床和底土自然资源的勘探和开发的设施或装置的海洋环境污染，沿海国的法律和规章应考虑到国际上议定的规则、标准和建议的办法及程序。

......

第三委员会在该期会议的非正式会议上，提出了对 1973 年第二工作组案文（资料来源 5）所载备选案文的进一步修改（资料来源 8、资料来源 26 和资料来源 27）。非正式会议主席报告说，这些修改在关于项目 12（资料来源 8）的非正式会议上已"非正式地提出，但尚未审议"。然而，在非正式协商中，决定将国际区域排除在本条的范围之外，并将该区域移入今第二〇九条的对应案文。

208. 5. 在第三期会议上（1975 年），一个九国集团提出了一系列关于防止、减少和控制海洋污染的条款草案（资料来源 9）。处理海底勘探和开发的该草案第 2 条规定：

对于与按照本公约第......章在沿海国管辖下的海底活动和设施有关的污染：

1. 各国特别应通过主管国际组织采取行动，尽快制定旨在防止、减少和控制污染的国际规章。

2. 沿海国也可为此目的制订附加的或更严格的规章，并应尽力在这方面通过区域安排合作。

3. 沿海国应确保按照本条制订的规章得到遵守。

第三委员会⑤和非正式协商对这一规定进行了讨论。经过协商，关于项目 12 的非正式会议主席起草了以下案文草案（资料来源 28）：

1. 沿海国应制订国家法律和规章，以防止、减少和控制来自与依据本公约第......章的受其管辖的海底活动和设施有关的对海洋环境的污染。

各国应采取任何其他可能必要的措施，以防止、减少和控制这种污染。

这种法律、规章和措施的严格程度应不低于一般接受的国际规则、标准和建议的办法及程序。

2. 各国应尽力在适当的区域一级协调其国家政策。

3. 各国特别应通过适当的政府间组织或外交会议采取行动，制订全球性

---

⑤ 例见丹麦在第三委员会第 19 次会议（1975 年）上的发言，第 21 段，《正式记录》第四卷，第 84 页；印度，第 34 段，同上，第 85 页；加拿大，第 57 段，同上，第 86 页。

和区域性规则、标准和建议的办法及程序，以防止、减少和控制上文第 1 款提及的与海底活动和设施有关的污染。

巴西、印度和秘鲁的非正式提案（资料来源 10）提出如下修改主席的案文：

1. 沿海国应制订国家法律和规章，以防止、减少和控制来自对受其管辖的海底的勘探和开发以及在该区域进行的任何其他活动的对海洋环境的污染。各国应采取任何其他可能必要的措施，以防止、减少和控制这种污染。

2. 各国应尽力在适当的区域一级协调其国家政策。

3. 在制订这种法律和规章和采取这些其他措施时，各国应考虑到现有的全球和区域性规则、标准和建议的办法及程序。

4. 沿海国应具有执行按照第 1 款制定的法律和规章的管辖权。

5. 各国特别应通过适当的政府间组织或外交会议采取行动，尽力制订全球性和区域性规则、标准和建议的办法及程序，以防止、减少和控制来自海底活动的海洋环境污染，同时考虑到区域的特点，发展中国家的经济能力及其经济发展的需要。

这一案文试图将沿海国家的义务从与"海底的勘探和开发"有关的活动扩大以包括"在该区域进行的任何其他活动"。它还试图减轻这种规定对发展中国家的潜在影响，在第 5 款中要求它们"尽力制定"全球性和区域规则，并在这样做的时候，同时考虑到"区域的特点，发展中国家的经济能力及其经济发展的需要"。

这两个案文的比较显示了两类国家间的分歧，一类认为在沿海国管辖区域内的一些设施仍应归其所属国家管辖；而另一类则认为所有这些设施和装置应由沿海国控制。

要充分理解海洋法会议这一阶段的讨论，应该了解协商的其他几个更加一般方面的情况。首先，在第二委员会内部，关于当时似乎已经显现出的大陆架和专属经济区海底的诸个组合或相关方面（不同于专属经济区水域的司法资格和沿海国在该区域内的权利范围），尚有不确定之处。"受其管辖的海底活动"一语同时涵盖了这两个方面。其次，第十二部分的明确结构，尤其是对规章的制定和执行所做的区别，此时尚未形成。因此，会议在该阶段提交的大多数提案同时涉及这两个方面。

在第三期会议上进行了进一步的非正式协商之后，主席得以修改其提案，并将其纳入非正式单一协商案文第三部分中（资料来源 11）。正是在这一阶段，对国际规则和标准的制定与国家对其执行之间的区别开始形成。因此，非正式单一协商案文第三部分的有关规定仅限于国际"规则、标准和建议的办法及程序"，其内容如下：

1. 沿海国应制定国家法律和规章，以防止、减少和控制与海底勘探和开发有关的活动和依据本公约第……章在其管辖下的设施对海洋环境的污染。

各国应采取任何其他可能必要的措施，以防止、减少和控制这种污染。

这种法律、规章和措施的效力应不低于一般接受的国际规则、标准和建议的办法及程序。

2. 各国应尽力在适当的区域一级协调其国家政策。

3. 各国特别应通过适当的政府间组织或外交会议采取行动，制订全球性和区域性规则、标准和建议的办法及程序，以防止、减少和控制与海底活动和设施有关的污染。

该案文反映了关于项目 12 的非正式会议主席早先案文（资料来源 28）的结构和措辞。

208. 6. 在第四期会议上（1976 年），继续进行的协商导致将该案文重组为今公约的 5 款格式。非正式单一协商案文第三部分（资料来源 12）中形成了如下条文：

1. 沿海国应制定国家法律和规章，以防止、减少和控制来自受其管辖的海底活动对海洋环境的污染和来自依据本公约第二部分第……条在其管辖下的人工岛屿、设施和结构对海洋环境的污染。

2. 各国应采取任何其他可能必要的措施，以防止、减少和控制这种污染。

3. 这种法律、规章和措施的效力应不低于国际规则、标准和建议的办法及程序。

4. 各国应尽力在适当的区域一级协调其国家政策。

5. 各国特别应通过主管国际组织或外交会议采取行动，制订全球性和区域性规则、标准和建议的办法及程序，以防止、减少和控制与受其管辖的海底活动有关的对海洋环境的污染和来自第 1 款提及的其管辖下的人工岛屿、设施和结构对海洋环境的污染。这种规则、标准和建议的办法及程序应根据需要随时重新审查。

第 1 款和第 5 款被扩大到适用于沿海国管辖下的"人造岛屿"和"结构"。此外，规定应定期重新审查的第 5 款最后一句也是新增的，它反映了第二〇七条（参见上文第 207.5 段）和第二〇九条（参见下文第 209.7 段）中的相似修改。

208. 7. 这一表述随后未经修改地成为非正式综合协商案文第 209 条（资料来源 13），只有第 1 款修改为：

1. 沿海国应制定国家法律和规章，以防止、减少和控制来自受其管辖的海底活动或与此种活动有关的对海洋环境的污染以及来自依据第六十条和第八十条在其管辖下的人工岛屿、设施和结构对海洋环境的污染。

修改后的措词的作用是扩大了该款的范围，使之不再仅限于来自海底活动的污染，而是扩大到来自海底活动或与海底活动"有关"的污染。在该案文中，标题仅为"海底活动造成的污染"。

208.8. 在第七期会议上（1978年），巴西提交的一项非正式提案（资料来源30和资料来源31）以如下内容代替第1款：

> 1. 沿海国应制定国家法律和规章，以防止、减少和控制来自受其管辖的海底内的所有活动、人工岛屿、设施和结构对海洋环境的污染或与这些活动、人工岛屿、设施和结构有关的对海洋环境的污染。

在第三委员会第35次会议上，巴西代表解释说，他认为这一条没有涵盖它应涵盖的所有内容。该条当时的形式似乎只涉及《公约》第六十条和第八十条所指的装置，并且给人的印象是，即使是为控制海洋环境污染的目的，可能也还有不受沿海国管辖的其他设施。虽然这个问题的核心是由第二委员会处理的问题，但不妨作一些尝试以使沿海国能够采取措施以防止可能不在其管辖范围内的设施造成污染。在第二委员会内，巴西当时支持的理念认为，专属经济区内的所有设施都应在沿海国管辖下。[6]

第三委员会主席在第七期和第七期会议续会上向会议提交的报告中报告了巴西的提案，但由于缺乏时间或意见上的分歧，没有出现折中方案（资料来源14和资料来源15）。

208.9. 在第八期会议上（1979年），非正式协商继续进行。然而，这些协商证明是没有成果的，主席在最后的报告中称，经过详尽彻底的谈判，巴西的非正式提案仍不能被认为已获得足够的支持来提供一个更好的共识前景。[7]

该条在非正式综合协商案文第一次修订稿（资料来源16）中重新编号为第208条，此后即保持这种形式，未做进一步的实质性修改。此后，根据起草委员会的建议（资料来源20至资料来源25）采纳了若干语言规范上的修改。在第十一期会议续会时（1982年），该条标题方最后确定，同时第5款也缩短了（资料来源24和资料来源25）。

关于巴西的提案，应当指出，根据第五十六条第1款（b）项（3）目，作为其在专属经济区权利、管辖权和义务的一部分，沿海国有《公约》有关条款规定的对海洋环境的保护和保全的管辖权。这项规定可能涵盖了巴西提出的原则，也有助于澄清对"受其管辖的……活动"的提及并不取决于沿海国是否已建立了专属经济区，因为如果

---

⑥ 第三委员会，第35次会议（1978年），第21段，《正式记录》第九卷，第145页。

⑦ A/CONF. 62/L. 34（1979年），《正式记录》第十一卷，第9段，第83-84页（第三委员会主席）。

没有建立，其处境应受关于大陆架的第六部分（第七十六条至第八十五条）的支配。

208.10(a). 在本条中，标题中的"国家管辖的海底活动"一语，以及第 1 款中对第六十条和第八十条的明确提及表明，第二〇八条的主题事项仅限于国家管辖的海底区域——即沿海国或群岛国的内水、领海、群岛水域、专属经济区和大陆架（如"公约"所定义）的海底。在所有这些区域，海床在沿海国主权范围内或受到沿海国的管辖。此外，这一表述还提及国家对悬挂其旗帜（第九十四条）和从事海底活动的船舶的管辖权，并提及沿海国管辖下的区域内沿海国自己所从事的活动或其准许的活动，只要它们与海底有关（参见第二〇四条）。

"国家管辖的海底活动"一语不能与"'区域'内活动"（即国家管辖范围以外的活动）混淆，后者是第二〇九条的主题，并为本公约的目的在第一条第 1 款第（2）项中正式定义。《公约》作为一个整体，特别是第二条至第八十五条，回答了哪一部分的属地（ratione loci）的海底以及哪些属物（ratione materiae）的活动属于沿海国的国家管辖权的问题。其他条款，特别是第九十四条，将决定什么人、船舶或船只受某一船旗国的管辖。在其他方面，习惯国际法可能是有关的，例如关于国家对其在国外的国民的管辖权。

208.10(b). 由于沿海国在其领海内的领土主权（见上文第 194.10（e）段）应让位于对大陆架的"主权"（根据第七十七条），因此第二〇八条为沿海国规定的义务比第二〇七条规定的要强。第 1 款明确要求沿海国通过法律和规章，根据第 3 款的规定，这些规章的"效力应不低于国际规则、标准和建议的办法及程序"。第二〇九条第 2 款、第二一〇条第 6 款和第二一一条第 2 款也有类似的规定。本节中的其他条款（第二〇七条和第二一二条）仅要求在通过国家法律和规章时考虑到国际上议定的规则、标准等。

208.10(c). 第 1 款仅适用于《公约》用语所指的沿海国家。本条的其余各款适用于一般上的各国，如同第三委员会通过的大多数条款一样。

"沿海国"一语与在《公约》其他地方出现的该语具有相同的含义。它意指从其基线起测算领海、专属经济区和大陆架的国家，因而应使用主权和管辖权的概念。这种区别对应于本公约中"管辖权"的空间方面以及管辖权的其他方面。例如，以任何方式进行海底活动的内陆国将属于第 2~5 款的范围，所有其他不属于地理和法律意义上的"沿海国"的其他国家对于海洋中上覆于正在从事海底活动之处的部分也同样。见前文第 194.10（e）段、196.6 段和 206.6（a）段。

208.10(d). 第二〇八条沿用了第二〇七条制定的结构，以第一九四条（c）项和（d）项作为出发点，并同时在国家管辖的海底（不同于国家管辖范围外的海底）的空间意义上，和受国家管辖的活动（不同于不受国家管辖的活动）的属物意义上对细节作出了规定。这些活动可能在沿海国管辖范围内有其地理上的位置（根据第五十六条），或者它们可能依赖于与沿海国的其他某种联系（例如在沿海国是船旗国的情形下，根据

第九十四条产生的)。《公约》序言部分第 8 段确认,本公约未予规定的事项,应继续以一般国际法的规则和原则为准据（见本书系第一卷,第 464 页)。

208.10(e). 在其他方面,特别是关于所有国家应尽力协调其政策的要求（第 4 款),"主管国际组织或外交会议"一语和关于定期重新审查规则、标准和建议的办法及程序的第 5 款最后一句,本书关于第二○七条的评注同样适用于第二○八条（见上文第 207.5 段和 207.7（a）段)。

208.10(f). 第 5 款规定各国有义务"制订"全球性和区域性规则、标准和建议的办法及程序。然而,对来自陆地来源（第二○七条)、倾倒（第二一○条）和来自大气层或通过大气层（第二一二条）的污染而言,国家的义务是"应尽力"制定这种规则。

第二〇九条　来自"区域"内活动的污染

1. 为了防止、减少和控制"区域"内活动对海洋环境的污染，应按照第十一部分制订国际规则、规章和程序。这种规则、规章和程序应根据需要随时重新审查。

2. 在本节有关规定的限制下，各国应制定法律和规章，以防止、减少和控制由悬挂其旗帜或在其国内登记或在其权力下经营的船只、设施、结构和其他装置所进行的"区域"内活动造成对海洋环境的污染。这种法律和规章的要求的效力应不低于第 1 款所指的国际规则、规章和程序。

资料来源

1. A/AC.138/25，第 23 条，转载在 1970 年《海底委员会报告》，第 130、137 页（美国）。

2. A/AC.138/53，第 2 条（e）款和第 72 条，转载在 1971 年《海底委员会报告》，第 105、116 页（马耳他）。

3. A/AC.138/94 和 Add.1，第 21 条，转载在 1973 年《海底委员会报告》第二卷，第 39、91 页（第一分委员会）。

4. A/AC.138/SC.III/L.40（1973 年，油印本），第 3 条（美国）。

5. A/AC.138/SC.III/L.43（1973 年，油印本），第 10 条第 2 款（挪威）。

6. A/AC.138/SC.III/L.52/Add.1，附件 1（第二工作组第 15 号文件，第二节，备选案文 E），转载在 1973 年《海底委员会报告》第一卷，第 91、93 页（第二工作组主席）。

7. A/CONF.62/C.3/L.2（1974 年），第 5 条总起句和（c）款，第 6 条（c）款和第 22 条，《正式记录》第三卷，第 245、247 页（肯尼亚）。

8. A/CONF.62/C.3/L.6（1974 年），第 7 条第 3 款（a）项，《正式记录》第三卷，第 249~250 页（加拿大、斐济、加纳、圭亚那、冰岛、印度、伊朗、新西兰、菲律宾和西班牙）。

9. A/CONF.62/C.3/L.14/Add.l（1974 年）（CRP/MP/9 和 Add.1，Corr.1 和 2，Rev.1，Section II，新备选案文 G 第 3 款（西班牙的提案），《正式记录》第三卷，第 255、257~259 页（第三委员会，非正式会议）。

10. A/CONF.62/WP.8/Part III（非正式单一协商案文，1975 年），第一部分，第

17~18 条，《正式记录》第四卷，第 171、173 页（第三委员会主席）。

11. A/CONF. 62/WP. 8/Rev. 1/Part III（订正的单一协商案文，1976 年），第 19 条和第 25 条，《正式记录》第五卷，第 173、176~177 页（第三委员会主席）。

12. A/CONF. 62/WP. 10（非正式综合协商案文，1977 年），第 210 条，《正式记录》第八卷，第 1、36 页。

13. A/CONF. 62/WP. 10/Rev. 1（非正式综合协商案文第一次修订稿，1979 年，油印本），第 209 条。转载在《第三次联合国海洋法会议文件集》第一卷，第 375、467 页。

14. A/CONF. 62/WP. 10/Rev. 2（非正式综合协商案文第二次修订稿，1980 年，油印本），第 209 条。转载在《第三次联合国海洋法会议文件集》第二卷，第 3、96 页。

15. A/CONF. 62/C. 3/L. 34 和 Add. 1 和 2（1980 年），附件，《正式记录》第十四卷，第 185、187 页（第三委员会主席）。

16. A/CONF. 62/WP. 10/Rev. 3*（1980 年，油印本），第 209 条。转载在《第三次联合国海洋法会议文件集》第二卷，第 179、273 页。

17. A/CONF. 62/L. 78（《公约草案》，1981 年），第 209 条，《正式记录》第十五卷，第 172、208 页。

起草委员会

18. A/CONF. 62/L. 67/Add. 7（1981 年，油印本），第 83~90 页。

19. A/CONF. 62/L. 67/Add. 7/Corr. 3（1981 年，油印本），第 2~3 页。

20. A/CONF. 62/L. 67/Add. 14（1981 年，油印本），第 14~16 页。

21. A/CONF. 62/L. 72（1981 年），《正式记录》第十五卷，第 151 页（起草委员会主席）。

22. A/CONF. 62/L. 142/Add. 1（1982 年，油印本），第 37 页。

23. A/CONF. 62/L. 147（1982 年），《正式记录》第十六卷，第 254 页（起草委员会主席）。

非正式文件

24. CRP/MP/9（1974 年，油印本），新备选案文 G（西班牙）。转载在《第三次联合国海洋法会议文件集》第十卷，第 169、173 页［见上文资料来源 9］。

25. CRP/MP/9/Add. 1（1974 年，油印本），新备选案文 H（特立尼达和多巴哥）。转载在《第三次联合国海洋法会议文件集》第十卷，第 178 页。

26. 美国（1974 年，油印本），第 8 条。转载在《第三次联合国海洋法会议文件集》第十卷，第 419、424 页。

27. 七十七国集团（1975 年，油印本），第 11 条。转载在《第三次联合国海洋法会议文件集》第十卷，第 436、439 页。

28. 美国（1976 年，油印本），第 19 条（第三委员会）。转载在《第三次联合国海洋法会议文件集》第十卷，第 473 页。

29. 美国（1977 年，油印本），第 19 条和第 25 条。转载在《第三次联合国海洋法会议文件集》第十卷，第 492~493 页。

30. 美国（1977 年，油印本），第 19 条第 1~2 款。转载在《第三次联合国海洋法会议文件集》第十卷，第 497 页。

31. 美国（1980 年，油印本），第 209 条。转载在《第三次联合国海洋法会议文件集》第十卷，第 511、520 页。

［注：本条应结合第一四五条（第三卷）和第二一五条释读］。

评　　注

209. 1.　第二〇九条处理为了防止、减少和控制"区域"内活动对海洋环境的污染而制订国际规则、规章和程序的问题。其中不涉及国家主权，占主导地位的是国际规则、规章和程序。第一条第 1 款（1）将"区域"（须加引号）定义为"国家管辖范围以外的海床和洋底及其底土。"这些界限的确定，必须参照第五十七条（专属经济区）、第七十六条连同附件二（大陆架）和第一三四条第 3 款和第 4 款（"区域"）规定下的沿海国对海底的管辖权的外部界限。"'区域'内活动"（该语定义在第一条第 1 款第（3）项中）应由国际海底管理局及其业务机关——企业部管理（见第一五八条第 2 款和附件四）；第一三九条、第一四五条、第一六二条第 2 款（w）项，第一六五条第 2 款（d）~（h）项、附件三第十七条第 1 款（b）项（9）目和第 2 款（d）~（f）项明确处理了国际海底管理局在保护海洋环境和相关事项方面的权利和义务。

以一般性措辞制定而非仅针对各国并与第十一部分的措辞保持一致的第二〇九条第 1 款提供了第十二部分与第十一部分之间的关联。而另一方面，第 2 款则有不同的特性；它是一般性地针对各国的，并确定了第十二部分规定的义务在海底本身方面的的范围。对于国家管辖范围以外的上覆水域，则应适用第二一七条以及第十二部分的所有有关规定。

209. 2.　1971 年 12 月 21 日的联合国大会第 2467 B（XXIII）号决议（第一卷第 165 页）确认需要一项关于防止国际区域内的海底活动造成的海洋污染的规定。根据该决议，秘书长被要求研究"保护海底、洋底、上覆水域和毗连海岸的生物和其他资源免受……"对海底和洋底资源的各种勘探和开发方法所产生的"……污染的影响和其他危害性或有害的影响的所有方面"。1970 年 12 月 17 日联合国大会第 2749（XXV）号决议所载的"支配国家管辖范围外海床和洋底及其底土的原则宣言"第 11 段（第一卷第 173 页）载有一项关于制定国家和国际防止污染规则的具体要求。其内容如下：

11. 对于在该区域的活动，各国应依待建立的国际制度，采取适当措施为除其他外的以下各项通过和执行国际规则、标准和程序：

（a）防止污染（pollution）和污染（contamination），以及对包括海岸在内的海洋环境的其他危害，防止对海洋环境生态平衡的干扰；

（b）保护和养护该区域的自然资源，并防止对海洋环境动植物的损害。

209. 3. 海底委员会内部最早提出的提案是美国提交于 1970 年的《国际海底区域[联合国]公约草案》（资料来源 1），它要求拟设的国际海底资源管理局"规定规则并建议措施……以确保……保护海洋环境免受勘探和开发活动造成的污染。"

在海底委员会 1971 年会议上，马耳他提交的《海底空间条约草案》中载有关于避免海洋空间内的开发活动造成海洋污染的规定（资料来源 2）。一项与此相似的规定也见于由政府间海洋污染工作组提出并在联合国人类环境会议上批准的《海洋污染评估和控制原则》中的原则 19。①

209. 4. 在 1973 年的海底委员会会议上，第一分委员会编写了一份《联合国国家管辖范围外海底和洋底公约》草案（资料来源 3）。关于"保护海洋环境"的该草案第 21 条内容如下：

（1）制定……关于防止[对"区域"的勘探和对其资源的开发引起]["区域"内的任何活动引起或造成]对海洋环境的污染（pollution）和污染（contamination）的一般[原则和建议][规则]；

（2）采取措施防止、减轻或消除"区域"内任何活动引起或造成的污染或污染威胁以及其他危险事故。

在第三委员会内部，美国和挪威也提交了处理针对海底活动造成的海洋污染的标准和规定的提案。美国的提案（资料来源 4）呼吁赋予管理局"制定……海底方面的国际标准的主要责任"。挪威的提案（资料来源 5）呼吁沿海国制定和修改必要的条例，以确保其在国家管辖范围内处理"勘探和开发海底资源造成的污染事件"的能力。根据这些提案和随后的讨论，第三委员会第二工作组形成了以下案文及其多个备选案文（资料来源 6）：

各国应通过[根据《公约》待设立的国际管理局]采取行动，尽快制订关于防止来自国际海底区域的勘探和开发的海洋环境污染的国际标准……各

---

① 《斯德哥尔摩会议报告》附件三，第 73 页。

国也可以直接或通过适当的区域性组织制订关于防止这种污染的补充标准。

因此，在协商的这一阶段，对由沿海国处理的国家管辖下的海洋区域内的海底活动引起的海洋污染和由管理局处理的国家管辖范围外的这种污染已作出了区分。

209.5. 在海洋法会议第二期会议上（1974 年），这一空间区别得到保持。肯尼亚提出的一系列条款草案（资料来源 7）首先讨论了各国在国家管辖范围内处理所有污染的措施（第 5 条），并进一步规定（第 6 条）这些措施应"符合一般接受的区域性或国际标准"。关于"区域"，其中第 22 条规定：

> 管理局应个别或会同其他主管国际或区域性机构拟定和制定关于保全海洋环境和防止来自国家管辖范围以外的上空及对其海床、底土和水体的海洋资源的勘探和开发的污染的规则和规章。

由 10 个国家提交的区划办法草案（资料来源 8）除其他外，规定：

> 对来自……从事海床和底土自然资源的勘探和开发的设施或装置的海洋环境污染，沿海国的法律和规章应考虑到国际上议定的规则、标准和建议的办法及程序。

考虑到这些和其他建议修订第二工作组之前案文的非正式提案（资料来源 24 和资料来源 25），非正式会议主席仅提出了若干提案（资料来源 9），说明未就任何案文达成一致。

209.6. 在第三期会议上（1975 年），经过非正式讨论，第三委员会主席在非正式单一协商案文第三部分中列入了处理这一主题的两项规定（资料来源 10）。其内容如下：

第 17 条

1. 沿海国应制定国家法律和规章，以防止、减少和控制与海底勘探和开发有关的活动和依据本公约第……章在其管辖下的设施对海洋环境的污染。

……

第 18 条

提及防止、减少和控制来自与国际海底区域的勘探和开发有关活动的海洋环境污染的措施的规定载于本公约第……章。

该案文基本上列出了沿海国的一般义务（第 17 条），但指出"区域"内活动应受〔第十一部分〕规定的规则和规章的支配。

209. 7. 在第四期会议上（1976 年），经过进一步的非正式讨论，订正的单一协商案文第三部分（资料来源 11）载入了这些条款的修订版本：

第 19 条

各国应按照本公约第一部分的规定采取行动，制订规则、标准和建议的办法及程序，以防止、减少和控制与国际海底区域的勘探和开发有关的活动对海洋环境的污染。这种规则、标准和建议的办法及程序应根据需要随时重新审查。

第 25 条

依据本公约第一部分第……条制定以防止、减少和控制与国际海底区域的勘探和开发有关的活动对海洋环境的污染的国际规则、标准和建议的办法及程序的执行。应受该部分规定的支配。

该案文第 19 条采纳了重大修改。这一规定的适用范围从"沿海国"扩大到了"各国"。另外，国家不再被要求制定"国家法律和规章"，而是制定"规则、标准和建议的办法及程序"，专门适用于"国际海底区域"，而不是一般地适用于"海底"（即适用于国家管辖范围外的区域）。而且，制定的措施也应"根据需要随时重新审查"（后一项修改反映了今第二○七条和第二○八条的前身条款中的相似修改（参见上文第207. 5 段和208. 6 段））。

209. 8. 在第六期会议上（1977 年），美国基于一项较早的提案（资料来源 28）提出了一项非正式提案（资料来源 29），将第 19 条重新组织为两款。第三委员会进行非正式讨论之后，非正式综合协商案文（资料来源 12）采纳了这一处理办法，同时将订正的单一协商案文第三部分第 25 条中关于执行的规定移入第二一五条中（见后文第215. 5 段和215. 6 段）。修改后的非正式综合协商案文内容如下：

第 210 条　来自"区域"内活动的污染

1. 应按照本公约第十一部分的规定制定国际规则、标准和建议的办法及程序，以防止、减少和控制与"区域"的勘探和开发有关的活动对海洋环境的污染。这种规则、标准和建议的办法及程序应根据需要随时重新审查。

2. 在本节其他有关规定的限制下，各国应制定国内法律和规章，以防止、减少和控制由悬挂其旗帜或在其国内登记的船只、设施、结构和其他装置所进行的与"区域"的勘探和开发有关的活动对海洋环境的污染。这种法律和规章的要求的效力应不低于本条第 1 款所指的国际规则、标准和程序。

标题强调，这一规定处理的是"来自'区域'内活动的污染"的问题。第 1 款规定，应按照第十一部分制订"国际规则、标准和建议的办法和程序。"第 2 款为各国规定了制定法律和规章的义务，这种法律和规章的要求的效力"应不低于〔制定的〕国际规则、规章和程序。

该条在非正式综合协商案文第一次修订稿（资料来源 13）中重新编号为第二〇九条，但实质内容没有变化。

209. 9. 在第九期会议上（1980 年），起草委员会提出的关于文本统稿方面的修改被非正式综合协商案文第二次修订稿（资料来源 14）采纳。[②] 其中的一项修改，即将"与'区域'的勘探和开发有关的活动"改为"'区域'内活动，使案文与第一条第 1 款第（3）项一致。此后又根据起草委员会的建议（资料来源 18 至资料来源 23）采纳了若干润色性修改，直至案文在第十一期会议（1982 年）时最终定稿。

209. 10(a). 本条一般性地适用于所有国家并特别适用于船旗国（参见第九十四条），其内容是不言自明的。由于不涉及国家主权，制定的国家立法的"效力应不低于"为防止、减少和控制"区域"内活动对海洋环境的污染而制定的国际规则、规章和程序。

209. 10(b). 国际海底管理局是唯一有资格为"区域"内活动制定标准的国际组织。第一四五条载有关于保护海洋环境免受"区域"内活动可能产生的有害影响的一般规定，附件三第十七条第（2）款（f）项对此作了详细规定。第一五五条所设想的审查会议除其他外，应确保维持关于保护海洋环境的原则。第一六二条第 2 款（w）和（x）项明确授权管理局理事会采取适当行动，防止"区域"内活动对海洋环境造成"严重损害"。根据第一六五条第 2 款（k）项和（1）项，法律和技术委员会必须向理事会就这些事项提出建议。

209. 10(c). "悬挂其旗帜或在其国内登记……的船只、设施、结构和其他装置"一语符合国际海事组织诸公约中一贯沿用的惯用语。[③]

209. 10(d). 根据设立国际海底管理局和国际海洋法法庭筹备委员会的《最后文件》附件一中的《决议一》第 5 款（g）项（见第五卷，第 423 页），筹备委员会应根

---

② 见 A/CONF. 62/L. 56（1980 年），附件 B，第 17 节，《正式记录》第十三卷，第 94、96 页（起草委员会主席）；另见 A/CONF. 62/L. 40（1979 年），第 17 节，《正式记录》第十二卷，第 95、100 页（起草委员会主席）。

③ "关于'旗帜'和'登记'二语与船只以外的事物有关的使用"，国际海事组织秘书长（C. P. Srivastava）1980 年 5 月 23 日致起草委员会主席（J. Alan Beesley）供起草委员会主席使用的信函。另见 1987 年 9 月 16 日国际海事组织助理秘书长（Thomas A. Mensah）致海洋法律和政策中心（Sh. Rosenne）函，存档于弗吉尼亚大学法律图书馆档案处。

据需要编写规则、条例和程序草案，以使管理局能够开始其职能。筹备委员会的工作包括执行第二○九条。④

_____

④　根据筹备委员会秘书处拟定的《"区域"内多金属结核探矿、勘探和开发规章草案》的设想，管理局理事会的法律和技术委员会应确定拟议的工作计划除其他外是否确保保护某一合同区的海洋环境。见 LOS/PCN/SCN.3/WP.6（1985年，油印本），第40条。转载于《第三次联合国海洋法会议筹备委员会文件集》第六卷，第314、340页。1990年，该条经扩充成为第八部分，成为一套针对"区域"内活动保护和维护海洋环境的详细规章，留待筹备委员会第3特别委员会在未来的会议上讨论。见 LOS/PCN/SCN.3/WP.6/Add.5（1990年，油印本），《"区域"内多金属结核探矿、勘探和开发规章草案》（秘书处）。关于法律和技术委员会，见《公约》第一六五条。该委员会应对"区域"内活动的环境影响进行评估，并就海洋环境的保护向理事会提出建议，同时考虑到这一领域的公认专家的意见。

第二一〇条　倾倒造成的污染

1. 各国应制定法律和规章，以防止、减少和控制倾倒对海洋环境的污染。

2. 各国应采取其他可能必要的措施，以防止、减少和控制这种污染。

3. 这种法律、规章和措施应确保非经各国主管当局准许，不进行倾倒。

4. 各国特别应通过主管国际组织或外交会议采取行动，尽力制订全球性和区域性规则、标准和建议的办法及程序，以防止、减少和控制这种污染。这种规则、标准和建议的办法及程序应根据需要随时重新审查。

5. 非经沿海国事前明示核准，不应在领海和专属经济区内或在大陆架上进行倾倒，沿海国经与由于地理处境可能受倾倒不利影响的其他国家适当审议此事后，有权准许、规定和控制这种倾倒。

6. 国内法律、规章和措施在防止、减少和控制这种污染方面的效力应不低于全球性规则和标准。

资料来源

1. A/AC.138/25，第23条，转载在1970年《海底委员会报告》，第130、137页（美国）。

2. A/AC.138/53，第2条（d）款，转载在1971年《海底委员会报告》，第105、116页（马耳他）。

3. A/AC.138/SC.III/L.5和Add.1，第4段，转载在1971年《海底委员会报告》，第247页（加拿大和挪威）。

4. A/AC.138/SC.III/L.25，第1款，转载在1972年《海底委员会报告》，第210页（澳大利亚、保加利亚、加拿大、冰岛、荷兰、挪威、瑞典、乌克兰和苏联）。

5. A/AC.138/SC.III/L.43（1973年，油印本），第11条（挪威）。

6. A/CONF.62/C.3/L.6（1974年），第3条第3款（d）项，《正式记录》第三卷，第249页（加拿大、斐济、加纳、圭亚那、冰岛、印度、伊朗、新西兰、菲律宾和西班牙）。

7. A/CONF.62/C.3/L.14/Add.1（1974年）（CRP/MP/9和Add.1，Corr.1和2，Rev.1，Section IV，关于倾倒提出的新的一节（英国），《正式记录》第三卷，第255、257、259页（第三委员会，非正式会议）。

8. A/CONF. 62/C. 3/L. 14/Add. l（1974 年）（CRP/MP/12/Rev. 1（德意志民主共和国和苏联）），《正式记录》第三卷，第 255、259 页（第三委员会，非正式会议）。

9. A/CONF. 62/C. 3/L. 15/Add. 1（1975 年），第 11 条（CRP/MP/20），《正式记录》第四卷，第 200~201 页，（第三委员会，非正式会议）。

10. A/CONF. 62/C. 3/L. 24（1975 年），第 4 条，《正式记录》第四卷，第 210~211 页（比利时、保加利亚、丹麦、德意志民主共和国、德意志联邦共和国、希腊、荷兰、波兰和英国）。

11. A/CONF. 62/C. 3/L. 27（1975 年），《正式记录》第四卷，第 215 页（希腊）。

12. A/CONF. 62/C. 3/L. 30 和 Add. 1（1975 年），来自海上排放废物的污染（CRP/MP/20 和 Add. 1 和 2），《正式记录》第四卷，第 219 页（第三委员会，非正式会议）。

13. A/CONF. 62/WP. 8/Part III（非正式单一协商案文，1975 年），第一部分，第 19 条，《正式记录》第四卷，第 171、173 页（第三委员会主席）。

14. A/CONF. 62/WP. 8/Rev. 1/Part III（订正的单一协商案文，1976 年），第 20 条，《正式记录》第五卷，第 173、176 页（第三委员会主席）。

15. A/CONF. 62/WP. 10（非正式综合协商案文，1977 年），第 211 条，《正式记录》第八卷，第 1、36 页。

16. A/CONF. 62/RCNG/1（1978 年），第三委员会主席向全体会议提交的报告，关于第 211 条第 5 款的非正式提案（MP/4）（巴西），《正式记录》第十卷，第 13、96、108 页。

17. A/CONF. 62/RCNG/2（1978 年），第三委员会主席的报告（C. 3/Rep. 1），关于第 211 条第 5 款的提案（MP/4）（巴西），《正式记录》第十卷，第 126、173、179 页。

18. A/CONF. 62/WP. 10/Rev. 1（非正式综合协商案文第一次修订稿，1979 年，油印本），第 210 条。转载在《第三次联合国海洋法会议文件集》第一卷，第 375、467 页。

19. A/CONF. 62/WP. 10/Rev. 2（非正式综合协商案文第二次修订稿，1980 年，油印本），第 210 条。转载在《第三次联合国海洋法会议文件集》第二卷，第 3、96 页。

20. A/CONF. 62/WP. 10/Rev. 3*（非正式综合协商案文第三次修订稿，1980 年，油印本），第 210 条。转载在《第三次联合国海洋法会议文件集》第二卷，第 179、273 页。

21. A/CONF. 62/L. 78（《公约草案》，1981 年），第 210 条，《正式记录》第十五卷，第 172、208 页。

起草委员会

22. A/CONF. 62/L. 67/Add. 7（1981 年，油印本），第 91~102 页。

23. A/CONF. 62/L. 67/Add. 7/Corr. 3（1981 年，油印本），第 6 款。

24. A/CONF. 62/L. 72（1981 年），《正式记录》第十五卷，第 151 页（起草委员会主席）。

非正式文件

25. CRP/MP/9（1974 年，油印本），关于倾倒提出的新的一节（英国）。转载在《第三次联合国海洋法会议文件集》第十卷，第 169、175 页［见上文资料来源 7］。

26. CRP/MP/12（1974 年，油印本）。（德意志民主共和国和苏联）。转载在《第三次联合国海洋法会议文件集》第十卷，第 181 页。

27. CRP/MP/12/Rev. 1（1974 年，油印本）。（德意志民主共和国和苏联）。转载在《第三次联合国海洋法会议文件集》第十卷，第 182 页［见上文资料来源 8］。

28. CRP/MP/16/Add. 3（1975 年，油印本）（关于项目 12 的非正式会议主席）。转载在《第三次联合国海洋法会议文件集》第十卷，第 210 页。

29. CRP/MP/20（1975 年，油印本）。（关于项目 12 的非正式会议主席）。转载在《第三次联合国海洋法会议文件集》第十卷，第 215 页［见上文资料来源 11］。

30. CRP/MP/20/Add. 1（1975 年，油印本）（比利时）。转载在《第三次联合国海洋法会议文件集》第十卷，第 216 页［见上文资料来源 12］。

31. CRP/MP/20/Add. 2（1975 年，油印本）（印度）。转载在《第三次联合国海洋法会议文件集》第十卷，第 217 页［见上文资料来源 12］。

32. 巴西和美国关于第 20 条第 5 款的口头提案（1976 年，油印本）。（第三委员会，非正式会议）。转载在《第三次联合国海洋法会议文件集》第十卷，第 464 页。

33. 美国关于第 20 条第 4~5 款的口头提案（1976 年，油印本）。（第三委员会，非正式会议）。转载在《第三次联合国海洋法会议文件集》第十卷，第 473~474 页。

34. 美国（1977 年，油印本），第 20 条第 4 款。转载在《第三次联合国海洋法会议文件集》第十卷，第 492 页。

35. 法国（1977 年，油印本），第 20 条。转载在《第三次联合国海洋法会议文件集》第十卷，第 495 页。

36. MP/4（1978 年，油印本），第 211 条（巴西）。转载在《第三次联合国海洋法会议文件集》第十卷，第 220 页［见上文资料来源 16 和资料来源 17］。

37. MP/24（1978 年，油印本），第 211 条第 5 款（巴西）。转载在《第三次联合国海洋法会议文件集》第十卷，第 238、243 页。

38. MP/27（1978 年，油印本），第 211 条第 5 款（非正式会议主席）。转载在《第三次联合国海洋法会议文件集》第十卷，第 251 页。

39. 美国（1980 年，油印本），第 210 条。转载在《第三次联合国海洋法会议文件集》第十卷，第 511、521 页。

［注：本条应结合第二一六条释读。］

评　　注

210.1. 第二一〇条将最先由《1972 年防止倾倒废物及其他物质污染海洋的公约》（伦敦倾废公约）处理的海洋环境污染问题纳入由 1982 年《公约》体现的一般海洋法中。它完善了第一九四条第 3 款（a）项（第二一二条处理的来自大气层或通过大气层的污染除外）为各国规定的尽量减少放出的成为海洋环境的污染源的有毒、有害或有碍健康的物质（参见前文第 194.10（j）段），特别是通过倾倒而发生的这种物质的义务。

关于"海洋环境的污染"和"倾倒"为本公约目的的含义，见第一条第 1 款第 4 项和第 5 项（转载于前文第 194.1 段）。

在第一次海洋法会议上已经提出了倾倒的问题，但方式非常有限。1958 年《公海公约》第 25 条第 1 款要求每个国家采取措施，"考虑主管的国际组织可能制定的标准和规定"，防止倾倒放射性废物对海洋的污染。尽管有该公约的序言部分，但这一规定几乎不反映当时已存在的习惯法；会议通过的一项决议使这一规定得以补充完善，该决议除其他外，建议国际原子能机构对这一事项进行一些研究。[①] 这成为后来是否需要关于放射性废物处置的公认的国际标准的激烈辩论的出发点。

210.2. 1972 年 2 月 15 日在奥斯陆缔结了《防止船舶和飞机倾倒废物污染海洋公约》（"奥斯陆公约"）；然而，其地理范围仅限于东北大西洋、北海和北冰洋的邻接部分，因此只有少数几个国家成为其缔约国（这一公约的 1983 年 3 月 2 日修正议定书尚未生效）。

1972 年的联合国人类环境会议（斯德哥尔摩会议）以及几次政府间会议也对这一主题进行了讨论。由政府间海洋污染工作组提出并由斯德哥尔摩会议通过的《海洋污染评估和控制一般原则》除其他外，促请各国利用其可获得的最佳切实可行的手段，尽可能减少船只、飞机和平台的倾倒。[②] 斯德哥尔摩会议在其关于国际一级采取的行动的第 86 号建议中，建议各国政府确保其国民在任何地方或其管辖下区域内的任何人进行的海洋倾倒得到控制，并应继续努力完成"控制海洋倾倒的一项全面文书，以及在该文书框架内所需的区域性协定，特别是关于闭海和半闭海的，因为它们面临更大的污染风险。"[③]

[①] 该条款未列入国际法委员会 1956 年关于海洋法的诸项条款中，但被第一次海洋法会议第二委员会插入其对其中第 48 条的审议过程中，该条对应于 1958 年《公海公约》第 24 条和第 25 条。《关于公海放射性物质污染的决议》的文本，见 A/CONF. 13/L. 56（1958 年），第一次海洋法会议，《正式记录》第二卷，第 143 页；《联合国条约集》第 450 卷，第 58 页。

[②] 《斯德哥尔摩会议报告》附件三，第 73 页。

[③] 同上，第 86 号和第 92 号建议，第 22-23 页。

斯德哥尔摩会议之后，英国政府主动召开海上倾废政府间会议，导致 1972 年 12 月 29 日缔结了《防止倾倒废物及其他物质污染海洋的公约》（伦敦倾废公约）。④ 这一公约在 1978 年（两次）和 1980 年进行了修改，并且是第一部使用了"第三次海洋法会议"条款的国际文书（见上文第 XII. 25 段）。《伦敦倾废公约》第 3 条载有为该《公约》的目的对倾倒的定义；经过一些修改之后，该条款获得通过并被载入 1982 年《公约》第 1 条第 1 款第（5）项（见上文第 194. 1 段）。

这些会议和公约展示了公众对海洋环境的保护和保全日益增长的关切。它们对海底委员会和海洋法会议关于倾倒问题的工作发挥了背景的作用。而 1982 年《公约》，特别是第二一〇条和第二一六条，则提供了一个框架，使国际海事组织和这一领域的其他主管国际组织正在进行的活动得到整合（见上文第 XII. 26 段）。⑤

210. 3. 与联合国大会早在 1970 年即通过的一系列决议（见上文第 194. 1 段）所表达的对整个海洋环境污染问题的更广泛的处理方式相一致，提交给海底委员会的诸项提案将预防和控制将有害成分倾倒入海作为控制污染制度的一个必要条件来处理。但它不再像 1958 年时那样仅限于放射性废物。在其 1970 年会议上，海底委员会通过的一项声明表达了对使用海床和洋底倾倒有毒、放射性和其他有碍健康物质的做法的关切。⑥

美国在 1970 年海底委员会会议上提交的一项国际海底区域公约草案（资料来源 1）涉及了"区域"内的"废物的处置等活动"。与此相似，马耳他在委员会 1971 年会议上提交的"海洋空间条约草案"（资料来源 2）一般性地处理了"海洋空间污染"（即国家管辖区域以外的海洋污染）。1971 年和 1972 年提交给海底委员会的其他提案在表述上基于关于预防和控制来自倾倒的海洋污染的初步措施的几项决议草案（资料来源 3 和资料来源 4）。

在海底委员会 1973 年会议上，挪威提交了一份工作文件，其中载有一项专门处理倾倒控制问题的规定（资料来源 5），内容如下：

> 各国应防止有害废物向管辖区域和公海海洋内的倾倒对海洋环境的污染。
>
> 为此目的，各国应落实区域性和国际公约制定的规则和规章。

这是提交给第三委员会的唯一一项明确关于倾倒的提案。它反映了其他国际机构当时正在处理这一事项的事实（参见上文第 207. 1 段）。

---

④ 保管职能后移交国际海事组织。

⑤ 大致情况见联合国海洋事务和海洋法司《倾倒污染：〈联合国海洋法公约〉第一条第 5 款、第二一〇条和第二一六条立法史》，联合国出版物出售品编号 No. E. 85. V. 12（1985 年）。

⑥ 1970 年《海底委员会报告》，第 25 段，第 8 页。

210. 4. 在海洋法会议第二期会议上（1974 年），一个十国集团提出了一套关于保全海洋环境的区划办法的条款草案（资料来源 6）。除其他外，这些条款草案提出，为防止海洋污染采取的措施应包括：

　　（d）对于来自船只、飞机和固定或漂浮平台的污染，禁止或管理这种倾倒。

在关于项目 12 的非正式会议上还提出了关于倾倒的其他若干建议。德意志民主共和国和苏联提出的一项建议（资料来源 26 和资料来源 27）处理了更为有限的"废物和其他物质的倾倒的沿海国管理"问题。这一提案涉及第二一〇条第 5 款的主题事项，其内容如下：

　　1. 沿海国应在邻接其领海且从测算领海宽度的基线量起，不得超过……海里的区域内，有权授权和规定废物和其他物质的倾倒，并适当顾及国际上议定的关于这种倾倒的规章。
　　2. 按照本条第 1 款进行的废物和其他物质的倾倒，应不妨碍其他国家或国际航行。

结合对各个国家制定和通过标准的资格问题的讨论，英国（资料来源 25）提出了关于倾倒的新的一节：

　　各国应制定和通过国际规章以防止和控制海上倾倒废物造成的污染。
　　各国应制定和通过国际规章以防止和控制海上倾倒废物造成的污染，这种规章的严格程度应不低于适当的国际规章。

这些提案由起草和协商小组在第二期会议的非正式会议上进行了审议，并以"已正式提出但未审议"的状态在会议上分发（资料来源 7 和资料来源 8）。

210. 5. 在第三期会议上（1975 年），9 个欧洲国家提案的第 4 条（资料来源 10）试图将关于倾倒控制的提案与预防、减少和控制海洋污染的一般制度协调起来。它提出如下条文：

倾倒

1. 各国应通过主管国际组织或一般外交会议采取行动，尽快并在其尚未存在的限度内制定国际规章，以防止、减少和控制倾倒造成的海洋污染。
2. 各国应作出规定，以确保非经按照上文第 1 款所指规章授权不进行倾倒。

3. 各国不应以严格程度低于依据上文第 1 款所指国际条例制定的条件的规定对倾倒的授权。沿海国在测算领海的基线以外……海里的区域内，有授权废物和其他物质的倾倒的专属权利。为此目的，沿海国可制定和执行关于倾倒的法律和规章，同时适当顾及避免对海洋环境的用途有不当的干扰的必要。

第三委员会就这一主题进行了一些讨论。[⑦]

希腊提交了一份关于防止海上倾倒造成的污染的综合性条款草案（资料来源 11），其内容如下：

1. 为本条的目的，"倾倒"是指在海上从船只、飞机、平台或其他人造海上结构故意处置废物或其他物质的行为和在海上故意处置船只、飞机、平台或其他人造海上结构的行为。倾倒不包括船只、飞机、平台或其他人造海上结构及其装备的正常操作所附带发生或产生的废物或其他物质的海上处置，但为了处置这种物质而操作的船只、飞机、平台或其他人造海上结构所运载或向其输送的废物或其他物质，或在这种船只、飞机、平台或结构上处理这种废物或其他物质所产生的废物或其他物质均除外；或并非为了单纯处置物质而放置物质，但以这种放置不违反本公约的目的为限。

2. 各国应确保按照有关国际规则防止和控制倾倒。

3. 为此目的，

（a）所有国家在其领土内；

（b）沿海国在从其领海基线量起……海里的区域内；

（c）港口国对在其港口或岸外设施装载将要在上文（b）项所指区域范围以外倾倒的物质的船舶和飞机；

（d）船旗国对在其领土内登记或悬挂其旗帜的正在非本公约缔约国的港口或岸外设施装载将要在上文（b）项所指区域范围以外倾倒的物质的船舶和飞机和对在其权力下并在这种范围以外进行倾倒的平台或其他人造结构，应通过需要的规章和采取必要的措施。

4. 上文第 3 款所指的规章和措施的严格程度不应低于国际规则。这种规章和措施不应是歧视性的，并且不应对航行和海洋的其他正当用途有不当干扰。在允许的情况下，应按照第 3 款（b）、（c）和（d）项对倾倒授权。

---

⑦ 例见丹麦在第三委员会第 19 次会议（1975 年）上的发言，第 21 段，《正式记录》第四卷，第 84 页；印度，第 39 段，同上，第 85 页；加拿大，第 61 段，同上，第 86 页；以及苏联，第 70 段，同上，第 87 页。

5. 按照本公约的规定为保护和保全海洋环境免受海上倾倒而制定的规则和规章应：

（a）由任何国家在其领土内执行；

（b）由沿海国对在从其领海基线量起……海里的区域内从事倾倒的船只、飞机、平台或其他人造结构执行；

（c）由港口国对在其港口或岸外设施内装载将要倾倒的物质的船只和飞机执行；

（d）由船旗国对在其领土内登记或悬挂其旗帜的船只和飞机执行。

6. 在缔约国按照本条对船只、飞机、平台或其他海上人造结构提起诉讼的情形下，任何其他国家都不应对相同的船只、飞机、平台或其他人造设施因相同的违犯行为发起诉讼。

经过非正式协商，关于项目 12 的非正式会议主席编制的一项案文草案综合了这些提案（资料来源 9 和资料来源 29），其内容如下（脚注略）：

1. 各国应制定国家法律和规章，以防止、减少和控制废物和其他物质的倾倒对海洋环境的污染。

各国应采取任何其他可能必要的措施，以防止、减少和控制这种污染。

这种法律、规章和措施应确保非经各国适当授权，不进行倾倒。

2. 各国特别应通过适当的政府间组织或外交会议采取行动，尽力尽快在其尚未存在的限度内制订全球性和区域性规则、标准和建议的办法及程序，以防止、减少和控制废物和其他物质的倾倒对海洋环境的污染。

3. 在……范围内倾倒废物和其他物质，应要求有沿海国的明确授权。

4. 国内法律、规章和措施在防止、减少和控制来自倾倒的污染方面的效力应不低于全球性规则和标准。

由于非正式提案（资料来源 12、资料来源 30 和资料来源 31）以及进一步的非正式协商，非正式会议主席在这一案文中作了一些小的修改（资料来源 28）。这些修改随后被纳入非正式单一协商案文第三部分（资料来源 13），内容如下：

1. 各国应制定国家法律和规章，以防止、减少和控制废物和其他物质的倾倒对海洋环境的污染。*

各国应采取任何其他可能必要的措施，以防止、减少和控制这种污染。

这种法律、规章和措施应确保非经各国主管当局准许，不进行倾倒。

2. 各国特别应通过主管政府间组织或外交会议采取行动，尽力尽快在其尚未存在的限度内制订全球性和区域性规则、标准和建议的办法及程序，以防止、减少和控制废物和其他物质的倾倒对海洋环境的污染。

3. 非经沿海国明示核准，不应在……范围内进行废物和其他物质的倾倒，沿海国应有准许、规定和控制这种倾倒的专属权利。

4. 国内法律、规章和措施在防止、减少和控制来自倾倒的污染方面的效力应不低于全球性规则和标准。

该案文中的脚注（*）解释说："对废物和其他物质的倾倒的定义，可以规定在本公约的专门序言章中。"

210. 6. 在第四期会议上（1976年），协商继续在非正式会议上进行。第2款和第3款（在订正的单一协商案文第三部分中为第4款和第5款）中采纳了实质性修改，其余各款被改进和重新组织。在订正的单一协商案文第三部分（资料来源14）中，第20条规定：

1. 各国应制定国家法律和规章，以防止、减少和控制废物和其他物质的倾倒对海洋环境的污染。*

2. 各国应采取任何其他可能必要的措施，以防止、减少和控制这种污染。

3. 这种法律、规章和措施应确保非经各国主管当局准许，不进行倾倒。

4. 各国特别应通过主管国际组织或外交会议采取行动，尽力制订全球性和区域性规则、标准和建议的办法及程序，以防止、减少和控制废物和其他物质的倾倒对海洋环境的污染。这种规则、标准和建议的办法及程序应根据需要随时重新审查。

5. 非经沿海国事前明示核准，不应在领海和经济区内或在大陆架上进行废物和其他物质的倾倒，沿海国经与由于地理处境可能受倾倒不利影响的其他国家适当协商后，有权准许、规定和控制这种倾倒。

6. 国内法律、规章和措施在防止、减少和控制来自倾倒的污染方面的效力应不低于全球性规则和标准。

经过修改后的脚注（*）解释说，为本公约的目的，"倾倒"一语是根据1972年《伦敦倾倒公约》的语境（见上文第210.1段）解释的。这表明当时已经就"倾倒"概念的物质范围达成了一致。

在第4款中，国家应尽力"尽快在其尚未存在的限度内"制订规则、标准等的规定被删去。同时，添加了关于定期重新审查的该款最后一句（与今第二〇七条至第二〇九条前身条款中增加的相同内容一致；参见上文第207.5、208.6和209.7段）。第5款中对领海、经济区和大陆架的明确提及反映了截至当时已经在第二委员会内达成的关于这些事项的一致意见。意义更为重要的是添加了"经与由于地理处境可能受倾倒不利影响的其他国家协商后"一句。这标志着与非正式单一协商案文相比，沿海国的有关权力受到显著削弱，这成为以后关于本条进行的协商的焦点。

210.7. 在第五期会议上（1976 年），若干非正式建议提出修改订正的单一协商案文第 4 款和第 5 款（资料来源 32 和资料来源 33）。但主席在向第三委员会提交的报告中称，这些建议主要是润色性的提案，"必须对其进行进一步研究"。⑧

210.8. 在第六期会议上（1977 年），关于这一主题的讨论继续在非正式会议上进行。提出的几项非正式的润色性修改中（资料来源 33 至资料来源 35），法国（资料来源 35）提出将海上焚化纳入关于倾倒的规定中（连同一项将焚化添加到第一条中对倾倒的定义的提案）；然而，这些修改未获得接受。

因此，非正式综合协商案文第 211 条（资料来源 15）在很大程度上重复了订正的单一协商案文第三部分。由于在第一条中加入了对"倾倒"的定义，使得略去"倾倒废物和其他物质"从而简化案文成为可能。

210.9. 在第七期会议上（1978 年），巴西提交的一项非正式提案（资料来源 16、资料来源 36 和资料来源 37）提出以如下内容代替第 5 款：

> 5. 非经沿海国事前明示核准，不应在领海和专属经济区内或在大陆架上进行倾倒，沿海国有权按照第一九五条第 2 款 [《公约》第一九四条] 准许、规定和控制这种倾倒。

巴西的目的是略去第 5 款中的协商原则，但在该期会议上没有就此作出决定。

然而，在第七期会议续会上（1978 年），第三委员会主席得以报告一份新的案文，该案文大大改善了共识的前景（资料来源 17 和资料来源 38）。其内容如下：

> 5. 非经沿海国事前明示核准，不应在领海和专属经济区内或在大陆架上进行倾倒，沿海国经与由于地理处境可能受倾倒不利影响的其他国家适当审议此事后，有权准许、规定和控制这种倾倒。

这一案文改写了非正式综合协商案文第 5 款，要求沿海国"与……其他国家适当审议此事"，而不再是"与……其他国家适当协商"。这一案文获得接受后，被纳入非正式综合协商案文第一次修订稿中（资料来源 18），并在其中重新编号为第二一〇条。

---

⑧ 第三委员会，第 31 次会议（1976 年），第 59 段，《正式记录》第六卷，第 104 页。另见以色列在第三委员会第 32 次会议上的发言（1976 年），第 28 段，同上，第 108 页。详见 A/CONF. 62/L. 18（1976 年），第 11 节，同上，第 139-140 页（第三委员会主席）。

210. 10. 在第九期会议续会上（1980 年），主席提出的一项提案作为润色性修改建议在"其他国家"之前加上"所有"一词，但未获得第三委员会通过。⑨

除了起草委员会建议的语言规范上的修改外（资料来源 22 至资料来源 24），本条再无进一步的修改。在第十一期会议（1982 年）上，第三委员会主席建议删去第 4 款的"尽力"。但是，大会执行委员会没有把这一提案提交给起草委员会来审议，故案文在这方面保持未变。⑩

210. 11(a). 在第二一〇条的协商中提出的主要问题涉及"倾倒"的定义，它决定着该条的实际范围。根据第一九四条的规定，对倾倒的控制涉及有毒、有害或有碍健康的物质。以此为出发点，立法史显示了遵循《伦敦倾废公约》所包含定义的意图。该公约旨在控制倾倒以确保不会对海洋环境造成污染，它规定了有关倾倒的三类废物：附件一载有禁止倾倒的废物和其他物质的清单（或称为"黑名单"）；附件二载有其倾倒需要事先特别准许的废物和其他物质的清单（或称为"灰名单"）；所有其他废物或物质的倾倒都需要事先一般准许。该公约的监管细节具有高度的技术性，已超出本评注的范围。对于同时为这两部公约缔约方的国家，本公约第二三七条和第三一一条将适用，这意味着《伦敦倾倒公约》的义务由于本身符合本公约，故将优于后者，并且国际海事组织是主管国际组织，并在放射性物质的情形下与国际原子能机构同担此任，或视具体情况与获认可的区域性组织合作。

210. 11(b). 第 1~4 款对应于第二〇七条第 1~4 款，前文第 207. 7（a）～（d）段所载的评注可以比照适用。

210. 11(c). 关于第 5 款，沿海国"事前明示核准"的要求似乎不包括默认的核准；同样出现在 1972 年《伦敦倾倒公约》中的"事前"一词意味着应在进行倾倒之前获得沿岸国的核准。据联合国海洋事务和海洋法司报告称，"事前"一词的引入加强了沿海国在规定的区域内准许、规定和控制倾倒的权利（其档案显示，这一修改是由以色列提出的）。⑪

210. 11(d). 限定"核准"的"明示"一词在《伦敦倾倒公约》中没有出现。它是在订正的单一协商案文（资料来源 14）中最早引入的，会议记录上似乎未载有对其说明。对于在黑名单或灰名单中未明示提及的废物以外的所有废物（即根据适用的条约需要某种形式的事前一般准许的废物）的倾倒，它可能产生不确定之处。

210. 11(e). 扩展沿海国的权利，使其有权在领海和专属经济区内或在大陆架上准许、规定和控制倾倒，反映了一般海洋法的发展，更具体地说是专属经济区概念得到

---

⑨　A/CONF. 62/C. 3/L. 34 和 Add. 1 和 2（1980 年），附件，《正式记录》第十四卷，第 185-186 页（第三委员会主席）。

⑩　见 A/CONF. 62/L. 88（1982 年），《正式记录》第十六卷，第 203 页（第三委员会主席）；及 A/CONF. 62/L. 93（1982 年），第 7 段，同上，第 210-211 页（执行管理委员会）。

⑪　前注⑤，第 29 页。

了接受。根据第五十六条，在专属经济区内，沿海国对海洋环境的保护和保全具有管辖权，并有《公约》规定的其他权利和义务。1972年《奥斯陆公约》的适用范围在正式规定上限于领海。《伦敦倾倒公约》由于其谈判所处的时期，有意为未来澄清沿海国在领海外部界限以外的管辖范围留出了余地，并且在这一核心问题上，该公约的缔结也不妨碍第三次海洋法会议的成果。该公约使用的措辞要求每一缔约国对"在其管辖下的被认为是从事倾倒活动的所有船舶和航空器，以及固定或浮动平台"实施该公约，这使得"在其管辖下的"一语是适用于海洋区域（属地管辖）还是适用于其他客体，或对两者都适用，成为一个悬而未决的问题。同时，该公约宣明自己"不影响"第三次联合国海洋法会议"对海洋法的编纂和发展"（见前文 XII. 25 段）。

然而，在第二一〇条定稿之时，沿海国在领海界限以外管辖权的性质和范围已经更为明确，使得以更确切的措辞起草第5款成为可能。因此，第二一〇条在这方面超越了以往各项公约的规定；为此原因，第二三七条不妨碍各国根据以往各项公约的具体义务，但以往各项公约的适用必须符合1982年《公约》的一般原则和目标。这方面的任何争端都将属于第十五部分的范围。如果在这方面有相互抵触的情况，本书建议对于1982年《公约》的缔约国，第5款（即第二一〇条中使用"沿海国"一语的唯一规定）应在地理方面发挥支配作用，而对于其他公约的缔约国，这些公约应在实质内容方面发挥支配作用。第二三七条中似乎也暗示了这一点。[12]

210. 11(f). 第5款中的"适当审议此事后"一语有着悠久的历史。在非正式单一协商案文中，沿海国被授予在即将成为其管辖范围内的海洋区域内准许、规定和控制倾倒的专属权利（见上文第210.5段）。在订正的单一协商案文中，为沿海国规定了与可能受到影响的其他国家进行"协商"的义务，从而缓和了这一权利（见上文第210.6段）。巴西在第七期会议上提出的非正式提案启动的协商使这一规定的措辞最终定型——"经与……国家适当审议此事后"（见上文第210.9段）。在当前的国际惯例中，"协商"中含有某种制度化成分，而这是"审议"所没有的，[13]不过要将其确切界定出来也并非易事。

这一立法历史似乎表明，虽然设想的是不足以构成正式协商的东西，但与其他有关国家对此事的审议仍须是诚意的（见第三〇〇条）。

210. 11(g). 一个问题是，第二一〇条，特别是第3款和第5款是否禁止在未经各国主管当局准许的情况下将飞机燃料倾倒在海洋中（即抛油）。国际民航组织理事会法律委员会报告员在提请注意这一问题时表示，对于紧急情况下倾倒燃料也未规定例外。

---

⑫ 欲详细了解这一问题，见国际海事组织《1982年联合国海洋法公约对国际海事组织的影响》，doc. LEG/MISC/1（1986年，油印本），第81~83段。部分转载在《荷兰海洋法研究所年鉴》第3卷［1987年］，第340、372页；联合国海洋事务和海洋法司《海洋事务年度回顾：法律和政策的主要文件》第一卷，第123、146页。

⑬ 关于这一问题，见 M. F. Dominick 撰"协商"词条，载于 R·伯恩哈特编《国际公法百科全书》第9编，第45页。

他认为，这一方面与关于飞机在海峡过境通行时的义务的第三十九条第 1 款（c）项截然不同，后者规定有不可抗力或遇难例外。他认为，如果这种解释是正确的，第二一〇条就可能会干扰在尝试紧急着陆之前尚可能这样做的情况下抛弃多余燃料这一常见并可能是必要的做法。他建议委员会不妨作出一项解释性的决定，明确不应将第二一〇条解释为禁止在紧急情况下在尝试着陆之前抛弃飞机燃料，但这一建议未被认定有其必要。⑭

---

⑭　见国际民航理事会文件 ICAO doc. C-WP/8077（1985 年 10 月 1 日，油印本），第 36 段。转载在《荷兰海洋法研究所年鉴》第 1 卷 [1985 年]，第 310、318 页；联合国海洋事务和海洋法司 1985—1987 年《海洋事务年度回顾：法律和政策的主要文件》第一卷，第 114、122 页。飞机燃料的抛弃是一项紧急程序，其执行目的是为了在因油箱不平衡导致飞机不适航或因飞机过重而无法着陆的情况下挽救乘员和飞机本身。据认为，这一行为很难产生海洋环境污染问题，因为在 15 000 英尺高度上释放的轻质航空燃料会以散布到许多英里的一片区域的极其细微的气溶胶雾的形式到达地球表面，并且大部分可能会蒸发。当燃料在 30 000 英尺的高度被抛弃时，形成的细雾据认为是根本不会到达地面的。1990 年 1 月 9 日（国际民航理事会法律局局长 M. Milde 致海洋法律和政策中心（Sh. Rosenne）函，存档于弗吉尼亚大学法律图书馆档案处。

在这方面，根据一般国际法，遇难可以是限制违反条约的国际责任的一个因素。参见国际法委员会 1979 年一读暂行通过的关于国家责任的诸项条款草案的第一部分第 32 条，《国际法委员会年鉴》，1979 年第二卷，第二部分（A/34/10），第 133 页。

附　录

为方便读者，将 1972 年《防止倾倒废物和其他物质污染海洋公约》（伦敦倾倒公约）（1978 年和 1980 年修正）附件转录如下。

附件一

（一）有机卤素化合物。

（二）汞及汞化合物。

（三）镉及镉化合物。

（四）耐久塑料及其他耐久性合成材料，如渔网和绳索。这类物质能漂浮在海面或悬浮在水中，以致严重地妨碍捕鱼、航行或对海洋的其他合法利用。

（五）为倾倒的目的而装在船上的原油及其废物、经提炼的石油产品、石油馏出物残渣，以及含上述任何物质的混合物。

（六）在这一领域的国际主管机构（目前是国际原子能机构）根据公共卫生、生物或其他理由，确定为不宜在海上倾倒的强放射性废物和其他强放射性物质。

（七）为生物和化学战争制造的任何形态的物质（固体、液体、半液体、气体或活性物质）。

（八）本附件的上述条款不适用于通过海中物理、化学或生物过程迅速地转化为无害的物质，其前提是这些物质不会：

1. 使可食用的海洋生物变味；或

2. 危及人类和家畜家禽的健康。

如果对这些物质的无害性持有疑问，缔约国可遵循第十四条规定的程序进行协商。

（九）本附件不适用于含有上述第（一）至第（五）款所提及的物质之废物或其他材料（如阴沟淤泥和疏浚污物）的痕量沾污物。这类废物的倾倒相应地适用附件二和附件三的规定。

（十）本附件第（一）款和第（五）款不适用于通过海上焚烧而处置的在这些款项中提及的废物或其他物质。在海上焚烧这类废物和其他物质需要事先获得特别许可证。在为焚烧颁发特别许可证时，缔约国应适用本附件的附录（此附录为本附件整体的一部分）所载《海上焚烧废物及其他物质的管理条例》，并充分考虑各缔约国协商通过的"海上焚烧废物及其他物质管理技术指南"。

附　录
海上焚烧废物及其他物质管理条例

第一部分
第一条　定义

为本附录的目的：

（一）"海洋焚烧设施"系指为在海上焚烧的目的而作业的船舶、平台或其他人工构筑物。

（二）"海上焚烧"系指以热摧毁为目的而在海洋焚烧设施上有意地焚毁废物或其他物质的行为。船舶、平台或其他人工构筑物在正常操作中所附带发生的行为不在此定义范围内。

第二条　适用

（一）本条例的第二部分适用于下列废物或其他物质：

（1）附件一第（一）款提及的物质；

（2）附件一未包括的杀虫剂及其副产品。

（二）缔约国在按照本条例向海上焚烧颁发许可证之前应首先考虑选择实际已有的陆上处理、处置或消除的方法，或实际已有的可减轻废物或其他物质有害程度的处理方法。海上焚烧不应被解释为阻止为找到对环境来说更好的解决方法（包括发展新技术）而作出努力。

（三）除了本条第（一）款所提到的，附件一第（十）款和附件二第（五）款提及的废物或其他物质的海上焚烧应根据颁发特别许可证的缔约国的意愿加以管理。

（四）焚烧本条第（一）款和第（三）款未提到的废物或其他物质应获得一般许可证。

（五）在颁发本条第（三）款和第（四）款中提及的许可证时，缔约国应充分考虑本条例所有可适用的条款，并充分考虑"海上焚烧废物和其他物质管理技术指南"中与此项废物有关的内容。

第二部分
第三条　焚烧系统的批准和检查

（一）对每一个建议的海洋焚烧设施的焚烧系统均应进行下列检查。按照本公约第七条第（一）款的规定，准备颁发焚烧许可证的缔约国应确保完成对即将使用的海洋焚烧设施的检查，焚烧系统应符合本条例的规定。如首次检查是根据某一缔约国的指令进行的，则该缔约国应颁发一个规定试验要求的特别许可证。每次检查的结果应记录在检查报告中。

1）首次检查应确保在焚烧废物或其他物质的过程中燃烧摧毁率超过99.9%。

2）作为这种首次检查的一部分，指示进行这种检查的国家应：

①批准温度测量装置的选址、型号和使用方式；

②批准气体取样系统，包括探头位置、分析装置和记录方式；

③确保如果温度降到最低许可温度以下，批准的装置的安装应能自动停止向焚烧炉添加废物；

④确保除通过焚烧炉的正常作业进行处置外，不得通过其他海洋焚烧设施处置废物或其他物质；

⑤通过使用行将被焚烧的典型废物进行仔细的炉身监测试验的方法，包括对 O_2、CO、CO_2、卤化有机物含量，以及碳氢化合物总量的测定，来确认焚烧系统的运转情况。

3）应至少每两年对焚烧系统进行一次检查以确保焚烧炉继续符合本条例的规定。两年一度的检查范围应基于对过去两年中作业数据和维修记录的评价。

（二）在一次检查令人满意地结束之后，如认为焚烧系统与本条例的规定相符，缔约国应颁发一项批准书，并附有一份检查报告，其他缔约国应对一缔约国所颁发的批准书予以承认，除非有明显的理由相信该焚烧系统不符合本条例的规定。每次颁发的批准书和检查报告均应向该"机构"提交一份副本。

（三）在任何一次检查完成之后，未经颁发批准书的缔约国同意，不得作出可影响焚烧系统运转的重大改变。

第四条　需特别研究的废物

（一）在某一缔约国对建议焚烧的废物或其他物质之热摧毁程度表示怀疑的情况下，应进行尝试性试验。

（二）在某一缔约国准备允许焚烧废物或其他物质而对燃烧效率存在疑虑的情况下，应对焚烧系统进行和首次焚烧系统检查同样仔细的炉身检查。应考虑对颗粒进行取样，并考虑到废物的固体含量。

（三）最低许可火焰温度应为第五条中所列的温度，除非对海洋焚烧设施进行的试验结果表明所需的燃烧和摧毁速率可以较低的温度进行。

（四）应将本条第（一）、（二）、（三）款中提及的特别研究结果记录下来并附在检查报告后。特别研究的结果应向该"机构"提交一份副本。

第五条　操作要求

（一）应控制焚烧系统的操作，以确保废物或其他物质的焚烧在不低于摄氏1250度的火焰温度下进行，但第四条所述情况除外。

（二）燃烧效率应至少是 99.95%±0.05%，基于：

$$燃烧效率 = \frac{C_{CO_2} - C_{CO}}{C_{CO_2}} \times 100$$

其中 C_{CO_2}=燃烧气体中二氧化碳的浓度。

C_{CO}=燃烧气体中一氧化碳的浓度。

（三）炉台上不应有黑烟或火焰延露。

（四）海洋焚烧设施在焚烧的任何时候都应对无线电呼叫迅速作出反应。

第六条　记录装置和记录

（一）海洋焚烧设施应使用根据第三条批准的记录装置和方法。作为最低要求，在每次焚烧作业中，应记录下列数据并留待颁发许可证的缔约国进行检查：

①用批准的温度测量装置进行的连续温度测量；

②焚烧的日期和时间及对被焚烧的废物的记录；

③用适当导航手段记录的船舶位置；

④对废物和燃料的添加速率——液状废物和燃料则是流动速率，应作连续记录；后一要求不适用于在1979年1月1日或以前作业的船舶；

⑤燃烧气体中 CO 和 CO_2 的浓度；

⑥船舶的航线和速度。

（二）由缔约国依照第三条颁发的批准书和准备的检查报告副本，以及为在设施上焚烧废物和其他物质而颁发的焚烧许可证副本应保留在海洋焚烧设施所在地。

第七条　对焚烧废物性质的控制

海上焚烧废物或其他物质的许可申请应包括废物或其他物质特性的情况。这些情况应能够符合第九条的要求。

第八条　焚烧场地

（一）在制订指导焚烧场地选划标准时需考虑的规定，除《公约》附件三所列之外，应包括以下规定：

①该地区的大气扩散特性——包括风速和风向，大气稳定性、转化频率和雾，降水种类和降水量，湿度——以确定从海洋焚烧设施释放出来的污染物质对周围环境的潜在影响，特别注意大气将污染物搬运到沿岸地区的可能性；

②该地区的海洋扩散特性，以评价卷流与水面相互作用的潜在影响；

③现有的导航手段。

（二）指定的永久性焚烧区的坐标应广为散发并提交给该"机构"。

第九条 通知

缔约国应遵守各方协商通过的通知程序。

附件二

为了第六条第（一）款第①项的目的，需对下列物质和材料特别加以注意：

（一）含有大量下列物质的废物：

砷及其化合物；

铅及其化合物；

铜及其化合物；

锌及其化合物；

有机硅化合物；

氰化物；

氟化物；

未列入附件一的杀虫剂及其副产品。

（二）在颁发倾倒大量酸和碱的许可证时，应考虑到这些废物中可能含有第（一）款所列的物质以及下列其他物质：

1. 铍及其化合物；

2. 铬及其化合物；

3. 镍及其化合物；

4. 钒及其化合物；

（三）容易沉于海底，可能对捕鱼或航行造成严重障碍的容器，废金属及其他笨重的废物。

（四）未列入附件一的放射性废物或其他放射性物质，在发给倾倒这些物质的许可证时，缔约国应充分考虑这一领域的国际主管机构（目前是国际原子能机构）的建议。

（五）在为焚烧本附件所列物质和材料颁发特别许可证时，缔约国应适用附件一的附录所载《海上焚烧废物及其他物质管理条例》并充分考虑各缔约国协商通过的"海上焚烧废物及其他物质管理技术指南"并达到这些条例和指南的规定。

（六）尽管是无毒性的物质，也可以因倾倒量过大而变得有害，或是易于严重损害娱乐设施的物质。

附件三

考虑到第四条第（二）款的规定，在为签发海上倾倒物质许可证制订标准时，需要考虑的规定包括：

（一）物质的特性及成分

1. 倾倒物质的总量及平均成分（例如每年的）；

2. 形态，例如：固体、污泥、液体或气体；

3. 性质：物理的（例如：可溶性与比重），化学与生物化学的（例如：需氧量、营养物）以及生物学的（例如：病毒、细菌、酵母、寄生虫的存在）；

4. 毒性；

5. 持续性：物理的、化学的及生物学的；

6. 在生物物质或沉积物中的积累及生物变化；

7. 对物理、化学、生物化学变化的敏感性及其在水中与其他溶解了的有机物和无机物的相互作用；

8. 导致某些资源（鱼、贝类等）销售量减少的污染或其他变化的可能性。

（二）倾倒地点及堆积方法的特点

1. 位置（例如：倾倒区的坐标、深度及距海岸的距离），位置与其他区域（例如：娱乐区、产卵区、索饵区、捕鱼区及可开发资源区）的关系；

2. 每一特定时间的处置率（例如：每日、每周、每月的数量）；

3. 包装及密封的方法（如果有的话）；

4. 通过建议的释放方法而得到的初步稀释；

5. 消散的特性（例如：潮流、潮汐和风对水平输送及垂直混合的影响）；

6. 水的特性（例如：温度、酸碱度、盐度、跃层、污物氧气的指数——溶解氧、化学耗氧量、生化需氧量，以有机及矿物形态存在的氮，包括氨、悬浮物、其他营养物和生产能力）；

7. 海底的特征（例如：地形、地质与地质化学特征以及生物生产能力）；

8. 该区域以前倾倒的其他物质的存在及影响（例如：以前倾倒物中的重金属含量及有机碳含量）；

9. 签发倾倒许可证时，各缔约国必须考虑到是否具备充分的科学依据，以便按照本附件的规定评价这种倾倒的后果，同时还要考虑到季节的变化。

（三）一般的考虑与条件

1. 对娱乐设施可能产生的影响（例如：漂浮物或搁浅物质的存在、混浊、不好的气味、变色、泡沫）；

2. 对海洋生物，鱼和贝类养殖，鱼获量和渔业，以及海藻的培植和收获可能产生的影响；

3. 对海洋其他用途可能产生的影响（例如：对工业用水质量的损害、建筑物的水下腐蚀、漂浮物对船舶操作的障碍、废物或固体物质在海底的堆积对捕鱼或航行的障碍以及为科学或资源养护的目的对特别重要区域的保护所构成的障碍）；

4. 实际上是否另有在陆地上处理、处置或清除的方法，或者可使倾倒入海的物质减少危害性的处理方法。

第二一一条　来自船只的污染

1. 各国应通过主管国际组织或一般外交会议采取行动，制订国际规则和标准，以防止、减少和控制船只对海洋环境的污染，并于适当情形下以同样方式促进对划定航线制度的采用，以期尽量减少可能对海洋环境，包括对海岸造成污染和对沿海国的有关利益可能造成污染损害的意外事件的威胁。这种规则和标准应根据需要随时以同样方式重新审查。

2. 各国应制定法律和规章，以防止、减少和控制悬挂其旗帜或在其国内登记的船只对海洋环境的污染。这种法律和规章至少应具有与通过主管国际组织或一般外交会议制订的一般接受的国际规则和标准相同的效力。

3. 各国如制订关于防止、减少和控制海洋环境污染的特别规定作为外国船只进入其港口或内水或在其岸外设施停靠的条件，应将这种规定妥为公布，并通知主管国际组织。如两个或两个以上的沿海国制订相同的规定以求协调政策，在通知时应说明哪些国家参加这种合作安排。每个国家应规定悬挂其旗帜或在其国内登记的船只的船长在参加这种合作安排的国家的领海内航行时，经该国要求应向其提送通知是否正驶往参加这种合作安排的同一区域的国家，如系驶往这种国家，应说明是否遵守该国关于进入港口的规定。本条不妨害船只继续行使其无害通过权，也不妨害第二十五条第2款的适用。

4. 沿海国在其领海内行使主权，可制定法律和规章，以防止、减少的控制外国船只，包括行使无害通过权的船只对海洋的污染。按照第二部分第三节的规定，这种法律和规章不应阻碍外国船只的无害通过。

5. 沿海国为第六节所规定的执行的目的，可对其专属经济区制定法律和规章，以防止、减少和控制来自船只的污染。这种法律和规章应符合通过主管国际组织或一般外交会议制订的一般接受的国际规则和标准，并使其有效。

6. （a）如果第1款所指的国际规则和标准不足以适应特殊情况，又如果沿海国有合理根据认为其专属经济区某一明确划定的特别区域，因与其海洋学和生态条件有关的公认技术理由，以及该区域的利用或其资源的保护及其在航运上的特殊性质，要求采取防止来自船只的污染的特别强制性措施，该沿海国通过主管国际组织与任何其他有关国家进行适当协商后，可就该区域向该组织送发通知，提出所依据的科学和技术证据，以及关于必要的回收设施的情报。该组织收到这种通知后，应在十二个月内确定该区域的情况与上述要求是否相符。如果该组织确定是符合的，该沿海国即可对该区域制定防止、减少和控制来自船只的污染的法律和规章，实施通过主管国际组织使其适用于各特别区域的国际规则和标准或航行办法。在向该组织送发通知满十五个月后，这些法律和规章才可适用于外国船只；

（b）沿海国应公布任何这种明确划定的特定区域的界限；

（c）如果沿海国有意为同一区域制定其他法律和规章，以防止、减少和控制来自船只的污染，它们应于提出上述通知时，同时将这一意向通知该组织。这种增订的法律和规章可涉及排放和航行办法，但不应要求外国船只遵守一般接受的国际规则和标准以外的设计、建造、人员配备或装备标准；这种法律和规章应在向该组织送发通知15个月后适用于外国船只，但须在送发通知后十二个月内该组织表示同意。

7. 本条所指的国际规则和标准，除其他外，应包括遇有引起排放或排放可能的海难等事故时，立即通知其海岸或有关利益可能受到影响的沿海国的义务。

资料来源

1. A/AC.138/53，第2条（d）款，第11条第2款，转载在1971年《海底委员会报告》，第105、116、121页（马耳他）。

2. A/CONF.138/SC.III/L.40（1973年，油印本），第4条（b）款和（c）款（美国）。

3. A/AC.138/SC.III/L.52/Add.1，附件1（第二工作组第15号文件，第三节，备选案文B和备选案文C，和第四节，备选案文B），转载在1973年《海底委员会报告》第一卷，第91、95、98页（第二工作组主席）。

4. A/CONF.62/C.3/L.2（1974年），第23条，《正式记录》第三卷，第245、247页（肯尼亚）。

5. A/CONF.62/C.3/L.6（1974年），第3条第3款（b）项和（d）项，第7条第1款和第3款（b）项，《正式记录》第三卷，第249~250页（加拿大、斐济、加纳、圭亚那、冰岛、印度、伊朗、新西兰、菲律宾和西班牙）。

6. A/CONF.62/C.3/L.14/Add.1（1974年），CRP/MP/9和Add.1，Corr.1和2以及Rev.1，第三节，备选案文B（希腊）；备选案文G，第1段和第3段（德意志联邦共和国）；备选案文G［之二］（西班牙）；和第四节，建议的新备选案文（加拿大），第2条第3款（b）项；和瑞典，《正式记录》第三卷，第255页、第258~259页（第三委员会，非正式会议）。

7. A/CONF.62/C.3/L.24（1975年），第3条第1~5款，《正式记录》第4卷，第210页（比利时、保加利亚、丹麦、德意志民主共和国、德意志联邦共和国、希腊、荷兰、波兰和英国）。

8. A/CONF.62/C.3/L.25（1975年），第2条，《正式记录》第四卷，第212页

（苏联）。

9. A/CONF. 62/WP. 8/Part III（非正式单一协商案文，1975 年），第一部分，第 20 条，《正式记录》第四卷，第 171、174 页（第三委员会主席）。

10. A/CONF. 62/WP. 8/Rev. 1/Part III（订正的单一协商案文，1976 年），第 21 条，《正式记录》第五卷，第 173、176 页（第三委员会主席）。

11. A/CONF. 62/L. 18（1976 年），第 14~17 段，《正式记录》第六卷，第 139、140~141 页（第三委员会主席）。

12. A/CONF. 62/WP. 10（非正式综合协商案文，1977 年），第 212 条，《正式记录》第八卷，第 1、37 页。

13. A/CONF. 62/RCNG/1（1978 年），第三委员会主席向全体会议提交的报告，关于第 212 条的提案，《正式记录》第十卷，第 13、96、98、104 页。

14. A/CONF. 62/RCNG/2（1978 年），第三委员会主席报告（C. 3/Rep. 1），关于第 212 条的提案，《正式记录》第十卷，第 126、173、178、179 页。

15. A/CONF. 62/WP. 10/Rev. 1（非正式综合协商案文第一次修订稿，1979 年，油印本），第 211 条。转载在《第三次联合国海洋法会议文件集》第一卷，第 375、467 页。

16. A/CONF. 62/WP. 10/Rev. 2（非正式综合协商案文第二次修订稿，1980 年，油印本），第 211 条。转载在《第三次联合国海洋法会议文件集》第二卷，第 3、96 页。

17. A/CONF. 62/C. 3/L. 34 和 Add. 1 和 2（1980 年），附件，《正式记录》第十四卷，第 185~186 页（第三委员会主席）。

18. A/CONF. 62/WP. 10/Rev. 3*（非正式综合协商案文第三次修订稿，1980 年，油印本），第 211 条。转载在《第三次联合国海洋法会议文件集》第二卷，第 179、273 页。

19. A/CONF. 62/L. 78（《公约草案》，1981 年），第 211 条，《正式记录》第十五卷，第 172、209 页。

起草委员会

20. A/CONF. 62/L. 67/Add. 8（1981 年，油印本），第 2~19 页。

21. A/CONF. 62/L. 67/Add. 8/Corr. 1（1981 年，油印本），第 1 页。

22. A/CONF. 62/L. 67/Add. 8/Corr. 2（1981 年，油印本），第 1 页。

23. A/CONF. 62/L. 67/Add. 14（1981 年，油印本），第 16 页。

24. A/CONF. 62/L. 72（1981 年），《正式记录》第十五卷，第 151 页（起草委员会主席）。

25. A/CONF. 62/L. 142/Add. 1（1982 年，油印本），第 38 页。

26. A/CONF. 62/L. 147（1982 年），《正式记录》第十六卷，第 254 页（起草委员

会主席）。

27. A/CONF. 62/L. 152/Add. 25（1982 年，油印本），第 10 页。

28. A/CONF. 62/L. 160（1982 年），《正式记录》第十七卷，第 225 页（起草委员会主席）。

非正式文件

29. CRP/MP/9（1974 年，油印本），第三节，备选案文 B（希腊）；建议的新备选案文（德意志联邦共和国和西班牙）；第四节，建议的新备选案文（加拿大，第 2 条第 3 款（b）项和瑞典）。转载在《第三次联合国海洋法会议文件集》第十卷，第 169、173~175 页［见上文资料来源 6］。

30. CRP/MP/9/Rev. 1（1974 年，油印本）（瑞典）。转载在《第三次联合国海洋法会议文件集》第十卷，第 177 页［见上文资料来源 6］。

31. 德意志联邦共和国（1974 年，油印本），第 1 条。转载在《第三次联合国海洋法会议文件集》第十卷，第 414 页。

32. 美国（1974 年，油印本），第 8 条和第 9 条。转载在《第三次联合国海洋法会议文件集》第十卷，第 419、424 页。

33. 澳大利亚（1975 年，油印本），第 12 条。转载在《第三次联合国海洋法会议文件集》第十卷，第 435 页。

34. 七十七国集团（1975 年，油印本），第 12 条。转载在《第三次联合国海洋法会议文件集》第十卷，第 436、440 页。

35. 美国（1976 年，油印本），第 21 条。转载在《第三次联合国海洋法会议文件集》第十卷，第 453 页。

36. 关于第 21 条的口头提案，第 3 款和第 4 款（1976 年，油印本），由英国、西班牙、法国、苏联、古巴、丹麦和以色列（第三委员会，非正式会议）。转载在《第三次联合国海洋法会议文件集》第十卷，第 455~456 页。

37. 关于第 21 条的口头提案，第 2、3 和 4 款（1976 年，油印本），由西班牙、意大利、波兰、加拿大、中国和德意志联邦共和国提出（第三委员会，非正式会议）。转载在《第三次联合国海洋法会议文件集》第十卷，第 457~458 页。

38. 关于第 21 条的口头提案（1976 年，油印本），由突尼斯、厄瓜多尔、德意志联邦共和国、澳大利亚、哥伦比亚、希腊和肯尼亚提出（第三委员会，非正式会议）。转载在《第三次联合国海洋法会议文件集》第十卷，第 459~461 页。

39. 关于第 21 条的口头提案（1976 年，油印本），由尼日利亚、厄瓜多尔和德意志联邦共和国提出（第三委员会，非正式会议）。转载在《第三次联合国海洋法会议文件集》第十卷，第 464~465 页。

40. 德意志联邦共和国（1976 年，油印本），第 21 条第 5 款。转载在《第三次联合国海洋法会议文件集》第十卷，第 472 页。

41. 关于第 21 条的口头提案（1976 年，油印本），由马耳他、阿富汗、巴西、荷兰和欧洲经济共同体提出（第三委员会，非正式会议）。转载在《第三次联合国海洋法会议文件集》第十卷，第 473~475 页。

42. 澳大利亚（1976 年，油印本），第 20 条第 5 款。转载在《第三次联合国海洋法会议文件集》第十卷，第 484 页。

43. 主席的提案（1976 年，油印本），第 21 条第 5 款（关于项目 12 的非正式会议主席）。转载在《第三次联合国海洋法会议文件集》第十卷，第 485 页。

44. 主席的提案（1976 年，油印本），第 21 条第 5 款。转载在《第三次联合国海洋法会议文件集》第十卷，第 486 页。

45. 美国（1977 年，油印本），第 21 条第 3 款。转载在《第三次联合国海洋法会议文件集》第十卷，第 492 页。

46. 关于第 21 条的口头提案，第 1~5 款（1977 年，油印本），由西班牙、厄瓜多尔、德意志联邦共和国、英国、法国、苏联、古巴、丹麦、意大利、波兰、加拿大、中国、尼日利亚、马耳他、阿富汗、以色列、肯尼亚和索马里提出（第三委员会，非正式会议）。转载在《第三次联合国海洋法会议文件集》第十卷，第 497、498~502 页。

47. MP/1（1978 年，油印本），第 212 条第 2 款（之二）（法国）。转载在《第三次联合国海洋法会议文件集》第十卷，第 218 页［见上文资料来源 13］。

48. MP/5（1978，油印本）（美国）。转载在《第三次联合国海洋法会议文件集》第十卷，第 221 页。

49. MP/7（1978，油印本）（非正式会议主席）。转载在《第三次联合国海洋法会议文件集》第十卷，第 223 页。

50. MP/8（1987 年，油印本），第 212 条第 3 款（巴哈马、巴巴多斯、加拿大、冰岛、肯尼亚、新西兰、菲律宾、葡萄牙、索马里、西班牙以及特立尼达和多巴哥）。转载在《第三次联合国海洋法会议文件集》第十卷，第 224 页［见上文资料来源 14］。

51. MP/9（1978，油印本）（美国）。转载在《第三次联合国海洋法会议文件集》第十卷，第 224 页。

52. MP/17（1978 年，油印本），第 212 条第 6 款（非正式会议主席）。转载在《第三次联合国海洋法会议文件集》第十卷，第 231 页。

53. MP/23（1978 年，油印本），第 212 条（非正式会议主席）。转载在《第三次联合国海洋法会议文件集》第十卷，第 235 页。

54. MP/24（1978 年，油印本），第 212 条（非正式会议主席）。转载在《第三次联合国海洋法会议文件集》第十卷，第 238 页［见上文资料来源 16］。

55. MP/27（1978 年，油印本），第 212 条第 2 款（之二）（第三委员会，非正式会议）。转载在《第三次联合国海洋法会议文件集》第十卷，第 251 页 ［见上文资料来源 14］。

56. MP/28（1978 年，油印本），第 212 条第 5 款（坦桑尼亚联合共和国）。转载在《第三次联合国海洋法会议文件集》第十卷，第 254 页。

57. 美国（1980 年，油印本），第 211 条。转载在《第三次联合国海洋法会议文件集》第十卷，第 511、522 页。

［注：本条应结合第二一七条至第二二一条释读。］

评　注

211.1. 第二一一条完善了第一九四条第 3 款（b）项为各国规定的义务，即采取旨在在最大可能范围内尽量减少作为一种一般污染源和特别对于沿海国海岸和有关利益的污染源的来自船只的海洋环境污染。在这方面，根据第十九条第 2 款（h）项，外国船只在领海内通过时，如果进行"违反本公约规定的任何故意和严重的污染行为"，其通过即应视为损害沿海国的和平、良好秩序或安全。根据第二十一条第 1 款（f）项，沿海国可依本公约规定"和其他国际法规则"，对"保全沿海国的环境，并防止、减少和控制该环境受污染"，"制定关于无害通过领海的法律和规章。"这一规定并不仅限于"海洋环境。"

本条处理船只来源污染的标准的制定，无论船只在哪里，无论其目的地如何。因此，它是为船旗国和沿海国制定的，并适用于不论其目的地是港口、锚地还是沿海国内水或岸外设施的船只。在这一限度内，本条还与无害通过领海的法律有关（第二部分第三节第十七条至第三十二条）。此外，本条还涉及沿海国主权范围内的领海、沿海国可按照第五十六条第一款（b）项（iii）目在其中行使管辖权的专属经济区，以及群岛国相应的海洋区域。

第二一一条还在第 6 款中使用了"特别区域"一语。该术语绝不应与 1973 年《国际防止船舶造成污染公约》（"73/78 防污公约"）（1978 年修订）中出现的同一术语相混淆。在这些领域可以采取的措施互不相同，"73/78 防污公约"中规定的标准更具限制性。另一方面，第 6 款的"特殊区域"必须构成沿海国专属经济区的一部分。

211.2. 1958 年《公海公约》在其第 24 条和第 25 条中简要提到了船只来源污染。第 24 条仅涉及船舶或管道溢油或因开发或勘探海床和其底土（即大陆架）而对海洋造成的污染。这反映了当时最主要的环境关切。第 25 条基本上处理的是放射性废物的倾倒或涉及放射性材料的活动对海洋和上层空域的污染这一非常敏感的问题。在第 24 条的情形下，各国被要求考虑"现有有关条约规定"；在第 25 条的情形下，则应考虑"主管的国际组织可能制定的标准和规定。"

在政府间层面和船东们都已经做出许多尝试来处理来自船只的污染问题。（有关国际公约和其他全球性和区域性文书以及适用的非政府安排的清单，见第十二部分导言后的附录）。这些文书显示了在处理这些事项时，不再将管辖权仅仅给予船旗国这一趋势的演变。

由政府间海事协商组织（国际海事组织前身）大会于伦敦召开的海洋污染国际会议通过的"73/78 防污公约"试图扩大船只来源污染的控制范围。这一公约从未以其原始形式生效，而是在生效前首先经过修改，它涵盖了以包装形式、集装箱和储罐运载的油类、其他有害健康的液体物质从船舶①的有意或意外排放。它为船舶制定了污水和垃圾方面的建造标准，并要求设立适当的回收设施。违犯行为应依船旗国法律规管和惩处，或在大陆架平台的情形下由沿海国规管和惩处。②

对沿海国的更多保护载于同一会议通过的 1973 年《关于干预公海上除油类之外的其他物质造成海洋污染的议定书》。该议定书扩大了 1969 年《国际干预公海油污事故公约》为各国规定的在发生海难后在公海采取措施以控制恐将发生的污染的权利，使之包括来自"油类以外的物质"的污染。这些物质定义在第一条第 2 款中，分为列于待制订并作为议定书的附件的名单中的物质，和"其他易于危害人类健康，伤害生物资源和海洋生物、损害休憩环境或妨害对海洋的其他合法利用的物质"。

211. 3. 此处还应提及几项私人的、非政府的协议（详见第十二章导言附录）。1969 年《油轮所有人自愿承担油污责任协定》是一项船东之间的承诺，旨在为油污染损害规定责任并为这种损害的受害者提供一定限额内的赔偿。1971 年《油轮油污责任暂行补充协定》是石油公司之间的一项协定，旨在为油污染受害者提供赔偿，包括船东们为预防性措施承担的成本。1974 年《近海污染责任协议》处理与近海钻探有关的污染责任。

211. 4. 在海底委员会 1971 年会议上，几个代表团指出，1958 年《公海公约》以及 1954 年《国际防止海洋油污染公约》和 1969 年"干预公约"是基于船旗国管辖权的，并没有充分保护可能遭受损害的沿海国家。他们认为，沿海国在国际法上应有权对与其领海毗连的区域的公海上的船舶行使有效的控制，以使其能够防止对其海岸的污染和对海洋环境的损害，尽管航行自由的基本权利不应因此受到阻碍。③ 然而，马耳他在该期会议上提交的草案（资料来源 1）主要依赖船旗国对悬挂其旗帜的船只采取合理的规管和控制措施，以确保避免污染，不过该提案第 55 条第 1 款也确实提出：

---

① 其定义为"任何类型的在海洋环境中作业的船只，并包括潜水器……以及固定或漂浮平台。"参见前文 XII. 19。

② 关于原始公约，见《英王敕令》杂项第 26 号（1974 年）第 5748 页；《国际法资料》第 12 卷第 1319 页（1973 年）。关于修订后于 1983 年 10 月 2 日生效的公约，见《联合国条约集》第 1340 卷登记号第 22484 号；《英王敕令》杂项第 27 号（1978 年）第 7347 页；《国际法资料》第 17 卷第 546 页（1978 年）。二者一同转载于 Nagendra Singh《国际海事法律公约》第 3 卷，第 2272、2424 页（英国航运法律，1983 年）。

③ 1971 年《海底委员会报告》，第 134 段，第 43 页。

穿过国家海洋空间的外国船只应遵守沿海国按照这些条文和其他国际法规则所制定的规则和规章，特别是遵守关于……防止污染的这种法律和规章。

海洋污染问题政府间工作组在 1971 年 11 月于渥太华举行的会议上暗示地承认了传统的船旗国专属管辖权制度的缺陷。其意见除其他外指出：

海洋环境及其支持的所有生物体对人类至关重要，保证对环境的管理能使其质量和资源不受损害，是关乎所有人利益的。对于海岸区资源尤其如此……适当的管理是必要的，而防止和控制海洋污染的措施必须被视为对海洋及其自然资源的管理的基本要素。[④]

由政府间海洋污染工作组提出并于 1972 年由联合国人类环境会议（斯德哥尔摩会议）通过的《海洋污染评估和控制一般原则》[⑤] 包括两项与船只有关的原则。原则 4 要求各国确保其国家立法对违反现行海洋污染规章者规定适当的制裁。原则 20 要求各国

确保其登记船舶符合有关船舶设计和建造、操作程序和其他相关因素的国际议定的规则和标准。各国应在适当的国际机构中合作制定这种规则、标准和程序。

此外，渥太华会议讨论了关于沿海国权利的 3 项原则，虽然没有获得通过，但已提交给海底委员会采取行动。[⑥] 其中第一项规定：

一个国家可以在邻接其领水的区域行使特别权力，在这种区域，持续性的功能性控制是必要的，以有效防止可能对其专属或主权权力下的陆地或海洋环境造成损害或损伤的污染。

第二项原则规定，沿海国将被准许"禁止任何不遵守国际上议定的规则和标准的船只，或在这种规则和标准不存在的情况下，禁止任何不遵守沿海国的合理的国家规则和标准的船只，进入其环境保护权力范围内的水域"。这些原则中的第三项规定，沿

---

④ 《斯德哥尔摩会议报告》第二章，建议 92，第 23 页；另见 A/AC. 138/SC. III/L. 26，转载于《1972 年海底委员会报告》，第 226 页（加拿大）；和 A/AC 138/-SC. III/L. 17（1972，油印本），第 11 页。

⑤ 《斯德哥尔摩会议报告》附件三，第 73 页。

⑥ 见 A/AC. 138/SC. III/L. 17（1972 年，油印本），第 11 页 * 注释。另见 A/AC. 138/SC. III/L. 26，前注④，第 232-233 页（加拿大）。

海国行使其权利和权力的基础是，这种权利或权力"应被视为由国际社会代表整个人类授予该国"，并应受国际规则和标准以及国际审查的限制。

211.5. 在海底委员会 1973 年会议上，加拿大提交给第三委员会的一项工作文件载有关于船只来源污染的现行规定的详细调查，其中包括按照斯德哥尔摩会议建议 92 提交海底委员会的 3 项原则。⑦ 该文件首先指出其中关于"沿海国在邻接其领水的区域内的特别权力"的第一项原则是沿海国防止污染义务愈加受到重视的必然逻辑结果，并指出：

> 虽然这一原则将意味着船旗国在这些区域内对其船只的专属权力会有有限的削弱，但这并不意味着船旗国对一般权力的放弃，而是涉及沿海国对剩余权力的具体和有限的行使，以确保遵守国际上议定的标准或特殊的地方标准。

211.6. 在海底委员会 1973 年会议上，开始对关于船只来源污染问题的这些趋势进行综合。由美国提交的一套条款草案（资料来源 2）包括的一项规定给予各国对"进入其港口和岸外设施的船舶"以及"其领土内或悬挂其旗帜的船舶"执行海洋污染方面标准的权利和义务。关于船只来源污染的这些和其他一般性提案被第三分委员会第二工作组编制成一系列备选案文（资料来源 3）。有关的备选案文内容如下：⑧

---

⑦ 前注④。

⑧ 有关的原脚注显示了讨论中出现的多种考虑因素：

［8］支持这一替代方案的代表团认为，国际标准应包括针对特别区域和问题的特殊标准，同时考虑到具体的生态情况。这些代表团还指出，各国还应可通过区域性协议采取行动，制定适用于这种协议各缔约方的补充性或特殊标准。

［9］一些代表团提醒工作组，应提及的不应仅限于一个国际组织，因为政府间海事协商组织不是处理船只来源污染的唯一权力机构。这些代表团认为这一案文是不必要的，但如果要采纳一项包含如此内容的条款草案，应明确国际制订的标准应不妨碍沿海国制订其自己标准的权利。

［10］有意见认为，在这些条款草案中提及任何现有的国际组织都妨碍在委员会的另一机关内审议建立国际管理局的问题。

［11］见脚注⑧。

［12］见脚注⑨。

［13］一些代表团倾向于在第二句的"登记"一词后加上"或其管辖下"一句。

［14］见脚注⑩。

［15］一些代表团认为，不是通过主管国际组织制订的国家或区域标准只对制订这些标准的国家具有约束力。

……

［22］有意见认为，对于悬挂第三国旗帜的国家，缔约国不得要求其遵守不符合主管国际组织制定的措施、标准和规章的船舶设计、建造、装备、人员配备和维护方面的船只来源污染措施、标准和规章。

……

［28］关于（b）款，见脚注㉒。

［29］有意见认为，这一条款草案仅涉及海洋污染的一些方面，它应普遍地适用于国家管辖范围内的海洋污染（由会议决定）。

［30］有些代表团质疑是否应将（a）项和（b）项列入案文，并认为该条款草案应适用于在制订标准并考虑国际标准方面船旗国的权限和沿海国在此方面与其领水相关的权利。

第三节　船只来源污染标准

B. 各国应通过主管国际组织［主要为政府间海事协商组织］采取行动，尽快并在其尚未存在的限度内制订国际标准，以防止来自船只的污染。各国应确保其登记船只符合有关船舶设计、建造、装备、操作，维护和其他有关因素的国际议定标准。[11-14]

或

C. 各国应个别地或通过主管国际或区域性组织，尽快制订防止来自船只的污染的标准。[15]

第四节　个体国家制定和通过标准的资格

B. 各国应为

（b）进入其港口和岸外设施的船只；[28]

（c）其自然人或法人国民和在其领土内注册或悬挂其旗帜的船只，[29-30]

就海洋环境的海洋污染源通过执行国际标准的法律和规章。

211.7. 在第二期会议上（1974），肯尼亚提出一项内容如下的提案（资料来源4）：

通过主管国际性或区域性机构采取行动的国家应制定并通过国际标准以防止来自船只的污染。在制定这些标准时，应特别注意特殊情况下需要适当的标准。

由10个国家提出的保全海洋环境的区划办法（资料来源5）包括第3条第3款和第7条中的以下规定：

3. 依据这些条款采取的措施，应针对海洋环境的一切污染来源，无论是空气、陆地、海洋或任何其他来源。这些措施，除其他外，应包括：

……

（b）对于来自船只的污染，关于防止意外事件、海上操作安全和故意或其他排放的措施，包括关于船只的设计、装备、操作和维护，特别是从事其意外或通过船只正常操作排放在海洋环境将对海洋环境造成污染的有害物质的载运的船只；

……

（d）对于来自船只、飞机和固定或漂浮平台的污染，禁止或管理这种倾倒。

第 7 条

1. 在经济区内，沿海国为第 6 条所规定的目的，应按照这些条款，对所有自然人和法人、船只、设施和其他实体，有制定和通过法律和规章以及采取行政和其他措施的管辖权。

……

3. ……

关于船舶产生的污染，沿海国的法律和规章应符合国际议定的规则和标准。

如果国际议定的规则和标准不存在或不足以满足特殊情况，沿海国可以制定有关的国际议定的规则和标准之外的或比之更严格的合理和无歧视的法律和条例。但沿海国仅可以在根据公认的科学标准，航行的特殊危害或海洋环境的特殊脆弱性使这些更严格的设计和建造标准至关重要的水域，对在其区划内航行的船舶适用这种更严格的设计和建造标准。

按照本项采取措施的国家应毫不延迟地通知主管国际组织，后者应将这些措施通知所有有关国家。

此外，还提交了对第二工作组案文中的各备选案文的一系列非正式修正案（资料来源 29 至资料来源 32），但这些被作为"已非正式提出但未审议"的提案转交给会议（资料来源 6）。

211.8. 在第三期会议上（1975 年），协商继续在非正式会议和正式讨论上进行。澳大利亚的一项提案（资料来源 33）仅限于领海内来自船只的污染，七十七国集团提出的一项提案（资料来源 34）则针对不属于国际区域的海洋环境的任何部分内来自船只的污染。由 9 个欧洲国家集团提交的提案（资料来源 7）载有以下关于船舶规章的规定：

1. 各国应通过主管国际组织采取行动，尽快并在其尚未存在的限度内制定国际标准，以防止、减少和控制来自船舶的污染。

2. 如果各国有合理根据认为海洋某一特定区域，因与其海洋学和生态条件有关的公认技术理由，其利用及其在航运上的特殊性质，要求采取防止来自船只的污染的特别强制性方法，可以向主管国际组织申请将该区域认定为特别区域。任何这种申请均应得到科学和技术证据的支持，并应酌情包括设立充足和适当的陆上回收设施的计划。

3. 各国应通过主管国际组织采取行动，尽快并在其尚未存在的限度内制定国际规章，以防止、减少和控制任何按照上文第 2 款认定的特殊区域内来自船舶的污染。这种规章应符合任何上文第 1 款提及的国际规章。

4. 各国应颁布国家规章以落实上文第 1 款和第 3 款所述的国际规章。

5. 船旗国可对在其领土内登记或悬挂其旗帜的船舶颁布上述国际规章以外的或比之更严格的国家规章。

在该期会议上，第三委员会对这一规定进行了大量辩论，主要是沿海国在制定标准方面的管辖权范围和执行这些标准的权力。⑨

同时，苏联还在其关于防止海洋污染的附加条款草案中（资料来源 8）加入了关于防止来自船舶的海洋环境污染的一条，内容如下：

1. 沿海国可在其领海范围内，制定关于防止来自船舶的海洋环境污染的国际规章以外的规章。这种规章在制定时，应考虑到国际规章，并不得处理外国船舶的设计、建造、装备、操作或人员配备，也不得处理本公约第……条提及的通过海峡过境的外国船舶。

2. 在不妨害第 3 条［关于禁止从海峡内船舶排放有害物质］规定的情况下，沿海国应在其领海界限内确保所有船舶遵守按照本公约适用的关于防止海洋环境污染的规章，适用于本公约，特别是本条第 1 款规定的规章。

在第三委员会内对这一提案的批评主要涉及这一事实，即如果需要更广泛的管辖权以确保与国际规则和标准的协调，那么国家的管辖权将被限制在其领水范围内。⑩

经过随后的非正式协商，非正式单一协商案文第三次修订稿（资料来源 9）中列入了以下规定：

1. 各国应通过主管国际组织或一般外交会议采取行动，尽快并在其尚未存在的限度内制定国际规则和规章，以防止、减少和控制来自船只的海洋环境污染。

2. 各国应制定有效的法律和规章，以防止、减少和控制来自悬挂其旗帜的船只的海洋环境污染。这种法律和规章的要求的效力应不低于第 1 款所指

---

⑨ 例见比利时在第三委员会第 19 次会议（1975 年）上的发言，第 17 段，《正式记录》第四卷，第 83-84 页；丹麦，第 23 段，同上，第 84 页；坦桑尼亚联合共和国，第 30 段，同上，第 85 页；印度，第 35 段，同上；日本，第 42 段，同上，第 85-86 页；加拿大，第 58 段，同上，第 86 页；苏联，第 71 段，同上，第 87 页。另见新西兰在第 20 次会议（1975 年）上的发言，第 7 段，同上，第 90 页；伊朗，第 14 段，同上；印度尼西亚，第 18 段，同上，第 91 段；埃及，第 21 段，同上，第 91 页。

⑩ 例见苏联在第三委员会第 19 次会议（1975 年）上的发言，第 73 段，《正式记录》第四卷，第 88 页；坦桑尼亚联合共和国，第 77-78 段，同上。另见西班牙在第 20 次会议上的发言，第 3 段，同上，第 89 页；新西兰，第 10 段，同上，第 90 页；埃及，第 25 段，同上，第 91 页。

的一般接受的国际规则和标准。

　　3. 沿海国可以就领海设立更有效的法律和规章，以防止、减少和控制船只对海洋的污染。沿海国在制定这种法律和规章时，应遵照实现尽可能统一的规范国际航行的规则和标准的目标，遵守本条第 1 款所指的国际规则和标准。这些法律和规章绝不得有妨碍无害通过领海的实际效果。

　　4. 如果国际议定的规则和标准不存在或不足以适应特殊情况，又如果沿海国有合理根据认为经济区某一特定区域，因与其海洋学和生态条件有关的公认技术理由，及其在航运上的特殊性质，要求采取防止来自船只的污染的特别强制性措施，沿海国可以向主管国际组织申请将该区域认定为"特别区域"。任何这种申请均应得到科学和技术证据的支持，并应酌情包括设立充足和适当的陆上回收设施的计划。

　　5. 本条的任何规定不应视为影响沿海国建立适当的无歧视的法律和规章，以保护经济区内其中特别恶劣的气候条件对航行造成阻碍或特殊危险和根据公认的科学标准其中的海洋环境污染可能对生态平衡造成重大损害或不可逆转的干扰的区域。

　　6. 在将其通知主管国际组织满 6 个月后，按照本条第 4 款所指的国际上议定的规则和标准制定的法律和规章才可适用于外国船只。

211.9. 在第四期会议上（1976 年），在非正式会议上进行了协商，并导致对订正的单一协商案文第三部分中出现的规定进行了修改（资料来源 10）：

　　1. 各国应通过主管国际组织或一般外交会议采取行动，制定国际规则和标准，以防止、减少和控制来自船只的海洋环境污染。这种规则和标准应根据需要随时以同样方式重新审查。

　　2. 各国应制定法律和规章，以防止、减少和控制悬挂其旗帜或在其国内登记的船只对海洋环境的污染。这种法律和规章的要求的效力应不低于通过主管国际组织或一般外交会议制定的国际规则和标准。

　　3. 沿海国在其领海内行使主权，可制定国家法律和规章，以防止、减少和控制船只对海洋的污染。在制定这种法律和规章时，沿海国应按照《公约》第二部分第二十三条，不阻碍外国船只的无害通过。

　　4. 沿海国为《公约》本章第七节所规定的执行的目的，可对其经济区制定法律和规章，以防止、减少和控制来自船只的污染。这种法律和规章应符合通过主管国际组织或一般外交会议制订的国际规则和标准，并使其有效。

　　5. 如果国际规则和标准不足以适应特殊情况，又如果沿海国有合理根据认为其经济区某一明确划定的特定区域，因与其海洋学和生态条件有关的公认技术理由，以及该区域的利用或其资源的保护及其在航运上的特殊性质，要求采取防止来自船只的污染的特别强制性方法，该沿海国与任何其他有关国家进行适当协商后，可对该特别区域制定防止、减少和控制来自船只的污染的法律和规章，实施主管国际组织使其适用于各特别区域的这种规则和标准或航行办法。沿海国应公布任何这种明确划定的特定区域的界限，并将其法律和规章通知主管国际组织，提出所依据的科学和技术证据，以及关于已设立的这种必要的陆上回收设施的情报。这些法律和规章应在通知主管国际组织满 12 个月后才可适用于外国船只，但须该组织在这一期间内未确定该区域的情况与上述要求不相符。

第 1 款中规定应"根据需要随时重新审查"规则和标准。第 2 款经过扩大，适用于悬挂某一国家的旗帜"或在其国内登记"的船只。第 3 款由于交叉引用了第二部分中关于沿海国在外国船只无害通过领海方面的义务的一条（今第二十四条），比先前有所缩减。第 4 款为新增规定，处理国际规则和标准的执行问题。第 5 款在处理"特别区域"问题时，将非正式单一协商案文条款中第 4~6 款的成分结合了起来。（非正式单一协商案文条文中的第 5 款，在很大程度上转移到了今第二三四条（见下文第 234.4 段）。

211.10. 在第五期会议上（1976 年），正式会议和非正式会议上的讨论主要集中在本条和关于与无害通过有关的沿海国法律和规章的订正的单一协商案文第二部分第 20 条之间的关系上。[⑪]

为修改这一条款提出了许多非正式提案（资料来源 36 至资料来源 44），其中大部分是对关于经济区内的特别区域的第 5 款的修改。经过正式讨论[⑫]和非正式协商，第三委员会主席得以在报告中称，非正式协商小组已经就第 5 款案文达成了一致意见，但仍存在一些保留（资料来源 11，第 17 段）。他解释说：

> 议定的案文包含了关于设立特别区域的沿海国举措以及可在其中适用的措施的更加明确的基础。这一案文还规定了主管国际组织在有关沿海国的特别区域举措方面的协商和同意问题上发挥的突出作用。

211.11. 在第六期会议上（1977 年），协商继续在非正式会议上进行，并提出了关

---

⑪ 见资料来源 11。另见第 31 次会议（1976 年）上第三委员会主席对这一辩论的摘要，第 55-63 段，《正式记录》第六卷，第 104-105 页。

⑫ 一般情况见第三委员会第 32 次会议（1976 年）上的讨论，第 25 段及以下，《正式记录》第四卷，第 108-110 页；和在第 32 次会议上的讨论，该次会议上对第 21 条进行了广泛的讨论，同上，第 111-115 页。

于订正的单一协商案文第三部分第 21 条的更多提案（资料来源 45 和资料来源 46）。然而，会议主席在介绍非正式综合协商案文时指出，第三委员会主席表示，鉴于订正的单一协商案文中就来自船只的污染作了"精心设计的折中"，许多关于这个问题的非正式提案"或被撤回或在关于是否应将其采纳［到非正式综合协商案文中］的辩论中未能产生结论。"⑬

因此，非正式综合协商案文（资料来源 12）第 1~4 款中仅采纳了一些润色性修改（资料来源 12），而作为大部分讨论焦点的第 5 款则被扩充。这样，非正式综合协商案文中的第 212 条就成为：

第 212 条　来自船只的污染

1. 各国应通过主管国际组织或一般外交会议采取行动，制定国际规则和标准，以防止、减少和控制来自船只的海洋环境污染。这种规则和标准应根据需要随时以同样方式重新审查。

2. 各国应制定法律和规章，以防止、减少和控制悬挂其旗帜或在其国内登记的船只对海洋环境的污染。这种法律和规章至少应具有与通过主管国际组织或一般外交会议制订的一般接受的国际规则和标准相同的效力。

3. 沿海国在其领海内行使主权，可制定国家法律和规章，以防止、减少和控制船只对海洋的污染。按照《公约》第二部分第三节的规定，这种法律和规章不应阻碍外国船只的无害通过。

4. 沿海国为本部分第六节所规定的执行的目的，可对其专属经济区制定法律和规章，以防止、减少和控制来自船只的污染。这种法律和规章应符合通过主管国际组织或一般外交会议制订的一般接受的国际规则和标准，并使其有效。

5. 如果第 1 款所指的国际规则和标准不足以适应特殊情况，又如果沿海国有合理根据认为其专属经济区某一明确划定的特定区域，因与其海洋学和生态条件有关的公认技术理由，以及该区域的利用或其资源的保护及其在航运上的特殊性质，要求采取防止来自船只的污染的特别强制性方法，该沿海国通过主管国际组织与任何其他有关国家进行适当协商后，可就该区域向主管国际组织送发通知，提出所依据的科学和技术证据，以及关于必要的回收设施的情报。该组织收到这种通知后，应在 12 个月内确定该区域的情况与上述要求是否相符。如果该组织确定是符合的，该沿海国即可对该区域制定防止、减少和控制来自船只的污染的法律和规章，实施通过主管国际组织使其

---

⑬ 见 A/CONF. 62/WP. 10/Add. 1（1977 年），在"海洋环境的保护和保全"标题下，《正式记录》第八卷，第 65、69 页（会议主席）。

适用于各特别区域的国际规则和标准或航行办法。沿海国应公布任何这种明确划定的特定区域的界限，在向主管国际组织送发通知满 15 个月后，其中适用的法律和规章才可适用于外国船只；沿海国应在提出在其专属经济区内设立特别区域的通知时，同时将其是否有意为该特别区域制定其他法律和规章，以防止、减少和控制来自船只的污染通知主管国际组织。这种增订的法律和规章可涉及排放和航行办法，但不应要求外国船只遵守一般接受的国际规则和标准以外的设计、建造、人员配备或装备标准，并应在向主管国际组织送发通知 15 个月后适用于外国船只，但须在送发通知后 12 个月内该组织表示同意。

这一案文的第 5 款要求各国在采取防止来自船只的污染的特别强制性措施时，"通过主管国际组织"与其他有关国家进行适当协商。一般来说，主管国际组织，而不是沿海国（如订正的单一协商案文中规定的），是确定认定一特别区域的所需条件是否满足的机构，而如果满足，也由该组织同意沿海国制定符合国际规则和标准的适当法律和规章。这一修改的作用是促进这些法律和规章的统一，而不是形成一个国家与国家之间有着不同规定的制度。

211. 12. 在阿莫柯·卡迪兹号油轮在法国近海遇难⑭后不久召开的第七期会议上（1978 年），法国代表团确定了讨论的基调，这使得本条所表述的法律得到大大的加强。在第三委员会第 35 次会议上，法国代表解释了该代表团所考虑的两个中心问题：

> 15. 首先，各国根据第 222 条［今第二二一条］对海难采取措施的权利，需要加以澄清。阿莫柯·卡迪兹号事件和其他海难的显而易见的教训是，对污染的补救是不够的——重要的是防止污染。因此，必须明确，第 222 条所指的措施可以在早期阶段采取，以防止由于为时过晚而来不及发挥效果。

> 16. 第二个理念是关于沿海国控制其领海内航行的权利的。非正式综合协商案文已包含一项关于船舶为驶往一国内水或停靠其港口设施的目的而通过该国领海的规定：……可修改这一规定，以容许缔结可能为区域性的互惠协定之可能。通过这种协定，一沿海国将能够控制驶往另一沿海国港口的船舶在其领海内的通行，只要后者同意并与前者签订了同样内容的互惠协定。⑮

---

⑭　关于阿莫柯·卡迪兹号事件，见 C. Rousseau《国际大事记》，《一般国际公法评论》第 82 卷，第 1125-1151 页（1978 年）。第三委员会第 35 期至第 38 期会议上的讨论的一般情况，见《正式记录》第九卷，第 143-164 页。

⑮　第三委员会，第 35 次会议（1978 年），第 15-16 段，《正式记录》第 9 卷，第 144 页。

随后，法国提出增加第 2 款（之二）（资料来源 47），内容如下：

> 各国可在互惠基础上彼此之间缔结协定，以规范船舶在其一般内陆［原文如此］水域或其内陆［原文如此］水域外的港口设施的准入。作为这种协定缔约方的沿海国有权在其领海内对驶往内陆［原文如此］水域或内陆［原文如此］水域外的港口设施的该协定另一缔约国的船只采取必要措施，以确保在上述水域或港口设施的准入条件包括与有关船只的设计、建造、人员和装备有关的条件得到遵守。

这一案文最终导致第二一一条第 3 款的形成。同时，法国提出对今第二二一条的前身条款的重大修改（见下文第 221.6 段）。

在第七期会议上，非正式会议对第 212 条［第二一一条］进行了长时间协商，第三委员会也在正式会议上对该条进行了长时间讨论。[16] 在非正式会议上提出了大量非正式提案（资料来源 47 至资料来源 54）。在第三委员会第三十七次会议上，非正式会议主席就这些会议作出了一份报告，指出时间"仅足以让……就某些提案提出意见，但不足以进行真正的协商"。[17] 尽管如此，他对关于第 212 条［第二一一条］的非正式协商的总结仍是颇具启示性的，其内容如下：

> 5. 经议定，在第 1 款第一句末尾增加下列文字：并于适当情形下以同样方式促进对划定航线制度的采用，以期尽量减少可能对海洋环境，包括对海岸和对沿海国的有关利益可能造成污染的意外事件的威胁。

> 6. 并经议定，在第 3 款第一句末尾增加下列文字："包括行使无害通过权的船只。"第二处增加文字的目的是为了澄清案文，因为一些代表团认为有必要规定沿海国对其领海的主权适用于所有船只，无论它们是否正在行使无害通过权。

> 7. 有些代表团提议在第 212 条中增加第 2 款之二，以便在区域、分区域或双边一级协调港口船只准入的条件，并使各国能够采取必要措施，防止任何对这些条件的违反，并确保对第 25 条第 2 款规定的集体适用。由于对这些提案存在争议，没有就这一问题达成一致。

> 8. 还有提案提出给第 212 条增加新的第 6 款，规定本条所指的国际规则和标准包括与船只的船长向沿海国通报涉及排放或可能的排放的事件的国际规则和标准。该提案还规定，船长按照这一要求提交的报告的内容不可用于

---

[16] 关于第 37 次和第 38 次会议（1977 年）上的讨论的一般情况，见《正式记录》第九卷，第 152-164 页。

[17] 第三委员会，第 37 次会议（1978 年），第 2 段，第 5-10 页，《正式记录》第九卷，第 152 页。

对其追究责任。

9. 该提案的第二部分是有争议的，其提案国并没有坚持意见。关于第一部分，就实质达成了协议；虽然在提案的范围方面还有一些要点需要澄清，但在当期会议上很可能能够形成一个协商案文。

10. 几个代表团提出了对第212条第3款的修正案。实质性问题与第二委员会正在研究的有关第21条第2款的问题是完全相同的，不过它只涉及海洋环境的保护和保全。这些提案是存在争议的。

经过进一步非正式协商，非正式会议主席在第三委员会第38次会议上对结果作了总结，并根据普遍认可或接受的程度对提案进行了归类。⑱ 他对第212条［第二一一条］总结如下：

7.［已经达成相当程度的共识，］在第1款第一句末尾增加下列文字："并于适当情形下以同样方式促进对划定航线制度的采用，以期尽量减少可能对海洋环境，包括对海岸和对沿海国的有关利益可能造成污染的意外事件的威胁。"

8. 经议定，在第3款第一句末尾增加下列文字："包括行使无害通过权的船只"。

9. 经议定，认为应采纳一新增的第6款，应在记录中指出的是，第三委员会的意见认为，新增款没有以任何方式限制第212条或第十二部分任何其他条款中的"国际规则和标准"一语。新款内容如下：

本条所指的国际规则和标准，除其他外，应包括遇有引起排放或排放可能的海难等事故时，立即通知其海岸或有关利益可能受到影响的沿海国的义务。

……

12.［一项具有更佳共识前景的提案］是给第212条增加如下的第2款之二：

各国如制订关于防止、减少和控制海洋环境污染的特别规定作为外国船只进入其港口或内水或在其岸外设施停靠的条件，应将这种规定妥为公布，并通知主管国际组织。如两个或两个以上的沿海国制订相同的规定以求协调

---

⑱　第三委员会，第38次会议（1978年），第3段，第7-9、12页，《正式记录》第9卷，第158-159页。另见资料来源13。

政策，在通知时应说明哪些国家参加这种合作安排。每个国家应规定悬挂其旗帜或在其国内登记的船只的船长在参加这种合作安排的国家的领海内航行时，经该国要求应向其提送通知是否正驶往参加这种合作安排的同一区域的国家，如系驶往这种国家，应说明是否遵守该国关于进入港口的规定。本条的规定不妨害船只继续行使其无害通过权，也不妨害第二十五条第 25 款的适用。

报告称，其他几项提案"由于缺乏时间或意见分歧，未能出现折中表述。"（资料来源 13，第 101 页）。在提交会议的报告中，第三委员会主席在拟新增的第 2 款之二之后附加了一份说明（资料来源 13，第 99 段），内容如下：

说明：本部分中，关于由"每个国家应规定……船只的船长"开头的第四句，存在着保留和反对意见。实际上，这一规定是以现有国际法为依据的，但提出的意见和反对质疑每个国家是否有资格规定悬挂其旗帜或在其国内登记的船只的船长在参加这种合作安排的国家的领海内航行时，经该国要求应向其提送通知是否正驶往参加这种合作安排的同一区域的国家，如系驶往这种国家，应说明是否遵守该国关于进入港口的规定。

211. 13. 在第七期会议续会上（1978 年），协商主要集中在第 2 款之二（资料来源 55）上，包括第三委员会第 39 次会议上的正式讨论。[19]

此外，坦桑尼亚联合共和国（资料来源 56）提出的一项新提案体现了特别区域的概念，其内容如下：

第 212 条第 5 款
来自船只的污染（特别区域）

如果第 1 款所指的国际规则和标准不足以适应特殊情况，又如果沿海国有合理根据认为其经济区某一明确划定的特定区域，因与其海洋学和生态条件有关的公认技术理由，以及该区域的利用或其资源的保护及其在航运上的特殊性质，要求采取防止来自船只的污染的特别强制性方法，该沿海国可对该特别区域制定防止、减少和控制来自船只的污染的法律和规章，实施通过主管国际组织使其适用于各特别区域的这种国际规则和标准或航行办法。沿海国应公布任何这种明确划定的特定区域的界限，在向主管国际组织送发通

---

⑲　例见新加坡的发言，第 19 段，《正式记录》第九卷，第 166 页；利比里亚，第 28 段，同上，第 167 页；伊拉克，第 32 段，同上；以色列，第 40 段，同上，第 168 页；希腊，第 42 段，同上；韩国，第 50 段，同上。

知满 15 个月后，其中适用的法律和规章才可适用于外国船只；沿海国应在提出在其专属经济区内设立特别区域的通知时，同时将其是否有意为该特别区域制定其他法律和规章，以防止、减少和控制来自船只的污染通知主管国际组织。这种增订的法律和规章可涉及排放和航行办法，但不应要求外国船只遵守一般接受的国际规则和标准以外的设计、建造、人员配备或装备标准，并应在向主管国际组织送发通知 12 个月后适用于外国船只，但须在送发通知后 12 个月内该组织表示同意。

第三委员会主席在该期会议上的报告（资料来源 14）并没有透露这一阶段的任何新情况。然而，关于项目 12 的非正式会议主席报告说，关于第 2 款之二的提案是"协商的成果和名副其实的折中案文，为达成一致提供了可能性"（资料来源 14，第 196页）。因此，第 2 款之二的案文没有修改，但解释性说明被删去。由 11 个国家（资料来源 50）和坦桑尼亚（资料来源 56）提出的非正式提案被列为由于缺乏时间或意见分歧而未能产生折中表述的提案。

211. 14. 在第八期会议上（1979 年），非正式会议上的协商导致第三委员会主席得出结论说，上期会议上的非正式提案不能被视为已获得足够多的支持从而具有更佳的共识前景。[20] 然而，进一步的协商产生的修订版采纳了第 2 款之二和坦桑尼亚提案。这一新案文采纳了新的第 6 款和第 7 款，在非正式综合协商案文第 2 次修订稿（资料来源 16）中成为第 211 条，其全文如下：

1. 各国应通过主管国际组织或一般外交会议采取行动，制订国际规则和标准，以防止、减少和控制船只对海洋环境的污染，并于适当情形下以同样方式促进对划定航线制度的采用，以期尽量减少可能对海洋环境，包括对海岸和对沿海国的有关利益可能造成污染的意外事件的威胁。这种规则和标准应根据需要随时以同样方式重新审查。

2. 各国应制定法律和规章，以防止、减少和控制悬挂其旗帜或在其国内登记的船只对海洋环境的污染。这种法律和规章至少应具有与通过主管国际组织或外交会议制订的一般接受的国际规则和标准相同的效力。

3. 各国如制订关于防止、减少和控制海洋环境污染的特别规定作为外国船只进入其港口或内水或在其岸外设施停靠的条件，应将这种规定妥为公布，并通知主管国际组织。如两个或两个以上的沿海国制订相同的规定以求协调政策，在通知时应说明哪些国家参加这种合作安排。每个国家应规定悬挂其

---

⑳　A/CONF. 62/L. 34（1979 年），第 8 段和第 9 段，《正式记录》第十一卷，第 83-84 页（第三委员会主席）。另见第三委员会，第 40 次会议（1979 年），第 6 段，《正式记录》第十一卷，第 69 页。

旗帜或在其国内登记的船只的船长在参加这种合作安排的国家的领海内航行时，经该国要求应向其提送通知是否正驶往参加这种合作安排的同一区域的国家，如系驶往这种国家，应说明是否遵守该国关于进入港口的规定。本条的规定不应妨害船只继续行使其无害通过权，也不妨害第二十五条第 2 款的适用。

4. 沿海国在其领海内行使主权，可制定法律和规章，以防止、减少的控制船只，包括行使无害通过权的船只对海洋的污染。按照本公约第二部分第三节的规定，这种法律和规章不应阻碍外国船只的无害通过。

5. 沿海国为第六节所规定的执行的目的，可对其专属经济区制定法律和规章，以防止、减少和控制来自船只的污染。这种法律和规章应符合通过主管国际组织或外交会议制订的一般接受的国际规则和标准，并使其有效。

6. 如果第 1 款所指的国际规则和标准不足以适应特殊情况，又如果沿海国有合理根据认为其专属经济区某一明确划定的特定区域，因与其海洋学和生态条件有关的公认技术理由，以及该区域的利用或其资源的保护及其在航运上的特殊性质，要求采取防止来自船只的污染的特别强制性措施，该沿海国通过主管国际组织与任何其他有关国家进行适当协商后，可就该区域向主管国际组织送发通知，提出所依据的科学和技术证据，以及关于必要的回收设施的情报。该组织收到这种通知后，应在 12 个月内确定该区域的情况与上述要求是否相符。如果该组织确定是符合的，该沿海国即可对该区域制定防止、减少和控制来自船只的污染的法律和规章，实施通过主管国际组织使其适用于各特别区域的国际规则和标准或航行办法。沿海国应公布任何这种明确划定的特定区域的界限，在向主管国际组织送发通知满 15 个月后，其中适用的法律和规章才可适用于外国船只；沿海国应在提出在其专属经济区内设立特别区域的通知时，同时将其是否有意为该特别区域制定其他法律和规章，以防止、减少和控制来自船只的污染通知主管国际组织。这种增订的法律和规章可涉及排放和航行办法，但不应要求外国船只遵守一般接受的国际规则和标准以外的设计、建造、人员配备或装备标准，并应在向主管国际组织送发通知 15 个月后适用于外国船只，但须在送发通知后 12 个月内该组织表示同意。

7. 本条所指的国际规则和标准，除其他外，应包括遇有引起排放或排放可能的海难等事故时，立即通知其海岸或有关利益可能受到影响的沿海国的义务。

此后本条的实质内容即没有改动。

在第十期会议上（1981 年），起草委员会提出了许多建议，包括重新组织第 6 款

（资料来源 20）。这些建议多数被《公约草案》（资料来源 19）采纳，本条遂最终定型。

211. 15(a). 本条整体上代表了沿海国渴望更加严格的制度以保护自己的海洋环境的日益增长的需求与拥有大型商船的国家（其本身也是沿海和港口国）的关切之间的妥协，后者认为不应形成一系列不同的要求外国船只必须遵守的沿海国规定，如在船舶的设计和建造（参见第二十一条第 2 款）方面。在保护和保全海洋环境方面，妥协的焦点在于承认一个独一无二的国际组织，该组织有资格制定国际规则和标准，以保全、减少和控制海洋环境的污染，原则上这一组织即国际海事组织。在这一框架内，需要兼顾从内水到公海的不同利益和不同法律制度，这种需要产生了本条复杂的条文。然而，为在船舶来源污染方面规定和执行必要的措施确定适当的权力机关的问题是尤其微妙的。承认任何习惯上的制定这些规则和标准的船旗国管辖权以外的权力，都会产生干扰在海洋的所有部分的航行自由的问题，第二一一条避免了这一问题。国际规则和标准与国家法律和规章之间的平衡反映了维护全球航行和全球生态系统完整性的愿望。同时，这一平衡在与全球制度相适应的限度内承认了沿海国的利益。正如加拿大在 1972 年海底委员会会议上提交的工作文件所指出的那样：

> 关于规定措施的管辖权，国际上议定的准则、技术规则和标准的通过，将问题缩小成为确定可在多大限度内允许在区域和地方上对国际上议定的规定作出变动的问题。㉑

第二一一条清楚地反映出一套把国际规则和标准置于首位的制度，它允许在区域和地方上对全球制度作出变动。本条还进一步规定了依照第一九四条第 1 款和第 3 款（b）项采取的措施的性质。

211. 15(b). 第二一一条是对一般海洋法的创新。它对船旗国尤为重要，但不是仅针对船旗国。其复杂性反映了船舶来源污染控制的不同法律情景。然而，鉴于其立法历史及其在《公约》整体语境下的地位，本条大部分已不言自明，特别是在其不同的规定与海洋法规范对之行使控制的地方或对之行使控制的船只的一般规则相关的情况下。

211. 15(c). 第 1 款补足了第一九七条的精确性，强调了控制船舶来源污染的国际规则和标准的优先性。本款普遍针对各国而制定，要求其通过主管国际组织或一般外交会议制订规则和标准，以防止、减少和控制船只来源污染（原则上是普适规则，而不仅仅如第二〇七条那样是区域性的）。

与此同时，还应以相似的方式建立划定航线制度，以期尽量减少可能对海洋环境，

㉑ 详见 A/AC. 138/SC. III/L. 26，转载在 1972 年《海底委员会报告》，第 213、229-230 页（加拿大）。

包括对海岸㉒和对沿海国的有关利益可能造成污染的意外事件的威胁。提出加入对划定航线制度的提及是在阿莫科·卡迪兹号海难之后，但它是此前已经开始的一个发展趋势达到的高潮。制定这些规则、标准和划定航线制度的机关既可以是一个主管国际组织——通常是国际海事组织（已经确立了制定全球划定航线制度主管机构的地位）（见前文第 XII. 17 段），也可以是一般外交会议。此处坚持制定规则和标准须由国际授权，与第二〇七条、第二〇八条、第二〇九条第 2 款和第二一二条的规定截然不同，在后几处条款中，各国有权单方行动，在适当情况下，"考虑到"国际规则和标准。第二一一条第 1 款的区别反映了这样一个事实，即该条是针对所有国家的，不一定是就其邻接海域针对沿海国的，而且指的是所有船只。

211. 15(d). 应注意本款乃至整个本条中的"主管国际组织"一语使用了单数（参见上文第 211. 15（a）段）。其基本理念是，只有一个国际政府间组织——国际海事组织——为制定国际规则和标准以防止、减少和控制船只对海洋环境的污染，并于适当情形下采用划定制度以期尽量减少对海洋环境可能造成污染损害的意外事件的威胁，具有主管资格。其具体资格在海洋有关方面得到普遍认可，并特别得到船旗国认可，并且其决定与《公约》相符的区域性组织，可以协助实施国际规则和标准、制定区域性规则和标准、建立区域监测制度、传播情报和促进技术合作。这对于闭海或半闭海尤其重要（参见第一二三条（b）款）。

《保护波罗的海地区海洋环境公约》以及与联合国环境规划署合作在其"区域海洋"计划下缔结的其他文书符合本公约关于制定国际规则和标准以在各种海域防止、减少和控制来自船只的海洋环境污染所阐述的政策。

第 1 款中提及的划定航线制度意指全球导航系统，包括为航行安全划定航线，属于国际海事组织的职权范围。

211. 15(e). 第 1 款中使用的"一般外交会议"一语还出现在第二一七条和第二一八条。其历史颇为复杂。该语第一次出现在由 9 个欧洲国家在第三期会议（1975年）上提交的一套关于预防、减少和控制海洋污染的条款草案（资料来源 7）中关于倾倒问题的第 4 条第 1 款中。该提案的共同发起人之一的丹麦代表解释说，第 4 条（及其他条款）反映了就有关方面达成协议时采取"全球办法"的必要性。㉓

在非正式单一协商案文第三部分中（资料来源 9），它没有出现在关于倾倒的第 19

㉒ 除了第二一一条第 1 款之外，"海岸（coastline）"一语还出现在第一四二条、第一四五条、第二二〇条和第二二一条中，其最早引入《公约》的可追溯到联合国大会 1970 年 12 月 17 日第 2749（XXI）号决议中的"原则声明"中（第一卷第 173 页）。该语一般认为与"海岸（shoreline）"为同义词。在海岸过程与发育领域，"海岸（coastline）"在技术上定义为构成海岸（coast）与海滨（shore）的分界线，即海岸向海一侧的分界线。见 A. L. Shalowitz，《海滨和海洋边界》第 2 卷第 345 页（美国商务部，海岸和大地测量局，出版物 10-1）（1964 年）[今隶属美国国家海洋与大气管理局国家海洋调查局]。另见下文第 211. 15（n）段。

㉓ 第三委员会，第 19 次会议（1975 年），第 21 段，《正式记录》第四卷，第 84 页。

条中（见前文第210.5段），而是出现在第20条中（见上文第211.8段）。在订正的单一协商案文第三部分（资料来源10）中，它出现在第21条（见上文第211.9段）及第27和第28条（见下文第217.5段和218.5段）中。此后，它又被非正式综合协商案文（资料来源12）使用，出现在第212条、第218条和第219条（随后重新编号为第211条、217条和218条）中。在非正式综合协商案文第二次修订稿中（资料来源16），它仍然出现在第211条中，但从第二一七条和第二一八条的英文本中被删去。起草委员会在关于非正式综合协商案文第二次修订稿的统稿报告中指出，这一术语在第二一一条中的使用，与其他类似条款中使用的"外交会议"一语相矛盾。起草委员会还指出，关于第二一七条第1款和第二一八条，在不同语言版本中提及"一般（general）"一词时，存在着不一致之处。㉔第三委员会随后接受了其主席的提案，在3条中都使用了"一般"一词。㉕

丹麦的解释连同第三委员会坚持在所有3条中都保留"一般"一词，表明其意图是指一个可以普遍参与的会议（按联合国惯例理解），而不是任何其他类型的"外交会议"（该术语的含义见上文第207.7（d）段）。

211.15(f). 为所有船旗国规定了一项义务的第2款，对国家法律和规章与"一般接受的"国际规则和标准之间在船只来源污染问题上协调的程度作了表述。国家法律和规章"至少应具有与……国际规则和标准相同的效力"；它们也可能更严格，只要它们是无歧视的，并且与《公约》整体不相抵触。船旗国对船只来源污染的立法管控的执行是第二一七条的主题，沿海国的这种执行由第二二〇条涵盖。第2款中使用的"应（shall）"与第4、5和6款中适用于沿海国的"可（may）"形成对比。

关于"悬挂其旗帜或在其国内登记的船只"一语，见上文第二〇九条脚注③。

211.15(g). 第3款的释读应受限于外国船只在领海的无害通过的基本规则（特别是第十八条、第十九条和第二十一条至第二十五条）。它是普遍针对所有国家的，特别是沿海国和船旗国。它为通常称为"港口国管辖权"的概念奠定了基础，第二一八条在执行方面对这一概念作了规定。第一句是第二十一条第1款（f）项、第二十二条和第二十三条在领海无害通过的情形下对船只来源污染的适用。第二句是第一九四条第1款的延伸，它针对协调一致的地方化（区域性）政策的具体情形，为在预防、减少和控制海洋环境污染措施采取共同、协调的措施方面制定的原则提供了表述。第三句重申了根据第九十四条第4款（c）项每个船旗国在船长遵守适用的防止、减少和控制海洋污染的国际规则和标准的资格方面的义务。第四句，通过提及第二十五条第2款，

㉔ 见 A/CONF. 62/L. 57/Rev. 1（1980年），第十五节，"涉及的某些问题"，《正式记录》第十四卷，第114、126页（起草委员会主席）。

㉕ 见 A/CONF. 62/C. 3/L. 34 和 Add. 1 和 2（1980年），附件，同上，第185、186页（第三委员会主席）；和 A/CONF. 62/L. 63/Rev. 1（1980年），附件二，同上，第139、141页（起草委员会）。

维持了航行自由高于一切的地位和领海无害通过的一般规则。第二十五条第 2 款规定：

> 2. 在船舶驶往内水或停靠内水外的港口设备的情形下，沿海国也有权采取必要的步骤，以防止对准许这种船舶驶往内水或停靠港口的条件的破坏。

关于第二一一条第 3 款所要求的公布或通知，没有特别规定。海事界根据其他地方所载的任何特别规定习惯采用的任何形式的通知和任何形式的出版物，都足以满足第 3 款的要求。对这一问题，国际海事组织秘书处指出，只有当有关情报到达预期受情报指导的国家、当局、实体和人时，公布的目标才算有效实现。"海事组织与有关航行安全和防止船舶来源污染的各国家当局保持最直接和持续的联系。"因此，它认为，为确保在这种（和其他）公约明确要求的情况下实现必要的公布，一定的海事组织参与将是必要和适当的。

211.15(h). 第 4 款落实了第二十一条提及的依本公约规定和其他国际法规则，对防止、减少和控制船舶来源污染制定关于无害通过领海的法律和规章的沿海国一般权利。但是，虽然第二十一条第 1 款（f）项涉及一般的沿海国环境，第二一一条第 4 款则涉及在领海预防、减少和控制海洋污染。㉖

211.15(i). 第 5 款为在专属经济区执行的目的，落实了第五十六条第 1 款（b）项（3）目。按照这一规定，沿海国按照《公约》的有关规定，对其专属经济区内海洋环境的保护和保全具有管辖权。第 5 款要求沿海国制定的法律和规章符合普遍接受的在专属经济区适用的国际规则和标准，并使其有效。本款再次强调了一般接受的国际规则和标准的支配地位。本款明确规定，沿海国的法律和法规是"为第六节所规定的执行的目的"，它们必须符合正式制订的国际规则和标准并使其有效，这是对沿海国行动自由的一项限制。

在这方面，第一一一条第 1 款处理沿海国对在其内水、群岛水域、领海或毗连区内违反其法律和规章的外国船舶的紧追权；第 2 款处理违反按照《公约》对专属经济区或大陆架适用的沿海国的法律和规章。第二九八条第 1 款（b）项规定的"军事活动"和"执法活动"例外不适用于按照第十二部分规定的进行的活动引起的争端（见第五卷第 137 页第 298.38 段）。

211.15(j). 第 6 款引入了沿海国对其专属经济区明确划定的特别区域，因与其海洋学和生态条件有关的公认技术理由，以及该区域的利用或其资源的保护及其在航运上的特殊性质（第二三四条适用的冰封区域以外的）而有要求的情况下，采取更为严

㉖　见国际海事组织《1982 年联合国海洋法公约对国际海事组织的影响》，doc. LEG/MISC/1（1986 年，油印本），第 128–132 段。转载在荷兰海洋法研究所年鉴第 3 卷［1987 年］，第 340、388 页；联合国海洋事务和海洋法司 1985—1987 年《海洋事务年度回顾：法律和政策的主要文件》第一卷，第 123、157 页。

格的"强制性措施"的权利。沿海国可"通过主管国际组织与任何其他有关国家进行适当协商后"行事。进行这种协商后，沿海国可以直接向该组织送发通知，提出有关的科学和技术标准，而该组织应在收到通知后 12 个月内，确定受影响区域的情况与要求是否相符。如果该组织确定是符合的，沿海国可对该区域制定通过该组织使其适用于特别措施的增订的规则和标准。此外还有一项时间限制，即在向该组织送发通知满 15 个月后，这些法律和规章才可适用于外国船只。

211.15(k). 尽管对主管国际组织使用了"应（shall）"一词，但不能将（a）项视为给任何这种不是公约缔约方的组织规定了正式义务（但应受依据 1986 年《国家和国际组织间或国际组织间条约法维也纳公约》制定的关于第三国和第三组织权利和义务的规定的限制）。预计主管国际组织将按照本款的规定行事。但是，这些规定并未给该组织在这一事项中的行动自由规定任何限制，也未给该组织成员国参加该组织的行动自由规定任何限制。

211.15(l).（c）项强调了沿海国在妥为通知主管国际组织后，制定其他法律和规章以预防、减少和控制同一明确划定的区域内来自船只的污染的权利。沿海国增订的法律和规章应在向该组织送发通知 15 个月后适用于外国船只，但须在送发通知后 12 个月内该组织表示同意。由此可推知，在该组织同意的时间和这些附加的法律和规章适用于外国船只的日期之间，只有 3 个月。其中要求这种增订的法律和规章"不应要求外国船只遵守一般接受的国际规则和标准以外的设计、建造、人员配备或装备标准"一句使第二十一条第 2 款的规定得到了落实。将这一规定纳入第二一一条暗示着对相反内容修正案（载于资料来源 50）的否决。这是第二一一条中所包含的对相互冲突的利益间的平衡措施的主要方面之一。

211.15(m). 第 7 款是对第一九八条的具体应用。关于"海难（marine casualty）"一词的含义，见第二二一条第 2 款。虽然该处的这一含义被表述为"为本条［第二二一条］的目的"，但可以推定该语在第二一一条中具有相同的含义（见下文第 221.9（f）段）。

211.15(n). 第 7 款中的"海岸或有关利益"是根据起草委员会的建议从"海岸和有关利益"修改而来的（资料来源 20，第 19 页）。

这使二一一条第 7 款与第二二〇条第 6 款和第二二一条第 1 款以及 1969 年《国际干预公海油污事故公约》第一条相一致。在该公约第二条第 4 款中，"有关利益"为该公约的目的，指

直接受到海上事故影响或威胁的沿岸国的利益，如

（a）海岸、港口或海湾的活动，包括构成有关人们基本谋生手段的渔业活动；

（b）有关地区旅游景点；

（c）沿岸居民的健康和有关地区的福利，包括对海洋生物资源和野生物的保护。

第二一一条修改的影响是为"有关利益"一语提供了意义，该语本身被认为"过于含糊不清且不确切而无法具有具体含义"。[27] 关于沿海国可遵循的程序，见第二二〇条第 7 款（另见下文第 220.11（k）段）。

---

[27]　见 L. D. M. Nelson《起草委员会的工作》，本书系第一卷，第 143、150 页；和同上《第三次联合国海洋法会议起草委员会：多种语文文本的影响》，《英国国际法年鉴》第 57 卷，第 184、194-195 页（1986 年）。

第二一二条　来自大气层或通过大气层的污染

1. 各国为防止、减少和控制来自大气层或通过大气层的海洋环境污染，应制定适用于在其主权下的上空和悬挂其旗帜的船只或在其国内登记的船只或飞机的法律和规章，同时考虑到国际上议定的规则、标准和建议的办法及程序，以及航空的安全。

2. 各国应采取其他可能必要的措施，以防止、减少和控制这种污染。

3. 各国特别应通过主管国际组织或外交会议采取行动，尽力制订全球性和区域性规则、标准和建议的办法及程序，以防止、减少和控制这种污染。

资料来源

1. A／AC. 138／SC. III／L. 39（WG. 2／Paper No. 8／Add. 2，第 2 款），转载在 1973 年《海底委员会报告》第一卷，第 85~86 页（第二工作组主席）。

2. A／CONF. 62／C. 3／L. 2（1974 年），第 5 条（d）款和第 6 条（b）款，《正式记录》第三卷，第 245、247 页（肯尼亚）。

3. A／CONF. 62／C. 3／L. 6（1974 年），第 3 条第 3 款，《正式记录》第三卷，第 249 页（加拿大、斐济、加纳、圭亚那、冰岛、印度、伊朗、新西兰、菲律宾和西班牙）。

4. A／CONF. 62／C. 3／L. 14／Add. 1（1974 年）（CRP／MP／11（哥伦比亚、西班牙和委内瑞拉）），《正式记录》第三卷，第 255、259 页（第三委员会，非正式会议）。

5. A／CONF. 62／WP. 8／Part III（非正式单一协商案文，1975 年），第一部分，第 21 条，《正式记录》第四卷，第 171、174 页（第三委员会主席）。

6. A／CONF. 62／WP. 8／Rev. 1／Part III（订正的单一协商案文，1976 年），第 22 条，《正式记录》第五卷，第 173、177 页（第三委员会主席）。

7. A／CONF. 62／WP. 10（非正式综合协商案文，1977 年），第 213 条，《正式记录》第八卷，第 1、37 页。

8. A／CONF. 62／RCNG／1（1978 年），第三委员会主席向全体会议提交的报告，第 213 条，《正式记录》第十卷，第 13、96、98 页。

9. A／CONF. 62／RCNG／2（1978 年），第三委员会主席报告（C. 3／Rep. 1），第 213 条，《正式记录》第十卷，第 126、173、179 页。

10. A／CONF. 62／WP. 10／Rev. 1（非正式综合协商案文第一次修订稿，1979 年，油印本），第 212 条。转载在《第三次联合国海洋法会议文件集》第一卷，第 375、

469 页。

11. A/CONF.62/WP.10/Rev.2（非正式综合协商案文第二次修订稿，1980 年，油印本），第 212 条。转载在《第三次联合国海洋法会议文件集》第二卷，第 3、98 页。

12. A/CONF.62/WP.10/Rev.3*（非正式综合协商案文第三次修订稿，1980 年，油印本），第 212 条。转载在《第三次联合国海洋法会议文件集》第二卷，第 179、275 页。

13. A/CONF.62/L.78（《公约草案》，1981 年），第 212 条，《正式记录》第十五卷，第 172、209 页。

起草委员会

14. A/CONF.62/L.67/Add.8（1981 年，油印本），第 20~22 页。

15. A/CONF.62/L.72（1981 年），《正式记录》第十五卷，第 151 页（起草委员会主席）。

16. A/CONF.62/L.142/Add.1（1982 年，油印本），第 39 页。

17. A/CONF.62/L.147（1982 年），《正式记录》第十六卷，第 254 页（起草委员会主席）。

18. A/CONF.62/L.152/Add.25（1982 年，油印本），第 12 页。

19. A/CONF.62/L.160（1982 年），《正式记录》第十七卷，第 225 页（起草委员会主席）。

非正式文件

20. CRP/MP/3/Add.1（1974 年，油印本），印度［关于资料来源 1］的提案。转载在《第三次联合国海洋法会议文件集》第十卷，第 148 页。

21. CRP/MP/11（1974 年，油印本）。（哥伦比亚、西班牙和委内瑞拉）转载在《第三次联合国海洋法会议文件集》第十卷，第 180 页［见上文资料来源 4］。

22. MP/9（1978 年，油印本），第 213 条（美国）。转载在《第三次联合国海洋法会议文件集》第十卷，第 224 页。

23. MP/23（1978 年，油印本），第 213 条（非正式会议主席）。转载在《第三次联合国海洋法会议文件集》第十卷，第 235~236 页。

24. MP/24（1978 年，油印本），第 213 条（非正式会议主席）。转载在《第三次联合国海洋法会议文件集》第十卷，第 238~239 页。

25. 美国（1980 年，油印本），第 212 条。转载在《第三次联合国海洋法会议文件集》第十卷，第 511、526 页。

［注：本条应结合第二二二条释读。］

评　　注

212. 1. 第二一二条补全了第一九四条第 3 款（a）项规定的各国义务，即在最大可能范围内尽量采取措施减少作为海洋环境污染源的"从大气层或通过大气层……放出的有毒、有害或有碍健康的物质，特别是持久不变的物质。"它规定各国有义务为控制来自大气层或通过大气层的海洋环境污染，制定适用于在其主权下的上空和悬挂其旗帜的船只或在其国内登记的船只或飞机的法律和规章，并采取其他必要措施。本条还通过规定在制定国家法律和规章时，必须考虑到国际规则、标准和建议的办法及程序，以及航空的安全，详细规定了国际上议定的规则、标准等与国家法律和规章之间的关系。此外，各国特别应通过主管国际组织或外交会议采取行动，尽力制订全球性和区域性规则，以控制来自大气层的海洋污染。

与第二〇七条的情形一样，第二一二条的范围是某一国家"主权下"的上空，即其陆地领土、内水及其领海的上空，如果是群岛国的情形，还有其群岛水域（见第二条和第四十九条）。由于第五十八条和第七十八条的缘故，它不涉及专属经济区的上空。

212. 2. 现有的控制来自大气层或通过大气层的海洋污染的国家和国际规章是很稀少的。国际法委员会 1956 年本条款草案第 48 条第 3 款规定了一种标准制定制度，而不是多少有些模糊的"合作采取措施"的要求，因为它要求所有国家

> 合作制定规章，以防止涉及放射性物质或其他有害物质的实验或活动造成的海洋或上空的污染。①

国际法委员会关于这一条款的评述的第（4）段指出："鉴于这一主题的多面性和实行一般性禁则的尝试所遭遇到的困难，该条款只应规定各国有义务在拟定规章方面进行合作，以期消除涉及的严重危险。"② 1958 年《公海公约》第 25 条第 2 款规定各国有如下义务："在为防止与放射性物质或其他有害物质有关的活动造成的海洋或海洋上空的污染而采取措施方面，所有国家应与主管的国际组织合作。"

212. 3. 提交给海底委员会的两项决议草案呼吁各国采取步骤，防止来自其管辖范围内任何来源的海洋污染。③ 但直到海底委员会 1973 年会议，来自大气层或通过大气

---

① 国际法委员会第八届会议工作报告（A/3159），《国际法委员会年鉴》，1956 年第 2 卷，第 253、262 页。

② 同上，第 286 页。

③ A/AC. 138/SC. III/L. 5 和 Add. 1，第 2 款，转载于 1971 年海底委员会报告第 247 页（加拿大和挪威）；和 A/AC. 138/SC. III/L. 25，第 1 款，转载于 1972 年海底委员报告，第 210 页（澳大利亚、保加利亚、加拿大、冰岛、荷兰、挪威、瑞典、乌克兰和苏联）。

层的海洋环境污染才被明确提及。第三分委员会第二工作组编写的一项非正式工作文件（资料来源 1）是今第一九四条的前身，其第 2 款规定："按照这些条款采取的措施应处理所有海洋环境污染的来源……包括……大气层……［和］飞机。"一项说明指出，一些代表团认为，来自飞机的污染在该款中应明确提及。但除此处的提及之外，海底委员会的各项文件中没有出现任何其他关于海洋环境污染的大气来源的具体提案。

212.4. 在海洋法会议第二期会议上（1974 年），肯尼亚提交的条款草案中的第 5 条（资料来源 2）规定：

> 各国应确保按照这些条款采取的措施应处理海洋环境的一切污染来源……包括……大气层……［和］飞机……这种措施除其他外应包括：
> ……
> （d）对于来自大气层的污染，关于防止涉及飞行器的意外事件，有毒、有害物质的排放，特别是大气核核尘埃的措施。
> 该草案第 6 条进一步规定采取的措施应：
> （b）对于……基于大气层的海洋环境污染，符合一般接受的区域性或国际标准……

由 10 个国家（资料来源 3）提出的保全海洋环境的区划办法更为笼统，只是要求为处理海洋环境的一切污染来源采取的措施应包括来自空气的污染。这些措施应包括禁止或管制从飞机等倾倒的措施。

在该期会议的非正式会议上，哥伦比亚、西班牙和委内瑞拉提出内容如下的提案（资料来源 21）：

> 1. 各国应尽力制定国际规则和标准，以防止和打击来自大气层的海洋环境污染。
> 2. 各国应制定国家规则和标准，以防止和打击来自大气层的海洋环境污染，同时考虑到国际上议定的规则和标准。

这一文件作为"已非正式提出但未审议"的提案提交给会议（资料来源 4）。

212.5. 在第三期会议上（1975 年），第三委员会又一次未能开始对这一议题的审议工作。不过非正式单一协商案文第三部分中包含了内容如下的第 21 条：

> 1. 各国应制定国家法律和规章，并应采取措施防止、减少和控制来自大气层的海洋环境污染，同时考虑到国际上议定的规则、标准和建议的办法及程序。

2. 各国应尽力制订全球性和区域性规则、标准和建议的办法及程序，以防止、减少和控制来自大气层来源的海洋污染。

这一规定与先前的非正式提案高度相似，只是各款的顺序颠倒了。

212. 6. 在第四期会议上（1976 年），在非正式会议上对这一条进行的讨论导致了第 1 款增加了"在其主权下的上空或对悬挂其旗帜的船只或在其国内登记的船只和飞机"一句。此外还新增了第 2 款，其中提及"采取其他可能必要的措施。"同时，还采纳了多项润色性修改，以使其术语与第五节其他各条中所使用的相一致。

非正式单一协商案文第三部分（资料来源 6）中条款的全文如下：

1. 各国应在其主权下的上空或对悬挂其旗帜的船只或在其国内登记的船只和飞机制定国内法律和规章，以防止、减少和控制来自大气层或通过大气层的海洋环境污染，同时考虑到国际上议定的规则、标准和建议的办法及程序。

2. 各国应采取任何其他可能必要的措施，以防止、减少和控制这种污染。

3. 各国特别应通过主管国际组织或外交会议采取行动，尽力制订全球性和区域性规则、标准和建议的办法及程序，以防止、减少和控制来自大气层或通过大气层的环境污染。

212. 7. 在第六期会议上（1977 年），没有对这一方面作进一步讨论，非正式综合协商案文第 213 条（资料来源 7）原文重复了订正的单一协商案文，并增加了今标题。

212. 8. 在第七期会议上（1978 年），美国提交的一项非正式提案（资料来源 22）提出在第 1 款末尾增加对空中航行安全的提及。据第三委员会主席报告称，这一修改在非正式协商中获得接受（资料来源 8 和资料来源 9）。④ 非正式综合协商案文第一次修订稿（资料来源 10）遂采纳了这一修改，并在其中将本条重新编号为第二一二条。

在第十期会议上（1981 年），起草委员会建议按照最终文本的方式对第 1 款进行全部改写，但使用了"悬挂其旗帜或在其国内登记的船只和飞机"的措词（资料来源 14，第 21 页）。这一表述出现在《公约草案》中（资料来源 13）。采纳起草委员会的若干建议后（资料来源 16 至资料来源 19），本条即最终定型。

212. 9（a）. 与船只来源污染一样，本条具有双重暗示意义。如前所述，在属地意义上，本条适用于下方国家主权下的上空，因此，在这种情况下，国家法律和规章与国际规则、标准等的协调采用较弱的措辞"同时考虑到这种规则和标准"。本条处理来

---

④ 关于这一问题，另请参见非正式会议主席在第三委员会第 38 次会议（1978 年）上的讲话，第 10 段，《正式记录》第九卷，第 159 页。

自大气层或通过大气层的海洋环境污染，并适用于"在其主权下的上空和悬挂其旗帜的船只或在其国内登记的船只或飞机"；因此无论污染是否为陆地来源本条都适用。

在属物意义上，它适用于所有悬挂其旗帜或在其国内登记的船只（见上文第209.10（c）段）以及所有在其国内登记的飞机。[5] "在其国内登记的飞机"一语反映了 1944 年 12 月 7 日《国际民用航空公约》（《芝加哥公约》）第 17 条，[6] 根据该条，飞机具有在其国内登记的国家的国籍。与第二〇七条相呼应的第 3 款承认了这一分支的法律仍处于早期发展阶段，因此呼吁各国"尽力制订"适当的全球和区域规则。因此，本条是与第三〇四条相联系的。

212.9（b）. 在这一语境下，"国际上议定的规则、标准和建议的办法及程序"一语暗示地指国际民用航空组织按照 1944 年《芝加哥公约》第 37 条制定的国际规则、标准和建议的办法及程序。

212.9（c）. 国际民航组织秘书处于 1984 年编制的一项关于《芝加哥公约》、其附件和其他国际航空法律文书的适用的影响的研究报告指出：

> ……"公约"不仅要求各国在其管辖范围内对其上空和飞机（民用和国有）接受关于海洋环境污染的立法，而且还强化了《芝加哥公约》第 37 条为各国规定的遵守与这一事项有关并由国际民航组织理事会通过的标准和程序的一般承诺。联合国的《公约》还表明，保护环境的利益是从属于空中航行安全的利益的（第二一二条）。

法律委员会后来任命了一名报告员（Arnold W. G. Kean），他在 1985 年向法律委员会提交了进一步的报告。该报告员认定无需向秘书处研究报告的该段添加内容。[7]

212.9（d）. 第二一二条不直接处理大气层污染本身的问题，[8] 也不处理第一条第 4

---

[5] 对这一修改的解释是，虽然飞机只能按照《芝加哥国际民用航空公约》进行登记，但船只则可根据旗帜和登记识别。这种区别在船舶不需要悬挂旗帜但仍需要注册的某些情形下，可能是特别有意义的。A/CONF. 62/L. 92（1982 年），第 4 段，《正式记录》第十六卷，第 209 页（第三委员会主席）。

[6] 见国际民航组织文件 ICAO doc. 7300/6（1980 年），包括到目前为止的所有修订。原始文本见《联合国条约集》第 15 卷，第 295 页；《条约和其他国际条例集》第 1591 页；《1776—1949 年美国条约和其他国际协定》第 3 卷，第 944 页。

[7] 关于秘书处的研究报告，见国际民航理事会文件 ICAO doc. C-WP/7777（1984 年 1 月 20 日，油印本）。关于法律委员会报告员的报告，见 doc. C-WP/8077（1985 年 10 月 1 日，油印本）。转载在荷兰海洋法研究所年鉴第 1 卷［1986 年］，第 307、318 页；联合国海洋事务和海洋法司 1985—1987 年《海洋事务年度回顾：法律和政策的主要文件》第一卷，第 114 页。

[8] 关于这一问题，例见 1979 年 11 月 13 日《远距离越境空气污染公约》，《联合国条约集》第 1302 卷，登记号第 21623 号；《条约和其他国际条例集》第 10 941 页；《联合王国条约集》第 57 号（1983 年）；《英王敕令》第 9034 号；《国际法资料》第 18 卷，第 1442 页（1979 年）。

款所定义的以外的，亦即海洋环境污染以外的任何形式的污染问题。但是，如果第 3 款所述的规则、标准和建议的办法及程序体现在某一专门公约或协定中，则第二三七条为将这一规定与大气层环境控制的其他方面联系起来提供了可能性（关于海洋环境与大气层的关系问题，见上文第 194.10（k）段）。

第六节　执行

第二一三条　关于陆地来源的污染的执行

各国应执行其按照第二〇七条制定的法律和规章，并应制定法律和规章和采取其他必要措施，以实施通过主管国际组织或外交会议为防止、减少和控制陆地来源对海洋环境的污染而制订的可适用的国际规则和标准。

资料来源

1. A/AC. 138/SC. III/L. 43（1973 年，油印本），第 16 条和第 17 条（挪威）。

2. A/CONF. 62/C. 3/L. 2（1974 年），第 25 条，《正式记录》第三卷，第 245、247 页（肯尼亚）。

3. A/CONF. 62/C. 3/L. 4（1974 年），第 1 条，《正式记录》第三卷，第 247 页（希腊）。

4. A/CONF. 62/C. 3/L. 5（1974 年），第 1 条，《正式记录》第三卷，第 247 页（以色列）。

5. A/CONF. 62/C. 3/L. 6（1974 年），第 7 条，《正式记录》第三卷，第 249～250 页（加拿大、斐济、加纳、圭亚那、冰岛、印度、伊朗、新西兰、菲律宾和西班牙）。

6. A/CONF. 62/C. 3/L. 24（1975 年），第 1 条，《正式记录》第四卷，第 210 页（比利时、保加利亚、丹麦、德意志民主共和国、德意志联邦共和国、希腊、荷兰、波兰和英国）。

7. A/CONF. 62/C. 3/L. 25（1975 年），第 1 条，《正式记录》第四卷，第 212 页（苏联）。

8. A/CONF. 62/WP. 8/Part III（非正式单一协商案文，1975 年），第一部分，第 22 条，《正式记录》第四卷，第 171、174 页（第三委员会主席）。

9. A/CONF. 62/WP. 8/Rev. 1/Part III（订正的单一协商案文，1976 年），第 23 条，《正式记录》第五卷，第 173、177 页（第三委员会主席）。

10. A/CONF. 62/WP. 10（非正式综合协商案文，1977 年），第 214 条，《正式记录》第八卷，第 1、37 页。

11. A/CONF. 62/WP. 10/Rev. 1（非正式综合协商案文第一次修订稿，1979 年，油印本），第 213 条。转载在《第三次联合国海洋法会议文件集》第一卷，第 375、469 页。

12. A/CONF. 62/WP. 10/Rev. 2（非正式综合协商案文第二次修订稿，1980 年，油印本），第 213 条。转载在《第三次联合国海洋法会议文件集》第二卷，第 3、98 页。

13. A/CONF. 62/WP. 10/Rev. 3*（非正式综合协商案文第三次修订稿，1980 年，油印本），第 213 条。转载在《第三次联合国海洋法会议文件集》第二卷，第 179、275 页。

14. A/CONF. 62/L. 78（《公约草案》，1981 年），第 213 条，《正式记录》第十五卷，第 172、209 页。

起草委员会

15. A/CONF. 62/L. 67/Add. 8（1981 年，油印本），第 23~27 页。

16. A/CONF. 62/L. 72（1981 年），《正式记录》第十五卷，第 151 页（起草委员会主席）。

17. A/CONF. 62/L. 142/Add. 1（1982 年，油印本），第 40 页。

18. A/CONF. 62/L. 147（1982 年），《正式记录》第十六卷，第 254 页（起草委员会主席）。

非正式文件

19. CRP/MP/17/（1975 年，油印本），第 3 款（关于项目 12 的非正式会议主席）。转载在《第三次联合国海洋法会议文件集》第十卷，第 211 页。

20. 主席关于陆地来源的污染的草案（1975 年，油印本），第 3 款（关于项目 12 的非正式会议主席）。转载在《第三次联合国海洋法会议文件集》第十卷，第 432 页。

［注：本条应结合第二〇七条释读。］

评　　注

213. 1. 第二一三条是第六节中处理通过根据第五节各条制定的国内法律和规章对国际规则和标准的执行的一系列条款中的第一条。"执法"是指国家权力部门执行其国家法律和规章；《公约》的不同规定中载明了这种法律和规章应在多大程度上符合适用的国际规则和标准。第六节中的执行条款在释读时应结合第五节中并行的标准制定条款和第七节中的保障办法条款。

按照第五节的结构，第六节同样处理了来自陆地来源、国家管辖范围内的海床活动、"区域"内活动、倾倒、船只和来自或通过大气层的海洋环境污染。关于船只来源的污染，不同的条分别规定了船旗国、港口国和沿海国的执法资格（但请注意，单一国家在某一时间可能属于这些类别中的两类或三类）。第六节在执行问题上并不是详尽的。关于争端解决程序中的临时措施的第二九〇条和关于船只和船员的迅速释放的第二九二条也与这一问题有关（这些规定由筹备委员会第四特别委员会正在编写的国际海洋法法庭规则草案提供补充）。但在落实第一九四条方面，第六节是对后者的必要补充。因此，第六节使用的措辞始终是用于义务的，而不是用于政策的。第六节与第五节一同落实了第一九四条第 1 款所要求的政策上的协调一致。

第六节的所有执行条款均受第七节（第二二三条至第二三三条）保障办法条款的限制。然而，第十节（第二三六条）规定有权享受主权豁免的船只豁免于执行条款的直接适用，但要求其船旗国在这方面承担某些义务。

第六节（第二一五条和第二二一条除外）反复提到通过主管国际组织或外交会议制定的"可适用的（applicable）"国际规则和标准。对于"可适用的"一词的含义，并没有试图作出解释，该词意义的不明确是刻意而为的，以使之取决于不同国际组织的组建文书。这似乎不仅仅意味着不具约束力的建议，还包括经过批准的条约或广泛接受的国家惯例——一个国家只受其正式接受的条约法或习惯国际法规则约束。

习惯法与协约法之间的关系问题在公共国际法的一般科学中是一个有困难和有争议的问题。在这一语境下使用"可适用的"一词，就避免了触及这一争议。在这方面（以及本部分其他地方），《公约》序言第八段是相关的。该段内容为：

> 确认本公约未予规定的事项，应继续以一般国际法的规则和原则为准据。

起草委员会曾建议在提及国际法规则或原则时删去"可适用的"① （详见下文第213.6（c）段），但这一建议未获接受。

213. 2. 如对第二〇七条的评注所指出的，管控陆上污染源的概念是在海底委员会内提出（见上文第 207.2 节）。例如，这一概念的某些成分可见于 1972 年会议上由 9 个国家提出的关于预防和控制海洋污染的初步措施的决议草案第 1 段，其中呼吁各国，

> 在制定和执行国际文书之前，采取适当的初步步骤尽可能防止和控制其管辖范围内来自任何可能来源的海洋污染，特别包括将有毒或有害物质或材

---

① 见 A／CONF. 62／L. 40（1979 年），第二十六节，《正式记录》第十二卷，第 95、103 页；另见 A／CONF. 62／L. 56（1980 年），附件 B，第二十六节，《正式记录》第十三卷，第 94、96 页（均为起草委员会主席）。

料从各种交通工具和通向海洋的河流、湖泊或河口湾滥排入海［。］②

在委员会 1973 年夏季会议上，海洋污染问题工作组举行了几次会议，讨论提交的关于标准和执行等主题的提案。关于标准的提案被编制成工作文件，成为第一九四条和第五节各条的基础。然而，由于缺乏时间和程序上的分歧，在该次会议上没有起草关于执行的案文。尽管如此，挪威确实在 1973 年会议结束时提交的一系列条款草案中提出了关于执行的两条（资料来源 1）。该草案第十六条处理了各国行使有效管辖的义务，规定：

> 各国应按照国际法原则对其管辖范围内的区域、人和船舶行使有效控制，以防止对海洋环境的污染。

第十七条包含了关于执行义务的更为具体的规定：

> 1. 各国应确保其国家立法对违反现有海洋污染规章的行为规定适当的制裁。
> 2. 各国应采取一切适当措施，防止和惩处违反现有海洋污染规章的行为。
> 3. 船旗国在收到指控在其国内登记的船舶有违反防止污染的规则或规章的行为的报告的情况下，应采取一切适当步骤调查此事、获取必要的证据并起诉违反行为。
> 同样的要求也适用于一国收到控诉和报告，指控其管辖范围内的其他活动已造成海洋污染，并且该污染据指控具有有害影响，或一段时间后会影响到其他国家的利益或国际社会的利益的情况。

除仅适用于船旗国的第十七条第 3 款外，这些规定显然与整个第六节相关。这里的管辖权是一个双重概念，即包括属地管辖，也包括属人管辖。

213. 3. 在海洋法会议第二期会议上（1974 年），肯尼亚（资料来源 2）、希腊（资料来源 3）和一个十国集团（资料来源 5）提交的草案提案涉及了对控制陆基污染的规章的执行问题。肯尼亚条款草案的第 25 条题为"执行"，其内容如下：

> 各国应采取适当措施，在陆上和大气层的海洋污染源方面落实这些条款。

---

② 见 A／AC.138／SC.III／L.25，第 1 段，转载在 1972 年《海底委员会报告》第 210 页，（澳大利亚、保加利亚、加拿大、冰岛、荷兰、挪威、瑞典、乌克兰和苏联）。

希腊的提案也以"执行"为标题，则更为确切：

> 按照本公约的规定制定的针对陆上污染源的海洋环境的保护和保全的规章，应由污染源在其境内的国家执行。

关于保全海洋环境的区划办法的条款草案中的第 7 条（资料来源 5）也明确规定，关于经济区内对"所有人……设施和其他实体的活动"的管控：

> 2. 沿海国有权在［经济］区内执行按照本条第 1 款制定的法律和规章。
>
> 3. （a）关于陆地来源的海洋环境污染……沿海国的法律和规章应考虑到国际上议定的规则、标准和建议的办法及程序。

213. 4. 在第三期会议上（1975 年），执行问题再次证明是棘手的。

有关这一事项的某些间接暗示出现在 9 个欧洲国家（资料来源 6）提交的一系列关于预防、减少和控制海洋污染的条款草案以及苏联提出的补充条款草案（资料来源 7）中。前一项提案建议在关于"陆地来源"的标准的一条中增加一款，大意为"各国应确保按照本条制定的规章得到遵守"。在苏联的提案中，与执行的联系更为减弱，该提案只涉及防止污染蔓延到领海以外的义务：

> 各国应采取一切必要措施，确保由其管辖或控制下的活动引起的海洋环境污染不扩散到其领海以外的海洋环境，并且不会对其他国家及其环境造成损害。

第三委员会第十九次会议对欧洲国家关于对陆地污染源的执行的提案作了一些讨论。③ 关于项目 12 的非正式会议主席随后拟定了一项案文草案（资料来源 19 和资料来源 20），该草案反映了欧洲国家的提案，规定"各国应确保按照本条制定的法律和规章得到遵守"（即关于海洋污染的陆地污染源的标准）。

在这一讨论和非正式会议协商的基础上，非正式单一协商案文第三部分（资料来源 8）采纳了关于"执行"的单独一章。该案文载有关于各国对海洋污染的陆地来源采取执行措施的权利的一般规定，其内容如下：

---

③ 见英国在该次会议上的发言，第 13 段，《正式记录》第四卷，第 83 页；坦桑尼亚联合共和国，第 28 段，同上，第 84 页；印度，第 34 段，同上，第 85 页；塞内加尔，第 50 段，同上，第 86 页；加拿大，第 57 段，同上；和苏联，第 69 段，同上，第 87 页。

各国应有权执行按照本公约的规定通过的针对海洋污染的陆地来源保护和保全海洋环境的法律和规章。

第三期会议之后，正在审议这一主题的非正式司法专家小组提出了对非正式单一协商案文条文的一项略微修改，即将开头一句的"各国应有权执行……法律……"改为更肯定的"各国应执行其……法律……"④

213.5. 在第四期会议上（1976年），经过非正式协商，订正的单一协商案文第三部分（资料来源9）中的条文反映了非正式司法专家小组提出的修改，即将条文修改并扩充为：

各国应执行其按照本公约条款制定的法律和规章，并应采取必要的立法、行政和其他措施，以实施通过主管国际组织或外交会议针对海洋污染的陆地来源而制订的保护和保全海洋环境的可适用的国际规则和标准。

该案文将执行权转化为执行防止陆地污染源对海洋环境的污染的措施的义务。它还通过要求各国采取"必要的立法和其他措施"来实施"通过主管国际组织或外交会议"制订的国际规则和标准，扩大了各国的义务。

213.6. 在第六期会议上（1977年），这一案文基本保持不变，非正式综合协商案文（资料来源10）包括了以下内容：

第214条 关于陆地污染源的执行

各国应执行其按照《公约》第二〇八条制定的法律和规章，并应采取必要的立法、行政和其他措施，以实施通过主管国际组织或外交会议针对海洋污染的陆地来源而制订的保护和保全海洋环境的可适用的国际规则和标准。

该条在非正式综合协商案文第一次修订稿（资料来源11）中重新编号为第二一三条，但除此之外没有变化。

在第九期会议续会上（1980年），第三委员会接受了起草委员会的建议，在第二一三条（和第二一四条）中，将"采取必要的立法、行政和其他措施"改为"制定法律和规章和采取其他必要措施"。这项修正是统稿程序的一部分，不影响案文的实质内容。⑤ 根据起草委员会的建议（资料来源15至资料来源18），本条经过修改标题和

④ 《海洋环境的保全》（1976年，油印本），第22条（非正式司法专家小组）。转载在《第三次联合国海洋法会议文件集》第十卷，第525、532页。

⑤ 见A/CONF.62/L.63/Rev.1（1980年），附件二，《正式记录》第十四卷，第139、142页（起草委员会）。

改写最后几个字，最终定型，第二一三条遂与第二〇七条协调一致。

213.7(a). 第二一三条反映了可适用的国际规则、标准和建议的办法及程序与第二〇七条规定的国家法律和规章之间的平衡。国家主权的影响体现在"应制定法律和规章和采取其他必要措施，以实施……"一语，该语确立了国际规则和标准与国家法律和规章之间的关系。本条规定各国有义务执行其按照第二〇七条制订的国家法律和规章；各国也有义务采取必要的立法、行政和其他措施来执行可适用的国际规则和标准。即使国家法律和规章在法律执行方面向国家权力部分授予了一定的酌处权，第二一三条也在该条规定的情形下作为国际义务限制了这种酌处权。

213.7(b). 在第二一三条以及整个第六节中提及的"其（their）"法律显然意指国家措施，而不是可适用的国际规则和标准。在处理提及内部法律时术语不一致的问题时，起草委员会建议，"国家（national）"一词在需要更确切的措辞以与其他类型的法律区别开的情形下即可使用。⑥ 在第六节中，这种区别是足够清楚的。

213.7(c). "国际规则和标准"之前的限定语"可适用的"首次出现在订正的单一协商案文（资料来源9）。这一资格的起源在第三委员会主席或非正式会议主席的各种已发表的报告中并不明显。这一问题似乎在第三委员会的非正式会议上作过讨论，在非正式综合协商案文（资料来源10）中它在关于执行的整个一节中都有出现。在会议主席附于非正式综合协商案文的备忘录中，提到其中引入该词而在订正的单一协商案文中该词并未出现的地方。第三委员会主席此前已解释说，将这一修改纳入非正式综合协商案文，可以不必改变关于船只来源污染问题的折中内容的结构。⑦ 尽管如此，这并没有澄清引入该限定语的意图，不过第三委员会的一般理解是，该限定语指对有关国家具有约束力的国际规则，无论是协约规则还是习惯规则。

213.7(d). 第二〇七条（"国际上议定的规则"）和第二一三条（"可适用的国际规则"）所使用的措辞的差异是显而易见并且在其上下文中是合理的。第二〇七条涉及国家法律和规章的"制定"，规定一国在制定这种措施时应考虑到国际上议定的规则、标准和建议的办法及程序。另一方面，第二一三条提到国家法律和规章的"执行（enforcement）"和采取

> "其他必要措施，以实施……可适用的国际规则和标准。"

213.7(e). 虽然为不同国家的一般环境保护存在着大量国家立法，但关于海洋环

---

⑥ 见 A/CONF.62/L.40（1979年），第八节，建议，第2款，《正式记录》第十二卷，第95、97-98 页（起草委员会主席）。

⑦ 见该主席在第三委员会第 31 次会议上的报告，第 55 段及以下，《正式报告》第六卷，第 104 页；及其在第五期会议（1976年）上的正式报告，A/CONF.62/L.18，第 5 段及以下，同上，第 139 页。关于会议主席的备忘录，见 A/CONF.62/WP.10/Add.1（1977年），《正式记录》第八卷，第 65、69 页。

境的陆地来源污染的全球性国际规则和规章却很稀少，并且没有得到广泛的接受。但是，在联合国环境规划署主持下达成的多项区域安排包含了旨在防止、减少和控制各区域海洋环境的陆地来源污染的规定。

213.7(f). 本条款中的复数用语"主管国际组织"来源于第二〇七条中相应的标准制定规定中使用的同一用语（见上文第 207.7（d）段）。

第二一四条　关于来自海底活动的污染的执行

各国为防止、减少和控制来自受其管辖的海底活动或与此种活动有关的对海洋环境的污染以及来自依据第六十和第八十条在其管辖下的人工岛屿、设施和结构对海洋环境的污染，应执行其按照第二○八条制定的法律和规章，并应制定必要的法律和规章和采取其他必要措施，以实施通过主管国际组织或外交会议制订的可适用的国际规则和标准。

资料来源

1. A/AC. 138/SC. III/L. 43（1973 年，油印本），第 16 条和第 17 条（挪威）。

2. A/CONF. 62/C. 3/L. 2（1974 年），第 27 条，《正式记录》第三卷，第 245、247 页（肯尼亚）。

3. A/CONF. 62/C. 3/L. 4（1974 年），第 2 条,《正式记录》第三卷，第 247 页（希腊）。

4. A/CONF. 62/C. 3/L. 6（1974 年），第 7 条,《正式记录》第三卷，第 249～250 页（加拿大、斐济、加纳、圭亚那、冰岛、印度、伊朗、新西兰、菲律宾和西班牙）。

5. A/CONF. 62/C. 3/L. 24（1975 年），第 2 条,《正式记录》第四卷，第 210 页（比利时、保加利亚、丹麦、德意志民主共和国、德意志联邦共和国、希腊、荷兰、波兰和英国）。

6. A/CONF. 62/C. 3/L. 25（1975 年），第 1 条,《正式记录》第四卷，第 212 页（苏联）。

7. A/CONF. 62/WP. 8/Part III（非正式单一协商案文，1975 年），第一部分，第 23 条,《正式记录》第四卷，第 171、174 页（第三委员会主席）。

8. A/CONF. 62/WP. 8/Rev. 1/Part III（订正的单一协商案文，1976 年），第 24 条,《正式记录》第五卷，第 173、177 页（第三委员会主席）。

9. A/CONF. 62/WP. 10（非正式综合协商案文，1977 年），第 215 条,《正式记录》第八卷，第 1、37 页。

10. A/CONF. 62/WP. 10/Rev. 1（非正式综合协商案文第一次修订稿，1979 年，油印本），第 214 条。转载在《第三次联合国海洋法会议文件集》第一卷，第 375、470 页。

11. A/CONF. 62/WP. 10/Rev. 2（非正式综合协商案文第二次修订稿，1980 年，油印本），第 214 条。转载在《第三次联合国海洋法会议文件集》第二卷，第 3、98 页。

12. A/CONF. 62/WP. 10/Rev. 3*（非正式综合协商案文第三次修订稿，1980 年，油印本），第 214 条。转载在《第三次联合国海洋法会议文件集》第二卷，第 179、275 页。

13. A/CONF. 62/L. 78（《公约草案》，1981 年），第 214 条，《正式记录》第十五卷，第 172、210 页。

起草委员会

14. A/CONF. 62/L. 67/Add. 8（1981 年，油印本），第 25~33 页。

15. A/CONF. 62/L. 72（1981 年），《正式记录》第十五卷，第 151 页（起草委员会主席）。

16. A/CONF. 62/L. 142/Add. 1（1982 年，油印本），第 40 页。

17. A/CONF. 62/L. 147（1982 年），《正式记录》第十六卷，第 254 页（起草委员会主席）。

非正式文件

18. 美国（1974 年，油印本），第 10 条。转载在《第三次联合国海洋法会议文件集》第十卷，第 419、425 页。

19. 美国（1977 年，油印本），第 24 条。转载在《第三次联合国海洋法会议文件集》第十卷，第 492~493 页。

[注：本条应结合第二〇八条释读。]

评　　注

214. 1. 第二一四条的目的是规定为保护海洋环境免受来自国家管辖的海底活动或与此种活动有关的对海洋环境的污染以及来自依据第六十条和第八十条在专属经济区设置的人工岛屿、设施和结构对海洋环境的污染的国家法律和规章以及国际规则和标准的执行。第二一四条是与第二〇八条的标准制定条款相对应的执行条款。其重点在于各国执行可适用的国际规则和标准以及国家法律和规章，以防止来自"受其管辖的海底活动……以及来自……其管辖下的人工岛屿和结构"对海洋环境的污染的资格（关于"其管辖下的海底活动"，见前文第 208.10（b）段）。

214. 2. 海底委员会在这一问题上的工作很少，1972 年其通过的决议以及挪威的条款草案（资料来源 1）都在上文第 213.2 段中提到。

214. 3. 在海洋法会议第二期会议上（1974 年），肯尼亚提交的条款草案（资料来源 2）中包含了以下规定：

> 沿海国针对来源于其国家管辖范围内的海洋区域的勘探和开发的海洋环境污染，应执行国家或采取的国际措施。

希腊提交的条款草案中的第 2 条（资料来源 3）内容相似，但规定船旗国和沿海国有执行权力：

> 按照本公约的规定针对来自海底的勘探和开发的污染制定的保护和保全海洋环境的规章，应由沿海国在其国家管辖下的区域内和船旗国执行。

由 10 个国家提交的区划办法条款草案中的第 7 条（资料来源 4）同样适用于第二一三条和第二一四条。其中的相关部分内容如下：

> 2. 沿海国有权在［经济］区内执行按照本条第 1 款［提及沿海国在海洋污染方面的规范权］制定的法律和规章。
>
> 3.（a）对来自陆地来源和从事海床和底土自然资源的勘探和开发的设施或装置的海洋环境污染，沿海国的法律和规章应考虑到国际上议定的规则、标准和建议的办法及程序。

214.4. 在第三期会议上（1975 年），虽然在第三委员会本身或非正式会议上没有编写案文草案，但各代表团提交的一些条款草案载有相关规定。由 9 个欧洲国家提交的草案（资料来源 5，第 3 款）规定：“沿海国应确保按照本条制定的规章得到遵守”（即关于来自沿海国管辖下的海底活动和设施方面的）。苏联提出的补充条款草案（资料来源 6）为各国规定了更为笼统的义务：“采取一切必要措施，确保来自其管辖或控制下的活动对海洋环境的污染不扩散到……其领海以外……”。

在正式和非正式协商的基础上，第三委员会主席在非正式单一协商案文第三部分第 23 条中采纳了如下内容：

> 各国应有权执行按照本公约的规定为针对来自本公约规定的与大陆架的勘探和开发有关的活动的污染保护和保全海洋环境而制定的法律和规章。

第三期会议之后，非正式司法专家小组继续审议了这一议题，并拟定了本条规定的修订案文，内容如下：

各国应执行其按照本公约的规定为针对来自与**其大陆架**的勘探和开发有关的活动以及**其管辖下的设施**的污染保护和保全海洋环境而制定的法律和规章（黑体为原文所加）。①

这一案文引入了各国针对来自"其管辖下的设施"的污染的执行概念。

214.5. 在第四期会议上（1976 年），经过非正式协商，订正的单一协商案文第三部分（资料来源 8）在司法专家非正式小组编制的案文的基础上进一步修订了该案文。订正的单一协商案文第三部分第 24 条内容如下：

各国为针对来自受其管辖的海底活动以及来自依据本公约第二部分第……条在其管辖下的人工岛屿、设施和结构的污染保护和保全海洋环境，应执行其按照本公约的规定制定的法律和规章，并应采取必要的立法、行政和其他措施，以实施通过主管国际组织或外交会议制订的可适用的国际规则和标准。

该案文要求各国"采取必要的立法、行政和其他措施，以实施通过主管国际组织或外交会议制订的可适用的国际规则和标准"，以防止来自海底活动和来自"人工岛屿、设施和结构"的污染。因此这大大扩大了本条款规定的国家义务的范围。

214.6. 在第六期会议上（1977 年），案文保持不变（除了插入适当的交叉引用外），并作为第 215 条纳入非正式综合协商案文（资料来源 9）。该案文在非正式综合协商案文第一次修订稿中重新编号为第 214 条（资料来源 10），并只作了几处细微的润色性修改，使之与第 213 条相一致。

在第十期会议上（1981 年），根据起草委员会的建议（资料来源 14，第 32 页），在"海底活动"和"以及"之间插入了"与此种活动有关的对海洋环境的污染"，使本条在这一方面与第二〇八条一致（见上文第 208.7 段）。（关于"可适用的"一词，见上文第 213.1 段和第 213.7（c）段）。

214.7(a). 1976 年《勘探和开发海底矿物资源造成的油污损害的民事责任公约》已经开始在国际规章方面应对这一形式的污染。但该公约仅处理责任问题。联合国环境规划署制定的许多区域性协定也处理了这一类型的污染。

国际海事组织自己则一直在研究《公约》第六十条规定下的撤除不再使用的海上平台的问题。在这方面，国际海事组织海事安全委员会和海洋环境保护委员会都对环

---

① 《海洋环境的保全》（1976 年，油印本），第 23 条（非正式司法专家小组）。转载在《第三次联合国海洋法会议文件集》第十一卷，第 525、532 页。

境方面给予了特别的关注。②

本条中的复数用语"主管国际组织"承认了区域性组织在处理来自海底活动的海洋环境污染方面的作用。它反映了第二〇八条的标准制定条款，特别是第 4 款和第 5 款（见上文第 208.10（a）段）。

214.7(b). 第二一四条所涉及的来自海底活动的海洋环境污染可能也包括陆源污染（例如来自岸上加工的），因此上文第 213.7（e）段中的意见同样适用于这种情况。

214.7(c). 第二一四条的范围比其标题可能提示的范围更广。在涉及沿海国管辖下的人工岛屿、设施和结构的限度内，虽然第八十条提到"大陆架上的"这些人造物，并因而可推定将涉及"受其［沿海国］管辖的海底活动"，第六十条则处理的是专属经济区内的这种人造物。沿海国在专属经济区有专属权利建造并授权和管理建造、操作和使用人工岛屿和为第五十六条所规定的目的和其他经济目的的设施和结构，其中包括可能干扰沿海国在专属经济区内行使权利的设施和结构。这些目的都不一定或仅与海底活动相关；第六十条所指的是人工岛屿、设施和结构，并不包含对其建造目的的限制。如果《公约》的英文文本有歧义，则经与其他正式文本相比较后将被删除。

---

② 见国际海事组织，海事安全委员会，MSC 52/26/5（1985 年，油印本）。另见国际海事组织，海洋环境保护委员会，MEPC 25/19（1987 年，油印本）和 MEPC 25/20（1987 年，油印本）。转载在联合国海洋事务和海洋法司《海洋事务年度回顾：法律和政策的主要文件》1985—1987 年第二卷、分别载于第 320、326 和 332 页。海事组织大会第十六届会议于 1989 年 10 月 19 日通过了《关于撤除大陆架和专属经济区海上设施和结构的导则和标准》的 A.672（16）号决议。它建议成员国政府在就已被放弃或不再使用的设施或结构的撤除作出决定时，应考虑到这些导则。另见同一天通过的关于《海上设施和结构周围的安全区和航行安全》的 A.671（15）号决议，大会在其中表达了对船只与海上设施和结构发生碰撞的情况下的严重环境损害风险的关切。

第二一五条 关于来自"区域"内活动的污染的执行

为了防止、减少和控制"区域"内活动对海洋环境的污染而按照第十一部分制订的国际规则、规章和程序，其执行应受该部分支配。

资料来源

1. A/AC. 138/25，第 23 条和第 40 条 j 款，转载在 1970 年《海底委员会报告》，第 130、137 页（美国）。

2. A/AC. 138/33，第 8 条和第 16 条第 12 款，转载在 1971 年《海底委员会报告》，第 51、53 和 56 页（坦桑尼亚联合共和国）。

3. A/AC. 138/43，第 11 条第 2 款，第 16 条和第 22 条，转载在 1971 年《海底委员会报告》，第 67、70、72~73 页（苏联）。

4. A/AC. 138/49，第 14 条（f）款，转载在 1971 年《海底委员会报告》，第 93、95 页（智利、哥伦比亚、厄瓜多尔、萨尔瓦多、危地马拉、圭亚那、牙买加、墨西哥、巴拿马、秘鲁、特立尼达和多巴哥、乌拉圭和委内瑞拉）。

5. A/AC. 138/53，第 2 条，（e）款，和第 156~158 条，转载在 1971 年《海底委员会报告》，第 105、116、175 页（马耳他）。

6. A/AC. 138/SC. III/L. 39（WG. 2/Paper No. 8/Add. 2，第 3 款（b）项，注释 10），转载在 1973 年《海底委员会报告》第一卷，第 85、86、88 页（第二工作组主席）。

7. A/AC. 138/SC. III/L. 43（1973 年，油印本），第 16 条和第 17 条（挪威）。

8. A/AC. 138/SC. III/L. 52，附件 1（第二工作组第 15 号文件，第二节，备选案文 E），转载在 1973 年《海底委员会报告》第一卷，第 91、93、95 页（第二工作组主席）。

9. A/CONF. 62/C. 3/L. 2（1974 年），第 28 条，《正式记录》第三卷，第 245、247 页（肯尼亚）。

10. A/CONF. 62/C. 3/L. 4（1974 年），第 2 条，《正式记录》第三卷，第 247 页（希腊）。

11. A/CONF. 62/WP. 8/Part III（非正式单一协商案文，1975 年），第一部分，第 24 条，《正式记录》第四卷，第 171、174 页（第三委员会主席）。

12. A/CONF. 62/WP. 8/Rev. 1/Part III（订正的单一协商案文，1976 年），第 25 条，《正式记录》第五卷，第 173、177 页（第三委员会主席）。

13. A/CONF. 62/WP. 10（非正式综合协商案文，1977 年），第 216 条，《正式记录》第八卷，第 1、37 页。

14. A/CONF. 62/WP. 10/Rev. 1（非正式综合协商案文第一次修订稿，1979 年，油印本），第 215 条。转载在《第三次联合国海洋法会议文件集》第一卷，第 375、470 页。

15. A/CONF. 62/WP. 10/Rev. 2（非正式综合协商案文第二次修订稿，1980 年，油印本），第 215 条。转载在《第三次联合国海洋法会议文件集》第二卷，第 3、99 页。

16. A/CONF. 62/WP. 10/Rev. 3*（非正式综合协商案文第三次修订稿，1980 年，油印本），第 215 条。转载在《第三次联合国海洋法会议文件集》第二卷，第 179、276 页。

17. A/CONF. 62/L. 78（《公约草案》，1981 年），第 215 条，《正式记录》第十五卷，第 172、210 页。

起草委员会

18. A/CONF. 62/L. 67/Add. 8（1981 年，油印本），第 34~35 页。

19. A/CONF. 62/L. 72（1981 年），《正式记录》第十五卷，第 151 页（起草委员会主席）。

非正式文件

20. 美国（1977 年，油印本），第 25 条。转载在《第三次联合国海洋法会议文件集》第十卷，第 492~493 页。

21. 美国（1980 年，油印本），第 215 条。转载在《第三次联合国海洋法会议文件集》第十卷，第 511、527 页。

［注：本条应结合第一四五条和第二○九条释读］。

评　注

215. 1. 第二一五条是以条约语言面向整个世界作出的原则宣明。从积极的意义上说，本条表明，来自"区域"内活动的海洋环境污染（见第二○九条第 1 款）与"区域"内的所有活动一样，受第十一部分的支配（其中包括第一八六条至第一九一条中关于争端解决的特别规定）。这也意味着，来自国家管辖范围外的海底及其底土活动的海洋环境污染，不属于《公约》所定义的"区域内活动"的，属于第十二部分的范围。这些情形中的大多数由第二○八条和第二一四条的属物方面适用所涵盖。

第二一五条的来源可以追溯到提交给海底委员会的一些早期条约草案和工作文件。

除联合国大会第 2467 B（XXIII）号决议（见上文第 209.2 段）外，美国于 1970 年提交的草案（资料来源 1）以及坦桑尼亚（资料来源 2）、苏联（资料来源 3）、一个由 13 个拉美国家组成的集团（资料来源 4）和马耳他（资料来源 5）于 1971 年提交的草案都载有关于与来自国家管辖范围外的海底活动的污染的标准或执行的制定有关的一般规定。

由政府间海洋污染工作组提出并由 1972 年联合国人类环境会议通过的《海洋污染评估和控制一般原则》中的原则 19 的力度是略弱的，因为它仅仅要求各国"在适当的国际论坛上合作以确保与国家管辖范围外海床和洋底的勘探和开发有关的活动不应造成海洋环境的污染。"[1]

215.2. 在海底委员会 1973 年会议上，第三委员会第二工作组"由于缺乏时间和关于如何反应就这一议题表达的不同意见而产生的程序上的分歧"，未能制定案文草案。[2]尽管如此，还是指定了关于与来自海底活动的污染有关的义务和标准的若干案文草案（资料来源 6 至资料来源 8）。

在会议的早期阶段，多次发生这种程序上的分歧，但在第三期会议（1975 年）上得到解决。实质性规则载于第十一部分。第二〇九条和第二一五条反映了一项总体政策，即确保第十二部分规定的控制海洋环境污染的制度将涵盖所有海洋区域。

215.3. 在第二期会议上（1974 年），进一步讨论和制定了这些关于义务和标准的案文草案，但没有提交关于执行的非正式提案。肯尼亚提交的正式提案（资料来源 9）规定国际海底管理局负有执行责任：

> 管理局应确保针对所有国家管辖范围以外的海洋环境污染源来源实施
> 措施。

希腊提交的一项草案（资料来源 10）则更为笼统，规定：

> 针对来自海底的勘探和开发的污染……的保护和保全海洋环境的规章，
> 应由沿海国在其国家管辖下的区域内和船旗国执行。

其中通过暗示可推知船旗国在国家管辖区域以外将具有一定的执行权力。

215.4. 在第三期会议上（1975 年），在先前的程序性分歧已得到解决之后，一项基于非正式讨论形成的条款被列入非正式单一协商案文第三部分（资料来源 11）。该案文第 24 条规定：

---

① 《斯德哥尔摩会议报告》附件三，第 73 页。

② 第二工作组主席给第三分委员会主席的说明，A/AC.138/SC.III/L.52，转载于 1973 年《海底委员会报告》，第 89-90 页。

本公约第……章提及的国际管理局应与船旗国合作执行按照本公约的规定为针对来自与国际海底区域的勘探和开发有关的活动的污染保护和保全海洋环境而制定的规则和标准。

第三次会议之后，一直在审议海洋污染议题的司法专家非正式小组建议如下重新拟订这一案文：

为了防止、减少和控制与国际海底区域的勘探和开发有关的活动对海洋环境的污染而按照本公约第……章制订的措施，其执行应受该章规定支配。③

215.5. 在第四期会议上（1976年），订正的单一协商案文第三部分采纳了与司法专家非正式小组的建议高度相似的案文（资料来源12）。唯一的重大区别是将"措施"改为"规则、标准和建议的办法及程序"，反映了该案文第19条（今第二〇九条），即关于标准的相似条款的措辞。订正的单一协商案文第三部分第25条内容如下：

为了防止、减少和控制与国际海底区域的勘探和开发有关的活动对海洋环境的污染而按照本公约第一部分第……条制订的规则、标准和建议的办法及程序，其执行应受该部分规定支配。

215.6. 在第六期会议上（1977年），该案文经过细微的润色性修改后，被非正式综合协商案文（资料来源13）采纳为第二一六条。根据起草委员会的建议（资料来源18），还采纳了进一步的润色性和语言规范上的修改，包括调整为"规则、规章和程序"以与今第一四五条的前身条款相呼应。案文的实质内容则未做改动。

215.7(a). 依联合国大会1970年12月17日第2749（XXV）号决议（第一卷，第173页），处理"区域"（即国家管辖范围以外的海床和洋底及其底土）的《公约》第十一部分包含了在多个领域的国际合作的一系列规定，包括防止污染（pollution）和侵染（contamination）以及对海洋环境包括海岸的其他危害、防止对海洋环境生态平衡的干扰和对"区域"自然资源的保护和养护的干扰，以及防止对海洋环境的动植物的损害。

215.7(b). 按照常理，对"区域"的开发将会对海床及其底土以及上覆水域（在某些情况下甚至可能是上覆的空域）的自然秩序造成一定的干扰。由此可知，这些事

---

③《海洋环境的保全》（1976年，油印本），第24条（非正式司法专家小组）。转载在《第三次联合国海洋法会议文件集》第十一卷，第525、533页。

项与第十二部分和整个公约总体上的海洋环境概念本身并不具有相同的地位。因此，一些方面是在第十一部分中处理的，其中第一四五条阐明了确保"切实保护"海洋环境，不受"区域"内活动可能产生的有害影响的一般政策。据此，关于为《公约》第十一部分召开的审查会议的第一五五条要求该会议确保维护对海洋环境的保护，从而在涉及"区域"的限度内建立了一种形式的定期审查。

关于国际海底管理局理事会的权力和职务的第一六二条特别在第 2 款（w）项中授权它发布紧急命令，其中可包括停止或调整作业的命令，以防止"区域"内活动对海洋环境造成严重损害；根据第 2 款（x）项，在有重要证据证明海洋环境有受严重损害之虞的情形下，理事会可不批准开发某些区域。根据第一六五条第 2 款（d）～（h）项，理事会的法律和技术委员会在保护海洋环境方面承担了广泛和详细的责任，并设想了一套专门监测制度（参见前文第 204.1 段）。此外，第一六九条规定，国际海底管理局应同联合国经济及社会理事会承认的国际组织和非政府组织进行协商和合作，其中包括联合国专门机构。

附件三（"区域"探矿、勘探和开发的基本条件）第十七条要求国际海底管理局除其他外，应就防止干扰海洋环境内的其他活动和海洋环境的资源养护和保护制定并划一地适用规则、规章和程序，并在所载条件未能得到遵守的情形下作出适当的制裁。（以上各项都将在本书系第三卷中详细讨论，为完整起见特在本处提及）。

215.7(c). 根据第二九〇条，依据初步证明认为其根据《公约》第十二部分或第十一部分第五节具有管辖权的任何法庭或法庭，可在具体案件中规定其根据情况认为适当的任何临时措施，以（除其他外）防止对海洋环境的严重损害。附件六第二十五条规定，国际海洋法法庭及其海底争端分庭都在该条规定的情形下有上述权力，海底争端分庭在由第十一部分及其有关附件引起的争端中有专属管辖权。

215.7(d). 在第三委员会内就第二一五条的协商是在第一委员会完成对整个第十一部分的协商之前进行的，特别是关于国际海底管理局不同机关的权力、职务和结构。因此，关于第二〇九条的执行的规定没有出现在《公约》中，而是根据第一四五条和上述其他条款的规定，将在适当时候由管理局主管机关制定。与此同时，筹备委员会正在进行这方面的一些初步工作。④

---

④ 这一问题正在引起筹备委员会的注意。大致情况见前文第二〇九条注释④。关于法庭的临时措施，见筹备委员会《国际海洋法法庭规则草案》第一部分：第 1～93 条（由秘书处编制），LOS/PCN/SCN. 4/WP. 2/Rev. l/第一部分（1986 年，油印本）。（第 83～88 条同等地提及了总庭和海底争端分庭）。转载于《第三次联合国海洋法会议筹备委员会文件集》第七卷，第 259、296 页；《荷兰海洋法研究所年鉴》第 2 卷［1986 年］，第 152、181 页。

第二一六条 关于倾倒造成污染的执行

1. 为了防止、减少和控制倾倒对海洋环境的污染而按照本公约制定的法律和规章，以及通过主管国际组织或外交会议制订的可适用的国际规则和标准，应依下列规定执行：

(a) 对于在沿海国领海或其专属经济区内或在其大陆架上的倾倒，应由该沿海国执行；

(b) 对于悬挂旗籍国旗帜的船只或在其国内登记的船只和飞机，应由该旗籍国执行；

(c) 对于在任何国家领土内或在其岸外设施装载废料或其他物质的行为，应由该国执行。

2. 本条不应使任何国家承担提起司法程序的义务，如果另一国已按照本条提起这种程序。

资料来源

1. A/AC. 138/SC. III/L. 43（1973 年，油印本），第 11 条和第 17 条（挪威）。

2. A/CONF. 62/C. 3/L. 4（1974 年），第 3 条，《正式记录》第三卷，第 247~248 页（希腊）。

3. A/CONF. 62/C. 3/L. 5（1974 年），第 1 条，《正式记录》第三卷，第 249 页（以色列）。

4. A/CONF. 62/C. 3/L. 6（1974 年），第 3 条第 3 款（d）项和第 7 条第 2 款，《正式记录》第三卷，第 249~250 页（加拿大、斐济、加纳、圭亚那、冰岛、印度、伊朗、新西兰、菲律宾和西班牙）。

5. A/CONF. 62/C. 3/L. 14/Add. 1（1974 年）（CRP/MP/12/Rev. 1（德意志民主共和国和苏联）），《正式记录》第三卷，第 255、259 页（第三委员会，非正式会议）。

6. A/CONF. 62/C. 3/L. 24（1975 年），第 4 条，《正式记录》第四卷，第 210~211 页（比利时、保加利亚、丹麦、德意志民主共和国、德意志联邦共和国、希腊、荷兰、波兰和英国）。

7. A/CONF. 62/C. 3/L. 27（1975 年），第 5 段，《正式记录》第四卷，第 215 页（希腊）。

8. A/CONF. 62/WP. 8/Part III（非正式单一协商案文，1975 年），第一部分，第 25 条，《正式记录》第四卷，第 171、174 页（第三委员会主席）。

9. A/CONF. 62/WP. 8/Rev. 1/Part III（订正的单一协商案文，1976 年），第 26 条，《正式记录》第五卷，第 173、177 页（第三委员会主席）。

10. A/CONF. 62/WP. 10（非正式综合协商案文，1977 年），第 217 条，《正式记录》第八卷，第 1、38 页。

11. A/CONF. 62/WP. 10/Rev. 1（非正式综合协商案文第一次修订稿，1979 年，油印本），第 216 条。转载在《第三次联合国海洋法会议文件集》第一卷，第 375、470 页。

12. A/CONF. 62/WP. 10/Rev. 2（非正式综合协商案文第二次修订稿，1980 年，油印本），第 216 条。转载在《第三次联合国海洋法会议文件集》第二卷，第 3、99 页。

13. A/CONF. 62/WP. 10/Rev. 3*（非正式综合协商案文第三次修订稿，1980 年，油印本），第 216 条。转载在《第三次联合国海洋法会议文件集》第二卷，第 179、276 页。

14. A/CONF. 62/L. 78（《公约草案》，1982 年），第 216 条，《正式记录》第十五卷，第 172、210 页。

起草委员会

15. A/CONF. 62/L. 67/Add. 8（1981 年，油印本），第 36~40 页。

16. A/CONF. 62/L. 67/Add. 8/Corr. 3（1981 年，油印本），第 1 页。

17. A/CONF. 62/L. 67/Add. 14（1981 年，油印本），第 17 页。

18. A/CONF. 62/L. 72（1981 年），《正式记录》第十五卷，第 151 页（起草委员会主席）。

19. A/CONF. 62/L. 142/Add. 1（1982 年，油印本），第 41 页。

20. A/CONF. 62/L. 147（1982 年），《正式记录》第十六卷，第 254 页（起草委员会主席）。

21. A/CONF. 62/L. 152/Add. 25（1982 年，油印本），第 13 页。

22. A/CONF. 62/L. 160（1982 年），《正式记录》第十七卷，第 225 页（起草委员会主席）。

非正式文件

23. CRP/MP/12（1974 年，油印本）。（德意志民主共和国和苏联）。转载在《第三次联合国海洋法会议文件集》第十卷，第 181 页。

24. CRP/MP/12/Rev. 1（1974 年，油印本）。（德意志民主共和国和苏联）。转载在《第三次联合国海洋法会议文件集》第十卷，第 182 页［见上文资料来源 5］。

25. 第 25 条（1976 年，油印本）（关于项目 12 的非正式会议主席）。转载在《第三次联合国海洋法会议文件集》第十卷，第 445 页。

26. 主席的提案（1976 年，油印本），第 25 条（关于项目 12 的非正式会议主席）。转载在《第三次联合国海洋法会议文件集》第十卷，第 448 页。

27. 关于第 26 条的口头提案（1976 年，油印本）。巴基斯坦（第三委员会，非正式会议）。转载在《第三次联合国海洋法会议文件集》第十卷，第 464~465 页。

28. 法国（1977 年，油印本），第 26 条。转载在《第三次联合国海洋法会议文件集》第十卷，第 496 页。

29. 关于第 26 条的口头提案（1977 年，油印本）。巴基斯坦（第三委员会，非正式会议）。转载在《第三次联合国海洋法会议文件集》第十卷，第 497、503 页。

30. 美国（1980 年，油印本），第 216 条。转载在《第三次联合国海洋法会议文件集》第十卷，第 511、527 页。

［注：本条应结合第二一〇条释读。］

评　　注

216. 1. 关于"海洋环境的污染"和"倾倒"为本公约目的的含义，见第一条第 1 款第（4）项和第 5 项（转载于前文第 194.1 段）。

关于倾倒方面的执行的第二一六条为第二一〇条所载的倾倒的规管方面提供了补充。它规定，对于在沿海国领海或其专属经济区内或在其大陆架上的倾倒，应由沿海国执行按照可适用的国际规则和标准制定的国家法律和规章。对于悬挂旗籍国旗帜的船只或在其国内登记的船只和飞机（见上文第 209.11（c）段），旗籍国也承担同样的义务，并且一般而言，对于在任何国家领土内或在其岸外设施装载的废料或其他物质的倾倒，该国也承担这一义务。本条不使任何国家对倾倒事件承担提起司法程序的义务，如果另一国已按照本条提起这种程序。但如果情况有必要，并且如果按照第二三〇条第 3 款的规定，被告的公认权利得到尊重，本条并不妨碍一国这样做。

本书已经提及控制倾倒的全球性和区域性国际公约的存在（例见上文第 210.11（a）段）。1972 年《防止船舶和飞机倾倒废物污染海洋公约》（奥斯陆公约）是对旗籍国、沿海国（在其领海内）和港口国（待倾倒废物的装载港的情形下）的执行权力给予承认的第一项国际条约。在地理和处理事项上范围都更宽的 1972 年《防止倾倒废物及其他物质污染海洋的公约》（伦敦倾废公约）遵循了这一处理做法。

然而，在 1972 年时，对国家管辖范围之外沿海国权利的范围并未作出澄清。因此，《伦敦倾倒公约》（见上文第 XII.25 段和第 210.11（e）段）与 1982 年《联合国海洋法公约》第二三七条（和第三一一条）的共同效果是，1982 年《公约》不妨碍较早的前项公约，而对该较早公约的适用必须符合 1982 年《公约》的一般原则和义务。

此外，此后联合国环境规划署主持下制订的不同区域性公约遵循和发展了这一做法。考虑到海洋法的调整，第二一六条通过明确提及领海、专属经济区和大陆架澄清了这一问题。1972年《伦敦倾倒公约》第七条处理执行问题，规定：

> 1. 每一缔约国应将为实施本公约所必要的措施应用于：
> （a）由船旗国对在其领土内登记或悬挂其旗帜的船只和飞机执行；
> （b）由港口国对在其港口或岸外设施内装载将要倾倒的物质的船只和飞机执行；
> （c）在其管辖下的被认为是从事倾倒活动的所有船舶和航空器，以及固定或浮动平台。
> 2. 每一缔约国应在其领土内采取适当的措施，以防止和处罚违反本公约规定的行为。

大体来说，第二一六条在执行方面规定的义务与1972年公约所规定的一致。

216.2. 就关于倾倒的具体执行规定的最早建议出现在1973年由挪威向海底委员会提交的关于保护海洋环境的条款草案（资料来源1）中。其中第11条建议规定：

> 各国应防止有害废物向管辖区域和公海海洋内的倾倒对海洋环境的污染。
> 为此目的，各国应落实区域性和国际公约制定的规则和规章。

然而，正如第三分委员会第二工作组主席所报告的，该工作组"由于缺乏时间和关于如何反映就这一议题表达的不同意见而产生的程序上的分歧"，未能起草关于执行的条款。[①]

216.3. 在海洋法会议第二次会议上（1974年），明确提及针对倾倒的执行条款的情况并不常见，但这种提及总体上被纳入了当时提出的各种执行条款中。例外之一是希腊的一项提案（资料来源2），它规定：

C. 来自海上倾倒的污染
第3条
为了针对海上倾倒保护和保全海洋环境而按照本公约的规定制定的规则和规章，应依下列规定执行：

（a）应由任何国家在其领土内执行；

（b）对在旗籍国领土内登记或悬挂其旗帜的船只和飞机，应由旗籍国执行；

---

① A/AC.138/SC.III/L.52，第3款，转载在1973年《海底委员会报告》第一卷，第89-90页（第二工作组主席）。

（c）对在沿海国国家管辖下的区域内从事倾倒的船只和飞机，应由沿海国执行；

（d）对在港口国港口或岸外设施内装载将要倾倒的物质的船只和飞机，应由港口国执行。

以色列提交的一项宽泛的提案规定，每个国家应承诺将排放污染物入海的行为立法入罪，使之受到充分处罚（资料来源3）。有10个国家提交的保护海洋环境的区划办法（资料来源4）要求各国对于来自设施或装置的污染，采取"防止意外事件和海上操作安全的措施，特别是关于这种设施和装置的设计、装备、操作和维护的措施"。

德意志民主共和国和苏联（资料来源23和资料来源24）提交了关于沿海国对倾倒的规管的另一项非正式提案，其内容如下：

1. 沿海国应在邻接其领海且从测算领海宽度的基线量起，不得超过……海里的区域内，有权授权和规定废物和其他物质的倾倒，并适当顾及国际上议定的关于这种倾倒的规章。

2. 按照本条第1款进行的废物和其他物质的倾倒，应不妨碍其他国家或国际航行。

然而，在非正式协商的这一阶段，由于注意力都集中在标准问题上，这些提案并没有导致与执行有关的案文。

216.4. 在第三期会议上（1975年），9个欧洲国家关于预防、减少和控制海洋污染的提案（资料来源6）中的第4条规定如下：

倾倒

1. 各国应通过主管国际组织或一般外交会议采取行动，尽快并在其尚未存在的限度内制定国际规章，以防止、减少和控制倾倒造成的海洋污染。

2. 各国应作出规定，以确保非经按照上文第1款所指规章授权不进行倾倒。各国不应以严格程度低于依据上文第1款所指国际条例制定的条件的规定对倾倒的授权。

3. 沿海国在测算领海的基线以外……海里的区域内，有授权废物和其他物质的倾倒的专属权利。为此目的，沿海国可制定和执行关于倾倒的法律和规章，同时适当顾及避免对海洋环境的用途有不当的干扰的必要。

希腊提交了一项关于防止海上倾倒造成的污染的完整方案（资料来源7），其内容如下：该提案第5款处理执行问题，规定：

5. 为了针对海上倾倒保护和保全海洋环境而按照本公约的规定制定的规则和规章，应依下列规定执行：

(a) 应由任何国家在其领土内执行；

(b) 对在从沿海国领海基线量起……海里的区域内从事倾倒的船只、飞机、平台或其他人造结构，应由沿海国执行；

(c) 对在港口国港口或岸外设施内装载将要倾倒的物质的船只和飞机，应由港口国执行；

(d) 对在其领土内登记或悬挂其旗帜的船只和飞机，应由旗籍国执行；

在第三次会议结束时，非正式单一协商案文第三部分（资料来源 8）包括了关于与倾倒有关的执行的以下规定：

为了针对海上倾倒保护和保全海洋环境而按照本公约的规定制定的法律和规章，应依下列规定执行：

(a) 由任何国家在其领土内执行；

(b) 对于在旗籍国领土内登记或悬挂其旗帜的船只和飞机，应由旗籍国执行；

(c) 对在沿海国经济区和大陆架内从事倾倒的船只和飞机，应由沿海国执行；

(d) 对在港口国设施或岸外设施装载的船只和飞机，应由港口国执行。

这一案文高度依循了希腊提案的实质内容。

第三次会议之后，一直在审议海洋污染议题的司法专家非正式小组建议对非正式单一协商案文作如下修订：

为了针对海上倾倒保护和保全海洋环境而按照本公约的规定制定的法律和规章，应依下列规定执行：

(a) 对在沿海国领海或经济区内从事倾倒的船只和飞机，应由沿海国执行；

(b) 对于在旗籍国领土内登记或悬挂其旗帜的船只和飞机，应由旗籍国执行；

(c) 对于在任何国家领土内或在其岸外设施的行为，应由该国执行。

（d）—— ②

该提案略去了关于港口国的（d）款，并颠倒了（a）款和（c）款的顺序。（c）款则经过扩充后，还适用于"在其岸外设施"的行为。

216.5. 在第四期会议上（1976 年），经过就这一条款的非正式协商和谈判，关于项目 12 的非正式会议主席随后提出了一项提案（资料来源 25 和资料来源 26），其内容如下：

> 为了针对海上倾倒保护和保全海洋环境而按照本公约的规定制定的法律和规章，应依下列规定执行：*
>
> （a）对于在沿海国领海或其经济区内或在其大陆架上的倾倒，应由该沿海国执行；
>
> （b）对于在旗籍国领土内登记或悬挂其旗帜的船只和飞机，应由旗籍国执行；
>
> （c）对于在任何国家领土内或在其岸外设施装载废料或其他物质的行为，应由该国执行。

该案文中的脚注（*）注明："本条不应给任何国家规定任何提起司法程序的义务，如果另一国已按照本条规定提起这种程序。"

经过进一步的非正式协商，本案文经过一些修订后，转载于订正的单一协商案文第三部分（资料来源 9），脚注成为新增的第 2 款。其内容如下：

> 1. 为了针对海上倾倒保护和保全海洋环境而按照本公约规定制定的法律和规章，以及通过主管国际组织或外交会议制订的可适用的国际规则和标准，应依下列规定执行：
>
> （a）对于在沿海国领海或其经济区内或在其大陆架上的倾倒，应由该沿海国执行；
>
> （b）对于在旗籍国领土内登记或悬挂其旗帜的船只和飞机，应由旗籍国执行；
>
> （c）对于在任何国家领土内或在其岸外设施装载废料或其他物质的行为，应由该国执行。
>
> 2. 本条不应给任何国家规定任何提起司法程序的义务，如果另一国已按

---

② 《海洋环境的保全》（1976 年，油印本），第 25 条（非正式司法专家小组）。转载在《第三次联合国海洋法会议文件集》第十一卷，第 525、533 页。

照本条规定发起这种程序。

除新增了第 2 款之外，第 1 款经扩充后适用于按照本公约制定的法律和规章，并适用于"通过主管国际组织或外交会议制订的可适用的国际规则和标准"。第 1 款（a）项宽泛地适用于"倾倒"（即所有倾倒），而不是仅从船只和飞机的倾倒。第 1 款（c）项也被扩充，提及"装载废料或其他物质的"行为。

216.6. 在第五期（1976 年）和第六期（1977 年）会议上，巴基斯坦提出增加一个（d）项，以处理管理局在"区域"内的执行问题（资料来源 27 和资料来源 29）。法国建议在倾倒条款中加入海上焚化（资料来源 28），以使之与关于标准的一条的相似提案一致（见上文第 210.7 段）。

然而，这些提案并未获得接受，非正式综合协商案文（资料来源 10）几乎逐字重复了订正的单一协商案文，仅采纳了一些细微的润色性修改，并将其重新编号为第二一七条，将标题定为"关于倾倒的执行"。

根据起草委员会的建议（资料来源 15 至资料来源 20），随后又作了若干润色性修改，包括进一步修改标题和完全改写第 2 款（不过后项调整只是一种语言规范上的修改）。

216.7(a). 早期的提案涵盖了广泛的议题，其中大部分议题最终被纳入《公约》其他条款中。第二一六条中关于有关倾倒的可适用的国际规则和标准的执行的规定是与按照本公约的规定制定的国家法律和规章以及通过主管国际组织或外交会议制订的可适用的国际规则和标准的执行相关的（见上文第 207.7（d）段）。

本条对已出现于第二一七条中的关于船旗国的主要执行义务和第二二○条中的沿海国执行权力的内容几乎没有增加。本条对于一般海洋法的主要创新见于第 1 款（c）项，此处为在其国内发生装载的国家，对于在其岸外设施装载废料或其他物质的行为，规定了执行义务。这一理念本身出现在调整通过倾倒处置废物的较早期条约中。

216.7(b). 一些全球性和区域性公约对倾倒作了详细规定（例见上文第 210.11（a）段和 216.1 段）。因此，针对具体领域的第二三七条和总体上的第三一一条给予在适当情形下按照这两条规定的条件从这些文书中产生的义务以优先地位（参见前文第 XII.25 段和第 210.11（e）段）。

216.7(c). 第二一六条的主旨是针对"倾倒"行为的，而第一条第 1 款第（5）项（a）目（一）明确了自其发生倾倒行为的物体是不重要的，只要倾倒行为是从船只、飞机、平台或其他人造海上结构发生的。

216.7(d). 为第二一六条的目的对外国船只的调查受第二二六条的限制。

第二一七条　船旗国的执行

1. 各国应确保悬挂其旗帜或在其国内登记的船只，遵守为防止、减少和控制来自船只的海洋环境污染而通过主管国际组织或一般外交会议制订的可适用的国际规则和标准以及各该国按照本公约制定的法律和规章，并应为此制定法律和规章和采取其他必要措施，以实施这种规则、标准、法律和规章。船旗国应作出规定使这种规则、标准、法律和规章得到有效执行，不论违反行为在何处发生。

2. 各国特别应采取适当措施，以确保悬挂其旗帜或在其国内登记的船只，在能遵守第 1 款所指的国际规则和标准的规定，包括关于船只的设计、建造、装备和人员配备的规定以前，禁止其出海航行。

3. 各国应确保悬挂其旗帜或在其国内登记的船只在船上持有第 1 款所指的国际规则和标准所规定并依据该规则和标准颁发的各种证书。各国应确保悬挂其旗帜的船只受到定期检查，以证实这些证书与船只的实际情况相符。其他国家应接受这些证书，作为船只情况的证据，并应将这些证书视为与其本国所发的证书具有相同效力，除非有明显根据认为船只的情况与证书所载各节有重大不符。

4. 如果船只违反通过主管国际组织或一般外交会议制订的规则和标准，船旗国在不妨害第二一八、第二二〇和第二二八条的情形下，应设法立即进行调查，并在适当情形下应对被指控的违反行为提起司法程序，不论违反行为在何处发生，也不论这种违反行为所造成的污染在何处发生或发现。

5. 船旗国调查违反行为时，可向提供合作能有助于澄清案件情况的任何其他国家请求协助。各国应尽力满足船旗国的适当请求。

6. 各国经任何国家的书面请求，应对悬挂其旗帜的船只被指控所犯的任何违反行为进行调查。船旗国如认为有充分证据可对被指控的违反行为提起司法程序，应毫不迟延地按照其法律提起这种程序。

7. 船旗国应将所采取行动及其结果迅速通知请求国和主管国际组织。所有国家应能得到这种情报。

8. 各国的法律和规章对悬挂其旗帜的船只所规定的处罚应足够严厉，以防阻违反行为在任何地方发生。

资料来源

1. A／AC. 138／SC. III／L. 28（1973 年，油印本），第 10 条，第 2~3 款（挪威）。

2. A/AC. 138/SC. III/L. 37（1973 年，油印本），第 4 条第（4）款，备选案文二（加拿大）。

3. A/AC. 138/SC. III/L. 40（1973 年，油印本），第 7 条第 1 款和第 18 条（加拿大）。

4. A/AC. 138/SC. III/L. 41（1973 年，油印本），第 24 条（肯尼亚）。

5. A/AC. 138/SC. III/L. 43（1973 年，油印本），第 16 条和第 17 条（特别是第 17 条第 3 款）（挪威）。

6. A/AC. 138/SC. III/L. 48（1973 年，油印本），第 1 条和第 2 条（荷兰）。

7. A/AC. 138/SC. III/L. 52/Add. 1，附件 1（第二工作组第 15 号文件，第三节，备选案文 B 和备选案文 F），转载在 1973 年《海底委员会报告》第一卷，第 91、95、97 页（第二工作组主席）。

8. A/CONF. 62/C. 3/L. 4（1974 年），第 4～6 条，《正式记录》第三卷，第 247～248 页（希腊）。

9. A/CONF. 62/C. 3/L. 7（1974 年），第 1 条和第 2 条，《正式记录》第三卷，第 250 页（德意志联邦共和国）。

10. A/CONF. 62/C. 3/L. 24（1975 年），第 3 条第 6～8 款，《正式记录》第四卷，第 210 页（比利时、保加利亚、丹麦、德意志民主共和国、德意志联邦共和国、希腊、荷兰、波兰和英国）。

11. A/CONF. 62/WP. 8/Part III（非正式单一协商案文，1975 年），第一部分，第 26 条，《正式记录》第四卷，第 171、174 页（第三委员会主席）。

12. A/CONF. 62/WP. 8/Rev. 1/Part III（订正的单一协商案文，1976 年），第 27 条，《正式记录》第五卷，第 173、177 页（第三委员会主席）。

13. A/CONF. 62/L. 18（1976 年），第 18～21 段，《正式记录》第六卷，第 139、141 页（第三委员会主席）。

14. A/CONF. 62/WP. 10（非正式综合协商案文，1977 年），第 218 条，《正式记录》第八卷，第 1、38 页。

15. A/CONF. 62/WP. 10/Rev. 1（非正式综合协商案文第一次修订稿，1979 年，油印本），第 217 条。转载在《第三次联合国海洋法会议文件集》第二卷，第 375、470 页。

16. A/CONF. 62/WP. 10/Rev. 2（非正式综合协商案文第二次修订稿，1980 年，油印本），第 217 条。转载在《第三次联合国海洋法会议文件集》第二卷，第 3、99 页。

17. A/CONF. 62/WP. 10/Rev. 3*（非正式综合协商案文第三次修订稿，1980 年，油印本），第 217 条。转载在《第三次联合国海洋法会议文件集》第二卷，第 179、276 页。

18. A/CONF. 62/L. 78（《公约草案》，1981 年），第 217 条，《正式记录》第十五卷，第 172、210 页。

起草委员会

19. A/CONF. 62/L. 67/Add. 8（1981 年，油印本），第 41～64 页。

20. A/CONF. 62/L. 72（1981 年），《正式记录》第十五卷，第 151 页（起草委员会主席）。

21. A/CONF. 62/L. 142/Add. 1（1982 年，油印本），第 42 页。

22. A/CONF. 62/L. 147（1982 年），《正式记录》第十六卷，第 254 页（起草委员会主席）。

23. A/CONF. 62/L. 152/Add. 25（1982 年，油印本），第 14~16 页。

24. A/CONF. 62/L. 160（1982 年），《正式记录》第十七卷，第 225 页（起草委员会主席）。

非正式文件

25. 欧洲共同体：理事会（1974 年，油印本），第一节和第二节，A 款。转载在《第三次联合国海洋法会议文件集》第十卷，第 407~408 页。

26. 德意志联邦共和国（1974 年，油印本），第 2 条。转载在《第三次联合国海洋法会议文件集》第十卷，第 414 页。

27. 美国（1974 年，油印本），第 9 条。转载在《第三次联合国海洋法会议文件集》第十卷，第 419、424 页。

28. 关于第 27 条的口头提案，第 1~9 款（1976 年，油印本），由德意志联邦共和国和特立尼达和多巴哥提出（第三委员会，非正式会议）。转载在《第三次联合国海洋法会议文件集》第十卷，第 464~465 页。

29. 关于第 27 条的口头提案（1976 年，油印本），由法国、加拿大、丹麦、希腊、西班牙、英国、危地马拉、特立尼达和多巴哥以及苏联提出（第三委员会，非正式会议）。转载在《第三次联合国海洋法会议文件集》第十卷，第 473、475~476 页。

30. 案文汇编（1976 年，油印本），第 27 条第 2、3、6、8 款（关于项目 12 的非正式会议主席）。转载在《第三次联合国海洋法会议文件集》第十卷，第 488 页。

31. 美国（1977 年，油印本），第 27 条第 1、3 款。转载在《第三次联合国海洋法会议文件集》第十卷，第 492~493 页。

32. 美国（1980 年，油印本），第 217 条。转载在《第三次联合国海洋法会议文件集》第十卷，第 511、528 页。

［注：本条应结合第二一一条释读。］

评　注

217. 1. 第二一七条规定了船旗国在执行按照第二一一条制定的法律和规章方面的义务。基于 1958 年《公海公约》第 6 条所表达并在 1982 年《联合国海洋法公约》第九十二和第九十四条中重申的船旗国管辖权的基本概念，第二一七条通过为船旗国规定若干具体义务强化了执行制度的这一核心方面。这样做的意图是确保船旗国执行将来会有效。因此，船旗国有义务作出规定使可适用的国际规则和标准得到有效执行。

本条是对长期存在的对船旗国专属管辖权制度的批评的反应之一，特别是针对所谓"方便旗国"的执行不力。这些批评导致在海底委员会和其他论坛上都提出为船旗国规定执行义务的早期提案。因此，由政府间海洋污染工作组制定并由联合国人类环境会议通过的《海洋污染评估和控制一般原则》中的原则 20 规定：

> 所有国家应确保其登记船舶遵守关于船舶设计和建造、操作程序和其他相关因素的国际上议定的规则和标准。各国应在适当的国际机构中合作制定这种规则、标准和程序。①

这一原则提供了第二一七条第 2 款的基础。

同时，原则 4，即今第二一七条第 8 款的前身，要求各国"确保其国家立法对违反现行海洋污染规章者规定适当的制裁"。

217. 2. 在海底委员会 1973 年会议上，有关于执行船只来源污染标准的若干提案提交给第三分委员会（资料来源 1 至资料来源 6）。它们反映了这样一种普遍接受的理念，即应使船旗国承担执行义务，不论违反行为在何处发生。加拿大提交的一项工作文件（资料来源 1）包含了以下规定：

> 2. 在一国登记的船只或飞机在另一国国家管辖范围包括环境保护区内的情形下，登记国也应有义务确保为保护和保全这种区域内的海洋环境按照本公约采取的措施得到遵守。
>
> 3. 各国应对于以下各项执行为保护和保全海洋环境按照本公约采取的措施：（a）在国家管辖范围以外作业的在其领土内登记的船只和飞机，和（b）在国家管辖范围以外的区域作业的人造结构或平台，在该区域之下的海底的这种人造结构或平台（按照待制订的国际海底制度）处于一国的权力和控制之下的。

此后的一项加拿大文件（资料来源 2）提请注意 1973 年《国际防止船舶造成污染公约》（当时尚为草案形式）的第 4 条和第 8 条。加拿大提案中的第 4 条备选案文二的第 4 款规定：

> （4）缔约国的法律对于对本公约的规定的任何违反行为所规定的处罚应

---

① 《斯德哥尔摩会议报告》附件三，第 73 页。

足够严厉，以防阻任何这种违反行为。对于在缔约国领海外的［任何］违反行为所规定的处罚，其严厉程度不应低于法律对于其领海内的相同违反行为所规定的处罚。

美国提交了一项关于船只来源污染控制标准的制订资格问题的长篇文件。[②]它强调需要所谓的"国际解决办法"，使国际社会的基本利益与海事国家的利益相平衡。它还强调，要求船只遵守几套不同而且可能不一致的标准将是困难的，甚至是不可能的。美国随后提出了一套关于保护海洋环境和防止海洋污染的条款草案（资料来源3），其中载有如下两项关于执行的规定：

第7条：针对船只的普通执行

1. 一国应对在其领土内注册或悬挂其旗帜的船只执行按照本章的规定可适用的标准（以下称这种国家为"船旗国"）。

第18条：处罚

对可适用的国际标准的所有违反行为都应在各国法律下予以禁止。对于这种违反行为规定的处罚，其适用应保证公平待遇、应足够严厉以防阻任何这种违反行为，并在任何情况下都至少应与该国对在其领海内的违反行为所适用的处罚一样严厉。

肯尼亚提出的一套关于预防和控制海洋环境污染的条款草案（资料来源4）在其中第八条中要求所有国家个别或联合地采取措施，防止海洋环境的污染，但没有专门处理船旗国的义务。该提案的第二十四条涉及各国对保护和维护海洋环境的措施的执行。

由挪威（资料来源5）提交的一项工作文件包含了以下规定：

第16条

各国应按照国际法原则对其管辖范围内的区域、人和船舶行使有效控制，以防止对海洋环境的污染。

第17条

执行

1. 各国应确保其国家立法对违反现有海洋污染规章的行为规定适当的制裁。

2. 各国应采取一切适当措施，防止和惩处违反现有海洋污染规章的行为。

3. 船旗国在收到指控在其国内登记的船舶有违反防止污染的规则或规章的行为的报告时，应采取一切适当步骤调查此事、获取必要的证据并起诉违

---

② A/AC.138/SC.III/L.36（1973年，油印本），第三节（美国）。

反行为。

同样的要求也适用于一国收到控诉和报告，指控其管辖范围内的其他活动已造成海洋污染，并且该污染据指控具有有害影响，或一段时间后会影响到其他国家的利益或国际社会的利益的情况。

该系列中的最后几项提案包含在荷兰提出的关于防止来自船舶的海洋污染的国际规定的执行的条款草案中（资料来源6）。该公约第1条和第2条规定：

第1条

1. 对本公约的任何规定的违反行为都应在有关船舶的管理法律下予以禁止，不论违反行为在何地发生。

2. 对关于有害物质或含有这些物质的排放物的排放的本公约的规定、任何其他国际公约或一般接受的国际规则的任何违反行为，不论违反行为在何地发生，还应在第2条的规定的限制下，在任何其他缔约国的法律下予以禁止。

3. 缔约国的法律对于上文第1款和第2款提及的任何违反行为所规定的处罚应足够严厉，以防阻任何这种违反行为。对于在缔约国领海外的违反行为所规定的处罚，其严厉程度不应低于对于其领海内的相同违犯行为所规定的处罚。

第2条

1. 缔约国可在本公约适用的船舶进入其港口或岸外设施时，对该船只或其［船主或］船长所犯的第1条第（2）所禁止的行为提起司法程序。关于这种司法程序的报告应送交船只管理国。

第三分委员会第二工作组在制定关于船只来源污染标准的案文的一般背景下审议了这些提案。其结果被纳入由第二工作组主席编写的一项工作文件中（资料来源7）。该文件第三节备选案文 B 和 E 在第二一七条的语境中尤其重要，其内容如下：③

---

③ 该文件的脚注提示出各代表团的思想和讨论中的要点，其内容如下：

［11.］支持这一备选案文的代表团认为，国际标准应包括特殊领域和问题的特殊标准，同时考虑到具体的生态环境。这些代表团另外指出，各国也可以通过区域性协定行事，制定可适用于这些协定各方的补充或特别标准。

［12.］一些代表团提醒工作组，由于政府间海事协商组织不是处理船只来源污染的唯一机构，应该提及多个国际组织。这些代表团认为，这一案文是不必要的，但如果要采纳含有这些内容的条款草案，就应该规定，国际上制定的标准不应妨碍沿海国制订自己标准的权利。

［13.］一些代表团倾向于在第二句的"登记"一词后加上"或其管辖下的"一句。

［14.］有意见认为，在这些条款草案中提及任何现有的国际组织都妨碍在委员会的另一机关内审议建立国际管理局的问题。

……

［18.］有些代表团建议将"在其管辖下的海洋区域内"一语改为"在其领水内"。

B. 各国应通过主管国际组织［主要为政府间海事协商组织］采取行动，尽快并在其尚未存在的限度内制定国际标准，以防止来自船只的污染。各国应确保其登记船只遵守关于船舶设计、建造、装备、操作、维护和其他相关因素的国际上议定的标准。[11-14]

E. 航行应符合这种管理局通过的根据本公约第……章制订的或载于广泛批准的多边公约中的关于防止污染的一般和无歧视的规则和标准。各国应确保悬挂其旗帜的船只遵守这种标准和规则。在没有管理局通过的或载于广泛批准的国际公约中的有关标准和规则的情形下，沿海国可以就其管辖下的海洋区域内来自船舶的污染的减轻制定合理的无歧视的规章。此外，沿海国还可以制订对管理局通过的或对广泛批准的国际公约所载的规定提供补充的无歧视的规章和规则。[18]

这些条款纳入了要求各国确保"其登记船只"或"悬挂其旗帜的船只"遵守国际上议定的规则和标准，以防止船舶造成海洋污染的规定。尽管如此，在致第三委员会的报告中，第二工作组主席报告说，其小组已开始审议执行问题，但"由于缺乏时间和关于如何反映就这一议题表达的不同意见而产生的程序上的分歧"，其小组未能制定案文草案。④

217. 3. 在大会第二期会议上（1974 年），有若干新提案提出。希腊的一项提案（资料来源 8）所载的几项条款，在处理来自船舶的污染问题方面更为详细：

第 4 条
主要义务

1. 按照本公约的规定制定的针对来自船只的污染保护和保全海洋环境的规章，应由对此具有权利和义务的船旗国主要执行。

2. 经任何国家的公文请求，船旗国有义务对在其领土内登记或悬挂其旗帜的任何船舶的所有人或船长就其被指控的违反这种规章的行为提起诉讼，并将所采取行动在请求国有如此请求的情况下通知请求国。

3. 经适当检查后，船旗国有义务颁发证书，证明在其境内登记或悬挂其旗帜的船舶遵守本条第 1 款所指的规章。其他缔约方应接受在本公约一缔约方授权下正式出具的这种证书，并将其视为与其本国所发的证书具有相同有效性。

---

④　A/AC. 138/SC. III/L. 52，第 3 款，转载在 1973 年《海底委员会报告》第一卷，第 89-90 页（第二工作组主席）。

第 5 条
检查

1. 船旗国有权利和义务对在其境内登记或悬挂其旗帜的船舶在任何地方按照根据本公约制定的规章所规定的定期间隔以及在认为适当的任何其他时间进行检查。

2. 沿海国在另一国领土内登记或悬挂另一国旗帜的船舶在其国家管辖下的区域内造成严重污染的情形下，有权在上述区域内检查这种船只。

3. 港口国有权在其港口或其岸外设施检查任何船舶。

4. 船旗国的定期检查，以及由这种国家进行的任何其他检查可针对船舶的实际情况。沿海国或港口国的检查应限于证实在船上有有效的证书，除非有明显根据认为船只的情况与证书所载细节有重大不符。

第 6 条
司法程序

1. 在一船舶在一缔约国的内水或领海内犯有对关于污染物的海上排放的规章的违反行为的情形下，船旗国、沿海国或经其公文请求的任何港口国可对这种船舶提起诉讼。

2. 在一船舶在一缔约国的经济区内犯有对关于污染物的海上排放的规章的违反行为的情形下，船旗国经违反行为所发生的经济区内的沿海国公文请求应提起诉讼。如果船旗国在收到这种请求后六个月内未采取任何行动，则应由沿海国或经其公文请求的任何港口国提起诉讼。

3. 在一船舶在国家管辖范围以外的区域内犯有对关于污染物的海上排放的规章的违反行为的情形下，应由船旗国自行或经任何缔约国的公文请求提起诉讼。

4. 在一船舶犯有对关于船舶设计、建造、装备、人员配备或排放以外的任何事项的规章的违反行为的情形下，应由船旗国自行或经这种违反行为在其中造成污染或这种污染的严重危险的国家管辖区域内的任何缔约国的公文请求提起诉讼。

德意志联邦共和国（资料来源 9）提交的关于针对船只来源污染保护海洋环境的规章的执行的条款草案是相似的，只是它们主要面向船旗国（因此维持了基于在这些事项中船旗国管辖权居主要地位的处理办法）：

第 1 条

1. 各国应确保悬挂其旗帜的船舶遵守按照本公约制定的规章，并应向这些船舶颁发这种规章中要求或规定的证书。他们应拒绝将悬挂其旗帜的权利授予不遵守这种规章的船舶。

2. 其他国家应接受一国按照本公约向悬挂其旗帜的船舶颁发的证书，并应为本公约所涵盖的一切目的将该证书视为与其本国所发的证书具有相同有效性。

3. 如果一国向一不遵守规章规定的悬挂其旗帜的船舶颁发证书，并且这种船舶造成海洋环境污染，颁发国应对污染事件给其他国家及其国民造成的损害负有国际责任，并应为此支付赔偿，除非污染事件不是由于未能遵守规定造成的。

第 2 条

1. 须持有证书的船舶在缔约国的港口、岸外设施或内水时，须受该国当局的检查。任何这种检查应限于证实在船上有有效的证书，除非有明显根据认为船只或其装备的情况与该证书所载细节有重大不符。

2. 如果有合理根据认为船舶违反了按照本公约制订的排放规章，这种国家也可以检查该船舶以查明其是否违反了这种规章。

3. 如果船舶没有持有有效证书，或者检查表明船舶或其装备的情况与该证书所载细节有重大不符，或船舶违反了公海排放规章，应向船旗国和主管国际组织转交报告，船旗国应采取适当行动。如果检查结果表明船舶在检查国的领海或内水内违反了排放规章，该国当局可以依照其国家法律提起司法或行政程序。

这些条款处理了船旗国向悬挂其旗帜的船只颁发证书以核查对已制订的规章的遵守情况，以及对被认为违反了此类规章的船舶的检查的问题。

第三委员会非正式会议的协商集中于标准问题，但也对船旗国执行的问题进行了一些一般性讨论。欧洲共同体理事会的一份工作文件（资料来源 25）除其他外，讨论了船旗国对其船只所犯违反行为行使起诉和执行权力的问题。德意志联邦共和国的一项条款草案（资料来源 26）处理了各国向"悬挂其旗帜的船舶"颁发证书以确保国际上议定的关于防止来自船舶的海洋污染的规则和标准得到遵守。美国的一项条款草案（资料来源 27）要求各国确保"在其领土内登记或悬挂其旗帜的船只遵守"关于海基海洋污染源的国际标准"。

尽管有这些案文，关于项目 12 的非正式会议主席报告说，对于"标准、管辖权和执行"的项目，非正式会议没有时间制定单一案文，或至少筛选［提交的］备择案文。"⑤

---

⑤ A/CONF.62/C.3/L.14（1974 年），《正式记录》第三卷，第 254-255 页（第三委员会非正式会议）。另见 A/CONF.62/C.3/L.14/Add.1（1974 年），同上，第 255-260 页（第三委员会非正式会议）。

217. 4. 在第三期会议上（1975年），9个欧洲国家的提案（资料来源10）在其第3条中载有关于国旗执行问题的具体规定：

船旗国执行

6. 船旗国应作出规定，使［国家和国际］规章得到有效执行，……不论任何违规行为可能在何处发生。

7. 船旗国经任何国家的公文请求，应调查据指控其船舶所犯的任何违反行为。船旗国如确信有充分证据可对被指控的违反行为提起司法程序，应尽快按照其法律提起这种程序。船旗国应将所采取行动及其结果迅速通知请求国。

8. 船旗国立法下对其本国船舶所规定的处罚应足够严厉，以防阻违反行为，并且不论违反行为在何处发生，均应同等严厉。

第三委员会在其第19和20次会议上对以上条款作了讨论，其中辩论的很大一部分集中在执行责任在船旗国、港口国和沿海国之间责任的分配上。[6]

司法专家非正式小组一直在研究这一问题，但其提出的案文（资料来源10）仅重复了欧洲国家提案中第6款和第7款的主要内容，第6款经修改后内容如下：

各国应确保悬挂其旗帜的船舶遵守关于保全海洋环境的国际规则和标准，并应作出规定，使这种规则和标准得到有效执行，不论任何违规行为可能在何处发生。[7]

非正式单一协商案文第三部分（资料来源11）中关于船旗国执行的条款将本条款采纳为第1款，同时将欧洲国家提案的第7款和第8款采纳为第2款和第3款。故非正式单一协商案文第三部分中的条款内容如下：

1. 各国应确保悬挂其旗帜或在其国内登记的船只，遵守第20条所指的为

---

[6] 例见英国在第三委员会第19次会议上的发言（1974年），第6–10段，《正式记录》第四卷，第83页；比利时，第15段，同上；丹麦，第22段，同上第84页；坦桑尼亚联合共和国第28段，同上；加拿大，第59段，同上，第87页；苏联，第72段，同上。另见新西兰在第二十次会议（1974年）上的发言，第8段，同上，第90页；伊朗，第14段，同上；埃及，第21段，同上，第91页。

[7] 《海洋环境的保全》（1975年4月，油印本），第13条第1款（非正式司法专家小组）。转载在《第三次联合国海洋法会议文件集》第十一卷，第475、477页。该集团的更早提案，见同上（1975年3月，油印本），第13条，第1款，同上，第455、458页；和同上（1975年2月，油印本），第13条，备选案文B，子备选案文1，同上，第412、418页。

保全海洋环境的国际规则和标准，并应作出规定使这种规则和标准得到有效执行，不论违反行为可能在何处发生。

2. 船旗国经任何国家的公文请求，应调查据指控其船舶所犯的任何违反行为。船旗国如确信有充分证据可对被指控的违反行为提起司法程序，应尽快按照其法律提起这种程序。船旗国应将所采取行动及其结果迅速通知请求国。

3. 船旗国立法下对其本国船只所规定的处罚应足够严厉，以防阻违反行为，并且不论违反行为在何处发生，均应同等严厉。

案文中唯一的修改是以"船只（vessel）"代替了"船舶（ship）"（参见前文第 XII. 19 段）。

第三期会议之后，非正式司法专家小组继续进行保全海洋环境的条款方面的工作，并制定了一项提案，该提案扩充了非正式单一协商案文第三部分中关于船旗国执行的条款，其内容如下：

1. 各国应确保悬挂其旗帜或在其国内登记的船只，遵守按照本公约制订的规则、标准、法律和规章，并应采取必要的立法、行政和其他措施，以实施这种规则、标准、法律和规章。船旗国应作出规定使这种规则、标准、法律和规章得到有效执行，不论违反行为在何处发生。

2. 各国应确保悬挂其旗帜或在其国内登记的船只在船上持有第 20 条第 1 款所指的国际规则和标准所要求的各种证书。船旗国应定期检查其船只并证实上述证书与船只的实际情况相符。其他国家应接受这些证书，并应将这些证书视为与其本国所发的证书具有相同效力。

3. 船旗国经任何国家的请求，应调查据指控其船只所犯的任何违反行为。船旗国如认为有充分证据可对被指控的违反行为提起司法程序，应毫不迟延地按照其法律提起这种程序。

船旗国应将所采取行动及其结果迅速通知请求国和主管国际组织。所有国家应能得到这种情报。

4. 船旗国立法下对其本国船只所规定的处罚应足够严厉，以防阻违反行为，并且不论违反行为在何处发生，均应同等严厉。⑧

这一提案引入了船旗国执行方面的几项完善。第 1 款规定，各国应确保可适用的

---

⑧ 《海洋环境的保全》（1976 年，油印本），第 26 条（非正式司法专家小组）。转载在《第三次联合国海洋法会议文件集》第十一卷，第 525、533 页。

规则、标准、法律和规章得到遵守，"并应采取必要的立法、行政和其他措施，以实施这种规则、标准、法律和规章。"第2款是新增加的，要求各国确保"悬挂其旗帜或在其国内登记的船只"按照国际规则和标准"在船上持有……各种证书"。关于定期检查的规定也是新增的。第3款和第4款基本上重复了非正式单一协商案文的第2款和第3款；然而，第3款的细微调整要求船旗国不仅通知请求国对违反行为采取的行动，而且要通知主管国际组织，同时使所有国家能够得到这种情报。

217. 5. 在第四期会议上（1976年），经过非正式协商，这些原则全部被订正的单一协商案文第三部分（资料来源12）采纳。不但如此，该案文还采纳了进一步的修改，大大地扩大了这一条款的范围。修改后的案文内容如下：

1. 各国应确保悬挂其旗帜或在其国内登记的船只，遵守通过主管国际组织或一般外交会议制订的可适用的国际规则和标准以及各该国按照本公约制定的法律和规章，并应采取必要的立法、行政和其他措施，以实施这种规则、标准、法律和规章。船旗国应作出规定使这种规则、标准、法律和规章得到有效执行，不论违反行为在何处发生。

2. 船旗国特别应确保悬挂其旗帜或在其国内登记的船只，如果不能遵守第1款所指的关于防止、减轻和控制来自船舶的污染的国际规则和标准的规定，包括关于船只的设计、建造、装备和人员配备，不得离开其港口。

3. 各国应确保悬挂其旗帜或在其国内登记的船只在船上持有国际规则和标准所规定的各种证书。船旗国应定期检查其船只并证实这种证书与船只的实际情况相符。其他国家应接受这些证书，作为船只情况的证据，并应将这些证书视为与其本国所发的证书具有相同效力，除非有明显根据认为船只的情况与证书所载各节有重大不符。

4. 如果船只违反通过主管国际组织或一般外交会议制订的规则和标准，船旗国在不妨害第28条、第30条和第38条的规定的情形下，应设法立即进行调查，并在适当情形下应对被指控的违反行为提起司法程序，不论违反行为在何处发生，也不论这种违反行为所造成的污染在何处发生或被监测到。

5. 船旗国调查违反行为时，可向提供合作能有助于澄清案件情况的任何其他国家寻求协助。各国应尽力满足船旗国的适当请求。

6. 船旗国经任何国家的请求，应调查据指控其船只所犯的任何违反行为。船旗国如认为有充分证据可对被指控的违反行为提起司法程序，应毫不迟延地按照其法律提起这种程序。

7. 船旗国应将所采取行动及其结果迅速通知请求国和主管国际组织。所有国家应能得到这种情报。

8. 船旗国立法下对其本国船只所规定的处罚应足够严厉，以防阻违反行为，并且不论违反行为在何处发生，均应同等严厉。

与非正式司法专家小组的提案相比，第2、5和6款是新增的，它们都为船旗国规定了执行义务。这一案文的第1款还纳入了遵守主管国际组织"或一般外交会议"制定的规则和标准的概念。

217.6. 在第五期会议上（1976年），协商在非正式会议上继续进行，会上提出了大量建议修改这一条款的口头提案（资料来源28和资料来源29）。但其中大多数仅涉及润色性修改。非正式会议主席对随后的协商作了总结，并提交了对第2、3、6和8款的修订案文，这些案文已被非正式协商接受（资料来源30）。他还在第三委员会第31次会议上总结了非正式协商的结果，指出仍有若干待解决的重要问题。[9] 他关于第27条的报告内容如下：

第27条

64. 建议修改第二十七条第1款的各项提案已被撤回。协商小组未作修改地接受了订正的单一协商案文中出现的该款案文。

65. 协商小组还接受了对第27条第2、3、6、7和8款的［如下修改］：

第27条第2款

66. 船旗国特别应制订适当措施，以确保悬挂其旗帜或在其国内登记的船只，在能遵守第1款所指的关于防止、减轻和控制来自船舶的污染的国际规则和标准的规定，包括关于船只的设计、建造、装备和人员配备的规定以前，禁止其出海航行。

第27条第3款

67. 各国应确保悬挂其旗帜或在其国内登记的船只在船上持有第1款所指的国际规则和标准所规定并依据该规则和标准颁发的各种证书。各国应确保其船只受就定期检查，以证实这些证书与船只的实际情况相符。其他国家应接受这些证书，作为船只情况的证据，并应将这些证书视为与其本国所发的证书具有相同效力，除非有明显根据认为船只的情况与证书所载各节有重大不符。

第27条第6款

68. 船旗国经任何国家的书面请求，应调查据指控其船只所犯的任何违反行为。船旗国如认为有充分证据可对被指控的违反行为提起司法程序，应毫不迟延地按照其法律提起这种程序。

---

⑨ 第三委员会，第31次会议（1976年），第64-70段，《正式记录》第六卷，第105页。

第 27 条第 8 款

69. 船旗国立法下对其本国船只所规定的处罚应足够严厉，以防阻违反行为在任何地方发生。

第 27 条（新条款）

70. 关于在第 27 条中增加一个提及另一国法院接受证据问题的提案，谈判小组达成了一项谅解，即将处理该问题的第 33 条转移到第七节，成为单独的一条。

第三委员会主席在提交会议的正式报告中，如下总结了非正式协商小组对本条的审议结果（资料来源 13）：

第 27 条第 1 款

18. 关于修改［订正的单一协商案文］措辞的各提案已被撤回。

第 27 条第 3 款

19. 对本款的修改对"国际规则和标准所规定并依据该规则和标准颁发的各种证书"的问题作了进一步的详细规定。对船旗国确保进行定期检查以证实证书与船舶实际情况相符的义务也作了进一步澄清。

第 27 条第 6 款

20. 已获得接受的本款修订版规定，船旗国对其船只被指控所犯的违反行为进行调查，须有"书面请求"。

第 27 条第 8 款

21. 对本款的修订对船旗国关于处罚的义务作了澄清，规定其处罚应足够严厉，以防阻违反行为在任何地方发生。

修订后的以上各款基本上只涉及润色性修改；协商产生的实质性修改很少。

217.7. 在第六期会议上（1977 年），美国的一项提案（资料来源 31）未能获得接受。非正式综合协商案文（资料来源 14）因此采纳了非正式会议主席提交的各项润色性修改，同时将该条编号为第 218 条，并给予其今标题。

在非正式综合协商案文第一次修订稿中（资料来源 15），这一条文重新编号为第二一七条，此外没有修改。在非正式综合协商案文第二次修订稿中（资料来源 16），第 1 款和第 4 款中的"一般"一词在英文本中被删去，但后来又被恢复（见上文第 211. 15（e）段）。后来又根据起草委员会的建议（资料来源 19 至资料来源 24）采纳了一些润色性和语言规范上的修改，包括对第 8 款（资料来源 20，第 64 页）的完全改写。

217.8(a). 本条同样与关于标准的制定的第五节有着密切的联系，因而应作为第二一一条的补充而释读。它处理船旗国颁发适当证书和进行定期检查的义务，以及所有船只随时持有这些证件的义务。作为一个整体的本条及其在《公约》中的地位重申了一项规则，即执行船只来源污染规章的主要责任在于船旗国。这对应于并放大了第九十四条对船旗国权力和义务的一般性说明。《公约》本部分其他条款也对船旗国的主要地位给予了承认，特别是第二〇九条第2款、第二一一条第2款和第3款、第二一二条、第二一六条，第二一八条，第二二二条、第二二三条、第二二八条和第二三一条以及第十五部分的第二九二条（关于船只和船员的迅速释放）。不论船只在任何地方，船旗国的这一责任都存在。

217.8(b). 第1款提及船旗国确保悬挂其旗帜或在其国内注册的船只遵守可适用的国际规则和标准的义务。为此目的，可适用的国际规则和标准是指由国际海事组织所制订的，实际上，有关的国际规则和规章见于"73/78 防污公约"或系根据该公约所制订者。这一义务及于所有海洋区域，"不论违反行为在何处发生"。

关于本条第1款和第4款中的"一般外交会议"一语，见上文第211.15（e）段。

217.8(c). 第2款要求船旗国禁止其船只出海航行，除非这些船只遵守关于船只的设计、建造、装备和人员配备的国际规则和标准。在这方面，本款将第九十四条第3款的范围扩大到海洋环境的保护，是对第一九四条（特别是第3款（b）项）所规定的各国一般义务的特殊适用。

217.8(d). 第3款也针对船旗国（最后一句除外），并处理其确保悬挂其旗帜或在其国内登记的船只在船上持有适当证书的义务。本款部分基于"73/78 防污公约"第5条。第3款第二句要求船旗国对悬挂其旗帜或在其国内登记的船舶进行定期检查以证实证书符合船只的实际情况。这也是对"73/78 防污公约"的反映。第三句要求其他国家对这些证书给予充分的信任和承认，"除非有明显根据认为船只的情况与证书所载细节有重大不符。"尽管对"其他国家"一语未作限定，但实际上，考虑到第六节的结构，该语只可能指有权检查证书的国家，即港口国和沿海国。

217.8(e). 第4款在所设想的情形下为船旗国规定了进行调查的义务，[10] 并且如有必要，船旗国还有义务对被指控的发生在外国港口、领海或专属经济区的船只违反行为提起司法程序。不过，该责任（或管辖权）与港口国（根据第二一八条）和沿海国（根据第二二〇条）的责任（或管辖权）是并行的。在所有情况下，与污染事件有关的诉讼程序的提起也受第二二八条的限制。

217.8(f). 第5款体现了第一九四条所载的个别或联合地采取行动以防止、减少和控制任何来源的海洋环境污染的一般原则。该款授权进行调查的船旗国向提供合作能有助于澄清案件情况的任何其他国家请求协助。任何受到这种请求的国家必须尽力满

---

⑩ 关于可以提起何种类型的调查——是刑事、行政的还是其他，没有作出规定。关于本条下的"调查"与附件八第五条下的"事实认定"之间的区别，见本书系第五卷，第450页，第 A. Ⅷ. 8 段。关于"调查"一词的另一处使用，见第二十七条第4款。

足船旗国的适当请求。在大多数情况下，其他国家可能是有关船只最近到访过其港口的国家，但也不排除其他解释。在这方面，第二一七条的这一规定比第二一八条第3款的相应规定更加宽泛，后者只有当船只自愿位于一国港口或岸外设施时才适用。第5款的实际适用应取决于具体个案。

217.8(g). 第6款要求船旗国采取设想的不同行动——调查和在有充分证据的情况下按照本国法律提起司法程序。这些规定意味着法律法规业已存在或将被颁布以落实第二一七条。第6款是仿照"73/78防污公约"第5条第3款制定的。

217.8(h). 第7款规定，船旗国应将所采取的执行行动及其结果迅速通知沿海国和主管国际组织（英文本使用了单数，此处即指国际海事组织）。应使所有国家都能得到这种情报。海事组织已经审议了是否需要特别程序来接收和传播各国按照本款提供的情报。⑪

217.8(i). 第8款是仿照"73/78防污公约"第4条第4款制定的。它要求，船旗国规定的处罚必须"足够严厉，以防阻违反行为在任何地方发生"。根据第二三〇条，在涉及外国船只时，对在领海内和领海以外所犯的违反行为，仅可处以罚款，但在领海内故意和严重地造成污染的行为除外（见下文第230.8（b）段）。

217.8(j). 对于船旗国，第六节的执行条款所基于的假设是每个船旗国对悬挂其旗帜或在其国内登记的船只行使有效的控制。然而，关于船舶的国籍的第九十一条所使用的"国家和船舶之间必须有真正联系"一句，已被认为是模糊的，这便利了使用"方便旗"作为避免遵守各种限制性规定的手段，包括与防止、减少和控制海洋污染有关的规定。1986年，《联合国船舶登记条件公约》在联合国贸易和发展会议的主持下缔结。该公约首次尝试给予关于船舶的国籍的"真正联系"概念实质性含义。如果本公约得到广泛接受，就可以加强船旗国在执行保护和保全海洋环境的国际规则和标准方面的地位，实际上，对于船旗国是有关法律制度的核心要素的对船舶有影响的其他事项，也同样如此。⑫

---

⑪ 见国际海事组织《1982年联合国海洋法公约对国际海事组织的影响》，国际海事组织秘书处研究报告，doc. LEG/MISC/1（1986年，油印本），第64—65页，和第129—131页。转载在《荷兰海洋法研究所年鉴》第3卷[1987年]，第340、363、389页；联合国海洋事务和海洋法司1985—1987年《海洋事务年度回顾：法律和政策的主要文件》第一卷，第123、140、158页。

⑫ UNCTAD doc. TD/RS/CONF/23（1986年，油印本）。转载在《荷兰海洋法研究所年鉴》第2卷[1986年]，第596页；联合国海洋事务和海洋法司1985—1987年《海洋事务年度回顾：法律和政策的主要文件》第一卷，第201页；《国际法资料》第26卷，第1236页（1987年）。

第二一八条　港口国的执行

1. 当船只自愿位于一国港口或岸外设施时，该国可对该船违反通过主管国际组织或一般外交会议制订的可适用的国际规则和标准在该国内水、领海或专属经济区外的任何排放进行调查，并可在有充分证据的情形下，提起司法程序。

2. 对于在另一国内水、领海或专属经济区内发生的违章排放行为，除非经该国、船旗国或受违章排放行为损害或威胁的国家请求，或者违反行为已对或可能对提起司法程序的国家内水、领海或专属经济区造成污染，不应依据第1款提起司法程序。

3. 当船只自愿位于一国港口或岸外设施时，该国应在实际可行范围内满足任何国家因认为第1款所指的违章排放行为已在其内水、领海或专属经济区内发生，对其内水、领海或专属经济区已造成损害或有损害的威胁而提出的进行调查的请求，并且应在实际可行范围内，满足船旗国对这一违反行为所提出的进行调查的请求，不论违反行为在何处发生。

4. 港口国依据本条规定进行的调查的记录，如经请求，应转交船旗国或沿海国。在第七节限制下，如果违反行为发生在沿海国的内水、领海或专属经济区内，港口国根据这种调查提起的任何司法程序，经该沿海国请求可暂停进行。案件的证据和记录，连同缴交港口国当局的任何保证书或其他财政担保，应在这种情形下转交给该沿海国。转交后，在港口国即不应继续进行司法程序。

资料来源

1. A/AC. 138/SC. III/L. 40（1973年，油印本），第7条第2款（a）项和第9~11条（美国）。

2. A/AC. 138/SC. III/L. 43（1973年，油印本），第16条和第17条（挪威）。

3. A/AC. 138/SC. III/L. 48（1973年，油印本），第2条第1款（荷兰）。

4. A/CONF. 62/C. 3/L. 2（1974年），第26条，《正式记录》第三卷，第245、247页（肯尼亚）。

5. A/CONF. 62/C. 3/L. 4（1974年），第5条第3款和第4款，第6条第1款和第2款，《正式记录》第三卷，第247~248页（希腊）。

6. A/CONF. 62/C. 3/L. 24（1975年），第3条第9~14款，《正式记录》第四卷，第210页（比利时、保加利亚、丹麦、德意志民主共和国、德意志联邦共和国、希腊、荷兰、波兰和英国）。

7. A/CONF. 62/WP. 8/Part III（非正式单一协商案文，1975 年），第一部分，第 27 条，《正式记录》第四卷，第 171、175 页（第三委员会主席）。

8. A/CONF. 62/WP. 8/Rev. 1/Part III（订正的单一协商案文，1976 年），第 26 条，《正式记录》第五卷，第 173、177 页（第三委员会主席）。

9. A/CONF. 62/L. 18（1976 年），第 8~15、22~24 款，《正式记录》第六卷，第 139 页（第三委员会主席）。

10. A/CONF. 62/WP. 10（非正式综合协商案文，1977 年），第 219 条，《正式记录》第八卷，第 1、38 页。

11. A/CONF. 62/RCNG/1（1978 年），第三委员会主席向全体会议提交的报告，关于第 219 条的非正式提案（MP/6）（法国），《正式记录》第十卷，第 13、96、108 页。

12. A/CONF. 62/RCNG/2（1978 年），非正式协商主席关于第十二部分的报告，关于第 219 条的提案，《正式记录》第十卷，第 126、196~197 页。

13. A/CONF. 62/WP. 10/Rev. 1（非正式综合协商案文第一次修订稿，1979 年，油印本），第 218 条。转载在《第三次联合国海洋法会议文件集》第一卷，第 375、471 页。

14. A/CONF. 62/WP. 10/Rev. 2（非正式综合协商案文第二次修订稿，1980 年，油印本），第 218 条。转载在《第三次联合国海洋法会议文件集》第二卷，第 3、100 页。

15. A/CONF. 62/C. 3/L. 34 和 Add. 1 和 2（1980 年），附件，《正式记录》第十四卷，第 185、187 页（第三委员会主席）。

16. A/CONF. 62/WP. 10/Rev. 3*（非正式综合协商案文第三次修订稿，1980 年，油印本），第 218 条。转载在《第三次联合国海洋法会议文件集》第二卷，第 179、277 页。

17. A/CONF. 62/L. 78（《公约草案》，1981 年），第 218 条，《正式记录》第十五卷，第 172、210 页。

起草委员会

18. A/CONF. 62/L. 67/Add. 9（1981 年，油印本），第 2~19 页。

19. A/CONF. 62/L. 67/Add. 9/Corr. 1（1981 年，油印本）。

20. A/CONF. 62/L. 67/Add. 16（1981 年，油印本），第 17 页。

21. A/CONF. 62/L. 72（1981 年），《正式记录》第十五卷，第 151 页（起草委员会主席）。

22. A/CONF. 62/L. 152/Add. 25（1982 年，油印本），第 17~18 页。

23. A/CONF. 62/L. 160（1982 年），第 3 款（b）项，《正式记录》第十七卷，第 225 页（起草委员会主席）。

非正式文件

24. 问题纲要（1976 年，油印本），第二部分，第 3 号（关于项目 12 的非正式会议主席）。转载在《第三次联合国海洋法会议文件集》第十卷，第 449~450 页。

25.（美国）。（1976 年，油印本），第 28 条第 1~2 款。转载在《第三次联合国海洋法会议文件集》第十卷，第 453 页。

26. 由法国、德意志联邦共和国、美国、西班牙、利比里亚、意大利、英国和苏联提出的关于第 28 条的口头提案（1976 年，油印本）（第三委员会非正式会议）。转载在《第三次联合国海洋法会议文件集》第十卷，第 464、466~468 页。

27. 由巴基斯坦和突尼斯提出的关于第 28 条第 1 款的口头提案（1976 年，油印本）（第三委员会非正式会议）。转载在《第三次联合国海洋法会议文件集》第十卷，第 473、477 页。

28. 案文汇编（1976 年，油印本），第 28 条第 1 款和第 3 款。（关于项目 12 的非正式会议主席）。转载在《第三次联合国海洋法会议文件集》第十卷，第 488~489 页。

29. 美国（1977 年，油印本），第 28 条第 2~4 款。转载在《第三次联合国海洋法会议文件集》第十卷，第 492~493 页。

30. 法国（1977 年，油印本），第 28 条。转载在《第三次联合国海洋法会议文件集》第十卷，第 494 页。

31. 由英国提出的关于第 28 条的口头提案（1977 年，油印本）（第三委员会非正式会议）。转载在《第三次联合国海洋法会议文件集》第十卷，第 497、503 页。

32. MP/6（1978 年，油印本），第 219 条［法国］（第三委员会，非正式会议）。转载在《第三次联合国海洋法会议文件集》第十卷，第 221 页［见下文资料来源 33］。

33. MP/24（1978 年，油印本），第 219 条（法国）。转载在《第三次联合国海洋法会议文件集》第十卷，第 238、243 页。

34. 美国（1980 年，油印本），第 218 条。转载在《第三次联合国海洋法会议文件集》第十卷，第 511、530 页。

［注：本条应结合第二一一条和第二一九条释读。］

评　注

218. 1. 港口国对关于海洋环境的保护和保全的可适用的国际规则和标准的执行的管辖权在一般国际海洋法中是一个新概念。这一概念本身以一种较有限的方式出现在

"73/78 防污公约"以及一些欧洲内部基于该公约的相关政府间谅解中。① 它是与关于沿海国执行管辖权的条款（见第二二〇条）一起在海底委员会和第三次海洋法会议上制定的，是对为这些目的的船旗国专属管辖权的明显缺陷引起的广泛关注的反应。其中对"在该国内水、② 领海或专属经济区外［英文本为"outside"，法文本为"au-delà"］——即沿海国对其行使主权或具有管辖权的所有海洋区域——一句的谨慎使用，揭示出第二一八条中所固有的创新元素。虽然第二一八条中使用的"船只"一词未加任何限定语，但理当适用于外国船只，而在具有其本国国籍的船只的情形下，港口国将以船旗国的身份行事。

港口国同时也是沿海国，所以"港口国"一语一般应被理解为指某一船只在某一时刻正在前往其港口的国家。

（例外情况是海运船只可以到达的内陆国的内陆港（如瑞士巴塞尔）。港口国和沿海国执行管辖权之间的基本区别在于，正如"沿海国"一语所暗示的，沿海国的执行管辖权涉及在沿海国的内水、领海或专属经济区或在其大陆架上对其法律和规章的违反行为，其适用是为了保护沿海国自己。港口国管辖权则涉及对在港口国内水、领海或专属经济区以外的船只排放执行可适用的国际规则和标准。因此，在某些情况下，港口国的执行管辖权可能与船旗国或另一沿海国的执行管辖权并存。

由于港口国（除拥有海运船只可进入的内陆港的内陆国以外）同时也是沿海国（有时也是船旗国），一国可能能够甚至必须以一种以上的身份对给定的污染事件行事。而这可能会影响第二九七条第 1 款所载的争端解决条款的适用，这些条款在事件发生在专属经济区内的情况下，适用于沿海国本身。然而，根据第二九七条第 1 款（c）项，对沿海国有违反由《公约》所制订或通过主管国际组织或外交会议按照《公约》制定的关于保护和保全海洋环境的特定国际规则和标准的行为的指控，不排除关于导致有拘束力裁判的强制程序的第十五部分第二节（第二八六条至第二九六条）的可使用性（见第五卷，第 105 页，第 297.19 段）。

《公约》在这些事项中对港口国管辖权和沿海国管辖权作出的正式区别直接产生于沿海国对专属经济区管辖权的延伸。港口国的执行管辖权完全有赖于外国船只"自愿"位于一国港口或岸外设施的事实（见下文第 218.9（f）段）。

218.2. 在海底委员会 1973 年会议上，美国在提交第三分委员会的条款草案（资料来源 1）中的第七条第 2 款（a）项中提出一种独立、宽松的港口国执行管辖权。该条

---

① 参见《某些海事当局在维护商船标准方面的谅解备忘录》，海牙，1978 年 3 月（文本见于下议院文件 105-III 号（1978—1979 年），《防止有毒货物货船在英国水域碰撞和搁浅的措施》，第 91 页）；被 1982 年 1 月 26 日于巴黎签署的《港口国管制谅解备忘录》取代，该备忘录适用于西欧部分地区，《国际法资料》第 21 卷，第 1 页（1982 年）。

② 本条与第二一一条第 3 款是第十二部分中对内水仅有的直接提及。"内水"一语定义在《公约》第八条和第五十条中。请注意，在第二二八条中，"外"在英文本中使用的是"beyond"而不是本条中的"outside"，二者在意义上没有差别。

款没有对港口国管辖权和沿海国管辖权作出明确区分，其部分内容如下：

> 2. 一国可对以下各项执行按照本章的规定可适用的标准：
>
> （a）使用其港口或岸外设施的船只……不论违反行为在何处发生（这种国家以下简称"港口国"）［。］

同一条第 2 款（b）项处理对于发生在领海内的违反行为的沿海国执行管辖权。因此显然可见，关于港口国执行的条款最初被视为对船旗国首要责任的主要补充，特别是对于沿海国管辖范围外适用的国际规则和标准，在船旗国一旦未能采取行动或其行动不足以劝阻、防止或惩罚违反行为，特别是违反行为发生在沿海国管辖范围以外的情况下。美国条款草案中的第 9~11 条将港口国的权利和义务扩展至包括拒绝船只进入其港口、向下一个停泊港的港口国通知船只的情况，和对船只据指控的污染违规行为进行调查。

挪威的一项工作文件（资料来源 2）载有两条关于一般执行义务的条款。荷兰提出的一套关于执行的条款草案（资料来源 3）处理了司法程序问题，规定对于违反针对向海洋环境排放有害物质或排放物而制订的国内或国际规则的行为，一国"可在……船舶进入其港口或岸外设施时，对该船只……提起司法程序。"

尽管如此，在致第三委员会主席的说明中，第二工作组主席称，其小组已开始审议执行问题，但"由于缺乏时间和关于如何反映就这一议题表达的不同意见而产生的程序上的分歧"，其小组未能制定关于执行的案文草案。③

218.3. 在海洋法会议第二期会议上（1974 年），肯尼亚提交的条款草案中的第 26 条（资料来源 4）部分内容规定如下：

> 沿海国应对所有船只执行针对海洋环境污染的其国家规章或通过的国际规章，不论船只是位于其港口还是过境……

希腊的一项关于对保护海洋环境的规定的执行的草案（资料来源 5）载有关于港口国执行的具体规定，其内容如下：

第 5 条

> ……
>
> 3. 港口国有权在其港口或其岸外设施检查任何船舶。

---

③ A/AC. 138/SC. III/L. 52，第 3 款，转载在 1973 年《海底委员会报告》第一卷，第 89-90 页（第二工作组主席）。

4. 船旗国的定期检查，以及由这种国家进行的任何其他检查可针对船舶的实际情况。沿海国或港口国的检查应限于证实在船上有有效的证书，除非有明显根据认为船只的情况与证书所载细节有重大不符。

第 6 条

1. 在一船舶在一缔约国的内水或领海内犯有对关于污染物的海上排放的规章的违反行为的情形下，船旗国、沿海国或经其公文请求的任何港口国可对这种船舶提起诉讼。

2. 在一船舶在一缔约国的经济区内犯有对关于污染物的海上排放的规章的违反行为的情形下，船旗国经违反行为所发生的经济区内的沿海国公文请求应提起诉讼。如果船旗国在收到这种请求后六个月内未采取任何行动，则应由沿海国或经其公文请求的任何港口国提起诉讼。

......

除以上外，在本期会议上即没有关于执行问题的其他举动。

218. 4. 在第三期会议上（1975 年），当港口国管辖权和沿海国管辖权的区分变得更加清晰时，9 个欧洲国家在其条款草案的第 3 条提出关于港口国执行的第一项重要提案（资料来源 6），其内容如下：

港口国检查

9. 作为《公约》或其他载有上文第 1 或第 3 款所指的国际规章的文书的缔约方的一国（以下简称“港口国”），如果有合理根据认为当时自愿位于其一港口或一岸外设施的一船舶在过去六个月内违反上文第 4 款所述的规章进行了排放，可立即对违规行为进行彻底的调查。如果港口国从作为《公约》或载有上述国际规章的其他文书的缔约方的另一国或从主管国际组织获得关于这种船舶有这种合理根据的情报，港口国应进行这种调查。

10. 如果港口国已从上文第 9 款提及的另一国或从主管国际组织获得被指控所犯的违反行为的情报，应迅速将调查的结果视具体情况通知该国或该组织，并在任何情况下都应将调查的结果通知有关船舶的船旗国。

港口国执行

11. 作为《公约》或其他载有上文第 1 或第 3 款所指的国际规章的文书的缔约方的一国，如果有合理根据认为当时自愿位于其一港口或一岸外设施的一船舶在过去六个月内违反上文第 4 款所述的任何规章进行了排放，并且由于违反行为，已对或可能对该国的海岸或有关利益造成损害，可在本条以下规定的限制下，对违反行为提起司法程序，并在必要时逮捕有关船舶以进行这种诉讼。

12. 上述第 11 款所规定的港口国权力，也可以在一船舶在以下情形下违反了上述规章的情形下由该国行使：

（a）港口国被作为《公约》或其他载有上文第 1 或第 3 款所指的国际规章的文书的缔约方的一国请求行使上述权力；和

（b）该另一国已通知该港口国，有合理根据认为，由于违反行为，已对或可能对该另一国的海岸或有关利益造成损害。

13. 如果一港口国

（a）收到上文第 12 款所规定的请求；或

（b）按照上文第 11 或 12 款提起任何诉讼程序，包括逮捕船舶

该港口国应迅速将该事实通知船旗国，同时提报关于这一事项的所有相关情报。

这一提案是由英国代表在第三委员会第 19 次会议上正式提出的，[④] 他的说明有助于理解该提案所基于的考虑因素，这些考虑因素为这一问题的讨论奠定了基础。说明中强调，主要义务在于船旗国，其提案的目的是为了满足很多国家为船旗国以外的国家增加执行权力的愿望。但是，关于项目 12 的非正式会议主席的报告并未显示在这些会议上讨论了一般意义上的执行问题或特殊意义上的港口国执行问题。[⑤]

非正式司法专家小组一直在审议的问题也包括对来自船只的污染的执行问题。根据审议的结果，该小组主席编制了关于"港口国执行"的几款条文，作为"建议的讨论依据"，其内容如下：

港口国：

当船只自愿位于一国港口或任何岸外设施时，该国可对该船违反按照本公约的规定制订的关于海洋环境的保全的国际规则和标准或法律和规章的任何排放提起司法程序，[不论违反行为可能在何处发生]。[当违反行为发生在一国领海内或自适当基线起×海里的距离内，或者已对或可能对一国的海岸或有关利益造成损害。]

对于在另一国领海或经济区内发生的违反行为，除非经该国或船旗国请求，或者排放已对或可能对提起司法程序的国家管辖下的区域造成污染，不

---

④　第三委员会，第 19 次会议（1975 年），第 3 和 6-12 段，《正式记录》第四卷，第 82-83 页。关于港口国执行的条款，见丹麦在第 19 次会议上的发言，第 22 段，同上，第 84 页；芬兰，第 24 段，同上；印度，第 36 段，同上，第 85 页；加拿大，第 59 段，同上，第 87 页；苏联，第 72 段，同上。另见利比里亚在第二十次会议（1975 年）上的发言，第 6 段，同上，第 89 页；和新西兰，第 8 段，同上，第 90 页。

⑤　A/CONF. 62/C. 3/L. 15/Add. 1（1975 年），《正式记录》第四卷，第 200 页；和 A/CONF. 62/C. 3/L. 30 和 Add. 1（1975 年），同上。第 219 页（都提交于第三委员会非正式会议）。

应依据本款提起司法程序。

无论何时，当船只位于一港口或岸外设施时，各国经另一国请求，可对认为已在请求国管辖下的区域内发生的违反行为进行调查。当船旗国提交请求时，不论违反行为在何处发生，各国都可进行这种调查。

港口国按照本款提起的任何司法程序，可经利益受到违反行为影响的沿海国请求，移交该沿海国。这种移交应包括缴交港口国当局的任何保证书，之后，在港口国即不应继续进行司法程序。⑥

在第三期会议结束时，第三委员会主席在非正式单一协商案文第三部分（资料来源7）中采纳了一项对港口国和沿海国的执行管辖权不作区分的条款。该案文第27条规定：

1. 当一国有合理根据认为自愿位于其港口或岸外设施的船舶，不论其船旗或登记国如何，违反了国际规则和标准，不论违反行为在何处发生，必须：

（a）立即对违规行为进行彻底的调查；

（b）立即将调查的结果通知有关船旗国和受被指控的违反行为影响的任何国家。

2. 如该船只对海洋环境构成过度危险，沿海国可阻止该船出海航行，但可授权其离开港口或设施前往最近的适当船厂进行维修。

3. 当一沿海国有合理根据认为自愿位于其港口或岸外设施的船只，不论其在哪里登记，在从测算领海的基线量起……海里的区域内进行了构成对国际规则和标准的违反行为的排放，可在第28条［关于沿海国执行］的规定的限制下，按照其法律提起司法程序，并在必要时逮捕该船只。

在第三期会议之后，非正式司法专家小组继续就这一主题进行讨论。在第四期会议（1976年）初期，该小组制定了一个完全修订的案文，内容严格限于港口国管辖范围。其内容如下：

1. 当船只自愿位于一国港口或岸外设施时，该国可对该船违反第20条第1款所指的国际规则和标准进行调查，并可在有充分证据的情形下，提起司法程序，不论违反行为在何处发生。

2. 对于在另一国内水、领海或经济区内发生的违反行为，除非经该国或

---

⑥《海洋环境的保全》（1975年，油印本），第13条第2款（非正式司法专家小组）。转载在《第三次联合国海洋法会议文件集》第十一卷，第475、477页。

船旗国请求，或者违反行为已对或可能对提起司法程序的国家内水、领海或经济区造成污染，不应依据第 1 款提起司法程序。

3. 当船只自愿位于一国港口或岸外设施时，该国应尽一切努力满足任何国家因认为第 20 条第 1 款所指的对国际规则和标准的违反行为已在其内水、领海或经济区内发生而提出的进行调查的请求，并且应尽一切可能，满足船旗国对这一违反行为所提出的进行调查的请求，不论违反行为在何处发生。

4. 港口国按照本款提起的任何司法程序，如果违反行为发生在一沿海国的内水、领海或经济区，可经该国请求，移交该国。为此目的，案件的证据和记录以及缴交港口国当局的任何保证书应移交该沿海国。转交后，在港口国即不应继续进行司法程序。⑦

218. 5. 在第四期会议上（1976 年），关于执行的协商继续在非正式会议上进行。协商要点载于关于项目 12 的非正式会议主席编制的关于船只来源污染的"问题纲要"（资料来源 24）中。关于所谓的"到达港"，讨论显示各国希望有：

到达港

（a）无论何时，当发生违章排放行为时，或经以下国家要求时，采取行政措施并提起司法程序的管辖权：

（1）当发生在内水、领海和专属经济区内的违章排放行为时，沿海国；

（2）当发生违章排放行为时，不论违章排放行为在何处发生，船旗国；

（3）受排放损害或受排放损害威胁的国家，不论违反行为在何处发生。

（b）当船只违反关于船舶适航条件的适用的国际规则和标准并有损害海洋环境的威胁时，经要求或出于自己主动，采取行政措施，阻止船只航行的管辖权。准许该船仅驶往最近的适当修船厂，并在纠正违反行为后，立即释放该船的义务。

非正式会议主席编制该问题纲要之后，几乎没有进行非正式协商，但显然非正式司法专家小组编写的案文为进一步的工作奠定了基础。

在订正的单一协商案文第三部分中（资料来源 8），关于港口国执行的条款几乎逐字重复了非正式司法专家小组的案文，其内容如下：

1. 当船只自愿位于一国港口或岸外设施时，该国可在《公约》本章第八节［保障办法］的规定的限制下，对该船违反通过主管国际组织或一般外交

---

⑦ 同上，（1976 年 3 月，油印本），第 27 条，同上，第 525、535 页。

会议制订的可适用的国际规则和标准的任何排放进行调查，并可在有充分证据的情形下，提起司法程序，不论违反行为在何处发生。

2. 对于在另一国内水、领海或经济区内发生的违章排放行为，除非经该国、船旗国或受违章排放行为损害或威胁的国家请求，或者违反行为已对或可能对提起司法程序的国家内水、领海或经济区造成污染，不应依据第 1 款提起司法程序。

3. 当船只自愿位于一国港口或岸外设施时，该国应尽力满足任何国家因认为第 1 款所指的对国际规则和标准的违反行为已在其内水、领海或经济区内发生而提出的进行调查的请求，并且应尽力满足船旗国对这一违反行为所提出的进行调查的请求，不论违反行为在何处发生。

4. 港口国按照本条提起的任何司法程序，如果违反行为发生在一沿海国的内水、领海或经济区，可经该国请求，移交该国。为此目的，案件的证据和记录以及缴交港口国当局的任何保证书应移交该沿海国。移交后，在港口国即不应继续进行司法程序。

第 1 款中提及国际规则和标准时使用的"通过主管国际组织或一般外交会议制订的"一语是对非正式司法专家小组案文的进一步阐述。对保障办法一节的交叉引用也是新增的。此外，第 3 款中的"应尽一切努力"被修改为"应尽力"。

218.6. 在第五期会议上（1976 年），在非正式会议上口头提出了一些主要涉及润色性修改的非正式提案（资料来源 26 和资料来源 27）。在第三委员会第 31 次会议上，关于项目 12 的非正式会议主席总结了关于这一条款和其他条款的协商结果。关于第 28 条，他作了如下的报告：

71. 协商小组接受了对第 28 条第 1 款的一些修改。但它未能解决该条产生的所有问题。小组接受了以下的修改。

72. 在第 1 款开头，应在"港口"一词之后加上"其他内水"，而在该款末尾，"不论违反行为在何处发生"应改为"在该国内水、领海或专属经济区外"。

73. 小组未能解决第 28 条第 2 款产生的问题。

74. 小组同意了第 28 条第 3 款的下列案文：

当船只自愿位于一国港口、其他内水或岸外设施时，该国应在实际可行范围内满足任何国家因认为第 1 款所指的违章排放行为已在其内水、领海或专属经济区内发生，损害或威胁其内水、领海或专属经济区而提出的进行调查的请求，并且应在实际可行范围内，满足船旗国对这一违反行为所提出的进行调查的请求，不论违反行为在何处发生。

75. 协商小组未能解决与第 28 条第 4 款有关的各种问题。协商小组决定在有机会研究第 30 条 [关于沿海国执行] 时重新审议本条第 2 款和第 4 款。⑧

该主席还指出，仍有若干重要问题有待解决。他表示，除其他外，有必要确定"港口国提起的司法程序是民事还是刑事性质、港口国管辖权的普世性以及制定和适用国际规则和标准所需的被接受程度。

第三委员会主席在提交会议的正式报告中，总结了非正式协商小组对本条的审议结果（资料来源 9，第 22~24 段）：

第 28 条第 3 款

22. 对本条的若干修正案为港口国经任何国家请求调查违章排放行为的义务规定了限定内容。经修改后的案文还规定允许受违章行为"损害或威胁"的国家请求调查。

23. 协商小组未能解决与第 28 条第 4 款有关的各种问题。关于本条第 2 款和第 4 款，小组同意一旦有机会研究第 30 条 [关于沿海国执行] 及其修改建议，应对其重新审议。

他还重申了非正式会议主席的讲话，强调仍有若干重要问题有待解决（资料来源 28）。

218. 7. 在第六期会议上（1977 年），关于执行的协商在非正式会议上继续进行，在会上有几项新的提案提出（资料来源 29 至资料来源 31）。美国和法国提出的提案涉及若干润色性修改（资料来源 29 和资料来源 30），英国提出的提案（资料来源 31）建议增加一个新款，为对违法行为提起司法程序规定时限（这一条款后来被纳入今第二二八条前身中）。

因此，非正式综合协商案文（资料来源 10）采纳了以下条款：

第 219 条　港口国执行

1. 当船只自愿位于一国港口或岸外设施时，该国可对该船违反通过主管国际组织或一般外交会议制订的可适用的国际规则和标准在该国内水、领海或专属经济区外的任何排放进行调查，并可在有充分证据的情形下，提起司法程序。

2. 对于在另一国内水、领海或专属经济区内发生的违章排放行为，除非经该国、船旗国或受违章排放行为损害或威胁的国家请求，或者违反行为已

---

⑧ 第三委员会，第 31 次会议（1976 年），第 71-76 段，《正式记录》第六卷，第 105-106 页。

对或可能对提起司法程序的国家内水、领海或专属经济区造成污染，不应依据第1款提起司法程序。

　　3. 当船只自愿位于一国港口或岸外设施时，该国应在实际可行范围内满足任何国家因认为第1款所指的违反国际规则和标准的排放行为已在其内水、领海或专属经济区内发生，对其内水、领海或专属经济区已造成损害或有损害的威胁而提出的进行调查的请求，并且应在实际可行范围内，满足船旗国对这一违反行为所提出的进行调查的请求，不论违反行为在何处发生。

　　4. 港口国依据本条规定进行的调查的记录，如其经请求，应移交船旗国或沿海国。在本公约本部分第七节的规定的限制下，如果违反行为发生在沿海国的内水、领海或专属经济区内，港口国根据这种调查提起的任何司法程序，经该沿海国请求可暂停进行。案件的证据和记录，连同缴交港口国当局的任何保证书，应移交给该沿海国。移交后，在港口国即不应继续进行司法程序。

这是本条款第一次被明确限于"内水、领海或专属经济区外"，而不再是像先前各案文所规定的那样"不论违反行为在何处发生"地普遍地适用。修改后的案文大大限制了港口国的执行权，反映了第二委员会就沿海国在与其海岸邻接的海洋区域内的管辖权的性质与范围作出的决定；但与此同时，沿海国的执行权得到加强（见第二二〇条）。这一限定被包括在前3款中。第4款被彻底重新起草，并采纳了经沿海国请求暂停司法程序的概念。

218.8. 第七期会议上（1978年），在阿莫柯·卡迪兹号事件发生后（见上文第211.12段），法国提出了一系列修改（资料来源11、资料来源32和资料来源33）。这些修改的主要目的是限制港口国对其经济区外发生的违章排放行为提起司法程序的能力；这种诉讼只能经船旗国请求提起。第三委员会主席在向会议提交的报告中说，由于缺乏时间或意见上的分歧，就这一非正式提案没有形成折中表述（资料来源11，第101、108页）。在第七期会议续会上（1978年），法国撤回了其提案（资料来源12，第197页）。尽管进行了进一步的非正式协商，重新编号为第二一八条的本条未经修改地被非正式综合协商案文第一次修订稿采纳（资料来源13）。在非正式综合协商案文第二次修订稿（资料来源14）中，第1款中的"一般"一词在英文本中被删去，但后来又被恢复（见上文第211.15（e）段）。

采纳起草委员会的若干建议后（资料来源18至资料来源23），本条即最终定型。案文的重新组织及澄清并未影响实质内容。

218.9(a). 第二一八条总体上是面向港口国的，这遵循了第三委员会通常的做法。将本条限于《公约》的港口国缔约方的早期提案没有获得通过，原因是普遍意见认为这一点可以在适用的国际规则和标准中澄清。本条没有减损船旗国在执行管辖权方面的首要地位，而且基本上是许可性的（港口国"可（may）"进行规定的各种行动），尽管曾有早期提案试图使之更加肯定（见上文第218.4段）。

本公约对"排放"一词并没有规定具体的意义。"73/78防污公约"为该公约的目的，在第2条中规定了以下含义：

（a）"排放"一词当与有害物质或含有这种物质的废液相关时，系指不论由于何种原因所造成的船舶排放，包括任何的逸出、排出、溢出、泄漏、泵出、冒出或排空；

（b）"排放"一词不包括下列情况：

① ［伦敦倾倒公约］所指的倾倒；或

② 由于对海底矿物资源的勘探、开发及与之相关联的近海加工处理所直接引起的有害物质的排放；或

③为减少或控制污染的合法科学研究而进行的有害物质排放。

关于"有害物质"的定义，见上文194.9（j）。

218.9(b). 第1款和第2款共同澄清了这种港口国管辖权只能"当船只自愿位于一国港口或岸外设施时"，方可对港口国管辖权外部界限以外的水域内的排放行使（这些区域内的对港口国有害的污染事件，属于第二二〇条的范围）。如果港口国被要求对另一国的内水、领海或专属经济区内的违章排放行为提起司法程序，只能经该另一国或船旗国或受违章排放行为损害或威胁的国家请求方可如此行事。港口国的执行管辖权也可以在违反行为已对或可能对港口国内水、领海或专属经济区造成污染的情况下行使（第2款对此处的"污染"概念未加任何限制）。与第二一六条不同，第二一八条（和第二二〇条）没有明确提及大陆架；然而，在此处的语境下是无需作这种提及的。根据第五十六条第5款，如果沿海国建立专属经济区，根据该事实本身（*ipso facto*）该区域即包括其下方的大陆架。如果沿海国不采取这种行动，其领海以外的水域将属于大陆架上覆的公海。

218.9(c). 根据第3款的规定，港口国在满足对第1款所指的违章排放行为进行调查的请求时，只需"在实际可行范围内"即可。对于船旗国提出的请求，也适用同样的规则，不论违反行为在何处发生。

218.9(d). 第4款应结合处理与按照第十二部分提起的司法程序有关的多种保障办法的第二二三条至第二三三条一同释读。第二二六条对外国船只的调查作了更加具体的规定，要求对扣留的船只应及时释放，第二九二条中再次出现了这一要求。经过扩充的"任何保证书或其他财政担保（any bond or other financial security）"一句（参见第七十三条第2款）是在制定本条的最后阶段提出的。其意图旨在避免不同法律制度可能给"bond"（及其在《公约》其他有效文本中的等同用语）一词附加的任何技

术法律内涵。

218.9(e). 在整个第二一八条中，所设想的违反行为是对"可适用的国际规则和标准"的违反行为。虽然这可能预先假定国际规则和标准已能够转化为程序性目的的国内法规范（包括处罚），但在实质上，港口国的行为若要属于第二一八条的范围，就必须针对违反适用的国际规则和标准的行为。

218.9(f). 在所有情况下，船只必须"自愿"位于港口国的港口或岸外设施。这是港口国管辖权的必要组成部分，不同于沿海国管辖权。会议记录上未载有对"自愿"一语的解释，但反推可知，该语当排除船只由于不可抗力或遇难或为救助遇险或遭难的人员、船舶或飞机的目的而进入港口或岸外设施（第十八条第2款和第三十九条第1款（c）项和第2款（b）项）（见上文第218.1段）。建议删去该语的非正式提案都没有获得足够的支持。

218.9(g). 关于单数名词"组织"在本条中的使用，见上文第207.7（d）段。

218.9(h). 为第二一八条的目的对外国船只的调查⑨受第二二六条的限制。

---

⑨ 关于本条下的"调查"与附件八第五条下的"事实认定"之间的区别，见本书系第五卷，第450页，第A. VIII. 8段。另见前文第217.8（e）段。

第二一九条　关于船只适航条件的避免污染措施

在第七节限制下，各国如经请求或出于自己主动，已查明在港口或岸外设施的船只违反关于船只适航条件的可适用的国际规则和标准从而有损害海洋环境的威胁，应在实际可行范围内采取行政措施以阻止该船航行。这种国家可准许该船仅驶往最近的适当修船厂，并应于违反行为的原因消除后，准许该船立即继续航行。

资料来源

1. A/AC. 138/SC. III/L. 40（1973 年，油印本），第 27 条（美国）。

2. A/CONF. 62/C. 3/L. 24（1975 年），第 3 条第 18 款，《正式记录》第四卷，第 210~211 页（比利时、保加利亚、丹麦、德意志民主共和国、德意志联邦共和国、希腊、荷兰、波兰和英国）。

3. A/CONF. 62/WP. 8/Part III（非正式单一协商案文，1975 年），第一部分，第 27 条第 2 款和第 29 条，《正式记录》第四卷，第 171、175 页（第三委员会主席）。

4. A/CONF. 62/WP. 8/Rev. 1/Part III（订正的单一协商案文，1976 年），第 29 条，《正式记录》第五卷，第 173、178 页（第三委员会主席）。

5. A/CONF. 62/WP. 10（非正式综合协商案文，1977 年），第 220 条，《正式记录》第八卷，第 1、38 页。

6. A/CONF. 62/WP. 10/Rev. 1（非正式综合协商案文第一次修订稿，1979 年，油印本），第 219 条。转载在《第三次联合国海洋法会议文件集》第一卷，第 375、472 页。

7. A/CONF. 62/WP. 10/Rev. 2（非正式综合协商案文第二次修订稿，1980 年，油印本），第 219 条。转载在《第三次联合国海洋法会议文件集》第二卷，第 3、101 页。

8. A/CONF. 62/C. 3/L. 34 和 Add. 1 和 2（1980 年），附件，《正式记录》第十四卷，第 185~186 页（第三委员会主席）。

9. A/CONF. 62/WP. 10/Rev. 3*（非正式综合协商案文第三次修订稿，1980 年，油印本），第 219 条。转载在《第三次联合国海洋法会议文件集》第二卷，第 179、278 页。

10. A/CONF. 62/L. 78（《公约草案》，1981 年），第 219 条，《正式记录》第十五卷，第 172、210 页。

起草委员会

11. A/CONF. 62/L. 67/Add. 9（1981 年，油印本），第 20~27 页。

12. A/CONF. 62/L. 72（1981 年），《正式记录》第十五卷，第 151 页（起草委员会主席）。

13. A/CONF. 62/L. 152/Add. 25（1982 年，油印本），第 19~20 页。

14. A/CONF. 62/L. 160（1982 年），《正式记录》第十七卷，第 225 页（起草委员会主席）。

非正式文件

15. 问题纲要（1976 年，油印本），第二部分，项目 3（b）（关于项目 12 的非正式会议主席）。转载在《第三次联合国海洋法会议文件集》第十卷，第 449~450 页。

16. 由德意志联邦共和国提出的关于第 29 条的口头提案（1976 年，油印本）（第三委员会非正式会议）。转载在《第三次联合国海洋法会议文件集》第十卷，第 464、468 页。

17. 由德意志联邦共和国和法国提出的关于第 29 条的口头提案（1977 年，油印本）（第三委员会非正式会议）。转载在《第三次联合国海洋法会议文件集》第十卷，第 497、503 页。

评　　注

219. 1. 第二一九条是一项附加和补充性条款，虽然主要是补充第二一八条中关于港口国管辖权的规定，但也与第二二〇条中关于沿海国管辖权的规定密切相关。第二一八条涉及关于排放的国际规则和标准，第二二〇条涉及以更一般的方式与污染的防止、减轻和控制相关的规则和标准。第二一九条则以采取基于关于船只适航性的国际规则和标准的行政措施为中心，作为避免损害海洋环境的手段，因此不像第二一八条或第二二〇条的限制性那样强。

219. 2. 关于在如迅速释放一船只可能对海洋环境构成不合理的损害威胁时持续扣留该船只的概念，首先出现在美国于海底委员会 1973 年会议上提出的关于保护海洋环境的条款草案中的第 17 条中（资料来源 1）。该条的重点是在执行问题的一般语境下的迅速释放船只问题，其例外是释放可能对海洋环境引起不合理的损害威胁或适用的国际标准要求或授权采取其他行动的情形。该提案内容如下：

第 17 条　船只的释放

应准许船只继续其航行，并且其扣留不得超过其为调查目的而在场所必需的时间。如果调查未显示有违反根据本章的规定可适用的标准的行为，应迅速释放船只。如果仍有理由认为发生了违反行为，船只应依提供保证书等合理程序迅速予以释放，除非这种释放可能对海洋环境引起不合理的损害威胁或适用的国际标准要求或授权采取其他行动。

在致第三分委员会主席的说明中，第二工作组主席称，其小组已开始审议关于执行的条款，但"由于缺乏时间和关于如何反映就这一议题表达的不同意见而产生的程序上的分歧"，其小组未能制定关于执行的案文草案。①

219. 3. 在第三期会议上（1975 年），9 个西欧国家的一项提案（资料来源 2）建议如下规定：

> 在港口国按照本条逮捕船舶的情形下，应迅速以保证书或其他合理担保方式释放船舶……但如果船舶不能在避免对海洋环境引起不合理的损害威胁的情况下出海，应拒绝这种释放。但港口国可准许船舶为驶往最近的可使用的适当修船厂的目的离开港口或岸外设施。

在第三期会议上，没有关于这一问题的正式或非正式协商记录发表。非正式单一协商案文第三部分（资料来源 3）第 27 条第 2 款处理对被认为违反了国际规则和标准的船只的扣留，规定：

> 2. 如该船只对海洋环境构成过度危险，沿海国可阻止该船出海航行，但可授权其离开港口或［离岸］设施前往最近的适当船厂进行维修。

该案文第 29 条与欧洲国家的提案高度相似，但以"沿海国"代替了"港口国"，并澄清了对所需的财政担保的计算。该条文规定：

第 29 条

> 当沿海国按照第 27 条第 3 款逮捕船只或提起司法程序时，如船只所有人或其代理人缴存不超过对该违反行为规定的最高限度的罚金的保证书或其他合理担保，应立即释放船只。如果船舶不能在避免对海洋环境引起过度危险的情况下出海，不应释放该船。但沿海国可准许船舶离开港口或岸外设施以驶往最近的可使用的适当修船厂。

---

① A／AC. 138/SC. Ⅲ/L. 52，第三款，转载在 1973 年《海底委员会报告》第一卷，第 89-90 页（第二工作组主席）。

219.4. 在第四期会议上（1976 年），关于项目 12 的非正式会议主席介绍了一份关于船只来源污染的问题纲要（资料来源 15）（见上文第 218.5 段）。在关于执行的部分，就所谓“到达港”，该主席提到一国“当船只违反关于船舶适航条件的适用的国际规则和标准并有损害海洋环境的威胁时，经要求或出于自己主动，采取行政措施，阻止船只航行的管辖权”。他还提到准许该船“仅驶往最近的适当修船厂，并在纠正违反行为后，立即释放该船”的义务。

经过非正式协商，这一条文得到了实质性的修改，并被订正的单一协商案文第三部分采纳为第 29 条（资料来源 4），其内容如下：

> 在本公约本章第八节［关于保障措施，今第七节］限制下，各国可经请求或出于自己主动，在其港口或岸外设施采取行政措施，阻止违反关于船只适航条件的可适用的国际规则和标准或有损害海洋环境的威胁的船只航行。各国应准许该船仅驶往最近的适当修船厂，或在纠正违反行为后准许该船立即继续航行。

本条的重组涉及将保障船只、其船长及其船员处境的所有要素移入第七节（第二二三条至第二三三条）中。此后的本条即仅限于对适航性的一般要求，作为《公约》执行条款的一项要素。

219.5. 在第五期会议上（1976 年），非正式谈判继续进行，但第三委员会主席报告说，虽然有对订正的单一协商案文第 29 条的若干修改提出，但尚待该委员会的进一步研究。[②]

219.6. 在第六期会议上（1977 年），法国口头提出了一项修改本条款的非正式提案（资料来源 17），内容如下：

> 1. 在《公约》本章第八节的规定限制下，各国如已查明在港口或岸外设施的船只违反关于适航条件的可适用的国际规则和标准或有损害海洋环境的威胁，应采取行政措施以阻止该船航行。这种国家可准许该船仅驶往最近的适当修船厂，并应于纠正违反行为后，准许该船立即继续航行。

这一案文将国家采取行政措施阻止船只航行由国家的权利（“可（may）”）改为国家的义务（“应（shall）”）。

经过非正式协商，法国提案的措辞和语气在经过若干润色性修改后，被非正式综合协商案文（资料来源 5）采纳，其内容如下：

[②] 见 A/CONF. 62/L. 18（1976 年），第 11 段，《正式记录》第六卷，第 139–140 页（第三委员会主席）。

第 220 条　关于船只适航条件的避免污染措施

在本公约本部分第七节的规定限制下，各国如经请求或出于自己主动，已查明在港口或岸外设施的船只违反关于适航条件的可适用的国际规则和标准从而有损害海洋环境的威胁，应在实际可行范围内采取行政措施以阻止该船航行。这种国家可准许该船仅驶往最近的适当修船厂，并应于违反行为的原因纠正后，准许该船立即继续航行。

但采取措施的义务被加上了限定语"在实际可行范围内"。

219.7. 第三委员会主席在其一项提案中建议在条文正文中的"适航条件"一词之前添加"船只"一词，这一建议被非正式综合协商案文第三次修订稿采纳（资料来源9）。采纳起草委员会的若干建议后（资料来源 11 至资料来源 14），本条即最终定型。

219.8(a). 在第九十四条第 3 款（a）项、第二一九条和第二二六条第 1 款（c）项中出现的"适航条件（seaworthiness）"一词的含义来源于一般航海习用。"适航"的基本含义是"具备适宜承受航行和遭遇风暴天气的条件"。③《公约》中的该词，在其语境中并参照第二十一条第 2 款理解，可认为包括船舶或船只的设计、建造、人员配备和装备及其维护标准，特别是其抵御风暴天气的能力。实际上，该语最近被定义为意指"船只的船体和设备、其货物及其存储设施、机组和机组人员被认为足以进行特定的海上航行或被用于特定行业的合理安全和适当的条件"。④ 这一术语也出现在各国的国内立法中，以及私法交易中（如租船合同），当然还有很多国家判例法和法律规章与这一术语的理解有关。

219.8(b). "经请求或出于自己主动"一语在对"在港口或岸外设施的船只"一句使用时，反映了第二一八条规定的港口国管辖权和第二二〇条规定的沿海国管辖权。这可由第二一九条适用时，应维持第七节保障办法的优先地位的明确保留规定证实。而另一方面，出现于第二一八条第二二〇条中的船只需"自愿"位于港口的限定语并未出现在第二一九条中。

219.8(c). 在第二一九条的前提中，港口国的义务是绝对的，在非正式综合协商案文中就以"应（shall）"代替了"可（may）"（见上文第 219.6 段）。然而，在适用这项强制性规则时，只需"在实际可行范围内"。实际上这无异于"实际可行地"。本条是唯一要求直接适用国际规则和标准的条款，一国不因其国家法律的任何规定而免除履行国家义务。

然而，国家的权力仅限于采取"行政措施"，这可能不包括不属于行政措施类别的

---

③　《牛津英语词典》第十四卷，第 820 页（1989 年，第二版）。

④　见 W. A. McEwen 和 A. H. Lewis《航海知识百科全书》第 487 页（1953 年、1985 年）。另见 J. Bes《租船和航运术语》第一卷，第 466 页（日期不详，或为 1977 年）。

正式司法诉讼。对保证书或其他适当财政担保的提及出现在第二一八条第 4 款、第二二六条第 1 款（b）项和第二九二条第 1 款中。

219.8(d). 第二二六条第 1 款（c）项中也出现对海洋环境的损害威胁的概念。该项所规定的通知船旗国的义务通过第二一九条对第七节的提及被纳入第二一九条中。而这又在船旗国主动采取行动的情况下导致对有关船只和船员的迅速释放的第二九二条的适用。

第二二〇条　沿海国的执行

1. 当船只自愿位于一国港口或岸外设施时，该国对在其领海或专属经济区内发生的任何违反关于防止、减少和控制船只造成的污染的该国按照本公约制定的法律和规章或可适用的国际规则和标准的行为，可在第七节限制下，提起司法程序。

2. 如有明显根据认为在一国领海内航行的船只，在通过领海时，违反关于防止、减少和控制来自船只的污染的该国按照本公约制定的法律和规章或可适用的国际规则和标准，该国在不妨害第二部分第三节有关规定的适用的情形下，可就违反行为对该船进行实际检查，并可在有充分证据时，在第七节限制下按照该国法律提起司法程序，包括对该船的拘留在内。

3. 如有明显根据认为在一国专属经济区或领海内航行的船只，在专属经济区内违反关于防止、减少和控制来自船只的污染的可适用的国际规则和标准或符合这种国际规则和标准并使其有效的该国的法律和规章，该国可要求该船提供关于该船的识别标志、登记港口、上次停泊和下次停泊的港口，以及其他必要的有关情报，以确定是否已有违反行为发生。

4. 各国应制定法律和规章，并采取其他措施，以使悬挂其旗帜的船只遵从依据第3款提供情报的要求。

5. 如有明显根据认为在一国专属经济区或领海内航行的船只，在专属经济区内犯有第3款所指的违反行为而导致大量排放，对海洋环境造成重大污染或有造成重大污染的威胁，该国在该船拒不提供情况，或所提供的情报与明显的实际情况显然不符，并且依案件情况确有进行检查的理由时，可就有关违反行为的事项对该船进行实际检查。

6. 如有明显客观证据证明在一国专属经济区或领海内航行的船只，在专属经济区内犯有第3款所指的违反行为而导致排放，对沿海国的海岸或有关利益，或对其领海或专属经济区内的任何资源，造成重大损害或有造成重大损害的威胁，该国在有充分证据时，可在第七节限制下，按照该国法律提起司法程序，包括对该船的拘留在内。

7. 虽有第6款的规定，无论何时如已通过主管国际组织或另外协议制订了适当的程序，从而已经确保关于保证书或其他适当财政担保的规定得到遵守，沿海国如受这种程序的拘束，应立即准许该船继续航行。

8. 第3、第4、第5、第6和第7款的规定也应适用于依据第二一一条第6款制定的国内法律和规章。

资料来源

1. A/AC. 138/SC. III/L. 28（1973 年，油印本），第 10 条第 1 款（加拿大）。

2. A/AC. 138/SC. III/L. 40（1973 年，油印本），第 7 条第 2 款（b）（美国）。

3. A/AC. 138/SC. III/L. 41（1973 年，油印本），第 23 条（肯尼亚）。

4. A/AC. 138/SC. III/L. 43（1973 年，油印本），第 16 条和第 17 条（挪威）。

5. A/AC. 138/SC. III/L. 46（1973 年，油印本），第 4、6、7、9 条（法国）。

6. A/AC. 138/SC. III/L. 48（1973 年，油印本），第 2 条第 4 款（a）项和（b）项（荷兰）。

7. A/AC. 138/SC. III/L. 49（1973 年，油印本）（日本）。

8. A/AC. 138/SC. III/L. 56（1973 年，油印本）（澳大利亚、加拿大、哥伦比亚、斐济、加纳、冰岛、伊朗、牙买加、肯尼亚、墨西哥、新西兰、菲律宾和坦桑尼亚联合共和国）。

9. A/CONF. 62/C. 3/L. 2（1974 年），第 26 条，《正式记录》第三卷，第 245、247 页（肯尼亚）。

10. A/CONF. 62/C. 3/L. 4（1974 年），第 4、6 条，《正式记录》第三卷，第 247~248 页（希腊）。

11. A/CONF. 62/C. 3/L. 6（1974 年），第 6 条，第 7 条第 1 款和第 2 款，《正式记录》第三卷，第 249~250 页（加拿大、斐济、加纳、圭亚那、冰岛、印度、伊朗、新西兰、菲律宾和西班牙）。

12. A/CONF. 62/C. 3/L. 7（1974 年），第 2~4 条，《正式记录》第三卷，第 250 页（德意志联邦共和国）。

13. A/CONF. 62/C. 3/L. 24（1975 年），第 3 条第 20~22 款，《正式记录》第四卷，第 210~211 页（比利时、保加利亚、丹麦、德意志民主共和国、德意志联邦共和国、希腊、荷兰、波兰和英国）。

14. A/CONF. 62/WP. 8/Part III（非正式单一协商案文，1975 年），第一部分，第 28 条第 1~4 款和第 30 条，《正式记录》第四卷，第 171、175~176 页（第三委员会主席）。

15. A/CONF. 62/WP. 8/Rev. 1/Part III（订正的单一协商案文，1976 年），第 30 条，《正式记录》第五卷，第 173、178 页（第三委员会主席）。

16. A/CONF. 62/WP. 10（非正式综合协商案文，1977 年），第 221 条，《正式记录》第八卷，第 1、39 页。

17. A/CONF. 62/RCNG/1（1978 年），第三委员会主席向全体会议提交的报告，关于第 221 条第 6 款的条文，和关于第 221 条第 5 款的非正式提案（MP/12）（加拿大、冰岛、特立尼达和多巴哥），和第 8 款（MP/20）（科威特、黎巴嫩、阿拉伯利比亚民众国、摩洛哥、卡塔尔、突尼斯和阿联酋），《正式记录》第十卷，第 13、96、99、105、109 页。

18. A/CONF. 62/RCNG/2（1978 年），第三委员会主席的报告（C. 3/Rep. 1），关于第 221 条第 2、5、6 款的提案，《正式记录》第十卷，第 126、173、180 页。

19. A/CONF. 62/WP. 10/Rev. 1（非正式综合协商案文第一次修订稿，1979 年，油印本），第 220 条。转载在《第三次联合国海洋法会议文件集》第二卷，第 375、472 页。

20. A/CONF. 62/WP. 10/Rev. 2（非正式综合协商案文第二次修订稿，1980 年，油印本），第 220 条。转载在《第三次联合国海洋法会议文件集》第二卷，第 3、101 页。

21. A/CONF. 62/WP. 10/Rev. 3 *（非正式综合协商案文第三次修订稿，1980 年，油印本），第 220 条。转载在《第三次联合国海洋法会议文件集》第二卷，第 179、278 页。

22. A/CONF. 62/L. 78（《公约草案》，1981 年），第 220 条，《正式记录》第十五卷，第 172、211 页。

起草委员会

23. A/CONF. 62/L. 67/Add. 9（1981 年，油印本），第 28~47 页。

24. A/CONF. 62/L. 72（1981 年），《正式记录》第十五卷，第 151 页（起草委员会主席）。

25. A/CONF. 62/L. 152/Add. 25（1982 年，油印本），第 21 页。

26. A/CONF. 62/L. 160（1982 年），《正式记录》第十七卷，第 225 页（起草委员会主席）。

非正式文件

27. 欧洲共同体：理事会（1974 年，油印本），第一部分，第 2 款。转载在《第三次联合国海洋法会议文件集》第十卷，第 407 页。

28. 主席的提案（1976 年，油印本），"执行"，项目 2（关于项目 12 的非正式会议主席）。转载在《第三次联合国海洋法会议文件集》第十卷，第 443 页。

29. 问题纲要（1976 年，油印本），第二部分，项目 2（b）（关于项目 12 的非正式会议主席）。转载在《第三次联合国海洋法会议文件集》第十卷，第 449 页。

30. 美国（1976 年，油印本），第 30 条。转载在《第三次联合国海洋法会议文件集》第十卷，第 453 页。

31. 关于第 30 条的口头提案（1976 年，油印本）由西班牙、德意志联邦共和国、美国、加拿大、苏联、古巴、希腊、比利时、丹麦、法国、意大利、澳大利亚和日本

（第三委员会非正式会议）。转载在《第三次联合国海洋法会议文件集》第十卷，第464、468~471页。

32. 关于第30条的口头提案（1976年，油印本）由古巴、阿根廷、希腊、巴基斯坦、西班牙、比利时、法国和澳大利亚（第三委员会非正式会议）。转载在《第三次联合国海洋法会议文件集》第十卷，第473、477~478页。

33. 美国（1977年，油印本），第30条第2~3、5款。转载在《第三次联合国海洋法会议文件集》第十卷，第492、493页。

34. 主席的报告（1977年，油印本），第30条第7款（关于项目12的非正式会议主席）。转载在《第三次联合国海洋法会议文件集》第十卷，第494页。

35. 关于第30条的口头提案（1977年，油印本）由以色列、丹麦、法国、挪威、希腊和德意志联邦共和国提出（第三委员会非正式会议）。转载在《第三次联合国海洋法会议文件集》第十卷，第497、503~505页。

36. MP/9（1978年，油印本），第221条第6款（美国）。转载在《第三次联合国海洋法会议文件集》第十卷，第224~225页。

37. MP/12（1978年，油印本），第221条第5款（加拿大、冰岛、特立尼达和多巴哥）。转载在《第三次联合国海洋法会议文件集》第十卷，第227页［见上文资料来源17］。

38. MP/20（1978年，油印本），第221条第8款（科威特、黎巴嫩、阿拉伯利比亚民众国、摩洛哥、卡塔尔、突尼斯和阿联酋）。转载在《第三次联合国海洋法会议文件集》第十卷，第234页［见上文资料来源17］。

39. MP/23（1978年，油印本），第221条第6款（非正式会议主席）。转载在《第三次联合国海洋法会议文件集》第十卷，第235~236页。

40. 非正式会议主席（1978年，油印本），第221条第6款。转载在《第三次联合国海洋法会议文件集》第十卷，第508页。

41. MP/24（1978年，油印本），第221条第6款（非正式会议主席）。转载在《第三次联合国海洋法会议文件集》第十卷，第238、240页。

42. 加拿大（1978年，油印本），第221条第5款。转载在《第三次联合国海洋法会议文件集》第十卷，第510页。

43. MP/27（1978年，油印本），第221条第2、5~6款（第三委员会）。转载在《第三次联合国海洋法会议文件集》第十卷，第251~252页。

44. 美国（1980年，油印本），第220条。转载在《第三次联合国海洋法会议文件集》第十卷，第511、532页。

评　　注

220. 1. 第二二〇条脱离了船旗国对在外国领海内或该国专属经济区内航行的悬挂

其旗帜或在其国内登记的船只的专属管辖权原则。其根本方法是一种沿海国的分级反应制度，这种制度取决于排放与该国的接近程度以及认定的损害严重程度。与关于港口国执行的第二一八条一样，第二二〇条试图对沿海国对完全依赖于船旗国执行的制度之低效不力的批评作出回应。

本条确认沿海国有权对在其领海内航行的船只对海洋环境造成的污染采取执行措施，从而呼应了第二十一条第 1 款（f）项——此外，根据第五十六条第 1 款（b）项（3）目，它还承认沿海国对在其专属经济区内航行的船只造成的污染有有限的执行权，以及产生于关于旨在实现专属经济区生物资源最高持续产量的养护措施的第 61 条第 3 款的其他权利。而这又根据第一一九条第 1 款（a）项受在公海生物资源方面适用于所有国家的各种有关环境和经济因素的限制。这可能需要不仅与国际海事组织合作，还需要与粮食及农业组织及其相关机构进行合作。

因此，第二二〇条中关于领海和专属经济区的执行规定必须分别参照《公约》第二部分和第五部分中为这些区域制定的制度进行释读。第二二〇条不适用于构成用于国际航行的海峡的一部分的领海部分；该方面受第二三三条的支配。

220. 2. 在海底委员会 1973 年会议上，几项提案载有关于沿海国在执行防止来自船舶的海洋污染的标准方面的管辖权的规定（资料来源 1 至资料来源 8）。当时沿海国管辖范围超越领海界限的概念仍处于早期发展阶段。这些规定中的大多数提到在领海和不同宽度的毗邻区内允许沿海国执行管辖权，但这些规定都没有区分在领海或领海以外授予的执行权力的范围。唯一的例外是美国提出的条款草案中的第七条第 2 款（资料来源 2），其中只提及一国对"其领海内的船只在该处的违反行为"的执行。

法国提交的一系列条款草案处理的唯一问题是"沿海国为防止海洋污染的目的可行使的权利"（资料来源 5），根据其第 2 条草案，这种权利应在及于领水以外的一个区域内行使。法国草案的第 6 条规定了沿海国对"任何船只或飞机"的违反行为有调查的权力。第 7 条进而规定：

> 依这种调查的权力，有关沿海国的主管当局如果有严肃的理由认为一船只或飞机犯有违反行为，可在对证实存在违反行为看来必要的限度内行使以下权利：
>
> 1. 可命令船只停驶；
> 2. 可为编制包含附属于违反行为调查的事实报告的目的登船。
>
> 根据本条采取的措施不得危及船只或对航行造成危害，也不得不当地延误船只。

这一案文是在第二二〇条中最终建立起来的沿海国在领海以外的执行权力与国际社会维护全球航行系统完整性的利益之间的平衡的初步版本。

日本提交的一项草案（资料来源 7）与这种做法不同，它提出将沿海国在领海外部界限以外有限距离内的区域内的执行权限制在针对违反普遍接受的国际规则和标准的行为，而排除了对沿海国国家法律和规章的执行。同样，沿海国对外国船只进行调查和起诉的权利，只有在存在基于按照普遍接受的国际规则和标准制定的国家立法的充分证据的情形下才会产生。

尽管如此，在致第三分委员会主席的说明中，第二工作组主席称，其小组已开始审议执行问题，但"由于缺乏时间和关于如何反映就这一议题表达的不同意见而产生的程序上的分歧"，其小组未能制定关于执行的案文草案。①

220. 3. 在海洋法会议第二期会议上（1974 年），提交给第三委员会的提案中包含了一些关于沿海国执行的详细文件。肯尼亚条款草案中的第 26 条（资料来源 9）内容如下：

> 沿海国应对所有船只执行针对海洋环境污染的其国家规章或通过的国际规章，不论船只是位于其港口还是过境，还是在其国家管辖范围内从事海洋资源的勘探或开发。

关于执行关于保护海洋环境的条款的希腊条款草案（资料来源 10）更为详细，并在若干处提到了沿海国在执行方面的义务。这一草案的第 5 条第 2 款规定"这种船舶在其国家管辖下的区域内造成严重污染的情形下"给予沿海国在这种区域内检查外国船只的权利。检查的权利限于证实"在船上有有效的证书"，除非有明显根据认为船只的情况与证书所载细节有重大不符。希腊草案中的第 6 条内容如下：

> 1. 在一船舶在一缔约国的内水或领海内犯有对关于污染物的海上排放的规章的违反行为的情形下，船旗国、沿海国或经其公文请求的任何港口国可对这种船舶提起诉讼。
>
> 2. 在一船舶在一缔约国的经济区内犯有对关于污染物的海上排放的规章的违反行为的情形下，船旗国经违反行为所发生的经济区内的沿海国公文请求应提起诉讼。如果船旗国在收到这种请求后六个月内未采取任何行动，则应由沿海国或经其公文请求的任何港口国提起诉讼。
>
> 3. 在一船舶在国家管辖范围以外的区域内犯有对关于污染物的海上排放的规章的违反行为的情形下，应由船旗国自行或经任何缔约国的公文请求提起诉讼。

---

① 见 A/AC. 138/SC. III/L. 52，第 3 款，转载在 1973 年《海底委员会报告》第一卷，第 89-90 页（第二工作组主席）。

4. 在一船舶犯有对关于船舶设计、建造、装备、人员配备或排放以外的任何事项的规章的违反行为的情形下，应由船旗国出于自己主动或经这种违反行为在其中造成污染或这种污染的严重危险的国家管辖区域内的任何缔约国的公文请求提起诉讼。

由 10 个国家集团提交的区划办法条款草案（资料来源 11）规定允许沿海国更宽泛的执法权力。该提案第 6 条和第 7 条的相关部分规定：

第 6 条

沿海国应为保护和保全海洋环境和防止和控制污染的目的在其整个经济区内有这些条款所规定的权利和义务。

第 7 条

1. 在经济区内，沿海国为第 6 条所规定的目的，应按照这些条款，对所有自然人和法人、船只、设施和其他实体，有制定和通过法律和规章以及采取行政和其他措施的管辖权。

2. 沿海国有权在经济区内执行按照本条第 1 款制定的法律和规章。

与之截然不同的是由德意志联邦共和国提交的关于执行关于保护海洋环境免受船舶来源污染的规章的条款草案（资料来源 12），这些条款草案允许沿海国在对外国船舶进行检查后，如检查表明该船舶在检查国内水或领海内违反了排放规章，依照本国法律对其提起司法或行政程序。在所有其他情形下，沿海国最多可以检查船舶以核实其证书，并拒绝没有持有有效证书的船舶进入其港口或岸外设施，或通过其领海。欧洲共同体理事会编写的一份工作文件（资料来源 27）讨论了船旗国和沿海国在船只造成的海洋污染方面的各自管辖权。

然而，此期会议上第三委员会内进行的非正式协商没有产生案文。

220. 4. 在第三期会议上（1975 年），9 个欧洲国家的一项草案（资料来源 13）虽然包含了关于港口国执行的冗长建议（见上文第 218.4 段），但似乎在港口国管辖权中包含了沿海国执行权。不过，该案文第 3 条第 20～22 款建议如下规定：

沿海国要求提供情报的权利

20. 作为《公约》或其他载有上文第 1 或第 3 款所指的国际规章的文书的缔约方的一国（以下简称"沿海国"），如果有合理根据认为一船舶违反上文第 4 款所述的规章进行了排放，并且由于违反行为，对该国的海岸或有关利益已经或可能造成损害，可要求该船舶以无线电或其他信令方式提供关于以下各项的情报：

（1）其船名和登记港口，

（2）上次停泊和下次停泊的港口，和

（3）有关国际规章要求提供的与确定是否犯有涉嫌的违反行为有关的其他情报。

21. 船旗国应确保其船舶遵守沿海国根据上文第 20 款提出的任何要求。

22. 如果沿海国行使上文第 20 款规定的其权力，应迅速将受指控的违反行为及其取得的情报通知船旗国，并可将该情报提供给有关船舶下次停泊的港口或港口之一。

在第三委员会第十九次和第二十次会议上进行了大量关于港口国、船旗国和沿海国执行权力分配的讨论。[2]

与此同时，非正式司法专家小组也一直在审议这一事项，并编制了一项关于沿海国对来自船只的污染的执法的案文，作为建议的讨论依据提出。这一案文处理了很多协商中提出的关切事项，其内容如下：

沿海国：

3. 如有明显根据认为一船只在通过一国领海时，违反按照本公约的规定制定的关于保全海洋环境的国际规则和标准或法律和规章，该国可要求该船只提供情报并可在必要时停止该船的航行并检查该船。在有充分证据时，沿海国可改变该船的航向或驱逐该船或按照其法律提起司法程序。

4. 如有明显根据认为在一国经济区内航行的船只，违反按照本公约的规定制定的关于保全海洋环境的国际规则和标准或法律和规章，该国可要求该船只提供情报并在必要时停止该船的航行并检查该船。如果该船正驶往或驶离该国内水，该国可停止该船的航行并检查该船。

如果在一国经济区内航行的船只，公然犯有违反按照本公约的规定制定的关于排放的国际规则和标准或法律和规章，对海洋环境造成严重损害或严重损害威胁，该国可改变该船的航向使其偏离其经济区或将该船驱逐出其经济区或按照其法律提起司法程序。

5. 如有明显根据认为在第 12 条第 3 款所指的区域内航行的船只，违反按照本公约的规定制定的关于保全海洋环境的国际法律和规章，有关沿海国可

---

② 关于沿海国执行的问题，见英国在第三委员会第十九次会议（1975 年）的发言，第 11 和 12 段，《正式记录》第四卷，第 83 页；芬兰，第 24 段，同上，第 84 页；坦桑尼亚联合共和国，第 31 段，同上，第 85 页；印度，第 38 段，同上；和加拿大，第 60 段，同上，第 87 页。另见利比里亚在第 20 次会议上的发言（1975 年），第 5 段，同上，第 89 页；新西兰，第 7、9 段，同上，第 90 页；伊朗，第 14 段，同上；埃及，第 23 段，同上，第 91 页。

要求该船只提供情报并在必要时停止该船的航行并检查该船。在有充分证据时，沿海国可改变该船的航向或将该船驱逐出该区域或逮捕该船并按照其法律提起司法程序。

6. 沿海国家可在其领海范围外采取防止、减轻或消除由于船只意外事件或任何其他事故，包括对海底资源的勘探或开发造成的事故，造成的对其海岸或相关利益（包括渔业）的严重迫切污染，如果这种意外事件或事故能合理预期造成重大有害后果。

沿海国在采取任何措施前，除需要立即行动的例外情形外，应与利益受到意外事件或事故影响的其他国家协商。

沿海国按照上文第一项采取的措施应与实际或可能发生的损害相称。

各国特别是通过主管国际组织行事的国家，在关于本条所规定的执行措施的国际规章尚不存在的情形下，应尽快制定这种国际规章。

7. 本条不得解释为影响各国对其内水的权利。③

经过正式讨论和非正式协商，非正式单一协商案文第三部分（资料来源14）载有以下关于沿海国执行的规定：

第 28 条

1. 当船只通过一沿海国领海时，违反第 20 条第 1 款所指的国际规则和标准，该国可适用第 27［港口国执行］条所载的措施，不论该船的船旗或登记国如何；

2. 当船只在从一国测算领海的基线量起……海里的区域内进行了违反第 20 条第 1 和第 2 款所载的国际规则和标准的排放，如果该国为载有这些被指控违反的国际规则和标准的公约的缔约方，沿海国可经该国请求，适用第 27 条所载的措施。

3. 当一沿海国逮捕船舶时或根据第 2 款收到另一国的请求时，必须立即将这些事实通知船旗国，同时提送一份报告和所有其他有关情报。

4. 有关沿海国的主管当局编写的报告应转交船旗国。

5. 沿海国不应在按照本条第 2 款通知船旗国之日起 6 个月期间届满前，或在船旗国此前已提起司法程序并且未中止这些程序的情形下在该期间届满后的任何时候，提起除逮捕船舶以外的其他对任何违反行为的司法程序。

6. 沿海国不应在自违反行为之日起 3 年届满后，对违反行为提起司法

---

③ 《海洋环境的保全》（1975 年 3 月，油印本），第八条，第 3-7 款（非正式司法专家小组）。转载在《第三次联合国海洋法会议文件集》第十一卷，第 475、478 页。

诉讼。

7. 沿海国提起的司法程序不应阻止船旗国行使其自己的权力。

8. 如果船旗国已经按照本条的规定对一违反行为提起司法诉讼，则另一国不得再对同一违反行为提起这种司法诉讼。

9. 沿海国只能对任何这种违法行为实施罚款。

第 30 条

1. 当沿海国有合理根据认为船只在从测算领海的基线量起……海里的区域内进行了违反国际规则和标准的排放，不论其船旗或登记国如何，该国可要求该船以无线电或其他通信手段提供情报。

该情报应关于：

（1）该船的识别标志及其登记港，

（2）其上次停泊和下次停泊的港口，

（3）有关国际规章要求提供的使能够确定是否犯有涉嫌的违反行为的其他情报。

2. 前款所指的情报只有在船只在从测算领海的基线量起……海里的区域内的情况下方可要求提供。

（第 28 条第 5~9 款后来被分开成为今第二二八条和第二三〇条的前身条款（参见下文第 228.4 段和第 230.2 段）。

第三期会议之后，非正式司法专家小组在闭会期间会议讨论的基础上编制了第 28 条的修订版，内容如下：

1. 当船只位于一国港口或岸外设施时，该国可对在其领海或经济内发生的任何违反关于防止、减少和控制船只造成的污染的可适用的国际或国内规则、标准、法律或规章的行为提起司法程序。

2. 如有明显根据认为在一国领海内航行的船只，在通过领海时，违反关于防止、减少和控制来自船只的污染的可适用的国际或国内规则、标准、法律或规章，该国可停止该船的航行并检查该船，并可在有充分证据时，改变该船的航向或按照其法律并在下文第 29~39 条 ［今第二二四条至二三三条］的限制下提起司法程序，包括逮捕该船。

3. 如有明显根据认为在一国经济区或领海内航行的船只，在通过经济区时，违反关于防止、减少和控制来自船只的污染的可适用的国际规则和标准，该国可要求该船提供情报，并可在由该船提供的情报和案情证明是合理的情况下，在下文第 29~39 条的限制下，停止该船的航行并检查该船。

当在一国经济区内航行的船只公然犯有严重违反关于排放的可适用的国

273

际规则和标准，对海洋环境造成严重损害或严重损害威胁时，该国可在有充分证据时，改变该船的航向或按照其法律并在下文第 29~39 条的限制下提起司法程序，包括逮捕该船。

4. 如有明显根据认为在第 20 条第 5 款和第 6 款所指的某一明确划定的特别区域航行的船只，违反在该区域内可适用的关于防止、减少和控制来自船只的污染的国际或国内规则、标准、法律或规章，该沿海国可在有充分证据并且该船位于其内水或领海或有关区域时按照其法律，并在下文第二十九至三十九条限制下，提起司法程序，包括逮捕该船。*

5. 本条不得解释为影响各国在其内水适用其船只法律和规章的权利［黑体为原文所加］。④

这一案文扩充了非正式单一协商案文中的一些款，并对其他款作了合并。非正式单一协商案文条文中的其他款则被移入非正式协商组案文中的新增条中。

220.5. 在第四期会议上（1976 年），经过进一步的非正式协商，关于项目 12 的非正式会议主席总结了关于沿海国执行问题的意见（资料来源 28），指出：（1）在领海，沿海国应有"采取行政措施和提起司法程序的管辖权"；（2）在专属经济区，沿海国应有"在发生对专属经济区、领海或内水造成损害或严重威胁的情况下，采取行政措施和提起司法程序的管辖权。"

进一步的非正式协商之后，非正式会议主席分发了一份新的问题纲要（资料来源 29）。这一文件对专属经济区内的执行作了进一步的阐释，有关项目内容如下：

2. 沿海国：

（a）领海。采取行政措施和提起司法程序的管辖权。

（b）专属经济区。船旗国有责任确保其船只对沿海国关于遵守所有国际规则和标准的询查作出回应。在船只拒绝提供沿海国所要求的情报的情况下，登临和检查船只的管辖权。在有公然的大量排放或其他公然的可识别和孤立的违反国际规则和标准的行为并且对沿海国造成严重损害或严重损害威胁的情况下，登临和检查船只的管辖权，除非船只承认违反行为。如果证据证实了违反行为，提起司法程序的权利；但在保证书或其他财政担保经提供后应

---

④ 同上，（1976 年 4 月，油印本），第 28 条，同上，第 525、536 页。该案文脚注内容如下：可能有必要讨论如下的问题：作为关于与来自船舶的海洋污染有关的执行条款的全面折中的一个额外要素，在提案的第 3 款和第 4 款中规定的行使沿海国提起刑事诉讼权力的例外情况，在有关船旗国对其船只的违反行为所造成的损害已承担国际责任的情况下，或者这种损害的赔偿责任已另行通过经认可的国际程序（如保险库）确保的情况下，是否是合理的？

将船只释放。* 在可合理怀疑船只犯有上述违反行为的情况下，沿海国应具有相同的管辖权。

经过非正式协商，在订正的单一协商案文第三部分（资料来源15）中插入了以下的单独一条：

1. 当船只自愿位于一国港口或岸外设施时，该国对在其领海或经济区内发生的任何违反关于防止、减少和控制船只造成的污染的该国按照本公约制定的法律和规章或可适用的国际规则和标准的行为，可在本公约本章第八节的规定限制下，提起司法程序。

2. 如有明显根据认为在一国领海内航行的船只，在通过领海时，违反关于防止、减少和控制来自船只的污染的按照本公约制订的国家法律和规章或可适用的国际规则和标准，该国在不妨害无害通过权的情形下，可就违反行为对该船进行实际检查，并可在有充分证据时，在本公约本章第八节的规定的限制下按照该国法律提起司法程序，包括对该船的逮捕在内。

3. 如有明显根据认为在一国经济区或领海内航行的船只，在经济区内违反关于防止、减少和控制来自船只的污染的按照本公约或可适用的国际规则和标准制订的国家法律和规章，该国可要求该船提供关于该船的识别标志、登记港口、上次停泊和下次停泊的港口，以及其他必要的有关情报，以确定是否已有违反行为发生。

4. 各国应采取措施确保其船只遵从依第3款规定提供情报的要求。

5. 如有明显根据认为在一国经济区或领海内航行的船只，在经济区内违反按照本公约或适用的国际规则和标准制订的国家法律和规章并且该违反行为导致大量排放并对海洋环境造成重大污染，该国在该船拒不提供情况，或所提供的情报与明显的实际情况显然不符，并且依案件情况确有进行检查的理由时，可就有关违反行为的事项对该船进行实际检查。

6. 当在一国经济区或领海内航行的船只，在经济区内公然或严重违反按照本公约或适用的国际规则和标准制订的国家法律和规章并且该违反行为导致的排放对该沿海国的海岸或有关利益，或对其领海或经济区内的任何资源，造成重大损害或有造成重大损害的威胁，该国在有充分证据时，可在本公约本章第八节限制下，按照该国法律提起司法程序。

7. 当船旗国通过适当程序作出确保可适用的国际规则和标准得到悬挂其旗帜或在其国内注册的船只遵守的具体保证，并且对其船只违反这些规则和

---

* 船旗国可以使用国际保险计划以避免逮捕并保障其船只的违反行为所产生的财务责任。

标准的排放造成的污染损失承担赔偿责任或规定有强制性保险计划，并且在不妨害本条所指的沿海国管辖权的情况下，事先确保船舶遵守这种管辖权，尽管有第 6 款的规定，应准许该船继续航行。

8. 第 3、第 4、第 5 和第 6 款的规定也应相应地适用于依据本公约本部分第 21 条第 5 款制订的国内法律和规章。

美国随后提出在案文中作出几处修改（资料来源 30）。其中包括删去第 2、3 和 5 款中的"如有明显根据认为"几个字，以及整个第 7 款。

220.6. 在第五期会议上（1976 年），在非正式会议期间口头提出了各种其他修改提案（资料来源 31 和资料来源 32），主要涉及润色性修改。

220.7. 在第六期会议上（1977 年），协商继续在非正式会议上进行。美国提出在第 2、3 和 5 款中限定执行行动的根据时，用"合理"替代"明显"（资料来源 33），关于项目 12 的非正式会议主席则提出第 7 款的新案文（资料来源 34），内容如下：

> 经主管国际组织制订或另外议定可无需指示船舶进入港口的关于违反行为的保证书或其他适当财政担保的适当程序（其足够条件规定于第 36 条第 1 款［今第二二六条］）后，在这种程序适用的情况下，尽管有第 6 款的规定，应立即准许该船继续航行。

在非正式会议上口头提出了对订正的单一协商案文的更多润色性修改（资料来源 35）。

在进一步就这些提案进行非正式协商之后，非正式综合协商案文产生了如下的第 221 条（资料来源 16）：

第 221 条　港口国执行

1. 当船只自愿位于一国港口或岸外设施时，该国对在其领海或专属经济内发生的任何违反关于防止、减少和控制船只造成的污染的该国按照本公约制订的国家法律和规章或可适用的国际规则和标准的行为，可在本公约本部分第七节的规定限制下，提起司法程序。

2. 如有明显根据认为在一国领海内航行的船只，在通过领海时，违反关于防止、减少和控制来自船只的污染的按照本公约制订的国家法律和规章或可适用的国际规则和标准，该国在不妨害本公约第二部分第三节有关规定的适用的情形下，可就违反行为对该船进行实际检查，并可在有充分证据时，在本公约本部分第七节的规定的限制下按照该国法律提起司法程序，包括对该船的逮捕在内。

3. 如有明显根据认为在一国专属经济区或领海内航行的船只，在专属经济区内违反关于防止、减少和控制来自船只的污染的可适用的国际规则和标准或符合这种国际规则和标准并使其有效的国家法律和规章，该国可要求该船提供关于该船的识别标志、登记港口、上次停泊和下次停泊的港口，以及其他必要的有关情报，以确定是否已有违反行为发生。

4. 船旗国应采取立法、行政和其他措施以使其船只遵从依第 3 款规定提供情报的要求。

5. 如有明显根据认为在一国专属经济区或领海内航行的船只，在专属经济区内违反关于防止、减少和控制来自船只的污染的可适用的国际规则和标准或符合这种国际规则和标准并使其有效的国家法律和规章而导致向海洋环境中的大量排放并对海洋环境造成重大污染，该国在该船拒不提供情况，或所提供的情报与明显的实际情况显然不符，并且依案件情况确有进行检查的理由时，可就有关违反行为的事项对该船进行实际检查。

6. 如有明显根据认为在一国专属经济区或领海内航行的船只，在专属经济区内公然或严重违反关于防止、减少和控制来自船只的污染的可适用的国际规则和标准或符合这种国际规则和标准并使其有效的国内法律和规章，导致的排放对该沿海国的海岸或有关利益，或对其领海或专属经济区内的任何资源，造成重大损害或有造成重大损害的威胁，该国在有充分证据时，可在本公约本部分第七节限制下，按照该国法律提起司法程序。

7. 虽有第 6 款的规定，无论何时如已通过主管国际组织或另外协议制订了适当的程序，从而已经确保关于保证书或其他适当财政担保的规定得到遵守，沿海国如受这种程序的拘束，应立即准许该船继续航行。

8. 第 3、第 4、第 5、第 6 和第 7 款的规定也应相应地适用于依据第 212 条第 5 款制订的国内法律和规章。

主席在介绍非正式综合协商案文时指出，关于船只来源污染的多项提案，特别是有关执法条款的提案"或被撤回，或导致了无结果的辩论"，⑤ 其中包括美国以"合理"代替"明显"的提案。因此，订正的单一协商案文第三部分第 30 条第 7 款成为非正式协商的结果完全支持对其订正的单一协商案文条文作出明确修改的仅有的两项条款中的一项。此时的第 7 款中提到保证书或其他适当财政担保；所有其他修改都是起草性修改或语言规范和技术性修正。因此，关于船只来源污染的折中没有发生结构上的变化。

---

⑤ 见 A/CONF. 6/WP. 10/Add. 1（1977 年），《海洋环境的保护和保全》，《正式记录》第八卷，第 65、69 页（主席）。

220. 8. 在第七期会议上（1978 年），非正式协商集中于第 5 款和第 6 款。加拿大、冰岛和特立尼达和多巴哥提交了对第 5 款（资料来源 37）的改写提案，内容如下：

> 如有明显根据认为在一国专属经济区或领海内航行的船只，在专属经济区内违反关于防止、减少和控制来自船只的污染的可适用的国际规则和标准或符合这种国际规则和标准并使其有效的国家法律和规章而导致向海洋环境的大量排放，或对海洋环境造成重大污染或有造成重大污染的威胁，该国在该船拒不提供情况，或所提供的情报与明显的实际情况显然不符，并且依案件情况确有进行检查的理由时，可就有关违反行为的事项对该船进行实际检查。

该提案的重点是限制可以进行检查的条件，将"大量排放"作为一个单独的构成沿海国检查理由的标准。在第三委员会第三十七次会议上，关于项目 12 的非正式会议主席指出，"根本的问题是，是否只有在违反国际标准或国家规章的情况下，检查才是合理的，还是在为了防止这种违反行为的情况下，检查也是合理的。"[6]

随后，一个由 7 个阿拉伯国家组成的集团建议删去第 8 款（资料来源 38），但对这一提案的讨论未见于会议记录也没有反映在之后的各案文中。

非正式会议主席在第七次会议结束时的报告中载有如下的第 6 款新案文（见资料来源 17、资料来源 39、资料来源 40 和资料来源 41）：

> 如有明显根据认为在一国专属经济区或领海内航行的船只，在专属经济区内违反关于防止、减少和控制来自船只的污染的可适用的国际规则和标准或符合这种国际规则和标准并使其有效的国内法律和规章，导致的排放对该沿海国的海岸或有关利益，或对其领海或专属经济区内的任何资源，造成重大损害或有造成重大损害的威胁，该国在有充分证据时，可在本公约本部分第七节限制下，按照该国法律提起司法程序，包括对该船的逮捕在内。

在关于第七次会议协商结果的报告中（资料来源 17，第 99 和 100 页），第三委员会主席指出，第 6 款的改写提案为达成一致提供了合理的前景，尽管仍存在着保留和反对意见。他特别提到对"明显客观证据"一语中"客观"一词的使用和"该船的逮

---

[6] 第三委员会，第三十七次会议（1978 年），第 11–12 段，《正式记录》第九卷，第 152 页。

捕"一语存在着反对意见。后来，用"拘留（detention）"代替"逮捕"（arresst），⑦
而"客观"一词则保留下来。与此相应，关于提起司法程序的暂停和限制的第二二八
条和关于船只和船员的迅速释放的第二九二条，使用了"扣留（detain）"一词。（另
见下文第 220.11（i）段）在该报告中，加拿大及其他国家的提案（资料来源 37，见
上文）和阿拉伯国家的提案（资料来源 38）被列为由于缺乏时间或意见分歧而未能产
生折中表述的提案。

220.9. 在第七期会议续会上（1978 年），加拿大提交了其所谓的第 5 款"折中"
修改提案（资料来源 42）。在该期会议结束时，第三委员会主席得以在其报告中宣布，
已就第 2、5 和 6 款的新案文达成一致（资料来源 18 和资料来源 43）。达成一致的几款
案文内容如下：

第 2 款

如有明显根据认为在一国领海内航行的船只，在通过领海时，违反关于
防止、减少和控制来自船只的污染的按照本公约制订的国家法律和规章或可
适用的国际规则和标准，该国在不妨害本公约第二部分第三节有关规定的适
用的情形下，可就违反行为对该船进行实际检查，并可在有充分证据时，在
本公约本部分第七节的规定的限制下按照该国法律提起司法程序，包括对该
船的拘留在内。

第 5 款

如有明显根据认为在一国专属经济区或领海内航行的船只，在专属经济
区内违反关于防止、减少和控制来自船只的污染的可适用的国际规则和标准
或符合这种国际规则和标准并使其有效的国家法律和规章而导致向海洋环境
中的大量排放并对海洋环境造成重大污染，该国在该船拒不提供情况，或所
提供的情报与明显的实际情况显然不符，并且依案件情况确有进行检查的理
由时，可就有关违反行为的事项对该船进行实际检查。

第 6 款

如有明显根据认为在一国专属经济区或领海内航行的船只，在专属经济
区内违反关于防止、减少和控制来自船只的污染的可适用的国际规则和标准
或符合这种国际规则和标准并使其有效的国内法律和规章，导致的排放对该
沿海国的海岸或有关利益，或对其领海或专属经济区内的任何资源，造成重
大损害或有造成重大损害的威胁，该国在有充分证据时，可在本公约本部分

---

⑦ 这显然是应利比亚的建议作出的，该国认为："使用'逮捕'一词意味着总需涉及犯罪行为，而污染的风
险也可能来自无辜船只发生的碰撞。"第三委员会，第 38 次会议（1978 年），第 62 段，《正式记录》第九卷，第
162 页。

第七节限制下，按照该国法律提起司法程序，包括对该船的拘留在内。

此外，他还在自己的报告后附上了非正式会议主席的报告，其中说明了阿拉伯国家的提案（资料来源38）已被撤回，加拿大关于第5款的提案（资料来源40）已被新案文取代（资料来源18，第197页）。

220.10. 在第八期会议上（1979年），没有关于本条的正式或非正式讨论的记录发表。根据先前的协商，本条在非正式综合协商案文第一次修订稿（资料来源19）中重新编号为第220条后，形成如下内容：

1. 当船只自愿位于一国港口或岸外设施时，该国对在其领海或专属经济内发生的任何违反关于防止、减少和控制船只造成的污染的该国按照本公约制定的国家法律和规章或可适用的国际规则和标准的行为，可在第七节的规定限制下，提起司法程序。

2. 如有明显根据认为在一国领海内航行的船只，在通过领海时，违反关于防止、减少和控制来自船只的污染的该国按照本公约制订的国家法律和规章或可适用的国际规则和标准，该国在不妨害第二部分第三节有关规定的适用的情形下，可就违反行为对该船进行实际检查，并可在有充分证据时，在第七节限制下按照该国法律提起司法程序，包括对该船的拘留在内。

3. 如有明显根据认为在一国专属经济区或领海内航行的船只，在专属经济区内违反关于防止、减少和控制来自船只的污染的可适用的国际规则和标准或符合这种国际规则和标准并使其有效的国家法律和规章，该国可要求该船提供关于该船的识别标志、登记港口、上次停泊和下次停泊的港口，以及其他必要的有关情报，以确定是否已有违反行为发生。

4. 船旗国应采取立法、行政和其他措施以使其船只遵从依第3款规定提供情报的要求。

5. 如有明显根据认为在一国专属经济区或领海内航行的船只，在专属经济区内违反关于防止、减少和控制来自船只的污染的可适用的国际规则和标准或符合这种国际规则和标准并使其有效的国家法律和规章而导致大量排放，对海洋环境造成重大污染或有造成重大污染的威胁，该国在该船拒不提供情况，或所提供的情报与明显的实际情况显然不符，并且依案件情况确有进行检查的理由时，可就有关违反行为的事项对该船进行实际检查。

6. 如有明显根据认为在一国专属经济区或领海内航行的船只，在专属经济区内违反关于防止、减少和控制来自船只的污染的可适用的国际规则和标准或符合这种国际规则和标准并使其有效的国内法律和规章，导致的排放对该沿海国的海岸或有关利益，或对其领海或专属经济区内的任何资源，造成重大损害或有造成重大损害的威胁，该国在有充分证据时，可在第七节的规定限制下，按照该国法律提起司法程序，包括对该船的拘留在内。

7. 虽有第 6 款的规定，无论何时如已通过主管国际组织或另外协议制订了适当的程序，从而已经确保关于保证书或其他适当财政担保的规定得到遵守，沿海国如受这种程序的拘束，应立即准许该船继续航行。

8. 第 3、第 4、第 5、第 6 和第 7 款的规定也应相应地适用于依据第 211 条第 6 款制订的国内法律和规章。

起草委员会随后建议的若干修改（资料来源 23 至资料来源 26）被纳入《公约草案》（资料来源 22）中，包括对第 3 款的完全重新起草。由于缺乏时间，对美国提出的若干进一步修改（资料来源 44）未作研究。

220.11(a). 在对保持全球航行系统自由与保护和保全海洋环境这一对时常冲突的需求进行调和的总体框架内，本条的复杂性来源于两个更为接近的因素：一个是保持船旗国管辖权的主要地位的总体趋势；另一个是这样一个事实，即沿海国需要保护的一般利益虽然在从其海岸线至其海上管辖权的外部界限之间的范围内很容易确定，但在不同海洋区域内其权利和管辖权则各不相同，包括对其内水和上空的充分主权、在领海内受无害通过权限制的充分主权以及在专属经济区内对资源的主权权利结合一般的海上和空中航行自由。在对第二二〇条的解释和适用中，这些要素占据着中心位置。还应指出的是，与在其他情形下相同，对于用于国际航行的海峡水域，支配规则见第二三三条。

沿海国领土主权对其港口和岸外设施的影响，通过这样的条文得到表达，即当船只自愿位于一国港口或岸外设施时，执行程序主要相关于该国法律以及根据本公约制定的规章，或相关于可适用的国际规则和标准。至于本公约，关于领海的第二十一条第 1 款(f)项、针对群岛水域情形的第五十二条以及针对专属经济区情形的第五十六条第 1 款(b)项(1)目给予沿海国（或群岛国）必要的执行权力，包括立法权力。然而除此之外，第二十四条和第五十二条分别禁止沿海国和群岛国妨碍外国船舶无害通过领海和群岛水域，除按照本公约规定外。特别是，在适用本公约第二十四条时，沿海国不应：

（a）对外国船舶强加要求，其实际后果等于否定或损害无害通过的权利；或

（b）对任何国家的船舶、或对载运货物来往任何国家的船舶或对替任何国家载物的船舶，有形式上或事实上的歧视。

第二十七条规定沿海国不应在通过其领海的外国船舶上行使刑事管辖权，第二二〇

条是对这一一般规定的一项例外。这一例外明确载于第二十七条第5款中。

220. 11 (b)．第 1 款涉及发生在领海或专属经济区（尽管没有提及，但也不妨加入沿海国内水，这一区域通过第七条和第八条的作用，范围可以相当广泛）的"自愿位于一国港口或岸外设施"的船舶的违反行为。

220. 11 (c)．关于本款中的"自愿"一词，见上文第 218. 9 （f）段。在非正式协商时，曾有若干将该词从本条删去的尝试，理由是它构成对沿海国权利的不当干涉，但这些尝试都没有成功。关于"可适用的"一词，见上文第 213. 7 （c）段。

220. 11 (d)．第 2 款涉及外国船舶在领海通过时犯有违反行为的情形。"通过"在一般意义上的含义在第十八条中规定如下：

> 1. 通过是指为了下列目的，通过领海的航行：
> （a）穿过领海但不进入内水或停靠内水以外的泊船处或港口设施；或
> （b）驶往或驶出内水或停靠这种泊船处或港口设施。
> 2. 通过应继续不停和迅速进行。但是，通过包括停船和下锚在内，但以通常航行所附带发生的或由于不可抗力或遇难所必要的或为救助遇险或遭难的人员、船舶或飞机的目的为限。

沿海国在这方面的管辖权不妨碍第二部分第三节关于领海的无害通过的有关条款（第十七条至第三十二条）的适用。根据第十九条第 2 款 （h） 项的规定，如果通过的船舶进行"违反本公约规定的任何故意和严重的污染行为"，则其通过不应视为无害。此外，根据第二十五条第 1 款的规定，沿海国可"在其领海内采取必要的步骤以防止非无害的通过"。

220. 11 (e)．作为沿海国可选择的程序之一，以中性暂留含义的"拘留（detention）"（具有行政内涵）一词代替有强制涵义的司法术语"逮捕（arrest）"，意味在程序结果产生前临时停止船只的进一步航行（详见下文第 220. 11 （i）段）。同时，它还使同样使用该词的关于船只和船员的迅速释放的第二九二条的规定发挥作用。"在第七节限制下"一语进一步强调了这一点。第十二部分第 7 节（第二二三条至第二三三条）处理按照第十二部分提起司法程序保障办法。

220. 11 (f)．涉及专属经济区内违反行为（该术语在此处没有限定语）的第 3 款必须与第 4 款和第 5 款一并释读。该款在有明显根据认为在一国专属经济区或领海内航行的船只，在专属经济区内违反关于防止、减少和控制来自船只的污染的可适用的国际规则和标准，或违反符合这种国际规则和标准并使其有效的该国的法律和规章的情况下适用。在这些情形下，沿海国可采取的第一步是要求船只提供关于其识别标志、登记港口、上次停泊和下次停泊的港口，以及其他确定是否已有违反行为发生所必要的有关情报。最末的一个分句提示出"有明显根据认为"一语（以及会议未接受以

"合理"代替"明显"的事实，见上文第220.7段）带有案情需在很大程度上经过初步证明的含义。

220.11(g). 第4款要求船旗国采取一切措施，确保悬挂其旗帜的船只遵从依据第3款提供情报的要求。这里没有提到仅在其国内注册而不悬挂其旗帜的船只，没有任何材料可表明这些词句的缺失是否是有意的（关于这一问题参见上文第209.10（c）段脚注3）。

220.11(h). 第5款处理在一个国家的专属经济区内犯有的导致大量排放，对海洋环境造成重大污染或有造成重大污染的威胁的违反行为。如果涉嫌犯有违反行为的船只拒不提供要求的情况，或所提供的情报与明显的实际情况显然不符，并且依案件情况确有进行检查的理由时，沿海国可对该船进行实际检查。"实际检查（physical inspection）"的含义见于第二二六条第1款（a）项。（关于"海洋环境"一语，见上文第192.11（a）段。）

220.11(i). 第6款处理与第5款同样的违反行为，但其导致的排放对沿海国的海岸或有关利益，或对其领海或专属经济区内的任何资源，造成重大损害或有造成重大损害的威胁。在这种情形下，本款允许沿海国在有充分证据时按照该国法律提起司法程序，包括对该船的拘留在内，这种法律应符合适用的国际规则和标准并使其有效。这种行动应受第七节所载列的保障方法的限制。在这方面不妨指出，在英美海事法中，"逮捕（arrest）"一语是相关于针对船舶或船只的对物诉讼的提起使用的，无论这些诉讼的性质如何（民事、刑事或行政的）。在这种语境下，该词本身并没有贬义的含义，虽然对于不熟悉海事程序的细节和术语的人来说是容易误解的。（关于"排放"一语的含义，见上文第218.9（a）段。）

220.11(j). 对"对沿海国的海岸或有关利益……造成重大损害"一语并没有解释，但在其紧随阿莫柯·卡迪兹号事件以及其他相似事件之后的历史背景下参考其立法史，可以看出这一规定所针对的是什么样的问题。"海岸或有关利益"一语也出现在第二一一条第7款和第二二一条第1款中（见上文第211.14（m）段）。显然，这首先是沿海国的主观解释的问题，但如果产生争议，则属于第十五部分的范围。

220.11(k). 第7款为准许本应被拘留的船只通过特殊安排继续航行开辟了途径。虽然在本款中使用了单数的"主管国际组织"一语，但该组织的身份将取决于受保护的沿海国的利益。（关于"保证书或其他适当财政担保"一语，见上文第218.9（d）段。）但这些安排无论如何制定，都可以像曾设想的一样，在其中包括为船旗国提供的某种形式的保险。

220.11(l). 通过第8款，第3~7款也适用于依据关于特殊区域内来自船只的污染的第二一一条第6款制定的国内法律和规章。

220.11(m). 与第六节中的其他规定（特别是第二一三条、第二一四条、第二一六条、第二一七条、第二一八条和第二二二条）不同（但与第二一九条一致），第二二〇条在提及"可适用的国际规则和标准"时并未表明这些国际规则和标准应是如何制订的。另一方面，它遵循了第二一三条、第二一四条、第二一六条、第二一七条和第二二二条的做法，规定可适用的国际规则和标准是与防止、减少和控制海洋污染有关的国际规则和标准。非正式单一协商案文第三部分第 28 条第 1 款（见上文第 220.4 段）明确提到了"第 20 条第 1 和第 2 款所指"的国际标准和规则；

而这两款在提及关于防止、减少和控制来自船只的海洋环境污染的国际规则和标准时，清楚地说明"各国应通过主管国际组织或一般外交会议采取行动"制定这些国际规则和标准。在统稿过程中，起草委员会似乎以某种间接的方式提请了对这一问题的注意，但对其没有深究。此外，在第三委员会后来专门审议主席提出的润色性修改提案的会议上，在关于第二二〇条的建议中都没有提到这个问题。[⑧] 因此，只能认为在第二二〇条中省略这一专门限定语是故意而为的。虽然其实际效果可能不是很大，但确实开辟了船旗国接受本地化安排的可能性，只要这些安排与本公约不相抵触；但为了使其普遍有效和"可适用"，似乎有必要根据"自约自束，无关外人（res inter alios acta）"原则下的国际法一般规则，取得某种形式的外部国家接受。

220.11(n). 为第二二〇条的目的对外国船只的调查受第二三六条的限制。

---

⑧ 见起草委员会的统稿报告，A/CONF. 62/L. 40（1979 年），《正式记录》第十二卷，第 95、101 页；A/CONF. 62/L. 57/Rev. 1（1980 年），《正式记录》第十四卷，第 114、125 页；和 A/CONF. 62/-L. 63/Rev. l（1980 年），附件二，《正式记录》第十四卷，第 139、141 页。第三委员会关于起草问题的报告见 A/CONF. 62/C. 3/L. 34 和 Add. 1 和 2（1980 年），附件，《正式记录》第十四卷，第 185-186 页。

第二二一条　避免海难引起污染的措施

1. 本部分的任何规定不应妨害各国为保护其海岸或有关利益，包括捕鱼，免受海难或与海难有关的行动所引起，并能合理预期造成重大有害后果的污染或污染威胁，而依据国际法，不论是根据习惯还是条约，在其领海范围以外，采取和执行与实际的或可能发生的损害相称的措施的权利。

2. 为本条的目的，"海难"是指船只碰撞、搁浅或其他航行事故，或船上或船外所发生对船只或船货造成重大损害或重大损害的迫切威胁的其他事故。

资料来源

1. A/AC. 138/SC. III/L. 28（1973 年，油印本），第 11 条（加拿大）。

2. A/AC. 138/SC. III/L. 32（1973 年，油印本），第 5 条（苏联）。

3. A/AC. 138/SC. III/L. 33（1973 年，油印本），第 4 条（马耳他）。

4. A/AC. 138/SC. III/L. 40（1973 年，油印本），第 16 条（美国）。

5. A/AC. 138/SC. III/L. 41（1973 年，油印本），第 5 条（肯尼亚）。

6. A/AC. 138/SC. III/L. 43（1973 年，油印本），第 19 条（挪威）。

7. A/AC. 138/SC. III/L. 47（1973 年，油印本），第 9 款（厄瓜多尔、萨尔瓦多、秘鲁和乌拉圭）。

8. A/CONF. 62/C. 3/L. 25（1975 年），第 4 条，《正式记录》第四卷，第 212~213 页（苏联）。

9. A/CONF. 62/WP. 8/Rev. 1/Part III（订正的单一协商案文，1976 年），第 31 条，《正式记录》第五卷，第 173、179 页（第三委员会主席）。

10. A/CONF. 62/WP. 10（非正式综合协商案文，1977 年），第 222 条，《正式记录》第八卷，第 1、39 页。

11. A/CONF. 62/RCNG/1（1978 年），第三委员会主席向全体会议提交的报告，关于第 222 条的提案，《正式记录》第十卷，第 13、96、100、106 页。

12. A/CONF. 62. RCNG/2（1978 年），第三委员会主席报告（C. 3/Rep. 1），关于第 222 条的提案，《正式记录》第十卷，第 126、173、181 页。

13. A/CONF. 62/WP. 10/Rev. 1（非正式综合协商案文第一次修订稿，1979 年，油印本），第 221 条。转载在《第三次联合国海洋法会议文件集》第一卷，第 375、

473 页。

14. A/CONF. 62/WP. 10/Rev. 2（非正式综合协商案文第二次修订稿，1980 年，油印本），第 221 条。转载在《第三次联合国海洋法会议文件集》第二卷，第 3、102 页。

15. A/CONF. 62/C. 3/L. 34 和 Add. 1 和 2（1980 年），附件，《正式记录》第十四卷，第 185~186 页（第三委员会主席）。

16. A/CONF. 62/WP. 10/Rev. 3*（非正式综合协商案文第三次修订稿，1980 年，油印本），第 221 条。转载在《第三次联合国海洋法会议文件集》第二卷，第 179、279 页。

17. A/CONF. 62/L. 78（《公约草案》，1981 年），第 221 条，《正式记录》第十五卷，第 172、211 页。

18. A/CONF. 62/L. 109（1982 年），第 221 条，第 1 款，《正式记录》第十六卷，第 223 页（西班牙）。

起草委员会

19. A/CONF. 62/L. 67/Add. 10（1981 年，油印本），第 2~10 页。

20. A/CONF. 62/L. 67/Add. 10/Corr. 1（1981 年，油印本）。

21. A/CONF. 62/L. 67/Add. 14（1981 年，油印本），第 17 页。

22. A/CONF. 62/L. 72（1981 年），《正式记录》第十五卷，第 151 页（起草委员会主席）。

23. A/CONF. 62/L. 152/Add. 25（1982 年，油印本），第 22 页。

24. A/CONF. 62/L. 160（1982 年），《正式记录》第十七卷，第 225 页（起草委员会主席）。

非正式文件

25. 七十七国集团（1975 年，油印本），第 6 条。转载在《第三次联合国海洋法会议文件集》第十卷，第 436、438 页。

26. MP/1（1978 年，油印本），第 222 条（法国）。转载在《第三次联合国海洋法会议文件集》第十卷，第 218 页。

27. MP/2（1978，油印本），（非正式会议主席）。转载在《第三次联合国海洋法会议文件集》第十卷，第 219 页。

28. 非正式会议主席（1978 年，油印本），第 222 条。转载在《第三次联合国海洋法会议文件集》第十卷，第 508~509 页。

29. MP/23（1978 年，油印本），第 222 条（非正式会议主席）。转载在《第三次联合国海洋法会议文件集》第十卷，第 235~236 页。

30. MP/24（1978 年，油印本），第 222 条（非正式会议主席）。转载在《第三次联合国海洋法会议文件集》第十卷，第 238、240 页。

31. MP/27（1978 年，油印本），第 222 条（第三委员会工作文件）。转载在《第三次联合国海洋法会议文件集》第十卷，第 251、253 页。

评　注

221. 1. 第六节处理的违反行为和执行措施涉及各国、特别是沿海或船旗国针对据指控不符合关于海洋污染的可适用的国家法律和规章或国际规则和标准的外国船只及其船员的预防性和惩罚性行动。从这个角度来看，违规行为是故意施行的还是由于疏忽大意或刑事过失导致的（虽然国家规则和规章可能在这些不同的情形下规定不同的惩处），或者污染是否产生于某种自然力而无人为干预（即英美普通法所说的"天灾（Act of God）"），是无关紧要的。海底委员会内的许多较早期提案（资料来源 1 至资料来源 7）在其涵盖范围内包括了意外污染，《公约》第九十四条第 7 款、第一九四条第 2 款和第 3 款（b）项、（c）项和（d）项、第二〇二条（b）款和第二一一条第 1 款和第 7 款对这一方面有所提及。

221. 2. 同时，特别是自超级油轮投入使用以来，船舶的某种意外损坏造成的污染，无论其原因如何，加上公众对生态问题的意识和兴趣以及对总体上的保护环境问题的关注，使得拥有已受到海洋污染或可能受到海洋污染影响的海岸的国家在自我保护或自我救助权利的性质上出现了新的问题。两个此类重大事件对《公约》的演变产生了直接的影响。一个是 1967 年 3 月的托雷峡谷号事件，事件中一艘载有约 117 000 吨原油的超级油轮被困在英国的锡利群岛和兰兹角之间的礁石上并发生泄漏。另一个是 1978 年 3 月的阿莫柯·卡迪兹号事件，载有 230 000 吨原油的该船由于发生内部爆炸而失去机动能力，被困于布列塔尼半岛水域礁石后发生泄漏。[①] 这一时期还发生了几起较轻的事件。

发生在英国领海（当时为 3 海里宽）以外的托雷峡谷号事件尤其需要采取极端措施。英国政府在作出结论认为已无望通过将船只从礁石上拖走以尽量减少对邻接海岸的污染后，命令皇家海军和皇家空军将船只及其货物点燃，这可能是发生在公海上的首例这一性质的干预。而这一事件继而导致了政府间海事协商组织大会召集的 1969 年海洋污染损害国际法律会议。该会议产生了《国际干预公海油污事故公约》，即所谓的

---

① 关于托雷峡谷号事件，见 1967 年 4 月英国国会文件《托雷峡谷号事件》，《英王敕令》第 3246 页。关于阿莫柯·卡迪兹号事件，见 C. Rousseau《国际大事记》，《一般国际公法评论》第 82 卷，第 1125–1151 页（1978 年）。

《干预公约》。②

《干预公约》总体上代表了对英国对托雷海峡事件反应的回顾性肯定，但不触及根据习惯国际法是否独立地存在干预权的问题。该公约第 1 条第 1 款规定：

> 本公约各缔约国，在发生海上事故或与此事故有关的行为之后，如有理由预计到会造成较大有害后果，那就可在公海上采取必要的措施，以防止、减轻或消除由于油类对海洋的污染或污染威胁而对其海岸或有关利益产生的严重迫切危险。

但是，对于任何军舰或国家拥有或经营的并在当时仅用来从事政府的非商业性服务的其他船，不得采取任何这种措施。（"公海"一语必须根据 1969 年时的国际法理解，即领海界限以外的海域。）

1970 年 12 月 17 日联大第 2749（XXV）号决议中所载的"支配国家管辖范围外海床和洋底及其底土的原则宣言"第 13 款（b）项（第一卷，第 173 页）也没有触及沿海国与"在待制订的国际制度的限制下，防止、减轻或消除污染或污染威胁或来源于或由该区域内任何活动导致的其他危害性事件对其海岸或有关利益产生的严重迫切危险的措施"有关的权利。

与此相同的概念也体现由政府间海洋污染工作组提出并在联合国人类环境会议上批准的《海洋污染评估和控制一般原则》中的原则 21 中，该原则内容如下：

> 在公海上发生可预期将由海洋污染或海洋污染威胁造成重大有害后果的事故后，其海岸或有关利益面临严重迫切危险的沿海国可按照国际上议定的规则和标准采取防止、减轻或消除这种危险所必要的适当措施。③

221.3. 1972 年，加拿大在其提交的一份工作文件中，提请海底委员会第三分委员会注意《干预公约》、《原则宣言》和《海洋污染评估和控制一般原则》之原则 21。该

---

② 于 1969 年 11 月 29 日在布鲁塞尔通过，自 1975 年 5 月 6 日起生效。1973 年 11 月 2 日通过于伦敦的、1983 年 3 月 30 日起生效的《关于干预公海上除油类之外的其他物质造成海洋污染的议定书》扩展了该公约，《联合国条约集》登记号第 21886 号；《条约和其他国际条例集》第 10561 页；《联合王国条约集》第 27 号（1983 年），《英王敕令》第 8924 页；《国际法资料》第 17 卷，第 1103 页（1978 年）。尽管如此，即使在这些文书没有涵盖的地区，在沿海国的干预"作为例外，证明为避免即使不是不可避免的、也会对重要的生态利益构成威胁的严重迫切危险是必要的"的情形下，则仍可以援引必要情势。《国际法委员会第三十二届会议工作报告》，第二章（国家责任），第三十三条（必要情势），评注，第（16）段，1980 年《国际法委员会年鉴》第二卷第二部分（A/35/10），第 39-40 页。

③ 《斯德哥尔摩会议报告》附件三，第 73-74 页。

工作文件指出：

> 虽然这一干预权极为重要，其价值却无疑受到以下这一事实的制约，即它只允许沿海国在海事事故发生后采取行动。尽管如此，它仍代表着沿海国为与其领海邻接的区域设想的更为宽泛的剩余［执行］权力的一个具体体现……④

1973 年会议期间提交给第三分委员会的若干文件中包含了关于对"海难"或"严重迫切的海洋污染危险或威胁"的干预问题的草案（资料来源 1 至资料来源 7）。这些草案通常以 1969 年《干预公约》第二条第 1 款和原则 21 为模本。综合起来，这些案文强调了适用于干预权的 3 种条件：（1）这一权利仅在海事事故或意外时产生；（2）这种事故必须对干预国造成重大或严重或迫切损害的威胁；以及（3）干预国采取的任何补救措施都必须是必要且与实际的或可能发生的损害相称的。虽然第三分委员会未能就干预产生议定的案文，其收到的提案显然影响了提交给会议第三委员会的后续案文。

221. 4. 在第三期会议上（1975 年），苏联在其关于预防海洋污染的附加条款的第 4 条中更加直接地提出了这个问题（资料来源 8）。该提案内容如下：

严重污染危险情形下可采取的措施

1. 沿海国家可在其领海范围以外采取防止、减轻或消除由于船只意外事件或任何其他事故，包括对海底资源的勘探或开发造成的事故造成的，并能合理预期对其海岸或有关利益包括渔业造成重大有害后果的严重迫切污染。

沿海国在采取任何措施前，除需要立即行动的例外情形外，应与利益受到意外事件或事故影响的其他国家协商。

2. 沿海国……采取的措施应与实际或可能发生的损害相称。

沿海国应有义务对超出为达到……的目的而合理必要的措施所造成的损害支付赔偿。

3. 各国特别应通过主管国际组织行事，在关于本条所规定的措施的执行的国际规章尚不存在的情形下，尽快制定这种国际规章。

苏联代表在第三委员会第十九次会议上介绍这一提案时，作出如下说明：

> 苏联条款草案中的一个重要内容是第 4 条中关于沿海国在发生影响其海

---

④ 详见 A/AC. 138/SC. III/L. 26，转载在 1972 年《海底委员会报告》第 213、231 页（加拿大）。

岸或有关利益、但来源于该国领海以外的严重污染威胁的情况下的干预权的规则。该条案文体现了 1969 年《国际干预公海油污事故公约》和将该公约扩展至载运任何有害或危险物质的船舶的事故的 1973 年议定书的原则。这些原则在附加条款草案中被给予了更加突出的地位，而且，为了保护沿海国的海洋环境，在与海底资源的勘探和开发有关的事故的情形下，也对其干预权给予了承认。⑤

在接下来的辩论中，有些代表认为，苏联的草案总体上似乎将沿海国的管辖权限制在领海。然而，有人指出，第 4 条在规定沿海国有权在"其领海范围以外"的紧急情形下进行干预时，否定了沿海国在正常情形下"对毗连区的任何管辖权"。⑥

七十七国集团此后的一项提案（资料来源 25）似乎把苏联的提案考虑在内，但较为简略。该草案内容如下：

在发生……以外的活动或事故所引起的实际的严重或迫切的污染危险的情况下，沿海国应有权采取适当的自我保护措施，包括防止、减轻或消除该危险所必要的措施。按照本条所采取的措施应与该危险相称。

然而，在第三期会议期间，就这些提案没有采取任何行动，在非正式单一协商案文中也没有采纳相应的条款。

第三期会议之后，非正式司法专家小组继续对保全海洋环境的主题进行研究。该小组在第四期会议开始时编制的案文包括了以下的规定：

第 28 条之二

本章的任何规定不应影响为保护海岸或有关利益，包括捕鱼，免受海难或与海难有关的行动所引起的污染或污染威胁造成的严重迫切危险，在领海范围以外，合法地采取措施。

按照本条采取的措施应与实际的或可能发生的损害相称。⑦

---

⑤ 第三委员会第十九次会议（1975 年），第 75 段，《正式记录》第四卷，第 88 页。

⑥ 参见坦桑尼亚联合共和国在第三委员会第十九次会议（1975 年）上的发言，第 78 段，《正式记录》第四卷，第 88 页；和新西兰在第二十次会议（1975 年）上的发言，第 10 段，同上，第 90 页；印度尼西亚，第 19 段，同上，第 91 页；和埃及，第 26 段，同上。

⑦ 《海洋环境的保全》（1976 年 3 月，油印本），第 28 条之二（非正式司法专家小组）。转载在《第三次联合国海洋法会议文件集》第十一卷，第 525、538 页。关于该小组的较早案文，同上（1976 年 1 月，油印本），第 28 条之二，同上，第 504、513 页。

221. 5. 在第四期会议上（1976 年），经过非正式协商，第三委员会主席在订正的单一协商案文第三部分中采纳了以下案文（资料来源9）：

> 1. 本章的任何规定不应影响各国为保护海岸或有关利益，包括捕鱼，免受海难或与海难有关的行动所引起的污染或污染威胁造成的严重迫切危险，而按照国际法，在领海范围以外，采取措施的权利。
>
> 2. 按照本条采取的措施应与实际的或可能发生的损害相称。

该案文大体上反映了非正式司法专家小组起草的草案，只是对第 1 款开头部分作了改写。

在第六期会议（1977 年）末期形成的非正式综合协商案文（资料来源 10）未加修改地作为第 222 条重复了该案文，并增加了"与海难有关的避免污染的措施"的标题。

221. 6. 在第七期会议上（1978 年），提出了一系列关于该条的非正式提案。例如，法国提出了以下的措辞（资料来源 26）：

第 1 款

> 本公约本部分的任何规定不应影响各国为防止、减轻和消除海难或与海难有关的行动所引起的污染或污染威胁对其海岸或有关利益，包括捕鱼，造成的危险，而按照国际法，在领海范围以外，施行一切措施的权利。

第 2 款

> 根据本条的规定，"海难"是指船舶碰撞、搁浅或其他航行事故，或船上或船外所发生，造成由于影响船只或船货，将要或可能导致对海洋环境的损害的重大损害或重大损害的威胁的事故。⑧

非正式协商的这一阶段导致了非正式会议主席提出以下案文（资料来源 27）：

> 1. 本公约本部分的任何规定不应影响各国为保护海洋环境免受海难或与海难有关的行动所引起的污染采取措施的权利。
>
> 2. 这种措施应依据国际法，并特别应与实际的或可能发生的损害相称。

然而，这一提案未获得接受。

在第三委员会第三十七次会议上，非正式会议主席就这些会议作出了一份报告，

---

⑧ 这是法国在该期会议上由于阿莫柯·卡迪兹号事件之故而提出的对第十二部分的一系列修改提案之一。

指出"时间仅足以让……就某些提案提出意见，但不足以进行真正的协商"。⑨ 关于第222条［今《公约》第二二一条］，他报告如下：

> 3. 大多数代表团对协商案文感到满意，并赞成这一符合国际法有关主题的条款。一些代表团认为，现行的国际法应该作出改变，因为他们质疑为了有干预的理由，必须有"严重迫切危险"的原则。就这一主题未能达成一致，对这一问题是有争议的。

进一步的非正式协商之后，非正式会议主席提交了如下的新案文（资料来源29）。

> 1. 本公约本部分的任何规定不应妨害各国为保护其海岸或有关利益，包括捕鱼，免受海难或与海难有关的行动所引起，并能合理预期造成重大有害后果的污染或污染威胁，而依据国际法，不论是根据习惯还是条约，在其领海范围以外，采取和执行与实际的或可能发生的损害相称的措施的权利。
>
> 2. 为本条的目的，"海难"是指船舶碰撞、搁浅或其他航行事故，或船上或船外所发生对船舶或船货造成重大损害或重大损害的迫切威胁的其他事故。

非正式会议主席在其于第三委员会第38次会议上所作的报告中指出，有人对"而依据国际法，不论是根据习惯还是条约"这一表述提出质疑，但某些代表团愿意接受它，条件是需将其提交起草委员会审议。⑩

第三委员会主席在其提交全体会议的报告中称（资料来源11），产生于激烈协商的这一案文所形成的折中表述所取得的支持已足以提供合理的共识前景，但就其仍有一些保留和反对意见。当时的那些保留意见涉及"不论是根据习惯还是条约"的国际法和一些代表团希望删去的"严重迫切危险"一语。⑪

221.7. 在第七期会议续会会末（1978年），第三委员会主席得以报告称，这一案文可提供"大大改善的共识前景"（资料来源12）。非正式综合协商案文第一次修订稿（资料来源13）因而有如下内容：

---

⑨ 第三委员会，第37次会议（1978年），第2–3段，《正式记录》第九卷，第152页。

⑩ 第三委员会，第38次会议（1978年），第14–15段，同上，第159页。

⑪ 见资料来源11，第100页（注释），以及非正式会议主席在第三委员会第34次会议（1978年）上的发言，第3段，《正式记录》第九卷，第152页。

与海难有关的避免污染的措施

1. 本部分的任何规定不应妨害各国为保护其海岸或有关利益，包括捕鱼，免受海难或与海难有关的行动所引起，并能合理预期造成重大有害后果的污染或污染威胁，而依据国际法，不论是根据习惯还是条约，在其领海范围以外，采取和执行与实际的或可能发生的损害相称的措施的权利。

2. 为本条的目的，"海难"是指船舶碰撞、搁浅或其他航行事故，或船上或船外所发生对船舶或船货造成重大损害或重大损害的迫切威胁的其他事故。

该案文重复了非正式会议主席的提案，但缩短了开头句。第三委员会主席随后提出的一项以"不妨碍"代替"不应妨碍"的润色性修改提案（资料来源 15）未获通过。

在非正式综合协商案文第三次修订稿中（资料来源 16），"船舶"被改为"船只"，以与第十二部中其他条款的相似修改一致。此后，根据起草委员会的建议（资料来源 19 至资料来源 24）采纳了若干语言规范上的修改。

221.8. 在第九期会议续会上（1980 年），西班牙分发了一份书面意见，建议除其他外，删去"在其领海范围以外"，或在"以外"之前加上"以内或"。[12] 在第十一期会议上（1982 年），西班牙提交了一项对《公约草案》（资料来源 17）的正式修改提案（资料来源 18），建议从本条条文中删去"在其领海范围以外"。西班牙代表解释说，这项修改提案的目的是"使海峡沿岸的沿海国在其领海拥有与其他国家在其领海所享有的相同的权力"。在随后由第三委员会主席主持的协商中（依会议该阶段所适用的议事规则），主席报告说，不可能找到对这一修改提案的可接受的解决办法。因此，在第 176 次全体会议上，这项修改提案（以及对第 233 条的相应修改提案）被撤回。[13]

---

[12] 见西班牙的书面意见（根据会议程序不视为修改提案），载于 A/CONF.62/WS/12（1980 年），第 9 段，《正式记录》第十四卷，第 149 条和第 150 条，其中对第 221 条的修改提案与对第 233 条的另一修改提案相关联。见下文第 233.7 和 233.8 段。在提出这一建议的时候，关于第十二部分的协商已经结束，因此只有在此后的会议阶段经正式提出方可审议。实际上后来正是依此而行的（见资料来源 18）。

[13] 关于该正式修改提案，见资料来源 18，在第 169 次全体会议（1982 年）上提出，第 5 段，《正式记录》第十六卷，第 93 页。关于会议主席按照《议事规则》第 37 条提交的报告，见 A/CONF.62/L.132 和 Add.1（1982 年），第 29 和 30 段，同上，第 236-237 页。关于西班牙修改提案的撤回，见第 176 次全体会议（1982 年），第 5 段，同上，第 132 页。1982 年 4 月 26 日致会议主席的信中进一步解释了西班牙的立场，其中指出，对第 221 和 233 条的修改"仅涉及起草事项"。A/CONF.62/L.136（1982 年），同上，243-244 页。1984 年 12 月 4 日签署《公约》时，西班牙作了如下声明：

6. 我国［西班牙］将第二二一条的规定解释为不剥夺用于国际航行的海峡的沿海国受国际法承认的在该条所指的海难的情形下进行干预的权利。

请参阅最新版的《交存秘书长的多边条约》（ST/LEG/Ser.E/-），XXI.6。

221.9(a). 第三委员会主席在第七期会议（1978年）结束时提交给会议的报告（资料来源11）中解释说，在协商中委员会

> 不得不考虑到海洋污染控制领域的一些新发展，而阿莫科·卡迪兹号事件增加了对可能的危害程度和通过加强标准制定程序和执行措施改进预防措施的必要性的意识和关注。

第二二一条无疑使这一点得到了强调——其立法历史展示了沿海国，乃至所有受影响国家保护自身免受"海难"危害性后果的单方面权力的逐步增强。

221.9(b). 开头句"本部分的任何规定不应……"表明第二二一条在《公约》规定的执行措施的总体语境下具有保留功能。在这方面，本条与关于保护沿海国免受"区域"内活动任何不良影响的第一四二条是相似的。有关国家有权在其领海范围以外采取和执行适当措施，不论有关海洋区域的法律地位如何（仅受第二三三条的限制），以保护其利益。第二二一条将这些利益宽泛地界定为其"海岸或有关利益，包括捕鱼"（关于"海岸或有关利益"的含义，见上文第211.15（n）段）。此处没有提到国际标准；唯一正式的要求是所采取的措施必须"与实际的或可能发生的损害相称"。本公约缔约国之间就是否相称发生的问题，可以参照争端解决程序，特别是第二九七条第1款（c）项解决。

221.9(c). 在协商期间，就与国际法有关的"不论是根据习惯还是条约"一语一度存在保留意见（见上文第221.6段）（实际上，这一术语在《公约》中任何其他地方都未被使用）。

但不应忘记，《公约》序言部分第8段以标准措辞规定，本公约未予规定的事项，应继续以一般国际法的规则和原则为准据（见本书系第一卷，第464页）。在第三委员会第三十八次会议上（1979年），苏联代表就其对本条案文的理解作了如下解释：

> 苏联代表团也希望明确指出，不应将拟议的［第221条］案文视为在海难方面给予沿海国比其已经在1969年签署于布鲁塞尔的《国际干预公海油污事故公约》下所享受的更广泛的干预权。"依据国际法，不论是根据习惯还是条约"一句只有一个含义：该句给予1969年《公约》非缔约国在本公约定义的范围内干预的权利。［第221条的］新案文没有赋予沿海国在海难实际发生之前进行干预或对没有受到损害的船只进行干预的权利。⑭

在记录中未见相反意见。希腊代表认为，所提及的措施只有在海难发生后方能执

---

⑭ 第三委员会，第38次会议（1979年），第52段，《正式记录》第九卷，第162页。

行，因而提出作一"纯粹的润色性修改"来澄清这一点。⑮ 然而，此类修改都没有获得通过。

221.9(d). 非正式综合协商案文（资料来源 10）中使用了"污染或污染威胁造成的严重迫切危险"的措辞。在非正式综合协商案文第一次修订稿（资料来源 13）中，"严重或迫切危险"几个字被删去，显然是由于几个代表团的反对（见上文第 221.6 段）。要求各国采取措施"减轻或消除……"污染或污染威胁"使其海岸……受到的严重迫切危险"的第 142 条第 2 款并没有作出相应的修改。关于"损害"一语（此处无限定语），请比较上文 210.11（a）段。

221.9(e). 较早期提案（资料来源 8）中曾提及的因适用第二一一条而产生的赔偿责任属于第二三二条的范围。

221.9(f). 本条中"海难"一语的含义与 1969 年《国际干预公海油污事故公约》第二条第 1 款中所包含的含义是一致的（但以"船只（vessel）"代替了"船舶（ship）"）。这一表述还出现在本公约其他地方，特别是第九十四条第 7 款（该处英文本为"marine casualty"，法文本和西班牙语文本两处都分别为"accident de mer"和"accidente maritimo"）和第二一一条第 7 款。考虑到该定义的出处和一般性，没有明确的理由将这一表述的含义限于仅为第二二一条的目的。无疑这不是上下文所要求的。为"73/78 防污公约"的目的，该文书第二条第 6 款将"事故（incident）"定义为"涉及实际或可能将有害物质或含有这种物质的废液排放入海的事件"。为了第二二一条的目的，这一含义就足够了。⑯

221.9(g). "重大损害（material damage）"一语在《公约》其他地方没有出现，在第二○○条和第二二八条第 1 款中使用的是"重大损害（major damage）"。这些条款中的"重大损害（major damage）"用于海岸或相关利益；而"重大损害（material damage）"用于船舶［船只］或其货物，对于后者，国家惯例和先例显然起着重要作用。

221.9(h). 遇有船舶在领海以外碰撞或任何其他航行事故涉及船长或任何其他为船舶服务的人员的刑事或纪律责任时，第九十七条将适用。如果第九十七条和第二二一条之间有任何冲突，则认为提及"在其领海范围以外"的第二二一条作为特殊法通常应优先适用。

---

⑮　同上，第 57 段。

⑯　"航行事故（incident of navigation）一语"还出现在 1952 年 5 月 10 日签署于布鲁塞尔（自 1955 年 11 月 20 日起生效)的《关于统一有关碰撞事项处罚管辖权的某些规则的国际公约》中，《联合国条约集》第 439 卷，第 233 页；《联合王国条约集》第 47 号（1960 年），《英王敕令》第 128 页。但该文书未给该语规定任何具体含义。

第二二二条 对来自大气层或通过大气层的污染的执行

各国应在其主权下的上空或对悬挂其旗帜的船只或在其国内登记的船只和飞机，执行其按照第二一二条第 1 款和本公约其他规定制定的法律和规章，并应依照关于空中航行安全的一切有关国际规则和标准，制定法律和规章并采取其他必要措施，以实施通过主管国际组织或外交会议为防止、减少和控制来自大气层或通过大气层的海洋环境污染而制订的可适用的国际规则和标准。

资料来源

1. A/CONF. 62/C. 3/L. 2（1974 年），第 25 条，《正式记录》第三卷，第 245 页（伊朗）。

2. A/CONF. 62/WP. 8/Part III（非正式单一协商案文，1975 年），第一部分，第 40 条，《正式记录》第四卷，第 171、176 页（第三委员会主席）。

3. A/CONF. 62/WP. 8/Rev. 1/Part III（订正的单一协商案文，1976 年），第 32 条，《正式记录》第五卷，第 173、179 页（第三委员会主席）。

4. A/CONF. 62/WP. 10（非正式综合协商案文，1977 年），第 223 条，《正式记录》第八卷，第 1、39 页。

5. A/CONF. 62/WP. 10/Rev. 1（非正式综合协商案文第一次修订稿，1979 年，油印本），第 222 条。转载在《第三次联合国海洋法会议文件集》第一卷，第 375、474 页。

6. A/CONF. 62/WP. 10/Rev. 2（非正式综合协商案文第二次修订稿，1980 年，油印本），第 222 条。转载在《第三次联合国海洋法会议文件集》第二卷，第 3、102 页。

7. A/CONF. 62/C. 3/L. 34 和 Add. 1 和 2（1980 年），附件，《正式记录》第十四卷，第 185~186 页（第三委员会主席）。

8. A/CONF. 62/WP. 10/Rev. 3[*]（非正式综合协商案文第三次修订稿，1980 年，油印本），第 222 条。转载在《第三次联合国海洋法会议文件集》第二卷，第 179、279 页。

9. A/CONF. 62/L. 78（《公约草案》，1981 年），第 222 条，《正式记录》第十五卷，第 172、211 页。

起草委员会

10. A/CONF. 62/L. 67/Add. 10（1981 年，油印本），第 11~15 页。

11. A/CONF. 62/L. 72（1981 年），《正式记录》第十五卷，第 151 页（起草委员会主席）。

12. A/CONF. 62/L. 142/Add. 1（1982 年，油印本），第 43 页。

13. A/CONF. 62/L. 147（1982 年），《正式记录》第十六卷，第 254 页（起草委员会主席）。

非正式文件

14. 七十七国集团（1975 年，油印本），第 12 条。转载在《第三次联合国海洋法会议文件集》第十卷，第 436、440 页。

15. 美国（1980 年，油印本），第 222 条。转载在《第三次联合国海洋法会议文件集》第十卷，第 511、536 页。

［注：本条应结合第二一二条释读。］

评　　注

222. 1. 第二二二条是关于防止、减少和控制来自大气层或通过大气层的海洋环境污染的标准制定的第二一二条在执行方面的对应条款。与第二一二条一样，本条是在第三次海洋法会议后期才首次出现的。

第一条第 1 款第（5）项（a）目中的"倾倒"一语的含义包括从飞机故意处置废物或其他物质的行为，包括在海上故意处置飞机（见上文第 194. 1 段）。关于倾倒的实体法载于第二一六条第 1 款（b）项。

222. 2. 加拿大于 1972 年向海底委员会提交的一项关于海洋环境的保全的工作文件在引用 1972 年联合国人类环境会议通过的《海洋污染评估和控制一般原则》之原则 3 后提出，"在海洋污染是由通过大气层进入海洋的物质造成的情况下……可能处理这一〔污染〕问题最好的途径是通过国家行动与国际合作在其他论坛的结合。"[①] 海底委员会收到的早期提案认识到存在所谓"飞机来源污染"的可能性，这种污染势必会从大气层或通过大气到达海洋环境，但它们都没有作出进一步的结论。例如加拿大提交的

---

① 见 A/AC. 138/SC. III/L. 26，转载在 1972 年《海底委员会报告》第 213、224-225 页（加拿大）。斯德哥尔摩会议原则 3 宣明：

各国应利用其可获得的最佳切实可行的手段，尽量减少可能有害的物质通过一切途径向海洋的排放，包括国家管辖范围内的河流、排污口和管道等，以及由或来自船只、飞机和平台的倾倒。

《斯德哥尔摩会议报告》附件三，第 73 页。

《海洋污染综合公约条款草案》中的第 10 条、[2] 苏联提交的《关于保护海洋环境的一般原则公约条款草案》中的第 2 条、[3] 和马耳他提交的关于海洋环境的保全（除其他外，包括防止海洋污染）的条款草案中的第 6 条。[4] 第三分委员会第二工作组得出的结论是，要采取的措施应处理海洋环境污染的一切来源，包括大气层，[5] 但除此之外，海底委员会并没有就这一主题通过任何具体案文。

在第二工作组主席的该项报告之后，又有其他针对来自大气层或通过大气层的海洋污染的提案提出，特别是挪威[6]和法国[7]的提案。但是，在第三委员会中，没有起草针对这种污染的执行的提案。

222.3. 在海洋法会议第二期会议上（1974 年），关于对来自大气层或通过大气层的污染的执行的唯一具体提案包含在肯尼亚提交的一系列条款草案中。该提案内容如下：

> 各国应采取适当措施，在陆上和大气层的海洋污染源方面落实这些条款。

在会议这一阶段，协商侧重于关于标准制定的条款，对执行问题几乎没有讨论。然而，在致第三委员会主席的说明中，关于项目 12 的非正式会议主席在待审议的有关标准、管辖权和执行的问题中包括了"来自大气层的海洋污染"。[8] 同时，在国际法院审理核试验诸案的过程中，各种有关问题公开显现出来，但在当时的情况下，国际法院认为，对这些主张已不存在异议，因此自己没有必要作出判定。[9]

222.4. 在第三期会议上（1975 年），非正式协商继续进行，尽管没有公开记录。在非正式单一协商案文第三部分（资料来源 2）关于执行的一章中，出现了以下案文：

---

② A/AC. 138/SC. III/L. 28（1973 年，油印本），第 10 条，第 2-3 款（加拿大）。

③ A/AC. 138/SC. III/L. 32（1973 年，油印本），第 2 条（苏联）。

④ A/AC. 138/SC. III/L. 33（1973 年，油印本），第 6 条（马耳他）。

⑤ 例见 A/AC. 138/SC. III/L. 39，引言和附件（WG. 2/Paper No. 8/Add. 2，第 1、2 款），转载在 1973 年《海底委员会报告》第一卷，第 85-86 页（第二工作组主席）。

⑥ A/AC. 138/SC. III/L. 43（1973 年，油印本），第 3 条第 2 款和第 8 条第 3 款（挪威）（来自陆地污染源的排放）。

⑦ A/AC. 138/SC. III/L. 46（1973 年，油印本），第 1 条和第 5 条（法国）（来自飞机的污染）。

⑧ A/CONF. 62/C. 3/L. 14（1974 年），《正式记录》第三卷，第 254-255 页（第三委员会非正式会议）。

⑨ 当法国同意中止核试验时，法院裁定"既然争端已经消失，任何进一步裁定都不再有存在的理由。"1974 年国际法院《判决、咨询意见和命令汇编》第 253、271 页（第 56 段）（澳大利亚）；和同上，第 457、476 页（第 59 段）（新西兰）。另见 1973 年国际法院《判决、咨询意见和命令汇编》，第 99 页和第 135 页（临时保护）（澳大利亚诉法国；新西兰诉法国）。概况另见 1974 年国际法院《判决、咨询意见和命令汇编》（第 51-59 段）和第 457 页（第 55-62 段）（判决）。

各国应有权执行按照本公约的规定通过的针对海洋污染的陆地来源保护和保全海洋环境的法律和规章。

第三期会议之后，非正式司法专家小组继续对关于保全海洋环境的条款进行研究。在第四期会议开始时，该专家小组对以上案文作了修改，内容如下：

各国应对在其主权下的上空执行依照关于空中安全的一切有关国际规则和标准按照本公约的规定制定的针对海洋污染的大气层来源保护和保全海洋环境的法律和规章。[10]

222.5. 在第四期会议上（1976 年），经过非正式会议的协商，第三委员会主席在订正的单一协商案文第三部分中采纳了以下的修订案文（资料来源 3）：

各国应对在其主权下的上空或悬挂其旗帜或在其国内登记的船只或飞机，执行其按照本公约的规定制订的法律和规章，并应依照关于空中航行安全的一切有关国际规则和标准，采取必要的立法、行政和其他措施，以实施通过主管国际组织或外交会议为防止、减少和控制来自大气层和通过大气层的海洋环境污染而制订的可适用的国际规则和标准。

非正式单一协商案文和订正的单一协商案文之间的主要区别在于以前被制定为执行权的措辞被转变为一项义务。其他修改主要是由于关于标准的条款的制定而导致的，这些修改使本条与第 212 条的制定保持一致。

222.6. 在第四期会议上（1977 年），这一条文作为第 223 条未经修改地加入非正式综合协商案文中（资料来源 4），并增加了今标题。该条在非正式综合协商案文第一次修订稿（资料来源 5）中被重新编号为第 222 条，实质内容未发生变化，后根据起草委员会的建议修改后定型（资料来源 10 至资料来源 13）。这一阶段的重大修改是将"来自大气层和通过大气层"中的"和"改为"或"。美国在第九期会议（1980 年）上提出的修改（资料来源 15）由于缺乏时间未能得到审议。

222.7. 在第十一期会议上（1982 年），第三委员会主席提出对本条的全面重新起草，其内容如下：

---

[10] 《海洋环境的保全》（1976 年，油印本），第 40 条（非正式司法专家小组）。转载在《第三次联合国海洋法会议文件集》第十一卷，第 525、543 页。关于这一提案的早期草案，同上（1976 年 1 月，油印本），同上，第 504、515 页。

各国应执行其按照第二一二条第 1 款制定的法律和规章，并应制定法律和规章并采取其他必要措施，以实施通过主管国际组织或外交会议为防止、减少和控制来自大气层或通过大气层的海洋环境污染而制订的可适用的国际规则和标准。⑪

但大会执行委员会没有把这一提案提交起草委员会审议，⑫故案文保持未变。

222. 8. 本条在某种程度上可能与关于陆地来源的海洋污染的执行的第二一三条重合——因为实际上大多数大气层内的污染来自于陆上来源——但这并没有引起具体的释读问题。一国的执行权力及于其陆地领土、其内水、其领海、其群岛水域之上的所有上空，并在来自大气层或通过大气层的污染影响到专属经济区海洋环境的情形下，也及于专属经济区。在其管辖范围之外，一国对来自大气层或通过大气层的污染的执行权力仅及于悬挂其旗帜的船只或在其国内登记的船只和飞机（关于这些表述的含义，参见上文第 209.10（c）段）。

与第二一二条一样，第二二二条没有处理不对海洋环境造成污染的对大气层或通过大气层的污染问题。

第二二二条没有设想任何一个单独的主管国际组织。在欧洲经济委员会的主持下，于 1979 年 11 月 13 日通过了《远距离越境空气污染公约》，东欧和西欧大多数国家（包括欧洲经济共同体）以及加拿大和美国都是其缔约方。⑬

---

⑪　见 A／CONF. 62／L. 88（1982 年），《正式记录》第十六卷，第 203 页（第三委员会主席）。

⑫　见 A／CONF. 62／L. 93（1982 年），第 7 段，《正式记录》第十六卷，第 210–211 页（大会执行委员会）。

⑬　关于 1979 年公约，见《联合国条约集》第 1302 卷（登记号第 21623 号）；《条约和其他国际条例集》第 10941 页；《欧洲共同体官方刊物》第 24 卷，L. 171，第 11 页；《联合王国条约集》第 57 号（1983 年），《英王敕令》第 9034 页；《国际法资料》第 18 卷，第 1442 页（1979 年）。该《公约》适用于"其实际来源完全或部分位于一国国家管辖范围内的区域，并对另一国管辖范围内的区域有不良影响"的空气污染。该公约于 1983 年 3 月 16 日生效。

第七节 保障办法

第二二三条 便利司法程序的措施

在依据本部分提起的司法程序中，各国应采取措施，便利对证人的听询以及接受另一国当局或主管国际组织提交的证据，并应便利主管国际组织、船旗国或受任何违反行为引起污染影响的任何国家的官方代表参与这种程序。参与这种程序的官方代表应享有国内法律和规章或国际法规定的权利与义务。

资料来源

1. A/AC.138/SC.III/L.40（1973 年，油印本），第 20 条（美国）。

2. A/CONF.62/C.3/L.5（1974 年），第 2 条，《正式记录》第三卷，第 249 页（以色列）。

3. A/CONF.62/WP.8/Rev.1/Part III（订正的单一协商案文，1976 年），第 33 条，《正式记录》第五卷，第 173、179 页（第三委员会主席）。

4. A/CONF.62/WP.10（非正式综合协商案文，1977 年），第 224 条，《正式记录》第八卷，第 1、39 页。

5. A/CONF.62/WP.10/Rev.1（非正式综合协商案文第一次修订稿，1979 年，油印本），第 223 条。转载在《第三次联合国海洋法会议文件集》第一卷，第 375、474 页。

6. A/CONF.62/WP.10/Rev.2（非正式综合协商案文第二次修订稿，1980 年，油印本），第 223 条。转载在《第三次联合国海洋法会议文件集》第二卷，第 3、103 页。

7. A/CONF.62/C.3/L.34 和 Add.1 和 2（1980 年），附件，《正式记录》第十四卷，第 185~186 页（第三委员会主席）。

8. A/CONF.62/WP.10/Rev.3*（非正式综合协商案文第三次修订稿，1980 年，油印本），第 223 条。转载在《第三次联合国海洋法会议文件集》第二卷，第 179、279 页。

9. A/CONF.62/L.78（《公约草案》，1981 年），第 223 条，《正式记录》第十五卷，第 172、211 页。

起草委员会

10. A/CONF. 62/L. 67/Add. 10（1981 年，油印本），第 16~19 页。

11. A/CONF. 62/L. 67/Add. 14（1981 年，油印本），第 18 页。

12. A/CONF. 62/L. 72（1981 年），《正式记录》第十五卷，第 151 页（起草委员会主席）。

13. A/CONF. 62/L. 152/Add. 25（1982 年，油印本），第 23 页。

14. A/CONF. 62/L. 160（1982 年），《正式记录》第十七卷，第 225 页（起草委员会主席）。

非正式文件

15. 德意志联邦共和国（1974 年，油印本），第 7 条。转载在《第三次联合国海洋法会议文件集》第十卷，第 414、417 页。

16. 关于第 33 条的口头提案（1976 年，油印本）。坦桑尼亚（第三委员会，非正式会议）。转载在《第三次联合国海洋法会议文件集》第十卷，第 473、478 页。

评　注

223. 1. 第二三三条是第七节中的一系列包含针对执行权的行使过程中的滥用行为的程序性和其他保障办法的条款中的第一条。第七节旨在保护外国及其船只、特别是外国船只的船长和船员的权利。它主要涉及对外国船只的执行权力行使（只有第二二七条、第二二九条和第二三二条有更广泛的范围）。在第十二部分中列入这些保障办法反映了对更有效的执法措施——特别是执行权力被赋予船旗国以外国家的船只来源污染——的需要与维护航行自由与全球航行系统完整性的需要之间的平衡。一些保障办法受到其他条约中条文的影响，特别是"73/78 防污公约"。

此外，连同关于用尽当地补救办法的第二九五条，第七节可有助于防止发生第十五部分范围内的实质性争端，该部分基本上涉及缔约国之间关于《公约》的解释或适用的争端。第十二部分第七节（在第十五部分的争端解决条款支持下）所关注的是一国在履行对据指控违反了多种国际标准和规则的船只及其船员执行这些标准和规则的义务时的各种敏感关系——这些关系极易在国家之间产生关于《公约》的解释或适用的争端。① 第七节的保障条款旨在尽可能减少或完全避免保护海洋环境的需要与全球

---

① 在 1973 年提交给海底委员会第三分委员会的一项提案中，澳大利亚代表团提请注意在采取执行措施时"合理性"的必要；这一需要与航行自由之间的必要平衡是第十五部分的目标。见 A/AC. 138/SC. III/L. 27（1973年，油印本），原则（f）和评述，第 5 页（澳大利亚）。

航行系统的需要之间的微妙平衡可能产生的国际争端。

这些关于保障办法的提案最初是作为一般执行条款的一部分提出的，它们在非正式单一协商案文第三部分中也以这种方式出现。② 但在订正的单一协商案文第三部分中（资料来源3），这些条款被分离出来，成为第八节，后又在非正式综合协商案文中被重新编号为第七节（资料来源4）。在第七期会议上（1978年），苏联提议从第七节中去掉某些条款，并将其纳入《公约》单独新设的一个部分，称为"第十四部分之二 一般保障办法"。③ 此部分尤其涉及后来成为今《公约》第二二四条、第二二五条、第二二七条、第二三○条第3款、第二三一条和第二三二条的内容。提案建议其余条款仍留在第七节，节标题为"对污染控制的保障办法"。然而，这一提案并没有得到采纳，第七节仍基本上保持在非正式综合协商案文中的形式（详见下文第224.5段）。

223. 2. 第二二三条处理的问题是由美国在海底委员会1973年会议上提交的提案中首次提出的（资料来源1）。该提案要求所有国家在实施目标时互相给予最大程度的协助，"特别是在提供调查和司法程序所需的证据和证人方面。"然而，第三分委员会或其第二工作组就这一方面都没有采取进一步的行动。

223. 3. 在第二期会议上，以色列的一项提案规定（资料来源2），每个国家应"作出适当规定，使其法院接受另一国主管当局提交的关于悬挂其旗帜作业的船舶在排放污染物入海方面的违犯行为的书证。"德意志联邦共和国的一项非正式提案（资料来源15）也涉及程序的各个方面。然而，在第二期会议（1975年）和第三期会议（1975年）期间，第三委员会的非正式会议都没有产生进一步的案文，因此，非正式单一协商案文不包含这方面的任何具体规定。

第三期会议之后，非正式司法专家小组在其对关于保全海洋环境的条款的研究工作中包括了这一问题。研究产生的案文内容如下：

第28条之三

各国应在依据本章的司法程序中采取措施，便利对证人的听询以及接受另一国当局或主管国际组织提交的证据，并应便利享有国内立法赋予的权利与义务的主管国际组织、船旗国或受任何违反行为引起污染影响的任何国家的官方代表参与这种程序。④

---

② A/CONF. 62/WP. 8/Part III（非正式单一协商案文，1975年），第一部分，《正式记录》第四卷，第171、174页（第三委员会主席）（尤见第28-40条）。

③ 见MP/16（1978年，油印本）（苏联）。转载在《第三次联合国海洋法会议文件集》第十卷，第229页。A/CONF. 62/RCNG/1（1978年），第三委员会主席向全体会议提交的报告，第十四部分之二，《正式记录》第十卷，第96、107、112页。

④ 《海洋环境的保全》（1976年3月，油印本），第28条之三，（非正式司法专家小组）。转载在《第三次联合国海洋法会议文件集》第十一卷，第525、539页。

223.4. 在第四期会议上（1976 年），该案文构成了非正式协商讨论的基础。经过讨论，订正的单一协商案文第三部分（资料来源 3）将其采纳为第 33 条，内容如下：

> 各国应在依据本章的司法程序中采取措施，便利对证人的听询以及接受另一国当局或主管国际组织提交的证据，并应便利享有国内立法或可适用的国际法赋予的权利与义务的主管国际组织、船旗国或受任何违反行为引起污染影响的任何国家的官方代表参与这种程序。

非正式司法专家小组的提案与订正的单一协商案文之间的区别在于后者提到"或可适用的国际法"赋予的权利与义务。这大大扩大了本条款规定的义务的范围。

223.5. 在第五期会议上（1976 年），坦桑尼亚在非正式会议上口头提出删去本条（资料来源 16），但未获得接受。第三委员会主席在该期会议结束时的报告中称对本条"虽然已提出修改提案，但尚待委员会的进一步研究。"⑤

223.6. 在第六期会议上（1977 年），经过进一步的非正式协商，非正式综合协商案文（资料来源 4）在第 224 条中对其作了措辞语序上的略微调整，并增加了新的最末句，内容如下：

第 224 条 便利司法程序的措施

> 在依据本公约本部分的司法程序中，各国应采取措施，便利对证人的听询以及接受另一国当局或主管国际组织提交的证据，并应便利主管国际组织、或船旗国或受任何违反行为引起污染影响的任何国家的官方代表参与这种程序。参与这种程序的官方代表应享有国内立法或可适用的国际法规定的权利与义务。

最后一句明确规定所有官方代表都享有可适用的权利和义务。

223.7. 在第七期会议上（1978 年），尽管就第三委员会事项在该委员会第三十五次至第三十九次会议期间进行了长时间的辩论，但没有提及这一条文。

在非正式综合协商案文第一次修订稿中（资料来源 5），本条被重新编号为第 223 条，并仅在开头句中略作了一处润色性修改，将其缩短为："在依据本部分的司法程序中"。

非正式综合协商案文第 2 次修订稿（资料来源 6）重复了这一案文，除了最后一句修改为官方代表应享有"国内法律和规章或国际法"规定的权利与义务。

233.8. 在第九期会议续会上（1980 年），第三委员会主席提议用"应具有……权

---

⑤ A/CONF. 62/L. 18（1976 年），第 11 段，《正式记录》第六卷，第 139–140 页（第三委员会主席）。

利与义务（obligations）"来代替"应享有……权利与义务（duties）"，但以"obligations"代替"duties"的修改未获得接受。

根据起草委员会的建议，"……组织、或船旗国或受任何……国家的官方代表"修改为"……组织、船旗国和（译者注：英文本此处为 and，但中文本译为"或"）受任何……国家的官方代表"（资料来源 10，第 17 页）。这一修改可能的效果是通过允许这些实体中任一个或多个的官方代表参与程序，使参与得到加强。这一修改可视为在任何这种司法程序中使被告的权利得到额外的保护。

223.9(a). 这里的"主管国际组织"一语并不意味着原则上只有一个国际组织为本条的目的具有主管资格。它指的是为以之为依据提起司法程序的公约条款的目的具有主管资格的国际组织。国际海事组织目前正在审议在根据本条提起的司法程序中该组织提交证据是否需要特别程序。⑥

223.9(b). 在列出有资格参与听询的实体时使用"和（and）"的意义已经在前段作出说明（另见上文第 233.8 段）。

223.9(c). 在非正式综合协商案文中首次加入的最后一句将可适用于国际政府间组织官员、外国外交或领事服务机构的人员以及其他具有公认的国际事务身份的人员的国际法规则包括在内。对于不具有这种身份的官员，例如不具有外交或领事地位的国家公职官员，将由有关国家议定其权利和义务。

---

⑥ 见国际海事组织《1982 年联合国海洋法公约对国际海事组织的影响》：国际海事组织秘书处研究报告，doc. LEG/MISC/1（1986 年，油印本），第 113-114 段。转载在《荷兰海洋法研究所年鉴》第 3 卷［1987 年］，第 340、384 页；联合国海洋事务和海洋法司 1985—1987 年《海洋事务年度回顾：法律和政策的主要文件》第一卷，第 123、153 页。

第二二四条　执行权力的行使

本部分规定的对外国船只的执行权力，只有官员或军舰、军用飞机或其他有清楚标志可以识别为政府服务并经授权的船舶或飞机才能行使。

资料来源

1. A/AC. 138/SC. III/L. 40（1973 年，油印本），第 5 条（美国）。

2. A/CONF. 62/C. 3/L. 24（1975 年），第 6 条第 1 款，《正式记录》第四卷，第 210、212 页（比利时、保加利亚、丹麦、德意志民主共和国、德意志联邦共和国、希腊、荷兰、波兰和英国）。

3. A/CONF. 62/WP. 8/Part III（非正式单一协商案文，1975 年），第一部分，第 33 条，《正式记录》第四卷，第 171、176 页（第三委员会主席）。

4. A/CONF. 62/WP. 8/Rev. 1/Part III（订正的单一协商案文，1976 年），第 34 条，《正式记录》第五卷，第 173、179 页（第三委员会主席）。

5. A/CONF. 62/WP. 10（非正式综合协商案文，1977 年），第 225 条，《正式记录》第八卷，第 1、39 页。

6. A/CONF. 62/RCNG/1（1978 年），第三委员会主席向全体会议提交的报告，关于第 225 条的提案（MP/16）（苏联），《正式记录》第十卷，第 13、96、112 页。

7. A/CONF. 62/RCNG/2（1978 年），第三委员会主席的报告（C. 3/Rep. 1），关于第 225 条的提案（MP/16）（苏联），《正式记录》第十卷，第 126、173、186 页。

8. A/CONF. 62/WP. 10/Rev. 1（非正式综合协商案文第一次修订稿，1979 年，油印本），第 224 条。转载在《第三次联合国海洋法会议文件集》第一卷，第 375、474 页。

9. A/CONF. 62/WP. 10/Rev. 2（非正式综合协商案文第二次修订稿，1980 年，油印本），第 224 条。转载在《第三次联合国海洋法会议文件集》第二卷，第 3、103 页。

10. A/CONF. 62/WP. 10/Rev. 3*（非正式综合协商案文第三次修订稿，1980 年，油印本），第 224 条。转载在《第三次联合国海洋法会议文件集》第二卷，第 179、280 页。

11. A/CONF. 62/L. 78（《公约草案》，1981 年），第 224 条，《正式记录》第十五卷，第 172、211 页。

起草委员会

12. A/CONF. 62/L. 67/Add. 10（1981 年，油印本），第 20~22 页。

13. A/CONF. 62/L. 72（1981 年），《正式记录》第十五卷，第 151 页（起草委员会
主席）。

非正式文件

14. MP/16（1978，油印本），关于第十四部分之二的提案，第 225 条（苏联）。转
载在《第三次联合国海洋法会议文件集》第十卷，第 229 页 ［见上文资料来源 6 和资
料来源 7 ］。

评　注

224. 1. 第二二四条的起源可追溯到 1973 年美国向海底委员会提交的关于保护海洋
环境和防止污染的一套条款草案（资料来源 1 ）。该套草案中的第五条规定一国应通过
正式授权的政府船只、飞机或官员采取执行行动。此外，任何国家可以通过协议授权
一个或多个其他国家在采取污染执行措施时代其行动，但应按照规定的程序通知其他
国家。但后一理念没有在第三次海洋法会议上再度出现。

224. 2. 在第三期会议上（1975 年），9 个欧洲国家提出内容如下的一项新提案
（资料来源 2 ）：

> 本章规定的对外国船只或飞机的权力，只有官员或军舰或军用飞机或其
> 他为政府服务并经授权的船舶或飞机才能行使。

经过该期会议上的非正式协商，非正式单一协商案文第三部分（资料来源 3 ）中
列入了以下一条：

> 第……条授予沿海国的权利，只有有权确定犯有违反行为的官员或代理
> 才能行使。

这一表述显示出，这一条款对于《公约》其他条款的相对范围，在此时尚未达成
协议。

第三期会议之后，非正式司法专家小组在其对关于保全海洋环境的条款的研究工
作中包括了这一条。该小组在第四期会议开始时编制的案文内容如下：

本公约规定的对外国船只的执行权力，只有为政府服务并经授权的官员或海军船只或军用飞机才能行使。①

这一案文使用了"海军船只"代替先前使用的较特殊化的用语"军舰"。②

224.3. 在第四期会议上（1976年），经过非正式协商，订正的单一协商案文第三部分（资料来源4）采纳了非正式小组的案文，并增加了"或其他可清楚识别的船舶或飞机"一句。订正的单一协商案文中的全文如下：

本公约规定的对外国船只的执行权力，只有官员或海军船只或军用飞机或其他可清楚识别的为政府服务并经授权的船舶或飞机才能行使。

在这一阶段，本条适用于整个公约。

224.4. 在第六期会议上（1977年），经过进一步的非正式协商，非正式综合协商案文第225条（资料来源5）将这一条文的范围缩小到《公约》第十二部分。其内容如下：

第225条　执行权力的行使

本公约本部分规定的对外国船只的执行权力，只有官员或军舰或军用飞机或其他有清楚标志可以识别为政府服务并经授权的船舶或飞机才能行使。

在这一草案中，条文重新使用了"军舰"而不再是"海军船只"，并提到船舶和飞机应"有清楚标志可以识别"为政府服务。

224.5. 在第七期会议上（1978年），苏联提出对保障办法条款进行重新组织，将本条与其他几条结合，成为标题为"一般保障办法"的新的第十四部分之二（资料来源14）。苏联的提案还提出，由于引入了新的第十四部分之二，应从其他一些条款（第二委员会的）中删除重复的条文，代之以对第十四部分之二中相应条文的交叉引用（资料来源14，第231页）（为此受影响的条文将包括非正式综合协商案文第73条第4款、第106条和第107条以及第111条第5款和第8款）。

在第三委员会第37次会议上，苏联代表解释说：

---

① 《海洋环境的保全》（1976年，油印本），第29条（非正式司法专家小组）。转载在《第三次联合国海洋法会议文件集》第十一卷，第525、539页。

② 同上，（1976年1月，油印本），第29条，同上，第504、513页。

第十二部分第七节［的其余条款］应作为一个单独的部分，标题为"对污染控制的保障办法"，因为该节不仅提及第十二部分规定的执行权力，而且还涉及由《公约》其他条款产生的执行的可能性。③

在第三委员会第38次会议上，以及其在第七期会议结束时向全体会议提出的报告中（资料来源6），第三委员会主席解释说，这项提案超出了第三委员会的职权范围，因为

它涵盖了与一般保障办法有关的事项，主要涉及航行和对海洋的其他用途，而不仅仅是保护和保全海洋环境。在这一领域，第七节涵盖了关于保护和保全海洋环境的部分的保障办法。

尽管如此，他将这一提案归入"由于缺乏时间或意见分歧而未能产生折中表述的提案"。④

在第七期会议续会上（1978年），关于项目12的非正式会议主席报告说，苏联已同意第三委员会不应在该期会议上审议该提案，因此该问题仍悬而未决（资料来源7，第196页）。

在第八期会议上（1979年），第三委员会主席报告说，在与各有关代表团的个人接触的基础上，他"感到委员会还是不讨论……事项为佳，因为它与第二委员会相关事项联系紧密"，他将与第二委员会主席讨论这一事项。⑤随后，在该期会议上的正式报告中，第三委员会主席表示，他认为关于第十二部分的实质性协商已经完成。在会议记录各处均未见关于苏联提案的进一步讨论。

224. 6. 在非正式综合协商案文第一次修订稿中（资料来源8），本条重新编号为第224条，开头句经过缩短后仅使用了"本部分"。此后本条基本上保持不变，仅根据起草委员会的建议采纳了若干润色性修改（资料来源12和资料来源13）。⑥

224. 7(a). "军舰、军用飞机或其他有清楚标志可以识别为政府服务并经授权的船舶或飞机"一语重复了关于由于发生海盗行为而有权进行扣押的船舶和飞机的第一〇七条，和关于紧追权的第一一一条第5款的措辞。（这一措辞还以较简化的形式用

---

③ 第三委员会，第37次会议（1978年），第51段，《正式记录》第九卷，第155-156页。

④ 第三委员会，第38次会议（1978年），第18段，《正式记录》第九卷，第159页。

⑤ 第三委员会第四十次会议（1979年），第8-9段，《正式记录》第十一卷，第70页。另见A/CONF.62/L.34（1979年），第11-12段，同上，第83-84页（第三委员会主席）。

⑥ 在第九期会议上（1980年），第三委员会主席提出了两项润色性修改提案：在"官员"之前插入"主管（competent）"一词；并在"军舰"后插入一个逗号（译者注，中文本为顿号）。其中第一项建议未获得接受。A/CONF.62/C.3/L.34和Add.1和2（1980年），附件，《正式记录》第十四卷，第185-186页（第三委员会主席）。

于关于登临权的第一一〇条中。）"军舰"一语的含义，"为本公约的目的"，规定在第二十九条中：

> "军舰"是指属于一国武装部队、具备辨别军舰国籍的外部标志、由该国政府正式委任并名列相应的现役名册或类似名册的军官指挥和配备有服从正规武装部队纪律的船员的船舶。

224.7(b). "军用飞机"一语在《公约》中未作定义。1944 年《国际民用航空公约》对"民用航空器"和"国家航空器"作了区分。[⑦] 该文书第三条第 2 款规定、用于军事、海关和警察部门的航空器，应认为是国家航空器。1982 年《公约》第三十九条第 3 款（a）项也作了这一区分。

224.7(c). "其他船舶"一语指正式服役的军舰以外用于政府服务的所有船舶，条件是它们应有清楚标志可以识别为政府服务并经正式授权对外国船舶采取执行措施。

224.7(d). 据作者所知，无论是在《公约》中还是其他地方，都没有提示"有清楚标志可以识别为政府服务并经授权"的含义。[⑧] 为政府服务的船舶和飞机上通常有明显的标志表明其服务，并悬挂特殊的标识性的国家服务旗帜和徽记并配置身穿制服的船员或机组人员。这些也都有助于表明这些单位和人员的公务性质。

224.7(e). 虽然第三委员会不愿在"官员"之前插入"主管"一词，但上下文似乎暗示官员应在其职权范围内行事。相比之下，正式法文本为："Seuls les agents officiellement habilités."

---

⑦ 见国际民航组织文件 ICAO doc. 7300/6（1980 年），包括到目前为止的所有修订。原始文本见《联合国条约集》第 15 卷，第 295 页；《条约和其他国际条例集》第 1591 页；《1776—1949 年美国条约和其他国际协定》第 3 卷，第 944 页。

⑧ 国际海事组织已表示，据其所知，没有任何国际文书提供有这一表达在实际操作意义上的含义。1988 年 9 月 5 日国际海事组织助理秘书长托马斯·A·门萨致海洋法律和政策中心（沙卜泰·罗森）信，弗吉尼亚大学法律图书馆档案。国际民航组织秘书处在提请注意第一〇七条的相应规定时，没有对"有清楚标志可以识别……"一句发表意见。国际民航组织研究报告《〈联合国海洋法公约〉——对适用〈芝加哥公约〉、其附件和其他国际航空法律文书的可能影响》，国际民航组织文件 C. WP/7777（1984 年，油印本），第 13.7 段。概括地说，关于空中法术语，见《国际民航组织关于国际法委员会通过的 ［1956 年］关于海洋法的条款草案的意见》，A/CONF. 13/31（1958 年），特别是第 11-14 段，第一次海洋法会议，《正式记录》第一卷，第 336 页。

第二二五条　行使执行权力时避免不良后果的义务

在根据本公约对外国船只行使执行权力时，各国不应危害航行的安全或造成对船只的任何危险，或将船只带至不安全的港口或停泊地，或使海洋环境面临不合理的危险。

资料来源

1. A/AC. 138/SC. III/L. 46（1973 年，油印本），第 7 条（法国）。

2. A/AC. 138/SC. III/L. 49（1973 年，油印本），第 2 款（日本）。

3. A/AC. 138/SC. III/L. 52/Add. 1，附件 1（第二工作组第 15 号文件，第四节，备选案文 A，第 2 款，和备选案文 C，第 2 款），转载在 1973 年《海底委员会报告》第一卷，第 91、98、100 页（第二工作组主席）。

4. A/CONF. 62/C. 3/L. 6（1974 年），第 8 条，《正式记录》第三卷，第 249~250 页（加拿大、斐济、加纳、圭亚那、冰岛、印度、伊朗、新西兰、菲律宾和西班牙）。

5. A/CONF. 62/C. 3/L. 7（1974 年），第 5 条第 2 款，《正式记录》第三卷，第 250~251 页（德意志联邦共和国）。

6. A/CONF. 62/WP. 8/Part III（非正式单一协商案文，1975 年），第一部分，第 35~36 条，《正式记录》第四卷，第 171、176 页（第三委员会主席）。

7. A/CONF. 62/WP. 8/Rev. 1/Part III（订正的单一协商案文，1976 年），第 35 条，《正式记录》第五卷，第 173、179 页（第三委员会主席）。

8. A/CONF. 62/WP. 10（非正式综合协商案文，1977 年），第 226 条，《正式记录》第八卷，第 1、40 页。

9. A/CONF. 62/RCNG/1（1978 年），第三委员会主席向全体会议提交的报告，关于第 226 条的提案（MP/16）（苏联），《正式记录》第十卷，第 13、96、113 页。

10. A/CONF. 62/RCNG/2（1978 年），第三委员会主席的报告（C. 3/Rep. 1），关于第 226 条的提案（MP/16）（苏联），《正式记录》第十卷，第 126、173、186 页。

11. A/CONF. 62/WP. 10/Rev. 1（非正式综合协商案文第一次修订稿，1979 年，油印本），第 225 条。转载在《第三次联合国海洋法会议文件集》第一卷，第 375、474 页。

12. A/CONF. 62/WP. 10/Rev. 2（非正式综合协商案文第二次修订稿，1980 年，油

印本），第 225 条。转载在《第三次联合国海洋法会议文件集》第二卷，第 3、103 页。

13. A/CONF. 62/WP. 10/Rev. 3* （非正式综合协商案文第三次修订稿，1980 年，油印本），第 225 条。转载在《第三次联合国海洋法会议文件集》第二卷，第 179、280 页。

14. A/CONF. 62/L. 78 （《公约草案》，1981 年），第 225 条，《正式记录》第十五卷，第 172、212 页。

起草委员会

15. A/CONF. 62/L. 67/Add. 10 （1981 年，油印本），第 23~24 页。

16. A/CONF. 62/L. 67/Add. 14 （1981 年，油印本），第 13 页。

17. A/CONF. 62/L. 72 （1981 年），《正式记录》第十五卷，第 151 页 （起草委员会主席）。

非正式文件

18. 关于第 35 条的口头提案 （1976 年，油印本）。坦桑尼亚 （第三委员会，非正式会议）。转载在《第三次联合国海洋法会议文件集》第十卷，第 473、478 页。

19. MP/16 （1978 年，油印本），关于第十四部分之二的提案，第 226 条 （苏联）。转载在《第三次联合国海洋法会议文件集》第十卷，第 229~230 页 ［见上文资料来源 9 和资料来源 10］。

评　　注

225. 1. 第二二五条起源于一套法国在海底委员会 1973 年会议上提出的关于可由沿海国为防止海洋污染行使的权利的条款草案 （资料来源 1）。该草案第 7 条较笼统地处理了对违反行为的调查，并规定根据该条采取的措施 "不得危害船只或造成对航行的危险，并不得不当地羁留船只"。其后日本提出了一项相似的提案 （资料来源 2），大致上规定在采取执行措施时，沿海国 "应确保……所指的人员的海事活动……不受到不当干扰"。第三分委员会第二工作组对这一事项的研究产生了以下案文 （资料来源 3）：

依照本条采取的措施必须在本公约目标的严格限制内，不得在其适用上有歧视性 （见今第二二七条），并不得不必要地或不合理地限制海洋环境的合法用途，包括航行。

225. 2. 在第三次海洋法会议 （1974 年） 第二期会议上，一项由 10 个国家提交的关于保全海洋环境的区划办法的草案 （资料来源 4） 以一般性措辞规定：

沿海国在该区域［即经济区］内行使和履行其关于保全海洋环境的权利和义务时，不应对海洋的其他合法用途有不当干扰……

德意志联邦共和国提交的一项针对船只来源污染的规章执行的草案（资料来源5）则更加明确：其第五条第2款规定：

2. 依照上述条款采取的措施不得危害船只、干扰航行或海洋的其他合法用途或造成对海洋环境的任何危险。

尽管有这些提案，第二期会议期间举行的非正式会议并没有产生任何新案文。

225.3. 在第三期会议上（1975年），协商继续在非正式会议和正式讨论上进行。此外，非正式司法专家小组也对这一问题进行了审议，并在其第一项提案中包括了以下条文：

各国不应在根据本公约对外国船只行使执行权力时危害航行的安全或造成对船只的任何危险或将船只带至不安全的港口或停泊地……①

进一步讨论后，非正式单一协商案文第三部分（资料来源6）中采纳了相应的条文：

第35条

……

如果沿海国在逮捕船只后，决定有必要将其扣留，必须将其带至安全方便的停泊地。

第36条

沿海国仅可在不存在对有关船只的过度危险并且不对航行或海洋环境造成不合理的危险的限度内行使第35条规定的权力。

第三期会议之后，非正式司法专家小组继续对这一事项进行研究并编制了以下的订正案文：

---

① 《海洋环境的保全》（1975年，油印本），第15条第2款（非正式司法专家小组）。转载在《第三次联合国海洋法会议文件集》第十一卷，第475、479页。

各国不应在根据本公约对外国船只行使执行权力时危害航行的安全，或造成对船只的任何危险，或将船只带至不安全的港口或停泊地，或对海洋环境造成不合理的危险。②

225.4. 在第四期会议上（1976年），经过非正式协商，订正的单一协商案文第三部分（资料来源7）采纳了非正式司法专家小组编制的与第35条措辞相同的案文。

225.5. 在第五期会议上（1976年），坦桑尼亚在非正式会议上口头提出删去本条（资料来源18），但未获得接受。在第五期会议结束时，第三委员会主席报告说，对本条提出了一些修改，但这些修改"尚待进一步研究"。③

225.6. 在第六期会议上（1977年），谈判在非正式会议上继续进行，非正式综合协商案文（资料来源8）未加实质性修改地重复了这一条文，其内容如下：

第 226 条　行使执行权力时避免不良后果的义务

各国在根据本公约对外国船只行使执行权力时，不应危害航行的安全或造成对船只的任何危险，或将船只带至不安全的港口或停泊地，或对海洋环境造成不合理的危险。

这一案文中唯一的改动是对开头句的语序作了修改。

225.7. 在第七期会议上（1978年），苏联提出将这一条纳入新的标题为"一般保障办法"的第十四部分之二（资料来源19，资料来源9和资料来源10）。然而，经过审议，第三委员会没有接受这一提案，原因是它对第二委员会事项可能产生影响（见上文第224.5段）。

225.8. 在第九期会议续会上（1980年），第三委员会接受了第三委员会主席提出的润色性修改，本条遂基本定型。④ 此后本条基本上无实质性修改，仅根据起草委员会的建议采纳了若干润色性修改（资料来源15至资料来源17）。

225.9. 国际海事组织一直在审议避免不良的执行后果的特别程序的必要性和实用性问题。⑤

---

② 同上，（1976年3月，油印本），第三十条，同上，第525、539页。

③ A/CONF.62/L.18（1976年），第11段，《正式记录》第六卷，第139–140页（第三委员会主席）。

④ A/CONF.62/C.3/L.34和Add.1和2（1980年），附件，《正式记录》第十四卷，第185–186页（第三委员会主席）。

⑤ 见国际海事组织《1982年联合国海洋法公约对国际海事组织的影响》：国际海事组织秘书处研究报告，doc. LEG/MISC/1（1986年，油印本），第125段。转载在《荷兰海洋法研究所年鉴》第3卷［1987年］，第340、387页；联合国海洋事务和海洋法司1985—1987年《海洋事务年度回顾：法律和政策的主要文件》第一卷，第123、156页。

第二二六条　调查外国船只

1.（a）各国羁留外国船只不得超过第二一六、第二一八和第二二〇条规定的为调查目的所必需的时间。

任何对外国船只的实际检查应只限于查阅该船按照一般接受的国际规则和标准所须持有的证书、记录或其他文件或其所持有的任何类似文件；对船只的进一步的实际检查，只有在经过这样的查阅后以及在下列情况下，才可进行：

（1）有明显根据认为该船的情况或其装备与这些文件所载各节有重大不符；

（2）这类文件的内容不足以证实或证明涉嫌的违反行为；或

（3）该船未持有有效的证件和记录。

（b）如果调查结果显示有违反关于保护和保全海洋环境的可适用的法律和规章或国际规则和标准的行为，则应于完成提供保证书或其他适当财政担保等合理程序后迅速予以释放。

（c）在不妨害有关船只适航性的可适用的国际规则和标准的情形下，无论何时如船只的释放可能对海洋环境引起不合理的损害威胁，可拒绝释放或以驶往最近的适当修船厂为条件予以释放。在拒绝释放或对释放附加条件的情形下，必须迅速通知船只的船旗国，该国可按照第十五部分寻求该船的释放。

2. 各国应合作制定程序，以避免在海上对船只作不必要的实际检查。

资料来源

1. A/AC. 138/SC. III/L. 40（1973 年，油印本），第 27 条（美国）。

2. A/CONF. 62/C. 3/L. 4（1974 年），第 9 条第 1 款，《正式记录》第三卷，第 247 ~248 页（希腊）。

3. A/CONF. 62/C. 3/L. 7（1974 年），第 5 条第 1 款和第 2 款，《正式记录》第三卷，第 250 页（德意志联邦共和国）。

4. A/CONF. 62/C. 3/L. 24（1975 年），第 3 条第 18 款，《正式记录》第四卷，第 210~211 页（比利时、保加利亚、丹麦、德意志民主共和国、德意志联邦共和国、希腊、荷兰、波兰和英国）。

5. A/CONF. 62/WP. 8/Part III（非正式单一协商案文，1975 年），第一部分，第 31 条（b）款和（c）款，第 32、35 条，《正式记录》第四卷，第 171、175~176 页（第

三委员会主席）。

6. A/CONF. 62/WP. 8/Rev. 1/Part III（订正的单一协商案文，1976 年），第 36 条，《正式记录》第五卷，第 173、179 页（第三委员会主席）。

7. A/CONF. 62/WP. 10（非正式综合协商案文，1977 年），第 227 条，《正式记录》第八卷，第 1、40 页。

8. A/CONF. 62/RCNG/1（1978 年），第三委员会主席向全体会议提交的报告，[科威特、黎巴嫩、阿拉伯利比亚民众国、摩洛哥、卡塔尔、阿拉伯叙利亚共和国和突尼斯]（MP/19）；和关于第 227 条第 1 款的非正式提案，以及日本的非正式提案（MP/22），《正式记录》第十卷，第 13、96、100、106、110 页。

9. A/CONF. 62/RCNG/2（1978 年），第三委员会主席报告（C. 3/Rep. 1），关于第 227 条的非正式提案，《正式记录》第十卷，第 126、173、181 页。

10. A/CONF. 62/WP. 10/Rev. 1（非正式综合协商案文第一次修订稿，1979 年，油印本），第 226 条。转载在《第三次联合国海洋法会议文件集》第二卷，第 375、474 页。

11. A/CONF. 62/WP. 10/Rev. 2（非正式综合协商案文第二次修订稿，1980 年，油印本），第 226 条。转载在《第三次联合国海洋法会议文件集》第二卷，第 3、103 页。

12. A/CONF. 62/WP. 10/Rev. 3*（非正式综合协商案文第三次修订稿，1980 年，油印本），第 226 条。转载在《第三次联合国海洋法会议文件集》第二卷，第 179、280 页。

13. A/CONF. 62/L. 78（《公约草案》，1981 年），第 226 条，《正式记录》第十五卷，第 172、212 页。

起草委员会

14. A/CONF. 62/L. 67/Add. 10（1981 年，油印本），第 25~27 页。

15. A/CONF. 62/L. 67/Add. 10/Corr. 2（1981 年，油印本），第 1 款。

16. A/CONF. 62/L. 67/Add. 14（1981 年，油印本），第 18~23 页。

17. A/CONF. 62/L. 72（1981 年），《正式记录》第十五卷，第 151 页（起草委员会主席）。

非正式文件

18. 欧洲共同体：理事会（1974 年，油印本），第二部分，D 节，第 3 款。转载在《第三次联合国海洋法会议文件集》第十卷，第 407、411 页。

19. 德意志联邦共和国（1974 年，油印本），第 6 条第 1 款。转载在《第三次联合国海洋法会议文件集》第十卷，第 414、417 页。

20. 美国（1974 年，油印本），第 12 条第 1 款。转载在《第三次联合国海洋法会议文件集》第十卷，第 419、425 页。

21. 日本和德意志联邦共和国关于第 36 条的口头提案（1976 年，油印本）（第三委员会非正式会议）。转载在《第三次联合国海洋法会议文件集》第十卷，第 473、478 页。

22. MP/15（1978 年，油印本）（德意志联邦共和国）。转载在《第三次联合国海洋法会议文件集》第十卷，第 229 页。

23. MP/19（1978 年，油印本）。（科威特、黎巴嫩、阿拉伯利比亚民众国、摩洛哥、卡塔尔、阿拉伯叙利亚共和国和突尼斯）。转载在《第三次联合国海洋法会议文件集》第十卷，第 234 页 [见上文资料来源 8]。

24. MP/22（1978 年，油印本），第 227 条第 1 款（日本）。转载在《第三次联合国海洋法会议文件集》第十卷，第 235 页 [见上文资料来源 8]。

25. MP/24（1978 年，油印本），第 227 条第 1 款（非正式会议主席）。转载在《第三次联合国海洋法会议文件集》第十卷，第 238、241 页。

26. MP/27（1978 年，油印本），第 227 条（非正式会议主席）。转载在《第三次联合国海洋法会议文件集》第十卷，第 251、253 页。

27. 美国（1980 年，油印本），第 226 条。转载在《第三次联合国海洋法会议文件集》第十卷，第 511、537 页。

28. 苏联（1981 年，油印本），第 226 条第 1 款。转载在《第三次联合国海洋法会议文件集》第十卷，第 545 页。

评　　注

226. 1. 在第十二部分中，有关调查外国船只对国际规则和标准的违反行为的实质性规则见于第二一六条（间接地通过根据该条通过的法律和规章）、第二一八条和第二二〇条。第二二六条作为一项保障措施，涉及这些调查的某些方面，特别是调查必需完成的时间，对船只、其装备和文件的实际检查的性质和限制，以及仅对于船只本身而言调查结果的后果。违反行为的其他后果包含在第七节其他条款中，特别是第二三〇条和第二三一条。此外，关于迅速释放船只和船员的第二九二条通过第 1 款（c）项被引入规定中。

226. 2. 本条的各要素来源于提交给海底委员会和第三次海洋法会议的多个正式和非正式草案。美国于 1973 年提交给第三分委员会的条款草案中的第十七条（资料来源 1）载有第二二六条第 1 款的基本内容。它规定：

> 应准许船只继续其航行，并且其扣留不得超过其为调查目的而在场所必需的时间。如果调查未显示有违反根据本章的规定可适用的标准的行为，应迅速释放船只。如果仍有理由认为发生了违反行为，船只应依提供保证书等合理程序迅速予以释放，除非这种释放可能对海洋环境引起不合理的损害威

胁或适用的国际标准要求或授权采取其他行动。

226. 3. 在第三次海洋法会议第二期会议上（1974 年），欧洲共同体理事会提交的一项非正式工作文件（资料来源 18）除其他外规定了"沿海国扣留船只不得超过为检查目的所必要的时间"的原则。德意志联邦共和国提交的一套条款草案（资料来源 19）包括了"应尽可能努力避免船舶被不当扣留或羁留"的规定。

希腊的一套草案中的第 9 条第 1 款（资料来源 2）要求，在行使执行权和义务时，应"尽一切努力避免不当扣留或羁留船舶"。德意志联邦共和国提交的正式条款草案（资料来源 3）重复了其先前的提案。该草案第 5 条载有关于船只的羁留、扣留和释放的保障措施，有关规定内容如下：

> 1. 应尽一切努力确保船舶不被不当扣留或羁留。为此目的，各国除其他外，应合作制定和实施规章和程序，以便无需对在途中行驶的船舶进行停船或登船。
> 2. ……如果一国有权对外国船舶提起司法或行政程序，该船舶可以通过提供保证书避免逮捕。

该提案没有出现在此后与第二二六条的前身条款相关的任何草案中，但对其规定的适用可在关于沿海国权利的保护的第二十五条中通过暗示推知。出于明显的原因，1982 年《公约》中不存在在领海拒绝通行的一般权利，除非这种通过不被视为"无害"（参见第二十一条）。

美国的一项非正式提案（资料来源 20）进一步发展了欧洲经济共同体和德意志联邦共和国的非正式提案，其内容如下：

> 一国扣留船只不得超过为调查目的所必需的时间，并应在调查未显示有违反可适用的标准的情况下迅速释放船只。如果调查显示可能有违反行为，该国应按照提供保证书或其他适当的财政担保等合理程序迅速释放船只，除非这种释放可能对海洋环境引起不合理的损害威胁或可适用的国际标准要求或授权其他行动。

该案文已包含后来成为第二二六条第 1 款（a）、（b）和（c）项的内容的基本要素。

226. 4. 在第三期会议（1975 年）上提出了更多的条文。9 个欧洲国家的草案（资料来源 4）的第 3 条第 18 款涉及在提供保证书或其他合理担保后迅速释放被扣留的船只，但如果"船舶不能在避免对海洋环境引起不合理的损害威胁的情况下出海"，则释放应被拒绝或以驶往最近的可使用的修船厂为条件。该草案对"保证书或其他合理担保"一语作了限定，规定任何担保均"不得超过对违反行为的最高处罚金额"。但这一限定后来又被删去。

与此同时，非正式司法专家小组正在审议关于保全海洋环境的条款。关于船只来源污染的保障办法和限制，专家小组编制的案文除其他外规定：

2. 各国不应在根据本公约对外国船只行使执行权力时危害航行的安全，或造成对船只的任何危险，或将船只带至不安全的港口或停泊地，或扣留或以其他方式羁留船只超过为调查目的所必需的时间。此后应将该船迅速释放。如果调查结果显示可能有违反关于保全海洋环境的可适用的法律和规章，则可于完成提供保证书或其他适当财政担保等合理程序后予以释放。如船只的释放可能对海洋环境引起不合理的损害威胁，可拒绝释放或以驶往最近的适当修船厂为条件予以释放，除非依据可适用的国际规则和标准可采取其他行动。①

经过非正式协商，非正式单一协商案文第三部分（资料来源5）采纳了与第二二六条有关的几项条文。

第 31 条

……

（b）任何这种检查应只限于查阅该船按照有关的国际规章所须持有的证书和记录或其所持有的任何类似文件；

（c）对船只的实际检查，只有在此之后在有必要证实涉嫌的违反行为的情况下才可进行。

第 32 条

当沿海国行使第 30 条和第 31 条所指的权利时，应迅速通知船旗国涉嫌的违反行为和已采取的相应措施。

第 35 条

船只只能根据拥有管辖权的国家的法院命令才可扣留。如果责任人支付罚款，则必须立即释放船只。

如果沿海国在逮捕船只后，决定有必要将其扣留，必须将其带至安全方便的停泊地。

---

① 《海洋环境的保全》（1975 年，油印本），第 15 条第 2 款（非正式司法专家小组）。转载在《第三次联合国海洋法会议文件集》第十一卷，第 475、479 页。

第三期会议之后，非正式司法专家小组继续对这一事项进行研究并编制了以下的订正案文：

第 31 条

各国扣留或以其他方式羁留外国船只不得超过为调查目的所必需的时间。此后应将该船适当释放。如果调查结果显示可能有违反关于保全海洋环境的可适用的法律和规章，则可于完成提供保证书或其他适当财政担保等合理程序后予以释放。（c）在不妨害有关船舶适航性的可适用的国际规则和标准的情形下，无论何时如船只的释放可能对海洋环境引起不合理的损害威胁，可拒绝释放或以驶往最近的适当修船厂为条件予以释放。

各国应合作制定程序，以避免在海上对船只作不必要的停船或登船。②

新增的本案文第 2 款构成了最后文本第 2 款的基础。

226.5. 在第四期会议上（1976 年），协商继续在非正式会议上进行，在这些协商中，本条被与第 6 节的其他条款部分地关联起来，特别是在法国的非正式提案中。③ 协商导致订正的单一协商案文第三部分（资料来源 6）采纳了完全修订的案文，这一案文与非正式司法专家小组完成的案文非常相似。订正的单一协商案文第三部分第 36 条内容如下：

1. 各国羁留外国船只不得超过本公约本部分第二十八条和第三十条规定的为调查目的所必需的时间。如果调查结果显示有违反关于保全海洋环境的可适用的法律和规章或国际规则和标准的行为，则应于完成提供保证书或其他适当财政担保等合理程序后予以释放。在不妨害有关船舶适航性的可适用的国际规则和标准的情形下，无论何时如船只的释放可能对海洋环境引起不合理的损害威胁，可拒绝释放或以驶往最近的适当修船厂为条件予以释放。

2. 各国应合作制定程序，以避免在海上对船只作不必要的实际检查。

226.6. 在第五期会议上（1976 年），口头提出了对这一条款的几项非正式修改（资料来源 21），但它们主要涉及润色性或技术性修改。第三委员会主席随后报告说，本条是虽然已提出修改提案，但尚待委员会的进一步研究的若干条之一。④

---

② 同上，（1976 年 3 月，油印本），第 31 条，同上，第 525、540 页。

③ 见法国非正式提案中新增的关于倾倒的第 25 条之二，转载在《第三次联合国海洋法会议文件集》第十卷，第 442 页。

④ A/CONF. 62/L. 18（1976 年），第 11 段，《正式记录》第六卷，第 139-140 页（第三委员会主席）。

226. 7. 在第六期会议上（1977 年），非正式协商继续进行，并导致非正式综合协商案文采纳第二二七条（资料来源 7）。这一条文与订正的单一协商案文几乎相同，只是交叉引用被扩展到包括今《公约》的第二一六条、第二一八条和第二二〇条。

226. 8. 在第七期会议上（1978 年），在非正式会议上提出了一系列修改提案。德意志联邦共和国（资料来源 22）建议在第一句之后插入以下内容：

> 任何对外国船只的实际检查应只限于查阅该船按照可适用的国际规则和标准所须持有的证书和记录或其所持有的任何类似文件，除非有明显根据认为该船的情况或其装备与这些文件所载细节有重大不符，或有必要进行进一步检查以证实涉嫌的违反行为。

7 个阿拉伯国家的一项非正式提案（资料来源 23）提出第 1 款的案文应改为：

> 1. 各国羁留外国船只不得超过第 217、第 219 和第 221 ［今第二一六条、第二一八条和第二二〇条］条规定的为调查目的所必需的时间。如果调查结果显示有违反关于保全海洋环境的可适用的法律和规章或国际规则和标准的行为，则应于完成提供保证书或其他适当财政担保等合理程序后予以释放。在不妨害有关船舶适航性的可适用的国际规则和标准的情形下，无论何时如船只的释放可能对海洋环境引起不合理的损害威胁，可拒绝释放或以驶往最近的适当修船厂为条件予以释放。在后一种情形下，必须通知船只的船旗国或登记国，二者都可按照本公约第十五部分的规定反对这种拒绝。

日本（资料来源 24）提出在"予以释放"一词之前加上"迅速"一词，解释说这"符合第 292 条"。

根据第七期会议期间的非正式协商上提出的一系列建议，关于项目 12 的非正式会议主席重新起草了第 227 条第 1 款（资料来源 25）：

> 1. 各国羁留外国船只不得超过本公约本部分第 217、第 219 和第 221 ［今第二一六条、第二一八条和第二二〇条］条规定的为调查目的所必需的时间。任何对外国船只的实际检查应只限于查阅该船按照一般接受的国际规则和标准所须持有的证书和记录或其所持有的任何类似文件。在经过这样的查阅后，只有在有明显根据认为该船的情况或其装备与这些文件所载细节有重大不符，或这类文件的内容不足以证实或证明涉嫌的违反行为，或该船未持有有效的证件和记录的情况下，才可进行对船只的检查。如果调查结果显示有违反关于保全海洋环境的可适用的法律和规章或国际规则和标准的行为，则应于完

成提供保证书或其他适当财政担保等合理程序后迅速予以释放。在不妨害有关船只适航性的可适用的国际规则和标准的情形下，无论何时如船只的释放可能对海洋环境引起不合理的损害威胁，可拒绝释放或以驶往最近的适当修船厂为条件予以释放。

在第七期会议结束时的报告中（资料来源8），第三委员会主席将以上重新起草的第1款列入产生于激烈协商所形成的折中表述，所取得的支持已足以提供合理的共识前景，但就其仍有一些保留和反对意见的一类条款中。此外，他还报告说，有一些悬而未决的问题已经列入提交委员会审议的非正式提案中，但由于缺乏时间或意见分歧而未能产生折中表述，因此需要进一步的密切协商。

226.9. 在第七期会议续会上（1978年），协商继续在非正式会议上进行。关于项目12的非正式会议主席编写的一份工作文件列出了这些协商的结果（资料来源26）。该文件转载了先前对第1款的重新起草，最后增加了以下一句：

> 在拒绝释放或对释放附加条件的情形下，必须迅速通知船只的船旗国，该国可按照本公约第十五部分的规定寻求该船的释放。

这样就建立了与第十五部分的争端解决条款的关联。非正式会议主席随后报告说，因为没有代表团反对，新案文可以被视为已经以协商一致方式通过（资料来源9第196页），"因此对这一条文的任何修改提案都应被视为已被取代"。

然而，在第七期会议续会结束时的报告中，第三委员会主席继续将这一案文列入尚未解决的案文之列，这是由于存在着这样一种"一般谅解"，即对这一案文（以及其他案文）不能孤立地处理并"在不考虑所有其他妥协表述的情况下"将其归入已被接受的案文之列（资料来源9，第175页）。他还解释说："这绝对不应该被认为是一个倒退，也不是对共识基础的一种减损"。所涉及的条款事实上"大大扩大了折中的基础"，并为形成协商一致的意见提供了大大改善的前景。

与本条没有关系的未决问题在第八期会议（1979年）上全部解决，修订后的本条案文作为第236条被非正式综合协商案文第1次修订稿（资料来源10）采纳。

226.10. 在第十期会议上（1981年），起草委员会建议对第1款进行重新组织，这一修改更清楚地列举了各项规定（资料来源14、25b）。经过重新组织的该款内容如下：

1. （a）各国羁留外国船只不得超过第216条、第218条和第220条规定的为调查目的所必需的时间。

（b）任何对外国船只的实际检查应只限于查阅该船按照一般接受的国际规则和标准所须持有的证书、记录或其他文件或其所持有的任何类似文件；

在经过这样的查阅后，对船只的实际检查只有在下列情况下才可进行：

（1）有明显根据认为该船的情况或其装备与这些文件所载细节有重大不符；

（2）这类文件的内容不足以证实或证明涉嫌的违反行为；或

（3）该船未持有有效的证件和记录。

（c）如果调查结果显示有违反关于保护和保全海洋环境的可适用的法律和规章或国际规则和标准的行为，则应于完成提供保证书或其他适当财政担保等合理程序后迅速予以释放。

（d）在不妨害有关船舶适航性的可适用的国际规则和标准的情形下，无论何时如船只的释放可能对海洋环境引起不合理的损害威胁，可拒绝释放或以驶往最近的适当修船厂为条件予以释放。在拒绝释放或对释放附加条件的情形下，必须迅速通知船只的船旗国，该国可按照第十五部分寻求该船的释放。

苏联随后提出对重新组织后的这一款进行技术性修订，即将（a）款和（b）款合并，并相应地对（c）款和（d）款重新编号（资料来源 28）。经过这一调整的重新组织案文随后被《公约草案》（资料来源 14）采纳。第三委员会主席在第十一期会议（1982 年）上提出一项扩大第 1 款使其适用于调查"或司法程序"的目的的建议，但没有提交起草委员会审议。[5]

226.11（a）. 具体来说的第二二六条和一般来说的第十二部分与关于领海无害通过的诸项条款之间的关系由第二十七条第 5 款的开头语规定。该款规定：

> 如果来自外国港口的外国船舶仅通过领海而不驶入内水，沿海国不得在通过领海的该船舶上采取任何步骤，以逮捕与该船舶驶进领海前所犯任何罪行有关的任何人或进行与该罪行有关的调查。

但其适用的范围是"除第十二部分有所规定外。"此外，第十二部分未授权逮捕任何人，最多允许船员与船只一起被扣留，但应于"完成提供保证书或其他适当财政担保等合理程序"后迅速予以释放。

226.11（b）. 虽然《公约》中有几处提及船舶或船只应持有的文件（例如第二十三条、第九十一条、第一一〇条、第二一七条和第二二六条），但《公约》本身并未规定

---

⑤　见 A/CONF.62/L.88（1982 年），第二二六条，第 1 款（a）项，《正式记录》第十六卷，第 203 页（第三委员会主席）。另见 A/CONF.62/L.93（1982 年），第 7 段，同上，第 210-211 页（大会执行委员会）。

船旗国有正式义务确保其船舶和船只实际持有国际法要求的文件。⑥ 尽管如此，无文件或持有虚假文件的船舶或船只无疑会在面临不同港口国按照本公约通过的国家法律的规定时遭遇严重困难，这种情况也可能涉及船旗国的国际责任。另一方面，在证书和检查船只的特殊规则方面，还应遵从其他适用的国际条约，特别是处理海洋环境污染的"73/78 防污公约"。确保这一点是船旗国的责任（参见第九十四条）。

"73/78 防污公约"尤其如此，该公约第五条处理"证书和检查船舶的特殊规定"。此外，该公约附则一至附则四为防止来自船舶的不同类型的污染制定了详细的规章。考虑到这些和其他类似的条约，1982 年《公约》无需详细规定船舶必须持有的证书。

226. 11(c). 关于"保证书或其他适当财政担保"一语，见上文第 218.9（d）段。出现在第二二〇条中、但没有出现在第二一八条或第二九二条中的"适当"一词，其宽泛程度将足以涵盖任何民事诉讼程序所要求的合理担保；民事诉讼程序的地位，在第二二九条中得到保留。⑦

226. 11(d). 在拒绝释放或对释放附加条件的情形下迅速通知船旗国的义务重申了船旗国的一般优先地位，也是对维护全球航行系统的进一步保障。这一义务也与第七十三条第 4 款是一致的，后者处理在执行沿海国法律和规章时逮捕或扣留外国船舶，特别是影响沿海国在专属经济区的权利和管辖权的外国船舶的情形。

226. 11(e). 关于第 2 款，国际海事组织已经表示，该组织即是审查为避免在海上对船只作不必要的实际检查而采取任何特别程序是否必要和实用的问题的最适当论坛。⑧

---

⑥ 国际海事组织正在考虑由于《公约》的各种规定是否有必要新制订或修订文件方面的规定。见国际海事组织《1982 年联合国海洋法公约对国际海事组织的影响》：国际海事组织秘书处研究报告，doc. LEG/MISC/1（1986 年，油印本），第 62（b）、101（a）、123（xi）段。转载在荷兰海洋法研究所年鉴第 3 卷［1987 年］，第 340、363、378、386 页；联合国海洋事务和海洋法司 1985—1987 年《海洋事务年度回顾：法律和政策的主要文件》第一卷，第 123、139、150 和 156 页。

⑦ 对保证书或其他财政担保的性质未作准确说明的问题，对于筹备委员会第四特别委员会，在编制国际海洋法法庭规则草案的过程中，一直是产生困难的根源。在秘书处编制的规则草案中，有人建议，保证书或其他财政担保的性质和金额应"不超过船只的价值"。见 LOS/PCN/SCN. 4/WP. 2/Add. 1（1985 年，油印本），第 88B 条，第 3 款。转载于 VII Platzoder PrepCom 324，325。另见 LOS/PCN/SCN. 4/1985/CRP. 11（1985 年，油印本），秘书的说明性发言。转载于同上，第 444 页。第四特别委员会在讨论后对此作了扩大，建议国际海洋法法庭或其分庭"可以认定拘留国要求的任何保证书或其财政担保的性质、条件和数额是否合理"。LOS/PCN/SCN. 4/WP. 2/Rev. 1/Part 1（1986 年，油印本），第 91 条。转载于同上第 259、298 页。但第四特别委员会的讨论尚未结束，关于这一点的若干修正提案仍悬而未决。

⑧ 在这方面，海事组织引用了"73/78 防污公约"关于"违章事件的侦查和本公约的实施"的第 6 条的规定，特别是关于这些规定是否"为制定必要的国际程序提供了适当或合适的基础"。前注⑥，第 125–126 段，第 156–157 页。

第二二七条　对外国船只的无歧视

各国根据本部分行使其权利和履行其义务时，不应在形式上或事实上对任何其他国家的船只有所歧视。

资料来源

1. A/AC. 138/SC. III/L. 41（1973 年，油印本），第 12 条（肯尼亚）。

2. A/AC. 138/SC. III/L. 52/Add. 1，附件 1（第二工作组第 15 号文件，第四节，备选案文 A 第 2 款，和备选案文 C 第 2 款），转载在 1973 年《海底委员会报告》第一卷，第 91、98、100 页（第二工作组主席）。

3. A/CONF. 62/C. 3/L. 7（1974 年），第 5 条第 5 款，《正式记录》第三卷，第 250 ~251 页（德意志联邦共和国）。

4. A/CONF. 62/C. 3/L. 24（1975 年），第 6 条第 4 款，《正式记录》第四卷，第 210、212 页（比利时、保加利亚、丹麦、德意志民主共和国、德意志联邦共和国、希腊、荷兰、波兰和英国）。

5. A/CONF. 62/WP. 8/Part III（非正式单一协商案文，1975 年），第一部分，第 38 条，《正式记录》第四卷，第 171、176 页（第三委员会主席）。

6. A/CONF. 62/WP. 8/Rev. 1/Part III（订正的单一协商案文，1976 年），第 37 条，《正式记录》第五卷，第 173、179 页（第三委员会主席）。

7. A/CONF. 62/WP. 10（非正式综合协商案文，1977 年），第 228 条，《正式记录》第八卷，第 1、70 页。

8. A/CONF. 62/RCNG/1（1978 年），第三委员会主席向全体会议提交的报告，关于第 228 条的提案（MP/16）（苏联），《正式记录》第十卷，第 13、96、113 页。

9. A/CONF. 62/RCNG/2（1978 年），第三委员会主席的报告（C. 3/Rep. 1），关于第 228 条的提案（MP/16）（苏联），《正式记录》第十卷，第 126、173、186 页。

10. A/CONF. 62/WP. 10/Rev. 1（非正式综合协商案文第一次修订稿，1979 年，油印本），第 227 条。转载在《第三次联合国海洋法会议文件集》第一卷，第 375、475 页。

11. A/CONF. 62/WP. 10/Rev. 2（非正式综合协商案文第二次修订稿，1980 年，油印本），第 227 条。转载在《第三次联合国海洋法会议文件集》第二卷，第 3、104 页。

12. A/CONF. 62/WP. 10/Rev. 3* （非正式综合协商案文第三次修订稿，1980 年，油印本），第 227 条。转载在《第三次联合国海洋法会议文件集》第二卷，第 179、280 页。

13. A/CONF. 62/L. 78（《公约草案》，1981 年），第 227 条，《正式记录》第十五卷，第 172、212 页。

起草委员会

14. A/CONF. 62/L. 67/Add. 10（1981 年，油印本），第 28 页。

15. A/CONF. 62/L. 72（1981 年），《正式记录》第十五卷，第 151 页（起草委员会主席）。

16. A/CONF. 62/L. 152/Add. 25（1982 年，油印本），第 24 页。

17. A/CONF. 62/L. 160（1982 年），《正式记录》第十七卷，第 225 页（起草委员会主席）。

非正式文件

18. 美国（1974 年，油印本），第 12 条第 3 款。转载在《第三次联合国海洋法会议文件集》第十卷，第 419、425 页。

19. MP/16（1978 年，油印本），关于第十四部分之二的提案，第 228 条（苏联）。转载在《第三次联合国海洋法会议文件集》第十卷，第 229~230 页。

评　　注

227. 1. 关于无歧视的规定在《公约》中多次出现，特别是第二十四条第 1 款（b）项、第二十五条第 3 款、第二十六条第 2 款、第四十二条第 2 款、第五十二条第 2 款、第一一九条第 3 款、第一四〇条第 2 款、第一四一条、第一五一条第 1 款（c）项、第一五二条第 1 款、第二二七条和第二三四条以及附件三和附件四的有关规定。

第二二七条本身起源于肯尼亚于 1973 年提交给海底委员会第三分委员会的一项提案（资料来源 1），其中规定"各国应确保海洋污染控制措施不应在形式上或事实上在国家和人之间有所歧视"。第三分委员会第二工作组协商达成的关于标准的两项备选案文采纳了与船舶污染有关的标准"不得在其适用上有歧视性"的原则（资料来源 2）。随后由第三委员会制定的文本代表了这一宽泛的无歧视概念的具体适用。

227. 2. 在第二期会议上（1974 年），德意志联邦共和国提交了关于针对船只来源污染的执行的一系列条款草案（资料来源 3），其中之一内容如下：

按照以上条款采取的措施不得对外国船只或在外国船只之间有所歧视。

对于不是本公约缔约方的国家的船舶，缔约国应按照国际法，以确保这种船舶不享有更为优惠的待遇的方式适用本公约的规定。

该草案是对提交海底委员会的第二工作组文件（资料来源2）中出现的关于无歧视的条款的一个范围较窄且带有一定技术性的适用。美国提交的一项非正式提案（资料来源18）中的第12条第3款则更为直接，规定一国"不应在形式上或事实上对任何国家的船只有所歧视"。

227.3. 第三期会议上（1975年），非正式司法专家小组在其对关于保全海洋环境的条款的审议中包括了这一主题。在有关来自船舶的污染的标题为"保障办法和限制"的一条中，包含了一款无歧视规定：

> 3. 各国根据本公约行使其权利时，不应在形式上或事实上对任何其他国家的船只有所歧视。①

9个欧洲国家集团提交的一系列条款草案（资料来源4）载有一项适用于"权利和义务"并将"飞机"包括在内的与之相似的无歧视条款，但其范围较为有限，仅适用于"本章"。该提案第6条第4款规定：

> 一国根据本章行使其权利和义务时，不应在形式上或事实上对外国船舶或飞机有所歧视。

非正式单一协商案文第三部分（资料来源5）第38条与该提案几乎相同；然而，它删去了最后的"或飞机"几个字，并以"船只"代替了"船舶"。

第三期会议之后，非正式司法专家小组继续其审议工作并编制了对非正式单一协商案文条文的修订，内容如下：

> 各国根据本公约行使其权利和履行其义务时，不应在形式上或事实上对任何其他国家的船只有所歧视。②

227.4. 在第四期会议上（1976年），该案文在非正式会议上进行了审议，随后被订正的单一协商案文第三部分原文采纳（资料来源6）。

---

① 《海洋环境的保全》（1975年，油印本），第15条第3款（非正式司法专家小组）。转载在《第三次联合国海洋法会议文件集》第十一卷，第453、460页。

② 同上，（1976年3月，油印本），第32条，同上，第525、540页。

227. 5. 在非正式综合协商案文中（资料来源 7），第 227 条的适用范围被缩小至"本部分"，而不再是"本公约"，至此本条条文的实质内容即定型，标题定为"外国船只的无歧视"。

227. 6. 在第七期会议上（1978 年），苏联提出对保障办法条款进行重新组织，将本条文归入关于一般保障办法的新的"第十四部分之二"中（资料来源 19）。然而，经过审议，第三委员会没有接受这一重组，主要是由于它对第二委员会事项可能产生影响（见上文第 224. 5 段）。

本条的标题直到第十一期会议续会（1982 年）才最终定型——在该期会议上，起草委员会建议将标题由"外国船只的无歧视"改为"对外国船只的无歧视"（资料来源 16）。这消除了可能的歧义，并澄清了这一规定适用于各国对外国船只的无歧视，而不是外国船只对各国的歧视。

227. 7. "在形式上或事实上"一语与《公约》中其他无歧视条款的措辞是一致的。第二二七条禁止的歧视是在形式上或事实上对（against）任何其他国家的船只的歧视。

第二二八条　提起司法程序的暂停和限制

1. 对于外国船只在提起司法程序的国家的领海外所犯任何违反关于防止、减少和控制来自船只的污染的可适用的法律和规章或国际规则和标准的行为诉请加以处罚的司法程序，于船旗国在这种程序最初提起之日起六个月内就同样控告提出加以处罚的司法程序时，应即暂停进行，除非这种程序涉及沿海国遭受重大损害的案件或有关船旗国一再不顾其对本国船只的违反行为有效地执行可适用的国际规则和标准的义务。船旗国无论何时，如按照本条要求暂停进行司法程序，应于适当期间内将案件全部卷宗和程序记录提供早先提起程序的国家。船旗国提起的司法程序结束时，暂停的司法程序应予终止。在这种程序中应收的费用经缴纳后，沿海国应发还与暂停的司法程序有关的任何保证书或其他财政担保。

2. 从违反行为发生之日起满三年后，对外国船只不应再提起加以处罚的司法程序，又如另一国家已在第1款所载规定的限制下提起司法程序，任何国家均不得再提起这种程序。

3. 本条的规定不妨害船旗国按照本国法律采取任何措施，包括提起加以处罚的司法程序的权利，不论别国是否已先提起这种程序。

资料来源

1. A/AC. 138/SC. III/SC. III. L. 40（1973 年，油印本），第 12 条和第 19 条（美国）。

2. A/AC. 138/SC. III/SC. III. L. 46（1973 年，油印本），第 9 条和第 10 条（法国）。

3. A/AC. 138/SC. III/L. 48（1973 年，油印本），第 2 条（荷兰）。

4. A/CONF. 62/C. 3/L. 4（1974 年），第 6 条和第 7 条，《正式记录》第三卷，第 247~248 页（希腊）。

5. A/CONF. 62/C. 3/L. 24（1975 年），第 3 条第 14~16 款，《正式记录》第四卷，第 210~211 页（比利时、保加利亚、丹麦、德意志民主共和国、德意志联邦共和国、希腊、荷兰、波兰和英国）。

6. A/CONF. 62/WP. 8/Part III（非正式单一协商案文，1975 年），第一部分，第 28 条第 5~8 款，《正式记录》第四卷，第 171、175 页（第三委员会主席）。

7. A/CONF. 62/WP. 8/Rev. 1/Part Ⅲ（订正的单一协商案文，1976 年），第 38 条，《正式记录》第五卷，第 173、179 页（第三委员会主席）。

8. A/CONF. 62/WP. 10（非正式综合协商案文，1977 年），第 229 条，《正式记录》第八卷，第 1、40 页。

9. A/CONF. 62/RCNG/1（1978 年），第三委员会主席向全体会议提交的报告，美国关于第 229 条的非正式提案（MP/9），《正式记录》第十卷，第 13、96、111 页。

10. A/CONF. 62/RCNG/2（1978 年），第三委员会主席的报告（C. 3/Rep. 1），坦桑尼亚关于第 229 条的非正式提案（MP/28），《正式记录》第十卷，第 126、173、184 页。

11. A/CONF. 62/WP. 10/Rev. 1（非正式综合协商案文第一次修订稿，1979 年，油印本），第 228 条。转载在《第三次联合国海洋法会议文件集》第一卷，第 375、475 页。

12. A/CONF. 62/WP. 10/Rev. 2（非正式综合协商案文第二次修订稿，1980 年，油印本），第 228 条。转载在《第三次联合国海洋法会议文件集》第二卷，第 3、104 页。

13. A/CONF. 62/C. 3/L. 34 和 Add. 1 和 2（1980 年），附件，《正式记录》第十四卷，第 185~186 页（第三委员会主席）。

14. A/CONF. 62/WP. 10/Rev. 3*（非正式综合协商案文第三次修订稿，1980 年，油印本），第 228 条。转载在《第三次联合国海洋法会议文件集》第二卷，第 179、281 页。

15. A/CONF. 62/L. 78（《公约草案》，1981 年），第 228 条，《正式记录》第十五卷，第 172、212 页。

起草委员会

16. A/CONF. 62/L. 67/Add. 10（1981 年，油印本），第 29~46 页。

17. A/CONF. 62/L. 67/Add. 10/Corr. 1（1981 年，油印本）。

18. A/CONF. 62/L. 67/Add. 10/Corr. 2（1981 年，油印本），第 7 页。

19. A/CONF. 62/L. 67/Add. 14（1981 年，油印本），第 24~25 页。

20. A/CONF. 62/L. 72（1981 年），《正式记录》第十五卷，第 151 页（起草委员会主席）。

非正式文件

21. 美国（1976 年，油印本），第 38 条第 1 款。转载在《第三次联合国海洋法会议文件集》第十卷，第 453 页。

22. 利比里亚、美国、西班牙、意大利、特立尼达和多巴哥、肯尼亚、法国、英国和瑞典关于第 38 条的口头提案（1976 年，油印本）（第三委员会，非正式会议）。转载在《第三次联合国海洋法会议文件集》第十卷，第473、480~481页。

23. 摩洛哥、法国和英国关于第38条的口头提案（1977年，油印本）（第三委员会，非正式会议）。转载在《第三次联合国海洋法会议文件集》第十卷，第497、505~507页。

24. MP/6（1978年，油印本），第229条（非正式会议主席）。转载在《第三次联合国海洋法会议文件集》第十卷，第221~222页。

25. MP/9（1978年，油印本），第229条（美国）。转载在《第三次联合国海洋法会议文件集》第十卷，第224~225页 [见上文资料来源9]。

26. MP/24（1978年，油印本），法国和美国关于第229条的提案。转载在《第三次联合国海洋法会议文件集》第十卷，第238、245~246页。

27. MP/26（1978年，油印本），第229条（法国）。转载在《第三次联合国海洋法会议文件集》第十卷，第250页。

28. MP/28（1978年，油印本），第229条（坦桑尼亚联合共和国）。转载在《第三次联合国海洋法会议文件集》第十卷，第254页 [见上文资料来源10]。

29. 美国（1980年，油印本），第228条。转载在《第三次联合国海洋法会议文件集》第十卷，第511、539页。

评　　注

228. 1. 第二二八条所处理的问题产生于1982年公约总体上在两个方面给海洋法带来的新格局：（1）沿海国在其中享有第五十六条所规定的主权权利或管辖权的专属经济区的概念得到接受；和（2）第二一八条中为执行关于保护和保全海洋环境的可适用的国际规则和标准的目的的港口国管辖权的新概念被纳入一般海洋法。第二二八条承认了产生于第九十四条的船旗国管辖权的首要地位，并调整了优先顺序以顾及《公约》引入的两种新制度。第二二八条的双重功能正是对该条的复杂性和在协商过程中遇到种种困难的解释。

228. 2. 这个问题首先是在海底委员会内讨论的，当时有3套颇为复杂的提案提交给该委员会。美国提出的一套关于保护海洋环境和防止海洋污染的条款草案（资料来源1）中的第十九条规定，在船旗国以外的国家已提起司法程序的情况下，除船旗国本身或任何在其领海或内水发生违反行为的其他国家外，不得提起其他司法程序。同一提案第十二条是第二三一条中要求向船旗国发出通知的规定的前身。第十二条部分规定："船旗国应将其决定和行动告知通知国和任何其他可能提起诉讼的国家。"这一规定所固有的不仅仅是双重的、而且是多重的风险可以通过第十九条中的一项额外要求来降低，即在裁量处罚时，"一国应考虑到其他国家对同一违反行为裁量的任何处罚。"

关于船只来源污染，法国提出的关于沿海国为防止海洋污染的目的可行使的权利的条款草案（资料来源 2）中的第 9 条和第 10 条涉及沿海国和船旗国在 1972 年《伦敦倾倒公约》、"73/78 防污公约"和各项区域协定方面的管辖权行使。

荷兰的一项提案则采用了另一种处理办法（资料来源 3）。该案文第 2 条第 1 款规定，任何"缔约国"均有权"在船舶……进入其港口或岸外设施时提起诉讼。"第 2 款（a）项是今第二二八条第 2 款开头部分的起源。它规定，由船旗国以外的一国提起的司法程序"必须在违反行为发生后 [3] 年之内开始"。第 3 款规定，由一国开始的司法程序将排除任何其他国家开始的司法程序，但具有所谓"起诉优先权"的国家除外，在这种情况下，该国提起的司法程序将导致任何此前司法程序的暂停。然而，该提案第 4 款规定的"起诉优先顺序"与今第二二八条第 1 款所载并不相同，其顺序如下：（1）专门规章规定下的区域内以及任何情况下及于 100 海里距离之内的沿海国；（2）船旗国；和（3）经与船旗国协商后的任何其他国家。尽管细节有所不同，荷兰草案中概述的对议定的执行管辖权优先顺序的基本落实机制已与第二二八条最终通过的接近。

海底委员会第三分委员会未能制定关于执行的条款草案。因此，最初提交会议第三委员会的诸项提案即展示了各不相同的处理办法，它们并不是根据提交海底委员会的任何一项提案发展而来的。

228. 3. 在第三次海洋法会议第二期会议上（1974 年），这种明确方向感的缺失仍然是提交第三委员会的诸项提案的特点。另外，只要在第二委员会内没有澄清沿海国执行管辖权在专属经济区内的范围，规定沿海国在保护和维护海洋环境方面的管辖权就不那么容易。

新提交给会议的第一项提案来自希腊（资料来源 4），其中第 6 条和第 7 条规定：

第 6 条

司法程序

1. 在船舶在一缔约国的内水或领海内犯有对关于污染物的海上排放的规章的违反行为的情形下，船旗国、沿海国或经其公文请求的任何港口国可对这种船舶提起司法程序。

2. 在船舶在一缔约国的经济区内犯有对关于污染物的海上排放的规章的违反行为的情形下，船旗国经违反行为所发生的经济区内的沿海国公文请求应提起司法程序。如果船旗国在收到这种请求后 6 个月内未采取任何行动，则应由沿海国或经其公文请求的任何港口国提起司法程序。

3. 在船舶在国家管辖范围以外的区域内犯有对关于污染物的海上排放的规章的违反行为的情形下，应由船旗国自行或经任何缔约国的公文请求提起司法程序。

4. 在船舶犯有对关于船舶设计、建造、装备、人员配备或排放以外的任何事项的规章的违反行为的情形下，应由船旗国出于自己主动或经这种违反行为在其中造成污染或这种污染的严重危险的国家管辖区域内的任何缔约国的公文请求提起司法程序。

E. 避免双重诉讼

第 7 条

如一缔约国已按照上文第 2、3 或 6 条对船舶提起司法诉讼，任何其他缔约国均不得对同一船舶的同一违反行为提起司法诉讼。

228.4. 在第三期会议上（1975 年），9 个欧洲国家集团提交的一项草案（资料来源 5）中的第 3 条第 14 款规定禁止港口国对任何违反行为采取除逮捕船舶以外的司法程序：

（a）自其通知船旗国之日起 6 个月期间届满前……；

（b）如果船旗国此前已就违反行为提起司法程序并且未中止这些司法程序，该期间届满后的任何时候。

该草案第 15 款为港口国执行所涉及的司法程序进一步规定了从违反行为发生之日起 3 年的时限。此外，第 16 款包含了在"一港口国已对同一事故提起诉讼"的情况下，对"船旗国以外的任何国家"提起诉讼的一般性禁止。该提案规定，港口国仅有权要求一船舶提供情报，而无权对其提起诉讼。在第三期会议上，第三委员会对这一提案进行了讨论。[①] 一些国家认为，虽然船旗国对涉嫌的违反行为的检查和起诉负主要责任，但不应因船旗国的坚持将港口国管辖权搁置一旁。此外，有人认为，在 6 个月内不允许对船只提起实质性司法程序使港口国过度受限，因而不利于港口国，并可能妨碍其在紧急情况下处理涉嫌的违反行为的能力。

经过该期会议的正式和非正式协商，非正式单一协商案文第三部分（资料来源 6）采纳了第 28 条，其中有关部分内容如下：

第 28 条

……

5. 沿海国不应在按照本条第 2 款通知船旗国之日起 6 个月期间届满前，或在船旗国此前已提起司法程序并且未中止这些程序的情形下在该期间届满

---

① 例见比利时在第三委员会第 19 次会议（1975 年）上的发言，第 15 段，《正式记录》第四卷，第 83 页；和坦桑尼亚联合共和国在该次会议上的发言，第 36 段，同上，第 85 页。另见以下国家在第二十次会议（1975 年）上的发言：新西兰，第 8 段，同上，第 90 页；印度尼西亚，第 17 段，同上，第 91 页；和埃及，第 22 段，同上。

后的任何时候，提起除逮捕船舶以外的其他对任何违反行为的司法程序。

6. 沿海国不应在自违反行为之日起三年届满后，对违反行为提起司法诉讼。

7. 沿海国提起的司法程序不应阻止船旗国行使其自己的权力。

8. 如果船旗国已经按照本条的规定对一违反行为提起司法诉讼，则另一国不得再对同一违反行为提起这种司法诉讼。

……

（该案文的第 1 款和第 4 款后来成为第二二〇条，第 9 款后来成为第二三〇条（见上文第 220.4 段和下文第 230.2 段））。

第三期会议后，非正式司法专家小组审查了关于保全海洋环境的非正式单一协商案文条文，并就此问题编写了以下案文：

> 对于外国船只在提起司法程序的国家的领海外所犯任何违反关于防止、减少和控制来自船只的污染的法律和规章的行为的刑事司法程序，于船旗国在最初提起这种程序起 3 个月内以同样控告提出刑事司法程序时，应即暂停进行，但有关沿海国需未曾不顾其依国际法对本国船只的违反行为有效地执行可适用的国际规则和标准的义务。船旗国无论何时，如按照本条的规定暂停进行司法程序，应于适当期间内将案件全部卷宗和程序记录提供首先提起程序的国家。船旗国的司法程序以达到有效执行的目的而结束时，暂停的司法程序应予最后终止，在这种程序中应收的任何费用经缴纳并在完成在船旗国的刑事司法程序对在首先提起程序的国家遭受的损害裁定的任何赔偿后，应发还任何保证书。
>
> 从违反行为发生之日起满三年期后，对外国船只不应再提起刑事司法程序，又如另一国家已在前款所载规定的限制下提起司法程序，任何国家均不得再提起这种程序。
>
> 本条的规定不妨害船旗国按照本国法律采取任何措施，包括提起刑事司法程序的权利，不论别国是否已先提起这种程序，也不影响对关于涉及任何对防止、减轻和控制来自船舶的污染的法律和规章的违反行为的事故的任何索赔提起民事诉讼程序。[②]

这一案文在讨论对外国船只的执行行动时，使用了"刑事司法程序"的措辞。

---

② 《海洋环境的保全》（1976 年，油印本），第 33 条（非正式司法专家小组）。转载在《第三次联合国海洋法会议文件集》第十一卷，第 525、540 页。

228. 5. 在第四期会议上（1976 年），经过非正式协商，订正的单一协商案文第三部分（资料来源 7）采纳了实质上与非正式司法专家小组的提案基本相同的案文。其内容如下：

第 38 条

1. 对于外国船只在提起司法程序的国家的领海外所犯任何违反关于防止、减少和控制来自船只的污染的可适用的法律和规章或国际规则和标准的行为的刑事司法程序，于船旗国在最初提起这种程序起六个月内以同样控告提出刑事司法程序时，应即暂停进行，除非这种程序涉及沿海国遭受重大损害的案件或有关船旗国一再不顾其对本国船只的违反行为有效地执行可适用的国际规则和标准的义务。船旗国无论何时，如按照本条的规定暂停进行司法程序，应于适当期间内将案件全部卷宗和程序记录提供首先提起程序的国家。船旗国提起的司法程序结束时，暂停的司法程序应予最后终止。在这种程序中应收的费用经缴纳后，应发还与暂停的司法程序有关的任何缴交沿海国的保证书。

2. 从违反行为发生之日起满三年期后，对外国船只不应再提起刑事司法程序，又如另一国家已在第 1 款所载规定的限制下提起司法程序，任何国家均不得再提起这种程序。

3. 本条的规定不妨害船旗国按照本国法律采取任何措施，包括提起刑事司法程序的权利，不论别国是否已先提起这种程序，也不影响对关于涉及任何对关于防止、减轻和控制来自船舶的污染的可适用的法律和规章或国际规则和标准的违反行为的事故的任何损失或损害索赔提起民事诉讼程序。

主要的修改是从第 1 款最后一句中删去了对裁定的赔偿的提及。第 3 款中关于民事诉讼程序的规定后来被移入第二二九条的前身条款中（见下文第 229.2 段和 229.3 段）。

228. 6. 在第五期会议上（1976 年），在非正式会议上口头提出了大量提案（资料来源 22）。但是，这些建议中的大多数不是仅涉及润色性问题就是涉及的实质性修改没有被随后的非正式综合协商案文采纳（资料来源 8）。

228. 7. 在第六期会议上（1977 年），在非正式会议上口头提出了更多提案（资料来源 23）。经过第五期和第六期会议上的非正式协商，非正式综合协商案文采纳了以下案文：

第 229 条　提起司法程序的暂停和限制

1. 对于外国船只在提起司法程序的国家的领海外所犯任何违反关于防止、

减少和控制来自船只的污染的可适用的法律和规章或国际规则和标准的行为诉请加以处罚的司法程序，于船旗国在最初提起这种程序起六个月内以同样控告提出加以处罚的司法程序时，应即暂停进行，除非这种程序涉及沿海国遭受重大损害的案件或有关船旗国一再不顾其对本国船只的违反行为有效地执行可适用的国际规则和标准的义务。船旗国无论何时，如按照本条的规定暂停进行司法程序，应于适当期间内将案件全部卷宗和程序记录提供首先提起程序的国家。船旗国提起的司法程序结束时，暂停的司法程序应予最后终止。在这种程序中应收的费用经缴纳后，沿海国应发还与暂停的司法程序有关的任何保证书或其他财政担保。

2. 从违反行为发生之日起满 3 年期后，对外国船只不应再提起加以处罚的司法程序，又如另一国家已在第 1 款所载规定的限制下提起司法程序，任何国家均不得再提起这种程序。

3. 本条的规定不应妨害船旗国按照本国法律采取任何措施，包括提起加以处罚的司法程序的权利，不论别国是否已先提起这种程序。

其中最重要的修改是删去了全部的"刑事司法程序"，而代之以"加以处罚的司法程序"。因而关于"民事诉讼程序"的规定被从第 3 款中删去，并作为标题为"民事诉讼程序的提起"的新一条（第 230 条 [今第二二九条]）被非正式综合协商案文采纳（见下文第 229.3 段）。

228.8. 在第七期会议上（1978 年），在非正式协商过程中，法国提出对第 1 款进行如下的实质性修改（资料来源 24；见资料来源 9，第 110~111 页）：

第 229 条

提起司法程序的暂停和限制（对原案文的修改处为黑体）

1. 对于外国船只在**已查实其违反行为的**国家的领海外所犯任何违反关于防止、减少和控制来自船只的污染的可适用的法律和规章或国际规则和标准的行为的刑事诉讼程序，**于该国通知船旗国包括向其提供报告和所有相关情报之日起两个月期届满前，不应由该国提起，**除非这种程序涉及沿海国遭受重大损害的案件或船旗国在前五年中至少曾有三次不顾其对本国船只的违反行为有效地执行可适用的国际规则和标准的义务，**或除非违反行为涉及有明显客观证据证明的排放。船旗国应在通知之日起两个月期间内将其司法机关就是否将提起刑事诉讼程序的决定告知已查实违反行为的国家。船旗国提起的司法程序结束时，船旗国应将作出的判决递交前国，后者此后不能再提起进一步的刑事诉讼程序。沿海国应发还任何保证书或其他财政担保。**

然而，在第三委员会第 37 次会议上，非正式会议主席没有向委员会报告这一修改，而只是指出，非正式会议上审议的多项修改提案是"有争议的"。③ 在此之后，美国（资料来源 25）提出的一项非正式提案（资料来源 25）建议将第 1 款开头句中的"领海"改为"专属经济区"，从而扩大了可对违反行为提起司法程序的区域。美国还提出以"除非这种程序涉及严重污染影响沿海国的案件"代替"除非这种程序涉及沿海国遭受重大损害的案件"。第三委员会主席在第七期会议结束时的报告中，将上述提案归入"由于缺乏时间或意见上的分歧，没有出现折中表述"的一类提案中（资料来源 9，第 101 页）。

228.9. 在第七期会议续会上（1978 年），法国提交了另一项对第 1 款的实质性非正式修改提案（资料来源 27）：

该提案建议以下内容代替当时的第 1 款：

1. 除第 1 款之二规定的情况外，对于外国船只在发现其违反行为的国家的领海外所犯任何违反关于防止、减少和控制来自船只的污染的可适用的法律和规章或国际规则和标准的行为诉请加以处罚的司法程序，于向船旗国发出通知包括向其提供报告和所有相关情报之日起两个月期届满前，不应由该国提起。

如果船旗国通知发现违反行为的国家自己已提起司法程序，应于适当期间内将案件全部卷宗和程序记录提供该国。

否则，发现违反行为的国家应自行在上述期间届满后提起司法程序。

1 之二．如果主管国际组织提供的情报显示船旗国在过去五年中至少曾有三次不顾其对本国船只的违反行为有效地执行可适用的国际规则和标准的义务，或有明显证据证明船只在经济区内违反关于防止、减少和控制来自船只的污染的可适用的国际规则和标准或符合这种国际规则和标准并使其有效的国内法律和规章，导致的排放对沿海国的海岸或有关利益，或对其领海或专属经济区内的任何资源，造成重大损害或有造成重大损害的威胁，第 1 款的规定应不适用。

1 之三．本条的规定不妨害为提供保证书或其他适当财政担保和为发还任何保证书或其他财政担保可能采取的措施，也不妨害发现违反行为的国家为使与违反行为有关的证据得以收集而可能采取的任何临时保护措施。

坦桑尼亚则提出将本条全部删去（资料来源 28），但未获得接受。

在第七期会议续会结束时，非正式会议主席报告说如果当前案文最终获得接受或

---

③ 第三委员会，第 37 次会议（1978 年），第 13 段，《正式记录》第九卷，第 153 页。

被非正式综合协商案文采纳，美国关于第 1 款和第 2 款的提案将被撤回，而法国提案则已被撤回（资料来源 10，第 197 页）。

228.10. 在第八期会议上（1979 年），第三委员会主席报告说，坦桑尼亚的提案不能被认为拥有广泛和大量的支持以提供更好的共识前景。④ 与此同时，非正式综合协商案文第一次修订稿（资料来源 11）未加修改地采纳了非正式综合协商案文的内容，并将本条重新编号为第二二八条。采纳起草委员会的若干建议后（资料来源 16 至资料来源 20），本条即最终定型。

228.11（a）. 第二二八条支配执行可适用的国内法律和规章或国际规则和标准时，船旗国、港口国和沿海国在外国船只在提起司法程序的国家的领海外造成船只来源污染的情形下在处罚方面的优先顺序。因此第二二八条是对第二一一条、第二一八条和第二二〇条的补充。沿海国在内水和领海的管辖权一向是得到承认的。然而在领海，这种管辖权受制于无害通过的规则，虽然根据第二十七条第 5 款，对于在领海内的外国船舶上的刑事管辖权的情形，应适用一般规则，"除第十二部分有所规定外"。

228.11（b）. 第二二八条开头句中以"诉请加以处罚的司法程序"几个字代替先前案文中的"刑事司法程序"，标志着以一般性术语代替较为特殊的术语。以"扣留（detention）"代替"逮捕（arrest）"是与第二二〇条的修改一致的（见上文第 220.11（e）段）。这种限制性较弱的措辞可适应不同的法律制度和对于"处罚"方式的不同处理办法。《公约》本身没有试图定义"处罚"，但第二三〇条对关于第十二部分可施加的处罚的类型作了限制。

第二二八条适用于"任何违反行为"。

228.11（c）. 《公约》对"司法程序（proceedings）"一词也没有作出解释，但立法史表明其可能是法庭诉讼或某种其他类型的特别法庭诉讼或行政性的诉讼。唯一的限定性内容可从第二三〇条第 3 款推知，该款规定"应尊重被告的公认权利"。在其他语言文本中，"proceedings"被分别译为"*da'awa*"、"*si fa cheng xu*（司法程序）"、"*poursuites*"、"*razbiratel'stvo*"和"*procedimientos*"。除中文本外，这些译语都不仅限用于法庭司法程序（但中文本实际上即为"司法程序"）。

228.11（d）. "关于防止、减少和控制来自船只的污染的可适用的法律和规章或国际规则和标准"一语是指有关的实质性规则，而不是尚不存在的仅适用于对外国船舶实行处罚的规则。

228.11（e）. "领海外"一语是不明确的。它还出现在《公约》其他地方，特别是第三十五条、第七十六条、第二二一条、第二三〇条和第二五五条中，而关于领海外部界限以外的海洋，是不存在疑问的。产生的问题是关于毗邻国的领海的（参见第十五条）。其回答则取决于具体案例的背景和情形。当违反行为发生在毗邻国的领海

---

④　见 A/CONF. 62/L. 34（1979 年），第 8-9 节，《正式记录》第十一卷，第 83-84 页（第三委员会主席）。

时，第二二八条（以及第二三〇条）没有理由不适用，尽管这可能会引起国家法律冲突的问题。在英文本中，表示在领海"外"时，兼用了本条的"beyond"与第二一八条的"outside"。在其他语言文本中，两条中使用了同一个词，英文本中使用的两个词也不视为带有不同的含义。

对于在船旗国自己提起司法程序的情况下，对"领海外"的违反行为提起司法程序的国家应暂停这些司法程序的规定，规定有两种例外。第一种例外是司法程序涉及沿海国遭受重大损害的案件。第二种例外在有关船旗国"一再不顾其对本国船只的违反行为有效地执行可适用的国际规则和标准的义务"的情况下适用。

228.11(f). "重大损害"一语与第二二〇条第6款相呼应。《公约》没有试图解释此语的含义，这一问题显然应由评估并在必要时由第十五部分规定的第三方解决办法解决（见上文第220.11（i）段）。

228.11(g). 英文本中的"a full dossier of the case and the records of the proceedings"（中文本：案件全部卷宗和程序记录）；法文本：*un dossier complet de l'affaire et les minutes du procès*；西班牙语文本：*un expediente completo del caso y las actas de los procedimientos*）乍看起来像是重复了。该语是由非正式司法专家小组首先使用的（见上文第228.4段），后被订正的单一协商案文第三部分（资料来源7）采纳，但在会议记录上不存在任何解释。法文本和西班牙语文本提示，所需要的不仅限于法庭或特别法庭的诉讼简要记录。

228.11(h). 第1款的最后一句仅指与暂停的诉请加以处罚的司法程序有关的任何保证书或其他财政担保。因此，如果是按照第二二六条（其中使用的是"适当"财政担保）另外缴交的民事诉讼担保或民事赔偿担保，则可能不适用。

第二二九条　民事诉讼程序的提起

本公约的任何规定不影响因要求赔偿海洋环境污染造成的损失或损害而提起民事诉讼程序。

资料来源

1. A/AC. 138/SC. III/L. 40（1973 年，油印本），第 19 条（美国）。

2. A/CONF. 62/WP. 8/Rev. 1/Part III（订正的单一协商案文，1976 年），第 38 条第 3 款，《正式记录》第五卷，第 173、179 页（第三委员会主席）。

3. A/CONF. 62/WP. 10（非正式综合协商案文，1977 年），第 230 条，《正式记录》第八卷，第 1、40 页。

4. A/CONF. 62/WP. 10/Rev. 1（非正式综合协商案文第一次修订稿，1979 年，油印本），第 229 条。转载在《第三次联合国海洋法会议文件集》第一卷，第 375、476 页。

5. A/CONF. 62/WP. 10/Rev. 2（非正式综合协商案文第二次修订稿，1980 年，油印本），第 229 条。转载在《第三次联合国海洋法会议文件集》第二卷，第 3、104 页。

6. A/CONF. 62/C. 3/L. 34 和 Add. 1 和 2（1980 年），附件，《正式记录》第十四卷，第 185~186 页（第三委员会主席）。

7. A/CONF. 62/WP. 10/Rev. 3*（非正式综合协商案文第三次修订稿，1980 年，油印本），第 229 条。转载在《第三次联合国海洋法会议文件集》第二卷，第 179、281 页。

8. A/CONF. 62/L. 78（《公约草案》，1981 年，油印本），第 229 条，《正式记录》第五卷，第 172、212 页。

起草委员会

9. A/CONF. 62/L. 67/Add. 10（1981 年，油印本），第 47~48 页。

10. A/CONF. 62/L. 72（1981 年），《正式记录》第十五卷，第 151 页（起草委员会主席）。

非正式文件

11. 美国（1980 年，油印本），第 229 条。转载在《第三次联合国海洋法会议文件集》第十卷，第511、540页。

评　注

229. 1. 第二二九条起源于美国于1973年提交给海底委员会的一套关于保护海洋环境和防止海洋污染的条款草案中第十九条的最后一句（资料来源1）。第十九条处理多重诉讼的问题（见第二二八条），最后一句规定该条不应限制"任何国家或个人对污染造成损害提起诉讼或索赔的权利"。然而，对这一主题，无论是在海底委员会，在第三次海洋法会议第二期会议（1974年）还是第三期会议（1975年），都没有采取行动，因而它没有出现在非正式单一协商案文中。

229. 2. 在第四期会议上（1976年），关于今第二二八条的前身条文的非正式协商导致订正的单一协商案文第三部分作为第38条的一部分采纳了以下案文：

> 3. 本条的规定不妨害船旗国按照本国法律采取任何措施，包括提起刑事司法程序的权利，不论别国是否已先提起这种程序，也不影响因要求赔偿与任何涉及违反关于防止、减少和控制来自船只的污染的可适用的法律和规章或国际规则和标准的行为的事故有关的损失或损害而提起民事诉讼程序。

（与船旗国有关的一句后来保存在第二二八条第3款中，见上文228.5段。）

229. 3. 在第六期会议上（1977年），经过进一步的非正式协商，将民事诉讼程序的主题与其他司法程序分开（见上文第228.7段），并作为新条款纳入了"非正式综合协商案文"（资料来源3），内容如下：

第230条　民事诉讼程序的提起

> 本公约的任何规定不应影响因要求赔偿海洋环境污染造成的损失或损害而提起民事诉讼程序。

主席在介绍非正式综合协商案文时解释说，增加这项新条款以及其他技术性修改的采纳，都"无疑旨在使［订正的单一协商案文中所］反映出的'一揽子'的实质内容保持不变"。[①] 在非正式综合协商案文第一次修订稿中（资料来源4），这一条文重新编号为第二二九条，但没有实质性修改。

229. 4. 在第九期会议续会上（1980年），第三委员会主席提出以"不影响"代替"不应影响"（资料来源6），这一修改随后被非正式综合协商案文第三次修订稿采纳

---

① 见 A/CONF. 62/WP. 10/Add. 1（1977年），海洋环境的保护和保全，《正式记录》第八卷，第65、69页。

（资料来源 7）。此后，本条虽然根据起草委员会的建议（资料来源 9 和资料来源 10）作了几处细微的语言规范修改，但实质内容一直保持未变。1980 年美国提出的一个非正式提案建议以"for"代替"in respect of"（译注：中译难以体现区别），但由于缺乏时间而没有研究。

229. 5. 第二二九条仅规定《公约》的任何规定不影响不论是国家还是个人因要求赔偿海洋环境污染造成的损失或损害而提起民事诉讼程序。第七节中的程序性保障措施都不适用于这一性质的民事诉讼程序。

尽管如此，似乎依本条提起民事诉讼程序时，不应以违反第二十八条（对外国船舶的民事管辖权）的方式进行。

第二三〇条　罚款和对被告的公认权利的尊重

1. 对外国船只在领海以外所犯违反关于防止、减少和控制海洋环境污染的国内法律和规章或可适用的国际规则和标准的行为，仅可处以罚款。

2. 对外国船只在领海内所犯违反关于防止、减少和控制海洋环境污染的国内法律和规章或可适用的国际规则和标准的行为，仅可处以罚款，但在领海内故意和严重地造成污染的行为除外。

3. 对于外国船只所犯这种违反行为进行可能对其加以处罚的司法程序时，应尊重被告的公认权利。

资料来源

1. A/AC. 138/SC. III/L. 48（1973 年，油印本），第 2 条第 2 款（b）项（荷兰）。

2. A/CONF. 62/C. 3/L. 24（1975 年），第 3 条第 17 款，《正式记录》第四卷，第 210~211 页（比利时、保加利亚、丹麦、德意志民主共和国、德意志联邦共和国、希腊、荷兰、波兰和英国）。

3. A/CONF. 62/WP. 8/Part III（非正式单一协商案文，1975 年），第一部分，第 28 条第 9 款，《正式记录》第四卷，第 171、175 页（第三委员会主席）。

4. A/CONF. 62/WP. 8/Rev. 1/Part III（订正的单一协商案文，1976 年），第 39 条，《正式记录》第五卷，第 173、179 页（第三委员会主席）。

5. A/CONF. 62/WP. 10（非正式综合协商案文，1977 年），第 231 条，《正式记录》第八卷，第 1、40 页。

6. A/CONF. 62/RCNG/1（1978 年），第三委员会主席向全体会议提交的报告，关于第 231 条的提案，《正式记录》第十卷，第 13、96、101、107 页；以及关于第 231 条第 2 款的提案（MP/16）（苏联），同上，第 113 页。

7. A/CONF. 62/RCNG/2（1978 年），第三委员会主席报告（C. 3/Rep. 1），关于第 231 条的提案，《正式记录》第十卷，第 126、173、182 页；以及关于第 231 条第 2 款的提案（MP/16）（苏联），同上，第 187 页。

8. A/CONF. 62/WP. 10/Rev. 1（非正式综合协商案文第一次修订稿，1979 年，油印本），第 230 条。转载在《第三次联合国海洋法会议文件集》第一卷，第 375、476 页。

9. A／CONF. 62／WP. 10／Rev. 2（非正式综合协商案文第二次修订稿，1980 年，油印本），第 230 条。转载在《第三次联合国海洋法会议文件集》第二卷，第 3、104 页。

10. A／CONF. 62／C. 3／L. 34 和 Add. 1 和 2（1980 年），附件，《正式记录》第十四卷，第 185~186 页（第三委员会主席）。

11. A／CONF. 62／WP. 10／Rev. 3*（非正式综合协商案文第三次修订稿，1980 年，油印本），第 230 条。转载在《第三次联合国海洋法会议文件集》第二卷，第 179、281 页。

12. A／CONF. 62／L. 78（《公约草案》，1981 年），第 230 条，《正式记录》第十五卷，第 172、212 页。

13. A／CONF. 62／L. 106（1982 年），第 230 条，《正式记录》第十六卷，第 221 页（法国）。

起草委员会

14. A／CONF. 62／L. 67／Add. 10（1981 年，油印本），第 49~55 页。

15. A／CONF. 62／L. 72（1981 年），《正式记录》第十五卷，第 151 页（起草委员会主席）。

16. A／CONF. 62／L. 152／Add. 25（1982 年，油印本），第 25 页。

17. A／CONF. 62／L. 160（1982 年），《正式记录》第十七卷，第 225 页（起草委员会主席）。

非正式文件

18. 西班牙和坦桑尼亚关于第 39 条的口头提案（1976 年，油印本）。（第三委员会，非正式会议）。转载在《第三次联合国海洋法会议文件集》第十卷，第 473、481 页。

19. 特立尼达和多巴哥关于第 39 条的口头提案（1977 年，油印本）（第三委员会，非正式会议）。转载在《第三次联合国海洋法会议文件集》第十卷，第 497、507 页。

20. MP／6（1978 年，油印本），第 231 条（非正式会议主席）。转载在《第三次联合国海洋法会议文件集》第十卷，第 221、223 页。

21. MP／9（1978 年，油印本），第 231 条（美国）。转载在《第三次联合国海洋法会议文件集》第十卷，第 224~225 页。

22. MP／10（1978 年，油印本），第 231 条（德意志联邦共和国）。转载在《第三次联合国海洋法会议文件集》第十卷，第 226 页。

23. MP／13（1978，油印本）（古巴）。转载在《第三次联合国海洋法会议文件集》第十卷，第 228 页。

24. MP／14（1978，油印本）（希腊）。转载在《第三次联合国海洋法会议文件集》

第十卷，第 228 页。

25. MP/16（1978 年，油印本），关于第十四部分之二的提案，第 231 条第 2 款（苏联）。转载在《第三次联合国海洋法会议文件集》第十卷，第 229~230 页〔见上文资料来源 6 和资料来源 7〕。

26. 非正式会议主席（1978 年，油印本），第 231 条。转载在《第三次联合国海洋法会议文件集》第十卷，第 508~509 页。

27. MP/23（1978 年，油印本），第 231 条（非正式会议主席）。转载在《第三次联合国海洋法会议文件集》第十卷，第 235~236 页。

28. MP/24（1978 年，油印本），第 231 条第 1 款和第 2 款（非正式会议主席）。转载在《第三次联合国海洋法会议文件集》第十卷，第 238、241、248 页。

29. MP/25（1978，油印本）（非正式会议主席）。转载在《第三次联合国海洋法会议文件集》第十卷，第 249 页。

30. MP/27（1978 年，油印本），第 231 条（非正式会议主席）。转载在《第三次联合国海洋法会议文件集》第十卷，第 251、254 页。

31. MP/29（1979，油印本）（法国）。转载在《第三次联合国海洋法会议文件集》第十卷，第 255 页。

32. 美国（1980 年，油印本），第 230 条。转载在《第三次联合国海洋法会议文件集》第十卷，第 511、541 页。

评　　注

230. 1. 第二三〇条起源于荷兰于 1973 年提交给海底委员会的一套关于对防止来自船只的海洋污染的国际规定的执行的条款草案（资料来源 1）。这一提案大致上规定，由所谓"有关船舶的管理国"（现称船旗国）以外的国家提起的司法程序不应导致罚款以外的处罚，除非有关国家和船舶的管理国另有协议。第三委员会在该阶段就这一主题没有采取任何行动。

230. 2. 在第三次海洋法会议第三期会议上（1975 年），9 个欧洲国家集团的一项草案提案（资料来源 2）包括一项条文大致规定，港口国只能对涉及污染的违反行为处以罚款。

同时非正式司法专家小组也在研究这一问题。该小组于 1975 年 3 月和 4 月就以下案文达成共识：

4. 关于防止、减轻和控制来自船只的污染的国内立法所规定的处罚应足够严厉，以防阻违反行为。对外国船只在领海以外所犯的违反行为，仅可处以罚款。①

该提案第一句与今第二一七条第 8 款存在着渊源。第二句所处理的问题后来成为第二三〇条的内容。

经过非正式协商，非正式单一协商案文第三部分（资料来源 3）采纳了以下的一般规定。

第 28 条

......

9. 沿海国对任何这种违反行为，仅可处以罚款。

该案文第 1~4 款后成为第二二〇条，第 5~8 款后成为第二二八条（见上文第 220.4 段和 228.4 段）。

在第三期会议之后，非正式司法专家小组继续对这一问题进行研究。其先前案文经过修改和扩增后内容如下：

> 对外国船只在内水以外所犯的违反行为，仅可处以罚款。
> 对于外国船只所犯这种违反行为进行司法程序时，应尊重被告的公认权利。②

该案文增加了一项条款，规定在进行司法程序时，应尊重"被告的公认权利"。

230.3. 在第四期会议上（1976 年），经过非正式讨论，订正的单一协商案文第三部分（资料来源 4）作为第 39 条原文采纳了非正式小组的案文。

230.4. 在第五期会议（1976 年）和第六期会议上（1977），在非正式会议上提出了关于这一规定的几项提案（资料来源 18 和资料来源 19）。西班牙提出在第一款中以"领海"代替"内水"。坦桑尼亚提出删去第 2 款，特立尼达和多巴哥则提出将两款都删去。

在第六期会议（1977 年）结束时，经过继续进行的非正式协商，非正式综合协商案文（资料来源 5）采纳了经过相当大幅度修改的案文。新案文内容如下：

第 231 条　罚款和对被告的公认权利的尊重

1. 对外国船只在内水以外所犯违反关于防止、减少和控制来自船只的污

---

① 《海洋环境的保全》（1975 年，油印本），第 15 条第 4 款（非正式司法专家小组）。转载在《第三次联合国海洋法会议文件集》第十一卷，第 475、479 页。

② 同上，（1976 年 3 月，油印本），第 34 条，同上，第 525、542 页。

染的国内法律和规章或可适用的国际规则和标准的行为，仅可处以罚款。

2. 对于外国船只所犯这种违反行为进行诉请加以处罚的司法程序时，应尊重被告的公认权利。

第 1 款采用了与第十二部分其他地方一致的措辞，第 2 款使用了"诉请加以处罚"的司法程序，此处在删去"刑事"这一限定语后，即与第二二八条中最终定型的措辞一致（见上文第 228.7 段）。主席在介绍非正式综合协商案文时称这些修改为"旨在使［订正的单一协商案文中所］反映出的'一揽子'的实质内容保持不变"的技术性修改。③

230. 5. 在第七期会议上（1978 年），在第三委员会的非正式协商中提出了一些新的提案。其中一项提案（资料来源 20）建议将第 1 款末尾的"内水以外"改为"领海以外"。美国提出将第 1 款重新起草如下（资料来源 21）：

1. 除在内水或领海所犯的违反行为外，对违反关于防止、减少和控制来自外国船只的污染的国内法律和规章或可适用的国际规则和标准的行为的处罚，如有关国家无相反的协议，不得包括监禁，或任何其他方式的体罚。

德意志联邦共和国建议在第 1 款末尾增加以下一句："处以的处罚应足够严厉，以防阻违反行为，并应与实际违反行为的严重程度相称。"（资料来源 22）。该国还提出对第 2 款作如下修订：

2. 对于外国船只所犯这种违反行为进行诉请加以处罚的司法程序时，**各国应按照本公约本部分和其他国际法规则适用其国内法律。特别**应尊重被告的公认权利［黑体为本书所加］。

古巴建议在第 1 款末尾添加以下一句："但在领海内故意和严重地造成污染的行为除外，对于这种行为，应处以其他处罚"（资料来源 23）。希腊提出将第 1 款开头的"在领海以外"几个字删去（资料来源 24）。

同时，苏联提出对保障办法条款进行重新组织，将本条第 2 款作为单独的一条归入关于一般保障办法的新的"第十四部分之二"中（资料来源 25）。然而，第三委员会最终没有接受这一重新组织的建议，原因是它对第二委员会事项可能产生影响（见上文第 224.5 段）。

---

③ 见 A/CONF. 62/WP. 10/Add. 1（1977 年），《海洋环境的保护和保全》，《正式记录》第八卷，第 65、69 页（主席）。

在第三委员会第 37 次会议上，非正式会议主席报告在报告中指出："时间仅足以让与会者就某些提案提出意见，但不足以进行协商"。④ 关于第 231 条，他额外解释说：

> 有几项提案提出修改该案文，这些提案也都颇有争议。由于时间不够充裕，未能审查一项所谓的"和解"提案，即授权对在一国的领海内故意和严重地造成污染的行为处以罚款以外的处罚。另一项提案提到处罚的严厉程度、处罚与实际违反行为的严重性相称的必要性，以及尊重被告的权利的必要性。由于缺乏时间，无法就这一主题达成协议，但最后提及的一项提案可能对未来的工作有所裨益。

经过进一步的非正式协商，非正式会议主席提出了一系列提案。他提出的第一项折中提案（资料来源26）规定：

> 1. 对外国船只在内水以外所犯违反关于防止、减少和控制来自船只的海洋环境污染的国内法律和规章或可适用的国际规则和标准的行为，仅可处以罚款，但第 19 条第 2 款（h）项［无害通过］所指的污染行为除外。

然而，坦桑尼亚代表表示其代表团对该提案难以接受。该团认为，应将"内水以外"改为"领海以外"，理由是"沿海国对其领海拥有主权，因而有权对该区域内的违反行为处以罚款以外的处罚。"⑤ 坦桑尼亚的提案得到中国、法国和巴基斯坦代表团的支持。⑥

这些以及其他意见反映在非正式会议主席编制的第二项提案中（资料来源27），其中还对第 1 款作了改写，该提案内容如下：

> 对外国船只在内水以外所犯违反关于防止、减少和控制来自船只的海洋环境污染的国内法律和规章或可适用的国际规则和标准的行为，仅可处以罚款，但在领海内故意和严重地造成污染的行为除外。

在第三委员会第 38 次会议上，非正式会议主席在介绍该案文时，将其归入"不反映各代表团的原本立场，而是构成一种中间立场"的案文之列，并进一步指出，尽管

---

④ 第三委员会，第 37 次会议（1978 年），第 2 段和第 4 段，《正式记录》第九卷，第 152 页。

⑤ 第三委员会，第 38 次会议（1978 年），第 34 段，《正式记录》第九卷，第 161 页。

⑥ 同上，分别在第 60、66 和 74 段，同上，第 163–164 页。

有表达的保留意见，它仍然提供了更好的共识前景。⑦ 在阐述这一提案时，他补充说：

> 第 19 条第 2 款（h）项［无害通过］中的"故意和严重"一语曾是有争议的主题，但曾反对彼处该语的各代表团已认可第 231 条第 1 款的新案文，条件是如果"故意和严重"一语在第 19 条第 2 款（h）项发生改动，则对第 231 条第 1 款中的该语也必须重新考虑。

第三委员会主席随后在致全体会议的报告中将该案文列入产生于激烈协商、形成的折中表述已取得相当的支持，因而可提供合理的共识前景的案文之列（资料来源 6）。但他解释说，就"内水"一语的使用提出了一些保留和反对意见，并有意见倾向于使用"领海或群岛水域"（资料来源 6，第 101 页）。他还进一步指出，即使存在这些保留和反对意见，该条文也比非正式综合协商案文中的条文更趋近于折中。

230.6. 在第七期会议续会上（1978 年），非正式协商继续进行，非正式会议主席提出以下案文（资料来源 29）以取代非正式综合协商案文第 1 款：

> 1. 对外国船只在领海以外所犯违反关于防止、减少和控制来自船只的海洋环境污染的国内法律和规章或可适用的国际规则和标准的行为，仅可处以罚款。
>
> 2. 对外国船只在领海内所犯违反关于防止、减少和控制海洋环境污染的国内法律和规章或可适用的国际规则和标准的行为，仅可处以罚款，但在领海内故意和严重地造成污染的行为除外。

非正式综合协商案文中的第 2 款则成为了第 3 款。这一案文随第三委员会的一项工作文件（资料来源 30）分发给各代表团，非正式会议主席报告说，该案文提供了协商一致的可能性，因为它是协商的结果，因此代表了一种折中方案（资料来源 7，第 196 页）。但从第三委员会第 39 次会议上对其发表的意见来看，当时对该提案仍然是有争议的。⑧

尽管如此，第三委员会主席随后在报告中将该案文归入大大扩大了折中的基础，并为形成协商一致的意见提供了大大改善的前景的新案文之列（资料来源 7，第 175 页）。

---

⑦　同上，第 11 和 16-17 段，同上，第 159 页。

⑧　见以下各代表团的发言：法国，第 12 段，《正式记录》第九卷，第 166 页；苏联，第 17 段，同上；索马里，第 20 段，同上，第 166-167 页；古巴，第 23 段，同上，第 167 页；美国，第 25 段，同上；伊拉克，第 34 段，同上；和德意志联邦共和国，第 56-57 段，同上，第 168-169 页。

230.7. 在第八期会议上（1979 年），法国提出了关于第 1 款的新的非正式提案（资料来源 31），其内容如下：

> 对外国船只在领海以外所犯违反关于防止、减少和控制来自船只的污染的国内法律和规章或可适用的国际规则和标准的行为，仅可处以罚款。

然而，第三委员会主席报告说，经过彻底的协商之后，该提案仍不能被视为获得足够的支持以提供更好的共识前景。⑨

因此，该案文被非正式综合协商案文第一次修订稿（资料来源 8）作为第 230 条采纳时，内容如下：

> 1. 对外国船只在领海以外所犯违反关于防止、减少和控制来自船只的海洋环境污染的国内法律和规章或可适用的国际规则和标准的行为，仅可处以罚款。
>
> 2. 对外国船只在领海内所犯违反关于防止、减少和控制来自船只的海洋环境污染的国内法律和规章或可适用的国际规则和标准的行为，仅可处以罚款，但在领海内故意和严重地造成污染的行为除外。
>
> 3. 对于外国船只所犯这种违反行为进行诉请加以处罚的司法程序时，应尊重被告的公认权利。

在非正式综合协商案文第二次修订稿中（资料来源 9），第 1 款和第 2 款中的"来自船只的"被删去以避免重复。非正式综合协商案文第三次修订稿（资料来源 11）对该案文作了进一步完善，采纳了第三委员会主席提出的润色性修改（资料来源 10）。由于缺乏时间，对美国提出的若干进一步润色修改（资料来源 32）未作研究。该条于是在根据起草委员会的建议（资料来源 14 至资料来源 17）采纳了若干细微的润色性修改后最终定型。

230.8. 在第十一期会议上（1982 年），法国提出了对第二三〇条的三项正式修改提案（资料来源 13）。第一项建议将标题改为："处罚和对被告的公认权利的尊重。"第二项建议在第 1 款末尾添加以下一句："但故意或严重地造成污染的行为除外。"第三项建议将第 2 款改为："对外国船只……，但在领海内故意或严重地造成污染的行为除外。"在辩论的过程中，保加利亚代表（其本人即第三委员会主席，但此处未以该身份发言）指出，这些修改提案"代表着从公约草案［资料来源 12］条文的大幅度偏

---

⑨ 见 A/CONF.62/L.34（1979 年），第 8-9 段，《正式记录》第十一卷，第 83-84 页（第三委员会主席）。

离，因为它们旨在对海洋污染引入超乎罚款的处罚。"⑩ 随后，会议主席报告说，按照《议事规则》并应他的要求，第三委员会主席主持了对修改提案的协商，但"无法找到可以普遍接受的解决办法"。⑪ 因此，提出的修改提案没有付诸表决。

230.9(a). 第 1 款规定，对在领海以外所犯的违反行为，只能处以罚款。这一规定可与第七十三条第 3 款（沿海国法律和规章的执行）形成对照，该款在有关国家无相反的协议的情况下，排除一切形式的体罚，包括监禁。

关于"领海以外"一语的不明确之处，见上文 228.11（e）段。

230.9(b). 第 2 款则作为一种例外设想了沿海国对"在领海内故意和严重地造成污染的行为"处以罚款以外的处罚。该语也是第十九条第 2 款（h）项所使用的措辞，该项规定，如果通过一国领海的船舶犯有"违反本公约规定的任何故意和严重的污染行为"，其通过即不能视为无害。此外，第二十七条第 1 款规定了沿海国行使其刑事管辖权所需的条件。第二十七条第 5 款规定，"除第十二部分有所规定外"，沿海国不得在通过其领海的外国船舶上采取任何步骤。因此，在"故意和严重地造成污染的行为"的情形下，沿海国将有权按照第二二〇条的规定对其视为对违反行为负责的人提起司法程序，并对其处以罚款以外的处罚。尽管没有（像在第七十三条中那样）明确规定，但理所当然地沿海国处以的处罚不得包括"任何其他方式的体罚。"

230.9(c). 关于第 3 款中的"应尊重被告的公认权利"一语，在会议记录中没有权威性的专门解释。该语来源于非正式司法专家小组（见上文第 230.2 段），之后一直被后续各案文沿用。有关提示可见于 1948 年《世界人权宣言》⑫ 和 1966 年《公民权利和政治权利国际公约》⑬ 以及关于人权的其他全球和区域文书中关于"公正审判"和被告人权利概念的内容。

---

⑩ 见第 171 次全体会议（1982 年），第 77 段，《正式记录》第十六卷，第 111 页。

⑪ A/CONF. 62/L. 132 和 Add. 1（1982 年），第 29–30 段，《正式记录》第十六卷，第 236–237 页（会议主席）。

⑫ 联合国大会 1948 年 12 月 10 日第 217A（III）号决议。转载在《大会正式记录》第 3 卷［决议］（A/810），第 71 页。

⑬ 《联合国条约集》第 999 卷，第 171 页；《联合王国条约集》第 6 号（1977 年），《英王敕令》第 6702 号（第 22 页）；《国际法资料》第 6 卷，第 368 页（1967 年）。

第二三一条 对船旗国和其他有关国家的通知

各国应将依据第六节对外国船只所采取的任何措施迅速通知船旗国和任何其他有关国家，并将有关这种措施的一切正式报告提交船旗国。但对领海内的违反行为，沿海国的上述义务仅适用于司法程序中所采取的措施。依据第六节对外国船只采取的任何这种措施，应立即通知船旗国的外交代表或领事官员，可能时并应通知其海事当局。

资料来源

1. A/AC. 138/SC. Ⅲ/L. 40（1973 年，油印本），第 10~12 条（美国）。

2. A/AC. 138/SC. Ⅲ/L. 46（1973 年，油印本），第 8 条（法国）。

3. A/AC. 138/SC. Ⅲ/L. 49（1973 年，油印本），第 3 款（日本）。

4. A/CONF. 62/C. 3/L. 7（1974 年），第 5 条第 3 款，《正式记录》第三卷，第 250~251 页（德意志联邦共和国）。

5. A/CONF. 62/C. 3/L. 24（1975 年），第 3 条第 13、22 款，《正式记录》第四卷，第 210~211 页（比利时、保加利亚、丹麦、德意志民主共和国、德意志联邦共和国、希腊、荷兰、波兰和英国）。

6. A/CONF. 62/WP. 8/Part Ⅲ（非正式单一协商案文，1975 年），第一部分，第 32 和 34 条，《正式记录》第四卷，第 171、176 页（第三委员会主席）。

7. A/CONF. 62/WP. 8/Rev. 1/Part Ⅲ（订正的单一协商案文，1976 年），第 40 条，《正式记录》第五卷，第 173、179 页（第三委员会主席）。

8. A/CONF. 62/WP. 10（非正式综合协商案文，1977 年），第 232 条，《正式记录》第八卷，第 1、40 页。

9. A/CONF. 62/RCNG/1（1978 年），第三委员会主席向全体会议提交的报告，关于第 232 条的提案（MP/16）（苏联），《正式记录》第十卷，第 13、96、113 页。

10. A/CONF. 62/RCNG/2（1978 年），第三委员会主席的报告（C. 3/Rep. 1），关于第 232 条的提案（MP/16）（苏联），《正式记录》第十卷，第 126、173、187 页。

11. A/CONF. 62/WP. 10/Rev. 1（非正式综合协商案文第一次修订稿，1979 年，油印本），第 231 条。转载在《第三次联合国海洋法会议文件集》第一卷，第 375、476 页。

12. A/CONF. 62/WP. 10/Rev. 2（非正式综合协商案文第二次修订稿，1980 年，油

印本），第 231 条。转载在《第三次联合国海洋法会议文件集》第二卷，第 3、105 页。

13. A/CONF. 62/WP. 10/Rev. 3* （非正式综合协商案文第三次修订稿，1980 年，油印本），第 231 条。转载在《第三次联合国海洋法会议文件集》第二卷，第 179、282 页。

14. A/CONF. 62/L. 78 （《公约草案》，1981 年），第 231 条，《正式记录》第十五卷，第 172、212 页。

起草委员会

15. A/CONF. 62/L. 67/Add. 10 （1981 年，油印本），第 56~61 页。

16. A/CONF. 62/L. 67/Add. 14 （1981 年，油印本），第 25 页。

17. A/CONF. 62/L. 72 （1981 年），《正式记录》第十五卷，第 151 页（起草委员会主席）。

18. A/CONF. 62/L. 152/Add. 25 （1982 年，油印本），第 26 页。

19. A/CONF. 62/L. 160 （1982 年），《正式记录》第十七卷，第 225 页（起草委员会主席）。

非正式文件

20. 日本关于第 40 条的口头提案（1976 年，油印本）（第三委员会，非正式会议）。转载在《第三次联合国海洋法会议文件集》第十卷，第 473、481 页。

21. MP/16 （1978 年，油印本），关于第十四部分之二的提案，第 232 条（苏联）。转载在《第三次联合国海洋法会议文件集》第十卷，第 229~230 页 [见上文资料来源 9 和资料来源 10]。

22. 美国（1980 年，油印本），第 231 条。转载在《第三次联合国海洋法会议文件集》第十卷，第 511、541 页。

评　　注

231. 1. 将对外国船只采取的措施通知船旗国的要求反映了船旗国执行管辖权的主体地位及其对所有在其国内注册或悬挂其旗帜的船舶和船只及其船员的行动所承担的责任（见第九十四条）。

这一议题最早是在海底委员会内部讨论的，它出现在美国于 1973 年以暂定条款的形式向第三分委员会提交的一套关于保护海洋环境和防止海洋污染的条款草案中（资料来源 1）。该案文第 10 条规定，如果一国有理由怀疑有违反可适用的国际标准的行为，应通知船旗国或下次停泊的港口之一的港口国或二者，并向其提交可获得的证据。第 11 条规定，如果港口国收到这种通知，应对其彻底审查，并将该调查的结果迅速通知船旗国和通知国。第 12 条规定，船旗国一方也有关于进一步调查和提起司法程序的某些义务。

法国提出的一套关于沿海国为防止海洋污染的目的可行使的权利的条款草案（资料来源 2）中也包含了相似的处理办法，该草案设想应将违反行为正式通知违反"船只在其权力下运营的国家"。日本提交的关于沿海国为防止海洋污染的目的而采取的执行措施的提案（资料来源 3）则较为笼统，并要求将任何调查和起诉的结果通知"其他缔约国……以及主管国际组织"。

231. 2. 在第三次海洋法会议第二期会议上（1974 年），德意志联邦共和国提交的关于执行关于保护海洋环境免受船只来源污染的规章的条款草案（资料来源 4）规定，对违反排放规章的船舶采取行动的国家应"立即通知船旗国的领事或外交代表"。

231. 3. 在第三期会议上（1975 年），9 个欧洲国家集团（资料来源 5）提交了一套关于预防、减轻和控制海洋污染的条款草案，其中包括应通知船旗国的规定。

同时非正式司法专家小组也在审议这一事项，该小组通过的一项案文规定，各国应作为执行针对来自船舶的污染的措施时的一项保障措施将对外国船只采取的措施迅速通知船旗国和任何其他有关国家。① 经过该期会议上的非正式协商，非正式单一协商案文第三部分（资料来源 6）采纳了与该主题有关的两个独立条：

第 32 条

当沿海国行使第 30 条和第 31 条［关于对船只的执行措施］所指的权利时，应将船旗国涉嫌的违反行为和已采取的相应措施迅速通知船旗国。

第 34 条

当对……的外国船只采取措施时，有关国家应立即通知被采取措施的船旗国的领事官员或外交代表。

在第三期会议之后，非正式司法专家小组继续就这一主题进行讨论。该小组提出将非正式单一协商案文的两条合并为如下的一条：

各国应将依据本章对外国船只所采取的任何措施迅速通知船旗国和任何其他有关国家，并将有关这种措施的一切正式报告提交船旗国。任何这种措施，应立即通知船旗国的领事或外交代表。②

---

① 《海洋环境的保全》（1975 年，油印本），第 15 条第 6 款（非正式司法专家小组）。转载在《第三次联合国海洋法会议文件集》第十一卷，第 475、480 页。

② 同上，（1976 年 3 月，油印本），第 35 条，同上，第 525、542 页。

该案文引入了通知国应向船旗国提交正式报告的规定。

231.4. 在第四期会议上（1976年），经过非正式协商，导致订正的单一协商案文第三部分（资料来源7）采纳了如下修改后的案文：

第40条

各国应将依据本公约本章第七节对外国船只所采取的任何措施迅速通知船旗国和任何其他有关国家，并将有关这种措施的一切正式报告提交船旗国。任何这种措施，应立即通知船旗国的领事或外交代表，可能时并应通知其海事当局。

除几处润色性修改外，这一案文大体上重复了由非正式司法专家小组编制的条文，但还引入了将采取的任何执行措施立即通知船旗国的"海事当局"的要求。

231.5. 在第五期会议上（1976年），日本提交的一项非正式修改提案（资料来源20）建议在第一句之后插入以下一句：

但对领海内的违反行为，沿海国的上述义务应仅适用于司法程序中所采取的措施。

在第三委员会第31次会议上，主席将这一修改提案列入需要第三委员会进一步研究者之列。③

231.6. 在第六期会议上（1977年），经过进一步的非正式协商，采纳了日本提案的非正式综合协商案文（资料来源8）第232条，内容如下：

第232条 对船旗国和其他有关国家的通知

各国应将依据本公约本部分第六节对外国船只所采取的任何措施迅速通知船旗国和任何其他有关国家，并将有关这种措施的一切正式报告提交船旗国。但对领海内的违反行为，沿海国的上述义务应仅适用于司法程序中所采取的措施。任何这种措施，应立即通知船旗国的领事或外交代表，可能时并应通知其海事当局。

231.7. 在第七期会议上（1978年），苏联提出对保障办法条款进行重新组织，将本条文归入关于一般保障办法的新的"第十四部分之二"中（资料来源21）。然而，经过审议，第三委员会没有接受这一提案，主要原因是它对第二委员会事项可能产生

---

③ 第三委员会，第31次会议（1976年），第59段，《正式记录》第六卷，第104页。

影响（见上文第 224.5 段）。

231.8. 该条在仅采纳若干润色性修改后，被非正式综合协商案文第一次修订稿（资料来源 11）采纳，并重新编号为第 231 条。在第八期会议续会上（1979 年），起草委员会指出，关于通知的接收方缺乏统一；第 231 条要求将采取的措施通知"船旗国和任何其他有关国家"，而对于领海内的违反行为，则应"通知船旗国的外交代表或领事官员，可能时并应通知其海事当局。"④ 但这一意见并未产生任何被非正式综合协商案文第二次修订稿（资料来源 12）或后续各草案采纳的修改。

采纳起草委员会的若干建议后（资料来源 15 至资料来源 19），本条即最终定型。美国提出的一项非正式提案（资料来源 22）建议从第二句中删去"对领海内的违反行为"，并在该句末尾的"司法程序"前加上"因领海内的违反行为"几个字。但由于缺乏时间，该提案未获审议。

231.9(a). 外交代表（diplomatic agents）一语出自 1961 年《维也纳外交关系公约》。⑤ 该公约规定，称"外交代表"者，谓使馆馆长或使馆外交职员；称"使馆馆长"者，谓派遣国责成担任此项职位之人；称"外交职员"者，谓具有外交官级位之使馆职员（第一条（甲）、（丁）、（戊）款）。领事官员（consular officer）一语出自 1963 年《维也纳领事关系公约》。⑥ 它指派任此职承办领事职务之任何人员，包括领馆馆长在内（第一条第一款第（四）项）。1961 年公约第二条（译注：原文有误，应为第三条）第一款（乙）项规定，使馆之职务包括于国际法许可之限度内，在接受国中保护派遣国及其国民之利益。1963 年公约第五条第（五）款规定，领事职务包括帮助及协助派遣国国民，包括个人与法人；该公约第（十一）和（十二）款并承认了与具有派遣国国籍之船舶与航空器有关的特别职务。

231.9(b). 1982 年《公约》中有多处要求通知船旗国的规定，特别是第二十七条第 3 款（经船长请求）、第七十三条第 4 款和第二三一条。但其中使用的术语并不统一（见上文第 231.8 段）。在第八期会议上（1979 年），起草委员会在统稿过程中建议在整部公约中以"通知（notify）"一词代替"告知（advise）"，这一建议得到采纳。关于"船旗国的海事当局"一语，不同国家的海事主管当局在海事圈内通常是众所周

---

④ 见 A/CONF.62/L.4Q（1979 年），第十六节，《正式记录》第十二卷，第 95、100 页（起草委员会）。

⑤ 《联合国条约集》第 500 卷，第 95 页；《美国条约集》第 23 卷，第 3227 页，《条约和其他国际条例集》第 7502 页；《联合王国条约集》第 19 集（1965 年），《英王敕令》第 2565 号；《国际法资料》第 55 卷，第 1064 页（1961 年）。

⑥ 《联合国条约集》第 596 卷，第 261 页；《美国条约集》第 21 卷，第 77 页，《条约和其他国际条例集》第 6820 页；《联合王国条约集》第 14 集（1973 年），《英王敕令》第 5219 号；《国际法资料》第 57 卷，第 995 页（1963 年）。

知的，故不认为第二三一条的表述会造成不必要的麻烦。⑦

关于作出通知的方式，没有规定具体规则。可以想见，如果有关国家在对方领土内维持有外交或领事使团，通常会使用这些渠道；而各国的国家海事主管机关通常彼此保持直接接触。国际海事组织目前正在研究自己是否应在接收和传播这些通知时发挥作用。⑧

231.9(c). 本条最后一句在不同语文本之间存在着字面上的差异，特别引起注意的是，英文本中的"pursuant to section 6 against foreign vessels"一语并未以同样的形式出现在任何其他语文本中。因此：

  在阿拉伯文本中为：bi-ayya tadabir min hadha al-nau '

  在中文本中为：Yi ju di liu jie dui wai guo chuan zhi cai qu de ren he zhe zhong cuo shi（依据第六节对外国船只采取的任何这种措施）

  在法文本中为：de toutes mesures de cet ordre

  在俄文本中为：o liubykh takikh merakh

  在西班牙文本中为：de las medidas que se tomen

其中，中文本与英文本是一致的，而阿拉伯文、法文和俄文本则含有暗示"这种（such）"措施的措辞，因此符合法律术语一致性的要求；而该义在西班牙文本中则完全缺失。只有中文本和英文本包括"对外国船只（against foreign vessels）"一语，但鉴于第二三一条的整体结构，这在英文（或任何其他）文本中可能是不必要的。上述词句最早出现在英文本的公约草案中（资料来源12）。

---

⑦　1982年以后，1986年《联合国船舶登记条件公约》又在其第2条中引入了"国家海事主管机关"一语。为该公约的目的，该语意指由登记国根据其立法设立的国家当局或机关，按照该立法，负责执行有关海上运输的国际协议，并负责适用有关在其管辖和控制下的船舶的规则和标准。标题为"国家海事主管机关"的该公约第5条更加详细地规定了船旗国有义务设有受其管辖和控制的有法定资格和适当的国家海事主管机关。该条还要求船旗国"执行所适用的国际规则和标准，尤其是关于船舶和船上人员的安全及防止海洋环境污染的国际规则和标准。"此外，该条还更加详细地规定了船旗国国家海事主管机关的义务，包括确保悬挂该国国旗的船舶遵守关于防止海洋环境污染的国际规则和标准。联合国贸易和发展会议文件：UNCTAD doc. TD/RS/CONF/23（1986年，油印本）。转载在《荷兰海洋法研究所年鉴》第26卷，第1236页［1987年］；《荷兰海洋法研究所年鉴》第2卷［1986年］，第596页；联合国海洋事务和海洋法司《海洋事务年度回顾：法律和政策的主要文件》1985—1987年，第201页。详情请参阅最新版的《交存秘书长的多边条约》（ST/LEG/SER. E/-），第XII.7章。

⑧　见国际海事组织《1982年联合国海洋法公约对国际海事组织的影响》：国际海事组织秘书处研究报告，doc. LEG/MISC/1（1986年，油印本），第128-132段和附件。转载在荷兰海洋法研究所年鉴第3卷［1987年］，第340、388页和395页；联合国海洋事务和海洋法司1985—1987年《海洋事务年度回顾：法律和政策的主要文件》第一卷，第123、157页。

第二三二条　各国因执行措施而产生的赔偿责任

各国依照第六节所采取的措施如属非法或根据可得到的情报超出合理的要求。应对这种措施所引起的并可以归因于各该国的损害或损失负责。各国应对这种损害或损失规定向其法院申诉的办法。

资料来源

1. A/AC. 138/SC. III/L. 40（1973 年，油印本），第 21 条（美国）。

2. A/CONF. 62/C. 3/L. 4（1974 年），第 9 条第 2~3 款，《正式记录》第三卷，第 247~248 页（希腊）。

3. A/CONF. 62/C. 3/L. 7（1974 年），第 5 条第 4 款，《正式记录》第三卷，第 250 ~251 页（德意志联邦共和国）。

4. A/CONF. 62/C. 3/L. 24（1975 年），第 6 条第 3 款，《正式记录》第四卷，第 210~211 页（比利时、保加利亚、丹麦、德意志民主共和国、德意志联邦共和国、希腊、荷兰、波兰和英国）。

5. A/CONF. 62/C. 3/L. 25（1975 年），第 4 条第 2 款，《正式记录》第四卷，第 212~213 页（苏联）。

6. A/CONF. 62/WP. 8/Part III（非正式单一协商案文，1975 年），第一部分，第 37 条，《正式记录》第四卷，第 171、176 页（第三委员会主席）。

7. A/CONF. 62/WP. 8/Rev. 1/Part III（订正的单一协商案文，1976 年），第 41 条，《正式记录》第五卷，第 173、180 页（第三委员会主席）。

8. A/CONF. 62/WP. 10（非正式综合协商案文，1977 年），第 233 条，《正式记录》第八卷，第 1、40 页。

9. A/CONF. 62/RCNG/1（1978 年），第三委员会主席向全体会议提交的报告，关于第 233 条的提案（MP/16）（苏联），《正式记录》第十卷，第 13、96、113 页。

10. A/CONF. 62/RCNG/2（1978 年），第三委员会主席的报告（C. 3/Rep. 1），关于第 232 条的提案（MP/16）（苏联），《正式记录》第十卷，第 126、173、187 页。

11. A/CONF. 62/WP. 10/Rev. 1（非正式综合协商案文第一次修订稿，1979 年，油印本），第 232 条。转载在《第三次联合国海洋法会议文件集》第一卷，第 375、476 页。

12. A/CONF. 62/WP. 10/Rev. 2（非正式综合协商案文第二次修订稿，1980 年，油印本），第 232 条。转载在《第三次联合国海洋法会议文件集》第二卷，第 3、105 页。

13. A/CONF. 62/WP. 10/Rev. 3*（非正式综合协商案文第三次修订稿，1980 年，油印本），第 232 条。转载在《第三次联合国海洋法会议文件集》第二卷，第 179、282 页。

14. A/CONF. 62/L. 78（《公约草案》，1981 年），第 232 条，《正式记录》第十五卷，第 172、212 页。

起草委员会

15. A/CONF. 62/L. 67/Add. 10（1981 年，油印本），第 62~65 页。

16. A/CONF. 62/L. 72（1981 年），《正式记录》第十五卷，第 151 页（起草委员会主席）。

17. A/CONF. 62/L. 152/Add. 25（1982 年，油印本），第 27~29 页。

18. A/CONF. 62/L. 160（1982 年），《正式记录》第十七卷，第 225 页（起草委员会主席）。

非正式文件

19. 美国（1974 年，油印本），第 12 条第 2 款。转载在《第三次联合国海洋法会议文件集》第十卷，第 419、425 页。

20. MP/16（1978 年，油印本），关于第十四部分之二的提案，第 232 条（苏联）。转载在《第三次联合国海洋法会议文件集》第十卷，第 229~230 页［见上文资料来源 9 和资料来源 10］。

评　　注

232. 1. 第二三二条处理的问题是由美国于 1973 年首先在其关于保护海洋环境和防止海洋污染的条款草案中的第 21 条中在海底委员会第三分委员会内提出的。该提案内容如下：

一国应对根据可得到的情报超出合理的要求的调查、执行或干预措施引起的损害负责。

232. 2. 在第三次海洋法会议第二期会议上（1974 年），美国提出的一项非正式提案（资料来源 19）基本上重复了先前的提案。它规定一国应对"根据可得到的情报超出合理必要的调查或执行措施引起的损害或损失"负责。希腊提交的对关于海洋环境保护的规定的执行的一系列条款草案（资料来源2）包含了如下规定：

> 2. 船舶应有权获得对因不当执行本公约第二、三、五、六或八条所规定的扣留或羁留而遭受的任何损失或损害而作出的赔偿。
> 3. 这种船舶的所有人可向根据上述第2款承担赔偿责任的国家的法院提起损害诉讼，或在这种国家不是船旗国的情形下，提起本公约第……条所规定的争端解决程序。

德意志联邦共和国提交的关于针对船只来源污染保护海洋环境的规章的执行的条款草案（资料来源3）包括的一项条文规定："如果船舶被不当扣留或羁留，应有权获得对遭受的任何损失或损害的赔偿。"

232. 3. 在第三期会议上（1975年），9个欧洲国家提交的条款草案（资料来源4）将这些提案合并为与第232条非常相似的条文。该提案第6条第3款规定：

> 3. 一国须对根据可得到的情报超出合理必要的根据本章采取的检查或执行措施引起的损害或损失支付赔偿并应对这种损害或损失规定向其法院申诉的办法。

几天以后，苏联又提交了另外一套关于防止海洋环境污染的条款草案（资料来源5）。除其他外，该草案建议在处理沿海国采取非常行动处理来自海难或海底开发事故的污染的权利时，应作如下规定：

> 2. 沿海国按照本条第1款采取的措施应与实际的或可能发生的损害相称。一国须对超出为达到第1款提及的目的合理必要的措施导致的损害支付赔偿。

与此同时，非正式司法专家小组一直在审查关于保护海洋环境的规定，并在关于船只来源污染的保障和限制的一条中加入了一项关于国家赔偿责任的可适用规定。该案文第7款规定如下：

> 7. 各国依照本章所采取的措施如属非法或根据可得到的情报超出合理的要求，应对这种措施所引起的损害或损失负责，并应对这种损害或损失规定向其法院申诉的办法。①

----

① 《海洋环境的保全》（1975年，油印本），第15条第7款（非正式司法专家小组）。转载在《第三次联合国海洋法会议文件集》第十一卷，第475、480页。

非正式单一协商案文第三部分（资料来源6）即产生于以上较早期的诸项提案，其内容如下：

> 沿海国须对其根据现有的情报超出合理必要的检查、调查或……所采取的措施的适用所引起的损失或损害规定向其法院申诉的办法。

该案文强调了对采取的"超出合理必要"的措施规定司法申诉办法的要求。而另一方面，非正式单一协商案文没有处理对这种措施所引起的损害的赔偿的问题。

第三期会议以后，非正式司法专家小组再次研究了这一事项，并编制了一项与该小组先前草案几乎相同的案文，只是将其中的"its courts（其法院）"改为"their courts"。[②]

232.4. 在第四期会议上（1976年），经过进一步的非正式讨论，订正的单一协商案文第三部分（资料来源7）采纳了经过修改后的案文，内容如下：

第41条

> 各国依照本公约本章第七节［执行］所采取的措施如属非法或根据可得到的情报超出合理的要求，应对这种措施所引起的并可以归因于各该国的损害或损失负责。各国应对这种损害或损失规定向其法院申诉的办法。

该案文第一次在两个独立的句子中处理涉及的两个问题——各国对损害或损失的赔偿责任，和各国规定向其法院申诉的办法的义务。

在第六期会议上（1977年），非正式综合协商案文（资料来源8）作为第233条采纳了该条，并为其添加了今标题，但条文在实质内容上未作修改。

232.5. 在第七期会议上（1978年），苏联提出的对保障办法条款的重新组织包括了本条，形成关于一般保障办法的新的"第十四部分之二"（资料来源20）。然而，经过审议，第三委员会没有接受这一提案，主要原因是它对第二委员会事项可能产生影响（见上文第224.5段）。

本条在非正式综合协商案文第一次修订稿（资料来源11）中被重新编号为第232条，并在根据起草委员会的建议修改后定型（资料来源15至资料来源18）。

232.6(a). 本条第一句只是重申了关于国家责任的一般国际法对于依照第六节（第二一三条至第二三二条）所采取的执行措施的适用。"负责（liable）"、"损害或损失（damage or loss）"和"可以归因于（attributable）"等语应根据支配国家责任的

---

② 同上，（1976年3月，油印本），第36-38条，同上，第525、543页。

一般国际法来理解。在这方面，采纳这样一项规定，即使出于充分谨慎（*ex abundanti cautela*），也并不鲜见。相似的规定出现在处理在行使紧追权时船舶在领海以外被命令停驶或被逮捕的情形的第一一一条第 8 款中，而这一规定本身出自 1958 年《公海公约》第 23 条第 7 款。第二三二条所规定的主要义务在第二句中，该句规定各国应对这种损害或损失规定向其法院申诉的办法。而这又进而影响到关于用尽当地补救办法的第二九五条的适用。

《公约》英文本中的"赔偿责任（liability）"一词在法文本中译为"responsabilite"，并在其他正式语文本中也使用了其等同语（见下文第 235.10（a）段）。

232.6(b). 由于第二三二条是在第三〇五条完成之前通过的，故必须认为第一句中的"各国"一词包括依据第三〇五条成为《公约》缔约方的所有实体。至于国际组织，附件九第 6 条第 1 款对于第二三二条第一句当然是适用的。但是，处理第二句所载的义务并不容易。会议主席（Koh）关于《公约》参加问题的正式报告③并没有解释成为《公约》缔约方的国际组织应如何履行第二三二条第二句所载的义务（参见第五卷，第 190 页，第 305.17 段）。

232.6(c). 在本条对滥用权利的一般概念的体现上，它与第三〇二条是相似的，而其关于赔偿责任的一般内容似乎属于第二三五条和第三〇四条的范围。本条的立法史并没有令人信服地解释为什么本条应作为单独的一条保留下来；这当是本书第十二部分导言中提到的"某些一致性的欠缺和明显的重复"之一例（见上文第 XII.23 段）。

---

③ 见 A/CONF.62/L.86（1982 年），《正式记录》第十六卷，第 197 页（会议主席）。并见本书系第五卷，第 190 页。

第二三三条　对用于国际航行的海峡的保障

第五、第六和第七节的任何规定不影响用于国际航行的海峡的法律制度。但如第十节所指以外的外国船舶违反了第四十二条第 1 款（a）和（b）项所指的法律和规章，对海峡的海洋环境造成重大损害或有造成重大损害的威胁，海峡沿岸国可采取适当执行措施，在采取这种措施时，应比照尊重本节的规定。

资料来源

1. A/CONF. 62/C. 2/L. 3（1974 年），第三章，第 4 条，《正式记录》第三卷，第 183、186 页（英国）。

2. A/CONF. 62/C. 2/L. 11（1974 年），第 1 条第 3 款（c）项，《正式记录》第三卷，第 189 页（保加利亚、捷克斯洛伐克、德意志民主共和国、波兰、乌克兰和苏联）。

3. A/CONF. 62/C. 2/L. 16（1974 年），第 8 条，《正式记录》第三卷，第 192~193 页（马来西亚、摩洛哥、阿曼和也门）。

4. A/CONF. 62/C. 2/L. 19（1974 年），第 6 条，《正式记录》第三卷，第 196 页（斐济）。

5. A/CONF. 62/C. 2/L. 20（1974 年），第 2 条，《正式记录》第三卷，第 198 页（阿尔及利亚）。

6. A/CONF. 62/L. 8/Rev. 1（1974 年），附录一 [A/CONF. 62/C. 2/WP. 1，条文第 58 条，表述 B，第 1 款（c）项，《正式记录》第三卷，第 93、107、116 页（总报告员）[该附录即第二委员会的"主要趋势"工作文件]。

7. A/CONF. 62/C. 3/L. 25（1975 年），第 2 条第 1 款和第 3 条，《正式记录》第四卷，第 212 页（苏联）。

8. A/CONF. 62/WP. 8/Part III（非正式单一协商案文，1975 年），第一部分，第 39 条，《正式记录》第四卷，第 171、176 页（第三委员会主席）。

9. A/CONF. 62/WP. 8/Rev. 1/Part III（订正的单一协商案文，1976 年），第 42 条，《正式记录》第五卷，第 173、180 页（第三委员会主席）。

10. A/CONF. 62/WP. 10（非正式综合协商案文，1977 年），第 234 条，《正式记录》第八卷，第 1、40 页。

11. A/CONF. 62/RCNG/1（1978 年），第三委员会主席向全体会议提交的报告，西班牙关于第 234 条的提案（MP/3），《正式记录》第十卷，第 13、96、111 页。

12. A/CONF. 62/RCNG/2（1978 年），第三委员会主席的报告（C. 3/Rep. 1），西班牙关于第 234 条的非正式提案（MP/3），《正式记录》第十卷，第 126、173、185 页。

13. A/CONF. 62/WP. 10/Rev. 1（非正式综合协商案文第一次修订稿，1979 年，油印本），第 233 条。转载在《第三次联合国海洋法会议文件集》第二卷，第 375、476 页。

14. A/CONF. 62/WP. 10/Rev. 2（非正式综合协商案文第二次修订稿，1980 年，油印本），第 233 条。转载在《第三次联合国海洋法会议文件集》第二卷，第 3、105 页。

15. A/CONF. 62/WP. 10/Rev. 3*（非正式综合协商案文第三次修订稿，1980 年，油印本），第 233 条。转载在《第三次联合国海洋法会议文件集》第二卷，第 179、282 页。

16. A/CONF. 62/L. 78（《公约草案》，1981 年），第 233 条，《正式记录》第十五卷，第 172、213 页。

17. 见 A/CONF. 62/L. 109（1982 年），《正式记录》第十六卷，第 223 页（西班牙）。

起草委员会

18. A/CONF. 62/L. 67/Add. 10（1981 年，油印本），第 60~68 页。

19. A/CONF. 62/L. 67/Add. 10/Corr. 2（1981 年，油印本），第 7 页。

20. A/CONF. 62/L. 67/Add. 16（1981 年，油印本），第 25 页。

21. A/CONF. 62/L. 72（1981 年），《正式记录》第十五卷，第 151 页（起草委员会主席）。

非正式文件

22. 马来西亚和西班牙关于第 42 条的口头提案（1976 年，油印本）（第三委员会，非正式会议）。转载在《第三次联合国海洋法会议文件集》第十卷，第 455、456 页。

23. 马来西亚和西班牙关于第 42 条的口头提案（1976 年，油印本）（第三委员会，非正式会议）。转载在《第三次联合国海洋法会议文件集》第十卷，第 473、482 页。

24. 马来西亚、英国和美国关于第 42 条的口头提案（1977 年，油印本）（第三委员会，非正式会议）。转载在《第三次联合国海洋法会议文件集》第十卷，第 497、507 页。

25. MP/3（1978 年，油印本），第 234 条（西班牙）。转载在《第三次联合国海洋法会议文件集》第十卷，第 219 页［见上文资料来源 11 和资料来源 12］。

26. MP/24（1978 年，油印本），第 234 条（西班牙）（非正式会议主席）。转载在《第三次联合国海洋法会议文件集》第十卷，第 238、246 页。

评　注

233. 1. 在海底委员会和第三次海洋法会议的整个工作过程中，世界不同区域内的许多海峡沿岸国都对这些海峡内的海洋环境保护日益敏感起来，而这一问题至少为协商的某些目的，与第二一一条第 6 款的"特别区域"概念、第二二一条和第二三四条的主题事项关联起来。

海底委员会收到在各方面涉及具有特殊特征的船舶的多项关于在领海内的通过的提案，通过暗示，这些提案也涵盖在用于国际航行的海峡的通过。在这方面，"油轮"、"超级油轮"以及核动力船舶都被屡屡提及（这些船舶后为 1982 年《公约》第二十二条和第二十三条处理）。

233. 2. 在第二期会议上（1974 年），第二委员会继续进行对这一问题的讨论，当时提交的各项提案（资料来源 1 至资料来源 5）被纳入第二委员会的主要趋势工作文件（资料来源 6）中。该文件条文 58 表述 B 第 1 款（c）项规定：

> （c）通过海峡过境的船舶应采取一切预防措施，以避免对海峡水域和沿岸造成污染，或对海峡沿岸国任何其他种类的损害。通过海峡过境的超级油轮应采取特别预防措施以确保航行安全和避免造成污染。

（这一措辞已被今第三十九条第 2 款（b）项部分采纳。）

从非正式司法专家小组在第二期会议后编制的一项关于海洋环境的保全的文件中的一项试探性建议可以看出，对这一一般性问题的讨论处于非正式阶段，但在当时尚无定论。该建议内容如下：

> （关于本章［关于海洋环境的保全］的规定与本公约关于用于国际航行的海峡、领海或内水无害通过或关于群岛水域的通过的规定之间的关系的条款）。[1]

---

[1] 《海洋环境的保全》（1975 年 2 月，油印本），第 18 条（非正式司法专家小组）。转载在《第三次联合国海洋法会议文件集》第十一卷，第 453、463 页。不妨指出的是，拥有北极水域（包括许多海峡）的两个主要国家——苏联和加拿大都看到了在尤其脆弱的北极生态系统内，在海峡的通过与海洋环境的保护和保全之间在理念上的联系。关于加拿大的观点，见 W. S. Reid《加拿大对北极水域主权的主张》，《加拿大国际法年鉴》第 12 卷，第 111 页（1974 年）；对苏联观点的讨论，见 W. E. Butler《北冰洋东北通道》（《世界国际海峡期刊》1978 年第 1 期）。

233. 3. 在第三期会议上（1975 年），此前已向第二委员会提交了一套关于用于国际航行的海峡的条约草案（资料来源 2）的苏联，在第三委员会中新提出了一些关于防止海洋环境的污染的条款草案（资料来源 7），其中载有两项有关规定。关于在领海内防止来自船舶的海洋环境污染的第 2 条第 1 款规定：

> 1. 沿海国可在其领海范围内，制定关于防止来自船舶的海洋环境污染的国际规章以外的规章。这种规章在制定时，应考虑到国际规章，并不得处理外国船舶的设计、建造、装备、操作或人员配备，也不得处理本公约第……条提及的通过海峡过境的外国船舶。

苏联草案中关于禁止在海峡内从船舶排放有害物质的第 3 条内容如下：

> 船旗国应确保任何在其领土内注册或悬挂其旗帜的船舶不在本公约第……条所指的海峡内排放船上的或运输的任何有害或有毒物质或含有这种物质的混合物，但为在海上保全人命的目的有必要这样做的情形不在此限。

该提案将重点从船舶的义务（如第二部分所规定的）转移到各国的权利。苏联代表在第三委员会第十九次会议上介绍这一提案时指出，打击位于领海内的国际海峡内的污染是一个复杂的问题，处理这一问题的唯一办法是采纳一项类似于其代表团所提出的条款草案第三条的规定，即禁止在海峡内从船舶排放船上的或运输的任何有害或有毒物质，以及含有这种物质的混合物。

> 这种规定会使通过海峡的船只的处境复杂化，但为了就海峡制度达成协议是必不可少的。②

这是有记录可查的对这一规定背后的主旨和意图的唯一提示，而这一规定在定型后在字面上并未局限于沿海国本身（在公约中该语并未与用于国际航行的海峡关联使用）。

在会议这一阶段，关于与用于国际航行的海峡有关的一般法的立场分为两类。一

---

② 第三委员会第 19 次会议（1975 年），第 74 段，《正式记录》第四卷，第 88 页。西班牙（第 30 段，同上，第 89 页）和埃及（第 26 段，同上，第 91 页）在第三委员会第 20 次会议（1975 年）上也就苏联提案中关于海峡的条文提出了意见。西班牙代表团认为，第 2 条第 1 款的规定限制性太强，第 3 条的规定"同样不足以保证海峡免受污染——海峡是特别脆弱的"。

类支持维持 1958 年《领海和毗连区公约》第 16 条第 4 款中的不可暂停无害通过制度。另一类则支持当时第二委员会正在协商中的过境通行制度，这也是非正式单一协商案文第二部分所采纳的观点（第 34~43 条，标题为"用于国际航行的海峡"）。在介绍非正式单一协商案文第二部分时，第二委员会主席仅指出第三委员会当时正在"宽泛的背景下"处理对海洋环境的污染和其他危害的防止和控制，③ 由此可见对这些事项的职权属于第三委员会。

对于第三委员会，这使应如何处理用于国际航行的海峡内保护和保全海洋环境的问题仍然悬而未决，该问题遂被暂时保留。因此非正式单一协商案文第三部分（资料来源 8）的第一部分第 39 条仅有如下内容：

> 第六和［第七节］［标准和执行］的任何规定不影响用于国际航行的海峡的法律制度。

第三期会议之后，非正式司法专家小组继续对关于保全海洋环境的条款进行研究。该小组提出将案文大致修改为："依照第六章和第七章行使的任何权力都应符合用于国际航行的法律制度。"④

233.4. 在第四期会议上（1976 年），协商继续在非正式会议上进行。但非正式司法专家小组的建议并未被订正的单一协商案文第三部分（资料来源 9）采纳，其中第 42 条仅在作过几处技术性修改后重复了非正式单一协商案文的条文。同时，订正的单一协商案文第三部分第 30 条详细地处理了沿海国在领海和专属经济区的执行管辖权。

233.5. 在第五期会议上（1976 年），非正式司法专家小组提起注意的几项因素被引入协商，而这些协商与第三委员会有关的内容同时包括订正的单一协商案文第三部分第 30 条和第 42 条。关于后者，马来西亚在非正式会议上提交了两项提案。第一项（资料来源 22）建议以下条文代替第 42 条：

> 本公约本章第 6、7、8 节也应适用于用于国际航行的海峡的法律制度，但条件是这种活动不应有中断和妨碍外国船只的无害通过的实际后果。

之后这一案文被一修订版（资料来源 23）取代，该修订版内容如下：

---

③ A/CONF.62/WP.8/Part II（非正式单一协商案文，1975 年），引言，《正式记录》第四卷，第 152–153 页（第二委员会主席）。

④ 《海洋环境的保全》（1976 年 3 月，油印本），第 39 条（非正式司法专家小组）。转载在《第三次联合国海洋法会议文件集》第十一卷，第 525、543 页。

本章应适用于国际航行的海峡，但海峡沿岸国在制订和执行关于海洋环境的保护和保全的国内法律和规章时不应有否定、妨碍或损害本公约第二部分第二章第二节定义的过境通行权的实际后果。

西班牙则提出删去第 42 条（资料来源 23）。

233.6. 在第六期会议上（1977 年），马来西亚、英国和美国在非正式协商的过程中提出了关于本条的新提案（资料来源 24），其内容如下：

但如本章第十一节所指以外的外国船舶［享受主权豁免的船只］违反了［订正的单一协商案文第二部分第 40 条（过境通行）］所指的法律和规章，对海峡的海洋环境造成重大损害或有造成重大损害的威胁，海峡沿岸国可采取适当执行措施，在采取这种措施时，应比照尊重本章第八节的规定。

经过非正式会议上的讨论，非正式综合协商案文（资料来源 10）作为第 234 条采纳了新的案文，将两种方案合并在一起。新文本内容如下：

第 234 条　对用于国际航行的海峡的保障

本公约本部分第五、第六和第七节的任何规定不影响用于国际航行的海峡的法律制度。但如本公约本部分第十节所指以外的外国船舶违反了第 42 条第 1 款（a）和（b）项所指的法律和规章，对海峡的海洋环境造成重大损害或有造成重大损害的威胁，海峡沿岸国可采取适当执行措施，在采取这种措施时，应比照尊重本公约本部分第 7 节的规定。

在非正式综合协商案文的导言中，会议主席解释说，这一新条文是和为海峡制定的保障办法条款的影响具有最直接的关系的一组国家协商的结果。⑤ 该条在非正式综合协商案文第一次修订稿（资料来源 13）中被重新编号为第 233 条，实质内容未作改动，只是根据起草委员会的建议作了若干语言规范和统稿方面的修改（资料来源 18 至资料来源 21）。

233.7. 西班牙在继续敦促删除本条的同时，曾几次试图将"海峡的法律制度"一语改为"海峡的通过制度"。⑥ 第一次是通过在第七次会议和第七次会议续会（1978

---

⑤　见 A/CONF. 62/WP. 10/Add. 1（1977 年），《海洋环境的保护和保全》，《正式记录》第八卷，第 65、69 页（会议主席）。

⑥　见 A/CONF. 62/L. 109（1982 年），第 6 段，《正式记录》第十六卷，第 93 页（西班牙）。关于西班牙对第 233 条观点的详细阐述，见下文脚注⑩。

年）上提交的一项非正式修改提案（资料来源 25 和资料来源 26），西班牙在其中建议将本条删去或修改为如下内容：

> 本公约本部分第五、第六和第七节的任何规定不影响用于国际航行的海峡的过境通行的法律制度。[⑦]

第三委员会主席在第七期会议的报告（资料来源 11）中将该非正式提案归入由于缺乏时间或意见分歧而未能产生折中表述的提案之列。他在第七期会议续会（1978年）的报告中重复了这一意见（资料来源 12）。在该期续会上，关于第十二部分的非正式协商主席报告说，西班牙的提案仍有待讨论和协商（资料来源 12，第 197 页）。

在第八期会议上（1979 年），第三委员会主席报告说，对该非正式提案（以及其他提案）已经进行了充分彻底的协商，但不能认为该提案已取得足够的支持以提供更佳的共识前景。[⑧]

在第九期会议续会上（1980 年），西班牙的一项同时涉及第 221 条和第 233 条的书面意见包含了以下内容：

> 不尽如人意的措辞仍影响着第十二部分的第 221 条和第 233 条……为了纠正这种我代表团认为所有代表团都希望避免的情况，应采取以下措施之一：删去"在领海以外"，或将其改为"在领海以内或以外"。不得不认为，第233 条是歧视海峡沿岸国的，因为正是其地理上的狭窄造成较高的可能对海洋环境造成无法弥补的损害的事故风险的。除不公平外，这一条文在草拟方面也颇为拙劣，因为受到影响的并不是海峡的"法律制度"，而是其"通过制度"。[⑨]

然而，在提出这一建议的时候，第三委员会关于第十二部分的协商已经结束，因此只有在此后的会议阶段经正式提出方可审议。

于是在第十一期会议上（1982 年），西班牙提交了一项正式修改提案（实际上与第 221 条相关联，见上文第 221.8 段）（资料来源 17），建议以"海峡的通过制度"取代"海峡的法律制度"。西班牙代表解释说，这项修改提案的目的是使第 233 条与第 34条相一致，后者规定，海峡的通过制度并不影响形成这种海峡的水域的法律地位："这

[⑦] 同时，还提出了一项与之相关的对关于"海峡沿岸国关于过境通行的法律和规章"的第四十二条第 1 款（b）项的修改提案。

[⑧] 见 A/CONF. 62/L. 34（1979 年），第 8-9 段，《正式记录》第十一卷，第 83-84 页（第三委员会主席）。

[⑨] 见 A/CONF. 62/WS/12（1980 年），第 9 段，《正式记录》第十四卷，第 149-150 页。

一限制性条件并不存在于第 233 条。"在随后由第三委员会主席主持的协商中（依会议该阶段所适用的议事规则），主席报告说，不可能找到对这一修改提案的可接受的解决办法。因此，在第 176 次全体会议上，这项修改提案（以及对第 221 条的相应修改提案）被撤回。⑩

233.8. 在第十一期会议上（1982 年），马六甲海峡和新加坡海峡沿岸国代表团对第 233 条（以及第 42 条和第 44 条）作了重要的解释。因而会议《正式记录》将以下内容载入其中：

> 关于海洋法公约草案第 233 条对马六甲海峡和新加坡海峡的适用的声明
>
> 有关国家的代表团经磋商后，现已确认就海洋法公约草案第 233 条在对马六甲海峡和新加坡海峡的适用上的目的和含义达成共同谅解。这一谅解认识到两海峡特殊的地理和交通条件，并认识到有必要促进海上航行安全，保护和维护两海峡的海洋环境，其具体内容如下：
>
> 1. 两海峡沿岸国依照公约第 42 条第 1 款（a）项颁布的法律和规章，涉及与第 41 条所规定的分道通航制、包括龙骨下富余水深的确定有关的法律和规章。
>
> 2. 因此，违反政府间海事协商组织于 1977 年 11 月 14 日通过的 A.375（X）号决议中要求其所指的船只在通过马六甲海峡和新加坡海峡时应留出至少 3.5 米的龙骨下富余水深的规定的行为，鉴于两海峡特殊的地理和交通条件，将被视为第 233 条所指的违反行为。两海峡沿岸国可按照第 233 条的规定采取适当的执行措施。这种措施可包括阻止违反龙骨下富余水深规定的船只继续航行。这种行动不应违反公约草案第 42 条第 2 款或第 44 条，构成对过境通行权的否定、妨碍、损害或暂停。
>
> 3. 两海峡沿岸国可以对违反第 42 条第 1 款（a）项和（b）项所指的法律和规章，对两海峡的海洋环境造成重大损害或有造成重大损害的威胁的船只采取适当的执行措施。

---

⑩ 关于提出于 1982 年的该正式修改提案，见资料来源 17，在第 169 次全体会议上提出，第 5 段，《正式记录》第十六卷，第 93 页。关于会议主席按照《议事规则》第 37 条提交的报告，见 A/CONF.62/L.132 和 Add.1（1982 年），第 29 和 30 段，同上，第 236-237 页。关于西班牙修改提案的撤回，见第 176 次全体会议（1982 年），第 5 段，同上，第 132 页。1982 年 4 月 26 日致会议主席的信中进一步解释了西班牙的立场，其中指出，对第 221 和 233 条的修改"仅涉及起草事项"。A/CONF.62/L.136（1982 年），同上，第 243-244 页。1984 年 12 月 4 日签署《公约》时，西班牙作了如下声明：

7. 我国［西班牙］认为第 233 条现在必须在任何情况下都结合第 34 条的规定来解释。

请参阅联合国最新版的《交存秘书长的多边条约》（ST/LEG/Ser.E/-），XXI.6.

另见前文第 221.8 段。

4. 两海峡沿岸国在采取执行措施时，应遵守公约草案第十二部分第七节关于保障措施的规定。

5. 第 42 条和第 233 条不影响两海峡沿岸国在对两海峡内的非过境通行船只采取适当的执行措施方面权利和义务。

6. 以上谅解中的任何内容都不旨在损害：

（a）船舶的主权豁免和第 236 条的规定以及船旗国根据第 42 条第 5 款的国际责任；

（b）船旗国在不妨害公约草案第三部分和第十二部分规定的两海峡沿岸国权利和本声明第 1、2、3、4 款的规定的情况下，采取适当措施确保其船舶遵守第 39 条的义务。⑪

233.9(a). 第二三三条的开头句使用了"海峡的法律制度"一语，西班牙曾试图修改该语，但未能成功（见上文第 233.7 段）。在关于用于国际航行的海峡的第三部分（第三十四条至第三十五条）中，并没有使用与之完全相同的"海峡的法律制度（legal

---

⑪ A/CONF.62/L.145（1982 年），Annex and Adds. 1–8，《正式记录》第十六卷，第 250–251 页（马来西亚）和 251–253 页（分别为印度尼西亚、新加坡、法国、英国、美国、日本、澳大利亚和德意志联邦共和国）。这是对关于龙骨下富余水深的有关规定的一次重要释读。1977 年 11 月 14 日国际海事组织大会 A.375（X）号决议原文如下：

通过马六甲海峡和新加坡海峡的航行

大会，

注意到《政府间海事协商组织公约》关于大会职能的第 16 条（i）项，

意识到航行安全与防止来自船舶的污染之间的密切关系，

了解到载于本决议附件中的印度尼西亚、马来西亚和新加坡政府就马六甲海峡和新加坡海峡内的航行安全和海洋环境保护作出的决定和采取的措施，

考虑到大会通过关于船舶航线划定的一般规定的 A.378（X）号决议，

审议国海上安全委员会第三十七届会议的建议书后，

为马六甲海峡和新加坡海峡通过了新的划定航线制度，包括分道通航制、深水航线和本决议附件一至五所述的规则，

赞同所有在海峡航行的油轮有必要加入足够的相关油污损害（包括清理费用）保险和赔偿计划，

同意本决议附件六所列的附加和改进的助航设施将对使用新的航线划定制度的船舶的航行安全作出重要贡献，

敦请有关政府告知船舶从适当的日期起遵守本决议，

请求秘书长将本决议附件所述的这一划定航线系统的细节告知所有有关方面，并颁布有关政府确定的生效日期。

政府间海事协商组织，《大会第十届会议决议和其他决定》第 117 页（伦敦，1978 年）。该决议附件五载有"马六甲海峡和新加坡海峡船只航行规则"。1981 年 11 月 19 日国际海事组织大会 A.476（XII）号决议附件对这些规则进行了修正。见国际海事组织，《大会第十二届会议决议和其他决定》第 158 页（伦敦，1982 年）。

regime of straits）"一语。第三十四条中使用了"海峡的通过制度（regime of passage through straits）"；第三十五条（c）款中使用的是"海峡的法律制度（the legal regime in straits）"。第二三三条产生的沿海国义务不影响"用于国际航行的海峡的法律制度"。这些义务的目标是实现海峡沿岸国依据第四十二条对违反这些国家关于防止、减少和控制海洋环境污染、并使关于在海峡内排放油类、含油水和其他有害物质的可适用的国际规章有效的国家法律和规章的行为的执行权力。这些权利可在第七节的保障措施的限制下行使。

第三部分载有多种用于国际航行的海峡的法律制度，这些制度的适用取决于各种情形，有些是地理上的，有些是政治和法律上的。因此，西班牙修改提案的失败似乎意味着会议认为第二三三条的术语足以涵盖第三部分的所有内容。

233.9（b）. 第三部分处理船舶和飞机的过境通行或船舶的无害通过与海峡有关的各个方面，其中有时使用"所有船舶和飞机"的措辞。仅适用于外国船舶的具体规定出现在第四十条、第四十二条第2、4款和（通过暗示）第5款中。第二三三条第二句中的形容词"外国"虽然没有在出现在第42条第1款（a）项或（b）项中，但与该条文是不矛盾的。

233.9（c）. 在第二委员会和第三委员会进行初步讨论之后，直接有关的国家之间就本条的最终版本进行了协商，其中包括在本条情形下对"船舶（ship）"一词的使用，这在第三委员会中是不寻常的（见上文第XII.19段）。该词的使用与关于用于国际航行的海峡的第三部分的用语是完全一致的。其中对第十节（第二三六条）的提及涉及享受主权豁免的各种船舶、船只和飞机。

233.9（d）. "海峡沿岸国"一语来自第三部分，该部分有意避免使用"沿海国"一语。虽然《公约》对"海峡"一语没有规定具体含义，但第三十六条规定，如果穿过某一用于国际航行的海峡有在航行和水文特征方面同样方便的一条穿过公海或穿过专属经济区的航道，则第三部分不适用于该海峡。在这种航线中，《公约》的其他有关部分应适用，包括关于航行自由和飞越的条款。其效果是使第二三三条仅适用于该海峡的沿岸国管辖权或主权下的海洋区域。对本条的解释或适用的争端，属于第二九七条第1款的范围（见上文第192.10段）。

233.9（e）. 关于"重大损害"一语，见上文第220.11（j）段。

233.9（f）. 为本条中含义不清的"比照（mutatis mutandis）"一语提供可令人接受的解释是不可能的。仅就其包括第二二○条所规定的沿海国执行管辖权来说，第二九七条是不涉及的。同时，本条在第七节（关于保障措施）中的位置表明了其作为一项对用于国际航行的海峡的保障措施的性质。

第八节　冰封区域

第二三四条　冰封区域

沿海国有权制定和执行非歧视性的法律和规章，以防止、减少和控制船只在专属经济区范围内冰封区域对海洋的污染，这种区域内的特别严寒气候和一年中大部分时候冰封的情形对航行造成障碍或特别危险，而且海洋环境污染可能对生态平衡造成重大的损害或无可挽救的扰乱。这种法律和规章应适当顾及航行和以现有最可靠的科学证据为基础对海洋环境的保护和保全。

资料来源

1. A/AC. 138/SC. III/L. 52，附件 1（第二工作组第 15 号文件，第四节，备选案文 C），转载在 1973 年《海底委员会报告》第一卷，第 91、95、98、100 页（第二工作组主席）。

2. A/CONF. 62/C. 3/L. 14/Add. l（1974 年）（CRP/MP/9/Rev. 1（瑞典）），《正式记录》第三卷，第 249、259 页（第三委员会，非正式会议）。

3. A/CONF. 62/WP. 8/Part III（非正式单一协商案文，1975 年），第一部分，第 20 条，第 5 款，《正式记录》第四卷，第 171、174 页（第三委员会主席）。

4. A/CONF. 62/WP. 8/Rev. 1/Part III（订正的单一协商案文，1976 年），第 43 条，《正式记录》第五卷，第 173、180 页（第三委员会主席）。

5. A/CONF. 62/WP. 10（非正式综合协商案文，1977 年），第 235 条，《正式记录》第八卷，第 1、40 页。

6. A/CONF. 62/WP. 10/Rev. 1（非正式综合协商案文第一次修订稿，1979 年，油印本），第 234 条。转载在《第三次联合国海洋法会议文件集》第一卷，第 375、477 页。

7. A/CONF. 62/WP. 10/Rev. 2（非正式综合协商案文第二次修订稿，1980 年，油印本），第 234 条。转载在《第三次联合国海洋法会议文件集》第二卷，第 3、105 页。

8. A/CONF. 62/WP. 10/Rev. 3* （非正式综合协商案文第三次修订稿，1980 年，油印本），第 234 条。转载在《第三次联合国海洋法会议文件集》第二卷，第 179、282 页。

9. A/CONF. 62/L. 78（《公约草案》，1981 年），第 234 条，《正式记录》第十五卷，第 172、213 页。

起草委员会

10. A/CONF. 62/L. 67/Add. 10（1981 年，油印本），第 69~71 页。

11. A/CONF. 62/L. 72（1981 年），《正式记录》第十五卷，第 151 页（起草委员会主席）。

非正式文件

12. CRP/MP/9（1974 年，油印本），第四条（"建议的新替代方案"）（瑞典）。转载在《第三次联合国海洋法会议文件集》第十卷，第 169、175 页。

13. CRP/MP/9/Rev. 1（1974 年，油印本）（瑞典）。转载在《第三次联合国海洋法会议文件集》第十卷，第 177 页［见上文资料来源 2］。

14. 问题纲要（1976 年，油印本），第一节，项目 2（b）（1）款（关于项目 12 的非正式会议主席）。转载在《第三次联合国海洋法会议文件集》第十卷，第 449 页。

15. 美国（1980 年，油印本），第 234 条。转载在《第三次联合国海洋法会议文件集》第十卷，第 511、542 页。

评　注

234. 1. 第二三四条（有时称为"北极"条款）是《公约》中少数几项其条文在有关国家（本条为加拿大、苏联和美国）之间直接谈判达成，并未遭反对地被各协商案文采纳的条款之一。尽管第二三四条的实际地理范围仅限于冰封的极地区域，将其列入《公约》第十二部分第八节，强调了适用于世界上所有海洋的《公约》整体上的全球性。[1] 它通过提及"稀有或脆弱的生态系统"，重新提起第一九四条第 5 款的主题。

第二三四条是第十二部分中唯一给予沿海国在其专属经济区界限内通过和执行关于在条文规定的情形下防止、减轻和控制海洋污染的非歧视性本国法律和规章权利的

---

[1]　在第 30 届联合国大会上，大会主席 Amerisinghe［作为斯里兰卡代表］指出第三次海洋法会议在适用范围上的一个缺陷：

我想明确指出，南极洲的地位问题与联合国海洋法会议要解决的问题没有任何关系，因此，这一问题不应拖延新《海洋法公约》的议定。

见《大会正式记录》第 30 卷，第 2380 次会议，第 36 段（1975 年）。

一项规定。在这一限度内，它是一项特殊法，特别是相对于第二一一条第 5~6 款（关于特殊情况）而言，因为它在自己涉及的地理区域内优先于后者。本条的总体目标是平衡沿海国在其专属经济区范围内的冰封区域内的利益与国际航行的普遍利益。确保这一平衡的规定见于第二九七条第 1 款（a）项（条文见上文第 192.10 段）。

从第二三三条可见（上文第 233.1 段），在第二委员会协商中的海峡法律制度的某些方面（特别是在极地和多冰地区、尤其是北极地区的海峡）与第三委员会协商中的这种海峡的沿岸国认为自己有必要能够采取以保护这些水域中的特别脆弱的生态系统的环境保护措施之间，存在着一种政治联系。这两个方面后来被分离开来，和海峡有关的方面（第二三三条）被放入关于与执行有关的保障措施的第七节中。作为第八节中唯一的一条，第二三四条试图在关于冰封区域的海洋污染的国内法律和规章的执行方面，达成另一种不同的平衡。根据其条文，第二三三条不适用于第八节。

234. 2. 最终一分为二并形成第二一一条第 6 款中的特别区域规定和第二三四条的方案可见于瑞典在第二期会议（1974 年）上提交的两项非正式提案（资料来源 12 和资料来源 13），这两项提案是作为先前在海底委员会提出的一项提案（资料来源 1）的替代方案提出的。该瑞典提案的有关部分内容如下：

特别易受污染区域船只来源污染标准

1. 与一由于生态特征并考虑到交通状况特别易受污染的海域相邻的任何国家，有权制定比一般认可的国际公约的规定更加严格或在其之外的关于在该区域内防止船只来源污染的规章，条件是

（a）这些规章不应有所歧视，而且

（b）主管国际组织已根据公认的科学标准认定有关区域应被视为特别易受船只来源污染的区域。

非正式司法专家小组似乎也就特别区域内的船只来源污染作了一些讨论，并研究了多项备选案文。该小组最初的案文涉及沿海国在存在"特殊情况"的经济区内通过法律和规章。在其通过于第三期会议上的非正式会议上的案文中，该小组提出：

> 如果国际议定的规则和标准不存在或不足以满足特殊情况，沿海国可以在经济区内制定有关的国际议定的规则和标准之外的或比之更严格的合理和非歧视性的法律和规章。②

---

② 《海洋环境的保全》（1975 年，油印本），第 12 条，备选案文 A，第 3 款（非正式司法专家小组）。转载在《第三次联合国海洋法会议文件集》第十一卷，第 475–476 页。

234. 3. 经过第三期会议（1975 年）上的非正式会议和正式讨论，第三委员会主席将这项规定采纳为非正式单一协商案文第三部分（资料来源 3）第 20 条的一部分。该条较详细地涉及了关于防止、减轻和控制海洋环境污染的各种国际规则和标准（见上文第 211.8 段），并包括了较前几款详细得多的第 5 款。该条内容如下：

> 5. 本条的任何规定不应视为影响沿海国制订适当的非歧视性的法律和规章，以保护经济区内区域的海洋环境，这种区域内的特别严寒气候对航行造成障碍或特别危险，而且根据公认的科学标准，海洋环境污染可能对生态平衡造成重大的损害或无可挽救的扰乱。

第三期会议之后，非正式司法专家小组继续对这一条款进行研究并编制了以下的订正案文以代替非正式单一协商案文中的条文：

> 5. 如果国际规则和标准不足以适应特殊情况，又如果沿海国有合理根据认为其经济区某**一明确划定**的特定区域，因与其海洋学和生态条件有关的公认技术理由，以及该区域的利用**或其资源的保护**及其在航运上的特殊性质，要求采取防止来自船只的污染的特别强制性方法，该沿海国**与任何其他有关国家进行适当协商后，可对该特别区域制定防止、减少和控制来自船只的污染的法律和规章，实施主管国际组织使其适用于各特别区域的这种规则和标准或航行办法** [黑体为原文所加]。③

234. 4. 在第四期会议上（1976 年），经过非正式协商，关于项目 12 的非正式会议主席编制了一份关于船只来源污染的"问题纲要"（资料来源 14）。这一纲要首次在专属经济区内的"特别区域"和"关键区域"之间作出区分，并载有关于"关键区域"的以下文字：

> 沿海国根据科学标准制订比国际规则和标准更加严格的非歧视性的国内法律和规章以保护冰情对航行造成障碍或特别危险的特别易受污染的区域的权利。

这是提到与冰情有关的易受污染性的具体问题的第一个非正式案文，主席所拟纲要的重点是针对冰情对航行造成的障碍或特别危险。

随后的非正式协商产生了一项案文，其中除航行（在提及保护海洋环境之前提到

---

③ 同上，（1976 年 3 月，油印本），第 20 条，第 5 款，同上，第 525、530-531 页。

两次）以外，对冰封区域海洋环境的特点也给予了更加均衡的关注。第三委员会主席随后修改了今第二一一条第5款的前身条款（见上文第211.9段），并将其作为订正的单一协商案文第三部分的单独一节（资料来源4），其内容如下：

第九节　冰封区域
第43条

　　沿海国有权制订和执行非歧视性的法律和规章，以防止、减少和控制船只在专属经济区范围内冰封区域对海洋的污染，这种区域内的特别严寒气候和一年中大部分时候冰封的情形对航行造成障碍或特别危险，而且海洋环境污染可能对生态平衡造成重大的损害或无可挽救的扰乱。这种法律和规章应适当顾及航行和以现有最可靠的科学证据为基础对海洋环境的保护。

　　关于该案文的唯一相关评论是主席在订正的单一协商案文第三部分导言中的一般性意见，他说自己已经"根据进行的所有协商，并考虑到［该期会议上］提交的所有提案和修正提案以及取得的成果"对非正式单一协商案文进行了修订（资料来源4，第174页）。

　　该案文未经修改地作为第235条被非正式综合协商案文（资料来源5）采纳，只是其中使用了"专属"经济区，并随后在非正式综合协商案文第一次修订稿中被重新编号为第234条（资料来源6）。此后的非正式综合协商案文第二次修订稿（资料来源7）采纳了一些细微的润色性修改，其中第一句中的"制订（establish）"被改为"制定（adopt）"，最后一句在"海洋环境的保护"后加上了"和保全

234.5(a)． 如条文所示，沿海国在冰封区域可颁布可适用于专属经济区范围内的自己的规则和规章。这些规则和规章至少仍受到国际规则或标准的限制，但可单方面制定更严格的规定。具体条件是沿海国的法律和规章是非歧视性的；它们应适当顾及航行和以现有最可靠的科学证据为基础对海洋环境的保护和保全；而且它们应是关于专属经济区范围内一年中大部分时候冰封的区域的，这种区域内的特别严寒气候对航行造成障碍或特别危险，而且海洋环境污染可能对生态平衡造成重大的损害或无可挽救的扰乱。根据第二三六条，军舰和其他享受主权豁免的船舶不属于第二三四条的范围；而另一方面，关于争端的解决的第十五部分则完全适用于关于第二三四条的解释或适用的争端。据了解，这些是使用国在对这项规定进行协商时的两项基本要求。

234.5(b)． 非歧视的条件也是使用国的一项基本要求，这一条件在本公约中很常见（见上文第227.1段）。在第二三四条的语境下，并结合第二二七条来看，这似乎不仅包括在不同国籍的外国船只之间不存在歧视，而且也包括在外国船只与具有有关沿海国国籍的船只之间不存在歧视。（请比较第二十五条第3款，该款只针对"外国船舶之间"的歧视）。

234.5(c). 《公约》中没有对"冰"或"冰封区域"（"*zones recouvertes par les gla-
ces*"；"*pokritye l'dom raiony*"；"*zonas cubiertas de hielo*"）的定义。世界气象组织维护有
一套对海冰术语和冰情报告规范的标准化分类，其中包括一套配有插图的海冰冰情术
语汇编。④ 本条不仅限于产生于海上的冰，而是针对所有可见于海上的冰。

234.5(d). 第二三四条将冰封区域限于"专属经济区范围内"是有意为之。它表
明对于参与协商达成第二三四条的国家，《公约》的其余条款作为一个整体被认为足以
保护沿海国。该语的初步形式首先出现在订正的单一协商案文中，仅在第二三四条中
以如此形式使用。以第二一九条第 6 款中的该语形式的表述（《公约》第二一九条无第
6 款——译者注），该区域系指从沿海国专属经济区外部界限至该国海岸线的一部分海
洋（第六十四条、第六十六条和第六十七条在措辞上更为确切，也是《公约》中仅有
的采用这一地理方法的其他条款）。

234.5(e). 沿海国的这种制定和执行其补充性的非歧视性的法律和规章，以防止、
减少和控制船只在这些冰封区域对海洋的污染的特别权力是有几项特殊条件的。本条
所适用的每一部分海洋必须是存在特别严寒气候，而且一年中大部分时候冰封的情形
对航行造成障碍或特别危险的区域。此外，冰封区域的海洋环境污染可能对其生态平
衡造成重大的损害或无可挽救的扰乱。作为对航行自由的一项保障措施，颁布这种补
充性法律和规章的沿海国必须适当顾及航行和海洋环境的保护和保全，并以现有最可
靠的科学证据为基础。

会议记录中没有已发表材料对"一年中大部分时候"作出解释。从实际上看，局
地的冰情是逐年变化的，应给予关注的显然是气候的一般特征及其与有关区域的生态
和航行的关系。⑤

234.5(f). "最佳科学证据"一语带有一种暗示——沿海国的法律和规章所依据的
科学研究应适合于在争端解决程序中使用。相似的用语见于关于专属经济区内可捕量
的确定的第六十一条第 2 款。然而，这两项规定的法文本和西班牙文本（与俄文本不
同）可能不一致。在第六十一条中，两语的用语分别为"*données scientifiques les plus fi-
ables dont il dispose*"和"*los datos científicos mas fidedignos de que disponga*"；在第二三四
条中，两语的用语分别为"*données scientifiques les plus sûres dont on puisse disposer*"和
"*los mejores conocimientos científicos disponibles*"。

起草委员会没有注意到这些明显的（现在可能是不可调和的）差异，⑥ 而根据

---

④ 见世界气象组织，《世界气象组织海冰命名法》，WMO/-OMM/BMO-No. 259（1970；最新版：1985 年 3
月）（英文、法文、俄文和西班牙文）。世界气象组织还在其海洋气象学委员会内常设有海冰工作组。

⑤ 关于冰封海岸的基线问题，请参阅联联合国海洋事务和海洋法司《基线：对〈联合国海洋法公约〉有关
规定的研究》，第 3 页，第 13 段，联合国出版物销售号 E. 88. V. 5（1989 年）。

⑥ 这些差异和缺乏一致性的原因（如果有的话）尚不清楚。起草委员会对两条的统稿工作都进行于 1981 年
3 月，至迟在此时本应发现这些差异。

1969 年《维也纳条约法公约》第三十二条以及第三十三条第 4 款对前者的提及，对于第二三四条中这种缺乏一致性的情况，可能有必要诉诸就该条进行协商时使用的英文文本。

234.5(g). 第二三四条处理沿海国专属经济区范围内的冰封区域（如北极的）内的航行和生态问题。它不影响世界任何极地或亚极地区域内的主权主张或管辖权的其他方面。然而，其实际影响是将沿海国在冰封区域内对来自（军舰以外的）船只的海洋污染的职权扩大到专属经济区的外部限制。因此，它为实施诸如 1970 年《加拿大北极水域污染防治法》中的规定提供了依据。[7]

---

⑦ 《加拿大法典 1970 年修订版》，增编 1，第 3 页（1970 年）。该法在颁布时被广泛认为违反了国际法。

第九节　责任

第二三五条　责任

1. 各国有责任履行其关于保护和保全海洋环境的国际义务。各国应按照国际法承担责任。

2. 各国对于在其管辖下的自然人或法人污染海洋环境所造成的损害，应确保按照其法律制度，可以提起申诉以获得迅速和适当的补偿或其他救济。

3. 为了对污染海洋环境所造成的一切损害保证迅速而适当地给予补偿的目的，各国应进行合作，以便就估量和补偿损害的责任以及解决有关的争端，实施现行国际法和进一步发展国际法，并在适当情形下，拟订诸如强制保险或补偿基金等关于给付适当补偿的标准和程序。

资料来源

1. A/AC. 138/SC. III/L. 27（1973 年，油印本），原则（e）（澳大利亚）。

2. A/AC. 138/SC. III/L. 28（1973 年，油印本），第 7 条（加拿大）。

3. A/AC. 138/SC. III/L. 32（1973 年，油印本），第 3 条（苏联）。

4. A/AC. 138/SC. III/L. 33（1973 年，油印本），第 2 条和第 5 条第 2 款（马耳他）。

5. A/AC. 138/SC. III/L. 40（1973 年，油印本），第 22 条（美国）。

6. A/AC. 138/SC. III/L. 41（1973 年，油印本），第 18 条和第 21 条（肯尼亚）。

7. A/AC. 138/SC. III/L. 43（1973 年，油印本），第 20 条（挪威）。

8. A/AC. 138/SC. III/L. 47（1973 年，油印本），第 7 款（厄瓜多尔、萨尔瓦多、秘鲁和乌拉圭）。

9. A/AC. 138/SC. III/L. 54（1973 年，油印本），第 1 条和第 2 条（特立尼达和多巴哥）。

10. A/CONF. 62/C. 3/L. 2（1974 年），第 29 条，《正式记录》第三卷，第 245、

247 页（肯尼亚）。

11. A/CONF. 62/C. 3/L. 24（1975 年），第 5 条，《正式记录》第四卷，第 210、212 页（比利时、保加利亚、丹麦、德意志民主共和国、德意志联邦共和国、希腊、荷兰、波兰和英国）。

12. A/CONF. 62/WP. 8/Part III（非正式单一协商案文，1975 年），第一部分，第 41 条，《正式记录》第四卷，第 171、176 页（第三委员会主席）。

13. A/CONF. 62/WP. 8/Rev. 1/Part III（订正的单一协商案文，1976 年），第 44 条，《正式记录》第五卷，第 173、180 页（第三委员会主席）。

14. A/CONF. 62/WP. 10（非正式综合协商案文，1977 年），第 236 条，《正式记录》第八卷，第 1、41 页。

15. A/CONF. 62/RCNG/1（1978 年），第三委员会主席向全体会议提交的报告，关于第 236 条的提案（MP/18）（巴林、民主也门、埃及、伊拉克、科威特、黎巴嫩、阿拉伯利比亚民众国、毛里塔尼亚、摩洛哥、阿曼、葡萄牙、卡塔尔、沙特阿拉伯、索马里、苏丹、阿拉伯叙利亚共和国、突尼斯、阿拉伯联合酋长国和也门），《正式记录》第十卷，第 13、96、111 页。

16. A/CONF. 62/RCNG/2（1978 年），第三委员会主席报告（C. 3/Rep. 1），关于第 236 条的提案（MP/18）（巴林等［见上文资料来源 15］），《正式记录》第十卷，第 126、173、185 页。

17. A/CONF. 62/L. 34（1979 年），第 10 款，《正式记录》第十一卷，第 9 段，第 83~84 页（第三委员会主席）。

18. A/CONF. 62/WP. 10/Rev. 1（非正式综合协商案文第一次修订稿，1979 年，油印本），第 235 条。转载在《第三次联合国海洋法会议文件集》第二卷，第 375、477 页。

19. A/CONF. 62/WP. 10/Rev. 2（非正式综合协商案文第二次修订稿，1980 年，油印本），第 235 条。转载在《第三次联合国海洋法会议文件集》第二卷，第 3、105 页。

20. A/CONF. 62/WP. 10/Rev. 3*（非正式综合协商案文第三次修订稿，1981 年，油印本），第 235 条。转载在《第三次联合国海洋法会议文件集》第二卷，第 179、282 页。

21. A/CONF. 62/L. 78（《公约草案》，1981 年），第 235 条，《正式记录》第十五卷，第 172、213 页。

起草委员会

22. A/CONF. 62/L. 67/Add. 10（1981 年，油印本），第 72~81 页。

23. A/CONF. 62/L. 67/Add. 10/Corr. 2（1981 年，油印本），第 7 页。

24. A/CONF. 62/L. 67/Add. 14（1981 年，油印本），第 25 页。

25. A/CONF. 62/L. 72（1981 年），《正式记录》第十五卷，第 151 页（起草委员会

主席）。

27. A/CONF.62/L.152/Add.25（1982 年，油印本），第 30 页。

27. A/CONF.62/L.160（1982 年），《正式记录》第十七卷，第 225 页（起草委员会主席）。

非正式文件

28. 美国（1974 年，油印本），第 14 条。转载在《第三次联合国海洋法会议文件集》第十卷，第 419、426 页。

29. 问题纲要（1976 年，油印本），第三部分（保障办法），项目 4（关于项目 12 的非正式会议主席）。转载在《第三次联合国海洋法会议文件集》第十卷，第 449～450 页。

30. 埃及和摩洛哥（1976 年，油印本），第 41 条。转载在《第三次联合国海洋法会议文件集》第十卷，第 451 页。

31. 坦桑尼亚和希腊关于第 41 条的口头提案（1976 年，油印本）（第三委员会，非正式会议）。转载在《第三次联合国海洋法会议文件集》第十卷，第 473、481 页。

32. 摩洛哥和埃及（1976 年，油印本），第 44 条。转载在《第三次联合国海洋法会议文件集》第十卷，第 487 页。

33. MP/18（1978 年，油印本）（巴林、民主也门、埃及、伊拉克、科威特、黎巴嫩、阿拉伯利比亚民众国、毛里塔尼亚、摩洛哥、阿曼、葡萄牙、卡塔尔、沙特阿拉伯、索马里、苏丹、阿拉伯叙利亚共和国、突尼斯、阿拉伯联合酋长国和也门）。转载在《第三次联合国海洋法会议文件集》第十卷，第 231 页 [见上文资料来源 15 和资料来源 16]。

34. MP/18（1979 年，油印本）（巴林等 [见上文资料来源 33]）。转载在《第三次联合国海洋法会议文件集》第十卷，第 233 页。

35. MP/24（1978 年，油印本），第 236 条（非正式会议主席）。转载在《第三次联合国海洋法会议文件集》第十卷，第 239、246 页。

36. MP/30（1979 年，油印本）（芬兰）。转载在《第三次联合国海洋法会议文件集》第十卷，第 256 页。

37. MP/31（1979 年，油印本）（非正式会议主席）。转载在《第三次联合国海洋法会议文件集》第十卷，第 257 页。

评　　注

235. 1. 第二三五条的起源可以追溯到 1972 年联合国人类环境会议（斯德哥尔摩会议）通过的两项原则。《斯德哥尔摩宣言》之原则 22，虽然没有明确限于海洋环境，但规定：

> 各国应进行合作，以进一步发展有关他们管辖或控制之内的活动对他们管辖以外的环境造成的污染和其他环境损害的受害者承担责任和赔偿问题的国际法。①

由政府间海洋污染工作组提出并经斯德哥尔摩会议批准的《海洋污染评估和控制一般原则》之原则7则更加接近地针对海洋环境问题，它规定：

> 各国应根据国际法原则履行其在其本国行为或其管辖下的组织或个人造成的污染造成损害的情况下对其他国家的义务，并应合作制定处理此类损害和解决争端的程序。②

在海底委员会1972年会议上，这两项原则已经得到适当重视，实际上，它们正是对这一问题的讨论的主要内容之一。加拿大代表团在于1972年提交第三分委员会的一项工作文件中阐述两项原则时，作出以下解释：

> 虽然取得污染损害赔偿的权利无疑是存在的，但是就如何实现该权利，特别是在沿海国资源管辖范围以外和超出国家管辖范围的地区所遭受的损害的赔偿方面，出现了难题。可以设计出多种手段以确保这种赔偿的实现，从国际赔偿基金或保险计划到根据符合国际议定的义务的每个国家的法律制订的私人诉权，以及在适当情况下由责任国直接赔偿。重要的是，赔偿应容易获得，并足以应付所遭受的损失。令人鼓舞的是，一些重要的海事大国已表示愿意接受对悬挂其旗帜的船舶在通过国际海峡时可能造成的环境损害所负的严格责任。似乎没有理由将这一原则限制在国际海峡中的领海，而不将其适用于整个领海。另外，必须考虑到对领海范围外的海岸资源的损害作出赔偿，以及对船舶以外的多种来源（例如海底开发）造成的损害作出赔偿。海洋法会议在制定全面的赔偿安排方面的作用无疑应限于对一般法律原则的宣明。应求助于政府间海事协商组织等其他论坛发展对这些原则的实施系统和争端个案的解决程序的制定系统。很明显，这种安排的制定也需要双边和区域性的合作。③

---

① 《斯德哥尔摩会议报告》第5页。
② 同前，附件三，第73页。
③ 详见A/AC.138/SC.III/L.26，转载在1972年《海底委员会报告》，第213、234页（加拿大）。

在这一年的报告中，海底委员会在提及各种先例后指出，"对某些与民事索赔有关的无过失保险赔偿必须进行研究。"④

235.2. 在海底委员会 1973 年会议上，提出了一些处理责任和赔偿问题的提案。澳大利亚关于海洋环境保全的工作文件（资料来源 1）载有一项分为两部分的提案。原则（e）建议规定各国有责任为对另一国管辖范围内的区域造成的损害给付赔偿。同时它还要求各国"进一步合作拟定关于对国家管辖范围外区域环境的损害给付赔偿的有效程序"。在对原则（e）的解释性评述中，对适用于国家管辖范围内区域的标准和适用于这些领域之外的标准之间的区别如下：

> 虽然国家对这种［国家管辖范围外的］区域所遭受的损害的责任概念已经得到肯定，但在这一概念中仍存在相当多的技术难题，例如，如何和由谁提出索赔、赔偿的额度如何、应向谁给付赔偿等。在针对国家管辖范围以外区域的制度建立之前，这些难题不可能得到解决。

加拿大的一套草案中的第七条（资料来源 2）同样反映了国家对另一国管辖范围内区域遭受的损害的责任与合作发展关于国家管辖范围外区域内污染造成的损害的责任的国际法的义务之间的区别。该草案还载有关于在污染损害是由受另一国管辖的个人造成的，但其行为不能归咎于该国的情形下向国家法院提起申诉的详细规定，以及关于在用尽当地补救办法之后国家对个人索赔的支持的规定。苏联和肯尼亚提交的草案（资料来源 3 和资料来源 4）有助于重申国家对海洋污染的责任的概念。

美国和肯尼亚提交的草案中也有类似的详细规定。美国提交的一套草案中的第 22 条（资料来源 5）在第 1 款中规定了今《公约》第一九五条所载的一般义务后继续规定：

> 2. 各国应承诺尽快共同发展关于污染损害的责任和赔偿的国际法，除其他外，包括责任认定的程序和标准、责任的限度和可用的辩护理由等。
>
> 3. 如果对于一国管辖或控制下的活动造成的对其他国家［海洋］环境的损害没有其他适当的补救办法，该国有责任向外国国家或国民提供向国内裁判机构申诉的途径，这种裁判机构应有权力：
>
> （a）要求对海洋环境的持续污染源进行治理，和
>
> （b）判给损害赔偿金。

肯尼亚提交的条款草案（资料来源 6）规定，各国应对可归因于该国的在另一国

---

④　见 1972 年《海底委员会报告》，第 222 段，第 56 页。

管辖范围内的区域内（第 19 条）和国家管辖范围以外的区域内（第 20 条）的海洋污染造成的损害负责。该草案第 21 条进一步规定应可提起申诉，以确保"其管辖下的人在其海洋管制区以外造成的海洋污染的受害者获得公平的赔偿"。第 18 条以与今第二三五条第 3 款相似的措辞规定应合作就责任发展国际法。挪威的条款草案（资料来源 7）和拉丁美洲的工作文件（资料来源 8）中都没有增加新的元素。

然而，特立尼达和多巴哥代表团提交的关于责任的两条（资料来源 9）采用了完全不同的处理办法，其内容如下：

第一条：
沿海国家应保留要求所有在其领海和与其海岸邻接的一个广阔区域内作业的商业船舶投保最低额度的污染损害保险的权利。

第二条：
对沿海国国家管辖范围内的活动产生的国家管辖范围内或之外的任何损害的赔偿责任应由对这种损害负责的实体承担。在船只来源污染的情况下，责任直接由污染实施人或实体（polluting agent or entity）承担。对于在海床上进行勘探和开发活动造成的损害，责任由海上作业方承担。

该草案第一条所规定的通过保险进行赔偿的理念，直到 1979 年才由非正式会议主席在其提案中重新提出，并随后被非正式综合协商案文第一次修订稿采纳（见下文第 235.9 段）。

尽管就这一主题提出了多项提案，海底委员会没有编写任何关于责任或赔偿的综合案文。

235.3. 在海洋法会议第二期会议上（1974 年），肯尼亚提交的条款草案（资料来源 10）中包含了以下规定：

第 29 条
各国应对其活动、其自然人或法人国民的活动和在其控制下或在其国内登记的其他活动对海洋环境的任何部分造成的损害负责。

这一提案以一般性措辞拟写，而美国提出的非正式提案（资料来源 28）显示，关于责任的规定仍有待协商。

在该期会议之后，非正式司法专家小组开始对这一问题进行研究。其第一项提案包括了多达三项备选案文，这些备选案文内容如下：

备选案文 A

1. 各国对可归因于该国的海洋环境污染在其他国家管辖范围内的区域（包括其他国家的环境）或对这种区域造成的损害承担责任，并应进行合作，以便就损害的估量、责任的认定、补偿的给付以及解决有关争端发展国际法。

2. 对海洋环境污染在国家管辖范围外的区域或对这种区域造成的损害，各国承诺进行合作，以便就损害的估量、责任的认定、补偿的给付以及解决有关争端发展国际法。

备选案文 B

1. 各国有责任确保其管辖或控制下的活动不对其他国家的海洋环境造成损害。如果一国管辖或控制下的活动对另一国管辖范围内的区域（包括另一国的环境）造成损害，前者应按照国际法原则，对后者承担国际责任并给付相应的赔偿。

2. 各国有责任确保其管辖或控制下的活动不对国家管辖范围外的区域的环境造成损害。各国应合作拟订对国家管辖范围外的区域的环境的损害作出补偿或给付赔偿的有效程序。

备选案文 C

1. 一国有责任按照国际法确保其管辖或控制下的活动不由于污染海洋环境而对其他国家的环境或国家管辖范围外的海洋环境造成损害。

2. 各国应尽快共同发展关于污染损害的责任和赔偿的国际法，除其他外，包括关于责任认定、责任的限度和可用的辩护理由的程序和标准。

3. 如果对于一国管辖或控制下的活动造成的对其他国家的人或财物或环境的损害没有其他适当的补救办法，该国有责任向外国国家或国民提供向国内裁判机构申诉的途径，这种裁判机构应有权力：

（a）要求对海洋环境的持续污染源进行治理，和

（b）判给损害赔偿金。⑤

该小组第二项文件重复了以上各备选案文，并补充有该小组主席提出的折中方案，其内容如下：

---

⑤ 《海洋环境的保全》（1975 年 2 月，油印本），第 17 条（非正式司法专家小组）。转载在《第三次联合国海洋法会议文件集》第十一卷，第 412、423 页。

主席提议的折中方案：

1. 各国有责任确保其管辖或控制下的活动不对其他国家的海洋环境造成损害，并应按照国际法的有关原则，为这种损害对其他国家承担责任。

2. 各国有责任确保其管辖或控制下的活动不对国家管辖范围外的区域内的海洋环境造成损害，并应有义务在这种损害发生时采取适当措施恢复海洋环境质量。各国应合作拟定采取这种措施和在恢复海洋环境质量不可行的情况下给付和合理利用损害赔偿的有效程序，同时考虑到损害的性质和涉及的利益。⑥

235. 4. 在第三期会议上（1975 年），9 个欧洲国家提出的一项条款草案（资料来源 11）在第 5 条中包含了如下规定：

1. 每一国家应采取必要的立法措施，规定如果受其管辖的人通过海洋环境污染对人或财物造成损害，可按照其法律制度向其法院对这种人提起申诉，以对于这种损害获得补偿或其他救济。

2. 各国［应］承诺就海洋污染损害的责任和赔偿发展国际法。

该案文引入了今第二三五条第 2~3 款中所包含的关于赔偿的基本成分，但未包含关于国家对污染损害的责任的成分。在第三委员会第 19 次会议上，加拿大代表团认为，这一草案涉及了私人利益，但也应对国家责任作出规定。⑦

与此同时，非正式司法专家小组在审议关于保全海洋环境的条款的语境下继续对国家责任问题进行研究。该小组随后将下列文本纳入一项关于保障措施和限制的更为一般性的条文中：

各国依照本章［关于海洋环境的保全］所采取的措施如属非法或根据可得到的情报超出合理的要求，应对这种措施所引起的损害或损失负责，并应对这种损害或损失规定向其法院申诉的办法。⑧

经过第三期会议上的进一步非正式协商，非正式单一协商案文第三部分（资料来源 12）采纳了如下的第 41 条：

---

⑥ 同上（1975 年 3 月，油印本），第 17 条和主席提出的折中方案，同上，第 453、461 页。

⑦ 第三委员会第 19 次会议（1975 年），第 62 段，《正式记录》第四卷，第 87 页。

⑧ 《海洋环境的保全》（1975 年，油印本），第 15 条第 7 款（非正式司法专家小组）。转载在《第三次联合国海洋法会议文件集》第十一卷，第 475、480 页。

1. 各国有责任确保其管辖或控制下的活动不对其他国家管辖下的区域或对其他国家的海洋环境造成损害，并应按照国际法的有关原则，为这种损害对其他国家承担责任。

2. 各国有责任确保其管辖或控制下的活动不对各国按照本公约行使主权权利的区域以外的海洋环境造成损害。

3. 在必要时，各国应进行合作，以便在责任的认定、损害的估量、补偿的给付以及解决有关争端等方面，就海洋环境的保护和保全发展国际法。

这一案文反映了非正式司法专家小组早先提出的关于责任和赔偿的原则。

第三期会议之后，非正式司法专家小组再次审议了这一案文，但由于对非正式单一协商案文中的条文尚未作详尽的讨论，所以在此阶段没有发表意见。

235.5. 在第四期会议上（1976 年），提出了对非正式单一协商案文条款的一些非正式修改提案。埃及和摩洛哥建议以以下文字代替该条（资料来源 30）：

对污染的责任

第 41 条

1. 对海洋环境或其中的财物或人造成损害的，应予以赔偿。

2. 如果损害是由国家造成的，该国应被视为依照以下法律承担责任：

（a）国际法，如该国系实施主权行为；

（b）私法，如该国系实施商业交易等其他行为。

该国应作出赔偿或补偿。为此，该国应指定代理人在法律程序中代表自己。

3. 如果损害是由其他自然人或法人的行为造成的，应视为依照私法承担责任，并应作出赔偿或补偿。

4. 各国应确保必要的立法或管理措施得到采取，以使受害方能够向其特别法庭或国家当局提起申诉，以期在其国家管辖和/或主权下的领土内造成损害时，或通过主权行为以外的行为或其国家管辖下的自然人、法人或其他人的行为造成损害时，要求赔偿或补偿。如果损害是由多方造成的，受害方可以决定向哪一方寻求赔偿或补偿。

5. 各国应在区域和国际两级设立财务和技术机构，以便在损害责任方尚未知或无法全额或部分给付赔偿或补偿的情况下，向其提出赔偿或补偿要求。各国应进行合作，以便就海洋环境的保护和保全以及就损害的估量、补偿的给付和解决有关争端发展国际法。

这一案文较前者具体得多，并且要求造成污染的人或国家为对海洋环境的污染损害承担更大的责任。

该期会议的协商导致订正的单一协商案文第三部分（资料来源 13）中产生了一个仅含一条的新节，其内容如下：

第十节　责任
第 44 条

1. 各国有责任履行其关于保护和保全海洋环境的国际义务。各国应按照国际法对因违反这些义务造成的可归因于自己的损害承担责任。

2. 各国对于在其管辖下的自然人或法人污染海洋环境所造成的损害，应确保按照其法律制度，可以提起申诉以获得迅速和适当的补偿或其他救济。

3. 各国应进行合作，以便就责任的认定、损害的估量、补偿的给付和解决有关争端的标准和程序发展国际法。

在这一案文中值得注意的是用更明确的措辞代替了第 1 款和第 2 款中的"有责任（have the responsibility）"，在两款中都不完全相同，但更符合各款的假设。第 2 款则完全不同，并体现了埃及和摩洛哥提案的要素。

235. 6. 在第五期会议上（1976 年），非正式协商继续进行。协商中口头提出了一些修改提案（资料来源 31），摩洛哥和埃及则提出另一项提案（资料来源 32），建议以如下文字代替订正的单一协商案文的条文：

1. 各国应承诺履行其关于保护和保全海洋环境的国际义务。各国应按照国际法对其管辖或其控制下的自然人或法人污染海洋环境所导致的任何损害承担责任。

2. 为此，各国应确保：

（a）在其法律制度内可以提起申诉以获得对于损害的迅速和适当的补偿或其他救济。

（b）各国应进行合作，以便在损害的估量和损害的赔偿方面就海洋环境的保护和保全发展国际法。

（c）各国应在区域和国际两级在现有财务机构以外设立财务机构，以期处理对任何产生责任人能力以外的财务后果的损害的赔偿。

摩洛哥代表在第三委员会第三十二次会议上解释说，其早先的提案旨在扩大非正式单一协商案文的法律基础。他还解释说，虽然没有时间在该期会议上讨论订正的单一协商案文第 44 条，但还是提交了这项修改提案，以期能在第六期会议上进行讨论，之后他详细阐述了第 44 条的规定。⑨ 然而，第三委员会主席之后报告说，委员会在第五期会议上进一步研究的主题中没有订正的单一协商案文第 44 条。⑩ 因此，坦桑尼亚提出的使订正的单一协商案文第 41 条（见上文第 232.4 段）成为第 44 条新增的第 4 款的提案（资料来源 31）没有得到审议。

235.7. 在第六期会议上（1977 年），经过非正式协商，导致非正式综合协商案文（资料来源 14）第 236 条采纳了如下的案文：

第九节 责任
第 236 条 责任

1. 各国有责任履行其关于保护和保全海洋环境的国际义务。各国应按照国际法对因违反这些义务造成的可归因于自己的损害承担责任。

2. 各国对于在其管辖下的自然人或法人污染海洋环境所造成的损害，应确保按照其法律制度，可以提起申诉以获得迅速和适当的补偿或其他救济。

3. 各国应进行合作，以便就责任的认定、损害的估量、补偿的给付和解决有关争端的标准和程序发展国际法。

除了第 2 款中的一项细微的润色性修改外，这一案文重复了订正的单一协商案文的条文。

235.8. 在第七期会议上（1978 年），18 个阿拉伯国家与葡萄牙共同提出了一项非正式提案（资料来源 33），建议广泛修订非正式综合协商案文条文。该提案内容如下：

1. 污染造成的对海洋环境或其中的财物或人的任何损害，应导致对这种损害的索赔。

2. 如果这种损害是由某一国家的行为造成的，该国应按照以下法律承担责任：

（a）国际法规则，如该国系实施主权行为；

（b）私法，如该国系实施商业交易等任何其他行为。各国应有义务为这种损害提供赔偿或补偿，为此，有关国家应指定其在任何法律程序中的代表方。

3. 如果这种损害是由其他自然人或法人的行为造成的，这种人应按照私法规则承担责任，并有义务为这种损害提供赔偿或者补偿。

---

⑨ 第三委员会，第 32 次会议（1976 年），第 20-23 段，《正式记录》第六卷，第 107-108 页。

⑩ A/CONF. 62/L. 18（1976 年），第 11 段，《正式记录》第六卷，第 139-140 页（第三委员会主席）。另见主席在第三委员会第 31 次会议上的发言（1976 年），第 59 段，同上，第 104 页。

4. 各国应履行必要的立法和组织要求，以使向受害方能够向其法院或国家当局提起申诉，以使该方可在其主权下的区域内或通过其非主权行为或通过其管辖下的自然人或法人的行为发生这种行为或损害时获得对损害的赔偿或补偿。在有多方的情况下，受害方有权选择向哪一方索取赔偿或补偿。

5. 各国应建立区域和国际财务和技术机构，以便在损害责任方尚未知或无法全额或部分给付赔偿或补偿的情况下，向其提交对损害的赔偿或补偿要求。这种机构一般应进行合作，以便就海洋环境的保护和保全、对其损害的估量、补偿的给付和解决任何这种案件中发生的争端发展国际法。

这一提案反映了埃及和摩洛哥先前的提案（见上文第 235.5 段），与该提案一同提出的还有一项关于海洋科学研究的相似提案（见下文第 263.6 段）。在第三委员会第 38 次会议上，土耳其和突尼斯代表团作出了支持这一提案的发言，特别是在提供污染损害赔偿方面。[11]

然而，第三委员会主席在第七期会议结束时的报告中，将该非正式提案归入"由于缺乏时间或意见上的分歧，没有出现折中表述"的一类提案中（资料来源 15，第 101 页）。他在第七期会议续会的报告（资料来源 16，第 9 段，第 175 页）中重复了这一意见。尽管如此，在该报告的附件中，非正式会议主席仍指出，尽管阿拉伯国家的提案仍有待讨论，但就这一主题事项已进行了"广泛辩论"（资料来源 16，第 197 页）。

235.9. 在第八期会议上（1979 年），阿拉伯国家和葡萄牙对其早先提案的前两款作了如下修改（资料来源 34）：

1. 污染造成的对海洋环境或其中的财物或人的任何损害，应导致对这种损害的赔偿。

2. 如果这种损害是由某一国家的行为造成的，如该国系实施主权行为，应按照国际法规则承担责任，如该国系实施任何其他行为，应按照私法规则承担责任。

根据关于海洋污染责任问题的协商，特别是针对第［235］条第 3 款，芬兰提出的一项非正式提案以决议的形式呼吁联合国大会在《公约》生效后召开外交会议，制订一项"关于责任的认定、损害的估量、补偿的给付和解决有关争议的标准和程序的国际公约"（资料来源 36）。然而，这一提案未能争取到足以使之获得接受的支持。

非正式会议主席随后提出了对第 3 款的如下修改提案（资料来源 37）：

---

[11] 第三委员会，第 38 次会议（1978 年），第 30、33 段，《正式记录》第九卷，第 160-161 页。

为了对污染海洋环境所造成的一切损害保证迅速而适当地提供补偿的目的，各国应进行合作，以便就估量和补偿损害的责任以及解决有关的争端发展国际法，并在适当情形下，拟订诸如保险或补偿基金等关于给付适当补偿的标准和程序。

这一提案引入了"诸如保险或补偿基金等……给付适当补偿"的理念。

在其在该届会议上致全会的报告中（资料来源17），第三委员会主席指出，为尝试将第236条的规定与阿拉伯国家的提案（资料来源33和资料来源34）合并在一起，已经进行了几次非正式会议。他指出，已经议定一项案文，并将该修改后的案文提交给会议。[12] 该文本随后被非正式综合协商案文第一次修订稿（资料来源18）作为第235条原文采纳，内容如下：

1. 各国有责任履行其关于保护和保全海洋环境的国际义务。各国应按照国际法承担责任。

2. 各国对于在其管辖下的自然人或法人污染海洋环境所造成的损害，应确保按照其法律制度，可以提起申诉以获得迅速和适当的补偿或其他救济。

3. 为了对污染海洋环境所造成的一切损害保证迅速而适当地给予补偿的目的，各国应进行合作，以便就估量和补偿损害的责任以及解决有关的争端，实施现行国际法和进一步发展国际法，并在适当情形下，拟订诸如强制保险或补偿基金等关于给付适当补偿的标准和程序。

该草案第1款和第2款基本上重复了非正式综合协商案文的条文，只是缩短了第1款第二句。其效果是简化了关于国家责任的规定。第3款的内容被大大扩充，并将重点放在对污染海洋环境所造成的损害"保证迅速而适当地给予补偿"以及各国在这方面的义务上。

本条在后续的几项案文中基本上无实质性修改，仅根据起草委员会的建议采纳了若干语言规范上的修改（资料来源22至资料来源27）。

235.10(a). 英文正式文本的第九节和第二三五条都使用"responsibility and liability"作为标题，反映了习惯法的用法。在其他正式文本和其他法律制度下，通常英译为"responsibility"的一个词涵盖了以上两个词的意思。"responsibility and liability"

---

[12] 在首次口头作出该报告并宣布折中方案的第三委员会第四十次会议上，摩洛哥代表宣布，如果该条第1款和第3款被接受，他的代表团将撤回对第236和264条［今第二三五条和第二六三条］的修正提案（见下文第263.6段）。第三委员会，第40次会议（1979年），第7、17段，《正式记录》第十一卷，第70-71页。另见下文第263.4段。

也见于第三部分第二六三条（关于责任，该条再次提及了第二三五条）、第十六部分第三〇四条和附件九第六条。"responsibility"涉及对习惯或协约国际法要求的义务的履行；"liability"涉及对不遵守可适用的国际法律和规章或违反这些法律或规章可能造成的损害的补偿或其他赔偿。在这方面不应忘记的是，第十二部分完全属于关于争端的解决的第十五部分的范围，没有任何保留或例外。

235.10(b). 第1款明确规定，各国（包括适用情形下的国际组织）"应……承担责任"。这一规定仅使用了一般性措辞，这一事项由关于国家责任的国际法支配。订正的单一协商案文和非正式综合协商案文都规定各国应"对因违反这些义务造成的可归因于自己的损害承担责任。"根据非正式协商中提出的提案（见资料来源33、资料来源34和上文脚注12），这一规定在非正式综合协商案文第一次修订稿被缩减为现今的形式（见上文第235.9段）。

235.10(c). 为了第二三五条的目的，对作为一般国际法一部分的不论是国家还是国际组织的无过失责任的问题，"按照国际法"一语暂未作结论。这不妨害对无过失责任作出规定的关于海洋环境保护的条约规则；这些条约的义务应按照第二三七条优先适用。

国际法不加禁止的行为所引起的损害性后果的国际责任问题以及国家责任的问题一直是1978年以来国际法委员会积极研究中的问题。1989年底，国际法委员会一读通过了关于国际责任来源的国家责任条款草案第一部分（第1~35条），并在关于国际责任的内容、形式和程度以及关于争端的解决和"国际责任的履行"的第二部分和第三部分的工作中取得了进展。关于国际法不加禁止的行为所引起的损害性后果的国际责任的主题，国际法委员会刚刚将前9条提交其起草委员会。[13] 该委员会至今一直将对两个主题的研究限于各个国家的责任上，而尚未研究国际组织的责任的有关主题（本公约附件九第六条处理，本书系第五卷，第461页）。

235.10(d). 第2款要求对于在一国管辖下的自然人或法人污染海洋环境所造成的损害，在该国法律制度内，可以提起申诉；相关规定见于第二二九条和第二三二条。在这一方面，如果一国希望行使对于这种损害的外交保护权，关于用尽当地补救办法的第二九五条也可能相关。如果损害是由外国本身造成的，则第2款不适用，更不能要求索赔国在援引国际程序之前即向受诉国的法律制度提起申诉。"*Par in parem non habet jurisdictionem*（平等者之间互无辖权）"的原则在这里适用。（关于依第三〇五条

---

[13] 关于委员会就这两个主题的工作的最新情况，见其关于其第四十一届会议工作的报告第四章（国家责任）和第五章（国际法不加禁止的行为所产生的损害性后果的国际责任），《大会正式记录》第44卷，补编第10号（A/44/10）（待列入1989年《国际法委员会年鉴》第二部分）。尽管第二个项目的标题的覆盖范围广泛，但该项目目前仅限于各国对其本国领土内或不受任何国家主权限制的区域内的其物理环境的使用。这一限制是由一个工作组于1978年提出并由委员会接受的。见《国际法委员会第三十届会议工作报告》（A/33/10），1978年《国际法委员会年鉴》第二卷，第二部分，第170段及之后，第149页。

第 1 款（f）项成为《公约》缔约方的国际组织，见上文 232.6（b）段）。

235.10(e). 最初出现在欧洲国家于第三期会议上提交的草案（见上文第 235.4 段）中的"或其他救济"一语是被非正式综合协商案文最早采纳的（见上文第 235.7 段），从而使这些国家和埃及和摩洛哥的要求得到部分满足（见上文第 235.6 段）。它针对海洋环境污染造成的损害开辟了发展新的国际补救办法的机会，包括阿拉伯国家的修改提案中提到的"修复"概念（见上文第 235.6 段）。达成并体现于第 2 款中的折中仅限于国家的国际义务，并不触及受到污染损害的人与造成污染的自然人或法人之间的私法关系（参见第二二九条）。

235.10(f). 第 3 款必须结合第三〇四条一并释读，它将国际法规则纳入规定。此外，它还预见了估量和赔偿损害的非法律程序和补救办法的制定，例如通过国际管理的保险计划。⑭ 在会议上吸引到大量支持的这一理念也是阿拉伯国家的非正式提案中的内容，第 3 款体现了这一方面的折中方案。在这方面，它发挥了一般保障条款的作用，以适应后来的事态发展。

"就估量和补偿损害的责任以及解决有关的争端……进一步发展国际法"不属于联合国任何一个机构或任何专门机构的专属职权范围（上文已经提到国际法委员会的工作）。1986 年，国际海事组织秘书处提请注意第二三五条第 3 款，并提到针对与各种物质的海上运输有关的损害的已经进行或拟行的工作，包括在关于有毒和有害物质的海上运输有关的责任和赔偿的一部公约草案的拟定方面的拟行工作。⑮ 实际上，经修订的《国际海事组织章程》设立了一个常设的法律委员会，由该组织所有成员组成，每年至少召开一次会议，并规定应"审议本组织范围内的任何法律事项"（第 33~37 条）。联合国环境规划署有一套审查其称为"环境法"的法律的一般方案，其中包括保护海洋环境免受陆源污染的法律。⑯

事实上，与海洋的任何一个方面有关的每一个机构和实体都一直在各自的职权范围内研究着这一方面的问题，对国际海洋法的全面论述必须考虑到这一广泛的工作。

在解决争端方面，许多文书都有自己的具体办法和机制，以防止和解决因其解释

---

⑭ 关于要求航运国家建立强制性保险库，以保证在传统的责任规则证明不能满足需要的情况下，沿海国将获得对外国船舶造成的损害的赔偿的理念，请参见挪威代表团的声在第 25 次全体会议（1974 年）上的发言，第 81 段，《正式记录》第一卷，第 86 页。

⑮ 见国际海事组织《1982 年联合国海洋法公约对国际海事组织的影响》：国际海事组织秘书处研究报告，doc. LEG/MISC/1（1986 年，油印本），第 115~117 段。转载在《荷兰海洋法研究所年鉴》第 3 卷［1987 年］，第 340、384 页；联合国海洋事务和海洋法司 1985—1987 年《海洋事务年度回顾：法律和政策的主要文件》第一卷，第 123、154 页。

⑯ 见联合国环境规划署文件 UNEP doc. UNEP/GC. 13/9/Add. 2（1985 年，油印本）。转载在《荷兰海洋法研究所年鉴》［1985 年］第一卷，第 565 页。一般情况见联合国环境规划署理事会提交给联合国大会的年度报告，载于《大会正式记录》补编。

或适用引起的争端。受第二三七条和第三一一条限制，第十五部分，特别是第二八〇条和第二八二条以及第二九九条（如适用）使得这一方面的具体义务在与本公约所载义务相抵触时，保持其优先地位。

235.10(g). 关于由国家或主管国际组织进行的海洋科学研究所造成的海洋环境污染造成的损害见第二六三条。

第十节 主权豁免

第二三六条 主权豁免

本公约关于保护和保全海洋环境的规定，不适用于任何军舰、海军辅助船、为国家所拥有或经营并在当时只供政府非商业性服务之用的其他船只或飞机。但每一国家应采取不妨害该国所拥有或经营的这种船只或飞机的操作或操作能力的适当措施，以确保在合理可行范围内这种船只或飞机的活动方式符合本公约。

资料来源

1. A/AC. 138/SC. III/L. 27（1973 年，油印本），原则（g）（澳大利亚）。

2. A/AC. 138/SC. III/L. 28（1973 年，油印本），第 7 条（加拿大）。

3. A/AC. 138/SC. III/L. 32（1973 年，油印本），第 7 条第 2 款（苏联）。

4. A/AC. 138/SC. III/L. 40（1973 年，油印本），第 23 条（美国）。

5. A/CONF. 62/C. 3/L. 24（1975 年），第 6 条第 5 款，《正式记录》第四卷，第 210、212 页（比利时、保加利亚、丹麦、德意志民主共和国、德意志联邦共和国、希腊、荷兰、波兰和英国）。

6. A/CONF. 62/WP. 8/Part III（非正式单一协商案文，1975 年），第一部分，第 42 条，《正式记录》第四卷，第 171、176 页（第三委员会主席）。

7. A/CONF. 62/WP. 8/Rev. 1/Part III（订正的单一协商案文，1976 年），第 45 条，《正式记录》第五卷，第 173、180 页（第三委员会主席）。

8. A/CONF. 62/WP. 10（非正式综合协商案文，1977 年），第 237 条，《正式记录》第八卷，第 1、41 页。

9. A/CONF. 62/WP. 10/Rev. 1（非正式综合协商案文第一次修订稿，1979 年，油印本），第 236 条。转载在《第三次联合国海洋法会议文件集》第一卷，第 375、477 页。

10. A/CONF. 62/WP. 10/Rev. 2（非正式综合协商案文第二次修订稿，1980 年，油

印本），第 236 条。转载在《第三次联合国海洋法会议文件集》第二卷，第 3、106 页。

11. A/CONF. 62/L. 34 和 Add. 1 和 2（1980 年），附件，《正式记录》第十四卷，第 185~186 页（第三委员会主席）。

12. A/CONF. 62/WP. 10/Rev. 3*（非正式综合协商案文第三次修订稿，1980 年，油印本），第 236 条。转载在《第三次联合国海洋法会议文件集》第二卷，第 179、283 页。

13. A/CONF. 62/L. 78（《公约草案》，1981 年），第 236 条，《正式记录》第十五卷，第 172、213 页。

起草委员会

14. A/CONF. 62/L. 67/Add. 10（1981 年，油印本），第 82~86 页。

15. A/CONF. 62/L. 72（1981 年），《正式记录》第十五卷，第 151 页（起草委员会主席）。

16. A/CONF. 62/L. 152/Add. 25（1982 年，油印本），第 31 页。

17. A/CONF. 62/L. 160（1982 年），《正式记录》第十七卷，第 225 页（起草委员会主席）。

非正式文件

18. 美国（1974 年，油印本），第 13 条。转载在《第三次联合国海洋法会议文件集》第十卷，第 419、426 页。

评　　注

236. 1. 第二三六条正式规定所有军舰、海军辅助船、为国家所拥有或经营并在当时只供政府非商业性服务之用的其他船只（海岸警卫船只和类似船舶）或飞机完全豁免于本公约（不仅限于第十二部分）关于保护和保全海洋环境的规定。拥有和经营这些船只的国家对其具有专属管辖权。然而，与第十二部分所规定的诸项控制污染义务的一般方案一致，第二三六条的第二句规定这些国家有义务确保在合理可行的范围内，通过采取不妨害该国所拥有或经营的这种船只或飞机的操作或操作能力的适当保护和保全海洋环境的措施，确保这种船只或飞机的活动方式符合本公约。

本条第一句所依据的原则表达在第九十五条（对应于 1958 年《公海公约》第 8 条第 1 款）中，该条规定"军舰在公海上有不受船旗国以外任何其他国家管辖的完全豁免权"。第九十六条（1958 年《公约》第 9 条）也表达了这一原则，该条规定："由一国所有或经营并专用于政府非商业性服务的船舶，在公海上应有不受船旗国以外任何其他国家管辖的完全豁免权。"这是公认的国际法原则。对于飞机，它也对应于 1944

年《国际民用航空公约》① 第 3 条，该条规定，该公约仅适用于民用航空器，不适用于"国家航空器"，该语包括用于军事、海关和警察部门的航空器（第 3 条第 1 款和第 2 款）。对于军舰和供政府非商业性服务之用的其他船舶，同样的原则也为 1982 年《公约》第二部分第三节 C 分节（第二十九条至第三十二条）提供了依据。

与第二三六条相似的条款出现在处理海洋污染控制的不同条约中，特别是 1954 年《国际防止海洋油污染公约》第 2 条第 1 款（d）项、1972 年《防止倾倒废物及其他物质污染海洋的公约》第 7 条第 4 款（《伦敦倾倒公约》）和《国际防止船舶造成污染公约》第 3 条第 3 款（《73/78 防污公约》）。尽管有主权豁免，为国家所拥有或经营并供政府非商业性服务之用的船只和飞机通常被要求其活动方式符合各公约的规定。

236. 2. 澳大利亚在 1973 年提交给海底委员会第三分委员会的关于保全海洋环境的工作文件中提出了关于主权豁免的以下原则（资料来源 1）：

> 本……所列原则不应适用于海军船只、军用飞机或其辅助船/机。但各国应确保在最大可行程度上其海军船只和辅助船的活动方式符合这些原则的目标和宗旨。

附于这一原则的评注解释说，该原则依据于关于海洋污染的先前公约中使用的类似条文，并特别援引了 1954 年《国际防止海洋油污染公约》和 1972 年《伦敦倾倒公约》。

加拿大提交的一套草案（资料来源 2）中的第 12 条仅规定，《公约》不应适用于"根据国际法有权享有主权豁免的船只和飞机"，之后的一句反映了澳大利亚草案第 2 款的实质内容。苏联提交的一项文件（资料来源 3）中的第 7 条第 2 款采取了更为一般性的做法，提及了国际法下这种船只和飞机的现有豁免权，但没有提及应在可行限度内确保符合通过的其他规定。美国随后提交给第三委员会的一项草案（资料来源 4）遵循了加拿大提案的格局。

236. 3. 在第二期会议上（1974 年），在非正式会议上进行了协商。在一项非正式提案中，美国列入了关于"豁免"的一条（资料来源 18），其内容如下：

> 本章不应适用于任何军舰、海军辅助船或为国家所拥有或经营并在当时只供政府非商业性服务之用的其他船只或飞机。但每一国家应采取不妨害该

---

① 见国际民航组织文件 ICAO doc. 7300/6（1980 年），包括到目前为止的所有修订。原始文本见《联合国条约集》第 15 卷，第 295 页；《条约和其他国际条例集》第 1591 页；《1776—1949 年美国条约和其他国际协定》第 3 卷，第 944 页。

国所拥有或经营的这种船舶或飞机的操作或操作能力的适当措施，以确保在合理可行范围内这种船舶和飞机的活动方式符合本章。

该案文已包含今第二三六条的基本要素。

第三期会议之后，非正式司法专家小组在其对关于保全海洋环境的主题的研究工作中包括了本条。其关于"主权豁免"的案文与美国提案略有不同，内容如下：

本章不应适用于任何军舰、海军辅助船或为国家所拥有或经营并在当时只供政府非商业性服务之用的其他船只。但每一国家应采取不妨害该国所拥有或经营的这种船只或其他船艇的操作或操作能力的适当措施，以确保在合理可行范围内这种船只或其他船艇的活动方式符合本章。[②]

主要区别在于非正式小组的案文不包括飞机，但提到"其他船艇（other craft）"；它还使用"船只（vessel）"来代替"船舶（ship）"。

236. 4. 在第三期会议上（1975年），9个欧洲国家集团提交了一套关于预防、减轻和控制污染的条款草案（资料来源5），其中第6条第5款包含了几乎相同的措辞，其内容如下：

本章的规定不应适用于任何军舰、海军辅助船或为任何国家所拥有或经营并在当时只供政府非商业性服务之用的其他船只或飞机。但每一国家应采取不妨害该国所拥有或经营的这种船舶或飞机的操作或操作能力的适当措施，以确保在合理可行范围内这种船舶或飞机的活动方式符合上述规定。

坦桑尼亚联合共和国代表在第三委员会第19次会议上评论这一规定时指出，"鉴于许多发展中国家的航运船队为政府所拥有……不应受外国管辖，必须彻底审查整个所有权问题。"他还指出："主权豁免的理论基础……是防止主权权力受制于另一管辖权"，而既然要处理的是防止污染的问题，该草案就"应该处理有关船只的地位问题，而不是性质问题"。[③]

经过非正式协商，非正式单一协商案文第三部分（资料来源6）通过了一套表述，其中没有提及飞机。

---

② 《海洋环境的保全》（1975年3月，油印本），第十九条（非正式司法专家小组）。转载在《第三次联合国海洋法会议文件集》第十一卷，第453、461页。

③ 第三委员会第19次会议（1975年），第32段，《正式记录》第四卷，第85页。

第 42 条

第六章和第七章的规定，不适用于任何军舰、海军辅助船或为国家所拥有或经营并在当时只供政府非商业性服务之用的其他船只。但每一国家应采取不妨害该国所拥有或经营的这种船只或其他船艇的操作或操作能力的适当措施，以确保在合理可行范围内这种船只或其他船艇的活动方式符合第六章和第七章。

该条被安排在该案文第九章中。第六章和第七章对应于今《公约》第六节和第七节，非正式单一协商案文条文的效果是使"任何军舰、海军辅助船或其他船只"的豁免权受非正式单一协商案文第三部分所包含的关于标准和执行的条款的限制。

236.5. 在第四期会议上（1976 年），订正的单一协商案文第三部分（资料来源 7）将"第六章和第七章的规定"改为"本公约关于海洋环境污染的规定"，并将飞机重新引入本条范围内。同时，"为国家所拥有……的其他船只"之前的"或"被从英文本中删去。订正的单一协商案文遂有如下条文：

第 45 条

本公约关于海洋环境污染的规定，不应适用于任何军舰、海军辅助船、为国家所拥有或经营并在当时只供政府非商业性服务之用的其他船只或飞机。但每一国家应采取不妨害该国所拥有或经营的这种船只或飞机的操作或操作能力的适当措施，以确保在合理可行范围内这种船只或飞机的活动方式符合本公约。

非正式综合协商案文（资料来源 8）未加实质性修改地将该案文采纳为第 237 条，并为其添加了今标题。在非正式综合协商案文第二次修订稿中（资料来源 10），"海洋环境污染"被改为"保护和保全海洋环境的规定"。这一草案在语气上也更加肯定，规定有关规定"不适用于"（而不再是"不应适用于"）。案文在此后即保持未变，仅根据起草委员会的建议采纳了若干语言规范上的修改（资料来源 14 至资料来源 17）。

236.6（a）. 上述案文产生的主要问题涉及英文本中的"other vessels or aircraft owned or operated by a State and used, for the time being, only on governmental non-commercial service（为国家所拥有或经营并在当时只供政府非商业性服务之用的其他船只或飞机）"一句。问题在于，"other vessels"和"aircraft"是否都受本句后半部分内容的限定。在《公约》的阿拉伯文、法文和俄文正式文本中，"or"的对应词或近似词出现在"其他船只"之前，在英文版的非正式单一协商案文（资料来源 6）中也是如此。但在《公约》的中文、英文和西班牙文文本中，则不是这样。如果严格地依照语法规则来释义，使限定语被解释为仅适用于飞机，则这样的结果是荒谬的，因为这意味着所有

· 400 ·

"其他船只"即使其系供商业性服务之用也享受完全豁免权。

起草委员会曾经提出的一项统稿建议本来是可以消除第二三六条（以及其他可能产生相似问题的条款，其中包括第三十一条、第三十二条、第四十二条第 5 款、第九十六条、第一○二条、第一○七条、第一一一条第 5 款、第二二四条和第二九八条第 1 款等）此处的歧义或晦涩问题的。起草委员会考虑了以下表述："warship, state aircraft, or ship or aircraft owned or operated by a State and used for exclusively non-mmercial purposes."。④

但起草委员会的几个代表团表示反对这一方案，称它意味着需要在协商案文中作实质性修改。因此，起草委员会注意到的多处不一致仍保留在案文中，在起草委员会的统稿审查过程中并没有得到解决。早期的立法史支持这样一种观点，即在"other vessels"之前的"or"的缺失是疏忽的结果，并且应注意到的是，在第二二四条的相应段落中，"or"一词是存在的。

236.6(b). 尽管有主权豁免的原则，船旗国（或飞机登记国）有义务确保享有豁免权的船只和飞机的活动方式符合《公约》。这一规定有两个限定条件：（1）船只或飞机的操作或操作能力不受妨碍；（2）"在合理可行范围内"，船只或飞机的活动方式符合《公约》。

236.6(c). 关于"军舰"一语的含义，见上文第 224.7（a）段。

236.6(d). 应注意用于军事、海关和警察部门的"为国家所……经营……的……飞机"应视为 1944 年《国际民用航空公约》第 3 条所指的国家航空器。⑤

236.6(e). 第二三六条是相关于整个《公约》的，不只是第十二部分（比较上文第 236.5 段）。关于保护和保全海洋环境的规定分散见于整个《公约》。

236.6(f). 国际法委员会目前正在其关于国家及其财产的管辖权豁免的研究的语境下审查从事商业性服务的为国家所拥有或经营的船只的管辖权豁免问题。1989 年年底，国际法委员会二读通过了处理该方面的第 18 条，该条款不适用于军舰和海军辅助船，也不适用于国家拥有或经营的用于或拟用政府非商业性服务之用的其他船舶。⑥ 国际法委员会没有试图定义这些术语，也没有将第 18 条的规定扩大到飞机。

---

④ 见 A/CONF. 62/L. 57/Rev. 1（1980 年），第 6 节，《正式记录》第十四卷，第 114、118 页（起草委员会主席）。

⑤ 前注①。

⑥ 国际法委员会第四十届会议工作报告，第六章，第 545–553 段，《大会正式记录》第 44 卷补编第 10 号（A/44/10）［预计出版于 1989 年国际法委员会年鉴第二卷，第二部分］。

第十一节 关于保护和保全海洋环境的
其他公约所规定的义务

第二三七条 关于保护和保全海洋环境的
其他公约所规定的义务

1. 本部分的规定不影响各国根据先前缔结的关于保护和保全海洋环境的特别公约和协定所承担的特定义务，也不影响为了推行本公约所载的一般原则而可能缔结的协定。

2. 各国根据特别公约所承担的关于保护和保全海洋环境的特定义务，应依符合本公约一般原则和目标的方式履行。

资料来源

1. A/AC. 138/SC. III/L. 32（1973 年，油印本），第 8 条（苏联）。

2. A/AC. 138/SC. III/L. 43（1973 年，油印本），第 22 条（挪威）。

3. A/CONF. 62/WP. 8/Part III（非正式单一协商案文，1975 年），第一部分，第 43 条，《正式记录》第四卷，第 171、176 页（第三委员会主席）。

4. A/CONF. 62/WP. 8/Rev. 1/Part III（订正的单一协商案文，1976 年），第 46 条，《正式记录》第五卷，第 173、180 页（第三委员会主席）。

5. A/CONF. 62/WP. 10（非正式综合协商案文，1977 年），第 238 条，《正式记录》第八卷，第 1、41 页。

6. A/CONF. 62/WP. 10/Rev. 1（非正式综合协商案文第一次修订稿，1979 年，油印本），第 237 条。转载在《第三次联合国海洋法会议文件集》第一卷，第 375、478 页。

7. A/CONF. 62/WP. 10/Rev. 2（非正式综合协商案文第二次修订稿，1980 年，油印本），第 237 条。转载在《第三次联合国海洋法会议文件集》第二卷，第 3、106 页。

8. A/CONF. 62/WP. 10/Rev. 3*（非正式综合协商案文第三次修订稿，1980 年，油

印本），第 237 条。转载在《第三次联合国海洋法会议文件集》第二卷，第 179、283 页。

9. A/CONF. 62/L. 78（《公约草案》，1981 年），第 237 条，《正式记录》第十五卷，第 172、213 页。

起草委员会

10. A/CONF. 62/L. 67/Add. 10（1981 年，油印本），第 87~90 页。

11. A/CONF. 62/L. 67/Add. 14（1981 年，油印本），第 25 页。

12. A/CONF. 62/L. 72（1981 年），《正式记录》第十五卷，第 151 页（起草委员会主席）。

评　注

237. 1. 第二三七条处理第十二部分关于保护和保全海洋环境的义务与各国按照处理同样主题的现有或将来的条约或协定所承担的具体义务之间的关系。它规定第十二部分的规定不影响这种具体承诺，并且这些具体承诺的适用应符合本公约一般原则和目标。各种各样且不断增多的涉及保护海洋环境的全球、区域和双边条约以及其他协定和安排使得这一条款必不可少。实际上，第二三七条提供了一个机制，在第十二部分的框架内将其他文书详细的实质性规定结合到一般海洋法中。部分地出于这一原因，第十二部分常常被称为"伞式框架"（见上文 XII. 26 段）。

237. 2. 本文起源于 1973 年苏联向海底委员会提交的一系列载有保全海洋环境的一般原则的条款草案（资料来源 1）。该提案第 8 条规定：

关于海洋环境的保护与保全的其他公约

本公约的规定不应影响各国根据先前缔结的关于防止海洋环境污染的特别公约和协定所承担的特定义务，也不影响为了推行本公约所载的一般原则而可能缔结的协定。

同时，挪威提出了一项关于保护海洋环境免受污染的工作文件（资料来源 2），其中第 12 条处理了同一主题，其内容如下：

其他公约的规定授予各国的权力

本条的任何规定不应视为阻止一国行使其他公约的规定赋予该国的关于保护和保全海洋环境的这种权力。本套条款也不得解释为具有扩展其他公约赋予各国的管辖权，以使这种管辖权覆盖依据这种其他公约而具有效力的规则以外的规则的执行。

237.3. 在第二期会议上（1974年），在第三委员会早期会议期间关于保全海洋环境的一般性辩论中，零散地提到了这一问题。主席在第6次会议上的发言中对此作了归纳，指出许多代表团强调有必要更多地利用与这一事项有关的现有国际机构，并有必要在它们之间作更多的协调。① 由10个国家提交的一项关于维护海洋环境的区划性办法的草案提案载有一份说明，认为为了进一步对这种办法作出规定，需要制定更多的条款，包括关于这些条款与其他国际公约的关系的规定。② 但是，这一问题在非正式会议上没有审议，在该期会议上没有产生任何案文。

237.4. 在第三期会议上（1975年），非正式协商导致在非正式单一协商案文第三部分（资料来源3）中列入了以下案文：

1. 本公约的规定不应影响各国根据先前缔结的关于防止海洋污染的特别公约和协定所承担的特定义务，也不影响为了推行本公约所载的一般原则而可能缔结的协定。

2. 各国根据特别公约所承担的关于保护和保全海洋环境的特定义务，应依符合本公约一般原则和目标的方式适用。

这一条文的范围可能是宽泛的，因为第1款使用了"本公约"。从这一方面看来，当时可能已将这一条文视为属于最后条款之列（参见第三一一条），从第三委员会先前的讨论来看，这一阶段的总的意图更受限制。

在第三期会议之后，非正式司法专家小组也就这一主题进行了讨论。但由于该小组未能在其闭会期间会议上彻底讨论这一问题，故未能就非正式单一协商案文作出任何意见。③

237.5. 在第四期会议上（1976年），没有进行进一步的实质性讨论，订正的单一协商案文第三部分（资料来源4）重复了非正式单一协商案文的条文，并以新近议定的"保护和保全海洋环境"代替了第1款中的"防止海洋环境污染"。

237.6. 在第五期会议（1976年）和第六期会议上（1977年），协商继续在非正式

---

① 第三委员会，第6次会议（1974年），第113段，《正式记录》第二卷，第335页。例见马达加斯加在第3次会议上的发言，第53段，同上，第315页；和加拿大在第4次会议上的发言，第17段，同上，第316页；芬兰，第33段，第318页；和尼日利亚，第68段，同上，第321页。另见英国代表在第15次全体会议上的发言（1974年），第30段，同上，第374页。

② A/CONF. 62/C. 3/L. 6（1974年），《正式记录》第三卷，第249-250页。

③ 《海洋环境的保全》（1976年3月，油印本），第9条（非正式司法专家小组）。转载在《第三次联合国海洋法会议文件集》第十一卷，第525、543页。

会议上进行。协商的结果是，在非正式综合协商案文（资料来源5）第238条中，开头句从"本公约"修改为"本公约的本部分"，后又在非正式综合协商案文第一次修订稿中调整为"本部分"（资料来源6）。

记录上未见对这一修改的解释，但它有效地将本条的范围限制在第十二部分，更准确地反映了参与讨论这一问题的各方的一般意图。非正式综合协商案文第二次修订稿（资料来源7）第2款中的"适用"被改为"履行"，后者在这一语境下是更准确的动词。

237.7(a). 第二三七条是仅适用于第十二部分的特别法。它给予各国优先适用于各国根据关于保护和保全海洋环境的现有或未来公约和协定所承担的特定义务。在这方面，仅就第十二部分处理的事项而言，第二三七条是控制性规定。

第二三七条中没有第三一一条中要求其他协定必须"与本公约相符合"的限定语，而是规定其他协定必须"为了推行本公约所载的一般原则"而缔结。但这一优先地位受第2款的限制，该款规定根据特别公约所承担的特定义务，"应依符合本公约一般原则和目标的方式履行"。

237.7(b). 考虑到这一条文在第三〇五条最终定稿之前就已完成，应该认为这里的"国家"一词包括成为《公约》缔约国的所有实体，包括根据第三〇五条第1款（f）项参加《公约》的国际组织。

237.7(c). 关于"公约和协定"一语，1969年④和1986年《维也纳公约》⑤第二条第1款（甲）项规定该公约在称文书为条约时，不论其特定名称如何。因此可以认为其中提及的"协定"可适用于两部《维也纳公约》的范围都不涵盖的承诺所产生的义务。

237.7(d). 由于第二三七条的重点是不同的条约或其他文书的义务集合之间的关系，故第二三七条在其一般影响上与《联合国宪章》有着相似的对其他条约义务或承诺的效果。后者规定，联合国会员国在该宪章（包括其附件《国际法院规约》）下之义务与其依任何其他国际协定所负之义务有冲突时，其在宪章下之义务应居优先。与此相关，1969年《维也纳条约法公约》和1986年《国家和国际组织间或国际组织间条约法维也纳公约》中关于"关于同一事项先后所订条约之适用"的第三十条都以"以不违反联合国宪章第一百零三条为限"一句开始。

这一限制本身也适用于第二三七条（和第三一一条），而本公约缔约方之间关于海

---

④　1969年《维也纳条约法公约》，《联合国条约集》第1155卷，第331页；《联合王国条约集》第58集（1980年），《英王敕令》第7964号；《美国国际法期刊》第63卷，第875页（1969年）；《国际法资料》第8卷，第679页（1969年）。

⑤　1986年《国家和国际组织间或国际组织间条约法维也纳公约》，A/CONF.129/15（1986年）；杂项第11号（1987年），《英王敕令》第244号；《国际法资料》第25卷，第543页（1986年）；《一般国际公法评论》第90卷，第591页（1986年）。

洋环境的保护和保全订立的现有的或将来的协定也以同样的方式受《公约》第二三七条的限制。

237.7(e). 第二三七条一直是国际海事组织秘书处密切研究的对象，该秘书处指出，根据第二三七条和第三一一条，1982年《联合国海洋法公约》不排除国际海事组织特别规则和规章的存在或通过；事实上，在许多情况下，它是以国际海事组织的这种规则和规章的存在为前提的，并且依赖它们有效实施其一般原则。因此，《公约》

> 不影响国际海事组织为管理海洋环境内的活动而制定的国际规章、规则、标准、程序、做法和原则的持续可行性和可适用性，但国际海事组织的任何规定与《公约》的有关规定不相符合的情况除外。《公约》也没有对国际海事组织在必要时制定此类国际规则和规章或审查和修订现有的国际规则和规章的任务提出质疑。

因此，国际海事组织秘书处建议审查和评估国际海事组织为了履行《公约》赋予的或根据《公约》的规定另外承担的责任而可能需要制定的程序或机制。⑥

---

⑥ 见《1982年联合国海洋法公约对国际海事组织的影响》，国际海事组织秘书处研究报告，doc. LEG/MISC/1（1986年，油印本），第71-73段。转载在《荷兰海洋法研究所年鉴》第3卷［1987年］，第340、368页；联合国海洋事务和海洋法司1985—1987年《海洋事务年度回顾：法律和政策的主要文件》第一卷，第123、133页。

第十三部分

海洋科学研究

导　言

XIII. 1. 第十三部分以及《公约》其他部分所载的关于海洋科学研究的一些规定是《公约》确立的一般海洋法律制度的重要组成部分。第十三部分是建立一套关于由国家和国际组织进行的海洋科学研究的规则，并将其纳入一般海洋法的第一次尝试。它为基于双边或多边安排的国际合作行动提供了框架。它还反映了海洋科学技术在对海洋包括其生物和非生物资源的研究和在海洋环境的保护和保全中的地位。

对海洋科学研究的多种应用的重要意义的认识，是一项贯穿了第三次海洋法会议整个协商进程中对各国在不同海洋管辖和控制区域的权利、义务（obligations）和义务（duties）的界定的重要因素，这些最终被公约采纳的区域包括内水、领海、群岛水域、专属经济区、大陆架、国际海底区域和公海。海洋科学研究是处于《公约》核心地位的整体"一揽子方案"中的一项中心问题。以下对就这一问题在海底委员会和第三次海洋法会议上的协商的介绍为理解最终达成的折中方案提供了背景。

XIII. 2. 在第一次海洋法会议（1958 年）之前，海洋科学研究并未被视为海事活动的主要领域之一。除了少数例外，海洋学研究仅限于在相对有限的海洋区域内开展的探索性调查和研究。沿海国主权下的海洋区域内的研究是根据与沿海国的临时安排进行的。在领海的向海一侧，海洋科学研究多数情况下被视为公海自由的体现（受可能存在的与大陆架有关的沿海国权利和义务的限制）。因此，关于海洋科学研究的习惯海洋法和协约海洋法在范围上是有限的。然而，第二次世界大战后的技术和科学进步在总体上给海洋科学研究带来了新的重要意义，特别是在其经济和军事相关方面。其迹象虽然在第一次海洋法会议上有所显露，但只是在过去 20 年中，海洋科学研究才取得了真正的突出地位。

这种临时性可通过关于海洋科学研究的条文在国际法委员会于 1956 年通过的关于海洋法的条款草案中的缺失体现出来。① 就关于公海自由的第二十七条，国际法委员会在其评注中说："本条所列出的公海自由清单不是限定性的"；该委员会指出，它"仅列出了主要自由中的四项，但也意识到存在其他的自由，如在公海进行海洋科学研究的自由。"② 委员会的条款草案中唯一提到［海洋］科学研究的地方是在关于大陆架的

---

① 国际法委员会第八届会议工作报告（A/3159），《国际法委员会年鉴》，1956 年第 2 卷，第 253、256 页。
② 同前，第二十七条评注第（2）段，第 278 页。

条款的评注中，特别是第六十八条（后成为《大陆架公约》第 2 条）。③ 在第一次联合国海洋法会议上，在采纳第四委员会内提交的诸项修改提案后，通过了基于国际法委员会草案第 71 条的《大陆架公约》第 5 条（处理对大陆架资源的勘探和开发）（见下文第 246.1 段）。④ 然而，即使存在这些修改提案，海洋科学研究在整体上也没有被视为有必要列入一部成文化公约的活动之一。

XIII. 3. 在海底委员会的审议中，这一主题经历了一个发展过程，即从关于海洋科学的重要性的一般考虑，发展到认识到如果沿海国的管辖范围要向海扩大到领海外部界限以外，就将需要关于在海洋环境中进行科学调查的条款。根据 1967 年 12 月 18 日联合国大会第 2340（XXII）号决议（第一卷，第 161 页）设立的研究和平利用国家管辖范围以外海床洋底委员会于 1968 年举行了三届会议。其讨论集中在深海海底的法律制度问题上；然而，在其工作过程中，有人提到了海洋科学技术在探索和开发海底方面日益增长的作用。即使在这一早期阶段，也有人表示赞成科学研究的自由和在这一领域进行国际合作的必要。委员会的一些成员指出，应该区分基础性/纯粹的科学研究和面向资源的/应用性研究。这些问题反映在特设委员会的报告中。⑤

XIII. 4. 对这一主题的研究在根据联合国大会 1968 年 12 月 21 日第 2467 A（XXII）号决议（第一卷，第 163 页）设立的和平利用国家管辖范围以外海床洋底委员会（海底委员会）内继续进行。该委员会的职权范围明确涉及海洋科学研究。根据该决议第 2 段（a）项，委员会被指示"研究促进国际合作探索和利用国家管辖范围以外海床和洋底及其底土的法律原则和规范的制定"。委员会还被要求"审查在这一区域的探索和研究领域内进行的旨在加强国际合作并促进交流和尽可能广泛传播关于这一主题的科学知识的研究"（第 2 段（c）项）。

XIII. 5. 在联合国大会的一系列决议中，在海洋科学研究活动方面进行国际合作的基本概念得到重复和进一步发展，特别是 1970 年 12 月 17 日题为"支配国家管辖范围外海床和洋底及其底土的原则宣言"的联大第 2749（XXV）号决议（第一卷，第 173 页）。该宣言第 10 段宣明：

> 各国应通过以下途径促进在专门用于和平目的的科学研究方面的国际合作：
>
> （a）参加国际计划、鼓励各国在科学研究方面的合作；

---

③ 同前，第六十八条评注第（10）段，第 298 页。

④ 在第一次海洋法会议第二委员会中，黎巴嫩首次在第六次会议上建议将科学研究采纳为一项公海自由，第一次联合国海洋法会议，第 6 段，《正式记录》第四卷，第 5 页。葡萄牙首次提出公海自由除其他外包括"进行研究实验和探索的自由"。A/CONF. 13/C. 2/L. 7（1958 年），同上，117 页。

⑤ 关于特设海底委员会就海床和洋底的和平利用的科学方面的讨论，见 1968 年特设海底委员会报告，第 14-27 段，第 4-7 页。

（b）通过国际渠道有效公布研究计划和传播研究结果；

（c）在加强与发展中国家研究能力的措施方面合作，包括其国民参与研究计划。

任何此类活动不应构成对区域的任何部分及其资源的任何主张的法律依据。

1968—1973 年间，海底委员会阐释了这些一般原则和准则，并着手将其转变为条约语言。1969 年和 1970 年，海底委员会通过两个分委员会进行其工作，即法律分委员会及经济和技术分委员会。1971 年，海底委员会经改组成为 3 个分委员会。第一分委员会处理国家管辖范围以外的海床和洋底区域及其底土以及该区域的资源。第二分委员会被赋予的职责是编辑与海洋法有关的主题和问题清单。第三分委员会负责编制关于保护和保全海洋环境的条款草案（现体现在《公约》第十二部分中）和关于一般科学研究的条款草案。提交给第一小组委员会的多项正式提案明确提到了海洋科学研究。[6] 1971 年时，9 项关于深海底制度的提案中有 4 项提到了海洋科学研究。[7] 同时，第二委员会还审议了与在国家管辖范围内进行海洋科学研究有关的问题，特别是在专属经济区内和大陆架以及公海上。然而，关于海洋科学研究的详细协商是在第三委员会进行的。[8] 第三委员会关于海洋科学研究的工作由一般性辩论开始，之后是审议以工作文件的形式提交的具体提案。[9]

XIII. 6. 由于海底委员会工作中的一项重要事态发展，关于海洋科学研究的讨论范围得以扩大。在 1970 年 12 月 17 日第 2750 C（XXV）号决议序言部分第四段（第一卷，第 178 页）中，大会表示了"各海洋区域的种种问题都是彼此密切相关的，有必要作为一个整体来加以考虑"的意见。据此，海底委员会被指示进行第三次联合国海洋法会议的筹备工作并为此拟订"与海洋法有关的主题和问题的全面清单……以待会议处理，以及关于这些主题和问题的条款草案"（第 6 段）。

该委员会于 1972 年编制的这一主题和问题清单[10]在其第 13 项下包括了以下内容：

---

⑥ A/AC. 138/25，转载在 1970 年《海底委员会报告》，第 130 页（美国）；和 A/AC. 138/26，同上，第 177 页（英国）。

⑦ A/AC. 138/43，转载在 1971 年《海底委员会报告》第 67 页（苏联）；A/AC. 138/49，同上，第 93 页（智利、哥伦比亚、厄瓜多尔、萨尔瓦多、危地马拉、圭亚那、牙买加、墨西哥、巴拿马、秘鲁、特立尼达和多巴哥、乌拉圭和委内瑞拉）；A/AC. 138/53，同上，第 105 页（马耳他）；和 A/AC. 138/59，同上，第 205 页（加拿大）。

⑧ 有关这些协商的更多细节，见 1971 年《海底委员会报告》，第 45-46 页；1972 年《海底委员会报告》，第 59-65 页；和 1973 年《海底委员会报告》第一卷，第 75-82 页。

⑨ 见 A/AC. 138/SC. III/L. 18（加拿大），转载在 1972 年《海底委员会报告》第 203 页；和 A/AC. 138/SC. III/L. 23（保加利亚、乌克兰和苏联），同上，第 206 页。

⑩ 见 1972 年《海底委员会报告》第 5 页。另请参阅本书系第一卷，第 32 页。

13. 科学研究

13.1　海洋研究的性质、特点和目标

13.2　科学情报的取得

13.3　国际合作

这一清单还包括与科学研究有关的另外两个分项目——分项目 5.6（大陆架上的科学研究）和分项目 6.9（专属经济区内的科学研究）——这两个分项目都分配给了第二分委员会。然而，分配给第三分委员会的项目 13 被认为是关于海洋科学研究的主要项目。这并不排除其他两个分委员会在与进行海洋科学研究有关的问题属于其职权范围时审议这些问题。因此，在 1973 年，有 7 项专门处理海洋科学研究的正式提案提交供第三分委员会审议，[11] 并有其他几项提案同时提交第一分委员会[12]和第二分委员会。[13]

XIII. 7. 在海底委员会以及后来在第三次海洋法会议上的讨论是在增强海洋科学和技术的地位和加强其对海洋利用与海洋环境的保护和保全方面的应用的显著趋势的背景下进行的。这需要在新公约中有所反应。新出现的概念——例如将沿海国管辖权范围扩大到各种海洋区域和将国家管辖范围以外的海床和洋底及其底土视为人类共同继承财产——大大影响了对关于进行海洋科学研究的法律制度的认识。其他事态发展加速了这一进程，其中包括对沿海国和其他国家在专属经济区内相对权利的澄清，对大陆架外部界限的新定义，以及对群岛国概念的承认。海洋科学研究的自由必须与涉及沿海国在其不同海洋区域内的广泛且多样化的权利和义务的对于海洋管辖权的区划性办法相协调。在平衡科学调查自由和沿海国家管辖权的扩大这两个看似相互矛盾的观念时，第三委员会在一系列相互关联的实质性问题上面临着相互冲突的立场。

这些冲突中最主要的一个是关于"基础性"与"应用性"研究之间的区分。支持作这一区分的一方坚持认为，在专属经济区和大陆架的基础性研究应按照公海科学调查自由的原则进行。但他们同时承认有必要向有关沿岸国提前作出通知。而另一方面，他们认为应用性/资源相关型研究只有经沿海国同意方可进行。相反的观点则认为，在各种研究之间进行这种区分是非常困难的，因为从科学调查获得的任何数据都可用于商业或其他实用目的。因此，这种观点认为为进行海洋科学研究建立两套不同的法律

---

⑪　A/AC.138/SC.III/L.31（1973 年，油印本）（保加利亚、波兰、乌克兰和苏联）；A/AC.138/SC.III/L.34（1973 年，油印本）（马耳他）；A/AC.138/SC.III/L.42（1973 年，油印本）（中国）；A/AC.138/SC.III/L.44（1973 年，油印本）（美国）；A/AC.138/SC.III/L.45（1973 年，油印本）（巴西、厄瓜多尔、萨尔瓦多、秘鲁和乌拉圭）；A/AC.138/SC.III/L.50（1973 年，油印本）（意大利）；和 A/AC.138/SCIII/L.55（1973 年，油印本）（阿尔及利亚、巴西、中国、埃塞俄比亚、埃及、伊朗、肯尼亚、巴基斯坦、秘鲁、菲律宾、罗马尼亚、索马里、特立尼达和多巴哥、突尼斯和南斯拉夫）。

⑫　例见 A/AC.138/SC.I/L.26（1973 年，油印本）（意大利）。

⑬　详见 A/AC.138/SC.II/L.10，转载在 1972 年《海底委员会报告》，第 180 页（肯尼亚）。

制度是不合理的。

XIII. 8. 在海底委员会审议中出现的冲突趋势在第三次海洋法会议上更加尖锐起来，特别是通过若干正式和非正式的条款草案。根据第三委员会制定的工作方法，关于海洋科学研究的协商大部分是在一个工作组内在"关于项目 13（科学研究）和项目 14（技术的开发和转让）的非正式会议"的名目下进行的。代表海洋科学研究制度方面的主要趋势的诸项提案是在第二期会议（1974 年）和第三期会议（1975 年）期间提交的。⑭ 随后的协商旨在在两个概念之间找到一个可普遍接受的折中方案：（1）沿海国事先或明确同意在专属经济区和大陆架进行海洋科学研究；（2）根据公海科学研究自由原则进行通知。还有一种中间办法，即一种取决于所进行的研究的类型的有限定条件的同意制度，要求在资源相关型研究的情况下取得同意、在纯粹/基础性研究的情况下作出通知。这一概念反映在非正式单一协商案文中。⑮

在后来的案文中，特别是在订正的单一协商案文之后，⑯ 有限定条件的同意制度的理念被逐渐修改。因此，非正式综合协商案文⑰在下文所述的诸项事件之后大大偏离了以对两种类型的科学研究的区分作为专属经济区和大陆架海洋科学研究制度基本前提的方案。

XIII. 9. 在第五期会议上（1976 年），第三委员会主席提交了所谓的"试验性提

---

⑭ 见 A/CONF. 62/C. 3/L. 9（1974 年），《正式记录》第三卷，第 252 页（特立尼达和多巴哥）；A/CONF. 62/C. 3/L. 13（1974 年），同上，第 254 页（哥伦比亚（七十七国集团））；A/CONF. 62/C. 3/L. 19（1974 年），同上，第 266 页（奥地利、比利时、玻利维亚、博茨瓦纳、丹麦、德意志联邦共和国、老挝、莱索托、利比里亚、卢森堡、尼泊尔、荷兰、巴拉圭、新加坡、乌干达、上沃尔特和赞比亚）；A/CONF. 62/C. 3/L. 26（1975 年），《正式记录》第四卷，第 213 页（保加利亚、白俄罗斯苏维埃社会主义共和国、捷克斯洛伐克、德意志民主共和国、匈牙利、蒙古、波兰、乌克兰苏维埃社会主义共和国和苏联）；A/CONF. 62/C. 3/L. 13/Rev. 2（1975 年），同上，第 199 页（伊拉克（七十七国集团））。另见第三委员会，第 10 次和第 11 次会议（1974 年），《正式记录》第三卷，第 262 页（第三委员会）；A/CONF. 62/C. 3/L. 31 和 L. 32/Rev. 1（均为 1975 年），《正式记录》第四卷，第 220、224 页（第三委员会）。关于后续的事态发展，另见第三委员会主席在以下各会议上致全体会议报告：第五期会议（1976 年），A/CONF. 62/L. 18，《正式记录》第六卷，第 139 页；第七期会议及其续期会议（均在 1978 年），分别在 A/CONF. 62/RCNG/1 和 RCNG/2（C. 3/Rep. 1），《正式记录》第十卷，第 13、96、126、173 页；第八期会议，A/CONF. 62/L. 34，《正式记录》第十一卷，第 83 页；第八期会议续会，分别在 A/CONF. 62/C. 3/L. 33 和 A/CONF. 62/L. 41（均为 1979 年），《正式记录》第十二卷，第 114、94 页；第九期会议（1980 年），A/CONF. 62/L. 50，《正式记录》第十三卷，第 80 页；和第十期会议（1981 年），A/CONF. 62/L. 61，《正式记录》第十四卷，第 133 页。

⑮ A/CONF. 62/WP. 8/Part III（非正式单一协商案文，1975 年），第二部分，第三章，《正式记录》第四卷，第 171、177 页（第三委员会主席）。另请参阅本书系第一卷，第 113 页。

⑯ A/CONF. 62/WP. 8/Rev. 1/Part III（订正的单一协商案文，1976 年），第 48-77 条，《正式记录》第五卷，第 173、180-183 页（第三委员会主席）。另请参阅本书系第一卷，第 117 页。

⑰ A/CONF. 62/WP. 10（非正式综合协商案文，1977 年），第 239-266 条，《正式记录》第八卷，第 1、41-44 页。另请参阅本书系第一卷，第 121 页。

案"——该提案本身即有一部分是卡塔夫莱达小组^⑱（第三委员会主席参加了该小组）协商的成果，以试图解决当时陷入的僵局。^⑲这一"试验性提案"建议，沿海国在正常情况下应对在其专属经济区或其大陆架的海洋科学研究活动给予同意。但如果研究项目与自然资源的勘探和开发有直接关系、或者项目涉及大陆架的钻探、炸药的使用或将有害物质引入海洋环境，或人工岛屿、设施和结构的建造、操作或使用，则沿海国可斟酌决定，拒不给予同意。虽然沿海国同意的原则得到加强，但其拒绝同意的酌处权却受到限制，而且对资源型研究采取特定处理方案的理念并没有被彻底放弃。

XIII. 10. 这也许正是今第二四六条所载的折中方案的主要方面，该条连同关于默示同意的条文（第二五二条）和关于争端解决的条文（第二六四条和第二九七条第2款）的规定构成了《公约》所体现的关于在专属经济区和大陆架上进行海洋科学研究的法律制度的基础。对进行研究的国家须事先通知的要求以及沿海国在愿意的情况下应享有的参加或有代表参与海洋科学研究计划的权利也应视为关于海洋科学研究的法律制度的一个重要组成部分。

《公约》所体现的海洋科学研究总体制度的基本原则是所有国家和主管国际组织根据《公约》的规定进行海洋科学研究的权利。

XIII. 11. 第十三部分对应于联合国大会第 2750 C（XXV）号决议（第一卷，第178页）所设想的主题和问题清单上的项目 13（科学研究）的范围。但正如前文所指出的那样，关于进行海洋科学研究的条款并不局限于第十三部分。^⑳

XIII. 12. 第十三部分共分为六节。第一节（第二三八条至第二四一条）载有关于所有国家进行海洋科学研究的权利及其促进和便利这种研究的义务的一般规定。它还规定了适用于海洋科学研究活动的一般原则，以及海洋科学研究本身不应构成对海洋环境任何部分或其资源的任何权利主张的法律根据的基本原则。

第二节（第二四二条至第二四四条）一般性地处理国际合作的促进、为进行科学调查创造有利条件，以及科学研究所得的情报和知识的公布和传播。

---

⑱ 该小组又称为卡塔夫莱达-温德尼斯小组，因为海尔格·温德尼斯（挪威）担任卡塔夫莱达的共同报告员。作为艾文森的副手，温德尼斯保持了与早期的艾文森小组（非正式司法专家小组）的连续性。在随后的几期会议上，该小组由基思·布伦南（澳大利亚）担任主席，被称为布伦南小组。

⑲ A/CONF.62/L.18（1976年），第35段，《正式记录》第六卷，第139页（第三委员会主席）。

⑳ 例见第二部分第十九条第2款（j）项，第二十一条第1款（g）项；第三部分第四十条；第四部分第五十四条；第五部分第五十六条第1款（b）项（2）目、第五十八条第1款、第六十一条第2款和第5款和第六十二条第4款（f）项；第六部分第七十七条和第七十八条；第七部分第八十七条第1款（f）项；第九部分第一二三条(c)项；第十部分，第一二五条第1款；第十一部分第一四三条、第一四四条第2款（b）项、第一五五条第2款和第一六五条第2款（h）项；第十二部分第二〇〇、二〇一、二〇二、二〇四和二〇六条；第十四部分第二六六、二六九、二七〇、二七二条和第二七四条至第二七八条；第十五部分第二九七条；附件二第三条，第1款（b）项和第5款；和附件八第一、二、五条。

第三节（第二四五条至第二五七条）涉及构成所有海洋区域内的海洋科学研究制度的诸项原则以及这一制度的运作，包括在领海、专属经济区和大陆架、国际海底区域以及专属经济区以外的水体。

本节内的大部分条款处理在专属经济区内和大陆架上进行和推广海洋科学研究。沿海国在专属经济区内和大陆架上的主权权利和管辖权范围广泛，使在这些区域内进行科学研究特别复杂。

因此，关于在专属经济区内和大陆架上进行海洋科学研究的规定在新海洋法的框架内具有特别重大的意义。

第四节（第二五八条至第二六二条）描述了不同海洋区域内科学研究设施或装备的条件和使用。

第五节（第二六三条）处理适当进行海洋科学研究的责任（responsibility）和国家或自然人或法人以及国际组织进行的海洋科学研究造成的任何损害的责任（liability）。它将第十三部分与《公约》中的其他规定联系起来，特别是第二三五条和第三〇四条。

第六节由两条组成。第二六四条将关于整部《公约》规定的解释或适用的争端与第十五部分所载的导致有拘束力裁判的强制程序及其例外联系起来。第二六五条是关于解决一项争端前与海洋科学研究有关的临时措施的专门规定。

XIII. 13. 第十三部分不包含与第十二部分中的执行条款及其保障办法相似的关于沿海国执行其关于外国研究人员在其主权或管辖范围内的海洋区域进行研究活动的规章和授权的具体规定。

因此，这一事项就留给《公约》中赋予沿海国执行权，以及为关于专属经济区内权利和管辖权的归属的冲突（同时适用于第十三部分范围内的事项）和为有关本公约的解释或适用的争端规定解决机制的一般性规定来处理。

第一一一条关于沿海国在违反其法律和规章时的紧追权，也适用于海洋科学研究。第1款处理在沿海国内水、群岛水域、领海或毗连区内违反沿海国法律和规章的行为。

第2款处理在国家专属经济区内或大陆架上的违反沿海国"按照本公约适用于专属经济区或大陆架"的法律和规章的行为。

然而，在海洋科学研究范围内，与之截然不同的是，除第二九七条第2款（见下文第264.1段）外，第298条第1款（b）项还规定沿海国有权对于根据第二九七条不属法院或法庭管辖的关于行使主权权利或管辖权的执行活动的争端不接受导致有拘束力裁判的强制程序（见第五卷，第135页，第298.33段及其后）。[21]

XIII. 14. 第十三部分的规定是针对各国和主管国际组织的，后者可以包括政府组

---

[21] 1989年9月，联合国海洋事务和海洋法司召集成立了一个海洋科学研究技术专家小组，其目的是审查一项关于《公约》中处理海洋科学研究的规定的适用的出版物的草稿。其报告将由海洋事务和海洋法司以《〈联合国海洋法公约〉规定执行指南》为题发布（印刷中）。

织和非政府组织。第十三部分的条款与第十二部分的不同之处在于，在《公约》英文本中，后者在提到"主管国际组织"时，常常使用"*the competent international organization*"，前者则使用更为一般性的措辞，所指的是进行海洋科学研究的任何一个或多个组织。

政府间海洋学委员会（属联合国教科文组织）在各项海洋科学研究计划中发挥着主导作用，特别是在与其他联合国机构以及与其他政府和非政府组织的合作项目中。㉒政府间海洋学委员会与联合国粮食及农业组织在海洋科学与渔业领域、与国际原子能机构在海洋环境保护问题上、与国际水文组织和世界气象组织、与联合国环境规划署特别在全球海洋监测和海洋污染研究和监测计划上（这些活动也与国际海事组织的活动有关）进行着合作。此外，政府间海洋学委员会还与区域性集团保持着合作安排，如与南太平洋常设委员会（在东南太平洋中部地区的诸项计划）和国际地中海科学考察委员会等。政府间海洋学委员会还与国际海洋考察理事会等非政府组织有着协议，如海洋研究科学委员会（属国际科学联盟理事会），特别是在其世界气候研究计划上。

㉒ 有关以上和其他协议的详细信息，请参见《政府间海洋学委员会手册》第一部分——"条件文本和其他正式文本"（1989 年 3 月修订版），第 19-33 页（联合国教科文组织文件 UNESCO doc. IOC／INF-785）。关于出席会议的专门机构和组织、政府间组织和非政府组织的完整清单，请参阅《第三次海洋法会议最后文件》（本书系第一卷，第 439 页）。

第一节 一般规定

第二三八条 进行海洋科学研究的权利

所有国家，不论其地理位置如何，以及各主管国际组织，在本公约所规定的其他国家的权利和义务的限制下，均有权进行海洋科学研究。

资料来源

1. A/AC.138/SC.III/L.18，序言，第2款和原则2，转载在1972年《海底委员会报告》，第203~204页（加拿大）。

2. A/AC.138/SC.III/L.23，原则3，转载在1972年《海底委员会报告》，第206~207页（保加利亚、乌克兰和苏联）。

3. A/AC.138/89，声明G，第14段，转载在1973年《海底委员会报告》第二卷，第4、7页（非洲统一组织）。

4. A/AC.138/SC.II/L.28，第63条第1款和第2款，转载在1973年《海底委员会报告》第三卷，第35、59页（马耳他）。

5. A/AC.138/SC.III/L.31（1973年，油印本），第1条和第2条（保加利亚、波兰、乌克兰和苏联）。

6. A/AC.138/SC.III/L.34（1973年，油印本），第1条和第2条第1~2款（马耳他）。

7. A/AC.138/SC.III/L.44（1973年，油印本），第1条（美国）。

8. A/AC.138/SC.III/L.53（WG.3/Paper No.4和WG.3/Paper No.5，备选案文A、C、D和E），转载在1973年《海底委员会报告》第一卷，第102~103页（第三工作组主席）。

9. A/CONF.62/33（1974年），宣言G第14段，《正式记录》第三卷，第63~64页（非洲统一组织）。

10. A/CONF.62/C.3/L.9（1974年），第1条（a）款和（b）款，《正式记录》

第三卷，第 252 页（特立尼达和多巴哥）。

11. A/CONF. 62/C. 3/L. 17（1974 年），第二部分，备选案文 C，第 1 条和说明；和备选案文 D，第 1 条；第 3 条 A 节，《正式记录》第三卷，第 263~265 页（第三委员会，非正式会议）。

12. A/CONF. 62/C. 3/L. 19（1974 年），第 1 条和第 2 条，《正式记录》第三卷，第 266~267 页（奥地利、比利时、玻利维亚、博茨瓦纳、丹麦、德意志联邦共和国、老挝、莱索托、利比里亚、卢森堡、尼泊尔、荷兰、巴拉圭、新加坡、乌干达、上沃尔特和赞比亚）。

13. A/CONF. 62/C. 3/L. 26（1975 年），第 1 条和第 2 条第 4 款，《正式记录》第四卷，第 213 页（保加利亚、白俄罗斯、捷克斯洛伐克、德意志民主共和国、匈牙利、蒙古、波兰、乌克兰和苏联）。

14. A/CONF. 62/C. 3/L. 29（1975 年），第 1 条和第 2 条，《正式记录》第四卷，第 216 条（哥伦比亚、萨尔瓦多、墨西哥和尼日利亚）。

15. A/CONF. 62/WP. 8/Part III（非正式单一协商案文，1975 年），第二部分，第 1、2、5 条，《正式记录》第四卷，第 171、177 页（第三委员会主席）。

16. A/CONF. 62/WP. 8/Rev. 1/Part III（订正的单一协商案文，1976 年），第 48~49 条，《正式记录》第五卷，第 173、180 页（第三委员会主席）。

17. A/CONF. 62/WP. 10（非正式综合协商案文，1977 年），第 239 条，《正式记录》第八卷，第 1、41 页。

18. A/CONF. 62/WP. 10/Rev. 1（非正式综合协商案文第一次修订稿，1979 年，油印本），第 238 条。转载在《第三次联合国海洋法会议文件集》第一卷，第 375、478 页。

19. A/CONF. 62/WP. 10/Rev. 2（非正式综合协商案文第二次修订稿，1980 年，油印本），第 238 条。转载在《第三次联合国海洋法会议文件集》第二卷，第 3、106 页。

20. A/CONF. 62/WP. 10/Rev. 3*（非正式综合协商案文第三次修订稿，1980 年，油印本），第 238 条。转载在《第三次联合国海洋法会议文件集》第二卷，第 179、283 页。

21. A/CONF. 62/L. 78（《公约草案》，1981 年），第 238 条，《正式记录》第十五卷，第 172、213 页。

起草委员会

22. A/CONF. 62/L. 67/Add. 11（1981 年，油印本），第 2~4 页。

23. A/CONF. 62/L. 72（1981 年），《正式记录》第十五卷，第 151 页（起草委员会主席）。

非正式文件

24. 美国（1974 年，油印本），第 1 条和第 2 条。转载在《第三次联合国海洋法会议文件集》第十一卷，第 3 页。

25. CRP/SC. Res. /2（1974，油印本）（荷兰）。转载在《第三次联合国海洋法会议文件集》第十卷，第 300 页。

26. 内陆国和地理不利国集团（1974 年，油印本），第 1 条。转载在《第三次联合国海洋法会议文件集》第十一卷，第 9 页。

27. CRP/Sc. Res. /4（1974，油印本）（苏丹）。转载在《第三次联合国海洋法会议文件集》第十卷，第 300 页。

28. CRP/Sc. Res. /5（1974 年，油印本）（澳大利亚）。转载在《第三次联合国海洋法会议文件集》第十卷，第 301 页。

29. CRP/Sc. Res. /7（1974，油印本）（西班牙）。转载在《第三次联合国海洋法会议文件集》第十卷，第 301 页。

30. CRP/Sc. Res. /8（1974 年，油印本），第（2）段（巴西、中国、伊朗、科威特、黎巴嫩、巴基斯坦、秘鲁和南斯拉夫）。转载在《第三次联合国海洋法会议文件集》第十卷，第 302 页。

31. CRP/Sc. Res. /9（1974 年，油印本），第 2 段（孟加拉国、巴西、中国、圭亚那、印度尼西亚、伊朗、肯尼亚、科威特、马达加斯加、巴基斯坦、秘鲁、菲律宾、塞内加尔、塞拉利昂、索马里、特立尼达和多巴哥、突尼斯、南斯拉夫和扎伊尔）。转载在《第三次联合国海洋法会议文件集》第十卷，第 302 页。

32. CRP/Sc. Res. /10（1974 年，油印本），第 2 段（爱尔兰）。转载在《第三次联合国海洋法会议文件集》第十卷，第 303 页。

33. CRP/Sc. Res. /11（1974 年，油印本）（德意志联邦共和国）。转载在《第三次联合国海洋法会议文件集》第十卷，第 303 页。

34. CRP/Sc. Res. /12（1974 年，油印本）（埃及）。转载在《第三次联合国海洋法会议文件集》第十卷，第 304 页。

35. CRP/Sc. Res /18（1974 年，油印本）（法国）［对 CRP/Sc. Res/11 的修改（见上文资料来源 33）］。转载在《第三次联合国海洋法会议文件集》第十卷，第 308 页。

36. CRP/Sc. Res. /24（1974 年，油印本）（奥地利、比利时、玻利维亚、保加利亚、捷克斯洛伐克、德意志联邦共和国、法国、德意志民主共和国、意大利、日本、卢森堡、尼泊尔、荷兰、新加坡、瑞典、瑞士和英国）。转载在《第三次联合国海洋法会议文件集》第十卷，第 312 页。

37. CRP/Sc. Res. /39（1974 年，油印本），项目 1（第三委员会，非正式会议）。转载在《第三次联合国海洋法会议文件集》第十卷，第 323 页。

38. CRP/Sc. Res. /40（1974 年，油印本），第 1 条和第 2 条（第三委员会，非正式会议）。转载在《第三次联合国海洋法会议文件集》第十卷，第 325 页。

39. CRP/Sc. Res. /40/Rev. 1（1974 年，油印本），第 1 条（第三委员会，非正式会

议）。转载在《第三次联合国海洋法会议文件集》第十卷，第 327 页。

40. CRP/Sc. Res./41（1974 年，油印本），第二部分，备选案文一（第三委员会，非正式会议）。转载在《第三次联合国海洋法会议文件集》第十卷，第 328、332 页[见上文资料来源 11]。

41. 欧洲经济共同体（1976 年，油印本），第 1 条和第 2 条。转载在《第三次联合国海洋法会议文件集》第十一卷，第 40 页。

42. 欧洲经济共同体（1976 年，油印本），第 1 条和第 2 条。转载在《第三次联合国海洋法会议文件集》第十一卷，第 43~44 页。

43. 苏联（1976 年，油印本），第 2 条。转载在《第三次联合国海洋法会议文件集》第十一卷，第 49 页。

44. 芬兰（1976 年，油印本），工作文件，说明。转载在《第三次联合国海洋法会议文件集》第十一卷，第 59、61 页。

评　　注

238. 1. 第十三部分第一节（第二三八条至第二四一条）制定了支配海洋科学研究的进行的宽泛的、一般性的原则。第二三八条承认所有国家和主管国际组织有权进行海洋科学研究，它是在一部综合性多边海洋法条约中明确承认这一权利的第一项规定。

虽然国际法委员会当时已承认"进行科学研究的自由"可能属于 1958 年《公海公约》第 2 条的范围，但该条具体提及的诸项自由中并未包括海洋科学研究。[①]《大陆架公约》第 5 条第 1 款规定："探测大陆架及开发其天然资源不得……对于以公开发表为目的而进行之基本海洋学研究或其他科学研究有任何妨害。"但这一规定是鉴于该公约对沿海国对大陆架主权权利的承认为基础性研究所作的保留。

"科学研究的自由"规定在关于公海自由的现第八十七条中，"受第六和第十三部分的限制"。第二三八条承认的进行海洋科学研究的一般权利受"其他国家的权利和义务"的限制。承认进行海洋科学研究的这种显见的综合权受第十三部分规定的限制是 1982 年《公约》的海洋科学研究法律制度的基础。

238. 2. 正如本书第十三部分导言中所指出的，除第三分委员会之外，海底委员会第一和第二分委员会的工作中也多次提及科学研究和海洋科学研究。[②] 但第三委员会审议的诸项案文构成了第十三部分最终文本的基础。在早期案文中，实质性规则常常被

---

① 见国际法委员会条款草案第 27 条第（2）款的评注，其中指出："本条所载的公海自由清单不是限制性的。本委员会只列出了四项主要的自由，但也意识到还有其他的自由，例如在公海进行科学研究的自由。" 1956 年《国际法委员会年鉴》第二卷，第 253、278 页。

② 见上文第 XIII. 5 段和 XIII. 6 段，注释 6、7、12、13 及附文。

与"海洋科学研究"一语的拟议定义联系起来。为了理解总体来说的第十三部分和具体来说的第二三八条中的权利和义务之间的平衡，有必要同时注意定义提案和实质性提案。

238. 3. 在海底委员会 1972 年会议上，加拿大于 1972 年提交给第三分委员会的一项工作文件（资料来源 1）包含了以下的序言段落：

> 2. 海洋科学研究是旨在增加对海洋环境的了解，包括其所有资源和生物体，并涵盖所有相关的科学活动的无论是基础性或应用性的任何研究。

与这一定义相关联的原则是：

> 海洋科学研究构成海洋环境中的一项合法活动。每一国家，无论是否沿海，以及每一主管国际组织，都有权按照国际法的规则和公认的原则，并在依本套原则制定的规定的限制下，在海洋环境中进行或授权进行科学研究。

238. 4. 在海底委员会 1973 年会议上，4 个东欧国家向第三分委员会提交了一系列条款草案（资料来源 5），其中包括对"在世界海洋内的科学研究"一语的如下解释：

> ……任何由国家及其法人和自然人以及国际组织进行的基础性或应用性研究和相关的实验工作，其目的不在于直接的产业开发利用，而是旨在获取发生在海洋空间内、海床上及其底土中的自然过程和现象的所有方面的、为航行的进一步发展和对海洋的其他形式的利用以及对世界海洋上空的利用所必要的知识。

该草案第 2 条重申了在 3 个东欧国家的一项先前提案（资料来源 2）中已得到承认的科学研究自由原则（资料来源 2）规定："所有国家，不论其地理位置如何，以及各国际组织，应在平等的基础上不受歧视地享有在世界海洋内进行海洋科学研究的自由的权利。"第 2 条还将"世界海洋"一语定义为包括"所有海洋空间、海床及其底土，除内水和领水以及大陆架底床和底土之外"。因此，只有对于在不受沿海国管辖的海洋区域进行的对海洋资源的勘探和开发没有直接意义的研究，进行海洋科学研究的一般权利才得到承认。

在马耳他提交的一系列条款草案中（资料来源 6），"科学研究"一语的含义被扩大到"无论是基础性的还是应用性的任何有系统的调查和相关的实验工作，其主要目的是为和平目的增进关于海洋环境的知识"。"海洋环境"一语也被宽泛地描述为包括"海面、其上空、水体和高潮标以外的海床，包括其中或对其有依赖的生物系统。"

"海洋空间"在马耳他草案中被宽泛地定义为"海面、水体和内水以外的海底"。

238.5. 在 1972 年和 1973 年提交给第三分委员会的诸项案文以及马耳他于 1973 年提交给第二分委员会的案文（资料来源 4），由第二分委员会第三工作组在制定其关于科学研究的综合案文时进行了审议（资料来源 8）。"海洋科学研究"的含义被暂定为"旨在增进人类关于海洋环境的科学知识并为和平目的而进行的任何研究和相关实验工作，不包括以直接开发海洋资源为目的的产业勘探和其他活动（资料来源 8，WG.3/Paper No.4）。某些代表团愿意接受这一定义，但条件是案文中须另外增加一条，对科学研究"可为产业和商业优势提供基础"的事实给予承认（同上，脚注③）。但是，其他代表团则认为不需要任何定义条款，因为"待起草的关于各国义务的条款将间接但明确地规定意图的含义"（同上，脚注④）。

对"海洋环境"的提及也引起了是否需要为该语做专门定义的问题，特别是关于是否有必要确保该语的使用不会损害沿海国在其管辖区域内的权利（同上，脚注⑤和脚注⑥）。面向产业的研究与非产业研究之间的区分——特别是针对海洋资源的勘探和开发的研究与不针对这些目的的研究之间的区分，因而已被确定为海洋科学研究的进行和促进的权利和义务的制定工作中的一项核心问题。从第三分委员会的工作来看，这些权利和义务的范围显然要相应于其在其中行使的不同海洋区域有所差别。拟给予希望进行海洋科学研究者的权利的范围主要取决于沿海国在自然资源方面权利的范围。在起草定义"海洋科学研究"的条款时凸显出来的这些问题，在审议处理关于海洋科学研究的实质性权利和义务的有关规定时也是相关的。

随后，第三分委员会第 3 工作组综合了一些关于科学研究的进行和促进的备选案文（资料来源 8，WG.3/Paper No.5），其中大部分都包含与第二三八条有关的措词。该文件中的备选案文 A 第 1 款规定：

> 在本公约所规定的沿海国［和国际管理局］的权利或［和国际海底区域制度］的限制下，所有国家，不论其地理位置如何，以及适当的国际组织，均有权在海洋环境中进行海洋科学研究和其他研究活动。

同一份文件的备选案文 C 采纳了美国提案的措辞（资料来源 7），内容如下：

> 所有国家，无论地理位置如何，以及适当的国际组织，都可以在海洋中从事海洋科学研究，同时承认本公约所规定的国际社会和沿海国的权利和利益，特别是发展中国家的利益和需要。

备选案文 E 重复了 4 个东欧国家在 1973 年会议期间提交的案文（资料来源 5），而备选案文 D 则提出了新的措词，规定：

在沿海国的权利的限制下，各国以及各主管国际组织可在海洋环境中促进和进行科学研究，同时考虑到本公约所规定的所有相关因素，包括国际社会特别是发展中国家的利益。

在对这一案文的说明中，第 3 工作组主席指出："某些代表团认为，采用'受沿海国的权利的限制'几个字尚不成熟……因为这可能会损害各国的固有权利"（资料来源 8，WG. 3／Paper No. 5，脚注⑤）。该说明反映了关于现有法律制度是否包含任何进行海洋科学研究的一般自由或权利的困惑。无论当时的意见如何，第三委员会在 1973 年制定的诸项案文以及非洲统一组织的一项宣言（资料来源 3）已经载有今第二三八条所承认的一般权利的实质内容。非统组织的宣言宣明："所有国家，不论其地理处境如何，均有权在海洋环境中进行科学研究。"③ 会议即以这一形式讨论了这一主题。

238. 6. 在海洋法会议第二期会议上（1974 年），特立尼达和多巴哥提出了一套关于海洋科学研究的条款草案（资料来源 10）。该案文第 1 条载有"海洋科学研究"的以下含义：

（a）海洋科学研究是对海洋环境的任何研究或调查以及与此相关的实验；
（b）海洋科学研究所具有的性质使之排除纯科学研究与为商业开发利用或军事用途而进行的产业性或其他研究之间的明确清晰的区分。

这一系列条款没有提及进行海洋科学研究的一般权利，但规定海洋科学研究应经过沿海国或管理局的事先同意或批准（第 4 条和第 5 条）。

一些非正式提案（资料来源 24 至资料来源 36）或包括了海洋科学研究的定义，或包括了关于海洋科学研究的一般权利的规定，或两者兼有。虽然进行海洋科学研究的权利得到广泛承认，但定义什么构成这种研究的问题颇有争议。第三委员会的一些代表团讨论了将"纯科学研究"与"为商业开发利用而进行的产业性或其他研究"区分开来的困难。④（这种困难影响了在《公约》中不包括"海洋科学研究"定义的决定。）

在其关于项目 13（海洋科学研究）和项目 14（技术发展和转让）的非正式会议期间，第三委员会设立了一个不限成员名额的起草和协商小组，以综合相关案文。在第二期会议结束时，该小组已经拟订了一些议定的案文，并编制了一系列综合备选案文和会议室文件，处理海洋科学研究的进行和促进的一般原则（资料来源 11）。转交给第

---

③ 提交海洋法会议第二期会议（1974 年）的一项正式草案重复了这一提案（资料来源 9）。

④ 例见以下各国代表在第三委员会以下几次会议上的发言：第 7 次会议（1974 年），斯里兰卡，第 11 段，《正式记录》第二卷，第 336 页，和苏丹，第 19 段，同上，第 337 页；第 8 次会议（1974 年），第 18 段，同上，第 342 页；爱尔兰，第 32 段，同上，第 343 页；和葡萄牙，第 63 段，同上，第 346 页；和第 9 次会议（1974 年），肯尼亚，第 26 段，同上，第 349 页；加拿大，第 44 段，同上，第 351 页；和印度，第 64 段，同上，第 352 页。

三委员会主席的综合备选案文的第二部分备选案文 C 包含以下原则：

    1. 所有国家，无论沿海还是内陆，以及适当的国际组织，在本公约的规定的限制下，均有权进行海洋科学研究。

    备选案文 C 所附说明为该案文所载条款的目的将海洋科学研究一语定义为"旨在增进人类知识并为和平目的而在海洋环境里进行的任何研究和相关实验工作，不包括以直接开发海洋资源为目的的产业勘探和其他活动"。综合替代案文的备选案文 D（资料来源 11）在第 1 条中更广泛地将"海洋科学研究"描述为"旨在增进人类知识并为和平目的而在海洋环境里进行的任何研究和相关实验工作"。但该系列条款仅承认在国家管辖范围以外的区域内进行海洋科学研究的一般自由。在沿海国"享有对海洋资源的经济权利"的区域进行海洋科学研究的自由仅在与自然资源的勘探或开发不相关的研究方面才得到承认（资料来源 11，备选案文 D，第 3 条）。由埃及提交并转载于起草和协商小组案文（资料来源 11，第三部分，A 节）的一项非正式文件（资料来源 34）提出了另外一种定义办法，规定：

    科学研究致力于针对海洋环境及其上述大气层里的自然现象的所有调查，以及促进减轻海洋污染和其他异常现象的方法。科学研究与所有非和平方面是对立的，并且不包括旨在直接利用海洋资源的活动。

    因此，非正式起草和协商小组编辑的案文反映了对"海洋科学研究"一语的含义和进行海洋科学研究的一般权利范围这两个相互关联的问题的两种不同办法。一种以宽泛的海洋科学研究定义结合以对进行这种研究的一般权利的限制性处理办法。同时，还有一种区分资源型研究和为其他目的的研究的定义，它包括了对进行海洋科学研究的一般权利的承认，但没有关于沿海国家资源管辖区域的具体限定条件。

    一个由 17 个内陆国和地理不利国组成的集团随后提出了一套关于海洋科学研究的条款草案（资料来源 12）。该案文第 1 条载有与先前诸项提案相似的对"海洋科学研究"的定义（资料来源 8，WG. 3/Paper No. 4），第 2 条重复了起草和协商小组的综合备选案文中备选案文 C 第 1 条的措辞（资料来源 11）。因此，这一案文也区分了纯粹的研究与和自然资源开发相关的研究。与这一区分相结合的是承认了进行海洋科学研究的宽泛的一般性权利。

238.7. 在第三期会议上（1975 年），有更多案文提交给第三委员会。这些提案赞同宽泛地定义海洋科学研究的办法，同时在处理大陆架和专属经济区的条款草案中包含了对纯研究与资源型研究的区分。与先前对纯科学研究和直接面向产业开发利用的研究作出区分的诸项草案（见上文第 238.4 段）所载的"世界海洋中的科学研究"的定义截然不同，一项由 9 个社会主义国家组成的集团在第三委员会提交的案文（资料来源 13）作了如下规定：

"海洋科学研究"意指旨在增进人类知识并为和平目的而对海洋环境进行的任何研究或在海洋环境里进行的相关实验工作。

同一案文第 2 条第 4 款规定："海洋科学研究应在本公约所规定的沿海国权利的限制下进行。"因而该案文整体而言强调沿海国的权利优先于进行研究的国家或组织的权利。哥伦比亚、萨尔瓦多、墨西哥和尼日利亚提交的一系列条款草案（资料来源 14）中也有类似的处理办法，但这一较晚的案文明确承认了进行海洋科学研究的权利，其第 2 条规定：

所有国家，不论其地理位置如何，以及各主管国际组织，在沿海国的权利和义务的限制下并按照本公约的规定，均有权在海洋环境中进行海洋科学研究。

加拿大的一项提案尽管不与第二三八条直接相关，但显示了在定义条款中向取消纯研究与资源型研究间区分的转变。它包含了处理与在专属经济区内和大陆架上进行海洋科学研究有关的实质性权利和义务的规定。⑤

这一趋势反映在非正式单一协商案文第三部分中（资料来源 15），其中包含了与第二三八条最终文本直接相关的 3 条条款：

第 1 条
海洋科学研究意指旨在增进人类关于海洋环境的知识的任何研究或相关实验工作。

第 2 条
所有国家，无论沿海还是内陆，以及适当的国际组织，在本公约的规定的限制下，均有权进行海洋科学研究。

第 5 条
海洋科学研究应在本公约所规定的沿海国权利的限制下进行。

这些条款反映了为该案文第一章（总则第 1 条至第 7 条）的目的对海洋科学研究

---

⑤ 见 A/CONF. 62/C. 3/L. 31（1975），附件，A 节（加拿大），第 1 款和第 4 款，《正式记录》第四卷，第 220-221 页（第三委员会，非正式会议）。

的宽泛定义。然而，在第三章（"海洋科学研究的进行和促进"，第13~26条）中，基础性研究和与专属经济区和大陆架的自然资源有关的研究之间的区分被纳入支配在这些领域内进行海洋科学研究的实质性规定中。

第三期会议之后，非正式司法专家小组审议了关于海洋科学研究的非正式单一协商案文规定。该小组提出将非正式单一协商案文第三部分第1条和第2条改为如下内容：

第1条

为本公约的目的，海洋科学研究意指旨在增进人类关于海洋环境包括其资源的知识的任何研究或相关实验工作。

第2条

——各国，不论其为沿海国或内陆国，以及各主管国际组织，在本公约所规定的各国的权利和义务的限制下，均有权进行海洋科学研究。⑥

考虑到对第2条作出的修改，第5条被作为多余的而删去。因此，这一案文将海洋资源纳入海洋科学研究的定义中；它还一般性地针对于"各国"和"主管"的国际组织，后者反映了在关于项目12（保全海洋环境）的协商中使用的措辞。它还提到"各国的权利和义务"，而不是仅仅是"沿海国的权利"。

238.8. 在第四期会议上（1976年），欧洲经济共同体和芬兰关于第1条和第2条的提案（资料来源41、资料来源42和资料来源44）都没有被接受，苏联的提案（资料来源43）只是转载了非正式小组的第2条。

第三委员会非正式会议之后，非正式单一协商案文第三部分被大幅度修改。"海洋科学研究"的定义被转移到订正的单一协商案文（资料来源16）第三部分第48条中，反映了非正式司法专家小组提出的案文，但没有提及"海洋资源"。非正式小组案文的第2条经略作修改后，反映在订正的单一协商案文第三部分第49条中，其内容如下：

各国，不论其地理位置如何，以及各主管国际组织，在本公约所规定的其他国家的权利和义务的限制下，有权进行海洋科学研究。

具有重要意义的是，这一案文提到"其他国家的权利和义务"，而不是像非正式单一协商案文第三部分第5条那样仅仅提到"沿海国的权利"。通过将对基础性研究和资源相关型研究的区分纳入后来的处理有关专属经济区和大陆架的海洋科学研究的进行

---

⑥ 海洋科学研究（1976年3月，油印本），第1条和第2条（非正式司法专家小组）。转载在《第三次联合国海洋法会议文件集》第十一卷，第544页。

的规定中，第三委员会得以为进行海洋科学研究的基本权利制定更为宽泛的措辞。由于第二委员会此时正在制定专属经济区和大陆架的概念，第三委员会得以就这些区域中的每一种制定更为精确的规定以充分保护沿海国的利益，而无需在承认进行海洋科学研究的权力的一般规定中包含任何具体限制。

"本公约所规定的其他国家的权利和义务"明显不限于第十三部分所包含的权利和义务。此外，"其他国家"一语比"沿海国"更为宽泛，包括内陆国和地理不利国。

238.9. 在第六期会议上，经过非正式谈判，非正式综合协商案文（资料来源17）没有采纳定义"海洋科学研究"的条款。非正式综合协商案文第239条原文重复了订正的单一协商案文第三部分第49条（承认进行海洋科学研究的权利）。

238.10. 在第七期会议续会（1978年）期间的非正式会议上，美国提出在第1条第6款恢复对"海洋科学研究"的定义。这一提案所基于的假设是，对海洋科学研究的定义"似乎是在起草非正式综合协商案文期间将各项定义移入第1条时被无意漏掉了。"⑦ 这一提案未能获得足够的支持。

在大会第八期会议续会上（1979年），起草委员会建议作为其统稿工作的一部分在非正式综合协商案文第二次修订稿第238条中的"States"之前插入"all"一词（译者注：即将"各国"改为"所有国家"）。⑧ 本条遂在此阶段最终定型。

第三委员会审议过的各定义作为"海洋科学研究"一语为本公约的目的用例，仍然是有使用价值的。至少，有关文本的演化表明，第二三八条所承认的进行海洋科学研究的一般权利可能对于不同的海洋区域有着不同的实质内容。

238.11(a). 第二三八条不明确地限于任何特定的一种或多种海洋区域。然而，外国进行海洋科学研究的权利在不同的海域有所不同，并随着其跨过沿海国的国家管辖范围逐渐增强。

238.11(b). 第二三八条规定，进行海洋科学研究的权利属于"所有国家，不论其地理位置如何。"本书在述及第十二部分时曾指出，仅使用"国家"而不是"缔约国"是第三委员会通过的案文的特点，视每一处的具体上下文，可能标志着法律的成文或意图使非缔约国受益（见上文第192.8段）。如此看来，进行海洋科学研究的权利是为了使不论是否为《公约》缔约国和不论以前是否曾经主张或行使过这种权利的国家都受益。"不论其地理位置如何"一语既包含内陆国也包含地理不利国。

238.11(c). 进行海洋科学研究的权利还赋予了"各主管国际组织"。该语出现在

⑦ 见 A/CONF. 62/RCNG/2（1978年），第三委员会主席报告（C. 3/Rep. 1），美国的非正式提案（MSR/2），第1条第（6）款和说明，《正式记录》第十卷，第126、173、190和193页。另见 MSR/2 和 Rev. 1（1978年，油印本），第1条第（6）款（美国）。分别转载在《第三次联合国海洋法会议文件集》第十卷，第360、386页。

⑧ 见 A/CONF. 62/L. 40（1979年），第一节，《正式记录》第十二卷，第95-96页（起草委员会主席）。

第二委员会和第三委员会编写的全套条款中，但在《公约》中没有定义。⑨ 在整个第十三部分中，与第十二部分不同，"主管国际组织"一语并不是指某一特定组织，而是指在有关情形下具有主管资格的任何一个组织。这一术语的使用暗指那些具有资格并积极参与海洋科学领域的组织，特别是在物理和化学海洋学、海洋生物学和海洋地质学方面。

关于"区域"（即国家管辖范围以外的海床和洋底及其底土），第一四三条明确规定了国际海底管理局的职权。除此之外，这一术语显然还可包括联合国本身、各主管专门机构、国际原子能机构和教科文组织政府间海洋学委员会以及联合国环境规划署等主管自主计划。附件八第二条第 2 款将政府间海洋学委员会列为保持海洋科学研究领域的专家名单的主管机构；第二八九条将这一规定载入《公约》。

特别关注海洋科学并且能够参与研究计划的非政府组织也可能属于第二三八条的范围。⑩

238.11(d). 进行海洋科学研究的权利不是绝对的，而是明确规定受"其他国家的权利和义务"的限制。其中所指的权利和义务明确规定是"本公约所规定的"，而不是产生自其他条约或一般国际法的规则和原则，并且其行使受第三〇〇条的限制。这一措辞似乎不影响根据《公约》第三一一条在其他国际公约或协定下产生的任何权利或义务。同样，根据序言部分第八段（见第一卷，第 207 和 464 页），这不得妨碍对《公约》未予规定的事项适用一般国际法的规则和原则。但是，为了确定可能优先于进行海洋科学研究的一般权利的其他国家的权利和义务，必须首先提及《公约》本身。此外还必须考虑到与这些权利相对应的义务，例如沿海国在行使其与大陆架有关的主权权利时应承担的不得对航行和其他国家的其他权利和自由有所侵害，或造成不当的干扰的义务（第七十八条第 2 款）。

---

⑨ 关于联合国秘书处编写的附有注释的涉及海洋事务的政府间组织名录，见 A/CONF.62/L.14（1976，油印本）。转载于《第三次联合国海洋法会议文件集》第十四卷，第 431 页。

⑩ 参见《最后文件》附录，本书系第一卷，第 440 页。提交第三次海洋法会议的非政府组织名单见 A/CONF.62/L.19（1976 年），《正式记录》第六卷，第 52 页；和 A/CONF.62/L.19/Add.1（1978 年），《正式记录》第九卷，第 179 页。

第二三九条　海洋科学研究的促进

各国和各主管国际组织应按照本公约，促进和便利海洋科学研究的发展和进行。

资料来源

1. A/CONF. 62/C. 3/L. 17（1974 年），第一部分，A 节，第 1 款，《正式记录》第三卷，第 263 页（第三委员会非正式会议）。

2. A/CONF. 62/C. 3/L. 26（1975 年），第 2 条第 1 款，《正式记录》第四卷，第 213 页（保加利亚、白俄罗斯、捷克斯洛伐克、德意志民主共和国、匈牙利、蒙古、波兰、乌克兰和苏联）。

3. A/CONF. 62/C. 3/L. 29（1975 年），第 3 条第 1 款，《正式记录》第四卷，第 216 页（哥伦比亚、萨尔瓦多、墨西哥和尼日利亚）。

4. A/CONF. 62/WP. 8/Part III（非正式单一协商案文，1975 年），第二部分，第 3 条，《正式记录》第四卷，第 171、177 页（第二委员会主席）。

5. A/CONF. 62/WP. 8/Rev. 1/Part III（订正的单一协商案文，1976 年），第 50 条，《正式记录》第五卷，第 173、180 页（第三委员会主席）。

6. A/CONF. 62/WP. 10（非正式综合协商案文，1977 年），第 240 条，《正式记录》第八卷，第 1、40 页。

7. A/CONF. 62/WP. 10/Rev. 1（非正式综合协商案文第一次修订稿，1979 年，油印本），第 239 条。转载在《第三次联合国海洋法会议文件集》第一卷，第 375、478 页。

8. A/CONF. 62/WP. 10/Rev. 2（非正式综合协商案文第二次修订稿，1980 年，油印本），第 239 条。转载在《第三次联合国海洋法会议文件集》第二卷，第 3、107 页。

9. A/CONF. 62/WP. 10/Rev. 3*（非正式综合协商案文第三次修订稿，1980 年，油印本），第 239 条。转载在《第三次联合国海洋法会议文件集》第二卷，第 179、283 页。

10. A/CONF. 62/L. 78（《公约草案》，1981 年），第 239 条，《正式记录》第十五卷，第 172、213 页。

起草委员会

11. A/CONF. 62/L. 67/Add. 11（1981 年，油印本），第 5~6 页。

12. A/CONF.62/L.67/Add.14（1981 年，油印本），第 26 页。

13. A/CONF.62/L.72（1981 年），《正式记录》第十五卷，第 151 页（起草委员会主席）。

非正式文件

14. CRP/Sc.Res./29（1974 年，油印本），第 1 款（第三委员会，非正式会议）。转载在《第三次联合国海洋法会议文件集》第十卷，第 316 页。

15. CRP/Sc.Res/41（1974 年，油印本），第 1 部分，A 节，第 1 款（第三委员会，非正式会议）。转载在《第三次联合国海洋法会议文件集》第十卷，第 328 页［见上文资料来源 1］。

16.《关于海洋科学研究的条款草案》（1975 年，油印本），第 2 条第 1 款（匿名）。转载在《第三次联合国海洋法会议文件集》第十一卷，第 10 页。

17. 苏联（1976 年，油印本），第 3 条。转载在《第三次联合国海洋法会议文件集》第十一卷，第 49 页。

评　　注

239.1. 第二三九条规定国家和主管国际组织有促进和便利海洋科学研究的发展和进行的一般义务。其中对"主管国际组织"的提及补充了第二三八条和其他有关国际组织进行海洋科学研究权利的条款。关于本条的实质内容，几乎没有争议。

239.2. 在第二期会议上（1974 年），第三委员会关于项目 13 和项目 14 的非正式起草和协商组拟订了一些案文，其中包括一套关于进行和促进海洋科学研究的一般原则。在一项非正式提案中（资料来源 14），协商组编写了一份案文，其内容如下：

> 1. 各国应按照本公约的规定，为国际社会的利益促进海洋科学研究的开展，并便利其发展和进行。

这些一般原则随后在载有非正式会议期间议定的案文的文件（资料来源 1 和资料来源 15）中进行了修订。除其他外，该文件规定：

> 1. 各国应按照本公约的规定，不仅为其本国的利益，也为国际社会的利益促进海洋科学研究的开展，并便利其发展和进行。

239.3. 在第三期会议上（1975 年），9 个社会主义国家提出了一套条款草案，其中作为第 2 条第 1 款包括了与上述案文相似的提案（资料来源 2）。哥伦比亚、萨尔瓦多、墨西哥和尼日利亚（资料来源 3）提交的另一套条款草案（资料来源 3）提出了一个更简要的方案，内容如下：各国应尽力促进、便利和合作发展和进行海洋科学研究。但是，由于这一案文在该期会议上提出的过晚，第三委员会未能对其进行详细的审议，故非正式单一协商案文第三部分（资料来源 6）只反映了起草和协商小组案文（资料来源 1）的实质内容，并只对其作了一处细微的润色性修改。订正的单一协商案文条文内容如下：

　　各国应不仅为其本国的利益，也为国际社会的利益，按照本公约的规定，尽力促进海洋科学研究的开展和进行。

　　第三期会议之后，非正式司法专家小组审议了关于海洋科学研究的非正式单一协商案文规定。在这些讨论的基础上，在第四期会议开始时编写了这一条款的新案文，其内容如下：

　　各国和**各主管国际组织**应按照本公约的规定，**尽量**促进和便利海洋科学研究的发展和进行［黑体为原文所加］①。

　　该案文将义务扩大到"主管国际组织"，并规定应"尽量"履行该义务。

239. 4. 在第四期会议上（1976 年），继续进行的非正式讨论产生的修订被订正的单一协商案文第三部分（资料来源 5）采纳为第五十条，其内容如下：

　　各国和各主管国际组织应按照本公约的规定，促进和便利海洋科学研究的发展和进行。

　　由于使用了"应"而不是"应尽力"或"应尽量"，这一案文比早先的案文更加确定地为各国和各主管国际组织规定了一项严格的义务。非正式单一协商案文中规定各国应"不仅为其本国的利益，也为国际社会的利益"促进研究的一句对于一些国家是无法接受的，特别是沿海国家，理由是它未能反映出沿海国对国家管辖区域内海洋科学研究的权力趋于增强的趋势，因而没有出现在订正的单一协商案文中。

　　此后对本条几乎没有更多的讨论，对其文本也只做了若干细微的修改，在非正式综合协商案文第一次修订稿时（资料来源 7），本条最终定型。

---

　　① 《海洋科学研究》（1976 年 3 月，油印本），第 3 条（非正式司法专家小组）。转载在《第三次联合国海洋法会议文件集》第十一卷，第 544 页。关于作为建议的折中方案提出的该集团的先前案文，同上（1976 年 1 月，油印本），第 3 条，同上，第 516 页。

第二四〇条　进行海洋科学研究的一般原则

进行海洋科学研究时应适用下列原则：

（a）海洋科学研究应专为和平目的而进行；

（b）海洋科学研究应以符合本公约的适当科学方法和工具进行；

（c）海洋科学研究不应对符合本公约的海洋其他正当用途有不当干扰，而这种研究在上述用途过程中应适当地受到尊重；

（d）海洋科学研究的进行应遵守依照本公约制定的一切有关规章，包括关于保护和保全海洋环境的规章。

资料来源

1. A/AC.138/SC.III/L.18（1972年），原则4、原则5和原则12，转载在1972年《海底委员会报告》，第203页（加拿大）。

2. A/AC.138/SC.III/L.23（1972年），原则11和原则12，转载在1972年《海底委员会报告》，第206、208页（保加利亚、乌克兰和苏联）。

3. A/AC.138/SC.III/L.31（1973年，油印本），第3条，第10条最末款和第11条（保加利亚、波兰、乌克兰和苏联）。

4. A/AC.138/SC.III/L.42（1973年，油印本），第2款（中国）。

5. A/AC.138/SC.III/L.44（1973年，油印本），第2条、第3条和第7条（g）款（美国）。

6. A/AC.138/SC.III/L.45（1973年，油印本），第2款和第7款（巴西、厄瓜多尔、萨尔瓦多、秘鲁和乌拉圭）。

7. A/CONF.62/C.3/L.17（1974年，油印本），第一部分，A节第2款，《正式记录》第三卷，第263页（第三委员会非正式会议）。

8. A/CONF.62/C.3/L.19（1974年），第3条和第4条，《正式记录》第三卷，第266~267页（奥地利、比利时、玻利维亚、博茨瓦纳、丹麦、德意志联邦共和国、老挝、莱索托、利比里亚、卢森堡、尼泊尔、荷兰、巴拉圭、新加坡、乌干达、上沃尔特和赞比亚）。

9. A/CONF.62/C.3/L.26（1975年），第2条第2款，《正式记录》第四卷，第213页（保加利亚、白俄罗斯、捷克斯洛伐克、德意志民主共和国、匈牙利、蒙古、波兰、乌克兰和苏联）。

10. A/CONF. 62/C. 3/L. 29（1975 年），第 3 条第 2 款，第 5 条，《正式记录》第四卷，第 216~217 页（哥伦比亚、萨尔瓦多、墨西哥和尼日利亚）。

11. A/CONF. 62/WP. 8/Part III（非正式单一协商案文，1975 年），第二部分，第 4、6 条，《正式记录》第四卷，第 171、177 页（第三委员会主席）。

12. A/CONF. 62/WP. 8/Rev. 1/Part III（订正的单一协商案文，1976 年），第 51 条，《正式记录》第五卷，第 180~181 页（第三委员会主席）。

13. A/CONF. 62/WP. 10（非正式综合协商案文，1977 年），第 241 条，《正式记录》第八卷，第 1、41 页。

14. A/CONF. 62/WP. 10/Rev. 1（非正式综合协商案文第一次修订稿，1979 年，油印本），第 240 条。转载在《第三次联合国海洋法会议文件集》第一卷，第 375、478 页。

15. A/CONF. 62/WP. 10/Rev. 2（非正式综合协商案文第二次修订稿，1980 年，油印本），第 240 条。转载在《第三次联合国海洋法会议文件集》第二卷，第 3、107 页。

16. A/CONF. 62/WP. 10/Rev. 3*（非正式综合协商案文第三次修订稿，1980 年，油印本），第 240 条。转载在《第三次联合国海洋法会议文件集》第二卷，第 179、284 页。

17. A/CONF. 62/L. 78（《公约草案》，1981 年），第 240 条，《正式记录》第十五卷，第 172、213 页。

起草委员会

18. A/CONF. 62/L. 67/Add. 11（1981 年，油印本），第 7~12 页。

19. A/CONF. 62/L. 67/Add. 14（1981 年，油印本），第 26 页。

20. A/CONF. 62/L. 72（1981 年），《正式记录》第十五卷，第 151 页（起草委员会主席）。

21. A/CONF. 62/L. 152/Add. 25（1982 年，油印本），第 32~34 页。

22. A/CONF. 62/L. 160（1982 年），《正式记录》第十七卷，第 225 页（起草委员会主席）。

非正式文件

23. 美国（1974 年，油印本），第 1 条最末款，第 3~4 条。转载在《第三次联合国海洋法会议文件集》第十一卷，第 3~4 页。

24. CRP/Sc. Res. /25（1974 年，油印本）（奥地利、比利时、保加利亚、捷克斯洛伐克、丹麦、法国、德意志联邦共和国、德意志民主共和国、意大利、卢森堡、荷兰、波兰、瑞典、瑞士和英国）。转载在《第三次联合国海洋法会议文件集》第十卷，第

313 页。

25. CRP/Sc. Res. /27（1974 年，油印本）（哥伦比亚、墨西哥和委内瑞拉）。转载在《第三次联合国海洋法会议文件集》第十卷，第 315 页。

26. 主席的提案（1974 年，油印本），第 2 款（关于项目 13 和项目 14 的非正式会议主席）。转载在《第三次联合国海洋法会议文件集》第十一卷，第 7 页。

27. CRP/Sc. Res. /29（1974 年，油印本），第 2 款（第三委员会，非正式会议）。转载在《第三次联合国海洋法会议文件集》第十卷，第 316 页。

28. CRP/Sc. Res. /40（1974 年，油印本），第 3 条和第 4 条（第三委员会，非正式会议）。转载在《第三次联合国海洋法会议文件集》第十卷，第 325 页。

29. CRP/Sc. Res/41（1974 年，油印本），第一部分，A 节第 2 款（第三委员会，非正式会议）。转载在《第三次联合国海洋法会议文件集》第十卷，第 328 页［见上文资料来源 7］。

30.《关于海洋科学研究的条款草案》（1975 年，油印本），第 2 条第 2 款和第 6 款（匿名）。转载在《第三次联合国海洋法会议文件集》第十一卷，第 10 页。

31. 苏联（［1976 年］，油印本），第 4 条。转载在《第三次联合国海洋法会议文件集》第十一卷，第 49 页。

32. 美国（1977 年，油印本），第 51 条（c）款。转载在《第三次联合国海洋法会议文件集》第十一卷，第 99 页。

评　　注

240. 1. 由于当时的会议讨论显示，许多代表团不会接受将进行海洋科学研究的权利视为绝对公海自由的理念，[①] 因此第八十七条规定公海海洋科学研究的自由受第六部分和第七部分的限制。第二四〇条规定了适用于所有海洋科学研究的一般条件。它所依据的模本是海底委员会 1972 年和 1973 年会议期间（资料来源 1 至料来源 6）和第三次海洋法会议第二期和第三期会议（1974 年和 1975 年）上（资料来源 7 至资料来源 10）提交的若干案文和提案的结合。

240. 2. 在海底委员会 1972 年会议上，提交给第三分委员会的两份关于海洋科学研究的工作文件中含有今第二四〇条中所出现的诸项原则的成分。加拿大工作文件（资料来源 1）的原则 4 大体对应于第二四〇条（c）项的文本，它规定：

---

① 见以下各国代表在第二期会议期间第三委员会各次会议上的发言：第 7 次会议：马达加斯加，《正式记录》第二卷，第 335 页第 1 段；巴西，同上，第 338 页第 24 段和喀麦隆联合共和国，同上第 339 页第 50 段；第 9 次会议：西班牙，同上，第 347 页第 11 段；和南斯拉夫，同上，第 348 页第 19 段。但同时请参阅同期会议上支持科学研究应为公认的诸项公海自由之一的理念的发言：第 8 期会议：以色列，同上，第 343 页第 28 段；和第 9 期会议：苏联，同上，第 349 页第 21 段和日本，同上，第 353 页第 72 段。

海洋科学研究应以合理的方式进行，并不应对海洋环境的其他用途造成任何不当干扰；海洋环境的其他用途也不应对海洋科学研究造成任何不当干扰。

同一份文件的原则 5 和原则 12 结合起来，规定应避免对海洋环境的不适当扰乱或污染，并应在国家管辖区域内遵守沿海国的法律和规章。特别是，它们涉及关于大陆架资源、环境保护、渔业管理和沿海国安全的沿海国规章。3 个东欧国家的一项提案（资料来源 2）在其原则 11 中载有关于避免"可能对海洋环境的生态平衡造成扰乱的对海洋环境的损害"的宽泛条文。该文件的原则 12 是一项关于调和相互冲突的用途的详细规定（与第二四〇条（c）项相关），其内容如下：

进行海洋科学研究不应对航行造成危险或对捕鱼造成无端干扰。在必要的情况下，应就将在何时何地进行实验作出适当的通知。

240. 3. 在海底委员会 1973 年会议上，提交给第三分委员会的若干提案中也出现了类似的原则。在遵守规章方面（现规定在第二四〇条（d）项中），4 个东欧国家和美国的提案再次强调了应遵守保护和保全海洋环境的规章（资料来源 3 第 11 条和资料来源 5 第 3 条和第 7 条（g）项）。这些提案以及 5 个拉丁美洲国家的提案（资料来源 6）同样都遵循了加拿大先前提案（资料来源 1）所采取的办法，规定海洋科学研究不应干扰海洋的其他用途，同时其他用途也不应造成对海洋科学研究的不当干涉（资料来源 3 第 10 条最末款；资料来源 5 第 2 条和资料来源 6 第 7 款）。根据先前的工作文件（资料来源 2），4 个东欧国家作为一系列条款草案（资料来源 3）中的第 3 条提出了一项新规定（对应于第二四〇条（b）项）。这一新案文规定如下：

世界海洋中的科学研究既可通过使用专门为这些目的设计的也可通过改造或用于这些目的的所有类型的船舶、平台、浮动站、移动或固定设施、飞机和其他工具，使用适当的科学方法和设备进行。

对为和平目的进行海洋科学研究的提及（现载于第二四〇条（a）项）首先出现在 5 个拉丁美洲国家提交的案文（资料来源 6）的第 2 款中，其内容如下：

受沿海国海事主权和管辖权限制的区域内的科学研究活动应为和平目的而进行。

中国同时提交的提案（资料来源4）规定海洋科学研究应"专"为和平目的而进行。

240.4. 在第三次海洋法会议第二期会议上（1974年），第三委员会由审议以上和其他非正式提案（资料来源23至资料来源29）开始着手其工作。美国的一项提案（资料来源23）在提出海洋科学研究应"仅用于和平目的"后，还包括了包含一般原则的其他两条：

第3条

进行海洋科学研究应合理顾及海洋、海床或其底土的其他用途。这些其他用途应以尽量减少对海洋科学研究的干扰的方式进行。

第4条

进行海洋科学研究应按照本公约和其他国际法规则的规定适当顾及海洋环境的保全。

由15个欧洲国家提交的一项提案（资料来源24）改写并略微精简了这两项原则，但未对其实质内容作出改动。3个拉丁美洲国家的一项提案（资料来源25）作为海洋科学研究活动的一般原则提出海洋科学研究活动"不应构成对海洋、海床及其底土的任何部分的任何管辖权或优先权主张的法律根据"（现体现于第二四一条中，见下文第241.3段）。

第三委员会关于项目13和项目14的起草和协商小组在临近会议结束时提出的关于项目13和项目14的综合案文（资料来源7、资料来源26和资料来源27）将这些一般原则合并为以下条文：

2. 进行海洋科学研究时应适用下列原则：

（a）海洋科学研究活动应专为和平目的而进行；

（b）这种活动不应对符合本公约规定的海洋其他正当用途有不适当干扰，而这种研究在上述用途过程中应适当地受到尊重；

（c）这种活动应遵守依照本公约制定的关于保全海洋环境的规章。

（d）……

在这一案文中，关于海洋科学研究不构成任何法律主张的根据的规定被移至单独的一款中。

由17个内陆国和地理不利国提出的一套关于海洋科学研究的条款草案（资料来源8）包含了对应于起草和协商小组案文（b）项和（c）项的条文，尽管在术语和范围上有一些差异。特别是，这一草案第 4 条提到"本公约和其他国际法规则关于保全海洋环境的规定"。

240.5. 在第三期会议上（1975 年），9 个社会主义国家提出的一系列条款草案（资料来源 9）中的第 2 条第 2 款大幅度地重复了起草和协商小组案文的措词。在第三期会议临近结束时，4 个国家提交的一项提案（资料来源 10）提出了另一套条款草案，其中第 3 条第 2 款是以起草和协商小组的先前案文为基础的。但该案文的（c）项经修改后，删去了"关于保全海洋环境"一语，将规定扩大到根据《公约》制定的所有规章。该提案在第 5 条中还载有一项单独的规定，内容如下：

在按照本公约的规定进行海洋科学研究时，研究国和主管国际组织应使用适当的科学方法，并可利用研究船只、飞机、装置、设备或设施。

非正式单一协商案文第三部分（资料来源 11）同时反映了起草和协商小组案文和四国案文中提出的条款草案的成分。这些规定分载于两个不同的条款中，内容如下：

第 4 条

各国和国际组织进行海洋科学研究时应适用下列原则：

（a）海洋科学研究活动应专为和平目的而进行；

（b）这种活动不应对符合本公约规定的海洋其他正当用途有不适当干扰，而这种研究在上述用途过程中应适当地受到尊重；

（c）这种活动应遵守依照本公约制定的关于保全海洋环境的规章。

第 6 条

在按照本公约的规定进行海洋科学研究时，各国和主管国际组织应使用适当的科学方法，并可利用船只、飞机、装置、设备或设施。

第 4 条紧密地对应于起草和协商小组关于一般原则的案文，第 6 条则是关于使用科学方法的四国提案的修改版。

第三期会议之后，非正式司法专家小组审议了关于海洋科学研究的非正式单一协商案文规定。在第四期会议开始时，该专家小组建议对非正式单一协商案文中的条文作几处修改。[②] 其中第 4 条（c）项建议改为如下内容：

---

② 《海洋科学研究》（1976 年 3 月，油印本），第 4 条和第 6 条（非正式司法专家小组）。转载在《第三次联合国海洋法会议文件集》第十一卷，第 544-545 页。关于该小组编制的一项建议的折中方案，见同上（1976 年 1 月，油印本），第 4 条和第 6 条，同上，第 516 页。

（c）这种活动应遵守本公约的规定并应遵守依照本公约制定的**可适用的规则和标准、法律和规章，包括关于**保全海洋环境的规则和标准、法律和规章［黑体为原文所加］。

第6条经修改和重新组织后，内容如下：

在进行海洋科学研究时，各国和主管国际组织应使用适当的科学方法，并可利用**符合本公约规定的任何工具**［黑体为原文所加］。

这一条文比非正式单一协商案文版本更为一般化。

240.6. 此后，在第四期会议上（1976年），苏联提出将全部4项一般原则纳入单一的一条中（资料来源31）。在进一步的非正式协商之后，这一架构乃至苏联提案的原本措辞都被订正的单一协商案文第三部分（资料来源12）转载，其中第51条内容如下：

进行海洋科学研究时应适用下列原则：
（a）海洋科学研究活动应专为和平目的而进行；
（b）这种活动应以符合本公约的规定的适当科学方法和工具进行；
（c）这种活动不应对符合本公约规定的海洋其他正当用途有不当干扰，而这种研究在上述用途过程中应适当地受到尊重；
（d）这种活动应遵守依照本公约的规定制定的一切有关规章，包括关于保全海洋环境的规章。

这一案文中的引导句和（a）项与今公约完全相同。新的（b）项改写自非正式单一协商案文第三部分第6条。但重要的是，它没有提到使用"船只、飞机、装置、设备或设施"，而只是简单地以一般性措辞规定研究活动"应以符合本公约的规定的适当科学方法和工具进行"。（d）项（前（c）项）经订正的单一协商案文修改后扩展到依照《公约》制定的"一切有关规章"，"包括关于保全海洋环境的规章"（黑体为本书所加）。因而，这一案文在强调《公约》第十二部分和第十三部分密切的相互依赖关系的同时，采纳了四国条款草案提出的较宽范围（资料来源10；见前文第240.5段）。

240.7. 在第六期会议上（1977年），美国提出在（c）项中的"用途"之后加上"除其他外，包括沿海国根据本公约规定的其管辖权进行的经济活动"一句。对资源管辖权的这一提及没有被第三委员会接受。非正式综合协商案文（资料来源13）仅采纳了若干润色性修改，同时给本条添加了现标题。

在非正式综合协商案文第二次修订稿中（资料来源15），（a）项经略作修改后，更宽泛地适用于"海洋科学研究",而不是研究"活动"。随后根据起草委员会的建议（资料来源 18 至资料来源 22）采纳了若干润色性修改。

240.8. 在第九期会议上（1979 年），起草委员会提请注意可能需要将第二四○条（c）项与《公约》的其他规定相统一。[③] 特别是，（c）项规定，研究活动对其他用途"不应……有不当干扰"，而处理各种用途之间相互适应的其他条款通常采用的标准是"适当"或"合理顾及"其他用途。另外，虽然（c）项提到"海洋其他正当用途"，但第五十八条第 1 款中第一处出现的类似提及则使用了"海洋其他国际合法用途"。起草委员会建议在《公约》的后续规定中采用第五十八条的用语。但是，第三委员会并未采纳这些建议，起草委员会指出的不一致之处在《公约》中保留下来。[④]

240.9（a）. 第二四○条（a）项主要得到发展中国家的支持，其目的在于确保海洋科学研究活动不偏离和平目的。这在很大程度上是在海洋科学研究的具体语境下《公约》其他条款对各国活动的限制的重申。类似的规定也见于第八十八条（规定公海"应只用于和平目的"）、第一四一条（规定"区域""应开放给所有国家……专为和平目的利用"）以及第三○一条（关于海洋的和平使用的一般规定）。

海洋科学研究应专为和平目的而进行的原则也与其他有关规定相关联。因此，根据第十九条（"无害通过的意义"），如果外国船舶在领海内进行研究或调查活动，其在领海的通过应被视为损害沿海国的和平、良好秩序或安全（第 2 款（j）项）。同样，关于通过用于国际航行的海峡的过境通行制度，第四十条规定："外国船舶，包括海洋科学研究和水文测量的船舶在内，在过境通行时，非经海峡沿岸国事前准许，不得进行任何研究或测量活动"；第四十五条规定无害通过制度适用于某些海峡。关于群岛国，第五十二条规定，所有国家的船舶均享有第四部分定义的通过群岛水域的无害通过权；第五十四条规定，第四十条适用于第五十三条所定义的群岛海道通过。这些例子清楚地表明了（a）项所述原则的广泛范围。

240.9（b）. （b）项是不言自明的，尽管本项所使用的宽泛用语令人难以对其范围作出精确的界定。订正的单一协商案文删去"船只、飞机……"等语（见前文第 240.6 段）反映了在使用的科学设备和方法方面给本项以宽泛解释的机会的意图。

240.9（c）. （c）项要求海洋科学研究活动与海洋其他正当用途协调一致。重要的是，该项要求海洋科学研究不应对海洋其他正当用途有不当干扰，并且"在上述用途过程中应适当地受到尊重"。4 个国家在第三期会议上提交的条款草案（资料来源 10）在第 3 条第 2（b）项中规定，海洋科学研究"不应对……海洋其他正当用途有不适当

---

③ 见 A/CONF. 62/L. 56（1979 年），附件 C，第 4 款和第 7 款，《正式记录》第十三卷，第 94、96 页（起草委员会主席）。

④ 第三委员会主席关于该委员会对起草委员会各项统稿提案的反应的报告，见他在第 134 次全体会议上的发言，特别是《正式报告》第十四卷，第 15 页第 41 段；和 A/CONF. 62/C. 3/L. 34 和 Adds. 1 和 2（1980 年），同上，第 185 页。

干扰"；但该项没有提及在这些其他用途过程中有尊重研究活动的相应义务。第二四〇条（c）项所述的原则明确地增加了研究活动作为与航行和保护和保全海洋环境等其他用途并列的海洋正当用途的正当性。在专属经济区方面，这一规定也可以与第五十九条一并阅读。

240. 9(d). 与（a）项一样，（d）项使《公约》的若干其他得以条款发挥作用，为进行海洋科学研究规定了详细的限制。（d）项使研究活动受依照《公约》制定的"一切有关规章"的限制，而不仅仅受处理保护和保全海洋环境的规章的限制。这类规章可能包括以下各例：（1）沿海国关于通过领海的无害通过的规章（第二十一条第 1 款（g）项）；（2）海峡沿岸国制定的关于海上交通管理和防止行使过境通行权的船只的污染等的规章（第四十二条第 1 款（a）项和（b）项））；（3）群岛国颁布的类似规章；（4）沿海国为行使对专属经济区内海洋科学研究的管辖权制定的规章（第五十六条第 1 款（b）项（2）目）；（5）依照第十二部分第六节颁布的保护和保全海洋环境的规章。

第二四一条　不承认海洋科学研究活动为任何权利主张的法律根据

海洋科学研究活动不应构成对海洋环境任何部分或其资源的任何权利主张的法律根据。

资料来源

1. A/AC. 138/SC. III/L. 18（1972 年），原则 3，转载在 1972 年《海底委员会报告》，第 203～204 页（加拿大）。

2. A/AC. 138/SC. III/L. 23（1972 年），原则 14，转载在 1972 年《海底委员会报告》，第 206、208 页（保加利亚、乌克兰和苏联）。

3. A/AC. 138/SC. II/L. 28（1973 年），第 63 条第 3 款，转载在 1973 年《海底委员会报告》第三卷，第 35、56 页（马耳他）。

4. A/AC. 138/SC. III/L. 34（1973 年，油印本），第 2 条第 3 款（马耳他）。

5. A/AC. 138/SC. III/L. 44（1973 年，油印本），第 4 条（美国）。

6. A/AC. 138/SC. III/L. 53（1973 年），附件（WG. 3/Paper No. 4，备选案文），转载在 1973 年《海底委员会报告》第一卷，第 102～103 页（第三工作组主席）。

7. A/CONF. 62/C. 3/L. 17（1974 年），第一部分，A 节第 3 款，《正式记录》第三卷，第 263 页（第三委员会非正式会议）。

8. A/CONF. 62/C. 3/L. 26（1975 年），第 2 条第 3 款，《正式记录》第四卷，第 213 页（保加利亚、白俄罗斯、捷克斯洛伐克、德意志民主共和国、匈牙利、蒙古、波兰、乌克兰和苏联）。

9. A/CONF. 62/C. 3/L. 29（1975 年），第 3 条第 3 款，《正式记录》第四卷，第 216 页（哥伦比亚、萨尔瓦多、墨西哥和尼日利亚）。

10. A/CONF. 62/WP. 8/Part III（非正式单一协商案文，1975 年），第二部分，第 7 条，《正式记录》第四卷，第 171、177 页（第二委员会主席）。

11. A/CONF. 62/WP. 8/Rev. 1/Part III（订正的单一协商案文，1976 年），第 52 条，《正式记录》第五卷，第 173、180 页（第三委员会主席）。

12. A/CONF. 62/WP. 10（非正式综合协商案文，1977 年），第 242 条，《正式记录》第八卷，第 1、41 页。

13. A／CONF. 62／WP. 10／Rev. 1（非正式综合协商案文第一次修订稿，1979 年，油印本），第 241 条。转载在《第三次联合国海洋法会议文件集》第一卷，第 375、479 页。

14. A／CONF. 62／WP. 10／Rev. 2（非正式综合协商案文第二次修订稿，1980 年，油印本），第 241 条。转载在《第三次联合国海洋法会议文件集》第二卷，第 3、107 页。

15. A／CONF. 62／WP. 10／Rev. 3*（非正式综合协商案文第三次修订稿，1980 年，油印本），第 241 条。转载在《第三次联合国海洋法会议文件集》第二卷，第 179、284 页。

16. A／CONF. 62／L. 78（《公约草案》，1981 年），第 241 条，《正式记录》第十五卷，第 172、218 页。

起草委员会

17. A／CONF. 62／L. 67／Add. 11（1981 年，油印本），第 13 页。

18. A／CONF. 62／L. 72（1981 年），《正式记录》第十五卷，第 151 页（起草委员会主席）。

19. A／CONF. 62／L. 152／Add. 25（1982 年，油印本），第 35 页。

20. A／CONF. 62／L. 160（1982 年），《正式记录》第十七卷，第 225 页（起草委员会主席）。

非正式文件

21. CRP／Sc. Res.／3（1974 年，油印本）。转载在《第三次联合国海洋法会议文件集》第十卷，第 300 页。

22. CRP／Sc. Res.／6（1974 年，油印本）（苏联）。转载在《第三次联合国海洋法会议文件集》第十卷，第 301 页。

23. CRP／Sc. Res.／27（1974 年，油印本）（c）项（哥伦比亚、墨西哥和委内瑞拉）。转载在《第三次联合国海洋法会议文件集》第十卷，第 315 页。

24. 主席的提案（1974 年，油印本），（d）项（关于项目 13 和项目 14 的非正式会议主席）。转载在《第三次联合国海洋法会议文件集》第十一卷，第 7 页。

25. CRP／Sc. Res.／29（1974 年，油印本），第 3 款（第三委员会，非正式会议）。转载在《第三次联合国海洋法会议文件集》第十卷，第 316 页。

26. CRP／Sc. Res／41（1974 年，油印本），第一部分，A 节第 3 款（第三委员会，非正式会议）。转载在《第三次联合国海洋法会议文件集》第十卷，第 328 页［见上文资料来源 7］。

27. 苏联（1976 年，油印本），第 5 条。转载在《第三次联合国海洋法会议文件集》第十一卷，第 49 页。

评　　注

241. 1. 第二四一条规定，海洋科学研究活动不能构成对海洋环境任何部分或其资源的任何权利主张的法律根据。这一规定分别遵循了第八十九条和第一三七条第 1 款和第 3 款中关于公海和"区域"的规定。因此，它保护了沿海国家对其大陆架和专属经济区的资源的主权权利。同时，它防止根据在公海或"区域"进行的海洋科学研究对公海或"区域"的任何部分或其资源提出专属权利主张。

241. 2. 在海底委员会 1972 年和 1973 年会议期间提交给其第三分委员会的几项提案包含了与今第二四一条的措辞紧密对应的措辞（资料来源 1 至资料来源 5）。最早的案文出现在提交于 1972 年的加拿大工作文件（资料来源 1）的原则 3 中，规定：

> 海洋科学研究本身不应构成对国家管辖范围以外区域内的任何开发权或任何其他权利主张的法律根据。

由 3 个欧洲国家在同一期会议上提交的一项工作文件（资料来源 2）将这一原则扩展到"海洋任何部分或其资源"。1973 年会议期间马耳他向第二和第三分委员会提交的两项案文（分别为资料来源 3 和资料来源 4）中包含了另一种变体，规定科学研究"不应构成关于海洋空间或其资源的任何管辖权主张的法律根据"。1973 年会议期间提交的其他提案都与以上方案中的一种相符合。

1973 年会议之前和期间收到的诸项非正式提案经第三分委员会第 3 工作组议定，被综合为两个备选案文（资料来源 6）：

> 海洋科学研究本身不应构成对国家管辖范围以外区域内的任何开发权或任何其他权利主张的法律根据。
>
> 或
>
> 海洋科学研究活动本身不应构成对海洋环境任何部分或其资源的任何权利主张的法律根据。

两个备选案文中的第一个反映了加拿大 1972 年的工作文件，第二个反映了其后的几个东欧国家的文件的措辞。

241. 3. 在第三次海洋法会议第二期会议上（1974），肯尼亚的一项非正式提案（资料来源 21）建议如下规定：

> 在不影响沿海国在其国家管辖下区域内的权利的情况下，海洋科学研究

活动不应构成对海洋环境任何部分或其资源的任何权利主张的法律根据。

苏联随后提出了对该案文前部的修改提案（资料来源 22）。3 个拉美国家的一项非正式提案（资料来源 23）将这一条文列为进行海洋科学研究的一般原则之一。关于项目 13 和项目 14 的非正式会议主席编制的一项案文（资料来源 24）也将其列为四项一般原则之一。第三委员会关于项目 13 和项目 14 的起草和协商小组在其制定的一项案文（资料来源 7、资料来源 25 和资料来源 26）中将这一条文从一般原则中分离出来。该案文内容如下：

> 海洋科学研究活动不应构成对海洋环境任何部分或其资源的任何权利主张的法律根据。

由一个九国社会主义国家集团（资料来源 8）和一个四国集团（资料来源 9）提出的提案重复了这一措辞，不过前者更加一般化并且没有提及"活动"。非正式单一协商案文第三部分（资料来源 10）随后转载了起草和协商小组的案文。

241. 4. 订正的单一协商案文第三部分（资料来源 11）原文重复了这一案文。原"whatsoever"一词被从非正式综合协商案文（资料来源 12）中的文本中略去，同时本条标题被定为"海洋科学研究活动不构成任何权利主张的法律根据。"非正式综合协商案文第二次修订稿（资料来源 13）中的"不应构成"使用了"shall not constitute"，而不是"shall not form"。

根据起草委员会的建议（资料来源 19），在第十一期会议上（1982 年），第二四一条的标题被改为今形式。这一修改的效果是强调了不承认海洋科学研究活动构成对海洋环境任何部分或其资源的任何权利主张的法律根据的规则。

第二节　国际合作

第二四二条　国际合作的促进

1. 各国和各主管国际组织应按照尊重主权和管辖权的原则，并在互利的基础上，促进为和平目的进行海洋科学研究的国际合作。

2. 因此，在不影响本公约所规定的权利和义务的情形下，一国在适用本部分时，在适当情形下，应向其他国家提供合理的机会，使其从该国取得或在该国合作下取得为防止和控制对人身健康和安全以及对海洋环境的损害所必要的情报。

资料来源

1. A/AC. 138/SC. III/L. 23（1972 年），原则 2，转载在 1972 年《海底委员会报告》，第 206~207 页（保加利亚、乌克兰和苏联）。

2. A/AC. 138/89（1973 年），声明 G，第 14 段，转载在 1973 年《海底委员会报告》第二卷，第 4、7 页（非洲统一组织）。

3. A/AC. 138/SC. III/L. 42（1973 年，油印本），第 3 款（中国）。

4. A/AC. 138/SC. III/L. 44（1973 年，油印本），第 5 条（美国），引导句（美国）。

5. A/AC. 138/SC. III/L. 53（1973 年），附件（WG. 3/Paper No. 5，备选案文 A 第 2 款、备选案文 B 和备选案文 C），转载在 1973 年《海底委员会报告》第一卷，第 102~103 页（第三工作组主席）。

6. A/CONF. 62/33（1974 年），宣言 G，第 14 段，《正式记录》第三卷，第 63~64 页（非洲统一组织）。

7. A/CONF. 62/C. 3/L. 17（1974 年），第一部分，B 节第 1 款，《正式记录》第三卷，第 263 页（第三委员会非正式会议）。

8. A/CONF. 62/C. 3/L. 26（1975 年），第 3 条第 1 款，《正式记录》第四卷，第 213 页（保加利亚、白俄罗斯、捷克斯洛伐克、德意志民主共和国、匈牙利、蒙古、波兰、乌克兰和苏联）。

9. A/CONF. 62/WP. 8/Part Ⅲ（非正式单一协商案文，1975 年），第二部分，第 8 条，《正式记录》第四卷，第 171、177 页（第三委员会主席）。

10. A/CONF. 62/WP. 8/Rev. 1/Part Ⅲ（订正的单一协商案文，1976 年），第 53 条，《正式记录》第五卷，第 173、181 页（第三委员会主席）。

11. A/CONF. 62/WP. 10（非正式综合协商案文，1977 年），第 243 条，《正式记录》第八卷，第 1、41 页。

12. 见 A/CONF. 62/RCNG/2（1978 年），第三委员会主席报告（C. 3/Rep. 1），美国的非正式提案（MSR/2），第 242 条之二和说明，《正式记录》第十卷，第 126、173、190、193 页。

13. A/CONF. 62/WP. 10/Rev. 1（非正式综合协商案文第一次修订稿，1979 年，油印本），第 242 条。转载在《第三次联合国海洋法会议文件集》第一卷，第 375、479 页。

14. A/CONF. 62/L. 41（1979 年），附件，第 242 条，《正式记录》第十二卷，第 94 页（第三委员会主席）。

15. 见 A/CONF. 62/L. 33（1979 年），《正式记录》第十二卷，第 114 页（第三委员会主席）。

16. A/CONF. 62/L. 50（1980 年），附件，第 242 条，《正式记录》第十三卷，第 80 ~81 页（第三委员会主席）。

17. A/CONF. 62/WP. 10/Rev. 2（非正式综合协商案文第二次修订稿，1980 年，油印本），第 242 条。转载在《第三次联合国海洋法会议文件集》第二卷，第 3、107 页。

18. A/CONF. 62/WP. 10/Rev. 3*（非正式综合协商案文第三次修订稿，1980 年，油印本），第 242 条。转载在《第三次联合国海洋法会议文件集》第二卷，第 179、284 页。

19. A/CONF. 62/L. 78（《公约草案》，1981 年），第 242 条，《正式记录》第十五卷，第 172、213 页。

起草委员会

20. A/CONF. 62/L. 67/Add. 11（1981 年，油印本），第 14~18 页。

21. A/CONF. 62/L. 72（1981 年），《正式记录》第十五卷，第 151 页（起草委员会主席）。

22. A/CONF. 62/L. 142/Add. 1（1982 年，油印本），第 44 页。

23. A/CONF. 62/L. 147（1982 年），《正式记录》第十六卷，第 254 页（起草委员会主席）。

非正式文件

24. 美国（1974年，油印本），第9条第1款，转载在《第三次联合国海洋法会议文件集》第十一卷，第4~5页。

25. 匿名（1974年，油印本），第1款，转载在《第三次联合国海洋法会议文件集》第十一卷，第8页。

26. CRP/Sc. Res/41（1974年，油印本），第1部分，B节第1款（第三委员会，非正式会议）。转载在《第三次联合国海洋法会议文件集》第十卷，第328~329页［见上文资料来源7］。

27. 《关于海洋科学研究的条款草案》（1975年，油印本），第3条第1款（匿名）。转载在《第三次联合国海洋法会议文件集》第十一卷，第10页。

28. 苏联（1976年，油印本），第8条。转载在《第三次联合国海洋法会议文件集》第十一卷，第49页。

29. MSR/2（1978年，油印本），第242条之二和说明（美国）。转载在《第三次联合国海洋法会议文件集》第十卷，第360、362页［见上文资料来源12］。

30. 美国（1978年，油印本），第242条之二。转载在《第三次联合国海洋法会议文件集》第十一卷，第117页。

31. MSR/2/Rev. 1（1979年，油印本），第242条之二（美国）。转载在《第三次联合国海洋法会议文件集》第十卷，第386页。

32. MSR/5（1979年，油印本），第242条（秘鲁）。转载在《第三次联合国海洋法会议文件集》第十卷，第391页。

33. MSR/8（1980年，油印本），第242条（非正式会议主席）。转载在《第三次联合国海洋法会议文件集》第十卷，第395页。

评　　注

242. 1. 第二四二条是处理国际层面上的海洋科学研究中的合作的第二节3条中的第一条，也是其中一般性最强的一条。第1款中"促进为和平目的进行海洋科学研究的国际合作"的一般性义务与第2款中关于取得科学情报的更加详细并且狭窄的义务之间的差异，反映了这两款由截然不同的来源发展而来。

242. 2. 海底委员会在其工作过程中即认识到进行海洋科学研究的国际合作的必要性。有3项提交给第三分委员第三工作组的提案（资料来源1、资料来源3和资料来源4）提到为和平目的进行海洋科学研究的国际合作。3个东欧国家在1972年提交的工作文件（资料来源1）中的原则2规定："进行海洋科学研究的国际合作应服务于和平目的，并有助于增进所有国家人民的福祉。"中国于1973年提交的一项案文草案（资料来源 3）载有一项新增的内容，规定"所有国家应在相互尊重主权、平等互利的基础上，促进海洋科学研究的国际合作。"美国的一项草案（资料来源 4）仅规定"各国应专为和平目的促进科学研究的国际合作。"在非正式谈判之后，这些案文由第三工作组综合起来（资料来源 5）。这些提案的共同之处在于它们都含有这种合作应特别考虑到"发展中国家的利益和需要"的理念。

242.3. 在第三次海洋法会议第二期会议上（1974 年），关于项目 13 和项目 14 的起草和协商小组将以下一款作为一项在非正式会议上议定的关于海洋科学研究的国际和区域合作的较长案文（资料来源 7 和资料来源 26）的一部分：

> 1. 各国应按照尊重主权的原则，并在互利的基础上，促进为和平目的进行海洋科学研究的国际合作。
>
> ……

该案文的说明指出，有人认为在这里使用"主权"一词并不意味着承认研究国的任何主权豁免主张。由此似乎可见，第二四二条中的"主权"一词具有与第二条和第四十九条中该词相同的含义，而"管辖权"一词（是后来插入的，见下文第 242.9 段）具有与第五十六条中该词相同的含义。

242.4. 在第三期会议上（1975 年），一项匿名的非正式草案（资料来源 27）提议在本条文的最后增加"特别是在国际主管组织框架内的合作（co-operation in the framework of competent international organizations）"一句。9 个社会主义国家的一项草案（资料来源 8）修改了上述末句的措辞，使用了主管国际组织"内（within）"的合作。

非正式单一协商案文第三部分（资料来源 9）中没有包含这一末句，该案文只规定：

> 各国应按照尊重主权的原则，并在互利的基础上，促进为和平目的进行海洋科学研究的国际合作。

第二四二条第 1 款就是在这一案文的基础上演化而来的。第三期会议之后，非正式司法专家小组审议了关于海洋科学研究的非正式单一协商案文的规定。非正式小组在第四期会议开始时编制的案文内容如下：

> 各国和各主管国际组织应按照本公约的规定，促进海洋科学研究的国际合作。①

---

① 海洋科学研究（1976 年 3 月，油印本），第 8 条（非正式司法专家小组）。转载在《第三次联合国海洋法会议文件集》第十一卷，第 544、546 页。

正是在这一阶段，主管国际组织被纳入促进和便利海洋科学研究义务的范围内。

242.5. 在第四期会议上（1976年），苏联（资料来源28）提出改写非正式单一协商案文，将非正式单一协商案文的要素与非正式司法专家小组的提案结合起来。在进一步的非正式协商之后，苏联提案被订正的单一协商案文第三部分（资料来源10）逐字原文采纳，该案文规定：

> 各国和各主管国际组织应按照尊重主权的原则，并在互利的基础上，促进为和平目的进行海洋科学研究的国际合作。

非正式综合协商案文（资料来源11）作为其第243条原文采纳了该案文。

242.6. 在第七期会议上（1978年），协商在非正式会议上继续进行，在会上有几项新的提案提出。美国提出了一项新的第二四二条之二（资料来源29），规定：

> 沿海国在适用本部分时，应向其他国家提供合理的机会，使其从该国取得或在该国合作下取得为防止和控制对不受沿海国管辖的人的健康、安全和环境的损害所必要的情报，如关于天气、潮流、污染和其他一般过程及其原因和影响的研究和监测资料。

美国在附于该提案的一系列解释性说明中指出，关于第二四二条：

> 国际法在原则上规定了一个国家在一种用途在该国管辖范围外造成损害的情况下可使用其管辖范围内区域的方式。这种一般原则的具体适用取决于主题事项。第一九五条第2款［今《公约》第一九四条］是这一原则在污染方面的适用。新增的这一条将对海洋科学研究适用相同的原则，例如在海洋科学研究对季风的认识可能对数以百万计的人口的发展和生存至关重要的情况下。

在第七期会议续会上（1978年），第三委员会主席报告说（资料来源12），关于美国的建议，只有一些初步的意见提出，所以在当时的阶段，其审议证明是结果未确定的，故将在下一期会议上继续进行。②

242.7. 在第八期会议上（1979年），美国对其先前的提案进行了修改（资料来源31），内容如下：

---

② 另见主席在第三委员会第39次会议上的发言（1978年），第7段，《正式记录》第十一卷，第165页。

[在不影响本公约所规定的权利和义务的情形下]，一［沿海］国在适用本部分时，应向其他国家提供合理的机会，使其从该国取得或在该国合作下取得为防止和控制对不受其管辖的人的健康、安全和环境的损害所必要的情报［如关于天气、潮流、污染和其他一般过程及其原因和影响的研究和检测资料］。

秘鲁随后建议在非正式综合协商案文第 1 款之后的"主权"之后加入"和管辖权"几个字（资料来源 32），但在这一阶段未被第三委员会接受。由于关于美国提案的协商没有结束，非正式综合协商案文第一次修订稿（资料来源 13）逐字重复了非正式综合协商案文的规定。

242.8. 在第八期会议续会上（1979 年），经过非正式协商，第三委员会主席根据美国提案提出了以下案文（资料来源 14 和资料来源 15），作为一项折中方案：

在该款末尾添加以下一句：

因此，在不影响本公约所规定的权利和义务的情形下，一国在适用本部分时，在适当情形下，应向其他国家提供合理的机会，使其从该国取得或在该国合作下取得为防止和控制对人身健康和安全以及环境的损害所必要的情报。③

这一提案随后在第三委员会内获得相当多的支持。④

242.9. 在第八期会议上（1980 年），非正式协商继续进行。非正式会议主席介绍了一项由关于第二四二条的非正式磋商产生的提案（资料来源 33），其内容如下：

1. 各国和各主管国际组织应按照尊重主权的原则，并在互利的基础上，促进为和平目的进行海洋科学研究的国际合作。

2. 因此，在不影响本公约所规定的权利和义务的情形下，一国在适用本部分时，在适当情形下，应向其他国家提供合理的机会，使其从该国取得或在该国合作下取得为防止和控制对人身健康和安全以及海洋环境的损害所必要的情报。

然而，这一案文仍然不令人满意，经过进一步协商，秘鲁建议在第 1 款的"主权"

---

③ 另见第三委员会，第 41 次会议（1979 年），第 4 段，《正式记录》第十二卷，第 37 页。

④ 概况见各代表团在第 41–43 届会议上的发言，同上，第 38–50 页。

之后加上"和管辖权"的提案（资料来源32）获得接受。第三委员会主席在其报告（资料来源16）中提到这一修改，该修改随后被纳入订正案文中，并被非正式综合协商案文第二次修订稿采纳（资料来源17）。

在起草委员会的建议下作了几处小幅润色性修改后（资料来源20至资料来源23），本条即最终定型。在第十期会议上（1981年），第二节的标题由"全球和区域合作"改为"国际合作"（资料来源21，第14页）。在第十一期会议上（1982年），第2款末尾的"环境"被改为"海洋环境"（资料来源22）。

242.10(a). 见于会议记录上的解释性材料很少。但与第二四二条中的"主权"一词具有与第二条和第四十九条中的该词相同的含义同理（见上文第242.3段），可以认为在晚期阶段加入本条的"管辖权"一词与第五十六条中的该词具有相同的含义。

242.10(b). 关于第2款，美国在第七期会议上为其非正式提案提供的解释（见上文第242.6段）表明，它是这样一项国际法基本原则的延伸，即一国不应允许其领土的使用方式可能会对另一国的领土或权利造成损害。第2款进一步通过对国家施加义务（但不适用于主管国际组织，但"公约"缔约方除"公约"第305条第1（f）款除外，为其他国家提供合理获取预防和控制损害所必需的资料对人身和海洋环境的健康和安全。这一义务是面向双方的。在沿海国管辖的海域的研究导致可以减少或减轻对另一国的损害的资料的情况下，沿海国有义务为该缔约国提供合理的机会从其获得这些信息或与其合作。另一方面，已经收集信息的研究国有义务向其他国家提供信息。

242.10(c). 关于为什么舍弃美国最初为本款末句提出的更为详细的一种方案（见上文第242.7段），没有正式或非正式的解释，但没有理由认为其缩略形式与最初提案有很大的不同。

242.10(d). 在实质内容上，第二四二条第2款将《公约》第十三部分与第十二部分和关于海上生命安全和公共健康的其他一般规定联系起来（如第九十四条、第九十八条、第一〇八条、第一四五条和第一四六条）。特别是，第二款补充了第十二部分第2节中关于在预防、减少和控制海洋环境污染方面进行全球性和区域性合作的规定。例如，第一九八条要求各国通知可能遭受迫切污染损害的其他国家，第二〇〇条要求各国除其他外，合作以鼓励交换取得的关于海洋环境污染的情报和资料。由于第十二部分提到的情报和资料中很多将通过海洋科学研究活动取得，因此一项在提供关于海洋环境损害的情报方面进行国际合作的条款是对第十二部分条款的必要补充。同样的道理也适用于处理海上生命安全和公共卫生的一般性规定。这也可以扩展到源于海洋上的恶劣天气系统，如飓风和台风等。

第二四三条　有利条件的创造

各国和各主管国际组织应进行合作，通过双边和多边协定的缔结，创造有利条件，以进行海洋环境中的海洋科学研究，并将科学工作者在研究海洋环境中发生的各种现象和变化过程的本质以及两者之间的相互关系方面的努力结合起来。

资料来源

1. A/AC. 138/SC. III/L. 18（1972 年），原则 7，转载在 1972 年《海底委员会报告》，第 203~204 页（加拿大）。

2. A/AC. 138/SC. III/L. 23（1972 年），原则 1 和原则 4，转载在 1972 年《海底委员会报告》，第 206~207 页（保加利亚、乌克兰和苏联）。

3. A/AC. 138/SC. III/L. 31（1973 年，油印本），第 4 条（保加利亚、波兰、乌克兰和苏联）。

4. A/AC. 138/SC. III/L. 44（1973 年，油印本），第 5 条 a 款（美国）。

5. A/CONF. 62/C. 3/L. 17（1974 年），第一部分，B 节第 2 款，《正式记录》第三卷，第 263 页（第三委员会非正式会议）。

6. A/CONF. 62/C. 3/L. 19（1974 年），第 8 条第 2 款，《正式记录》第三卷，第 266~267 页（奥地利、比利时、玻利维亚、博茨瓦纳、丹麦、德意志联邦共和国、老挝、莱索托、利比里亚、卢森堡、尼泊尔、荷兰、巴拉圭、新加坡、乌干达、上沃尔特和赞比亚）。

7. A/CONF. 62/C. 3/L. 26（1975 年），第 3 条第 2 款，《正式记录》第四卷，第 213 页（保加利亚、白俄罗斯、捷克斯洛伐克、德意志民主共和国、匈牙利、蒙古、波兰、乌克兰和苏联）。

8. A/CONF. 62/C. 3/L. 29（1975 年），第 6 条第 1 款，《正式记录》第四卷，第 216~217 页（哥伦比亚、萨尔瓦多、墨西哥和尼日利亚）。

9. A/CONF. 62/WP. 8/Part III（非正式单一协商案文，1975 年），第二部分，第 9 条和第 12 条，《正式记录》第四卷，第 171、177 页（第三委员会主席）。

10. A/CONF. 62/WP. 8/Rev. 1/Part III（订正的单一协商案文，1976 年），第 54 条，《正式记录》第五卷，第 173、181 页（第三委员会主席）。

11. A/CONF. 62/WP. 10（非正式综合协商案文，1977 年），第 244 条，《正式记

录》第八卷，第1、41页。

12. 见 A/CONF. 62/RCNG/2（1978年），第三委员会主席报告（C. 3/Rep. 1），附件一，第3条，美国的非正式提案（MSR/2），第244条之二和说明，《正式记录》第十卷，第126、173、190、193页。

13. A/CONF. 62/WP. 10/Rev. 1（非正式综合协商案文第一次修订稿，1979年，油印本），第243条。转载在《第三次联合国海洋法会议文件集》第二卷，第375、479页。

14. A/CONF. 62/WP. 10/Rev. 2（非正式综合协商案文第二次修订稿，1980年，油印本），第243条。转载在《第三次联合国海洋法会议文件集》第二卷，第3、107页。

15. A/CONF. 62/WP. 10/Rev. 3*（非正式综合协商案文第三次修订稿，1980年，油印本），第243条。转载在《第三次联合国海洋法会议文件集》第二卷，第179、284页。

16. A/CONF. 62/L. 78（《公约草案》，1981年），第243条，《正式记录》第十五卷，第172、214页。

起草委员会

17. A/CONF. 62/L. 67/Add. 11（1981年，油印本），第19~21页。

18. A/CONF. 62/L. 72（1981年），《正式记录》第十五卷，第151页（起草委员会主席）。

非正式文件

19. 匿名（1974年，油印本），第2款。转载在《第三次联合国海洋法会议文件集》第十一卷，第8页。

20. CRP/Sc. Res/41（1974年，油印本），第一部分，B节第2款（第三委员会，非正式会议）。转载在《第三次联合国海洋法会议文件集》第十卷，第328~329页［见上文资料来源5］。

21. 《关于海洋科学研究的条款草案》（1975年，油印本），第3条第2款（匿名）。转载在《第三次联合国海洋法会议文件集》第十一卷，第10页。

22. 苏联（1976年，油印本），第9条和第12条。转载在《第三次联合国海洋法会议文件集》第十一卷，第49页。

23. MSR/2（1978年，油印本），第244条之二和说明（美国）。转载在《第三次联合国海洋法会议文件集》第十卷，第360、362页［见上文资料来源12］。

24. MSR/2/Rev. 1（1979年，油印本），第244条之二（美国）。转载在《第三次联合国海洋法会议文件集》第十卷，第386页。

25. MSR/5（1979年，油印本），第243条（秘鲁）。转载在《第三次联合国海洋法会议文件集》第十卷，第 391 页。

评　注

243. 1. 第二四三条是第二四二条第 1 款为各国和各主管国际组织规定的促进海洋科学研究的国际合作义务的一项更为具体的适用。第十三部分第二节的 3 条是密切相关的，而且实际上是由一项提交上来的整合案文的不同款项演化而来的（见上文第 242. 3 段和下文第 243. 3 段）。

243. 2. 在 1972 年海底委员会会议上，加拿大提交给第三委员会的工作文件（资料来源 1）提出了"各国应采取步骤，推进海洋科学研究的发展和成长，并避免干扰其进步，并应协作制定国际规则以便利这种研究"的原则。东欧三国提出的一项案文中的原则 4（资料来源 2）同样规定："各国应相互合作，为进行海洋科学研究和消除对这种研究的障碍提供有利条件。"同一文件的原则 1 作为所有国家的利益合理开发海洋资源的一项必要条件，提到应合作"进一步发展海洋科学研究和联合科学工作者在研究各种海洋现象和变化过程的性质及两者之间的相互关系方面的努力"，但没有表述任何义务。

4 个东欧国家于海底委员会 1973 年会议期间提交的一项草案（资料来源 3）中的第 4 条合并并细化了这些案文。该案文没有提及国际组织，但包含了今第二四三条的条文中的所有其他要素，其内容如下：

> 各国同意进行相互合作，通过双边和多边协定的缔结，创造有利条件，以为和平目在世界海洋中进行科学研究，消除对这种研究的障碍，并将科学工作者在研究在世界海洋中发生的各种现象和变化过程的本质及两者之间的相互关系方面的努力联合起来。

美国的一项提案（资料来源 4）要求各国除其他外，通过"参与国际方案和鼓励不同国家人员进行科学研究的合作"，促进科学研究的国际合作。

243. 3. 在第三次海洋法会议第二期会议上（1974 年），一项关于国际和区域性海洋科学研究合作的匿名提案（资料来源 19）重复了东欧国家的案文，只是使用了"海洋环境"中的科学研究，而不是"世界海洋"中的科学研究。

随后，第三委员会关于项目 13 和项目 14 的起草和协商小组汇编了一系列在非正式会议上议定的案文（资料来源 5 和资料来源 20）。关于国际和区域性合作的一节的第 2 款内容如下：

> 2. 各国应进行相互合作，通过双边和多边协定的缔结，创造有利条件，

以进行海洋环境中的科学研究，并将科学工作者在研究在世界海洋中发生的各种现象和变化过程的本质及两者之间的相互关系方面的努力结合起来。

该案文没有提及消除研究的障碍。

一个由 17 个内陆国和地理不利国在第二期会议临近结束时提出的另外一系列条款草案（资料来源 6）也包含了一项类似的规定，但增加了一个关于消除障碍的分句。该案文内容如下：

2. 各国应进行相互合作，通过双边和多边协定的缔结，确保有利条件，以为和平目的进行海洋科学研究，消除对这种研究的障碍，并协调科学工作者研究在海洋环境中发生的各种现象和变化过程的努力。

（该案文中提到的"消除对这种研究的障碍"方面的合作没有出现在任何后来的提案中。）

243.4. 在第三期会议上（1975 年），提出了两套条款草案（资料来源 7 和资料来源 8），都载有以起草和协商小组编写的案文为模本的条文。尽管如此，非正式单一协商案文第三部分（资料来源 9）还是原文转载了起草和协商小组的案文。

除第 9 条外，非正式单一协商案文第三部分还在第 12 条中另外包含了一项规定，仅规定"各国和国际组织应通过双边或区域性和其他多边协定尽力便利海洋科学研究。"

243.5. 在第四期会议上（1976 年），非正式司法专家小组①和苏联编写的案文（资料来源 22）都建议扩增第 9 条使之适用于"各国和各主管国际组织"，并删去因这一修改而多余的第 12 条。订正的单一协商案文第三部分（资料来源 10）采纳了这一方案，并将两个非正式单一协商案文条款合并为一个条款，内容如下：

各国和各主管国际组织应进行相互合作，通过双边、区域性和多边协定的缔结，创造有利条件，以进行海洋环境中的科学研究，并将科学工作者在研究海洋环境中发生的各种现象和变化过程的本质以及两者之间的相互关系方面的努力结合起来。

这一案文要求各国和各主管国际组织共同努力，制定双边、区域和多边协定。

在第五期（1976 年）和第六期（1977 年）会议上进行非正式协商之后，订正的单

---

① 海洋科学研究（1976 年 3 月，油印本），第 9 条和第 12 条（非正式司法专家小组）。转载在《第三次联合国海洋法会议文件集》第十一卷，第 544、546 页。

一协商案文条款被非正式综合协商案文第244条原文重复采用（资料来源11）。其中只采纳了一些小幅的润色性修改，包括在科学研究前加上了"海洋"。

243.6. 在第七期会议续会上（1978年），美国提出增加一项新的第244条之二，以便就在批准和便利需要几个沿海国同意的国际海洋科学研究项目方面进行国际合作作出一项更为确切的规定。该提案所附的说明强调，"显然"有必要"平衡某一特定沿海国的利益与其他沿海国和国际社会的利益"（资料来源12，第193页）。第三委员会主席在提交给全体会议的报告中指出，由于缺乏时间或意见分歧，未能出现折中表述（资料来源12）。

第八期会议（1979年）的第三委员会非正式会议与其他多项案文一起讨论了上述提案的一种变体（资料来源24）。秘鲁在第八期会议续会（1979年）上提出的非正式提案（资料来源25）考虑到了美国关于新增第二四四条之二的提案（资料来源24），提出在非正式综合协商案文第一次修订稿（资料来源13）的第243条中增加以下一款：

> 2. **应特别为**进行需要几个沿海国同意的对国际社会有重要意义的海洋科学研究项目而**促进这种合作**；并在不影响本公约所规定的权利和义务的情形**下，应在适当情形下包括交换**为防止和控制对人身健康、安全和环境的损害所必要的情报……［黑体为原文所加］

非正式综合协商案文第二次修订稿（资料来源14）作为第242条第2款采纳了与这一提案后半部分相似的措辞（见上文第242.9段）；但是，关于在需要几个沿海国同意的国际研究项目方面进行合作的提案在后续协商中被放弃。此外，根据起草委员会的建议，对区域性安排的提及在这一阶段被删去。②

243.7(a). 第二四三条同时面向各国和各主管国际组织，并使用了义务性措辞，要求为两个目的进行国际合作：（1）为进行海洋科学研究创造有利条件；和（2）将海洋科学工作者的努力结合起来。这种合作将通过缔结国际（"双边和多边"）协定实现。第二五五条中进一步引申了为海洋科学研究创造有利条件进行合作的需要，要求

---

② 在关于"双边、次区域或区域性协定"和第二四三条所使用的表述时，起草委员会指出：

这些提及的内容中包含两种类型的协定，一种是范围有限的协定，如"双边、次区域或区域协定"，另一种是更加广泛的协定，如"双边、区域和多边协定"。似乎可以在后一类型的表述（第243、255和282条）中进行协调工作。

之后起草委员会还建议将"双边、区域性和多边协定"的表述简化为"双边和多边协定"，除非文本中设想到某种具体类型的国际协议。见A/CONF.62/L.40（1979年），第23节，《正式记录》第十二卷，第95、102页（起草委员会主席）。

各国制定合理的法规措施，促进和便利在其领海以外进行的海洋科学研究，并便利海洋科学研究船进入其港口，并促进对这些船只的协助。第二四三条显然意图比第二五五条的范围更广泛，并要求在国际上采取类似的措施。

243.7(b). 第二四三条的后半部分要求合作将科学工作者的努力结合起来，似乎不仅涉及各国和各主管国际组织之间的合作，而且涉及这两者与在海洋科学研究领域工作的非政府国际组织之间的合作。世界数据中心③可为第二四三条所设想的将科学工作者的努力结合起来的工作提供一个范例，各国可以通过向这一系统贡献自己的数据来获取来自这些数据中心所有来源的数据。同样，参与由国际组织发起的多国海洋科学研究项目，以及设立不同国家的科学家可在其中与来自国际组织或更为发达的国家的专家共同进行研究工作的国际海洋科学研究中心（例见第二七五条和第二七六条），也将属于第二四三条的范围。

---

③ 设于美国科罗拉多州博尔德的世界数据中心隶属于国际科学联盟理事会（ICSU）的框架内。关于联合国教科文组织与国际科学联盟理事会之间关于海洋科学研究的合作安排，见政府间海洋学委员会《政府间海洋学委员会手册》：第一部分—章程和其他正式文本（1989 年 3 月，修订版），第 31 页（联合国教科文组织文件 UNESCO doc. IOC/INF-785）。

第二四四条　情报和知识的公布和传播

1. 各国和各主管国际组织应按照本公约，通过适当途径以公布和传播的方式，提供关于拟议的主要方案及其目标的情报以及海洋科学研究所得的知识。

2. 为此目的，各国应个别地并与其他国家和各主管国际组织合作，积极促进科学资料和情报的流通以及海洋科学研究所得知识的转让，特别是向发展中国家的流通和转让，并通过除其他外对发展中国家技术和科学人员提供适当教育和训练方案，加强发展中国家自主进行海洋科学研究的能力。

资料来源

1. A/AC.138/SC.III/L.18，序言，第 1 款和原则 1、原则 6、原则 7 和原则 8，转载在 1972 年《海底委员会报告》，第 203~204 页（加拿大）。

2. A/AC.138/SC.III/L.23，原则 5、原则 8 和原则 9，转载在 1972 年《海底委员会报告》，第 206~207 页（保加利亚、乌克兰和苏联）。

3. A/AC.138/SC.III/L.31（1973 年，油印本），第 5~7 条（保加利亚、波兰、乌克兰和苏联）。

4. A/AC.138/SC.III/L.42（1973 年，油印本），第 4 款（中国）。

5. A/AC.138/SC.III/L.44（1973 年，油印本），第 5 条（b）款和（c）款（美国）。

6. A/AC.138/SC.III/L.45（1973 年，油印本），第 8 款（巴西、厄瓜多尔、萨尔瓦多、秘鲁和乌拉圭）。

7. A/CONF.62/C.3/L.17（1974 年），第一部分，B 节第 3 款和第 4 款，《正式记录》第三卷，第 263 页（第三委员会非正式会议）。

8. A/CONF.62/C.3/L.19（1974 年），第 8 条第 3~4 款，《正式记录》第三卷，（原文 Bzazil）第 266~267 页（奥地利、比利时、玻利维亚、博茨瓦纳、丹麦、德意志联邦共和国、老挝、莱索托、利比里亚、卢森堡、尼泊尔、荷兰、巴拉圭、新加坡、乌干达、上沃尔特和赞比亚）。

9. A/CONF.62/C.3/L.26（1975 年），第 3 条第 3~4 款，《正式记录》第四卷，第 213 页（保加利亚、白俄罗斯、捷克斯洛伐克、德意志民主共和国、匈牙利、蒙古、波兰、乌克兰和苏联）。

10. A/CONF. 62/C. 3/L. 29（1975 年），第 6 条第 2 款，第 3 条，《正式记录》第四卷，第 216~217 页（哥伦比亚、萨尔瓦多、墨西哥和尼日利亚）。

11. A/CONF. 62/WP. 8/Part III（非正式单一协商案文，1975 年），第二部分，第 10~11 条，《正式记录》第四卷，第 171、177 页（第三委员会主席）。

12. A/CONF. 62/WP. 8/Rev. 1/Part III（订正的单一协商案文，1976 年），第 55~56 条，《正式记录》第五卷，第 173、181 页（第三委员会主席）。

13. A/CONF. 62/WP. 10（非正式综合协商案文，1977 年），第 245 条，《正式记录》第八卷，第 1、41 页。

14. A/CONF. 62/WP. 10/Rev. 1（非正式综合协商案文第一次修订稿，1979 年，油印本），第 244 条。转载在《第三次联合国海洋法会议文件集》第一卷，第 375、479 页。

15. A/CONF. 62/WP. 10/Rev. 2（非正式综合协商案文第二次修订稿，1980 年，油印本），第 244 条。转载在《第三次联合国海洋法会议文件集》第二卷，第 3、108 页。

16. A/CONF. 62/WP. 10/Rev. 3*（非正式综合协商案文第三次修订稿，1980 年，油印本），第 244 条。转载在《第三次联合国海洋法会议文件集》第二卷，第 179、284 页。

17. A/CONF. 62/L. 78（《公约草案》，1981 年），第 244 条，《正式记录》第十五卷，第 172、214 页。

起草委员会

18. A/CONF. 62/L. 67/Add. 11（1981 年，油印本），第 22~25 页。

19. A/CONF. 62/L. 72（1981 年），《正式记录》第十五卷，第 151 页（起草委员会主席）。

20. A/CONF. 62/L. 152/Add. 25（1982 年，油印本），第 36 页。

21. A/CONF. 62/L. 160（1982 年），《正式记录》第十七卷，第 225 页（起草委员会主席）。

非正式文件

22. 美国（1974 年，油印本），第 9 条。转载在《第三次联合国海洋法会议文件集》第十一卷，第 3、6 页。

23. 匿名（1974 年，油印本），第 3 款和第 4 款。转载在《第三次联合国海洋法会议文件集》第十一卷，第 8 页。

24. CRP/Sc. Res. /41（1974 年，油印本），第一部分，B 节，第 3 款和第 4 款（第三委员会，非正式会议）。转载在《第三次联合国海洋法会议文件集》第十卷，第 328~329 页［见上文资料来源 7］。

25.《关于海洋科学研究的条款草案》（1975 年，油印本），第 3 条第 3~4 款。转载在《第三次联合国海洋法会议文件集》第十一卷，第 10 页。

26. 苏联（1976 年，油印本），第 10 条和第 11 条。转载在《第三次联合国海洋法会议文件集》第十一卷，第 49~50 页。

评　　注

244. 1. 第二四四条第 1 款陈明了在关于海洋科学研究项目及其所得的知识的情报和知识的公布和传播方面的主要义务。第 2 款规定应加强发展中国家自主进行海洋科学研究的能力，但应受其提及的本条主要目的——情报和知识的公布和传播的限制。第二四四条规定的宽泛义务受制于沿海国可能规定的对海洋科学研究的各种限制。这适用于外国或国际组织在沿海国领海（第二四五条）、其专属经济区和大陆架进行的研究（第二四六条）。尽管如此，广泛公布和传播情报和知识的原则仍被确定为一项主要标准，适用于《公约》明确规定可免于达到这一标准之处以外的情形。与一国的基本安全利益有关的情报的泄漏也受第三〇二条的限制。

244. 2. 第二四四条的概念和大部分措词最初载于加拿大代表团于 1972 年提交给海底委员会第三分委员会的一项工作文件（资料来源 1）。其序言部分第 1 段指出："便利海洋科学研究和公布其成果与全人类利害攸关"；之后，该文件还包括 4 项专门涉及研究成果的传播和加强发展中国家的研究能力问题的原则。其中有关原则的文本如下：

1. 海洋科学研究所产生的知识是全人类共同遗产的一部分，非专有或非军事性质的这种知识和情报应交换并提供给全世界。

……

6. 应通过关于拟议的主要方案及其目标的有效的国际交流，并通过国际途径以公布和传播其成果的方式，便利向各国提供海洋科学研究所得的情报和知识。

7. ……各国应促进安排和协议，以推进区域和全球层面上与其他国家和国际组织（无论是政府机构还是非政府组织）合作进行海洋科学研究和资料和情报交换。

8. 各国应个别地并与其他国家和各主管国际组织合作，促进科学资料和情报以及海洋科学研究所得经验向发展中国家的流通和转让，并加强这些国家的海洋研究能力，使之达到与其需要和资源相应的水平，包括对发展中国家技术和科学人员提供适当训练方案。

3 个东欧国家提交给第三分委员会的工作文件（资料来源 2）载有与第二四四条有

关的三项原则。加拿大提案中关于专有或军事性质情报的保留规定被略去，东欧国家提案的原则 9 仅规定：

> 9. 各国应通过并鼓励确保公布和广泛传播海洋科学研究成果的措施，特别是通过除其他外世界和区域数据中心系统。

关于发展中国家，原则 5 和原则 8 规定：

> 5. 各国应合作采取旨在扩大发展中和内陆国家研究机会的措施，包括这些国家的国民参与科学研究工作、提供科学培训和交流进行科学研究工作的经验。
>
> ......
>
> 8. 各国应尽力以各种方式鼓励科学资料的相互交换，并应将这些资料提供给发展中国家，作为向这些国家提供的科学和技术援助的一部分。

244. 3. 在海底委员会 1973 年会议上，有 3 套条款草案和另外一项工作文件提交给第三分委员会。1972 年提交工作文件的 3 个欧洲国家于 1973 年与波兰一起提交了与前文件高度相似的一系列条款草案（资料来源 3）。该草案第 5 条重复了先前工作文件的原则 5，但措辞上有些变化，第 7 条采纳了先前提案的原则 8 和原则 9，并对原则 8 略作重新改写。① 中国代表团提交的一份工作文件（资料来源 4）虽然集中关注在沿海国管辖区域内进行海洋科学研究的制度，但在第 4 款中规定：

> 所有国家和有关国际机构应在尊重发展中国家主权的基础上，积极协助这些国家加强独立进行海洋科学研究的能力。

美国提交的一项草案（资料来源 5）中的第 5 条将公布和传播情报和知识以及加强发展中国家独立研究能力的要素合并在一起。该提案反映了关于国际合作的基本原则，其中（b）项和（c）项对应于第二四四条。（b）款重新提及了"有效公布研究计划"以及"传播这种研究的结果"；（c）段载有一种向发展中国家提供的技术援助的新形式，即"协助评估科学研究数据和成果对其利益的影响"。一个由 5 个拉丁美洲国家组成的集团提交的一系列涉及"沿海国主权和管辖区域内的科学研究"的条款仅规定："沿海国应与其他国家并与有关国际组织合作以传播科学研究成果（资料来源 6）"。然而，由于缺乏时间，第三工作组没有报告任何折中案文。

---

① 该草案第 6 条鼓励各国参与国际科学研究方案，并特别提到联合国教科文组织政府间海洋学委员会。

244. 4. 在第三次海洋法会议第二期会议上（1974年），关于项目13和项目14的起草和协商小组召开了非正式会议，就一项关于"包括科学资料的交换和公布在内的海洋科学研究国际和区域合作"的案文（资料来源7和资料来源24）达成共识。该案文B节第3款和第4款构成了今第二四四条的基础。第4款对应于第二四四条第1款，反映了加拿大1972年工作文件所采取的宽泛处理办法，规定：

> 4. 应通过对拟行的主要方案及其目标进行有效的国际交流，并通过国际渠道公布和传播其成果，便利向各国提供海洋科学研究所得的情报和知识。

第3款对应于第二四四条第2款，并与最终文本的措辞高度接近，只是没有开头的"为此目的"一语。

由一组17个内陆国和地理不利国随后提交第三委员会的一系列条款草案（资料来源8）包括了以下规定：

> 3. 各国应个别地并与其他国家和适当国际组织合作，积极促进科学资料和情报以及海洋科学研究所得经验向发展中国家和地理不利国的流通和转让，并通过对其技术和科学人员提供适当训练方案等手段，加强发展中国家的海洋科学研究能力，特别是其中的地理不利国。
>
> 4. 各国应通过关于拟议的主要方案及其目标的有效的国际交流，并通过国际途径以公布和传播其成果的方式，便利向各国提供海洋科学研究所得的情报和知识。

这一案文的第3款将义务扩大到向发展中国家"和地理不利国"转让经验和加强发展中国家的研究能力，"特别是其中的地理不利国"。第4款规定各国有义务通过关于拟议的主要方案及其目标的"有效的"国际交流，便利情报和知识的提供。

244. 5. 在第三期会议上（1975年），非正式会议上议定的案文的另外两个变体被载入条款草案中并提交给第三委员会。9个社会主义国家提交的条款草案（资料来源9）中的第3条第3款和第4款遵循了先前的议定文本，但在第4款末尾增加了以下的规定：

> 各国应促进本国科学家参与实施由联合国教科文组织政府间海洋学委员会和其他主管国际组织主持的海洋科学研究方案。

由4个国家提交的一套条款草案（资料来源10）的第6条第3款对应于第三委员会案文（资料来源7）的第4款，它建议缩小该案文的范围，规定：

研究国应通过有效的国际交流和适当的途径，传播海洋科学研究所得的情报和知识。

第三委员会主席在非正式单一协商案文第三部分（资料来源 11）中采纳了在第二期会议（1974 年）的非正式会议上议定的案文，该案文第 3 款成为第 10 条，第 4 款成为第 11 条。② 订正的单一协商案文条文内容如下：

第 10 条

各国应个别地并与其他国家和各主管国际组织合作，积极促进科学资料和情报的流通以及海洋科学研究所得知识的转让，特别是向发展中国家的流通和转让，并通过除其他外对发展中国家技术和科学人员提供适当训练方案，加强发展中国家自主进行海洋科学研究的能力。

第 11 条

应通过对拟行的主要方案及其目标进行有效的国际交流，并通过国际渠道公布和传播其成果，便利向各国提供海洋科学研究所得的情报和知识。

第三期会议之后，非正式司法专家小组审议了关于海洋科学研究的非正式单一协商案文的规定。在第四期会议开始时，该小组编写了一份案文，其中包括对第 11 条的修订：

应尽可能向各国和各主管国际组织提供关于计划中的主要海洋科学研究方案及其目标的情报。各研究国和各主管国际组织应尽一切努力按照本公约的规定，通过公布或通过适当途径，传播海洋科学研究所得的情报和知识。③

244.6. 在第四期会议上（1976 年），苏联提出了第 11 条的一个简化版（资料来源 26），内容如下：

各国和各主管国际组织应按照本公约，通过适当途径以公布和传播的方式，便利关于拟议的主要方案及其目标的情报以及海洋科学研究所得的知识的提供。

---

② 这些条款中没有提到内陆国，但非正式单一协商案文第 23 条处理了"内陆国和其他地理不利国的利益和权利"（见下文第二五四条的评述）。

③ 海洋科学研究（1976 年 11 月，油印本），第 3 条（非正式司法专家小组）。转载在《第三次联合国海洋法会议文件集》第十一卷，第 544、546 页。

在召开关于项目 13 和项目 14 的进一步非正式会议后，订正的单一协商案文第三部分原文重复了非正式单一协商案文第三部分第 10 条的文本。非正式单一协商案文第三部分第 11 条经过改写后被订正的单一协商案文第三部分采纳为第 56 条（资料来源 12），其内容如下：

> 各国和各主管国际组织应按照本公约的规定，通过适当途径以公布和传播的方式，提供关于拟议的主要方案及其目标的情报以及海洋科学研究所得的知识。

这一修改明确地给各国和各主管国际组织规定了以规定的方式提供关于研究方案及其目标的情报和知识的义务。先前的诸项案文只是一般性地规定应向所有国家提供这种情报和知识，而没有规定任何实体有义务便利这种提供。另一方面，订正的单一协商案文不再规定与海洋科学研究有关（及其所得）的情报和知识的目标受益者。同时，订正的单一协商案文只是以简略的方式提及通过"适当途径"，而不再是非正式单一协商案文所使用的通过"有效的国际交流"和"国际途径"传播海洋科学研究所得的情报和知识。

244.7. 在第五期（1976 年）和第六期（1977 年）会议上，非正式会议的讨论集中在与专属经济区和大陆架相关的海洋科学研究制度上。不过，在非正式综合协商案文（资料来源 13）采纳订正的单一协商案文的两条时，对它们作出了改动。两条的顺序被颠倒过来，成为非正式综合协商案文第二四五条的两款，内容如下：

第 245 条　情报和知识的公布和传播

1. 各国和各主管国际组织应按照本公约，通过适当途径以公布和传播的方式，提供关于拟议的主要方案及其目标的情报以及海洋科学研究所得的知识。

2. 为此目的，各国应个别地并与其他国家和各主管国际组织合作，积极促进科学资料和情报的流通以及海洋科学研究所得知识的转让，特别是向发展中国家的流通和转让，并通过除其他外对发展中国家技术和科学人员提供适当教育和训练方案，加强发展中国家自主进行海洋研究的能力。

除若干项小幅润色性修改外，在第 2 款的开头插入了"为此目的"一语。然而，目前仍不清楚这一短语是否只是作为一个方便的过渡短语，将两个先前分离的条款联系起来。无论意图如何，这一短语似乎都影响到第 2 款的范围，限制了促进科学资料和情报的流动和加强发展中国家的自主研究能力的义务。这将适用于这些义务的履行是为了公布或传播与特定研究项目有关或其所得的情报和知识的情形。后续的几项案文只包含了纯粹润色性质的小幅变化。

244.8. 在第九期会议续会上（1979 年），第三委员会在一次非正式会议上审议了是否应将第 2 段中的"积极"一词删去。据了解，这一提案所基于的考虑是，"积极"一词在法律上没有意义，因此是多余的。由于未能就该提案达成协议，故"积极"被保留下来，以修饰"促进"一词。

244.9（a）. 第二四四条（与第一四三条和第二〇五条并行）将海洋科学研究视为一个有益于全人类的工作领域，并进而将其视为发展中国家（尤其如此）要在海洋资源和海洋环境的开发、管理和养护中充分发挥作用，合作是必不可少的一个领域。除了最初加拿大于 1972 年提交给海底委员会第三分委员会的工作文件（见上文第 244.2 段）之外，与第 1 款对应的任何案文都没有为这一条文的目的区分或定义"情报和知识"的种类。这些术语的使用并不存在任何内在的限制，也没有任何东西提示它们应以任何特定的方式来释读。第 1 款提到公布和传播"关于拟议的主要方案及其目标"的情报以及"海洋科学研究所得"的知识。因此，这似乎表明所有的研究成果都要公布和传播，而与拟议的项目有关的预先情报只需提供与"主要"项目有关的。在两种情况下，公布和传播都应"通过适当途径"进行。"适当途径"可能明确地包括国际渠道，但不一定限于官方国际渠道。

244.9（b）. 第三次海洋法会议通过并载于关于国家海洋科学、技术和海洋服务基础设施的《最后文件》附件六中的决议特别对第 2 款的规定作了引申（见下文附件六评注）。如联合国秘书长提交给第三十九届联合国大会的报告所述，政府间海洋学委员会已经通过并开始执行一项"增强发展中国家海洋科学能力主要援助方案综合计划"。④

---

④ 参见《海洋法：秘书长的报告》，A/39/647（1984 年，油印本），第一部分，第五部分，F 节，第 74 段。关于计划的文本，请参阅 doc. IOC/EC-V/8，附件 5，Rev；关于该计划的执行，见 IOC-XII/8，附件 10（均为 1982 年，油印本）。另见 IOC/INF-612（1985 年，油印本）。转载于《荷兰海洋法研究所年鉴》1985 年第 1 卷，第 616 页。另见经社理事会秘书长在《协调问题：海洋事物的经济和技术方面——长期和扩大的海洋学研究方案》一文中的说明，doc. E/1989/111（1989 年 6 月 1 日，油印本）。

第三节　海洋科学研究的进行和促进

第二四五条　领海内的海洋科学研究

沿海国在行使其主权时，有规定、准许和进行其领海内的海洋科学研究的专属权利。领海内的海洋科学研究，应经沿海国明示同意并在沿海国规定的条件下，才可进行。

资料来源

1. A/AC.138/SC.III/L.18，原则9，转载在1972年《海底委员会报告》，第203～204页（加拿大）。

2. A/AC.138/89，声明 G，第14段，转载在1973年《海底委员会报告》第二卷，第4、7页（非洲统一组织）。

3. A/AC.138/SC.II/L.28，第64、71～73条，转载在1973年《海底委员会报告》第二卷，第35、56、58页（马耳他）。

4. A/AC.138/SC.III/L.31（1973年，油印本），第12条第1款（保加利亚、波兰、乌克兰和苏联）。

5. A/AC.138/SC.III/L.34（1973年，油印本），第3条第1款（马耳他）。

6. A/AC.138/SC.III/L.42（1973年，油印本），第1款（中国）。

7. A/AC.138/SC.III/L.44（1973年，油印本），第6条（美国）。

8. A/AC.138/SC.III/L.45（1973年，油印本），第1款和第4款（巴西、厄瓜多尔、萨尔瓦多、秘鲁和乌拉圭）。

9. A/AC.138/SC.III/L.55（1973年，油印本）（阿尔及利亚、巴西、中国、埃塞俄比亚、埃及、伊朗、肯尼亚、巴基斯坦、秘鲁、菲律宾、罗马尼亚、索马里、特立尼达和多巴哥、突尼斯和南斯拉夫）。

10. A/CONF.62/33（1974年），宣言 G，第14段，《正式记录》第三卷，第63～64页（非洲统一组织）。

11. A/CONF. 62/C. 3/L. 9（1974 年），第 2 条和第 3 条，《正式记录》第三卷，第 252 页（特立尼达和多巴哥）。

12. A/CONF. 62/C. 3/L. 13（1974 年），项目 2（a），第 1 款和第 2 款（b）项，第 1 款和第 5 款，《正式记录》第三卷，第 254 页（哥伦比亚（七十七国集团））。

13. A/CONF. 62/C. 3/L. 17（1974 年），第一部分 A 节，第 4 号备选案文 A 和备选案文 B；第二部分备选案文 A，项目（a）第 1 款，项目（b）第 1 款和第 5 款；备选案文 C，项目 2；备选案文 D，第 2 条，《正式记录》第三卷，第 263~265 页（第三委员会，非正式会议）。

14. A/CONF. 62/C. 3/L. 19（1974 年），第 5 条，《正式记录》第三卷，第 266~267 页（奥地利、比利时、玻利维亚、博茨瓦纳、丹麦、德意志联邦共和国、老挝、莱索托、利比里亚、卢森堡、尼泊尔、荷兰、巴拉圭、新加坡、乌干达、上沃尔特和赞比亚）。

15. A/CONF. 62/C. 3/L. 26（1975 年），第 4 条第 1 款，《正式记录》第四卷，第 213~214 页（保加利亚、白俄罗斯、捷克斯洛伐克、德意志民主共和国、匈牙利、蒙古、波兰、乌克兰和苏联）。

16. A/CONF. 62/C. 3/L. 13/Rev. 2（1975 年），项目 2（a），第 1 款和第 2 款（b）项，第 1 款和第 5 款，《正式记录》第四卷，第 199~200 页（伊拉克（七十七国集团））。

17. A/CONF. 62/WP. 8/Part Ⅲ（非正式单一协商案文，1975 年），第二部分，第 13 条，《正式记录》第四卷，第 171、177 页（第三委员会主席）。

18. A/CONF. 62/WP. 8/Rev. 1/Part Ⅲ（订正的单一协商案文，1976 年），第 57 条，《正式记录》第五卷，第 173、181 页（第三委员会主席）。

19. A/CONF. 62/WP. 10（非正式综合协商案文，1977 年），第 246 条，《正式记录》第八卷，第 1、42 页。

20. A/CONF. 62/WP. 10/Rev. 1（非正式综合协商案文第一次修订稿，1979 年，油印本），第 245 条。转载在《第三次联合国海洋法会议文件集》第一卷，第 375、480 页。

21. A/CONF. 62/WP. 10/Rev. 2（非正式综合协商案文第二次修订稿，1980 年，油印本），第 245 条。转载在《第三次联合国海洋法会议文件集》第二卷，第 3、108 页。

22. A/CONF. 62/WP. 10/Rev. 3*（非正式综合协商案文第三次修订稿，1980 年，油印本），第 245 条。转载在《第三次联合国海洋法会议文件集》第二卷，第 179、285 页。

23. A/CONF. 62/L. 78（《公约草案》，1981 年），第 245 条，《正式记录》第十五卷，第 172、214 页。

起草委员会

24. A/CONF. 62/L. 67/Add. 11（1981 年，油印本），第 26~27 页。

25. A/CONF. 62/L. 72（1981 年），《正式记录》第十五卷，第 151 页（起草委员会主席）。

非正式文件

26. 美国（1974 年，油印本），第 5 条。转载在《第三次联合国海洋法会议文件集》第十一卷，第 3~4 页。

27. CRP/Sc. Res. /8（1974 年，油印本），第（1）款（巴西、中国、伊朗、科威特、黎巴嫩、巴基斯坦、秘鲁和南斯拉夫）。转载在《第三次联合国海洋法会议文件集》第十卷，第 302 页。

28. CRP/Sc. Res. /9（1974 年，油印本），第 1 款（孟加拉国、巴西、中国、圭亚那、印度尼西亚、伊朗、肯尼亚、科威特、马达加斯加、巴基斯坦、秘鲁、菲律宾、塞内加尔、塞拉利昂、索马里、特立尼达和多巴哥、突尼斯、南斯拉夫和扎伊尔）。转载在《第三次联合国海洋法会议文件集》第十卷，第 302 页。

29. CRP/Sc. Res. /23（1974，油印本），第 1 款（爱尔兰）。转载在《第三次联合国海洋法会议文件集》第十卷，第 316 页。

30. CRP/Sc. Res. /28（1974，油印本）（奥地利、比利时、玻利维亚、保加利亚、丹麦、法国、德意志联邦共和国、意大利、荷兰、波兰、新加坡、瑞士、乌干达、英国和上沃尔特）。转载在《第三次联合国海洋法会议文件集》第十卷，第 316 页。

31. LL/GDS（1974 年，油印本），第 2 条。转载在《第三次联合国海洋法会议文件集》第十一卷，第 9 页。

32. CRP/Sc. Res. /39（1974 年，油印本），第 2 款（第三委员会，非正式会议）。转载在《第三次联合国海洋法会议文件集》第十卷，第 323 页。

33. CRP/Sc. Res. /40/（1974 年，油印本），第 5 条（第三委员会，非正式会议）。转载在《第三次联合国海洋法会议文件集》第十卷，第 325 页。

34. CRP/Sc. Res. /40/Rev. 1（1974 年，油印本），第 2 条（第三委员会，非正式会议）。转载在《第三次联合国海洋法会议文件集》第十卷，第 327 页。

35. CRP/Sc. Res/41（1974 年，油印本），第二部分，第 1 节第 1 款及说明（第三委员会，非正式会议）。转载在《第三次联合国海洋法会议文件集》第十卷，第 328~329 页。

36. 《关于海洋科学研究的条款草案》（1975 年，油印本），第 4 条第 1 款（匿名）。转载在《第三次联合国海洋法会议文件集》第十一卷，第 10~11 页。

37. 蓝皮文件第 1 号（1976 年，油印本），厄瓜多尔、巴基斯坦、索马里和土耳其关于第 13 条的提案。转载在《第三次联合国海洋法会议文件集》第十一卷，第 30 页。

38. 蓝皮文件第 1 号/第一次修订（1976 年，油印本），关于第 13 条的提案［巴西、印度、阿拉伯利比亚共和国、巴基斯坦和南斯拉夫］、厄瓜多尔、索马里和土耳其。转载于《第三次联合国海洋法会议文件集》第十一卷，第 34 页。

39. 欧洲经济共同体（1976 年，油印本），第 5 条第 1 款。转载于《第三次联合国海洋法会议文件集》第十一卷，第 40~41 页。

40. 欧洲经济共同体（1976 年，油印本），第 5 条。转载于《第三次联合国海洋法会议文件集》第十一卷，第 43~44 页。

41. 厄瓜多尔（1976 年，油印本），第 57 条。转载于《第三次联合国海洋法会议文件集》第十一卷，第 74 页。

42. 特立尼达和多巴哥（1976 年，油印本），第 57 条。转载于《第三次联合国海洋法会议文件集》第十一卷，第 77 页。

43. 巴西（1976 年，油印本），第 57 条。转载于《第三次联合国海洋法会议文件集》第十一卷，第 78 页。

44. 西班牙（1976 年，油印本），第 57 条。转载于《第三次联合国海洋法会议文件集》第十一卷，第 79 页。

评　　注

245. 1. 标题为"海洋科学研究的进行和促进"的第十三部分第 3 节规定了在《公约》处理的每种海洋区域（内水和群岛①水域除外）进行和促进海洋科学研究的具体法律制度。当然，这种制度的细节会随着沿海国在不同海洋区域内权利的减弱发生变化。这种制度的目的是在相互冲突的沿海国利益与整个国际社会的利益之间达成平衡。本节的内容和制定的时间与第一委员会和第二委员会取得的进展密切相关，并且在释读本节的规定时，必须结合关于在每一条所处理海洋区域内适用的一般法律制度的规定。

245. 2. 关于在领海的海洋科学研究，海底委员会第三分委员会的工作展示了协调沿海国与国际社会利益问题的多种办法。在 1972 年的一项工作文件中（资料来源 1），加拿大代表团提出"沿海国管辖范围内的海洋科学研究，应经沿海国同意才可进行"，但没有区分领海和沿海国可能以某种方式对之行使管辖权的其他区域。中国（资料来源 6）和一组 5 个拉丁美洲国家集团（资料来源 8）在 1973 年会议期间向第三分委员

---

① 本书作者认为在第三节中未提及群岛水域是疏忽所致。根据第四十九条的规定，第四十六条第 1 款所定义的群岛国的主权及于其群岛水域。为紧追权的目的，群岛水域与沿海国的内水、领海和毗连区归为一类（见上文第 XIII. 13 款）。

会提交的提案中再次采纳了这种一般性的做法。

另一方面，1973 年由 4 个东欧国家提交的一套条款草案（资料来源 4）仅规定了一种针对"领海内和大陆架上"的科学研究的同意制度。《非洲统一组织关于海洋法问题的宣言》（资料来源 2 和资料来源 10）反映了同意制度的处理办法，并将其明确用于领海和专属经济区。马耳他代表团于 1973 年提交给第三分委员会的一套条款草案的第 3 条（资料来源 5）是第一项处理关于仅在领海内的海洋科学研究的进行的制度的案文。它规定：

> 对在与海岸邻接的不超过 12 海里宽的一带海域内进行的科学研究，应取得沿海国的同意。②

美国提交给第三委员会的一项提案（资料来源 7）仅作了如下规定：

> 沿海国在行使其主权时，应合作便利科学研究在其领海内的进行和研究船进入其港口。

由一组 15 个国家提交的条款草案（资料来源 9）提出一种需要沿海国同意的制度。该提案内容如下：

> 只要根据本公约，在沿海国主权和国家管辖范围内的区域进行海洋科学研究需要沿海国的同意，在进行这种活动之前，就应取得该国的明确同意。

第三分委员会第三工作组编制的关于海洋科学研究的进行和促进的综合案文主要涉及海洋科学研究的进行和促进的一般规定和国际合作。这样，通过使用"在沿海国权利的限制下"这一引导语，在沿海国不同区域内应适用哪些详细条件的问题仍被保留未决。③

245.3. 在第三次海洋法会议第二期会议上（1974 年），第三委员会在关于项目 13 和项目 14 的正式和非正式会议上都进行了关于海洋科学研究的进行和促进问题的审议工作。除了海底委员会的案文外，非正式会议还审议了非正式会议期间提出的一些建议（资料来源 26 至资料来源 31）。除"非统组织宣言"外（资料来源 10），第三委员

---

② 马耳他代表团在提交给第二分委员会的一项后续文件中采取了不同的处理办法（资料来源 3）。该文件没有采用沿海国同意制度，而是概述了一种提前 30 日向沿海国通知将在其"国家海洋空间"内进行海洋科学研究的意图的制度。就该提案没有采取任何行动。

③ A/AC.138/SC.III/L.53（第三工作组第 9 号文件），转载在 1973 年《海底委员会报告》第一卷，第 102-103 页（第三工作组主席）。

会还引进了另外两套条款草案（资料来源 11 和资料来源 12）。特立尼达和多巴哥提交的提案（资料来源 11）预示了今第十三部分第三节所采取的处理办法，为在领海（第 2 和第 3 条）、专属经济区/承袭海和大陆架上（第 4 条）以及国际区域（第 5 条）内进行海洋科学研究规定了不同的制度。关于领海，第 2 条和第 3 条规定如下：

第 2 条

领海内的海洋科学研究仅应经沿海国事先核准并按照其法律和规章才可进行。

第 3 条

在沿海国的领海行使无辜的通过，在这种通行过程中不会赋予国家进行海洋科学研究的权利。

哥伦比亚代表七十七国集团提出的一系列条款草案（资料来源 12）反映了在海底委员会中已明显显现出来的仅在沿海国主权或管辖权下的海洋区域与国际海底区域之间作出区分的趋势。该草案项目 2（a）第 1 款规定：

沿海国有进行和管理其……内 * 的海洋科学研究和按照第……条的规定准许和管理这种研究的专属权利。

其后的项目 2（b）第 1 款和第 5 款规定：

1. 沿海国（……）* 内的海洋科学研究不应未经该国明示同意而进行。
……

5. 无害通过和航行的行使行为不赋予国家、国际组织或其他法人或自然人从事海洋科学研究的权利。

* * * * *

*关于此处应对国际海底区域以外的区域使用哪些术语（如经济区、承袭海、国家海或国家管辖和/或主权管辖下的区域和大陆架）的决定，应参考第二委员会关于这些术语的定义和性质的决定作出。

经过非正式会议上的激烈协商，第三委员会关于项目 13 和项目 14 的起草和协商小组就关于沿海国的权利的一般原则编制了两项备选案文，并就海洋科学研究的进行和促进编制了 4 项综合备选案文（分别为资料来源 13 第一部分和第二部分）。一般原则的备选案文 A（第一部分）规定：

沿海国主权和/或管辖下区域内的海洋科学研究，应在其权利限制下进行。

备选案文 B 的一般性更强，规定研究应"按照本公约的规定"在沿海国权利的限制下进行。第二部分备选案文 A（项目（b），第 1 款）采纳了七十七国集团提案的措词（资料来源 12；见上文）。备选案文 B 仅处理专属经济区和大陆架。备选案文 C 第二节和备选案文 D 第 2 条几乎相同，规定：

按照本公约确定的领海内的海洋科学研究，应经沿海国同意，才可进行。这种同意的请求应事先提交给沿海国，对其答复不应有不当稽延。

由一组 17 个内陆国和地理不利国随后提交第三委员会的一系列条款草案（资料来源 14）重复了该案文。

245. 4. 在第三期会议上（1975 年），提交给第三委员会的正式提案中的综合备选案文仅作了微小的修改。9 个社会主义国家提出的一项案文（资料来源 15）遵循了综合备选案文的备选案文 C 和 D 采用的办法，但又增加了一个分句。该案文内容如下：

1. 按照本公约确定的领海内的海洋科学研究，应经沿海国同意**并在其规定的条件下**，才可进行。这种同意的请求应事先提交给沿海国，对其答复不应有不当稽延〔黑体为本书所加〕。

在伊拉克代表七十七国集团提交的一套修订的条款草案中，提到了海洋科学研究"活动"（资料来源 16，项目 2（a）第 1 款），扩大了沿海国的管辖权。

在非正式单一协商案文第三部分中（资料来源 17），第三委员会主席将综合案文的备选案文 A、C、D 和社会主义国家集团提案的措词结合起来，形成了以下案文：

沿海国有进行和规定其领海内的海洋科学研究的专属权利。领海内的海洋科学研究，应经沿海国明示同意并在沿海国规定的条件下，才可进行。这种同意的请求应事先提交给沿海国，对其答复不应有不当稽延。

第三期会议后，非正式司法专家小组讨论了非正式单一协商案文关于海洋科学研究的规定，并提出删去本条最后一句。④

---

④　海洋科学研究：折中建议（1976 年 1 月，油印本），第 13 条（非正式司法专家小组）。转载在《第三次联合国海洋法会议文件集》第十一卷，第 516、519 页。同上，（1976 年 3 月，油印本），第 13 条，同上，第 544、547 页。

245.5. 在第四期会议上（1976 年），提交了一些其他非正式提案（资料来源 37 至资料来源 40）。其共同主题是，在一沿海国的主权或管辖下的海洋区域内进行科学研究，需征得该国的同意，并且这种研究应在沿海国制定的条件下进行。

在非正式协商的基础上，第三委员会主席重新起草了关于领海内的海洋科学研究的案文。被订正的单一协商案文第三部分（资料来源 18）采纳的这一案文规定如下：

> 沿海国有进行和规定其按照本公约确定的领海内的海洋科学研究的主权权利。其领海内的科学研究活动，应在沿海国规定的条件下才可进行。

该案文使用了沿海国"按照本公约"进行和规定研究的"主权权利"，而不是"专属"权利。⑤ 此外，非正式单一协商案文最后一句中关于对答复请求不应有"不当稽延"的最后一句被删去（这一规则现见于第二四六条第 3 款）。

245.6. 在第五期会议上（1976 年），第三委员会就进行海洋科学研究的制度进行了激烈的协商，特别是关于沿海国同意的问题。委员会举行了 13 次关于海洋科学研究的非正式全体会议以及由各国代表团团长组成的特别协商小组会议，并收到了几项非正式提案（资料来源 41 至资料来源 44）。在就这些会议的结果作报告时，第三委员会主席就订正的单一协商案文第三部分第 57 条作了如下发言：⑥

> 有一种观点认为并不需要这样的一条，因为沿海国在其领海内有规定、准许和进行海洋科学研究的专属权利。然而，有一种普遍共识认为，在一部关于海洋法的公约中，这样的一项条款将是一套不仅涵盖领海，还涵盖经济区和大陆架的关于海洋科学研究 [的进行和促进] 的制度的合理组成部分。大多数建议被纳入一个新的综合条文中，该条被认为可为后续诸项条款议定之前的可能的折中案文。这一新的综合条文的内容如下：
>
> "沿海国在行使其主权时，有规定、准许和进行其领海内的海洋科学研究的专属权利。领海内的科学研究活动，应经沿海国明示同意并在沿海国规定的条件下，才可进行。

正如第三委员会主席在该报告中指出的，有人认为，第 57 条并不是真正必要的，但在《公约》中，这样的一条确实是海洋科学研究制度的合理组成部分。

245.7. 在第六期会议上（1977 年），经过非正式协商，非正式综合协商案文（资

---

⑤ "主权权利"一语与订正的单一协商案文第二部分第 65 条相呼应。就海洋科学研究而言，订正的单一协商案文第二部分第 44 条仍然提及了沿海国在这方面的"专属管辖权"。

⑥ 见 A/CONF. 62/L.18（1976 年），第 30 段，《正式记录》第六卷，第 139、142 页。

料来源 19）作为第二四六条采纳了订正的单一协商案文的措辞，但做了几处小幅改动：第一句中增加了逗号，第二句的开头增加了"海洋"一词。非正式综合协商案文第 1 次修订稿（资料来源 20）作为第二四五条保留了同一案文，此后对该案文唯一的一次修改是在非正式综合协商案文第二次修订稿（资料来源 21）中作出的，即将第 245 条第二句中的"活动"一词删去。此后文字保持不变。

245.8(a). 虽然《公约》第 17 条承认所有国家的船只都享有在领海内无害通过的权利，但该权利不包括在领海内进行研究或调查活动的权利（第 19 条第 1 款和第 2 款（j）项）。同样，在用于国际航行的海峡行使过境通行权或行使群岛海道通过权的外国船舶，未经海峡沿岸国或群岛国事先准许，不得进行任何研究或调查活动（第四十条和第五十四条）。在这方面，第二四五条在《公约》建立的海洋科学研究总体制度的具体语境下重申了沿海国在其领海的主权。与沿海国主权的要求一致，在领海进行海洋科学研究需要"明示同意"。

245.8(b). 在起草委员会在第八期会议续会（1979 年）上发表的一份报告中，已考虑过是否需要使用"明示同意"、"同意"、"事先准许"，"明示核准"，"明示事先核准"等。该报告建议"它在翻译'同意'或'准许'等用语时应力求标准化，但用语在每种语言内部的标准化可能是不可能的。[⑦] 然而，第二四五条中使用的"明示同意"一语反映了沿海国在领海的主权，它有意地与第二四六条（涉及大陆架和专属经济区）中使用的未加限定语的"同意"一语以及第二五二条所载的适用于这两个区域的暗示同意制度形成鲜明对比。因此，领海或群岛水域的海洋科学研究从来都是受到沿海国或群岛国的明示同意以及该国规定的条件的限制的。

[⑦]　见 A/CONF.62/L.40（1979 年），第四节，《正式记录》第十二卷，第 95、98 页（起草委员会主席）。

第二四六条　专属经济区内和大陆架上的海洋科学研究

1. 沿海国在行使其管辖权时，有权按照本公约的有关条款，规定、准许和进行在其专属经济区内或大陆架上的海洋科学研究。

2. 在专属经济区内和大陆架上进行海洋科学研究，应经沿海国同意。

3. 在正常情形下，沿海国应对其他国家或各主管国际组织按照本公约专为和平目的和为了增进关于海洋环境的科学知识以谋全人类利益，而在其专属经济区内或大陆架上进行的海洋科学研究计划，给予同意。为此目的，沿海国应制订规则和程序，确保不致不合理地推迟或拒绝给予同意。

4. 为适用第3款的目的，尽管沿海国和研究国之间没有外交关系，它们之间仍可存在正常情况。

5. 但沿海国可斟酌决定，拒不同意另一国家或主管国际组织在该沿海国专属经济区内或大陆架上进行海洋科学研究计划，如果该计划：

（a）与生物或非生物自然资源的勘探和开发有直接关系；

（b）涉及大陆架的钻探、炸药的使用或将有害物质引入海洋环境；

（c）涉及第六十和第八十条所指的人工岛屿、设施和结构的建造、操作或使用；

（d）含有依据第二四八条提出的关于该计划的性质和目标的不正确情报，或如进行研究的国家或主管国际组织由于先前进行研究计划而对沿海国负有尚未履行的义务。

6. 虽有第5款的规定，如果沿海国已在任何时候公开指定从测算领海宽度的基线量起二百海里以外的某些特定区域为已在进行或将在合理期间内进行开发或详探作业的重点区域，则沿海国对于在这些特定区域之外的大陆架上按照本部分规定进行的海洋科学研究计划，即不得行使该款（a）项规定的斟酌决定权而拒不同意。沿海国对于这类区域的指定及其任何更改，应提出合理的通知，但无须提供其中作业的详情。

7. 第6款的规定不影响经第七十七条所规定的沿海国对大陆架的权利。

8. 本条所指的海洋科学研究活动，不应对沿海国行使本公约所规定的主权权利和管辖权所进行的活动有不当的干扰。

资料来源

1. A/AC.138/SC.Ⅲ/L.18，原则9、原则10、原则11，转载在1972年《海底委员会报告》，第203~204页（加拿大）。

2. A/AC.138/89，声明 G，第 14 段，转载在 1973 年《海底委员会报告》第二卷，第 4、7 页（非洲统一组织）。

3. A/AC.138/SC.II/L.28，第 64~68 条，转载在 1973 年《海底委员会报告》第三卷，第 35、56 页（马耳他）。

4. A/AC.138/SC.III/L.31（1973 年，油印本），第 12 条第 1 款（保加利亚、波兰、乌克兰和苏联）。

5. A/AC.138/SC.III/L.34（1973 年，油印本），第 3 条第 2、3、6 款（马耳他）。

6. A/AC.138/SC.III/L.42（1973 年，油印本），第 1 款（中国）。

7. A/AC.138/SC.III/L.45（1973 年，油印本），第 1 款（巴西、厄瓜多尔、萨尔瓦多、秘鲁和乌拉圭）。

8. A/AC.138/SC.III/L.50（1973 年，油印本），第 1 款（意大利）。

9. A/AC.138/SC.III/L.55（1973 年，油印本）（阿尔及利亚、巴西、中国、埃塞俄比亚、埃及、伊朗、肯尼亚、巴基斯坦、秘鲁、菲律宾、罗马尼亚、索马里、特立尼达和多巴哥、突尼斯和南斯拉夫）。

10. A/CONF.62/33（1974 年），宣言 G，第 14 段，《正式记录》第三卷，第 63~64 页（非洲统一组织）。

11. A/CONF.62/L.8/Rev.1（1974 年），附件二，附录一，条文第 87 条，《正式记录》第三卷，第 93、107、120 页（总报告员）。[这一附录包含了第二委员会的"主要趋势"工作文件，最初作为 A/CONF.62/C.2/WP.1（1974 年）发布]。

12. A/CONF.62/C.2/L.21/Rev.1（1974 年），第 1 条第 2（e）款，《正式记录》第三卷，第 199 页（尼日利亚）。

13. A/CONF.62/C.2/L.25（1974 年），第 11 条，《正式记录》第三卷，第 202~203 页（希腊）。

14. A/CONF.62/C.2/L.38（1974 年），第 5 条，《正式记录》第三卷，第 214~215 页（保加利亚、白俄罗斯、捷克斯洛伐克、德意志民主共和国、波兰、乌克兰和苏联）。

15. A/CONF.62/C.2/L.82（1974 年），第 3 条（b）款，《正式记录》第三卷，第 240~241 页（冈比亚、加纳、象牙海岸、肯尼亚、莱索托、利比里亚、阿拉伯利比亚共和国、马达加斯加、马里、毛里塔尼亚、摩洛哥、塞内加尔、塞拉利昂、苏丹、突尼斯、喀麦隆、坦桑尼亚联合共和国和扎伊尔）。

16. A/CONF.62/C.3/L.9（1974 年），第 4 条，总起句，《正式记录》第三卷，第 252 页（特立尼达和多巴哥）。

17. A/CONF.62/C.3/L.13（1974 年），项目 2（a）第 1 款和项目 2（b）第 1 款，《正式记录》第三卷，第 254 页（哥伦比亚（七十七国集团））。

18. A/CONF.62/C.3/L.17（1974 年），第一部分 A 节，第 4 款，备选案文 A 和备

选案文 B；第二部分备选案文 A，项目（a）第 1 款，项目（b）第 1 款；备选案文 B 第 1 款和第 4 款；备选案文 C，项目 3，第 1 款；备选案文 D，第 3 条，《正式记录》第三卷，第 263~264 页（第三委员会，非正式会议）。

19. A/CONF. 62/C. 3/L. 19（1974 年），第 6 条第 4 款，《正式记录》第三卷，第 266~267 页（奥地利、比利时、玻利维亚、博茨瓦纳、丹麦、德意志联邦共和国、老挝、莱索托、利比里亚、卢森堡、尼泊尔、荷兰、巴拉圭、新加坡、乌干达、上沃尔特和赞比亚）。

20. A/CONF. 62/C. 3/L. 13/Rev. 2（1975 年），项目 2（a）第 1 款和项目 2（b）第 1 款，《正式记录》第四卷，第 199 页（伊拉克（七十七国集团））。

21. A/CONF. 62/C. 3/L. 26（1975 年），第 4 条，第 2 款和第 6 条，第 1 款和第 2 款，《正式记录》第四卷，第 213~214 页（保加利亚、白俄罗斯、捷克斯洛伐克、德意志民主共和国、匈牙利、蒙古、波兰、乌克兰和苏联）。

22. 见 A/CONF. 62/C. 3/L. 31（1975 年），附件，A 节（加拿大），第 1 款和第 4 款，《正式记录》第四卷，第 220~221 页（第三委员会，非正式会议）。

23. A/CONF. 62/WP. 8/Part II（非正式单一协商案文，1975 年），第 49、71 条，《正式记录》第四卷，第 152、160、163 页（第二委员会主席）。

24. A/CONF. 62/WP. 8/Part III（非正式单一协商案文，1975 年），第二部分，第 14、26 条，《正式记录》第四卷，第 171、177、179 页（第三委员会主席）。

25. A/CONF. 62/WP. 8/Rev. 1/Part II（订正的单一协商案文，1976 年），第 49 条和 73 条，《正式记录》第五卷，第 151、161、165 页（第二委员会主席）。

26. A/CONF. 62/WP. 8/Rev. 1/Part III（订正的单一协商案文，1976 年），第 60 条，《正式记录》第五卷，第 173、182 页（第三委员会主席）。

27. A/CONF. 62/WP. 10（非正式综合协商案文，1977 年），第 247 条，《正式记录》第八卷，第 1、42 页。

28. A/CONF. 62/RCNG/2（1978 年），第三委员会主席报告（C. 3/Rep. 1），美国的非正式提案（MSR/2），第 247 条第 1 款和第 6 款及说明，《正式记录》第十卷，第 126、173、190、193 页。

29. A/CONF. 62/WP. 10/Rev. 1（非正式综合协商案文第一次修订稿，1979 年，油印本），第 246 条。转载在《第三次联合国海洋法会议文件集》第一卷，第 393、480 页。

30. A/CONF. 62/L. 41（1979 年），第 6、8 款和附件，第 246 条之二，《正式记录》第十二卷，第 94~95 页（第三委员会主席）。

31. A/CONF. 62/C. 3/L. 33（1979 年），第 8 款，第 246 条之二，《正式记录》第十二卷，第 114 页（第三委员会主席）。

32. A/CONF. 62/L. 50（1980 年），第 4 款和附件第 246 条，《正式记录》第十三

卷，第 80~81 页（第三委员会主席）。

33. A/CONF. 62/WP. 10/Rev. 2（非正式综合协商案文第二次修订稿，1980 年，油印本），第 246 条。转载在《第三次联合国海洋法会议文件集》第二卷，第 3、108 页。

34. A/CONF. 62/WP. 10/Rev. 3*（非正式综合协商案文第三次修订稿，1980 年，油印本），第 246 条。转载在《第三次联合国海洋法会议文件集》第二卷，第 179、285 页。

35. A/CONF. 62/L. 78（《公约草案》，1981 年），第 246 条，《正式记录》第十五卷，第 172、214 页。

起草委员会

36. A/CONF. 62/L. 67/Add. 11（1981 年，油印本），第 28~44 页。

37. A/CONF. 62/L. 72（1981 年），《正式记录》第十五卷，第 151 页（起草委员会主席）。

38. A/CONF. 62/L. 152/Add. 25（1982 年，油印本），第 37 页。

39. A/CONF. 62/L. 160（1982 年），《正式记录》第十七卷，第 225 页（起草委员会主席）。

非正式文件

40. CRP/Sc. Res. /15（1974 年，油印本）（保加利亚、波兰、乌克兰和苏联）。转载在《第三次联合国海洋法会议文件集》第十卷，第 305 页。

41. CRP/Sc. Res. /16（1974 年，油印本）（圭亚那）。转载在《第三次联合国海洋法会议文件集》第十卷，第 306 页。

42. CRP/Sc. Res. /17（1974 年，油印本）（法国）。转载在《第三次联合国海洋法会议文件集》第十卷，第 306 页。

43. CRP/Sc. Res. /17/Rev. 1 和 Corr. 1（1974 年，油印本）（法国）。转载在《第三次联合国海洋法会议文件集》第十卷，第 307 页。

44. CRP/Sc. Res. /21（1974 年，油印本），第 1 款（墨西哥和西班牙）。转载在《第三次联合国海洋法会议文件集》第十卷，第 309 页。

45. CRP/Sc. Res. /23（1974 年，油印本），第 2 款（爱尔兰）。转载在《第三次联合国海洋法会议文件集》第十卷，第 311 页。

46. CRP/Sc. Res. /38（1974 年，油印本）第 1 款和第 4 款（第三委员会非正式会议）。转载在《第三次联合国海洋法会议文件集》第十卷，第 322 页。

47. CRP/Sc. Res. /40/（1974 年，油印本），第 6 条第 2 款（第三委员会，非正式会议）。转载在《第三次联合国海洋法会议文件集》第十卷，第 325 页。

48. CRP/Sc. Res/41（1974 年，油印本），第二部分，项目 2（b）第 1 款（第三委

员会，非正式会议）。转载在《第三次联合国海洋法会议文件集》第十卷，第328、330页。

49.《关于海洋科学研究的条款草案》（1975年，油印本），第4条第1款和第6条第1款（匿名）。转载在《第三次联合国海洋法会议文件集》第十一卷，第10~12页。

50. 蓝皮文件第1号（1976年，油印本），厄瓜多尔、巴基斯坦、索马里和土耳其关于第13条和第14条的提案。转载在《第三次联合国海洋法会议文件集》第十一卷，第30页。

51. 蓝皮文件第1号/第一次修订（1976年，油印本），［巴西、厄瓜多尔、印度、阿拉伯利比亚共和国、巴基斯坦、索马里和南斯拉夫］、厄瓜多尔、索马里和土耳其关于第13条和第14条的提案。转载在《第三次联合国海洋法会议文件集》第十一卷，第34页。

52. 欧洲经济共同体（1976年，油印本），第5条，第1款。转载在《第三次联合国海洋法会议文件集》第十一卷，第40~41页。

53. 利比亚阿拉伯共和国（1976，油印本），第49条（非正式单一协商案文第二部分）。转载在《第三次联合国海洋法会议文件集》第四卷，第295页。

54. 未定型集团（1976年，油印本），关于第14条的提案（巴西）。转载在《第三次联合国海洋法会议文件集》第十一卷，第557页。

55. 苏联（1976年，油印本），第14条。转载在《第三次联合国海洋法会议文件集》第十一卷，第558页。

56. 苏联（1976年，油印本），第14条。转载在《第三次联合国海洋法会议文件集》第十一卷，第559页。

57. 德意志联邦共和国（1976年，油印本）［非正式单一协商案文第二部分，第71条］。转载在《第三次联合国海洋法会议文件集》第四卷，第328页。

58. 厄瓜多尔（1976年，油印本），第60条。转载在《第三次联合国海洋法会议文件集》第十一卷，第74~75页。

59. 特立尼达和多巴哥（1976年，油印本），第60条。转载在《第三次联合国海洋法会议文件集》第十一卷，第77页。

60. 巴西（1976年，油印本），第58条。转载在《第三次联合国海洋法会议文件集》第十一卷，第78页。

61. 突尼斯（1976年，油印本），第60条。转载在《第三次联合国海洋法会议文件集》第十一卷，第82页。

62. 危地马拉（1976年，油印本），第60条。转载在《第三次联合国海洋法会议文件集》第十一卷，第82页。

63. 匿名（1976年，油印本），第60条。转载在《第三次联合国海洋法会议文件集》第十一卷，第83页。

64. 关于海洋科学研究的非正式协商期间提出的提案（1976 年，油印本）。转载在《第三次联合国海洋法会议文件集》第十一卷，第 84~86 页。

65. 主席的提案（1976 年，油印本）。转载在《第三次联合国海洋法会议文件集》第十一卷，第 86 页。

66. 巴西、肯尼亚、突尼斯和厄瓜多尔（1976 年，油印本），第 60 条。转载在《第三次联合国海洋法会议文件集》第十一卷，第 87 页。

67. 主席的提案（1976 年，油印本），第 60 条。转载在《第三次联合国海洋法会议文件集》第十一卷，第 88 页。

68. 主席的提案（1976 年，油印本），第 60 条。转载在《第三次联合国海洋法会议文件集》第十一卷，第 89 页。

69. 澳大利亚（1976 年，油印本），第 60 条。转载在《第三次联合国海洋法会议文件集》第十一卷，第 90 页。

70. 澳大利亚（1976 年，油印本），第 60 条。转载在《第三次联合国海洋法会议文件集》第十一卷，第 94 页。

71. 欧洲共同体（1976 年，油印本），第 60 条。转载在《第三次联合国海洋法会议文件集》第十一卷，第 95 页。

72. 主席的提案（1976 年，油印本），第 60 条。转载在《第三次联合国海洋法会议文件集》第十一卷，第 98 页。

73. 美国（1977 年，油印本），第 60 条。转载在《第三次联合国海洋法会议文件集》第十一卷，第 99 页。

74. 布伦南小组（1977 年，油印本），第 60 条。转载在《第三次联合国海洋法会议文件集》第十一卷，第 101 页。

75. 巴西（1977 年，油印本），第 60 条。转载在《第三次联合国海洋法会议文件集》第十一卷，第 103 页。

76. 苏联（1977 年，油印本），第 60 条。转载在《第三次联合国海洋法会议文件集》第十一卷，第 104 页。

77. 厄瓜多尔（1977 年，油印本），第 60 条。转载在《第三次联合国海洋法会议文件集》第十一卷，第 105 页。

78. 巴西、喀麦隆、厄瓜多尔、危地马拉、日本、葡萄牙、西班牙、特立尼达和多巴哥、突尼斯和美国关于第 60 条的提案（1977 年，油印本）（第三委员会，非正式会议）。转载在《第三次联合国海洋法会议文件集》第十一卷，第 107~109 页。

79. 主席的提案（1977 年，油印本），第 60 条。转载在《第三次联合国海洋法会议文件集》第十一卷，第 111 页。

80. 巴西、厄瓜多尔、肯尼亚和突尼斯（1977 年，油印本），关于主席就第 60 条所作的提案［见资料来源 76］。转载在《第三次联合国海洋法会议文件集》第十一卷，第 112 页。

81. 七十七国集团（1977 年，油印本），第 60 条。转载在《第三次联合国海洋法会议文件集》第十一卷，第 112 页。

82. 德意志联邦共和国和荷兰（1977 年，油印本），第 60 条。转载在《第三次联合国海洋法会议文件集》第十一卷，第 114 页。

83. 中国（1977 年，油印本），第 60 条。转载在《第三次联合国海洋法会议文件集》第十一卷，第 114 页。

84. MSR/2（1978 年，油印本），第 247 条，第 1 款和第 6 款及说明（美国）。转载在《第三次联合国海洋法会议文件集》第十卷，第 360、363 页［见上文资料来源 28］。［初版本转载在《第三次联合国海洋法会议文件集》第十一卷，第 117 页。］

85. MSR/2/Rev. 1（1979 年，油印本），第 247 条，第 1 款和第 6 款（美国）。转载在《第三次联合国海洋法会议文件集》第十卷，第 386 页。

86. MSR/6（1980 年，油印本），巴西、马来西亚、巴基斯坦、菲律宾、乌拉圭和南斯拉夫关于第 246 条之二（b）款的提案（第三委员会，非正式会议）。转载在《第三次联合国海洋法会议文件集》第十卷，第 392~393 页。

87. MSR/6/Add. 1（1980 年，油印本），加拿大、联邦共和国、马来西亚、挪威、西班牙、苏联、美国和南斯拉夫关于第 246 条之二（b）款和（c）款的提案。（第三委员会，非正式会议）。转载在《第三次联合国海洋法会议文件集》第十卷，第 393~394 页。

88. MSR/8（1980 年，油印本），第 246 条（非正式会议主席）。转载在《第三次联合国海洋法会议文件集》第十卷，第 395~396 页。

89. MSR/9（1980 年，油印本），第 246 条第 6 款（非正式会议主席）。转载在《第三次联合国海洋法会议文件集》第十卷，第 400 页。

［注：本条应结合第二四九条、第二五二条、第二五三条和第二九七条第 2 款释读（最后者见本书系第五卷）。］

评　　注

246. 1. 第二四六条起源于 1958 年《大陆架公约》第 5 条第 8 款所载的折中方案，其中规定：

> 8. 对大陆架从事实地研究必须征得沿海国之同意。倘有适当机构提出请求而目的系在对大陆架之物理或生物特征作纯粹科学性之研究者，沿海国通常不得拒予同意，但沿海国有意时，有权加入或参与研究，研究之结果不论在何情形下均应发表。

这一规定由伊朗①、印度尼西亚②、法国③和德意志联邦共和国④在第一次海洋法会议第四（大陆架）委员会内提交的诸项提案发展而来。在第四委员会第28~30次会议上，辩论希望在对大陆架上的研究采用明确的沿海国同意制度和坚持采用默示原则的双方之间展开。对这一讨论的释读，必须在国际法委员会所作的一项声明的背景下作出，这一声明指出，该提案所载的公海自由清单并不是限制性的。⑤委员会只规定了4项主要的自由，但意识到还存在其他的自由，例如在公海进行科学研究的自由。

第一次海洋法会议第二委员会当时拒绝了将科学研究自由纳入公海自由清单中。尽管如此，这一自由只受到这样的原则的限制——各国有义务不实施任何可能对其他国家国民对公海的使用产生不利影响的行为，这一原则现体现在1982年《公约》第八十七条第2款中。

246.2. 1958年的辩论在第三次海洋法会议上再次出现；然而，1982年《公约》第八十七条所列的公海自由得到澄清，包括了科学研究自由（第1款（f）项），但受第六部分（大陆架，第七十六条至第八十五条）和第十三部分（海洋科学研究，第二三八条至第二六五条）的限制。科学研究和海洋科学研究是不一样的，尽管后者属于前者的范围。同时，1958年《大陆架公约》第5条并没有被列入1982年《公约》第六部分中，其主题事项一部分被归入第六十条中（和第八十条），一部分被归入第十三部分，特别是第二四六条中。在这方面，第五十六条第3款（在关于专属经济区的第五部分）规定："本条所载的关于海床和底土的权利，应按照第六部分（关于大陆架）的规定行使。"

1958年《公约》第5条第8款处理对大陆架之物理或生物特征作纯粹科学性之研究的情况。大陆架上的潜在油气蕴藏是当时最重要的利益性物质资源。然而，令人有疑问的是，利益性生物特性的内容是否比该公约第2条第4款（即1982年《公约》第七十七条第4款）所指的定居种多得多，甚或包括海底的植物群。在1982年《公约》中，生物资源（除定居种外）属于第五部分（专属经济区）的范围，而矿物资源和定居种属于第六部分（大陆架）的范围。在沿海国已设立专属经济区的情况下，第六部分将适用于其下方的海床和底土，无论它们是否符合第七十六条所载的大陆架的正式定义。这是第五十六条第3款产生的效果。对于大陆架本身，第七十六条第4~6款又

---

① A/CONF. 13/C. 4/L. 50（1958年），第一次海洋法会议，《正式记录》第六卷，第139页（伊朗）。

② A/CONF. 13/C. 4/L. 53（1958年），同上，第140页（印度尼西亚）。

③ A/CONF. 13/C. 4/L. 56（1958年），同上，第141页（法国）。

④ A/CONF. 13/C. 4/L. 58（1958年），同上，第141页（德意志联邦共和国）。

⑤ 见国际法委员会在公海自由方面对条款草案第27条评注的第（2）段（1958年《公海公约》第2条和1982年《公约》第八十七条）。国际法委员会第八届会议工作报告（A/3159），国际法委员会年鉴，1956年第2卷，第253、278页。

引入了一个复杂的情况，这几款在某些情况下，允许一个国家将其大陆架扩展至从基线量起200海里以外。然而，在这些情况下，沿海国对距离基线200海里以外的大陆架上的海洋科学研究的权利弱于其在200海里界限内的权利。

246.3. 正如本条的资料来源所示，会议第二委员会和第三委员会都讨论了这个问题的不同方面，尽管海洋科学研究议题本身是分配给第三委员会的。第二委员会之所以涉及其中，最初是通过1958年《大陆架公约》第5条（见上文第246.1段），后来又通过海底委员会编写的主题和问题清单（见上文XIII.6段）。

在第三次海洋法会议第二委员会内部，初步辩论和在会议第二次会议（1974年）期间提交的诸项提案（资料来源12至资料来源15）海底委员会内部讨论之后产生（资料来源1至资料来源9）导致形成主要趋势工作文件（资料来源11）中关于大陆架的部分中的第87条，第二委员会也以此结束了在此阶段的工作。该条文规定：

6. 科学研究

条文第87条

表述 A

关于大陆架并在大陆架进行的任何研究应取得沿海国的同意。但如果请求是具备资格的机构为对大陆架的物理或生物特性进行纯粹的科学研究而提交的，沿海国通常不应拒绝同意，但前提是如沿海国愿意，应有权参加或有代表参与研究，并在任何情况下都应将结果公布。

表述 B

沿海国可准许在大陆架上的科学研究活动，并有权参与这些活动并取得其结果。沿海国就此事项颁布的规章中，应特别考虑到促进和便利这种活动的需要。

表述 A 重复了《大陆架公约》第5条第8款，表述 B 则阐明了更加强调明示同意的方案。

在会议第二期（1974年）和第六期（1977年）会议之间，第二委员会在这方面的讨论得出的结论是，第二委员将不会处理关于大陆架上的科学研究的实质性规则，而是集中处理管辖权问题。

246.4. 在第二委员会第二次和第三次会议（1975年）上进行的非正式协商和正式讨论之后，关于大陆架的非正式单一协商案文第二部分第71条（资料来源23）提出："第49条［关于专属经济区］的规定应比照适用于关于大陆架并在大陆架进行的研究。"该案文第49条规定：

关于专属经济区并在专属经济区进行的任何研究应取得沿海国的同意。

倘有适当机构提出请求而目的系在作纯粹科学性之研究者，沿海国通常不得拒予同意，但沿海国有意时，有权加入或参与研究，研究之结果应在与有关沿海国协商后发表。

第二委员会主席当时在介绍非正式单一协商案文第二部分时回顾说，第三委员会正在"在更广泛的语境下"处理科学研究（资料来源 23，导言，第 153 页）。

246.5. 同时，第三委员会内一直在进行协商，在第二期会议（1974 年）上的正式和非正式会议上就这一主题都提出了多项提案（资料来源 16 至资料来源 19 和资料来源 40 至资料来源 48）。这些提案在第二期会议临近结束时被合并成一系列备选案文（资料来源 18）。这些综合案文的所有变体都以某种方式规定了在沿海国主权或管辖下区域内进行研究需有沿海国同意的一般原则。此外，在进行这种研究时应尊重沿海国的权利。

246.6. 在第三期会议上（1975 年），第三委员会内提交了一些正式和非正式提案（资料来源 20 至资料来源 22 和资料来源 49）。9 个社会主义国家的一项提案的第六条（资料来源 21）部分规定：

经济区内的科学研究

1. 在按照本公约设立的经济区内进行与该区域的生物和非生物资源有关的海洋科学研究，应经沿海国同意。这种同意的请求应事先提交，对其答复不应有不当稽延。沿海国应有权确定进行这种研究的条件，并有权参加或有代表参与研究。

2. 在按照本公约设立的经济区内进行与该区域的生物和非生物资源无关的海洋科学研究，应将计划的研究事先通知沿海国。

这一提案原文采用了一项匿名非正式草案（资料来源 49）。在这一案文中，主要的侧重点在于保持纯粹型和资源型研究的区别。

经过非正式协商，第三委员会主席将以下条文采纳为非正式单一协商案文第三部分第 14 条（资料来源 24）：

各国以及适当国际组织应以尊重本公约所规定的沿海国权利的方式在领海以外、专属经济区内和大陆架上进行海洋科学研究。

这一案文的重点是尊重沿海国在经济区内和大陆架上的权利。同时，该案文第 26 条赋予所有国家和"适当"国际组织"在经济区范围以外的公海水域"进行研究的权利。

第三期会议之后，非正式司法专家小组审议了关于海洋科学研究的非正式单一协商案文的规定。该小组编写的最初案文提出了对非正式单一协商案文第三部分的一个扩充版本，其内容如下：

1. 关于在经济区或大陆架内的与生物或非生物资源的勘探和开发有关的任何科学研究，应取得沿海国的同意。

2. 关于钻探或炸药或对海洋环境的生物或对海床或底土有相似效果的手段的使用，应在任何情况下都取得沿海国的同意。

3. 关于在沿海国经济区或大陆架内的会对沿海国按照本公约的规定对之具有管辖权的活动有不当的干扰的科学研究，也应取得沿海国的同意。⑥

在第四期会议开始时（1976年），该专家小组对其关于第14条的提案进行了修订，该修订版内容如下：

关于在沿海国经济区或［在其］大陆架上进行的任何科学研究应取得沿海国的明示同意。

（a）与生物或非生物资源的勘探和开发有关；

（b）涉及钻探或炸药的使用；

（c）对沿海国按照本公约的规定对之具有管辖权的活动有不当的干扰；

（d）涉及第二部分第四十八条所指的人工岛屿、设施和结构的建造、操作或使用。⑦

这一案文至少部分地尝试了对可以被解释为应用型研究、并且沿海国应对之具有管辖权的活动进行界定。

246.7. 在第四期会议上（1976年），在第二委员会进一步非正式讨论之后，非正式单一协商案文第二部分中与科学研究有关的条文（见上文第246.4段）在被订正的单一协商案文第二部分采用时作了大幅度削减（资料来源25）。关于专属经济区内研究的该案文第49条仅规定：

关于专属经济区并在专属经济区进行的任何研究应按照第……章（海洋科学研究）的规定取得沿海国的同意。

---

⑥　海洋科学研究：折中建议（1976年1月，油印本），第14条（非正式司法专家小组）。转载在《第三次联合国海洋法会议文件集》第十一卷，第516、519页。

⑦　同上，（1976年3月，油印本），第14条，同上，第544、547页。

关于与大陆架有关的研究的该案文第 73 条采用了类似的条文。

通过以这种方式将这两项条文转交给第三委员会处理，第二委员会内希望通过协商制定关于在专属经济区内和大陆架上的科学研究的实质性规定的细节的尝试实际上即告终止。事实上，第二委员会主席在订正的单一协商案文第二部分的导言中间接地提到这一问题，他指出"对三个委员会的工作进行协调的进程"已经开始，并且在某些情况下，他已经"根据第三委员会制定的解决方案提出了建议"（资料来源 25，导言，第 22 段）。

订正的单一协商案文第二部分（特别是第 44 条和第 46~48 条）中的表述反映了第二委员会在专属经济区方面面临的根本问题，即专属经济区是否应列入公海的定义中。然而，在编制订正的单一协商案文第二部分时，第二委员会主席指出，第二委员会已认定，专属经济区既不是公海也不是领海，而是自成一类的（同上，第 14~18 段）。第三委员会由此认识到，专属经济区在司法分类上是否属公海或其他别的什么，是与其目的不相关的。

246.8. 同时，第三委员会的协商也在非正式会议上继续进行，并提出了若干基于非正式司法专家小组编写的案文（见上文第 246.6 段）的非正式提案（资料来源 54 至资料来源 56）。虽然这些建议接受了该小组提出的基本措辞，但都提出应在这一规定中包括对沿海国的国家利益和安全有影响的活动。

但这类建议都没有获得接受，经过进一步的非正式协商，订正的单一协商案文第三部分（资料来源 26）第 60 条采用了如下条文：

1. 在经济区内或在大陆架上进行海洋科学研究，应按照本公约的规定经沿海国同意。

2. 沿海国不应拒不同意进行海洋科学研究，除非该计划：

（a）与生物或非生物资源的勘探和开发有重大关系；

（b）涉及钻探或炸药的使用；

（c）对沿海国按照本公约规定的其管辖权进行的经济活动有不当的干扰；

（d）涉及本公约第二部分第……条所指的人工岛屿、设施和结构的建造、操作或使用。

这一案文中规定了两项基本前提。（1）经济区内或大陆架上的海洋科学研究活动需要沿海国同意。（2）沿海国不能拒不同意，除非这种研究涉及某些活动（可被视为资源导向的活动）。

246.9. 在第五期会议上（1976 年），协商继续在非正式会议上进行。第三委员会主席就关于订正的单一协商案文第三部分第 60 条的非正式协商作了报告，同时非正式地提出了他所称的关于该条的"纯粹的试验性提案"。⑧ 在这里有必要对该报告的有关部分作全文引用，因为它载明了第二四六条所体现的折中方案的基本要素：

31. 有一项提案建议添加新的第57条之二，其意图在于协调关于经济区制度的方案与为领海设立的制度。因此，这一提案所包含的理念被纳入我编写的关于第60条的一项草案中，我称之为"试验性提案"。

32. 各方普遍认为，关于海洋科学研究的一整章的谈判的结果取决于能否就第60条的规定取得令人满意的解决办法，即为在经济区内和大陆架上的海洋科学研究活动建立的制度的问题。针对这些关切，委员会同意推迟对第58条和第59条的讨论，并决定将注意力集中在对第60条的审议上。

33. 第60条构成了关于海洋科学研究的项目的讨论核心。许多代表团认为，现存分歧的解决将使第三委员会能够在该委员会所涉范围内实现实质性突破，这可能有助于其他委员会对关键问题的讨论。这就是为什么我花了很多时间和精力并在某些情况下大力坚持将反应不同代表团关切的多种理念以连贯一致的方式结合在一条当中。

34. 旨在修改［订正的单一协商案文］所载的第60条的案文的最初提案共有10项。经过一番审议，我建议不同代表团提交的相似提案应尽可能合并，从而减少提案数量。其结果是，10项提案被减少到6个，后来又减少到4个。在这一阶段，我已经可以明显看到我们正在各自［与订正的单一协商案文］相背离，从而加大了现有趋势之间的分化，而不是趋向于一种折中方案。这迫使我主动提出一项试图谋求折中的案文，其中考虑到了不同利益集团的各种关切，并力求避免在这一问题上的僵局。

35. 我基于的假设是，确保沿海国对海洋科学研究的一般同意和对研究国的保障之间的适当平衡是合宜的。在我看来，接受某种例外和条件限制的沿海国同意原则是合理和现实的，我认为这样一个制度可以以令人满意的方式发挥作用。正是为此，我非正式地提交了以下案文，但附带有一项谅解，即它不构成对第60条的修改，而只是一个试验性提案：

1. 沿海国在行使其管辖权时，有权规定、准许和进行在其专属经济区内或大陆架上的海洋科学研究。

2. 在经济区内或在大陆架上进行海洋科学研究，应按照本公约的有关规

---

⑧ A/CONF.62/L.18（1976年），第31-37段，《正式记录》第六卷，第139、142-143页（第三委员会主席）。另见主席在第三委员会第29次会议上的发言（1976年），第8-13段，同上，第90-91页。关于主席提案的较早期草案，另见资料来源68和资料来源72。

定经沿海国同意。

3. 沿海国通常应对其他国家或各主管国际组织在其经济区内或大陆架上进行的海洋科学研究活动给予同意。为此目的，沿海国应制订规则和程序，确保不致不合理地推迟或拒绝给予同意。

4. 在经济区内或在大陆架上的这种海洋科学研究活动，不应对沿海国按照本公约所规定的其管辖权所进行的活动有不当的干扰。

5. 沿海国可拒不同意另一国家或主管国际组织在经济区内或大陆架上进行海洋科学研究计划，如果该计划：

（a）与生物和非生物资源的勘探和开发有关；

（b）涉及大陆架的钻探、炸药的使用或将有害物质引入海洋环境；

（c）涉及本公约第二部分第 48 条所指的人工岛屿、设施和结构的建造、操作或使用。

36. 在接下来的广泛谈判中，超过 42 个代表团进行了 78 次介入，多数代表团将该案文视为协商的基础，有些代表团则反对该案文。为了推动这一协商进程，我决定举行我已经提到的代表团团长小组会议，以期能就这一问题作出一项政治性决定。

37. 会议上的意见交换起初使我认为，对于协调相左的意见以达成折中的尝试，是存在着充分的善意和足够的共同基础的。但是，有些代表团在就同意及其方式的问题作出最后声明方面遇到了困难，原因是他们认为由于实质性原因或功能性关系，这些问题与 [订正的单一协商案文的] 其他部分，特别是关于经济区的第二部分和规定争端解决方式的第四部分的规定之间存在着关联。虽然在本届会议上没有就折中方案达成共识，但我热切希望我们不会放弃我们已经开始的这一努力，并在今后有可能对我们已取得的成果善加利用。

这一试验性提案虽然既不是正式的修改草案，也不是对订正的单一协商案文第三部分第 60 条的修订，但在第三委员会中却引起了相当多的讨论。[9]

246.10. 在第六期会议上（1977 年），以墨西哥代表团团长豪尔赫·卡斯塔尼达命名的卡斯塔尼达小组作为一个私人小组在第二委员会内部成立（见第一卷，第 108

---

[9] 见第三委员会以下几次会议上对这一提案的广泛讨论：第 29 次会议（1976 年），第 17-34 段，《正式记录》第六卷，第 92-94 页；第 30 次会议（全文），同上第 95-100 页；和第 31 次会议，第 3-43 段，同上，第 100-103 页。

页），以期打破关于专属经济区的法律地位问题及相关事项的僵局。⑩ 这一小组主要关注的是专属经济区地位的定义、修改第二委员会关于沿海国和其他国家在专属经济区内的权利和义务的案文、修改第三委员会对专属经济区法律地位有影响的案文（包括订正的单一协商案文第三部分第 60 条）和制定关于渔业和科学研究的争端解决的大纲（后由第 5 谈判组处理）。第三委员会主席代表保加利亚参加了卡斯塔尼达小组的所有会议。

卡斯特尼达小组于 1977 年完成其工作，制定了覆盖专属经济区的各个方面的一套内容全面的条款。⑪ 在这种语境下，卡斯特尼达小组关于修改订正的单一协商案文第三部分第 60 条的提案如下：

1. 在专属经济区内或大陆架上进行海洋科学研究活动，应经沿海国同意。

2. 在正常情形下，沿海国应对另一国家或主管国际组织按照本公约专为和平目的和为了增进关于海洋环境的科学知识以谋全人类利益，而在专属经济区内或大陆架上进行的海洋科学研究计划，给予同意。为此目的，沿海国应制订规则和程序，确保不致不合理地推迟或拒绝给予同意。

3. 但沿海国可斟酌决定，拒不同意另一国家或主管国际组织在该沿海国专属经济区内或大陆架上进行海洋科学研究计划，如果：

（a）该计划与生物或非生物资源的勘探或开发有直接关系；

（b）该计划涉及大陆架的钻探、炸药的任何使用或引入可能损害海洋环境的物质；

（c）该计划涉及本公约第二部分第 48 条所指的人工岛屿、设施和结构的建造、操作或使用。

（d）依据第 58 条提出的关于该计划的性质和目标的情报不正确，或如进行研究的国家或主管国际组织由于先前进行研究计划而对沿海国负有尚未履行的义务。

4. 在专属经济区内或在大陆架上的海洋科学研究活动，不应对沿海国按照本公约所规定的其主权权利和管辖权所进行的活动有不当的干扰。

同时，第 44 条（随后成为非正式综合协商案文第 56 条）改写为：

1. 沿海国在专属经济区内有：

……

（b）本公约有关条款规定的对下列事项的管辖权：

---

⑩ 关于该小组的进一步详情，见上文第十三部分导言，第 XIII. 9 段，注释⑱。

⑪ 转载在《第三次联合国海洋法会议文件集》第四卷，第 426 页（1977 年）。

......

（2）海洋科学研究；

这一案文以最简化的方式提到沿海国在海洋科学研究方面的"管辖权"，而没有使用"专属管辖权"。尽管如此，这一管辖权的细节和范围仍然是第二委员会的关切事项。这一规定除了若干润色性修改外，一直作为第 56 条并未作修改。它成为第三委员会工作的参照点，而该委员会的任务则变成确定"本公约有关海洋科学研究的相关规定"的内容。

因此，第二委员会不再处理在专属经济区内或大陆架上的海洋科学研究的具体规则，这一事项完全归入第三委员会工作范围内。

246. 11. 卡斯特尼达集团显然考虑到了迄当时为止其在第三委员会的非正式协商中已经制定的关于在专属经济区内和大陆架上的海洋科学研究的制度的实质性成分，包括主席的"试验性提案"。即使在卡斯特尼达集团编制订正的单一协商案文第三部分第 60 条的修订稿之前，第三委员会就已经就海洋科学研究制度的几个主要组成部分达成了共识。卡斯特尼达集团在制定这些组成部分时，将其放在更加宽泛的语境下，并得以将其与关于专属经济区法律制度的几项其他问题整合在一起。第二四六条因而成为一套"一揽子"条文，其主要组成部分已经在第二委员会和第三委员会进行协商，之后由负责与沿海国在专属经济区内的主权权利行使有关的争端的解决问题的第五协商组完成（见第一卷，第 94 页）。这后来导致形成非正式综合协商案文第一次修订稿第 246 条和 296 条第 2 款（今《公约》第二四六条和第二九七条第 2 款）以及以之为依据的第十三部分第二六四条和第二六五条。

246. 12. 在第六期会议上（1977 年），第三委员会内继续在非正式会议上进行协商，第三委员会主席强调说，有必要"制订一套可能构成沿海国与研究国和发展中国家与发达国家间更深互信的基础的规则框架"。⑫ 订正的单一协商案文第三部分第 60 条［今第二四六条］与第 59 条［今第二四九条］、第 64 条［今第二五二条］、第 65 条［今第二五三条］和第 76 条［今第二六四条］共同构成了这一框架的核心。随后又有一些关于第 60 条的非正式提案（资料来源 73 至资料来源 83）提出，其中一些以订正的单一协商案文为依据，有些则以主席的试验性提案为依据。

根据这些提案，并参考卡斯特尼达小组的结论，非正式综合协商案文（资料来源 27）在第 247 条中包含了该条款的订正本，内容如下：

第 247 条 专属经济区内和大陆架上的海洋科学研究

1. 沿海国在行使其管辖权时，有权按照本公约的有关条款，规定、准许

---

⑫ 第三委员会，第 34 次会议（1977 年），第 5 段，《正式记录》第七卷，第 41 页。

和进行在其专属经济区内和大陆架上的海洋科学研究。

2. 在专属经济区内和大陆架上进行海洋科学研究活动，应经沿海国同意。

3. 在正常情形下，沿海国应对其他国家或各主管国际组织按照本公约专为和平目的和为了增进关于海洋环境的科学知识以谋全人类利益，而在其专属经济区内或大陆架上进行的海洋科学研究计划，给予同意。为此目的，沿海国应制订规则和程序，确保不致不合理地推迟或拒绝给予同意。

4. 但沿海国可斟酌决定，拒不同意另一国家或主管国际组织在该沿海国专属经济区内或大陆架上进行海洋科学研究计划，如果该计划：

（a）与生物或非生物自然资源的勘探和开发有直接关系；

（b）涉及大陆架的钻探、炸药的使用或将有害物质引入海洋环境；

（c）涉及第 60 条和第 80 条所指的人工岛屿、设施和结构的建造、操作或使用；

（d）含有依据第 249 条提出的关于该计划的性质和目标的不正确情报，或如进行研究的国家或主管国际组织由于先前进行研究计划而对沿海国负有尚未履行的义务。

5. 本条所指的海洋科学研究活动，不应对沿海国按照本公约所规定的其主权权利和管辖权所进行的活动有不当的干扰。

在非正式综合协商案文的导言中，会议主席就关于海洋科学研究的讨论提出了以下意见：

关于这一问题的协商是漫长而广泛的。令第三委员会主席感到满意的是，已经形成了这样的一般共识，即沿海国专属经济区内或大陆架上的海洋科学研究制度必须符合［订正的单一协商案文］第二部分的有关条文所规定的沿海国管辖权。根据这一原则，沿海国必须有权在其专属经济区内和大陆架上规定、准许和进行海洋科学研究，因此，要在专属经济区内和大陆架上进行海洋科学研究，应经沿海国同意。这一原则反映在［非正式综合协商案文］第 247 条中。

鉴于海洋科学研究对于增进人类关于海洋环境的知识的重要性，沿海国对为和平目的而进行的研究计划给予同意是很有必要的。这一基本原则体现在第 247 条第 3 款中的制度本身的主体部分中。第三委员会主席称，协商结果明确显示，应在沿海国给予同意的权利和义务与其在计划与经济区或大陆架的生物或非生物自然资源的勘探和开发有直接关系，或涉及大陆架的钻探、炸药的使用或将有害物质引入海洋环境，或涉及人工岛屿、设施和结构的建造的情况下行使其拒不同意的管辖权二者之间建立平衡。

与［订正的单一协商案文］相比，这一案文的新版本包含的一项规定给予沿海国两项新增的理由拒绝给予其同意，即在关于项目的性质和目标的情报不正确或进行研究的国家或国际组织由于先前进行研究计划而负有尚未履行的义务的情况下可拒不同意。这些拒不同意的明示条件可以视为对进行海洋科学研究活动的国家有利的保障措施。

规定各国有义务制定规则和程序以确保同意不会被无理推迟或拒绝构成另外一项保障措施。⑬

246. 13. 在第七期会议续会期间（1978 年），美国提交了两项关于修正第二四七条的非正式建议（资料来源 28 和资料来源 84）。美国建议第 1 款应改为：

沿海国有按照本条的有关条款，规定、准许和进行在其专属经济区内的海洋科学研究的管辖权。

同时美国还建议增加新的第 6 款，内容如下：

为适用本条第 3 款的目的，没有外交关系本身不证明研究国和沿海国之间不存在正常情况的结论是正确的。

这一提案所附的上述修改的解释性说明称，就第十三部分尚未达成共识。为了有所进步，所提出的诸项修改"在范围上仅限于改进和澄清非正式综合协商案文的相关规定，而没有干扰［该案文所反映的］总体管辖权框架和平衡"（资料来源 84，第 362 页）。这一解释指出，在先前的案文中增加第 1 款造成了与其他规定有关的问题。它不符合"关于专属经济区的基本条款"（当时为非正式综合协商案文第 56 条）的结构，该条中提到对海洋科学研究的"管辖权"。美国认为，在结合关于争端解决的规定释读时，第 1 款中"权利"一语的使用可能无意中导致完全地例外于争端解决，而不是意图的有限例外（资料来源 84，第 363 页）。⑭

这一修改提案中删去对大陆架的提及也是有意为之的。美国认为大陆架是第三次

---

⑬　A/CONF. 62/WP. 10/Add. 1（1977 年），《海洋科学研究》，《正式记录》第八卷，第 65、69–70 页（会议主席）。

⑭　在第八期会议上（1979 年），美国提交了一项非正式提案（资料来源 85），其中澄清了这一发言，指出如果对第 296 条（今第二九七条）作出适当修改，则对第 1 款的修改可能是不必要的（实际上后来确实作了修改）（见第二九七条第 2 款；另见第五卷，第 297. 14–297. 16 段）。

海洋法会议的一项主要的未决问题，不仅对第三委员会，而且对第六协商组也是如此。⑮ 组建第六协商组的目的是处理大陆架外部界限的定义和收益分摊问题。美国方案的意图不仅在于有助于第三委员会的总体进展，也有助于第六协商组的总体进展。在这方面，美国提交了一项关于新增第258条之二的提案（资料来源84，第361页），其内容如下：

> 第249条和第250条应比照适用于对距海洋宽度测量基线200海里以外的大陆架自然资源的勘探和开发具有直接意义的海洋科学研究。

同时美国还提议删去第247条至第250条和第254条至第256条中对大陆架的提及，但指出，第81条应不做修改，因为该条适用于"为所有目的的钻探"（资料来源84，第362页）。

建议新增的第6款反映了对"在正常情形下"一语可能作出过于宽泛的解释的担忧。美国指出（资料来源84，第363页），许多国家间没有外交关系

> 更多地反映了财政上的限制，而并不说明这些国家间关系不好。在另外一些情况下，外交关系的建立或恢复已可预期在发展中的进程的日后阶段实现，而这可能已经（或可能不）构成为本条目的的"正常情况"。重要的是，不应仅以外交关系作为决定因素——应考虑所有相关因素。

246.14. 在第八期会议上（1979年），美国在关于第250条［今第二四九条］第1款（d）项的一项非正式提案中包括了关于考量"尚未履行的义务"是否存在的以下说明（资料来源85，第387页）：

> 会议记录应明确确认，在需要时间完成义务的情况下，第247条第4款（d）项［今第二四六条第5款（d）项］和第253条（d）项［今第252条（d）项］中的"尚未履行的义务"一语所指的是没有作出及时努力开始和完成诚意的义务履行。

这意味着研究国或国际组织不应仅仅因为例如尚未向沿海国提供最近完成的研究计划的最终结果，但这些结果正在整理之中并且研究方完全打算在汇编完成后尽快提

---

⑮　关于第六协商组的简要说明，见第一卷，第94页第19段和第97页。另见A/CONF. 62/62（1978年），第5段，《正式记录》第十卷，第6页。第六协商组以一项苏联提案为基础对这一问题作了一些讨论，但没有深入。见NG6/8（1979年）（苏联）。转载于《第三次联合国海洋法会议文件集》第九卷，第377页。

供这些结果而被视为对沿海国负有尚未履行的义务。

246.15. 在第八期会议续会上（1979年），经过深入的非正式协商，第三委员会主席报告了新的第246条之二的折中方案（资料来源30和资料来源31），其内容如下：

第246条之二

为第246条的目的：

（a）沿海国和研究国之间没有外交关系，不一定意味着二者之间不存在为适应第246条第3款的目的的正常情况；

（b）如果沿海国已公开指定从测算领海宽度的基线量起200海里以外的某些特定区域为已在进行或将要进行勘探性钻井等开发或勘探作业的区域，则沿海国对于在这些特定区域之外的大陆架上进行的海洋科学研究计划，应放弃行使第246条第4款（a）项所规定的其斟酌决定权，并给予默示同意；

（c）沿海国对于这类区域的指定，应提出合理的通知。

主席表示，这项提案"可以作为形成日后的共识以修订［非正式综合协商案文第一次修订稿］的基础"，并表示该提案"有相当程度的支持"，尽管仍存在一些反对意见。[16]

246.16. 在第九期会议上（1980年），关键的未决问题是关于自基线起200海里以外大陆架的问题。在为讨论第246条之二的条文而召开的非正式会议上，共有两份文件所含的14项提案提交给会议（资料来源86和资料来源87）。虽然其中很多提出的修改是关于润色性事项的，但其他的则较为意义重大。乌拉圭提议删去（b）项，代之以一项新规定，使第3款适用于200海里以外的大陆架上的研究，从而消除自基线量起的该距离以内和以外的大陆架之间的区别。西班牙的立场与之相似。美国重申，它提议删去第246条之二，并增加一条新的第257条之二（资料来源87，第394页），并指出关于向沿海国提供情报以及遵守某些条件的规定将适用到200海里以外大陆架区域（见上文第246.13段，关于第258条之二）。

随后第三委员会主席向全体会议报告说，随后的协商产生了一项得到广泛支持的新案文，大大改善了达成共识的前景（资料来源32）。这一案文将第246条和第246条之二结合起来，从而将专属经济区和大陆架（包括经认定的200海里以外的大陆架延伸）的同意制度整合在一起。非正式综合协商案文第二次修订稿（资料来源32）采纳了内容如下的该案文：

---

[16] 另见第三委员会，第41次会议（1979年），第4段，《正式记录》第十二卷，第37页。

第 246 条

专属经济区内和大陆架上的海洋科学研究

1. 沿海国在行使其管辖权时，有权按照本公约的有关条款，规定、准许和进行在其专属经济区内和大陆架上的海洋科学研究。

2. 在专属经济区内和大陆架上进行海洋科学研究，应经沿海国同意。

3. 在正常情形下，沿海国应对其他国家或各主管国际组织按照本公约专为和平目的和为了增进关于海洋环境的科学知识以谋全人类利益，而在其专属经济区内或大陆架上进行的海洋科学研究计划，给予同意。为此目的，沿海国应制订规则和程序，确保不致不合理地推迟或拒绝给予同意。

4. 为适用第 3 款的目的，尽管沿海国和研究国之间没有外交关系，他们之间仍可存在正常情况。

5. 但沿海国可斟酌决定，拒不同意另一国家或主管国际组织在该沿海国专属经济区内或大陆架上进行海洋科学研究计划，如果该计划：

（a）与生物或非生物自然资源的勘探和开发有直接关系；

（b）涉及大陆架的钻探、炸药的使用或将有害物质引入海洋环境；

（c）涉及第 60 条和第 80 条所指的人工岛屿、设施和结构的建造、操作或使用；

（d）含有依据第 248 条提出的关于该计划的性质和目标的不正确情报，或如进行研究的国家或主管国际组织由于先前进行研究计划而对沿海国负有尚未履行的义务。

6. 虽有第 5 款的规定，如果沿海国已在任何时候公开指定从测算领海宽度的基线量起 200 海里以外的某些特定区域为已在进行或将在合理期间内进行开发或详探作业的重点区域，则沿海国对于在这些特定区域之外按照本部分规定进行的海洋科学研究计划，即不得行使前述款（a）项规定的斟酌决定权而拒不同意。沿海国对于这类区域的指定及其任何更改，应提出合理的通知，但无须提供其中作业的详情。

7. 第 6 款的规定不影响经第 77 条所规定的沿海国对大陆架的权利。

8. 本条所指的海洋科学研究活动，不应对沿海国按照本公约所规定的其主权权利和管辖权所进行的活动有不当的干扰。

此后这一案文基本保持不变，只有第 4、6 和 8 款根据起草委员会的建议采纳了小幅的语言规范性改写（资料来源 36 至资料来源 39）。

246.17（a）. 第二四六条是《公约》中唯一同时处理专属经济区内和大陆架上的沿海国和其他国家的实质性权利的平衡的条款（第一一一条、第二一〇条、第二一六条、第二四八条、第二四九条和第二五三条第 1 款虽然也同时提及两个区域，但其所面向的方面是大不相同的，并且其用语使用的是其主要地理含义）。这并不意味着专属经济区的概念和大陆架的概念只不过是同一个问题，即国家管辖范围以外的沿海国管辖权问题的两个角度，因而总是可以把这两个概念当成一个处理。⑰ 沿海国为第五十六条所载目的在专属经济区拥有主权权利和管辖权，并为第七十七条所载目的拥有对大陆架的主权权利。为之而承认主权权利的各种目的，以及这些权利的限定条件，因而是不相同的，而"管辖权"一语在第六部分中则完全没有用于大陆架（在第七十九条第4款中出现的是"电缆……的管辖权"）。

以单一的一条同时处理专属经济区内和大陆架上沿海国和其他国家权利和义务的平衡问题，同样是1958年《大陆架公约》第5条第8款的结果，该款以相似的方式在单一一款的条文中处理了对大陆架之物理或生物特征作纯粹科学性研究的情况。第二四六条的结构是第二委员会和第三委员会长时期艰难协商的结果。该条不得不考虑到关于沿海国在专属经济区内的权利问题以及《公约》第七十六条所载的大陆架新定义在共识形成上的演变，因为存在着根据第七十六条第4~6款所载的准则，一沿海国的大陆架会延至从基线起200海里以外的可能性。该条本身随着关于这些方面的共识的发展而逐步演化。

246.17(b). 第二四六条所体现的折中包括接受沿海国同意的原则为准则，加上第5款所载的具体例外情形。这导致了有限定条件的同意的概念，并且导致了放弃将制度建立在对专属经济区内或大陆架上的纯粹的科学研究和与生物或非生物自然资源的勘探和开发有直接关系的科学研究之间拟作的区分上的任何尝试。第三委员会主席在介绍非正式综合协商案文时（见上文第246.12段），强调了这一语境下沿海国同意的一般重要性。本条提出的主要问题是，在第5款中逐项列出的沿海国可以对资源型研究给予合法拒绝的理由清单是否为详尽的。然而，其语境和长时间的协商提示第5款确实是详尽性的。

一般来说，可以认为沿海国"在正常情况下"应同意在其专属经济区内或大陆架上进行海洋科学研究计划；他们只能在第二四六条第5款规定的具体情况下行使其斟酌决定权，拒不同意进行这种研究计划。

246.17(c). 因此，第3款（通过第4款补充）中的"正常情况下"几个字和第5款（a）项中的"有直接关系"几个字是控制性的，尽管它们固有地缺乏刚性。⑱ 拟行的研究计划是否对所提及的事项有"直接"关系，显然应服从于沿海国的解释。沿海

---

⑰　国际法院的一个分庭对缅因湾海域划界案的判决非常仔细地区分了两者。见1984年《国际法院报告》，第119段，第246，301-302页。

⑱　对这两个术语的意义的分析，见 B. H. Oxman《第三次联合国海洋法会议：第八期会议（1979年）》，《美国国际法期刊》第74卷，第1、25、27页（1979年）。关于苏联的观点，参见苏联科学院《当代国际海洋法7》（1978）和 T. G. Kosinskaya《经济区海洋科学研究制度》，1982年，《苏联国际法年鉴》第120页（俄文）。"有直接关系"一语在第249条第2款中再次出现。

国对于情况是否"正常"的评估也同样如此。如果沿海国的评估不被有关研究国或国际组织所接受,或如果其认为"正常情况"是存在的因而沿海国没有拒不同意的理由,则关于争端的解决的第二六四条、第二六五条和第二九七条第2款可能会发挥作用。如果沿海国希望(不应假设在所有情况下都是这样),可适用第二六五条,则研究在第二九七条第2款(b)项规定的调解程序(在其适用的情况下)完成前不能开始或继续进行。这些规定的综合效果是沿海国对在专属经济区内或大陆架上与自然资源的勘探和开发有直接关系的研究具有相当大的斟酌决定权,但这种斟酌决定权可能不是绝对的。

246.17(d). 第二四六条第5款与1958年《大陆架公约》第5条第8款的比较表明,1982年公约对沿海国斟酌决定权的限制比1958年《公约》更为严格,后者仅限于大陆架。根据1958年《公约》,如果提出请求的研究目的系在"对大陆架之物理或生物特征作纯粹科学性之研究",沿海国不应拒予同意。法国代表在第四委员会第二十九次会议上介绍后成为1958年文本第8款的案文[19]时解释说,这项规定旨在确保与大陆架自然资源的开发有关的活动,例如疏浚海床或采样,不能以其构成科学研究为借口进行。另一方面,沿海国在通常情况下不应拒绝给予同意的条件是"宽泛的"。然而,1958年《公约》中提到的"纯粹科学性之研究"本身为沿海国作出高度主观的解释留出了余地。

通过限制向4个指定理由提出扣留同意的理由,虽然可能会出现广泛,但1982年《公约》试图对平衡海洋科学研究中涉及的利益冲突的问题采取更加平等的做法。第二四六条的限制性处理办法也可能意味着沿海国有这样的义务——请注意第3款中使用了"应"(见上文第239.1段):如果沿海国拒绝对研究计划给予同意,则应说明其依据的是第5款中的那一项规定,或说明在哪方面以第3款为拒绝给予同意的依据。如果没有作出这种说明,则拟进行研究的国家将无从确定为使项目能够进行需要进行哪些调整。

246.17(e). 第二四六条还反映了一个事实,即海洋科学研究制度必须容纳3种海洋区域,其中每种海洋区域都适用不同的法律制度。这些区域是:(1)自基线起至200海里距离的专属经济区(与大陆架的起始部分重合);(2)自测算领海的基线起至不超过200海里距离的"正常"大陆架;和(3)按照第七十六条第4~6款的规定,任何200海里以外划定的大陆架区域。各种问题都产生于这样的一个事实,即虽然潜在研究方的利益是保持不变的,但各国、各沿海国和其他各方在这些不同海洋区域内的权利和义务本身是不同的。

246.17(f). 第二四六条是各国政府互相冲突的观点之间的折中。然而,有迹象表明,多个国家的科学界认为第二四六条的约束性过强。

---

⑲ 前注③。另见第四委员会第29次会议(1958年),第2段(法国),第一次联合国海洋法会议,《正式记录》第六卷,第84页。

第二四七条　国际组织进行或主持的海洋科学研究计划

　　沿海国作为一个国际组织的成员或同该组织订有双边协定，而在该沿海国专属经济区内或大陆架上该组织有意直接或在其主持下进行一项海洋科学研究计划，如果该沿海国在该组织决定进行计划时已核准详细计划，或愿意参加该计划，并在该组织将计划通知该沿海国后四个月内没有表示任何反对意见，则应视为已准许依照同意的说明书进行该计划。

资料来源

　　1. A/CONF. 62/WP. 10（非正式综合协商案文，1977 年），第 248 条。《正式记录》第八卷，第 1，42 页。

　　2. A/CONF. 62/WP. 10/Rev. 1（非正式综合协商案文/第一次修订稿，1979 年，油印本），第 247 条。转载于《第三次联合国海洋法会议文件集》第一卷，第 375、481 页。

　　3. A/CONF. 62/WP. 10/Rev. 2（非正式综合协商案文/第二次修订稿，1980 年，油印本），第 247 条。转载于《第三次联合国海洋法会议文件集》第二卷，第 3、109 页。

　　4. A/CONF. 62/WP. 10/Rev. 3*（非正式综合协商案文/第三次修订稿，1980 年，油印本），第 247 条。转载于《第三次联合国海洋法会议文件集》第二卷，第 179、286 页。

　　5. A/CONF. 62/L. 78（1981 年公约草案），第 247 条。《正式记录》第十五卷，第 172、213 页。

起草委员会

　　6. A/CONF. 62/L. 67/Add. 11（1981 年，油印本），第 45~49 页。

　　7. A/CONF. 62/L. 67/Add. 14（1981 年，油印本），第 27 页。

　　8. A/CONF. 62/L. 72（1981）。《正式记录》第十五卷，第 151 页（起草委员会主席）。

非正式文件

　　9. MSR/4（1979 年，油印本），第 248 条（法国）。转载于《第三次联合国海洋法会议文件集》第十卷，第390页。

10. MSR/8（1980年，油印本）第247条（非正式会议主席）。转载于《第三次联合国海洋法会议文件集》第十卷，第395、397页。

评　　注

247.1. 遵循第246条的做法，第247条提供了一个特定的机制，通过该机制批准的由国际组织在一个沿海国的专属经济区内或在其大陆架上进行或由其主持的海洋科学研究计划，可以被认为已被该沿海国批准。本条列出了沿海国的批准被视为已被给予的情况。它还必须在国际组织对在沿海国的专属经济区或大陆架进行的项目进行之前必须存在的情况进行。

247.2. 在第六期会议上（1977年），第三委员会的协商几乎全部在非正式会议上进行。虽然没有记录，但在这些会议上提出了在国际组织主持下进行的海洋科学研究计划的问题，因为非正式综合协商案文（资料来源1）载有新的第248条，其中规定：

第248条　国际组织主持或进行的研究计划

沿海国作为一个区域性或全球性国际组织的成员或同该组织订有双边协定，而在该沿海国专属经济区内或大陆架上该组织有意进行一项海洋科学研究计划，如果已通知沿海国授权的官员，该沿海国在该组织决定进行计划时已核准详细计划，或愿意参加该计划。

会议主席随附的备忘录中提供了关于列入这一规定的解释：

为了满足几个代表团的关切，认为在国际组织的主持下或通过国际组织进行的研究计划应通过特殊制度得到促进，新的案文248已被纳入复合案文。①

正如最初起草的那样，当有关沿海国是研究组织的成员或与该组织达成双边协议时，案文允许在两种情况下假设一个项目的批准：（i）沿海国必须当组织决定承担该计划时已批准该计划；或（ii）沿海国必须愿意参与该计划。在任何一种情况下，授权只能被视为在向沿海国提出项目通知之后。

247.3. 在第八期会议上（1979年），法国代表团提出了第248条（资料来源9）的新案文，内容如下：

---

① A/CONF. 62/WP. 10/Add. 1（1977年），"海洋科学研究"，《正式记录》第八卷，第65、69页。

沿海国作为一个全球性或区域性政府间组织的成员或同该组织订有双边协定，而在该沿海国专属经济区内或大陆架上该组织有意进行一项海洋科学研究计划，如果该沿海国在该组织决定进行计划时已核准详细计划，或愿意参加该计划，或在该组织将计划通知该沿海国正式授权的官员后四个月内没有表示任何反对意见，则应视为已准许依照同意的说明书进行该计划。

该提案的重要部分是案文后半部分的"被视为"条款的修订版本。此外，最后条款允许沿海国在 4 个月内对拟议的研究计划表示反对，这是新的。然而，该提案未纳入非正式综合协商案文第一次修订稿（资料来源 2），而是仅仅重复了非正式综合协商案文的第 248 条，重新编号第 247 条。

247. 4. 在第八期会议续会上（1979 年），第三委员会主席向全体会议报告说，继续协商表明广泛支持法国的提案，其中包括在"全球"之后加上"政府间"一词作为条件。②不过，在同一期会议上，起草委员会建议，原则上"'主管国际组织'一词足以指全球组织或全球组织以及其他组织。"③

247. 5. 在第九期会议期间（1980 年），进一步的非正式协商导致产生了非正式会议主席（资料来源 10）的提案，该提案纳入了法国大部分修改案文后半部分的提案，并提及"区域或全球政府间组织"。但是，主席的建议中，将"向沿海国"的最后一句改为"向其正式授权的官员"（如法文提案中所出现的那样）。④该措辞已纳入非正式综合协商案文/第二次修订稿（资料来源 3），但根据起草委员会早先的建议，将"区域或全球政府间组织"的提法改成为简单的"国际组织"。非正式综合协商案文/第二次修订稿全文如下：

第 247 条
由国际组织主持或进行的研究计划

沿海国作为一个全球性或区域性政府间组织的成员或同该组织订有双边协定，而在该沿海国区域内或大陆架上该组织有意进行一项海洋科学研究计划，如果该沿海国在该组织决定进行计划时已核准详细计划，在该组织将计

---

② 见 A/CONF. 62/C. 3/L. 33（1979 年），第 8 段，第 247 条，《正式记录》第十二卷，第 114 页（第三委员会主席）。另见 A/CONF. 62/L. 41（1979 年），第 6、8 段及附件，第 247 条，同上，第 94-95 页（第三委员会主席）。

③ 见 A/CONF. 62/L. 40（1979 年），第 22 节，第 2 段，《正式记录》第十二卷，第 95、102 页（起草委员会主席）。

④ 另见 A/CONF. 62/L. 50（1980 年），附件，第 247 条，《正式记录》第十三卷，第 80-81 页（第三委员会主席）。

划通知该沿海国正式授权的官员后，或愿意参加该计划，则应视为已准许依照同意的说明书进行该计划。

该案文也提到"区域内"而不是"专属经济区"。⑤

247. 6. 在第九期会议续会上（1980年），修改了该条的标题，并在案文中加入了"直接或由其主持"的限定词，使条款的文字更符合其标题，也使条款更加明确。第三委员会对这项修正案的讨论表明，标题的改变只是一个明确的问题。因此，非正式综合协商案文/第三次修订稿（资料来源4）上的修订案文如下：

第247条
国际组织进行或主持的海洋科学研究计划

沿海国作为一个国际组织的成员或同该组织订有双边协定，而在该沿海国专属经济区内或大陆架上该组织有意直接或在其主持下进行一项海洋科学研究计划，如果该沿海国在该组织决定进行计划时已核准详细计划，或愿意参加该计划，并在该组织将计划通知该沿海国后4个月内没有表示任何反对意见，则应视为已准许依照同意的说明书进行该计划。

该案文还从法国提案中最后一个条款重新引入了（见上文第247.3段）允许沿海国在4个月内正式反对拟议的项目。另外，通知"沿海国正式授权的官员"的要求也被简化为通知"沿海国"。此外，当该计划被认定为已核准时，将按照约定的规范（说明书）进行。

最终案文体现了起草委员会（资料来源6至资料来源8）推荐的一系列文风上的变化。

247. 7（a）. 只有沿海国是有关国际组织的成员国或与之有双边协定的唯一事实本身，不足以构成对某一研究计划核准的推定。只有当该组织作出决定进行该计划，或当该沿海国愿意参与该计划，但在该组织向沿海国通知该计划的详细说明后4个月内没有表示任何异议时，才被视为一个具体项目已被该沿海国核准。

247. 7（b）. 第247条的案文提出了几个问题。"协定"一词，同《公约》其他地方一样，不得被认为与1969年维也纳《条约法公约》第二条第1（a）款中的"条约"相同。⑥

---

⑤ 在非正式综合协商案文/第一次修订稿中，"区域"之前的"专属经济"一词以及关于4个月通知的最后条款被省略，显然是无意间的。在非正式综合协商案文/第一次修订稿中出现了经更正的版本（资料来源4）。

⑥ 见《公约》第二条第1款（a）项，《联合国条约集》第1155卷，第331页；《美国国际法杂志》第63卷，第875页（1969年）；《国际法资料》第八卷，第679页（1969年）。

247.7(c). "国际组织"一词必须具有与第238条相同的含义（见上文第238.11（c）段）。

247.7(d). 短语"应被视为"本质上有两个目的。首先，使研究实体能够避免等待其研究计划批准的不当延误。其次，它允许一个国际组织的沿海国默认该组织进行海洋科学研究的要求。

247.7(e). 第247条中使用"核准"一词与第246条第2、5和第6款中的"同意"一词形成明显对比，但与第246条第1款的用语相呼应。另一方面，诸如"商定的规范"和"详细计划"在研究计划开始之前似乎需要沿海国的积极立场。如果作为该组织的成员的沿海国在组织进行该计划的决定时对投票表示积极或消极的话，那么立场就会明确。投弃权票、不参加投票或缺席作决定的会议本身就是含糊行为，只有在所有情况同时发生的情况下才能确定其确切的意向。在这方面，该条要求沿海国要有明确的拒绝须在该组织向沿海国通报其计划4个月的时限内。如果沿海国在规定的期限内不表达反对意见，有关国家在其所在组织的决策过程中的含糊态度仍然会导致授权已被视为批准。

在沿海国不是该组织成员的情况下 —— 这里不需要是政府间组织，而是双边达成协议，显然不能在决策过程中通过投票表达任何立场（除非明确允许参加投票，这在现代国际组织中是不寻常的）。在具体情况下，沿海国所需的同意程度将取决于有关"双边协定"的条款。然而，"商定的规范"一词表明，需要更多的东西，而不仅仅是框架协议，总体上规定沿海国与有关组织之间的科学研究合作。

247.7(f). 没有迹象表明"向沿海国发出通知"是什么意思。在整个第三节的整体情况下，特别是第247条，似乎需要通过任何在这种情况下适当的渠道传达从组织到沿海国的直接沟通，而不仅仅与整个世界，甚至与科学界沟通。在这方面，第250条是相关的。关于4个月期间的计算，计算这些时间段没有普遍接受的国际标准。但是，在遵循标准做法的同时，在沿海国收到通知之日起，从按照公历进行计算的月份开始。

第二四八条　向沿海国提供资料的义务

各国和各主管国际组织有意在一个沿海国的专属经济区内或大陆架上进行海洋科学研究，应在海洋科学研究计划预定开始日期至少六个月前，向该国提供关于下列各项的详细说明：

（a）计划的性质和目标；

（b）使用的方法和工具，包括船只的船名、吨位、类型和级别，以及科学装备的说明；

（c）进行计划的精确地理区域；

（d）研究船最初到达和最后离开的预定日期，或装备的部署和拆除的预定日期，视情况而定；

（e）主持机构的名称，其主持人和计划负责人的姓名；和

（f）认为沿海国应能参加或派代表参加计划的程度。

资料来源

1. A/AC. 138/SC. III/L. 18，原则 10，转载于 1972 年《海底委员会报告》，第 203、205 页（加拿大）。

2. A/AC. 138/SC. II/L. 28，第 72 条，第 1 款（a）项和第 73 条第 1 款（a）项，转载于 1973 年《海底委员会报告》第三卷，第 58~59 页（马耳他）。

3. A/AC. 138/SC. III/L. 34（1973 年，油印本），第 3 条第 2 款（a）项和第 3 款（a）项（马耳他）。

4. A/AC. 138/SC. III/L. 44（1973 年，油印本），第 7 条 a 款和 b 款（美国）。

5. A/AC. 138/SC. III/L. 45（1973 年，油印本）第 4 款（巴西、厄瓜多尔、萨尔瓦多、秘鲁和乌拉圭）。

6. A/CONF. 62/C. 3/L. 9（1974 年），第 4 条（b）款。《正式记录》第三卷，第 252 页（特立尼达和多巴哥）。

7. A/CONF. 62/C. 3/L. 13（1974 年），项目 2（b），第 2 款（ii）~（vi）项。《正式记录》第三卷，第 254 页（哥伦比亚（七十七国集团））。

8. A/CONF. 62/C. 3/L. 17（1974 年），第二部分，备选案文 A，（b）节，第 2 款（ii）~（vi）项；备选案文 B，第 1 款（a）项和第 2 款；备选案文 C，第三节，第 1

款（a）项和（b）项，《正式记录》第三卷，第 263~265 页（第三委员会，非正式会议）。

9. A/CONF. 62/C. 3/L. 19（1974 年），第 6 条第 1 款（a）项和（b）项。《正式记录》第三卷，第 266~267 页（奥地利、比利时、玻利维亚、博茨瓦纳、丹麦、德意志联邦共和国、老挝、莱索托、利比里亚、卢森堡、尼泊尔、荷兰、巴拉圭、新加坡、乌干达、上沃尔特和赞比亚）。

10. A/CONF. 62/C. 3/L. 13/Rev. 2（1975 年），项目 2（b），第 2（ii）~（vi）项，《正式记录》第四卷，第 199 页（伊拉克（七十七国集团））。

11. A/CONF. 62/C. 3/L. 26（1975 年），第 6 条，第 3 款（a）项和（b）项。《正式记录》第四卷，第 213~214 页（保加利亚、白俄罗斯苏维埃社会主义共和国、捷克斯洛伐克、德意志民主共和国、匈牙利、蒙古、波兰、乌克兰苏维埃社会主义共和国和苏联）。

12. A/CONF. 62/C. 3/L. 29（1975 年），第 7 条第 2 款和第 3 款。《正式记录》第四卷，第 216~217 页（哥伦比亚、萨尔瓦多、墨西哥和尼日利亚）。

13. A/CONF. 62/C. 3/L. 31（1975 年），附件，A 节（加拿大），第 1 款（a）项，《正式记录》第四卷，第 220~221 页（第三委员会，非正式会议）。

14. A/CONF. 62/WP. 8/Part III（非正式单一协商案文，1975 年），第二部分，第 15 条和第 18 条第 1 款。《正式记录》第四卷，第 171、177~178 页（第三委员会主席）。

15. A/CONF. 62/WP. 8 第一次修订稿/Part III（订正的单一协商案文，1976 年），第 58 条。《正式记录》第五卷，第 173、181 页（第三委员会主席）。

16. A/CONF. 62/WP. 10（非正式综合协商案文，1977 年），第 249 条。《正式记录》第八卷，第 1、42 页。

17. A/CONF. 62/WP. 10（非正式综合协商案文第一次修订稿，1979 年，油印本），第 248 条。转载于《第三次联合国海洋法会议文件集》第一卷，第 375、481 页。

18. A/CONF. 62/WP. 10/Rev. 2（非正式综合协商案文第二次修订稿，1980 年，油印本），第 248 条。转载于《第三次联合国海洋法会议文件集》第二卷，第 3、109 页。

19. A/CONF. 62/WP. 10/Rev. 3*（非正式综合协商案文第三次修订稿，1980 年，油印本），第 248 条。转载于《第三次联合国海洋法会议文件集》第二卷，第 179、286 页。

20. A/CONF. 62/L. 78（公约草案 1981 年），第 248 条。《正式记录》第十五卷，第 172、214 页。

起草委员会

21. A/CONF. 62/L. 67/Add. 11（1981 年，油印本），第 50~54 页。

22. A/CONF. 62/L. 72（1981 年）。《正式记录》第十五卷，第 151 页（起草委员会主席）。

非正式文件

23. 美国（1974 年，油印本），第 6 条（a）项。转载于《第三次联合国海洋法会议文件集》第十一卷，第 3~4 页。

24. CRP/Sc. Res. /21（1974 年，油印本），第 2 款（b）~（e）项（墨西哥和西班牙）。转载于《第三次联合国海洋法会议文件集》第十卷，第 309 页。

25. CRP/Sc. Res. /23（1974 年，油印本），第 3 款（a）项（爱尔兰）。转载于《第三次联合国海洋法会议文件集》第十卷，第 311 页。

26. CRP/Sc. Res. /26（1974 年，油印本），（a）项（爱尔兰和墨西哥）。转载于《第三次联合国海洋法会议文件集》第十卷，第 313 页。

27. CRP/Sc. Res. /38（1974 年，油印本），第 1 款（a）项（第三委员会，非正式会议）。转载于《第三次联合国海洋法会议文件集》第十卷，第 322 页。

28. CRP/Sc. Res. /39（1974 年，油印本），项目 3（a）和（b）项（第三委员会，非正式会议）。转载于《第三次联合国海洋法会议文件集》第十卷，第 323 页。

29. CRP/Sc. Res. /41（1974 年，油印本），第二节，项目 2（b）项，第 2（ii）~（iv）项和备选［"或"］，第 1 款（a）项（第三委员会，非正式会议）。转载于《第三次联合国海洋法会议文件集》第十卷，第 328、330 页。

30. Draft Article（s）on Marine Scientific Research（1975 年，油印本）第 6 条，第 2 款（a）项（匿名）。转载于《第三次联合国海洋法会议文件集》第十一卷，第 10~12 页。

31. 奥地利（1975 年，油印本），第 1 段。转载于《第三次联合国海洋法会议文件集》第十一卷，第 15 页。

32. Amorphous Group（1975 年，油印本），导言和（b）段。转载于《第三次联合国海洋法会议文件集》第十一卷，第 16 页。

33. C. 3/3rd Session/CRP/Sc. Res. /10（1975 年，油印本），第 1 款（a）项（第三委员会，非正式会议）。转载于《第三次联合国海洋法会议文件集》第十卷，第 355 页。

34. Blue Paper No. 1（1976 年，油印本），澳大利亚、厄瓜多尔、阿拉伯利比亚共和国、墨西哥、荷兰和巴基斯坦关于第 15 条的提案。转载于《第三次联合国海洋法会议文件集》第十一卷，第 30~32 页。

35. Blue Paper No. 1/Rev. 1（1976 年，油印本），澳大利亚、［巴西、厄瓜多尔、印度、阿拉伯利比亚共和国、巴基斯坦、索马里和南斯拉夫］、墨西哥和荷兰等国关于第 15 条的提案。转载于《第三次联合国海洋法会议文件集》第十一卷，第 34~36 页。

36. EEC（1976 年，油印本），备选案文，第 6 条（a）。转载于《第三次联合国海洋法会议文件集》第十一卷，第 40、42 页。

37. EEC（1976 年，油印本），第 6 条第 1 款（a）项。转载于《第三次联合国海洋法会议文件集》第十一卷，第 43~44 页。

38. EEC（1976 年，油印本），第 15 条。转载于《第三次联合国海洋法会议文件集》第十一卷，第 67 页。

39. 厄瓜多尔（1976 年，油印本），第 58 条。转载于《第三次联合国海洋法会议文件集》第十一卷，第 74 页。

40. MSR/5（1979 年，油印本），第 248 条（秘鲁）。转载于《第三次联合国海洋法会议文件集》第十卷，第 391 页。

评　　注

248.1. 第 248 条既提到专属经济区也提到了大陆架，要求有意在这些海域进行海洋科学研究的各国和国际组织，在项目开始日期之前至少 6 个月向沿海国提供拟议的研究计划的详细资料。该条的目的是确保向沿海国提供足够的事实，使其能够知情，并就是否同意拟议的研究计划做出知情决定。

248.2. 关于第 248 条的议题的最早提案载于 1972 年由加拿大提交给海底委员会第三委员会的工作文件（资料来源 1）。该提案的原则 10 规定：

> 沿海国在确定是否同意其管辖范围内的海洋科学研究之前，可能需要提供调查的期限、地点、性质和目的、拟议的观测、拟处理的收集的所有材料、使用的手段，以及（适用时）对拥有的船舶，包括名称、吨位、类型和类别的完整描述、赞助投资的机构的名称，以及船长的姓名、拟议的科学领导人和科学方面的成员以及任何拟进入沿海国港口的细节等信息。沿海国应随时通知上述情况的变化。

此举是在 1973 年的海底委员会会议期间向第三委员会提交的一些提案。马耳他提交的一系列条款草案设想了沿海国的同意，但只是在领海方面（资料来源 3，第 3 条第 1 款）。马耳他案文涉及第 248 条，因为它规定了类似于《公约》第 246 条最终通过的同意制度。此外，它在第 3 条中规定：

> 2. 在水面船只进行科学研究的情况下，沿海国不得拒绝同意：
> （a）当在国际海洋空间机构注册的个人或实体在开始研究之日起六周之前将研究计划和请求一起提交时，

......

3. 在以非浮动装置进行科学研究的情况下，沿海国不得拒绝同意：

（a）当在国际海洋空间机构注册的个人或实体在拟议的研究的性质的准确信息以及请求在海上安装设备四周之前一并提交时……①

美国提出的一系列条款草案采用了另一种方法（资料来源4）。该文件第7条概述了不须经沿海国同意的沿海国管辖下的领海以外的海洋科学研究制度，但是研究人员必须尊重沿海国的权利和义务。它规定，为了尊重沿海国的权益，研究国或国际组织要：

a. 至少提前……日前向沿海国提前通知其有意进行此类研究，［此类通知］将包含对最新的研究计划的描述……

b. 由有资格的机构按照本公约的规定验证该研究是否是纯科学研究……

在规定要求有希望的研究人员在沿海国主权和管辖区域内进行研究申请并获得批准之前（资料来源5），5个拉丁美洲国家的提案列出了申请人应当说明的以下项目清单：

（a）研究的目标和任务；（b）使用的手段；（c）聘用的科学人员；（d）进行活动的地区；（e）拟进行研究的日期……

因此，在海底委员会，第248条的基本要素已经在审议之中，尽管有关提供给沿海国的资料的细节有所不同，尽管对在海洋科学研究开始之前应提前多长时间向沿海国提供研究计划的资料和提供资料的细节仍有不同意见。

248.3. 在海洋法会议第二期会议上（1974年），在第三委员会的非正式会议上对提交给第三委员会的所有提案以及第三委员会本身提出的正式和非正式提案都进行了审议。特立尼达和多巴哥在一条为在专属经济区和大陆架上进行海洋科学研究制定沿海国同意制度的文件（资料来源6）上提出，沿海国应有权利：

（b）收到关于这种研究的性质和目标、地理区域和拟进行日期的资料以及赞助组织或机构的名称。

---

① 类似的条文载于马耳他在海底委员会第二次会议上发起的条款草案（资料来源2），但在该条款草案里，对船只进行研究要求的期限和对浮动装置要求的期限的两种情况都是6个月。

哥伦比亚代表七十七国集团提出的一套条款草案中有更详细的条文（资料来源7）。它规定：

2. 各国和适当的国际和区域组织以及法人或实体，征求沿海国同意在其专属经济区或大陆架进行海洋科学研究，除其他外，应：

(i) 承诺专门为和平目的进行研究；

(ii) 披露研究的性质和目标，以及包括卫星和海洋数据采集系统（ODAS）在内的使用手段；

(iii) 说明要进行此类研究的活动的确切地理区域；

(iv) 说明开展活动的拟议的日期和完成项目的期限；

(v) 提供有关科学人员以及船只、设备和其他待采用手段的赞助机构（如有的话）的全面信息和详细信息，例如 ODAS 和在大气层或以外运行的遥感装置；

(vi) 向沿海国提供将保持最新的研究计划的详细说明；……

由 17 个内陆国和地理不利国提出的条款草案（资料来源 9）包含了对向沿海国提前通知信息的时间期限的提法。该案文采用了 1973 年美国提交给第三分委员会的案文所使用的同样的方式（资料来源 4），规定：

沿海国应：

(a) 至少提前一个月通知拟议的研究计划；

(b) 尽快给出研究计划的详细说明，包括目标、方法和仪器设备、地点和时间表、有关研究机构和雇佣的科研人员的信息；

(c) 及时通知拟议的研究计划的描述方面的任何重大变化；

……

在第三委员会倡导的各种做法在第二期会议结束时得到了一系列备选案文的支持（资料来源 8）。备选案文 A 纳入了七十七国集团早期的案文，备选案文 B 引入了一种新格式，备选案文 C 遵循了内陆国和地理不利国提出的案文。根据沿海国同意在专属经济区和大陆架进行海洋科学研究的制度，备选案文 B 第 1 款规定：

当提出申请的国家或机构间组织进行此类研究时，通常不会拒绝同意：

(a) 向沿海国提供

(i) 研究计划的性质和目标；

(ii) 使用的手段，包括设备和船只的名称、吨位、类型和类别；

（iii）进行活动的确切地理区域；

（iv）研究团队、设备或船只（视属何情况而定）首次出现及最终离开的预计日期；和

（v）有关拟议的科研人员及其资格的具体情况；

该条款规定了向沿海国提供的信息，与第 248 条最终通过的规范相似。然而，这些案文都不涉及提前向沿海国通报信息的具体时间段的重要问题。

248. 4. 在第三期会议上（1975 年），非正式会议和正式协商继续进行讨论。会上提出了一些非正式提案（资料来源 30 至资料来源 32），但这些提案都是以一般性方法与主题相关的，仅在一段里列出了拟由进行研究的实体提供给沿海国的一般信息。

由 9 个社会主义国家提出的一套条款草案（资料来源 11）提到了一个具体的时间段，提前向沿海国发出了计划的研究报告，并且一般说明了向沿海国提供的信息的类型。该案文相关部分第 6 条规定：

3. 计划研究的通知应至少提前两个月发给沿海国。应向沿海国提供：

（a）对研究计划的详细说明，包括目标、方法和仪器、地点和时间表，以及进行研究的机构的信息；

（b）关于研究计划任何重大变化的信息……

在第三委员会对这一提案提出了若干意见，主要是为了进一步解释。[2]

进一步协商之后，伊拉克代表七十七国集团介绍了该集团之前提案的修订本（资料来源 7 和资料来源 10)[3]。该提案与该集团之前的草案几乎相同，只是删除了（v）项中提到的"ODAS 和在大气层或以外运行的遥感装置"。

随后在非正式会议上准备的会议室文件（资料来源 33）指出，经济区水域的研究计划通常会在申请人提供下列资料时能得到同意：

（a）向沿海国提供以下详细说明：

（i）研究计划的性质和目标；

---

② 见第 20 次会议（1975 年）苏联代表团声明，第 33 款和第 34 款。《正式记录》第四卷，第 92 页；保加利亚代表声明，第 51 款，《正式记录》第四卷，第 93 页；荷兰代表在第 21 次会议上的声明，第 14 款，《正式记录》第四卷，第 96 页。

③ 七十七国集团认为某些没有直接在海洋环境中开展的海洋科学研究活动也应该受沿海国家管理，因此表明了需要"制订关于使用卫星、遥感或其他方法设有直接在海洋环境中开展的活动的适当条款"的意向（资料来源 10，项目 2（b），第 6 款）。最终，不但第二四八条没有加入这样的条款，整个第十三部分都没有加入这样的条款。很显然，对使用卫星、遥感和类似方式进行的研究活动不在本次大会的职责范围内。

（ii）船舶使用手段、名称、吨位、类型和类别及有关科学设备；

（iii）进行活动的地理区域；

（iv）研究船只或设备（视属何情况而定）首次出现及最终离开的预期日期；和

（v）赞助机构的名称，其主管和负责该考察的科学家。

随后由 4 个国家提出的提案（资料来源 12）密切关注这一模式，但作了一些小的修改。该案文内容为：

2. 在没有这种协定的情况下，国家和有意根据本公约进行海洋科学研究的主管机构间组织应与沿海国沟通，提供以下详细说明：

（a）研究计划的性质和目标；

（b）使用的手段，包括船只的名称、吨位、类型和类别；

（c）进行活动的确切地理区域；

（d）研究船只或设备（视属何情况而定）首次出现及最后离开的预计日期；和

（e）赞助机构的名称，其主管和负责该考察的科学家。

此外，研究国应立即向沿海国通报研究计划的重大变化。

在（b）项中，删除了"有关科学设备"，最后增加了另一条款。加拿大代表团在非正式会议上提交的案文中采用了同样的措词（没有最后一段）（资料来源 13）。

在起草非正式单一协商案文/第三部分（资料来源 14）的案文时，第三委员会主席也密切关注本案文，但导言段修改为：

拟有意在沿海国的经济区或大陆架进行科学研究的各国和国际组织应向该国提供以下详细说明：……

该案文仍然有待解决向沿海国提前通知计划研究所需具体时间的问题，且没有提及沿海国研究人员对拟议的项目参与或代表性的预期程度的描述，如第 248 条（f）款规定的那样。

非正式单一协商案文/第三部分第 18 条的有关规定要求：

1. 有意进行科学研究的各国和国际组织应在向沿海国传达信息时表明，他们认为研究计划是基础性研究还是与经济区或大陆架资源有关。

这一规定部分反映了第三期会议结束时关于第 246 条成为案文的协商状况（见上文第 246.4 段）。人们仍然在重视基础研究（纯科学研究）和应用研究之间的区别，同时试图在研究人员和沿海国的利益之间保持平衡。

成为第 246 条的拟议案文纳入了合格的沿海国同意纯科学研究以及明确的沿海国同意资源型研究的双重制度。同时，非正式单一协商案文/第三部分的这些案文与第 15 条和第 18 条之间的联系与第 15 条及其后的案文的解释有关，特别是关于要求对"该计划"如第 248 条第（a）段所述。

248.5. 在第四期会议上（1976 年），关于第十三部分的协商是在第三委员会的非正式会议上进行的。提交了大量非正式提案，以修订第 15 条（资料来源 34 至资料来源 38）。其中大多数仅涉及起草文字上变更或拟定（a）～（e）项中的具体规定。另外，澳大利亚和墨西哥提议增加一个新的分段（f）要求研究机构考虑沿海国在什么程度上或以何种方式"参与或代表参加研究计划"（资料来源 34，第 30~31 段）。欧共体最初主张对这一规定提出更一般的措词（资料来源 36 和资料来源 37），但后来接受了第 15 条（资料来源 38）的格式，并有一个重要的创新，在导言段加入了提前通知的时间期限（120 天）。

在这些提案的基础上，对其纳入订正的单一协商案文/第三部分（资料来源 15）的案文作了修改，内容如下：

> 有意在沿海国的经济区或大陆架上进行科学研究的国家和主管国际组织，应在研究计划的预期开始日期之前不少于 4 个月，向该国提供以下情况的全面说明：
>
> （a）研究计划的性质和目标；
>
> （b）使用的方法和手段，包括船只的名称、吨位、类型和类别以及关于科学设备的说明；
>
> （c）将要开展活动的精确的地理区域；
>
> （d）研究船首次出现和最终离开的预计日期，或（适当时）设备的部署及其拆除；
>
> （e）证明机构名称、其主管、负责研究计划的人员；
>
> （f）在多大程度上认为沿海国应该能够参加或在研究计划中有代表。

重要的是，在本文开头段落中插入"在研究计划的预期开始日期之前不少于 4 个月"的条款。对沿海国充分说明具体项目的段落的主要变化是：（1）列入对（b）项中使用的研究方法和科学设备的说明；（2）澄清（d）项关于预计的部署和拆除设备的日期。此外，（f）项还规定了一项新规定，要求研究实体考虑沿海国参与该计划的程度。这一规定与第 249 条第 1 款（a）项的规定明确相关，即在沿海国的专属经济区或大陆架上进行海洋科学研究的国家或国际组织应"如沿海国愿意，确保其有权参加或派代表参加海洋科学研究计划"。

248.6. 在第五期会议上（1976 年），非正式会议继续进行协商。厄瓜多尔对"（d）至（f）项"提出了一系列拟议的修正案（资料来源 39），但后来并未将其纳入其中。经非正式协商后，在将其并入非正式综合协商案文时有两处改动，如同第 249 条（资料来源 16）。在条款开头段的"科学研究"之前加上了"海洋"一词，向沿海国提前提供信息的时间期限从研究计划的预计开始日期的 4 个月延长至 6 个月。该条文在非正式综合协商案文/第一次修订稿中重新编号为第 248 条（资料来源 17），但在这个段没有对案文作任何改动。

248.7. 在第八期会议续会上（1979 年），秘鲁的一项非正式提案建议在第 248 条开头段的开头插入"请求各自授权"（资料来源 40）。然而，对这一提案没有采取任何行动，而且非正式综合协商案文第二次修订稿（资料来源 18）中的第 248 条与非正式综合协商案文/第一次修订稿中的完全相同。后来，根据起草委员会的建议（资料来源 21 和资料来源 22），将对案文中作的一些小小的起草变化纳入了最后案文。

248.8(a). 第 248 条规定对各国和有关国际组织施加了一种义务，即当他们有意在沿海国专属经济区或大陆架上进行海洋科学研究时，要向沿海国提供在（a）～（f）项中所列项目的全面说明，"不迟于海洋科学研究计划的预计开始日期前 6 个月"。马耳他代表团在海底委员会第二分委员会和第三分委员会提出的六周的时间段，在第三委员会协商过程中，这一时间段逐渐增加（资料来源 2 和资料来源 3）。根据"全面说明"一词的要求，需要在建议开始日期前至少 6 个月内确定一个项目的详细信息，这可能会限制研究计划规划阶段的灵活性。然而，可能的困难将通过第 252 条所载的默示同意的规定来解决（关于 6 个月期间的计算，参见上文第 247.7（f）段）。

248.8(b). 第 248 条和第 249 条源于共同的来源。几乎没有例外，提交给 1973 年海底委员会第三分委员会的提案与在海洋法会议第二期和第三期会议（1974 年和 1975年）期间在第三委员会提出的提案都在一个段落或在单个条款的连续段落中涉及第 248条和第 249 条的事项。

直到第三期会议结束（1975 年），才明确区分在开展研究计划（第 248 条）之前向沿海国提供资料和研究国或组织在进行研究活动*期间*遵守某些条件的义务（第 249条）。第 248 条的目的是使沿海国能够根据第 246 条第 2~6 款的条件来评价是否应该同意某一具体项目。就此而言，应当指出，提供给沿海国的说明必须包括第 248 条所列的所有六类信息。

248.8(e). 第 248 条（b）项再次涉及第 246 条，特别是第 5 款（b）项和（c）项。与（a）项一样，（b）项规定了一个与沿海国决定是否同意进行海洋科学研究计划的决定有关的资料，并将控制沿海国同意制度是否合格或严格适用于特定情况。

248.8(f). （c）项规定了对第 246 条第 6 款可能特别重要的一类信息，根据该条款，在任何特定情况下适用的同意制度完全取决于拟议的研究计划是否将在沿海国指定的作为开发或详细勘探作业正在或即将发生的区域之内或该区域之外。虽然（c）项提及"精确的地理区域"，但是并不要求这些区域应用精确的边界界定。

248.8（g）. （d）项规定了研究的时间限制，即研究活动的开始和结束日期。然而，这是有道理的，因为将提供"预期"日期，从而允许了一些灵活性。

248.8（h）. （e）项是不言而喻的，第248条第（f）项已经提前讨论过（见上文第248.5段）。

第二四九条　遵守某些条件的义务

1. 各国和各主管国际组织在沿海国的专属经济区内或大陆架上进行海洋科学研究时，应遵守下列条件：

（a）如沿海国愿意，确保其有权参加或派代表参加海洋科学研究计划，特别是于实际可行时在研究船和其他船只上或在科学研究设施上进行，但对沿海国的科学工作者无须支付任何报酬，沿海国亦无分担计划费用的义务；

（b）经沿海国要求，在实际可行范围内尽快向沿海国提供初步报告，并于研究完成后提供所得的最后成果和结论；

（c）经沿海国要求，负责供其利用从海洋科学研究计划所取得的一切资料和样品，并同样向其提供可以复制的资料和可以分开而不致有损其科学价值的样品；

（d）如经要求，向沿海国提供对此种资料、样品及研究成果的评价，或协助沿海国加以评价或解释；

（e）确保在第 2 款限制下，于实际可行的情况下，尽快通过适当的国内或国际途径，使研究成果在国际上可以取得；

（f）将研究方案的任何重大改变立即通知沿海国；

（g）除非另有协议，研究完成后立即拆除科学研究设施或装备。

2. 本条不妨害沿海国的法律和规章为依据第二四六条第 5 款行使斟酌决定权给予同意或拒不同意而规定的条件，包括要求预先同意使计划中对勘探和开发自然资源有直接关系的研究成果在国际上可以取得。

资料来源

1. A/AC. 138/SC. III/L. 18，原则 9，转载于 1972 年《海底委员会报告》，第 203~204 页（加拿大）。

2. A/AC. 138/SC. III/L. 31（1973 年，油印本），第 72 条（保加利亚、波兰、乌克兰苏维埃社会主义共和国和苏联）。

3. A/AC. 138/SC. III/L. 34（1973 年，油印本），第 3 条第 2 款（b）~（d）项和第 3 款（b）~（d）（马耳他）。

4. A/AC. 138/SC. III/L. 44（1973 年，油印本）第 7 条第 c~f 项（美国）。

5. A/AC. 138/SC. III/L. 45（1973 年，油印本）第 4~6 款和第 8 款（巴西、厄瓜

多尔、萨尔瓦多、秘鲁和乌拉圭)。

6. A/CONF. 62/C. 3/L. 9（1974 年），第 4 条（c）~（d）项，《正式记录》第三卷，第 252 页（特立尼达和多巴哥）。

7. A/CONF. 62/C. 3/L. 13（1974 年），项目 2（b）项，第 2 款（vii）~（x）项，《正式记录》第三卷，第 254 页（哥伦比亚（七十七国集团））。

8. A/CONF. 62/C. 3/L. 17（1974 年），第二部分备选案文 A，（b）部分，第 2 款（vi）~（x）项；备选案文 B，第 1 款（b）项；和备选案文 C，项目 3 第 1 款（c）~（f）项，《正式记录》第三卷，第 263~265 页（第三委员会，非正式会议）。

9. A/CONF. 62/C. 3/L. 19（1974 年），第 6 条第 1 款（c）~（f）项和第 3 款。《正式记录》第三卷，第 266~267 页（奥地利、比利时、玻利维亚、博茨瓦纳、丹麦、德意志联邦共和国、老挝、莱索托、利比里亚、卢森堡、尼泊尔、荷兰、巴拉圭、新加坡、乌干达、上沃尔特和赞比亚）。

10. A/CONF. 62/C. 3/L. 13/Rev. 2（1975 年），项目 2（b）项，第 2 款（vii）~（x）项，《正式记录》第四卷，第 199 页（伊拉克（七十七国集团））。

11. A/CONF. 62/C. 3/L. 26（1975 年），第 6 条第 1 款和第 3 款（b）~（e）项，《正式记录》第四卷，第 213~214 页（保加利亚、白俄罗斯苏维埃社会主义共和国、捷克斯洛伐克、德意志民主共和国、匈牙利、蒙古、波兰、乌克兰苏维埃社会主义共和国和苏联）。

12. A/CONF. 62/C. 3/L. 29（1975 年），第 7 条第 3 款、第 5 款（a）项和第 7 款，《正式记录》第四卷，第 216~217 页（哥伦比亚、萨尔瓦多、墨西哥和尼日利亚）。

13. A/CONF. 62/C. 3/L. 31（1975 年），附件，A 节（加拿大），第 1 款（b）项和第 4 款，《正式记录》第四卷，第 220~221 页（第三委员会，非正式会议）。

14. A/CONF. 62/WP. 8/Part III（非正式单一协商案文，1975 年），第二部分，第 16 条和第 21 条，《正式记录》第四卷，第 171、178 页（第三委员会主席）。

15. A/CONF. 62/WP. 8/Rev. 1/Part III（订正的单一协商案文，1976 年），第 59、61 条，《正式记录》第五卷，第 173、181 页（第三委员会主席）。

16. A/CONF. 62/WP. 10（非正式综合协商案文，1977 年），第 250 条，《正式记录》第八卷，第 1、42 页。

17. A/CONF. 62/RCNG/2（1978 年），第三委员会主席的报告（C. 3/Rep. 1），美国非正式提案（MSR/2），第 250 条和注释，《正式记录》第十卷，第 126、173、190 和 193 页。

18. A/CONF. 62/WP. 10/Rev. 1（非正式综合协商案文/Rev. 1，1979 年，油印本），第 249 条。转载于《第三次联合国海洋法会议文件集》第一卷，第 375、481 页。

19. A/CONF. 62/L. 41（1979 年），第 8 段和附件，第 249 条，《正式记录》第十二卷，第 94~95 页（第三委员会主席）。

20. A/CONF. 62/C. 3/L. 33（1979 年），第 8 段，第 249 条，《正式记录》第十二卷，第 114~115 页（第三委员会主席）。

21. A/CONF. 62/L. 50（1980 年），第 4 段和附件，第 249 条，《正式记录》第十三卷，第 80~81 页（第三委员会主席）。

22. A/CONF. 62/WP. 10/Rev. 2（非正式综合协商案文/第二次修订稿，1980 年，油印本），第 249 条。转载于《第三次联合国海洋法会议文件集》第二卷，第 3、110 页。

23. A/CONF. 62/WP. 10/Rev. 3*（非正式综合协商案文/第三次修订稿，1980 年，油印本），第 249 条。转载于《第三次联合国海洋法会议文件集》第二卷，第 179、287 页。

24. A/CONF. 62/L. 78（公约草案，1981 年），第 249 条，《正式记录》第十五卷，第 172、215 页。

起草委员会

25. A/CONF. 62/L. 67/Add. 11（1981 年，油印本），第 55~67 页。

26. A/CONF. 62/L. 67/Add. 14（1981 年，油印本），第 27 页。

27. A/CONF. 62/L. 72（1982 年），《正式记录》第十五卷，第 151 页（起草委员会主席）。

28. A/CONF. 62/L. 152/Add. 25（1982 年，油印本），第 38~39 页。

29. A/CONF. 62/L. 160（1982 年），《正式记录》第十七卷，第 225 页（起草委员会主席）。

非正式文件

30. Draft Article（s）on Marine Scientific Research（1975 年，油印本），第 6 条第 2 款（b）~（e）项（匿名）。转载于《第三次联合国海洋法会议文件集》第十一卷，第 10、12 页。

31. 奥地利（1975 年，油印本），第 2~4 段。转载于《第三次联合国海洋法会议文件集》第十一卷，第 15 页。

32. Amorphous Group（1975 年，油印本），（c）~（f）项。转载于《第三次联合国海洋法会议文件集》第十一卷，第 16 页。

33. Blue Paper No. 1（1976 年，油印本），澳大利亚、法国和巴基斯坦关于第 16 条的提案。转载于《第三次联合国海洋法会议文件集》第十一卷，第 30、32~33 页。

34. Blue Paper No. 1/Rev. 1（1976 年，油印本），澳大利亚、[巴西、厄瓜多尔、印度、阿拉伯利比亚、巴基斯坦、索马里和南斯拉夫]、保加利亚和法国关于第 16 条的提案。转载于《第三次联合国海洋法会议文件集》第十一卷，第 34、36~37 页。

35. EEC（1976年，油印本），第6条第1款（b）项和（c）项。转载于《第三次联合国海洋法会议文件集》第十一卷，第43、45页。

36. EEC（1976年，油印本）第16条。转载于《第三次联合国海洋法会议文件集》第十一卷，第67页。

37. 厄瓜多尔（1976年，油印本），第59条和第61条。转载于《第三次联合国海洋法会议文件集》第十一卷，第74~75页。

38. 特立尼达和多巴哥（1976年，油印本），第59条和第61条。转载于《第三次联合国海洋法会议文件集》第十一卷，第77页。

39. 美国（1977年，油印本），第59条和第61条。转载于《第三次联合国海洋法会议文件集》第十一卷，第99页。

40. The Brennan Group（1977年，油印本），第59条和第61条。转载于《第三次联合国海洋法会议文件集》第十一卷，第101~102页。

41. 巴西（1977年，油印本），第61条。转载于《第三次联合国海洋法会议文件集》第十一卷，第103~104页。

42. 爱尔兰（1977年，油印本），第61条。转载于《第三次联合国海洋法会议文件集》第十一卷，第105页。

43. 美国（1978年，油印本），第250条。转载于《第三次联合国海洋法会议文件集》第十一卷，第117~118页［资料来源44的初步版本］。

44. MSR/2（1978年，油印本），第250条第1款（d）和（e）项，和第2款与注释（美国）。转载于《第三次联合国海洋法会议文件集》第十卷，第360~361页［见上文资料来源17］。

45. MSR/2/Rev. 1（1979年，油印本），第250条第1款（d）项和（e）项和第2款（美国）。转载于《第三次联合国海洋法会议文件集》第十卷，第386~387页。

46. MSR/5（1979年，油印本），第249条（秘鲁）。转载于《第三次联合国海洋法会议文件集》第十卷，第391页。

47. MSR/8（1980年，油印本）第249条（非正式会议主席）。转载于《第三次联合国海洋法会议文件集》第十卷，第395、397页。

［注：本条款应与第二四六条、第二五二条、第二五三条和第二九七条第2款一并解读］（后者在第五卷）。

评　　注

249. 1. 如关于第二四八条的评注所述，第二四八条和第二四九条源于共同来源（见上文第248. 8（b）段）。第二四八条规定，各国和国际组织有义务向各国或国际组织希望在其专属经济区或其大陆架进行海洋科学研究的沿海国提供信息；此外，该信息将在研究计划开始之日前提供。另一方面，第二四九条还规定了一旦研究计划实际开始研究国或国际组织要遵守某些条件的义务。这些条件是沿海国利益与国际海洋科学界的利益之间取得平衡的一个基本要素，这是第十三部分第三节的特点。

249. 2. 在 1972 年的海底委员会会议上，加拿大向第三委员会提交了一份工作文件，规定了沿海国管辖范围内的沿海国同意制度（资料来源 1）。该文件的原则 9 规定：

> ……如果获得这种同意，沿海国有权参加或代表参加海洋科学研究，并有权利使用样本、获取数据和结果以及要求公布结果的权利。

第三委员会介绍了一些在 1973 年的海底委员会会议上的相关案文。在规定沿海国同意领海和大陆架海洋科学研究制度后，东欧四国提出的一套条款草案的第 12 条继续说道（资料来源 2）：

> 沿海国有权参加研究或有代表参加研究。
> 关于沿海国领海或大陆架研究成果的科学数据应在相互协商的基础上提供给该国。

马耳他采取了不同的做法，它提出了一项只要在领海内进行海洋科学研究，就要要求沿海国同意的案文，但也同时规定沿海国不应在某些特定情况下拒绝同意，内容如下（资料来源 3）：

> 2. 在水面船只进行科学研究的情况下，沿海国不得拒绝同意。
> ……
> （b）当向沿海国提供指定其国民参加研究的可能性时；
> （c）当向沿海国提供全部数据及其解释时，或将由沿海国公布有关数据和有关报告时……；
> （d）当以公平份额向沿海国提供研究样本时。
> 3. 在以非浮动装置进行科学研究的情况下，沿海国不得拒绝同意。
> ……
> （b）当沿海国有机会指定其国民见证将装置引入海中时；
> （c）当设备不构成航行危险时；

（d）当设备获得的完整数据提供给沿海国时……①

美国提出的一项建议草案第7条（资料来源4）规定，尊重沿海国对领海以外区域行使管辖权的权利和义务，为此，除其他外，研究人员有责任：

c. 确保沿海国有一切适当机会直接或通过适当选择的国际机构参与或派代表参加研究计划；沿海国应在收到通知后的几天内给予合理的提前通知，告知希望参加研究或派代表参加研究；

d. 确保所有数据和样本与沿海国共享；

e. 确保在公开的现有科学出版物中尽快公布重要的研究成果，并直接向沿海国提供；

f. 协助沿海国直接或通过建立的程序评价数据和研究成果对其利益的影响。……

5个拉丁美洲国家建议，向沿海国申请批准进行海洋科学研究的研究人员除已经提供某些信息外，还应"承诺向沿海国交调查的主要数据和结果以及在这个过程中取得的任何样品"（资料来源5，第4款）。该提案还规定沿海国参与在其"海洋主权和管辖区域"进行的研究活动（第5款），沿海国在批准进行项目时规定的任何条件"不得由进行调查的人员更改，除非沿海国明确同意"（第6款）。关于出版研究成果，第8款要求沿海国"与其他国家合作与有关国际组织共同传播科学研究成果。"

249.3. 在第二期会议上（1974年），向第三委员会提交了3套关于海洋科学研究的条款草案。其中第一项提案（资料来源6）包括在专属经济区和大陆架上进行海洋科学研究的以下最低限度的要求：

沿海国有权：
……

（c）获得此类研究的结果，包括原始数据的副本，并与研究国共同获得任何标本或记录。如果这些标本不能复制，则原件仍然是沿海国的财产；

（d）要求所有科学研究的结果只有在沿海国同意的情况下才能公布，在合理时间内给予同意或拒绝，不得无理拒绝。

---

① 马耳他在第二分委员会上提交了这一提案的修改版本，但在该论坛中没有讨论科学研究的规定。事实上，附于该案文的脚注是说关于科学研究的章节应该与……A/AC138/SC. III/L. 34 号文件一起解读。见 A/AC. 138/SC. II/L. 28，第十章，特别是第 72 条第 1 款（b）-（f）项和第 73 条第 1 款（b）-（e）项，转载于 1973 年《海底委员会报告》第三卷，第 35、56、58 页。

哥伦比亚代表七十七国集团提出了一个案文（资料来源 7），要求寻求沿海国同意在其专属经济区和大陆架上进行海洋科学研究的实体，除其他外，特别应：

（vii）在研究计划的各个阶段，吸收沿海国的积极参与或代表权，如果其愿意的话；

（viii）承诺按时向沿海国提供所有原始和经加工的数据，包括最终的评价和结论及样本；

（ix）协助沿海国以该国可能要求的方式评价所述数据和样本及其成果的影响；

（x）承诺未经沿海国明确同意，不得公布科学研究成果；

在不需要沿海国同意但施加了保护沿海国的义务的领海以外的海洋科学研究自由制度的基础上，17 个内陆国和地理不利国集团的一项提案第 6 条第 1 款（资料来源 9）规定，沿海国，除其他外，特别应：

（c）及时通知有关说明的重大变化；

（d）有权直接或间接参加研究项目；

（e）可以获得在研究项目过程中获得的所有数据和样本，并应其要求提供可复制的数据和可分割样品；

（f）应其要求，协助解释研究项目的成果。

第 3 款规定：

从事海洋科学研究合作的国家和适当国际组织，应确保研究成果尽快在现有科学出版物上公布，并将此类出版物的副本直接提供给沿海国……

协商还在第二期会议期间的非正式会议上进行，一系列"综合备选案文"被提交为"在非正式会议上商定的"关于海洋科学研究的案文（资料来源 8）。备选案文 A 列入了哥伦比亚代表七十七国集团提出的案文（资料来源 7），备选案文 C 纳入了内陆国和地理不利国集团提出的案文（资料来源 9）的第 6 条第 1 款。综合备选案文的备选案文 B，以沿海国同意在专属经济区和大陆架进行海洋科学研究的制度为前提，条件是当申请国通常不应拒绝同意沿海国或国际组织承诺，除其他外：

（i）确保沿海国有权在研究计划的所有阶段参与或派代表参加，如果它愿意的话；

（ii）在商定的基础上向沿海国提供生产和加工的数据和材料样品；

（iii）协助沿海国评价数据和结果的影响；特别是如果其要求，在研究完成后尽快向沿海国提交包括初步解释的报告；

（iv）除非另有约定，确保研究成果尽快在现有的科学出版物上公布；

（v）遵守本公约的所有有关规定；和

（vi）履行可能达成的任何其他要求。

因此，在第二期会议期间，方法的明显的差异显得很清楚。

249. 4. 在第三期会议上（1975年），在正式和非正式会议上继续进行协商。一个匿名的非正式提案（资料来源30）载有一项条款，规定在经济区的非资源型研究方面，应给予沿海国：

......

（b）关于拟议的研究计划的任何重大变化的资料；

（c）有机会直接或间接参与船上研究计划，费用由进行研究计划的国家负担，但不向沿海国科学家支付任何报酬；

（d）取得在研究计划过程中获得的所有数据和样本，并了解数据和样本，按照要求向沿海国提供可复制或可分割的样品，不得损失其科学价值；

（e）应要求协助解释研究计划的成果。

奥地利（资料来源31）和无固定国家集团提出了类似的提案（资料来源32）。这一措词反映在9个社会主义国家发起的一系列条款草案上（资料来源11）。该案文第6条第1款规定沿海国同意在专属经济区和大陆架进行与资源有关的研究。第3款规定，在非资源相关研究方面：

3. ......沿海国应给予：

......

（c）直接或间接参与船上研究的机会，费用由进行研究的国家负担，但不向沿海国科学家支付任何报酬；

（d）获取在研究过程中获得的所有数据和样本，沿海国应按要求提供可复制或分享的数据和样本，而不损害其科学价值；

（e）应要求协助解释研究成果。

在第三委员会的协商中，有几个国家对这一规定发表了意见，②但是大多数讨论集中在基础研究和应用研究之间的区别，以及是否在国家管辖范围内进行的两种研究都需要沿海国同意。

伊拉克随后代表七十七国集团提出了修订案文（资料来源10），但与该集团早期案文（资料来源7）相比的唯一重大变化是在整个过程中"海洋科学研究"都改成了"科学研究"。对这个提案在协商中提出了一些意见，③但在这个问题上仍然没有达成共识。4个国家以后的提案（资料来源12）对沿海国同意资源相关研究采取了类似的做法。④该条包含以前提案中提出的许多具体条件，但关于结果公布的问题，要求研究国或国际组织应"尽快通过国际数据中心或通过适当的国际渠道确保研究成果在国际上可用"（第5款（a）（vi））。

加拿大的一项提案将专属经济区和大陆架分别处理（资料来源13）。关于专属经济区，遵循了第二期会议备选综合案文B的措词（资料来源8第1（b）段）。关于大陆架，建议沿海国"如有需要，有权参加或派代表参加研究，但无论如何都要公布结果"（资料来源13，第4段）。

继续进行的协商导致制定了非正式单一协商案文/第三部分（资料来源14）第16条，该条试图调和各种办法：

> 各国和国际组织进行科学研究时应符合下列条件：
>
> （a）确保沿海国的权利，如果其需要，参加或派代表参加研究计划；
>
> （b）向沿海国提供直接或有代表性的机会，如果其愿意参加，船上研究工作的费用由进行研究的国家负担，但不向科学家支付任何报酬；
>
> （c）向沿海国提供研究计划的最终成果和结论；
>
> （d）承诺在沿海国同意的基础上提供原始和经加工的数据和材料样本；
>
> （e）如有要求，协助沿海国评价上述数据和样本及其成果；
>
> （f）确保通过国际数据中心或通过其他适当的国际渠道尽快在国际上提供研究成果；
>
> （g）立即向沿海国通报研究计划的任何重大变化；和
>
> （h）遵守本公约的所有有关规定。

---

② 见在第20次会议（1975年）上苏联提出关于这一提案的发言。第30-35段，《正式记录》第四卷，第92页；另见例如在第20次会议上肯尼亚的发言，第45段，同上，第93页；印度的发言，第56段，同上，第94页；以及加拿大的发言，第64段，同上，第94-95页；在第21次会议上荷兰的发言，第14段，同上，第96页；巴基斯坦的发言，第24段，同上，第97页；以及苏联的发言，第36段，同上，第98页。

③ 参见例如在第23次会议（1975年）上波兰的发言，第3段，同上，第107页；印度的发言，第16段，同上，第108页；瑞士的发言，第21段，同上，第109页；以及瑞典的发言，第29-30段，同上，第109页。

④ 见在第24次会议上墨西哥关于提出这项提案的发言，第4-6段，《正式记录》第四卷，第111页。

该案文第 21 条规定了对进行专属经济区和大陆架资源的任何研究计划的 "沿海国的明确同意" 制度，并列出了适用于这种情况的情况，即：

（a）第 15 条［关于提前通知］和第 16 条（f）项所载条件除外规定的条件；

（b）如有要求，在研究完成后尽快向沿海国提交报告，包括初步说明。

（c）未经沿海国的明确同意，确保研究成果不会公布或联合提供；和

（d）满足对与研究计划直接相关的其他资料的要求。

因此，这就明确区分了与大陆架自然资源和专属经济区有关的研究成果（这些成果只有在沿海国明确同意的情况下才可公布）和与非资源相关研究的成果（这些成果都需要出版并在国际上可用）。

继第三期会议后，非正式法律专家小组讨论了非正式单一协商案文关于海洋科学研究的规定。在第四期会议初期（1976 年），该专家组对第 16 条作了修改，内容如下：

各国和主管国际组织在沿海国经济区或大陆架进行科学研究时应尊重该国的权利，特别是：

（a）确保沿海国，如果其愿意，参与或参加研究计划的权利，特别是在切实可行的研究船只和其他船只或设备上，没有义务为研究计划的费用作出贡献；

（b）应其要求，向沿海国提供研究计划的*初步的解释和最终和全面的成果和结论*；

（c）应其要求，向沿海国承诺提供获得从研究项目取得的所有数据和样本的途径，同样向其提供可能复制的数据和可能提供的样本，*而不损害其科学价值*；

（d）如有要求，协助沿海国评价此类数据和样本及其成果；

（e）确保研究成果在项目完成后尽快通过适当的国家或国际渠道在国际上获得；

（f）随时向沿海国通报研究计划下的研究活动的进展情况。［斜体处为原有的］⑤

---

⑤ 海洋科学研究（1976 年 3 月，油印本），第 16 条（非正式法律专家小组）。转载于《第三次联合国海洋法会议文件集》第十一卷，第 544、549-550 页。本条是该小组编写的早期草案略有修改的版本。同上（1976 年 1 月，油印本），第 17 条，同上，第 516、520-521 页。

该案文保留了对"科学研究"的提法，但反映了一些修改。（a）项是合并了非正式单一协商案文条款（a）项和（b）项；（b）项扩大了前一款（c）项，要求提供"现有的初步解释"；（c）项修改和阐述了非正式单一协商案文的（d）项；在（e）项中，体现了非正式单一协商案文的（f）项，对"国际数据中心"的提及被删除，列入"国家"渠道，并在项目完成后提供结果；（f）项是全新的，取代了前面的案文（g）项。

249. 5. 在第四期会议上（1976 年），非正式会议继续进行协商。欧洲经委会提交了两个非正式提案（资料来源 35 和资料来源 36），后者大部分重复了非正式法律专家小组编写的案文。根据第（f）项，沿海国将随时了解"研究活动的进行、进展和重大变化"。

继进一步的非正式协商之后，非正式法律专家小组提出的合并和阐述反映在订正的单一协商案文/第三部分（资料来源 15）第 59 条中，内容如下：

各国和主管国际组织在沿海国经济区或大陆架进行科学研究时，应符合下列条件：

（a）确保沿海国，如有需要，在切实可行的情况下，参加或派代表参加研究计划，特别是登上研究船、其他船只和设施的权利，而不向沿海国科学家支付报酬，且无义务为研究计划的费用作出贡献；

（b）应沿海国的请求，尽快向沿海国提供初步报告，并在研究完成后提供最后成果和结论；

（c）承诺沿海国应要求提供从研究计划得到的所有数据和样本，并提供可复制的数据和样本，而不损害其科学价值；

（d）如有要求，协助沿海国评价这些数据和样本及其成果；

（e）确保研究成果能够通过适当的国家或国际渠道能在国际上可以获得；

（f）立即向沿海国通报研究计划的任何重大变化；

（g）除非另有约定，研究完成后，拆除科学设施或设备。

虽然纳入了非正式法律专家小组案文中的许多修改，但是（e）项的最后一个条款被删除，（f）项被改写，（g）项是新的。

这个方案代表了一种新的方法，结合了沿海国同意在专属经济区和大陆架海洋科学研究的单一条文。这种统一的做法使非正式单一协商案文/第三部分第 21 条不再必要。然后制定了订正的单一协商案文/第三部分第 61 条，仅针对出版成果的问题，其内容为：

对在沿海国经济区和大陆架的生物或非生物资源进行勘探和开发的研究

计划的成果，不得违反国家的明确愿望出版或使国际上可以获得。

249.6. 在第五期会议期间（1976 年），继续进行非正式协商，并提出了两项有关订正的单一协商案文/第三部分第 59 条和第 61 条的非正式提案（资料来源 37 和资料来源 38）。他们提出改进对研究实体提出更严格义务的条款，并赋予沿海国享有更多的权利。然而，这些建议并没有反映在后来的案文中。

249.7. 在第六期会议上（1977 年），非正式会议继续进行协商，并提出了若干非正式提案，其中纳入了对第 59 条和第 61 条的修改（资料来源 39 至资料来源 42）。美国和布伦南集团（资料来源 39 和资料来源 40）建议完全删除第 61 条。巴西（资料来源 41）建议从第 61 条中删除关于"大力探索和利用生物或非生物资源"的研究成果的规定。爱尔兰（资料来源 42）建议删除"沿海国"之后的所有内容，如果沿海国和研究国不同意，就用"公布或提供国际可获得"的要求替代。

在非正式协商中审议这些建议，导致将前几个条款合并为非正式综合协商案文的一个条款（资料来源 16），内容如下：

第 250 条
遵守某些条件的义务

1. 各国和主管国际组织在沿海国的专属经济区或大陆架进行海洋科学研究时应遵守以下条件：

（a）确保沿海国如有需要，在切实可行的情况下，参加或派代表参加研究计划，特别是登上研究船只和其他船只或设施的权利，而不向沿海国科学家支付报酬，无义务为研究计划的费用作出贡献；

（b）应沿海国的请求，尽快向沿海国提供初步报告，并在研究完成后提供最后成果和结论；

（c）承诺按照沿海国的请求，向沿海国提供研究计划所取得的所有数据和样本，同时提供可能复制的数据和可以分割的样本，而不损害其科学价值；

（d）如有要求，协助沿海国评价这些数据和样本及其成果；

（e）在符合本条第 2 款的情况下，确保研究成果尽可能在适当的国家或国际渠道上提供以便获取；

（f）立即向沿海国通报研究计划的任何重大变化；

（g）除非另有约定，研究完成后，拆除科学设施或设备。

2. 本条不妨碍沿海国法律和规章规定的给予同意的条件，尽管有第 247 条的规定，沿海国尚未同意该计划。

从列入第 2 款开始，第 1 款（e）项的措辞发生了变化。订正的单一协商案文/第三部分第61条关于不公布研究成果的规定"违反［沿海］国家的明确愿望",在非正式综合协商案文中没有重复。

249. 8. 在第七期会议续会上（1978年），美国提交了一项非正式提案,其中载有对海洋科学研究条款的修正（资料来源17,资料来源43和资料来源44）。对于第250条,提出了以下修正案（资料来源44）：

1. 修改第1款（d）项如下：

"如果要求,尽快向沿海国提供对此类数据、样本和研究成果的评价……"

2. 从第1款（e）项中删除"本条第2款规定"等字样,重新起草第2款如下：

"沿海国如果决定根据第247条［现为第246条］批准一个对勘探和开发自然资源具有直接意义的项目,可能需要事先就合理的条件达成协议,使国际上可以获得研究成果。"

对这些修正案的解释说,重新起草第1款（d）项旨在"澄清研究国对沿海国的义务的性质"（同上,第363页）。关于第250条第1款（e）项和第2款（同上）的修正案,同一个非正式提案中出现了以下说明：

如第250条第1款（e）项所表述的,为本条增加第2款的目的是为处理自然资源项目研究成果的问题找到一种方法。这不是以容易理解的方式实现的。一些沿海国表示希望有机会在众所周知的情况下审查和审议这些结果。修正案将直接处理这个问题。不鼓励沿海国压制科学研究成果的国际分配,但是在同意项目之前给予他们权利,确保从沿海国以及科学家的角度出发,可行的话同意使国际上可以获得资源研究计划的成果,但须遵守沿海国根据第247条第（4）款（a）项［现为第246条第5款（a）项］的酌处权。由于必要的延误可能因项目而异,所以这种做法最有可能确保在特定情况下不会发生过度匆忙或不适当的拖延。

虽然没有完全遵循美国的建议,但后来的案文反映了该提案中提出的重点。

249. 9. 在第八期会议上（1979年）,美国提交了其修正案的修正案（资料来源45）。关于第250条第1款（d）项,美国建议将以下条件修订以适用于研究人员,他们应"如果要求,向沿海国提供对这些数据、样本和研究成果的评价或协助解释"。还对关于公布研究成果的条件的提案进行了修改,内容如下：

本条不损害沿海国［法律和条例］根据第 247 条第 4 款［第 246 条第 5 款］为酌情决定批准或拒绝同意而制定的条件。

在提出的形式中，这两项修正案均未获得通过。因此，在非正式综合协商案文第一次修订稿中逐字重复了非正式综合协商案文中的措辞（资料来源 18），如第 249 条所述。

249. 10. 非正式协商在在第八期会议续会（1979 年）上继续进行，第三委员会主席报告了关于第 249 条（资料来源 19 和资料来源 20)⑥ 新的折中方案。这个折中方案内容为：

将案文第 1 款（d）项修改为：
（d）如果要求，向沿海国提供此类日期、样本和研究成果的评价或协助解释。
在第 1 款（e）项中，删除"本条第 2 款"。重写第 2 款，内容如下：

2. 本条不妨碍沿海国法律和条例规定的依照第 246 条第 4 款［现为第 5 款］酌情批准或拒绝同意的条件，包括事先达成协议为国际上提供对自然资源开发利用具有直接意义的项目的研究成果。

在报告第 8 段中主席指出，某些方案，包括有关第 249 条的方案，是起草修正案的提案的主题，一些代表团原则上反对。同时他也还表示，他们有足够的支持提供"合理的共识前景"。秘鲁代表团的一项非正式提案（资料来源 46）要恢复从订正的单一协商案文/第三部分删除的条款之一，将第 249 条第 1 款插入一个新的项，要求研究人员"应沿海国的要求，提供与研究计划直接相关的任何其他有关信息。但是，这个建议并未包括在通用方案或任何后续案文中。

249. 11. 在第九期会议期间（1980 年），继续进行的非正式协商导致主席向全体会议提出了一项提案，纳入了上一次报告的实质内容，并作了微调（资料来源 21）。随后并入非正式综合协商案文第三次修订稿（资料来源 23），主要变更是在第 1 款（a）项中用"rights"（权利［复数］）代替了"right"（权利［单数］），并将同一段"installation"（设施）之前加上了"marine scientific"（海洋科学）。另一方面，起草变更

---

⑥ 见第三委员会第 41 次会议（1979 年），第 4 段，《正式记录》第十二卷，第 37 页。

的提案，以第 2 款的结语用 "to" 代替 "for"，没有被第三委员会接受。⑦

随后根据起草委员会的建议（资料来源 25 至资料来源 29）纳入了其他起草文字上的修改。

249.12（a）. 第 249 条遵循处理专属经济区和大陆架问题的第 246 条和第 248 条规定的模式。然而，在第 249 条中，这两个术语被陈述性地使用（见上文第 246.2 段）。虽然该条款要求研究国或国际组织遵守某些条件，但它仍然是灵活的，沿海国和研究国或组织可以自由地同意其他条件。只有第 1 款（f）项是以研究国或组织绝对的义务来表达的。

249.12（b）. 第 1 款（a）项规定确保沿海国根据所述条款直接或间接参与在其专属经济区或其大陆架上进行的海洋科学研究计划。"没有义务为项目费用作出贡献"一词起源于 9 个社会主义国家（资料来源 11）提交的条款草案第 6 条（资料来源 11），并明确适用沿海国是否行使其参与某一项目的权利。

249.12（c）. 第 1 款（b）项、（c）项和（d）项是不言自明的。

249.12（d）. 与第 2 款一并解读的第 1 款（e）项是本条协商中最困难的部分。这项规定的作用是平衡沿海国在保护其与其领海相邻的海洋资源方面的权利的兴趣与对海洋科学研究成果的出版具有普遍的意义。因此，第 1 款（e）项规定了在可行的情况下 "尽快出版研究成果"的一般原则（资料来源 45）。沿海国在资源相关研究方面的立场受 "第 2 款限制"的约束。

249.12（e）. 美国和其他研究国为什么强调出版研究成果和接受现在（e）项所体现的折衷意见，是有实际原因的（资料来源 4 和上文第 249.2 段）。第 246 条第 5 款（a）项与第 249 条第 1 款（e）项一并规定，要求沿海国行使其酌处权时表明其对出版和允许 "对勘探和专属经济区或大陆架的自然资源开发有直接意义"的研究的立场。如果沿海国的反应没有表明沿海国认为研究对这些事项具有直接意义，那么研究国或组织就不会控制出版物。如果沿海国表示相信拟议的研究是具有这种性质的，研究国或组织就会接到通知，并且可以在开展研究计划之前就出版政策进行讨论。如果无法达成令人满意的协议，计划可以在开始前取消；无论如何，研究人员知道出版政策，可以相应地进行规划。如果没有一些早期的表述，情况就不一样了。

249.12（f）. 关于出版方式或什么是 "适当的国家或国际渠道"，没有制定严格的规定。由于《公约》的其他规定具体涉及使用渠道（例如第 27 条第 3 款，或者在第三委员会第 231 条中协商达成的条款），第 1 款（e）项的一般用语意味着，如果国家科学院或国家海洋学院等其他渠道应该被确定为 "适当的"渠道，官方渠道不是唯一可

---

⑦　关于这项提案，请参见第三委员会第 45 次和第 46 次会议（1979 年），《正式记录》第十四卷，第 101-104 页。另见 A/CONF. 62/L. 63/Rev. 1（1979 年），附件二，同上。第 139、141 页（起草委员会）；和 A/CONF. 62/C. 3/L. 34 和 Add. 1 和 2（1979 年），附件，同上。第 185、187 页（第三委员会主席）。

以使用的渠道。这符合第二五〇条的规定。

249.12(g). 第 1 款(f)项提出了"研究计划重大改变"的概念。由于义务是对研究国或组织施加的，初步评价研究计划变更是否"主要"的责任在于研究机构，如果该机构发生变化，只有沿海国才将其视为"重大"，对任何后果的争议将属于第十五部分的范畴，而不受第 297 条第 2 款的限制（对于"重大改变"，见下文第 253.11 段）。

249.12(h). 第 1 款（g）项要求在研究完成后，拆除科学研究设施或设备，除非另有约定。(另见关于此问题的第 60 条第 5 款、第 80 条和第 258 条至 262 条)[8]

249.12(i). 第 2 款原来是更有争议的，但是在区分纯研究与资源相关研究的区别被放弃而倾向于目前的区分直接意义上的资源开发和资源利用的海洋科学研究和其他海洋科学研究的区别之后，大量的争议消失了。沿海国在不同意直接意义上的研究计划方面的自由裁量权在这种情况下自然扩大到公布研究成果。

第 2 款中的"直接意义"一词将第 249 条与第 246 条第 5 款（a）项（见上文第 246.17（c）段）直接联系起来。

249.12(j). 虽然这项条款的标题是"遵守某些条件的义务"，但是履行这项义务是由研究国或组织的初步决定所决定的。第 1 款（a）项、（b）项和（c）项不仅适用于沿海国的愿望或要求，也适用于满足这些要求。第 1 款（f）项要求将信息"立即通知"，第 1 款（g）项要求研究实体和沿海国达成共识。另一方面，第 1 款（a）项、（b）项及（c）项则载有"在实际可行范围内"，"在实际可行的情况下尽快"及"不损害其科学价值"的语言，留待研究国或组织初步解释或决定。任何由该解释引起的争议都属于第 264 条和第 265 条的范畴。

---

[8] 关于这个问题，另见，海事组织海洋环境保护委员会 1987 年 12 月，"海事组织文件"进一步介绍了《专属经济区和大陆架海上设备和结构拆除初步指导原则和准则草案》。MEPC 25/20。部分转载于 I AROA 1985—1987，第 332 页。更多细节见上文关于第二一四条的评注，注②。

第二五〇条　关于海洋科学研究计划的通知

关于海洋科学研究计划的通知，除另有协议外，应通过适当的官方途径发出。

资料来源

1. A/CONF. 62/C. 3/L. 17（1974 年），第二部分，备选案文 B，第 3 款，《正式记录》第三卷，第 263~264 页（第三委员会，非正式会议）。

2. A/CONF. 62/C. 3/L. 29（1975 年）第 7 条第 4 款，《正式记录》第四卷，第 216~217 页（哥伦比亚、萨尔瓦多、墨西哥和尼日利亚）。

3. A/CONF. 62/WP. 8/Part. III（非正式单一协商案文），第二部分，第 17 条，《正式记录》第四卷，第 171、178 页（第三委员会主席）。

4. A/CONF. 62/WP. 8/Rev. 1/Part. III（订正的单一协商案文，1976 年）。第 63 条，《正式记录》第五卷，第 173、182 页（第三委员会主席）。

5. A/CONF. 62/WP. 10（非正式综合协商案文，1977 年），第 251 条，《正式记录》第八卷，第 1、43 页。

6. A/CONF. 62/WP. 10/Rev. 1（非正式综合协商案文第一次修订稿，1979 年，油印本），第 250 条。转载于《第三次联合国海洋法会议文件集》第一卷，第 375、482 页。

7. A/CONF. 62/WP. 10/Rev. 2（非正式综合协商案文第二次修订稿，1980 年，油印本），第 250 条。转载于《第三次联合国海洋法会议文件集》第二卷，第 3、110 页。

8. A/CONF. 62/WP. 10/Rev. 3*（非正式综合协商案文第三次修订稿，1980 年，油印本），第 250 条。转载于《第三次联合国海洋法会议文件集》第二卷，第 179、287 页。

9. A/CONF. 62/L. 78（1981 年《公约草案》），第 250 条，《正式记录》第十五卷，第 172、215 页。

起草委员会

10. A/CONF. 62/L. 67/Add. 11（1981 年，油印本），第 68~71 页。

11. A/CONF. 62/L. 72（1981 年），《正式记录》第十五卷，第 151 页（起草委员会主席）。

非正式文件

12. Blue Paper No. 1（1976 年，油印本），由索马里提出的关于第 17 条的提案。转载于《第三次联合国海洋法会议文件集》第十一卷，第 30、33 页。

13. Blue Paper No. 1/Rev. l（1976 年，油印本），[巴西、厄瓜多尔、印度、阿拉伯利比亚共和国、巴基斯坦、索马里、南斯拉夫]、保加利亚、墨西哥、荷兰和美国提出的关于第 17 条的提案，转载于《第三次联合国海洋法会议文件集》第十一卷，第 34、37~38 页。

14. EEC（1976 年，油印本），第 17 条。转载于《第三次联合国海洋法会议文件集》第十一卷，第 67~68 页。

15. EEC（1976 年，油印本），第［17］条。转载于《第三次联合国海洋法会议文件集》第十一卷，第 95~96 页。

16. 巴西（1977 年，油印本），第 63 条。转载于《第三次联合国海洋法会议文件集》第十一卷，第 103~104 页。

评　　注

250. 1. 第二五〇条用一般措辞规定了关于海洋科学研究计划通知发出的相关手段。尽管第十三部分第三节中的前述条款没有一条使用"通知"一词，但是各种条款要求研究国或国际组织向沿海国传递信息或其他材料（其他规定设想从沿海国向研究国家或国际组织（参见第二五二条））。第二五〇条确定了这样做的方法，规定使用"适当的官方渠道，除非另有约定"的主要义务。

250. 2. 第二五〇条的起源可追溯到第三委员会在第二期会议（1974 年）上的讨论，在第二四八条和第二四九条分开之前（见上文第 248.8（b）段）。

规定了向沿海国提前通知信息的要求，以及适用于专属经济区和大陆架上进行海洋科学研究的一系列条件，在该期会议上制定的综合案文（资料来源 1）规定这些要求和条件应适用于

> 关于自然人或法人提出的申请，其申请得到国家或国际组织的认可。此外，沿海国可要求通过适当的官方渠道提出这种申请。

虽然后来的文字没有提及自然人或法人的申请，但是这个原始提法使用"正式官方渠道"的背景解释了这一短语是如何被纳入提案的。

250. 3. 在第三期会议上（1975 年），4 个国家（资料来源 2）提交的一套条款草案是第一个提及通过官方渠道进行研究计划通知的提案。第 7 条第 4 款涉及研究机构

（国家和主管国际组织）向有关沿海国提供的通知，条件是：

> 这种通知应通过适当的官方通道进行，沿岸国应立即确认收到通知。

在进一步非正式协商后，所形成的非正式单一协商案文/第三部分（资料来源3）第17条内容如下：

> 有关研究计划的通知应通过适当的官方渠道发出，沿海国应立即确认收到通知。

该案文体现了四国提案的语言。它与非正式单一协商案文/第三部分的第15条和第16条有关，要求研究国或国际组织向沿海国提供有关研究计划的信息（现在载于第二四八条和第二四九条的规定）。

第三期会议后，非正式法律专家小组审议了海洋科学研究的规定。他们准备了第17条的修正案，内容如下：

> 有关研究计划的正式通知，除另有协议外，应通过外交渠道发出，沿海国应立即确认收到通知［斜体为原文所加］。①

随后，该小组在第四期会议开始时准备的一份文件中略微修改了该提案，内容如下：

> 有关研究计划的通知，除另有协议外，应通过适当的外交渠道发出［斜体为原文所加］。②

这些提案提出了通过"外交渠道"处理通知的想法。他们还提出了一个允许其他通知渠道达成协议的选择。此外，关于沿海国确认收到此类通知的提法已被删除。

250.4. 在第四期会议上（1976年），协商在非正式会议上进行（资料来源12至资料来源14），会上提出了几项非正式提案，虽然主要是提出起草文字上的修改。在这些非正式协商之后，对第二五〇条的相关文本作了重新修改，作为订正的单一协商案文第三部分第63条（资料来源4）。新的案文只是规定"关于研究计划的通知，除另有

---

① 海洋科学研究：折衷建议（1976年1月，油印本），第19条（非正式法律专家组）。转载于《第三次联合国海洋法会议文件集》第十一卷，第516、522页。

② （1976年3月，油印本），第17条，同上。第544、551页。

协议外，应通过适当的官方渠道发出"。值得注意的是，没有提到任何要求沿海国确认收到这种通知的要求。

250.5. 在第五期（1976年）和第六期会议（1977年）上的非正式会议之后，订正的单一协商案文条款未作任何改动并入非正式综合协商案文（资料来源5）作为第二五一条，标题为"关于研究计划的通知。"在非正式综合协商案文第一次修订稿中（资料来源6），重新编号为第二五〇条。

在第九期会议的续会上（1980年），重新起草了第二五〇条的标题和条文，在"研究计划"前加上了"海洋科学"，并使用"计划的"复数"projects"，这两个变化都是由第三委员会主席在文字审查后提出的。这些建议考虑了起草委员会的早期工作，并已包括在起草委员会的后续报告中；③它们被纳入非正式综合协商案文第三次修订稿（资料来源8）。

250.6. 第二五〇条适用于所有形式的与海洋科学研究计划有关的通知，或由沿海国通知或向沿海国通知，包括《公约》第二四八条、第二四九条和第二五三条所要求的通知。考虑到通知的功能（无论以任何名义），第二五〇条必须同时适用于第二四七条规定的任何"通知"。关于这一点，应该指出的是，第二四七条中提到的"向沿海国正式授权的官员通知"已经从海洋法第九期会议（1980年）之前和之后起草的案文中删除（见上文第247.6段）。此外，第二五三条第1款（a）项是指"根据第二四八条提供的资料"。

250.7. "适当的官方渠道"一语首先出现在自然人或法人申请的范围内（会议没有接受专门提及"外交渠道"的建议）。没有试图定义"适当的官方渠道"，这取决于所有情况（参见第二四九条第1款（e）项，其中提及"适当的国家或国际渠道"（见上文第二四九条第12款（f）项）最后一句，"除另有协议外"，确保了必要的灵活性。

---

③ 关于起草委员会的报告，见 A/CONF. 62/L. 56（1980年），附件 C 第 10 段，《正式记录》第十三卷，第 94、96 页；A/CONF. 62/L. 57/Rev. 1（1980年），第 14 节，《正式记录》第十四卷，第 114、124 页；和 A/CONF. 62/L. 63/Rev. 1（1980年），附件二 A 节第 250 条，《正式记录》第十四卷，第 139、141 页。第三委员会主席提出的起草文字的变更见 A/CONF. 62/C. 3/L. 34 和 Add. 1 和 2（1980年），《正式记录》第十四卷，第 185、187 页。

第二五一条 一般准则和方针

各国应通过主管国际组织设法促进一般准则和方针的制定，以协助各国确定海洋科学研究的性质和影响。

资料来源

1. A/CONF. 62/WP. 8/Part III（非正式单一协商案文，1975 年），第二部分第 18 条第 2 款，《正式记录》第四卷，第 171、178 页（第三委员会主席）。

2. A/CONF. 62/WP. 8/Rev. 1/Part III（订正的单一协商案文，1976 年），第 62 条，《正式记录》第五卷，第 173、182 页（第三委员会主席）。

3. A/CONF. 62/WP. 10（非正式综合协商案文，1977 年），第 252 条，《正式记录》第八卷，第 1、43 页。

4. A/CONF. 62/WP. 10/Rev. 1（非正式综合协商案文第一次修订稿，1979 年，油印本），第 251 条。转载于《第三次联合国海洋法会议文件集》第一卷，第 375、482 页。

5. A/CONF. 62/WP. 10/Rev. 2（非正式综合协商案文第二次修订稿，1980 年，油印本），第 251 条。转载于《第三次联合国海洋法会议文件集》第二卷，第 3、111 页。

6. A/CONF. 62/WP. 10/Rev. 3*（非正式综合协商案文第三次修订稿，1980 年，油印本），第 251 条。转载于《第三次联合国海洋法会议文件集》第二卷，第 179、288 页。

7. A/CONF. 62/L. 78（1981 年《公约草案》），第 251 条，《正式记录》第十五卷，第 172、215 页。

起草委员会

8. A/CONF. 62/L. 67/Add. 11（1980 年，油印本），第 72 页。

9. A/CONF. 62/L. 72（1980 年），《正式记录》第十五卷，第 151 页（起草委员会主席）。

非正式文件

10. EEC（1976 年，油印本），第 18 条，转载于《第三次联合国海洋法会议文件集》第十卷，第67~68页。

11. 厄瓜多尔（1976年，油印本），第62条。转载于《第三次联合国海洋法会议文件集》第十一卷，第74~75页。

评　　注

251.1. 第二五一条产生自第二四六条，体现并促进了对与专属经济区和大陆自然资源勘探开发具有直接意义的海洋科学研究和所有其他海洋科学研究的基本区别的适用。确定某项研究计划对于专属经济区和大陆架自然资源的勘探和开发是否具有直接意义，将影响沿海国是否可以酌情拒绝同意进行该项目。确定"直接意义"也将影响如果允许沿海国同意，可能适用于项目进行的条件。因此，有必要建立广泛接受的标准和准则来作出区分。

251.2. 这项规定是在第三期会议（1975年）上的非正式协商中产生的，并首次出现在非正式单一协商案文/第三部分（资料来源1）。该案文载有规定在专属经济区和大陆架上进行海洋科学研究的两个截然不同的沿海国同意制度——一个涉及基础研究，另一个涉及与资源有关的研究。该案文在第十八条第2款中进行了区别，其中规定：

> 2. 各国应通过主管国际组织设法促进制定与勘探和开发生物与非生物资源直接相关的研究和与勘探和开发这种资源不直接相关的基础研究之间不同的准则和方针。

继第三期会议后，非正式法律专家小组审议了非正式单一协商案文关于海洋科学研究的规定，着眼于推荐可能的修改，"有利于在有争议或不明确的问题上达成共同立场"。该小组编写的初步非正式文件载有一项试图澄清非正式单一协商案文/第三部分第18条第2款的条文，规定：

> 各国应努力通过主管国际组织促进制定*区分生物和非生物资源的勘探和开发的科学研究与其他科学研究*的标准和方针［斜体为原文所加］①。

非正式法律专家小组在第四期会议（1976年）开始时对该草案进行了一般性修改。该案文在第18条（其代替了非正式单一协商案文第18条第2款）中规定：

---

① 海洋科学研究：折中方案的建议（1976年1月，油印本），第15条（非正式法律专家组）。转载于《第三次联合国海洋法会议文件集》第十一卷，第516、519页。

各国应设法通过主管国际组织促进一般标准和方针的制定，以协助各国确定海洋科学研究的性质和影响[斜体为原文所加] ②。

251. 3. 在第四期会议期间（1976 年），在非正式会议上进行了协商。与非正式法律专家小组第二稿类似的规定被列入欧洲经济共同体提交的非正式修订案文（资料来源 10），但提到了确定研究计划的"性质和目的"。

在订正的单一协商案文第三部分中（资料来源 2），由非正式法律专家小组拟定的修订案文被逐字通过，成为第六十二条。此后未进行任何更改，订正的单一协商案文草案与最终文本相同。该条款在非正式综合协商案文（资料来源 3）中获得了现在的标题。

251. 4. 第二五一条并没有直接规定一般准则和方针；相反，它要求各国通过主管国际组织促进其制定。这些准则和方针旨在"协助各国"确定海洋科学研究的性质和影响，就《公约》而言，这些并不是强制性的。没有迹象显示哪个组织在这个问题上是"主管的"，但政府间海洋学委员会在执行"第二五一条"方面发挥主导作用。③

---

② 同上（1976 年 3 月，油印本），第 18 条，同上，第 544、551 页。

③ 在这方面，海委会的目的是促进科学调查，以通过其成员的协调行动更多地了解海洋的性质和资源，并寻求与有关国际组织的合作——已经建立与海洋科学研究的各个方面的合作安排，其中包括联合国粮农组织、国际水文组织、国际原子能机构、国际海洋考察理事会（ICES）和科学海洋研究委员会（（SCOR），国际科联的一部分）。有关这些和其他安排的细节，请参见《海委会手册》：第一部分——章程和其他正式文本（1989 年 3 月，修订版），第 19-35 页（联合国教科文组织文件 IOC/INF－785）。另见 1987 年联合国教科文组织大会通过的《政府间海洋学委员会章程》修正案，第 24C/133 号，转载于 1985 年至 1987 年的《海洋事务年度回顾》第二期，第 913 页。

第二五二条　默示同意

各国或各主管国际组织可于依据第二四八条的规定向沿海国提供必要的情报之日起六个月后，开始进行海洋科学研究计划，除非沿海国在收到含有此项情报的通知后四个月内通知进行研究的国家或组织：

(a) 该国已根据第二四六条的规定拒绝同意；

(b) 该国或主管国际组织提出的关于计划的性质和目标的情报与明显事实不符；

(c) 该国要求有关第二四八条和第二四九条规定的条件和情报的补充情报；或

(d) 关于该国或该组织以前进行的海洋科学研究计划，在第二四九条规定的条件方面，还有尚未履行的义务。

资料来源

1. A/AC. 138/SC. III/L. 50（1973 年，油印本），第 2 款（意大利）。

2. A/CONF. 62/C. 3/L. 29（1975 年），第 7 条第 5 款（b）项，《正式记录》第四卷，第 216~217 页（哥伦比亚、萨尔瓦多、墨西哥和尼日利亚）。

3. A/CONF. 62/C. 3/L. 31（1975 年），附件，A 节（加拿大），第 2 款，《正式记录》第四卷，第 220~221 页（第三委员会，非正式会议）。

4. A/CONF. 62/WP. 8/Part III（非正式单一协商案文，1975 年），第二部分，第 22 条，《正式记录》第四卷，第 171、178 页（第三委员会主席）。

5. A/CONF. 62/WP. 8/Rev. 1/Part III（订正的单一协商案文，1976 年），第 64 条，《正式记录》第五卷，第 173、182 页（第三委员会主席）。

6. A/CONF. 62/WP. 10（非正式综合协商案文，1977 年），第 253 条，《正式记录》第八卷，第 1、43 页。

7. A/CONF. 62/WP. 10/Rev. 1（非正式综合协商案文第一次修订稿，1979 年，油印本），第 252 条。转载于《第三次联合国海洋法会议文件集》第一卷，第 375、482 页。

8. A/CONF. 62/WP. 10/Rev. 2（非正式综合协商案文第二次修订稿，1980 年，油印本），第 252 条。转载于《第三次联合国海洋法会议文件集》第二卷，第 3、111 页。

9. A/CONF. 62/WP. 10/Rev. 3*（非正式综合协商案文第三次修订稿，1980 年，油印本），第 252 条。转载于《第三次联合国海洋法会议文件集》第二卷，第 179、

288 页。

10. A/CONF. 62/L. 78（1981 年《公约草案》），第 252 条，《正式记录》第十五卷，第 172、215 页。

起草委员会

11. A/CONF. 62/L. 67/Add. 11（1981 年，油印本），第 73~84 页。

12. A/CONF. 62/L. 67/Add. 14（1981 年，油印本），第 27~28 页。

13. A/CONF. 62/L. 72（1981 年），《正式记录》第十五卷，第 151 页（起草委员会主席）。

14. A/CONF. 62/L. 152/Add. 25（1982 年，油印本），第 40 页。

15. A/CONF. 62/L. 160（1982 年），《正式记录》第十七卷，第 225 页（起草委员会主席）。

非正式文件

16. C. 3/3rd Session/CRP/Sc. Res. /10（1975 年，油印本），第 2 款（第三委员会，非正式会议）。转载于《第三次联合国海洋法会议文件集》第十一卷，第 355 页。

17. EEC（1976 年，油印本），第 5 条第 3 款。转载于《第三次联合国海洋法会议文件集》第十一卷，第 40~41 页。

18. EEC（1976 年，油印本），第 22 条。转载于《第三次联合国海洋法会议文件集》第十一卷，第 67、69 页。

19. 澳大利亚（1976 年，油印本），第 19 条第 1 款。转载于《第三次联合国海洋法会议文件集》第十一卷，第 72 页。

20. 挪威（［1976 年］，油印本），第 19 条。转载于《第三次联合国海洋法会议文件集》第十一卷，第 28 页。

21. 厄瓜多尔（1976 年，油印本），第 64 条。转载于《第三次联合国海洋法会议文件集》第十一卷，第 74~75 页。

22. 特立尼达和多巴柯（1976 年，油印本），第 64 条。转载于《第三次联合国海洋法会议文件集》第十一卷，第 77 页。

23. 特立尼达和多巴柯、厄瓜多尔、日本、索马里和西班牙（1976 年，油印本），第六十四条。转载于《第三次联合国海洋法会议文件集》第十一卷，第 80 页。

24. 澳大利亚（1976 年，油印本），第 64 条。转载于《第三次联合国海洋法会议文件集》第十一卷，第 90~91 页。

25. 美国（1977 年，油印本），第 64 条（b）~（d）项。转载于《第三次联合国海洋法会议文件集》第十一卷，第 99 页。

26. 巴西（1977 年，油印本），第 64 条。转载于《第三次联合国海洋法会议文件集》第十一卷，第103~104页。

27. 苏联（1977年，油印本），第64条。转载于《第三次联合国海洋法会议文件集》第十一卷，第104页。

28. 厄瓜多尔（1977年，油印本），第64条。转载于《第三次联合国海洋法会议文件集》第十一卷，第105页。

29. 法国（1977年，油印本），第64条。转载于《第三次联合国海洋法会议文件集》第十一卷，第106页。

评　注

252.1. 第二五二条建立了由沿海国对拟议的海洋科学研究计划默示同意的制度，减弱了第二四六条所建立的同意制度（见上文第246.17（b）段）。与该条一样，同样的规定既适用于专属经济区也适用于大陆架；但是在第二四九条中，这些术语主要用于其地理或描述性意义上。第二四七条确立了海洋科学研究计划推定的沿海国授权制度，由沿海国所在的国际组织直接或由其主持。相比之下，第二五二条规定，沿海国根据本条规定的条件同意将对其他国家和主管国际组织均有意义，除非沿海国援引（a）~（d）项中其中一项，在这种情况下不能默示同意。

252.2. 一旦解决了沿海国同意的问题，默示同意方面并没有引起很大的争议。在1973年提交给海底委员会第三委员会的提案中，有一个完全假定一项需要沿海国同意的科学研究被沿海国同意批准的情况的提案。意大利提出，"关于领海以外的海洋科学研究，如果在提出要求之后的……个月内没有答复，则应推定为沿海国同意（资料来源1）。

252.3. 在第二期会议（1974年）期间提交的任何案文中都没有纳入关于这个问题的新提案的内容。

在第三期会议上（1975年），非正式会议准备的会议室文件涉及将海洋科学研究计划从"国际区域"扩展到沿海国经济区的问题（资料来源16）。该文件表明，沿海国可以反对，但是

[a] 未接到反对的提议国将假设同意，并将打算在进入经济区进行研究计划之前通知沿海国。

虽然这个建议只针对"在经济区水域"进行研究，单独的规定涉及大陆架研究，但并没有提及默示同意。

由4个国家提交的（资料来源2）关于基本性质的研究的来文的一系列条款草案包括以下规定：

（b）如果沿海国在确认收到研究国的初步通知后的 120 天内没有作出答复，研究国或主管国际组织应根据〔第二四九条内的〕条件继续进行研究。

意大利支持这一规定，但肯尼亚、印度和索马里反对，理由是沿海国没有答复应被视为拒绝同意拟议的研究。①

由加拿大提出的一项提案（资料来源 3）重复了前一次会议室文件中的案文，但再次只提到研究国希望将现有研究计划从国际区域扩大到经济区的情况。大陆架又分开处理。

通过这些协商，第三委员会主席在非正式单一协商案文/第三部分中纳入了以下条文（资料来源 4）：

当研究具有基础研究性质时，沿海国可以在通知……日内表示关于参与研究计划的意图……如果沿海国不答复，研究国或国际组织应按照第十六条〔现为第二四九条〕所述的条件，继续实施研究计划。

第三期会议后，非正式法律专家小组对关于海洋科学研究的非正式单一协商案文进行了审议，并提出了以下措辞：

研究国或主管国际组织可以在第十六条〔第二四九条〕规定的期限届满时进行研究计划，如果沿海国在收到第十五条〔第二四八条〕所规定的通知过去 120 天之后没有通知研究国或主管国际组织

（a）在第十四条〔第二四六条〕规定需要同意的情况下拒绝其同意，或

（b）表示它考虑所要求的同意，或

（c）要求补充资料，以更准确地确定研究计划的性质和目标。②

在案文中，根据沿海国的通知来文，建立了对研究计划不会暗示同意的条件。

252. 4. 在第四期会议上（1976 年），提出了一些非正式提案，有的是基于非正式单一协商案文（资料来源 17），有的是非正式法律小组的提案（资料来源 18 至资料来源 20）。挪威提议插入新的（c）项（前一个（c）项成为（d）项）（资料来源 20），

---

① 见在第三委员会第 24 次会议（1975 年）上意大利的发言，第 11 段，《正式记录》第四卷，第 112 页；肯尼亚的发言，第 20 段；同上，第 113 页；印度的发言，第 29 段，同上；以及索马里的发言，第 33 段，同上，第 113 页。

② 海洋科学研究（1976 年 3 月，油印本），第 19 条（非正式法律专家组）。转载于《第三次联合国海洋法会议文件集》第十一卷，第 544、551 页。

内容如下：

  （c）说明根据第 15 条就研究计划的性质或目标传达的信息不准确［。］

  这一一般原则后来反映在订正的单一协商案文关于默示同意的条款（b）项。

  通过这些建议和非正式协商，第三委员会主席在订正的单一协商案文第三部分（资料来源 5）中列入了以下修订条文，作为第 64 条：

  各国或主管国际组织可以在自根据本公约本部分第 52 条［现为第二四八条］所要求的信息到达沿海国之日起 4 个月届满之后进行研究计划，除非在收到包含这种信息的通知的两个月，沿海国已经通知进行研究的国家或组织：

  （a）根据本公约本部分第 60 条第 2 款（a）项拒不同意［现为第二四六条第 5 款（a）项］；

  （b）关于研究计划的性质或目标提供的资料不准确，不符合对显而易见的事实的说明；

  （c）要求提供与确定研究计划的性质和目标相关的补充资料。

  在案文中，采用了不同的方法来区别在经济区和大陆架上进行基础研究和资源型研究。所有研究都须经沿海国的同意，但在某些具体情况下可以拒绝这种同意，包括提议的研究计划在自然资源的勘探和开采方面有重大影响的情况。这消除了以资源为导向的研究与基础研究或纯研究之间的区别；除资源型研究以外的所有科学研究都一视同仁。

252. 5. 在第五期会议上（1976 年），提交了几项非正式提案（资料来源 21 至资料来源 24），但第三委员会主席报告说，没有足够的时间对第 64 条进行实质性的讨论。他接着又说：

  似乎可以普遍接受在第 64 条第 1 款（a）项中删除提及第六十条第 2 款（a）项的提法的意见。这样，这个默认同意的制度将涵盖所有需要沿海国同意的情况。但是，有些代表团认为，由于第 64 条的规定不符合事先明示同意的概念，所以应删除第 64 条。③

252. 6. 在第六期会议上（1977 年），非正式会议继续进行协商，并提出了进一步

---

③ 见 A/CONF. 62/L. 18，第 38 段，《正式记录》第六卷，第 139、143 页。另见主席在第三委员会第 29 次会议上的发言（1976 年），第 14 段，同上，第 91 页。

的非正式提案（资料来源 25 至资料来源 29）。其中一些主要提案是起草文字上修改的提案（资料来源 27 和资料来源 29）。巴西和厄瓜多尔都建议该条全部删除（资料来源 26 和资料来源 28）。另一方面，美国（资料来源 25）提出如下改写：

第 64 条（c）

增加一个新的（c）项，如下："证据证明根据第五十九条研究国对沿海国负有尚未履行的义务"。

第 64 条（d）

现在的（c）项将成为（d）项，重新规定如下："请求与研究计划的性质和目标有关的补充资料。在收到要求信息 30 天到期后，研究国或主管国际组织可以进行该计划，除非沿海国根据（a）项或（b）项和（c）项拒绝其同意。

经进一步非正式协商后，案文的新版本已纳入非正式综合协商案文（资料来源 6），内容如下：

第 253 条，默示同意

各国或各主管国际组织可于依据本公约本部分第 52 条［现为第二四八条］的规定向沿海国提供必要的情报之日起 6 个月后，开始进行海洋科学研究计划，除非沿海国在收到含有此项情报的通知后 4 个月内通知进行研究的国家或组织：

（a）根据第二四七条的规定，不予同意；或

（b）该国或主管国际组织就研究计划目标的性质提供的情报不符合明显的事实；或

（c）要求有关第二四九条和第二五〇条规定的条件和情报的补充情报；或

（d）关于该国家或组织进行的以前的研究计划，在第二五〇条所规定的条件方面，存在着尚未履行的义务。

在开始的段落中，与订正的单一协商案文相比，延期了两个月。（a）项、（b）项及（c）项已大幅修订，而加入（d）项后，则与非正式综合协商案文第二四七条［现为第二四六条］相类似（见上文 246.12 段）。在（b）项中，删除了"不准确"一词，使该条款更加笼统，但为沿岸国会议提供了要达到的更高标准。会议主席在他的非正式综合协商案文备忘录中写道：

根据第 253 条［现为第二五二条］，如果沿海国在指定的时间内没有回复同意进行项目的请求，就可以开始海洋科学研究计划。这种默示同意的概念旨在平衡沿海国在其经济区或大陆架上进行海洋科学研究计划的管理或授权的权力。④

252. 7. 在第八期会议上（1979 年），美国提出的非正式提案，除其他外，讨论了其关于第二五○条第 1 款（d）项［现为第二四九条第 1 款（d）项］的提案，对"尚未履行的义务"一词作了解释，并表示"指的是没有及时努力开始和完成诚意履行义务"。⑤这涉及第二四六条第 5 款（d）项和第二五二条（d）项（见上文第 246.14 段）。非正式综合协商案文第一次修订稿（资料来源 7）随后逐一重复了非正式综合协商案文的文字。

252. 8. 在第九期会议上（1980 年），在进一步非正式协商后，非正式综合协商案文件第二次修订稿（资料来源 8）重复了非正式综合协商案文第一次修订稿的第 222 条。根据第三委员会商定和随后由起草委员会第九期会议续会上（1980 年）提出的建议，非正式综合协商案文第三次修订稿（资料来源 9）对起草文字略微作了修改。⑥这些提案主要涉及根据起草委员会的统稿建议（见第一卷，第 138 页），采用现有起草委员会的在"第二五二条"的范围内适"海洋科学研究"一词的建议。后来又根据起草委员会的建议（资料来源 11 至资料来源 15）对案文纳入了一些修改。

252. 9(a). 根据第二五二条，一个国家或主管国际组织可以在沿海国提供情报后 6 个月内在沿海国的专属经济区或其大陆架上进行海洋科学研究计划。但是，如果沿海国在收到该情报后的 4 个月内通知研究机构，（a）它已经根据第二四六条拒绝了其同意；（b）研究机构根据第二四八条提供的资料不符合有关研究的明显事实；（c）它需要补充第二四八条和第二四九条规定的资料有关的补充资料；或（d）关于第二四九条所规定的条件，就该研究机构进行的以前的海洋科学研究计划而言，存在着尚未履行的义务；则不能默示同意。《公约》中该条的英文、法文和俄文版本中重复使用"或"一词似乎强调，沿海国可援引任何一种备选办法。

因此，第二五二条维护研究国和国际组织的利益，只要与承认沿海国对专属经济区和大陆架的权利一致。

---

④ 见 A/CONF. 62/WP. 10/Add. l（1977 年），海洋科学研究，《正式记录》第八卷，第 65、69-70 页。

⑤ 见 MSR/2/Rev. 1（1979 年，油印本），第 250 条，第 1 款（d）项和说明（美国）。转载于《第三次联合国海洋法会议文件集》第十卷，第 386-387 页。

⑥ 见第 A/CONF. 62/C. 3/L. 34 和 Add. 1 和 2（1980 年），附件，第 252 条，《正式记录》第十四卷，第 185、187 页（第三委员会主席）；和 A/CONF. 62/L. 63/Rev. 1（1980 年），附件，A 节，第 252 条，同上。第 139、142 页（起草委员会）。

如果沿海国根据"第二四六条"拒不同意，将导致第二六四条、第二六五条和第二九七条第 2 款的适用。本条的默示同意条款不得在那些情况下操作，而且根据第二六五条，在争议解决之前，需要沿海国明确同意开展或继续进行研究活动。

252.9(b). （a）项是不言自明的。

252.9(c). （b）项允许沿海国就根据第二四六条提供的资料是否符合"明显的事实"形成自己的意见。

252.9(d). （c）项是关于这一条款的协商中最难的部分。它为沿海国通过没完没了的和令人困惑的要求补充资料开辟了道路。对提出这样的要求没有时间限制。然而，属于第十五部分范围的关于诚意和滥用权利的条款第三〇〇条的规定可能会抵消（c）项的开放性。

252.9(e). （d）项的提出相对比较晚（在第六期会议上（1977 年），见上文第 252.6 段），如果该国或该组织以前进行的海洋科学研究计划在第二四九条规定的条件方面还有尚未履行的义务，则允许沿海国拒绝同意。

252.9(f). 尽管它有一些明确的标题，第二四九条允许沿海国和研究国或国际组织之间的广泛协议，在许多情况下，研究机构的义务将来自这些协商（见上文第 249.12（a）和 249.12（j））。第二四九条在行使这些义务时，使用"当切实可行时"、"切实可行"、"初步报告"、"研究完成后"、"立即"，"一旦研究完成"等都具有模糊的时间上的适用。另一方面，第二五二条规定了不同的行动时间框架，（d）项就"尚未履行的义务"使用现在时（"存在"）。这些时间框架的总体措词明确地可以引起争端，在这种情况下，将适用第二六四条、第二六五条和第二九七条第 2 款。令人怀疑的是，所有这些都是沿海国"斟酌决定权"的内容，因为该条款适用于第二九七条第 2 款（关于时间段的计算，参见上文第 247.7（f））。

第二五三条 海洋科学研究活动的暂停或停止

1. 沿海国应有权要求暂停在其专属经济区内或大陆架上正在进行的任何海洋科学研究活动，如果：

（a）研究活动的进行不按照根据第二四八条的规定提出的，且经沿海国作为同意的基础的情报；或

（b）进行研究活动的国家或主管国际组织未遵守第二四九条关于沿海国对该海洋科学研究计划的权利的规定。

2. 任何不遵守第二四八条规定的情形，如果等于将研究计划或研究活动作重大改动，沿海国应有权要求停止任何海洋科学研究活动。

3. 如果第1款所设想的任何情况在合理期间内仍未得到纠正，沿海国也可要求停止海洋科学研究活动。

4. 沿海国发出其命令暂停或停止海洋科学研究活动的决定的通知后，获准进行这种活动的国家或主管国际组织应即终止这一通知所指的活动。

5. 一旦进行研究的国家或主管国际组织遵行第二四八条和第二四九条所要求的条件，沿海国应即撤销根据第1款发出的暂停命令，海洋科学研究活动也应获准继续进行。

资料来源

1. A/AC. 138/SC. II/L. 28，第68条，转载于1973年《海底委员会报告》，第35、57页（马耳他）。

2. A/CONF. 62/C. 3/L. 13（1974年），项目2（b），第3款，《正式记录》第三卷，第254页（哥伦比亚（七十七国集团））。

3. A/CONF. 62/C. 3/L. 17（1974年），第二部分，备选案文A，项目（b），第3款。《正式记录》第三卷，第263～264页（第三委员会，非正式会议）。

4. A/CONF. 62/C. 3/L. 13/Rev. 2（1975年），项目2（b），第3款，《正式记录》第四卷，第199～200页（伊拉克（七十七国集团））。

5. A/CONF. 62/C. 3/L. 29（1975年）（哥伦比亚、萨尔瓦多、墨西哥和尼日利亚），第7条第10款，《正式记录》第四卷，第216、218页。

6. A/CONF. 62/WP. 8/Rev. 1/Part III（订正的单一协商案文，1976年），第65条，

《正式记录》第五卷，第 173、182 页。

7. A／CONF. 62／WP. 10（非正式综合协商案文，1977 年），第 254 条，《正式记录》第八卷，第 1、43 页。

8. A／CONF. 62／RCNG／2（1978 年），第三委员会主席的报告（C. 3／Rep. 1），美国提案（MSR／2），第 254 条，《正式记录》第十卷，第 126、173、190、194 页。

9. A／CONF. 62／WP. 10／Rev. 1（非正式综合协商案文第一次修订稿，1979 年，油印本），第 253 条。转载于《第三次联合国海洋法会议文件集》第一卷，第 375、483 页。

10. A／CONF. 62／L. 41（1979 年），第 8 段和附件，第 253 条，《正式记录》第十二卷，第 94～95 页（第三委员会主席）。

11. A／CONF. 62／C. 3／L. 33（1979 年），第 8 段，第 253 条，《正式记录》第十二卷，第 114～115 页（第三委员会主席）。

12. A／CONF. 62／L. 50（1980 年），第 4 段和附件，第 253 条，《正式记录》第三卷，第 80 页（第三委员会主席）。

13. A／CONF. 62／WP. 10／Rev. 2（非正式综合协商案文第二次修订稿，1980 年，油印本），第 253 条。转载于《第三次联合国海洋法会议文件集》第二卷，第 3、111 页。

14. A／CONF. 62／WP. 10／Rev. 3*（非正式综合协商案文第三次修订稿，1980 年，油印本），第 253 条。转载于《第三次联合国海洋法会议文件集》第二卷，第 179、288 页。

15. A／CONF. 62／L. 78（1981 年《公约草案》），第 253 条，《正式记录》第十五卷，第 172、215 页。

起草委员会

16. A／CONF. 62／L. 67／Add. 11（1981 年，油印本），第 85～99 页。

17. A／CONF. 62／L. 72（1981 年），《正式记录》第十五卷，第 151 页（起草委员会主席）。

18. A／CONF. 62／L. 152／Add. 25（1982 年，油印本），第 41 页。

19. A／CONF. 62／L. 160（1982 年），《正式记录》第十七卷，第 225 页（起草委员会主席）。

非正式文件

20. 挪威（［1976 年］，油印本），第 20 条。转载于《第三次联合国海洋法会议文件集》第十一卷，第 28 页。

21. 厄瓜多尔（1976 年，油印本），第 65 条。转载于《第三次联合国海洋法会议文件集》第十一卷，第 74～75 页。

22. Proposals on article 65（1976 年，油印本），西班牙和厄瓜多尔关于第 65 条的提案。转载于《第三次联合国海洋法会议文件集》第十一卷，第 80~81 页。

23. 澳大利亚（1976 年，油印本），第 65 条。转载于《第三次联合国海洋法会议文件集》第十一卷，第 90~91 页。

24. 美国（1977 年，油印本），第 65 条。转载于《第三次联合国海洋法会议文件集》第十一卷，第 99~100 页。

25. 美国（1978 年，油印本），第 254 条。转载于《第三次联合国海洋法会议文件集》第十一卷，第 117 页 [下文资料来源 26 的初步版本]。

26. MSR/2（1978 年，油印本），第 254 条和说明（美国）。转载于《第三次联合国海洋法会议文件集》第十卷，第 360~361、363 页。

27. MSR/2/Rev. 1（1979 年，油印本），第 254 条（美国）。转载于《第三次联合国海洋法会议文件集》第十卷，第 386、388 页。

28. MSR/7（1980 年，油印本），第 253 条（非正式会议主席）。转载于《第三次联合国海洋法会议文件集》第十一卷，第 395 页。

29. MSM/8（1980 年，油印本）第 253 条（非正式会议主席）。转载于《第三次联合国海洋法会议文件集》第十一卷，第 395~398 页。

30，MSR/9（1980 年，油印本），第 253 条（非正式会议主席）。转载于《第三次联合国海洋法会议文件集》第十一卷，第 400~401 页。

[注：本条应与第二四六条、第二四九条和第二九七条第 2 款（后者在第五卷中）一起解读]。

评　注

253. 1. 第二五三条是对第二四八条和第二四九条的必要补充。它使沿海国能够有效地执行研究国或主管国际组织在科学研究计划进行之前向海岸国家提供资料（第二四八条）并在进行研究时符合所接受的条件（第二四九条）的义务。同时，通过规定暂停研究计划或停止研究计划（暂停项目待恢复开放），该文件阐明了沿海国强制执行措施对有关研究计划的可能影响，允许灵活地应对改变的研究条件。

253. 2. 提交给海底委员会第三委员会的案文没有提及在其专属经济区或大陆架上进行研究可能制裁偏离商定的研究计划或不遵守沿海国强制执行海洋科学研究的条件的问题。但是，马耳他 1973 年提交给海底委员会第二委员会的提案（资料来源 1）包括以下条文：

> 沿海国可要求进行科学研究的不符合国际海洋空间机构通过的或由沿海
> 国颁布的关于进行科学研究的标准和规则的外国船只或航空器离开国家海洋

空间。

随后在会议中第三委员会讨论了不遵守沿海国强加的条件即终止海洋科学研究计划的概念。

253. 3. 在海洋法会议第二期会议上（1974年），哥伦比亚代表七十七国集团提出的海洋科学研究条款草案载有以下条文：

> 沿海国有权监督第1款所指的［专属经济区和大陆架］区域进行的海洋科学研究活动，如果该国认为这些活动未按声称的研究目标或目的进行，或没有遵照这些条款的规定进行，则有权暂停或终止这些活动。

这一条文被纳入了由非正式会议产生的综合备选案文（资料来源3）。

253. 4. 在第三期会议上（1975年），伊拉克代表七十七国集团提出的订正条款草案重复了这一案文，但是一般性地提到"科学研究"，而不是更具体的"海洋科学研究"。

在第三期会议结束时，由4个国家（资料来源5）提交了一套条款草案，区分基础研究和资源相关研究，其中包含以下条文：

> 如果在研究计划期间，沿海国发现研究国或主管国际组织没有遵守第三条［现为第二四〇条］的原则或第七条［现为第二四八条和第二四九条］的条件，沿海国应在6个月内向适当的联合国机构提交有关这一事项的所有有关资料，以便提出意见。
>
> 在意见证实沿海国裁定的情况下，该国有权立即暂停或终止研究计划。

这项条文与七十七国集团的条文不同，规定"适当的联合国机构"在研究计划的任何暂停或终止可能发生之前，确认没有满足所说的进行研究的原则或指定的条件。这些原则和条件在提案第3条和第7条中有详细规定，相当于《公约》第二四〇条、第二四八条和第二四九条。

尽管有这些不同的提案，但非正式单一协商案文没有规定暂停或停止研究计划。然而，在第三期会议之后，非正式法律专家小组审查了非正式单一协商案文关于海洋科学研究的规定，其编写的文本包括一篇关于停止研究计划的新条款，内容如下：

> 在不遵守第16条和第17条的规定的情况下，如果不能在合理的时间内保证得到遵守，则沿海国有权要求停止任何有关的研究计划，并除其他外要求违约方在沿海国专属经济区或大陆架内的任何后续研究计划开始之前履行任

何尚未履行的义务。①

该小组继续审查海洋科学研究规定，并于第四期会议（1976 年）初期准备了以下关于停止研究的修正提案：

> 沿海国有权要求在与研究计划有关的经济区或大陆架内停止正在进行的任何研究活动，如果：
> （a）研究国或主管国际组织不遵守第 15 条和第 16 条的规定，且不得在合理时间内保证得到遵守，或
> （b）如果显示根据第十五条提出的表明研究计划的性质和目标是不需要同意的通知来文不准确。
> 沿海国同样有权要求在沿海国经济区或大陆架内的违约方在任何后续研究计划开始之前履行任何未履行的义务。②

253. 5. 在第四期会议上（1976 年），除了挪威的提案之外（资料来源 20），对这一规定的讨论很少，其中提出了对非正式小组案文的一些起草文字上的修改。

经过非正式讨论，非正式小组案文的修订版本被纳入订正的单一协商案文第三部分（资料来源 6）的第 65 条，内容如下：

> 1. 沿海国应有权要求暂停在其专属经济区内或大陆架上正在进行的任何海洋科学研究活动，如果：
> （a）进行大型科学研究的国家或主管国际组织没有严格遵守本公约本部分第五十八条的规定，不能在合理时间内确保遵守；
> （b）根据第五十八条……向沿海国通知关于研究计划的性质和目标的资料显示不准确。
> 2. 沿海国对在其经济区内或大陆架的任何后续研究计划开始之前，也可能要求违约方履行本公约本部分第五十九条所述任何未履行的义务。

订正的单一协商案文第三部分第 58 条规定了申请人提交的提议的研究计划的详细资料，但未提及进行研究的条件。然而，根据第 65 条第 2 款，沿海国可以在研究国或国际组织开展任何后续研究计划之前要求履行此类条件。因此，根据订正的单一协商

---

① 海洋科学研究：折衷建议（1976 年 1 月，油印本），第 18 条（非正式法律专家小组）。转载于《第三次联合国海洋法会议文件集》第十一卷，第 516、521 页。

② 同上（1976 年 3 月，油印本），第 20 条，同上，第 544、552 页。

案文，沿海国有权以资料不足为由终止研究计划，但如果研究国或国际组织未能达到为早期的研究计划制定的条件，就只能组织后续计划的进行。

253. 6. 在第五期会议上（1976年），协商继续在非正式会议进行，又提交了几项非正式提案（资料来源21至资料来源23）。厄瓜多尔（资料来源21）提出了新的第1款（c）项，规定如果"研究活动的行为不遵守或违反沿海国的法律和规章，以任何方式影响其利益"，沿海国可以要求停止研究计划。西班牙和厄瓜多尔提出起草修订草案（资料来源22），其中包括将第1款（b）项延伸到适用于根据第58条和第59条所通知的信息［第二四八条和第二四九条］。澳大利亚还提出了一些起草文字上的修改（资料来源20），但更重要的是在其提案中不包括第2款。

253. 7. 在第六期会议上（1977年），再次在非正式会议中进行协商。美国提出了几项起草文字上的变更，包括删除第2款。其对该提案的解释是，要求的实质将在第64条（c）项［现为第二五二条（d）项］找到。布伦南小组也提出起草文字上的变更，包括增加第1款（b）项"明显与事实不符"的规定（订正的单一协商案文第三部分第64条（b）项［现为第二五二条（b）项］。③

经过这些协商，本条款的修订版本纳入了非正式综合协商案文（资料来源7），内容如下：

第254条 停止研究活动

1. 沿海国有权要求在其专属经济区内或其大陆架上停止正在进行的任何研究活动，如果：

（a）研究计划不按照第249条［现为第二四八条］规定的关于计划的性质、目标、方法、手段或地理区域的原始通知沿海国的情报进行；或

（b）进行研究计划的国家或主管国际组织没有遵守关于沿海国对该计划的权利的第250条［现为第二四九条］的规定，并不能保证在合理的时间内遵守。

该案文允许沿海国以不符合所提供资料为理由或由于未能在合理的时间内遵守条件而终止项目。

253. 8. 在第七期会议续会上（1978年），美国提交了一项非正式提案（资料来源8、资料来源25和资料来源26），通过修改第二五四条的介绍性条款，规定暂停而不是停止研究计划，该条内容为：

---

③ 布伦南小组（Brennan Group）（1977年，油印本），第65条。转载于《第三次联合国海洋法会议文件集》第十一卷，第101、103页。有关该小组的进一步解释，见注⑱。又见上文246. 10段。

沿海国有权要求在合理的时间内无法通过其他方式确保遵守的暂停在其专属经济区内进行的任何研究活动［斜体为原文所加］。

此外，该草案建议从（b）项中删除"和在合理期限内不能保证"。在提出的修正案附带的解释性说明中，有人指出，由于条款的功能是为了确保遵守，所以"暂停"是一个比"停止"更准确的术语（资料来源8，第194页）。

253.9. 在第八期会议上（1979年），美国对第1款（a）项提出了另一项非正式修正案（资料来源27），以实施这一想法。它提出沿海国有权暂停没有按照第二四九条提供资料［关于计划的性质、目标、方法、手段或地理区域］进行的，沿岸国的同意和依从性在合理的时间内没有保证的研究活动。

此外，提出了新的第2款，内容如下：

沿海国可以要求停止研究活动，如果在暂停执行后的合理时间内没有遵守第1款所规定的条件，但须依照第十五部分第2节提起的任何诉讼进行。

因此，暂停和停止的概念将按程度联系起来。

然而，在非正式综合协商案文第三次修订稿中逐字重复了非正式综合协商案文的条文，并重新编号为第二五三条。

253.10. 在第八期会议续会上（1979年），折衷方案开始出现，第三委员会主席报告说，它得到相当程度的支持，因此为达成共识提供了一个合理的前景（资料来源10和资料来源11）。④ 他表示，根据美国的建议（资料来源26和资料来源27），将第253条的标题修改为"研究活动的暂停或停止"，并将美国在上一期会议上提出的两条建议纳入（见上文第253.9段）。

253.11. 在第九期会议和第九期会议续会上（1980年），继续关于第253条的非正式协商，非正式会议主席分发了一系列"主席提案"（资料来源28、资料来源29和资料来源30）。主席的第一项建议（资料来源28）内容如下：

第 253 条

暂停或停止研究活动

1. 沿海国应有权要求暂停在其专属经济区内或大陆架上正在进行的任何研究活动，如果：

（a）研究活动的进行不按照根据第248条的规定提出的，且经沿海国作为同意的基础的情报；或

---

④ 另见第三委员会第41次会议（1979年），第4段，《正式记录》第十二卷，第37页。

（b）进行研究活动的国家或主管国际组织未遵守第二四九条关于沿海国对该计划的权利的规定而又不能在合理的时间内保证遵守。

2. 沿海国可以要求停止研究活动，如果根据第二六四条因第 1 款规定的任何条件未能遵守可能提起的任何诉讼程序。

3. 沿海国通知其援引暂停或停止的决定后，被授权进行研究活动的国家或主管国际组织将终止这种通知所指的研究活动。

在这一提案中，美国提出的（a）项中将"而又不能在合理的时间内保证遵守"一段话列入第 1 款（b）项（后来从第 1 款插入第 3 款）。在第 2 款中，沿海国要求暂停一项研究活动的权利，这项研究活动在美国的提案中将与第十五部分的争端解决条款有关，现在与第二六四条有关。这样做的结果是区分不符合向沿海国提供的信息的研究活动（沿海国已经同意该项目的研究活动），以及不符合该研究活动获得批准的条件。在主席的提案中，第 3 款是新的。

但是，这一建议并没有得到普遍接受，协商仍在继续。它们导致了在非正式会议上主席的订正提案（资料来源 29），内容如下：

第 253 条
暂停或停止研究活动

1. 沿海国应有权要求暂停在其专属经济区内或大陆架上正在进行的任何研究活动，如果：

（a）研究活动的进行不按照根据第 248 条的规定提出，且经沿海国作为同意的基础的情报；或

（b）进行研究活动的国家或主管国际组织未遵守第 249 条关于沿海国对该研究计划的权利的规定。

2. 任何不遵守第 248 条规定的情形，如果等于将研究计划或研究活动作重大改动，沿海国应有权要求停止任何研究活动。

3. 如果本条第 1 款所设想的任何情况在合理的时间内没有得到纠正，沿海国也可要求停止研究活动，但不妨碍根据本公约第 264 条可能提起的任何诉讼程序。

4. 一旦进行研究的国家或主管国际组织遵行第 248 条和第 249 条所要求的条件，根据第 1 款发出的暂停命令应立即撤销，研究活动也应获准继续进行。

本案文的主要创新是在新的第 2 款引入了"研究项目的重大变化"的概念（与 1974 年引入的第二四九条的"重大变化"呼应，见上文第 249.3 段）；进一步明确了

研究活动暂停与停止之间的区别；并增加了关于取消暂停令的第 4 款，从而强调沿海国的首选或第一反应应该是暂停 —— 这本身就是暂时的 —— 而不是停止研究活动。

这个提案也没有得到足够的普遍接受。进一步的协商导致了非正式会议主席提出的以下修正（资料来源 30）：

第 253 条
研究活动的暂停或停止

1. 沿海国应有权要求暂停在其专属经济区内或大陆架上正在进行的任何研究活动，如果：

（a）研究活动的进行不按照根据第 248 条的规定提出，且经沿海国作为同意的基础的情报；或

（b）进行研究活动的国家或主管国际组织未遵守第 249 条关于沿海国对该研究计划的权利的规定。

2. 任何不遵守第 248 条规定的情形，如果等于将研究计划或研究活动作重大改动，沿海国应有权要求停止任何研究活动。

3. 如果第 1 款所设想的任何情况在合理期间内仍未得到纠正，沿海国也可要求停止研究活动，但不妨碍根据本公约第 264 条提起的任何诉讼程序。

4. 沿海国发出其命令暂停或停止研究活动的决定的通知后，获准进行这种活动的国家或主管国际组织应即终止这一通知所指的活动。

5. 一旦进行研究的国家或主管国际组织遵行第 248 条和第 249 条所要求的条件，沿海国应即撤销根据第 1 款发出的暂停命令，研究活动也应获准继续进行。

本案文的主要变更是将主席的初步案文的第 3 款恢复作为第 4 款（资料来源 28）。

这种折衷是普遍可以接受的，但是在其向全体会议提交的报告中，第三委员会主席对第三款作了轻微的改动，省略了"但不妨碍根据本公约第二六四条提起的任何诉讼程序"（资料来源 12）。这对应于同时通过的重新制定的第二六四条，省略了有关争端解决程序的所有细节（见下文第 264.8 段）。在这种情况下，这不能被视为实质的变化。

253.12. 于是第二五三条的这个案文被引入非正式综合协商案文第二次修订稿（资料来源 13），除起草委员会所采用的文体外（资料来源第 16 至资料来源 19），仍都保持不变。

253.13（a）. 第二五三条第 1 款承认沿海国要求暂停研究活动的权利有两个理由：（i）该活动不是按照研究国或国际组织根据第二四八条所通知的信息进行的；或（ii）进行研究活动的研究国或国际组织不符合第二四九条规定的条件。第 1 款（a）项的措

辞的重点是根据第二四八条向沿海国通知的信息进行研究活动的方式，源于美国的非正式提案。这似乎意味着整个活动与所通知的信息不一致，并且甚至不允许与最初通信有较小的偏差。这将同时引入"重大变化"概念，作为行使第 2 款要求停止研究计划的权利的理由。然而，沿海国的第一个选择是暂停有怀疑的研究活动。

253.13(b). 第 2 款和第 3 款规定了让沿海国要求停止 —— 即完全停止 —— 研究计划的更高程度的制裁的理由。⑤允许沿海国要求停止的标准包括根据第二四八条（第 2 款）与向沿海国提供的信息的"重大变化"，或作为暂停的理由的情况"在合理期间内仍未得到纠正"（第 3 款）。如果沿海国的决定导致争端，第二六四条和第二六五条将发挥作用。虽然第二五三条不是用"斟酌决定权"的语言而是用"权利"的语言表达的，但是第二九七条第 2 款的限制很可能不适用。

第 2 款的立法历史没有提及"研究计划或研究活动的重大变化"这一表述的意图。然而，这种表述出现的上下文表明"重大变化"与导致沿海国首先同意该项目的因素有关。从第二四六条、第二四八条和第二四九条结合在一起的这种联系可能不是客观上容易建立的。

这里的表述与第二四九条第 1 款（f）项 ——"研究计划的任何重大变化"中使用的表述不同。与上述规定相反（见上文第 249.12（g）段），在第二五三条中，沿海国对"重大变化"的存在进行的首次评价，不是在"研究方案"中，而是在"研究计划或研究活动"中。

253.13(c). 关于第 3 款，对"在合理的时间内"表述的解释由有关沿海国自行决定。它具有模糊的时间适用，与第二四九条中的陈述类似，但与第二五二条相反（见上文第 252.9（f）段）。

253.13(d). 第 4 款涉及研究机构对沿海国通知"命令暂停或停止"的反应。第 4 款的规定要求研究机构在"Following"（之后）沿海国的通知，"终止"受到怀疑的研究活动（虽然不一定是整个项目），估计是意味着收到沿海国的相关通知后（见第二五〇条）。虽然动词"terminate"（终止）可能适用于第二阶段的停止，但其强制的内涵不适用于暂停研究活动的初级阶段，因为在事件性质中，"suspension"（暂停）意味着暂停的理由消除后恢复。因此，关于第 1 款，这个词必须被视为"discontinue"（停止）。

在这方面，第二五三条没有明确说明暂停或停止开始的时间，因此适用于合理和诚意的一般概念（参见第三〇〇条）。第 4 款不一定适用于整个研究项目——不合规的情况可能是部分的。

253.13(e). 第 5 款仅适用于根据第 1 款所述的暂停的情况，规定一旦符合第二四八条和第二四九条规定的条件，就取消暂停令，恢复研究活动。显然没有可能恢

---

⑤　在本条的标题及其整个协商过程中，"暂停"都先于"停止"。

复已经被停止命令停止的研究活动；在这种情况下，将需要一个新的研究计划，对此，将需要适用第十三部分的正常程序。新引入的第 5 款（见上文第 253.11 段）与第 3 款相辅相成，如果在"合理的时间内"没有纠正暂停研究活动的理由，暂停命令可以由停止命令所代替。

253.13(F). 第二五三条的立法历史说明了从偏袒沿海国到一条更加平衡文本的稳步转变。在第九期会议的全体辩论中，对第二五三条所表述的折衷表示普遍满意，虽然受到多个代表团的批评。⑥它不仅作为在第十三部分和第三委员会的范围内折衷的一部分，而且在更广泛的《公约》整体演变的背景下作为折衷的一部分与其他有关海洋科学研究的提案一并被接受。在第九期会议续会结束时达成的主要结论只列出了一些悬而未决的核心问题，主要是与第十一部分和第三〇五条有关的核心问题，1980 年对达成的折衷决定几乎没有提出质疑，免得整"包"打开重来。

---

⑥ 参见例如在第 126 次全体会议（1980 年）上中国的发言。第 151 段（"第二五三条削弱了沿海国的地位而有利于研究国"），《正式记录》第十三卷，第 21 页；在第 127 次全体会议上希腊的发言，第 24 段（该条款"应进一步阐述"），同上，第 26 页。在第 128 次全体会议上索马里的发言，第 44 段（第二五三条"削弱了沿海国终止一项被认定违反同意的条件的研究计划的合法权利"），同上，第 35 页；乌拉圭的发言，第 54 段，同上，第 36 页；埃及的发言，第 66 段（没有区别专属经济区和专属经济区以外的或在扩展的大陆架的研究，"减损了……使沿海国能够保护其国家利益的自行决定的条件"），同上，第 37 页；以及危地马拉的发言，第 134 段，同上，第 42 页。

第二五四条　邻近的内陆国和地理不利国的权利

1. 已向沿海国提出一项计划，准备进行第二四六条第 3 款所指的海洋科学研究的国家和主管国际组织，应将提议的研究计划通知邻近的内陆国和地理不利国，并应将此事通知沿海国。

2. 在有关的沿海国按照第二四六条和本公约的其他有关规定对该提议的海洋科学研究计划给予同意后，进行这一计划的国家和主管国际组织，经邻近的内陆国和地理不利国请求，适当时应向它们提供第二四八条和第二四九条第 1 款（f）项所列的有关情报。

3. 以上所指的邻近的内陆国的地理不利国，如提出请求，应获得机会按照有关的沿海国和进行此项海洋科学研究的国家或主管国际组织依本公约的规定而议定的适用于提议的海洋科学研究计划的条件，通过由其任命的并且不为该沿海国反对的合格专家在实际可行时参加该计划。

4. 第 1 款所指的国家和主管国际组织，经上述内陆国和地理不利国的请求，应向它们提供第二四九条第 1 款（d）项规定的有关情报和协助，但须受第二四九条第 2 款的限制。

资料来源

1. A／CONF.62／C.3／L.17（1974 年），第二部分，备选案文 C，第三节，第 2 款和第 3 款，《正式记录》第三卷，第 263～264 页（第三委员会，非正式会议）。

2. A／CONF.62／C.3／L.19（1974 年），第 6 条第 2 款和第 3 款，《正式记录》第三卷，第 266～267 页（奥地利、比利时、玻利维亚、博茨瓦纳、丹麦、德意志联邦共和国、老挝、莱索托、利比里亚、卢森堡、尼泊尔、荷兰、巴拉圭、新加坡、乌干达、上沃尔特和赞比亚）。

3. A／CONF.62／C.3／L.26（1975 年），第 7 条，《正式记录》第三卷，第 213～214 页（保加利亚、白俄罗斯苏维埃社会主义共和国、捷克斯洛伐克、德意志民主共和国、匈牙利、蒙古、波兰、乌克兰苏维埃社会主义共和国和苏联）。

4. A／CONF.62／C.3／L.28（1975 年），第一节，第 2 款（a）项，《正式记录》第四卷，第 216 页（荷兰（内陆国／地理不利国））。

5. A／CONF.62／WP.8／Part III（非正式单一协商案文，1975 年），第二部分，第 23

条，《正式记录》第三卷，第 171、178 页。

6. A/CONF. 62/WP. 8/Rev. 1/Part III（订正的单一协商案文，1976 年），第 66 条，《正式记录》第五卷，第 173、181 页（第三委员会主席）。

7. A/CONF. 62/WP. 10（非正式综合协商案文，1977 年），第 255 条，《正式记录》第八卷，第 1、43 页。

8. A/CONF. 62/WP. 10/Rev. 1（非正式综合协商案文第一次修订稿，1979 年，油印本），第 254 条。转载于《第三次联合国海洋法会议文件集》第一卷，第 375、483 页。

9. A/CONF. 62/L. 50（1980 年），第 4 段，第 254 条，《正式记录》第十三卷，第 80 页（第三委员会主席）。

10. A/CONF. 62/WP. 10/Rev. 2（非正式综合协商案文第二次修订稿，1980 年，油印本），第 254 条。转载于《第三次联合国海洋法会议文件集》第二卷，第 3、112 页。

11. A/CONF. 62/WP. 10/Rev. 3*（非正式综合协商案文第三次修订稿，1980 年，油印本），第 254 条。转载于《第三次联合国海洋法会议文件集》第二卷，第 179、289 页。

12. A/CONF. 62/L. 78（1981 年《公约草案》），第 254 条，《正式记录》第十五卷，第 172、216 页。

起草委员会

13. A/CONF. 62/L. 67/Add. 11（1981 年，油印本），第 101~113 页。

14. A/CONF. 62/L. 67/Add. 11/Corr. 2（1981 年，油印本），第 2~3 页。

15. A/CONF. 62/L. 67/Add. 14（1981 年，油印本），第 28~29 页。

16. A/CONF. 62/L. 72（1981 年），《正式记录》第十五卷，第 151 页（起草委员会主席）。

17. A/CONF. 62/L. 152/Add. 25（1982 年，油印本），第 42 页。

18. A/CONF. 62/L. 160（1982 年），《正式记录》第十七卷，第 225 页（起草委员会主席）。

非正式文件

19. LL/GDS（1974 年，油印本），第 5 条和脚注。转载于《第三次联合国海洋法会议文件集》第十一卷，第 9 页。

20. CRP/Sc. Res. /39（1974 年，油印本），项目 3，第 2 段（第三委员会，非正式会议）。转载于《第三次联合国海洋法会议文件集》第十卷，第 322、324 页［见上文资料来源 1］。

21. CRP/Sc. Res. /41（1974 年，油印本），项目 3，第 2 段（第三委员会，非正式

会议）。转载于《第三次联合国海洋法会议文件集》第十卷，第 328、333 页［见上文资料来源 1］

22. Draft Article［s］on Marine Scientific Research（1975 年，油印本），第 7 条（匿名）。转载于《第三次联合国海洋法会议文件集》第十一卷，第 10、12 页。

23. LL／GDS（1975 年，油印本），第 6 条第 2 款。转载于《第三次联合国海洋法会议文件集》第十一卷，第 21 页。

24. LL／GDS（1976 年，油印本），第 23 条。转载于《第三次联合国海洋法会议文件集》第十一卷，第 58 页。

25. EEC（1976 年，油印本），第 23 条。转载于《第三次联合国海洋法会议文件集》第十一卷，第 67、70 页

26. MSR／5（1979 年，油印本），第 254 条（秘鲁）。转载于《第三次联合国海洋法会议文件集》第十卷，第 391 页。

27. MSR／8／Add. 1（1980 年，油印本）（非正式会议主席）。转载于《第三次联合国海洋法会议文件集》第十卷，第 399 页。

28. MSR／9（1980 年，油印本），第 254 条（非正式会议主席）。转载于《第三次联合国海洋法会议文件集》第十卷，第 400~401 页。

29. MSR／9／Add. 1（1980 年，油印本）（非正式会议主席）。转载于《第三次联合国海洋法会议文件集》第十卷，第 403 页。

评 注

254. 1. 第二五四条规定，内陆国和地理不利国应被通知并有机会参加专属经济区和邻近沿海国大陆架上进行的海洋科学研究计划。另外，内陆国和地理不利国应根据其关于研究计划的第二四八条和第二四九条的要求，提供给沿海国相同信息。

在《公约》第五部分中，内陆国和地理不利国有权参加同一次区域或区域沿海国专属经济区任何盈余的资源开发，但须视情况而定。但是，这些权利是分别给予两个国家集团的（第 69~70 条）。另外，根据第八十七条，公海自由包括科学研究的自由对所有国家都一视同仁，无论是沿海国还是内陆国。此外，第一二五条第 1 款规定了内陆国为了行使与公海自由和人类共同继承财产有关的权利而进出海洋的权利。

254. 2. 虽然海底委员会没有讨论邻近内陆国和地理不利国进行海洋科学研究权利的具体适用，但对内陆国/地理不利国的一般权利进行了这种研究。根据第三工作组提出的建议，一般原则规定："所有国家，不论其地理位置如何……都有权进行海洋科学

研究"①(此一般原则后来纳入了第二三八条)。

254.3. 在海洋法会议第二期会议上（1974年），提出了关于"邻近的内陆国和其他地理不利国的合法利益和权利"的提案，作为非正式会议商定的案文的一部分（资料来源1；另见资料来源20和资料来源21）。同时，相同的案文已被列入由17个内陆国和地理不利国提出的一套条款草案（资料来源2）。该规定如下：

> 2. 在［沿海国享有一定资源权益的领海以外的地区］进行科学研究的国家和适当的国际组织应适当考虑到本地区邻近的内陆国和其他地理不利国的合法利益和权利，并应将拟议的研究计划通知这些国家，应其要求提供上述第1款（b）项、（c）项和（f）项［第二四八条和第二四九条第1款（d）项和（f）项］规定的相关信息和协助。如果研究机构允许的话，这些邻近的内陆国和其他地理不利国应在其请求下提供参与提议的研究计划的机会。
>
> 3. 从事海洋科学研究的国家和适当的国际组织应确保研究成果公布，并将这些出版物的副本直接提供给沿海国以及邻近的内陆国和其他地理不利国。

该提案构成了第二五四条的基础。

内陆国/地理不利国家集团（资料来源19）的非正式提案一般都规定了内陆国和其他地理不利国有权在"与沿海国相同的基础上进行海洋科学研究"。此外，有关国家行使这项权利的"公平安排"也是如此。该文件还指出，"其他地理不利国"的确切范围仍有待确定。此外，它表示"'邻近的沿海国'的表述"不仅指相邻的国家，而且还包括合理接近该区域的位于内陆或其他地理上不利的国家。

254.4. 在1975年的第三期会议上（1975年），两项提案载有内陆国/地理不利国家集团起草的对初始案文的重大修改。9个社会主义国家提交的关于第7条的一系列条款草案（资料来源3）遵循了内陆国/地理不利国家集团案文文本第2段的格局。但将该条文的两句话分成了不同段落。

内陆国和其他地理不利国的利益

在第4条第2款和第6条所述领域进行海洋科学研究的国家和主管国际组织应适当顾及在本公约中界定的与研究领域相邻的内陆国和其他地理不利国的合法利益和权利，通知他们提议的研究，并应他们的请求，提供第6条第3款（a）项、第3款（b）项和第3款（e）项规定的协助和情报。

在研究设施允许的情况下，这些国家应有机会在第6条第3款（c）项规

---

① 见 A/AC.138/SC.Ⅲ/L.53，附件（WG.3 Paper No.5，备选案文 A，第1段），转载于1973年《海底委员会报告》第101、103页（第三委员会主席）。

定的条件下参加研究。

在第一句话中，原来的"本地区邻近内陆国和其他地理不利国"一句被"与研究领域邻近的内陆国和其他地理不利国"所取代。另一处不同的是还强调了适当顾及内陆国和地理不利国的权利和义务。在早期的内陆国/地理不利国案文中，这被视为明确的义务（"……应适当顾及……并应通知……并提供……"）（见上文第254.3段），但在社会主义国家的案文中，义务表述的比较一般（"……应适当考虑……通知他们并提供……"）。内陆国/地理不利国案文的最后一句被重新起草为一个单独的段落，另加了"在第6条第3款（c）项规定的条件下"，即在这种条件下，直接参与或间接参与在船上进行研究的费用将由进行研究的国家承担，但对参与国科学家（现为第二四九条第1款（a）项）没有任何报酬。本文中没有提及研究成果的出版。

内陆国/地理不利国家集团随后提出了其对第2款的修正文本（资料来源2；见上文第254.3段）。这项修正案是由内陆国/地理不利国家集团海洋科学研究工作组在豪兰主持下草拟的（资料来源4和资料来源23），明显受到社会主义国家提案的影响。内容为：

1. 将第2款改为：

2（a）在上文第1款所述区域进行海洋科学研究的国家和适当的国际组织应顾及该地区邻近研究区的内陆和其他地理不利国的利益和权利，并按照上述第1款（b）、（c）和（f）项的规定将提议的研究计划通知这些国家，并按要求提供有关情报和协助。

（b）这些邻近的内陆和其他地理上不利的国家应在其请求下通过由他们任命的合格专家有机会参加提议的研究计划。

在（a）项中的提法"与研究区域邻近的该地区的内陆国和其他地理不利国"将以前提出的两个方案综合结合在了一起。在（b）项中，"在可行的情况下"替换了"在研究设施允许的情况下"一句，作为参与研究计划的权利的条件。此外，草案规定"由内陆国/地理不利国"指定的合格专家参加，但没有提及费用或报酬的分配。

254.5. 七十七国集团在第二期（1974年）和第三期会议期间（1975年）审议了发展中内陆和地理不利国参与的问题。[②]然而，所提出的条款草案设想在沿海国考虑要求进行海洋科学研究时对这些国家给予优惠待遇制度，既没有反映在非正式单一协商

---

② 见 A/CONF. 62/C. 3/L. 13（1974年），项目2（b），第4段，《正式记录》第三卷，第254页（哥伦比亚（七十七国集团））；和 A/CONF. 62/C. 3/L. 13/Rev. 2（1975年），项目2（b），第4段，《正式记录》第四卷，第199页（伊拉克（七十七国集团））。

案文/第三部分中（资料来源 5），也没有反映在第三委员会任何后续案文中。在第三期会议上提交的两份案文也是如此，其中将在一般原则标题下列入具体要求，即在进行海洋科学研究中应考虑到内陆国和地理不利国的利益和权利。③

非正式单一协商案文/第三部分（资料来源 5）第 23 条因此是涉及内陆国和地理不利国海洋科学研究的唯一的条款。该条款以经修订的"内陆国/地理不利国"（资料来源 4）为基础，规定：

> 1. 在沿海国经济区进行海洋科学研究的国家和国际组织应顾及在本公约中规定的与研究区域邻近的该地区内陆国和其他地理不利国的利益和权利，并应将提议的研究计划通知这些国家，应他们的请求提供相关情报和协助。
> 2. 这些邻近的内陆国和其他地理不利国应在其请求下有机会通过由他们任命的合格专家参加提议的研究计划。

与内陆国/地理不利国案文的唯一重大偏离是用"经济区"一词替代了早先社会主义国家文件中提及的"沿海国领海以外……对资源享有一定权利"的区域（资料来源 3），其包括了在经济区和大陆架上都有明确的界定。

第三期会议后，非正式法律专家小组讨论了非正式单一协商案文关于海洋科学研究的规定。在第四期会议开始时，它编写了一份载有非正式单一协商案文第 23 条第 1 款的修正案的文件，内容如下：

> 在沿海国经济区或大陆架进行海洋科学研究的国家和主管国际组织应顾及本公约规定的邻近内陆和其他地理不利国的利益和权利［斜体为原文所加］。④

该案文提出了"邻近的内陆国和地理不利国"的简要提法，代替了较为繁琐的"……该地区邻近研究区的国家"，符合第 2 款的提法。也扩大了本文的适用范围，包括大陆架和经济区。本文中删除了非正式单一协商案文中该条款的附加条件。

254. 6. 在第四期会议上（1976 年），非正式单一协商案文/第三部分的非正式协商导致修订了第 1 款，该款被纳入订正的单一协商案文第三部分第 66 条（资料来源 6），内容为：

---

③ 见资料来源 3；见 A/CONF. 62/C. 3/L. 29（1975 年），第 4 条，《正式记录》第四卷，第 216-217 页（哥伦比亚、萨尔瓦多、墨西哥和尼日利亚）。

④ 海洋科学研究（1976 年 3 月，油印本），第 23 条（非正式法律专家组）。转载于《第三次联合国海洋法会议文件集》第 544、554 页。该小组之前的草案同上（1976 年 1 月，油印本），第 516、523 页。

1. 在沿海国经济区或大陆架进行大型科学研究的国家和主管国际组织应顾及按照本规定公约邻近内陆国和其他地理不利国的利益和权利，并应将提议的研究计划通知这些国家，并应其要求提供本公约本部分第五十八条和第五十九条（d）项和（f）项规定的相关情报和协助。

本文在实质上大部分重复了非正式单一协商案文，但也反映了非正式法律专家小组提出的第 1 款的变化。非正式单一协商案文逐字重复了订正的单一协商案文第 2 款。

254. 7. 在第五期（1976 年）和第六期会议上（1977 年），协商集中在专属经济区和大陆架上进行海洋科学研究的制度的问题。特别是，它们侧重于沿海国与研究国和组织的权利之间的平衡。⑤第三委员会主席报告说，第三委员会在第五期会议期间只收到了一项提出修正订正的单一协商案文第三部分第六十六条提案。⑥然而，西班牙代表团报告说，西班牙也提出了对第六十六条的修正案，该修正案要求从本条两段中删除对地理不利国的提法。⑦

非正式综合协商案文（资料来源 7）除了交叉参照的正常重编号，遵循了订正的单一协商案文第三部分的措辞。然而，会议主席在一份附带的备忘录中指出，"出现在案文的各项不同规定中使用的'地理不利国'这一短语，取决于会议就这一术语作出定义的决定。"⑧

254. 8. 在第七期会议上（1978 年），一些国家建议，非正式综合协商案文中的条文应予修改或删除。⑨特别是西班牙和巴西的代表指出，非正式综合协商案文第 255 条

---

⑤ 见 A/CONF. 62/L. 18（1976 年），第 26 段，《正式记录》第四卷，第 139、141 页（第三委员会主席）；和第三委员会第 34 次会议（1977 年），《正式记录》第七卷，第 41 页。

⑥ A/CONF. 62/L. 18，前注⑤，第 29 段。

⑦ 第三委员会第 29 次会议（1976 年），第 36 段，《正式记录》第六卷，第 94 页。

⑧ A/CONF. 62/WP. 10/Add. 1（1977 年），第 8 段《正式记录》第八卷，第 65-66 页（大会主席）。

⑨ 见在第三委员会第 37 次会议（1978 年）上巴西的发言，第 30 段，《正式记录》第九卷，第 154 页；西班牙在该会上的发言，第 48 段，同上，第 155 页；苏联的发言，第 52 页，同上，第 156 页；南斯拉夫的发言，第 72 段，同上，第 157 页；在第 38 次会议（1978 年）上巴基斯坦的发言，第 74 段，同上，第 164 页；阿根廷的发言，第 82 段，同上；在第 40 次会议（1978 年）上西班牙的发言，第 28 段，《正式记录》第十一卷，第 71 页；秘鲁的发言，第 50 段，同上，第 72 页。

与第 70 条（由第二委员会审议）不同，并且必须为两个案文找到一个平行的方案。⑩虽然第 255 条提到"其他地理不利国"，但非正式综合协商案文（后来成为《公约》第七十条）提到

> 位于一个区域或次区域的发展中的沿海国，其地理特征使这些国家特别依赖于开发在邻国及发展中沿海国专属经济区内的生物资源，以供应足够的鱼类来满足其人民的营养需求的沿海国，以及不能主张有自己的专属经济区的沿海国。

254. 9. 在第八期会议上（1979 年），西班牙代表团关于删除"内陆国和其他地理位置不利国"的提法的建议引起了辩论，⑪ 最终在秘鲁代表发言之后，他的代表团

> 赞同西班牙代表……的评论意见，因为委员会从未对"地理不利国"的确切定义达成过共识，沿海国集团一直反对这一术语。此外，在文中没有提到有必要在沿海国就参与该条所述国家参与研究的问题进行磋商。因此，在会议记录中应该指出对第 255 条缺乏一致意见。他的代表团将提出不会影响实质内容的修正案，但将通过具体规定所有感兴趣的国家之间真正合作的程序，特别是将在其专属经济区进行研究的沿海国补充案文。⑫

由于在海洋法会议第七期和第八期会议上没有关于本条的任何书面提案，只对非正式综合协商案文进行了微小的修改，包括提及"专属"经济区以及对相互参照的必要调整。在非正式综合协商案文第一次修订稿中（资料来源 8），重新编号作为第 254 条，

第 254 条
邻国内陆和地域不利国家的权利

1. 在沿海国的专属经济区或大陆架上进行科学研究的国家和主管国际组

---

⑩　第三委员会第 37 次会议（1978 年），第 48 段，《正式记录》第九卷，第 155 页。起草委员会随后审议了同一个问题，并在海洋法会议第八期会议续会（1979 年）和第十期会议（1981 年）之间发表的报告中建议起草委员会主席与其他主席协商统一"具有特殊地理特征的国家"和"地理不利国"使用的问题。起草委员会主席的有关报告是 A/CONF. 62/L. 40（1979 年）第三节，《正式记录》第十二卷，第 95 页；A/CONF. 62/L. 56（1980 年），附件 C，第 1 段，《正式记录》第十三卷，第 94、96 页；A/CONF. 62/L. 57/Rev. 1（1980 年），《已延期的议题》，《正式记录》第十四卷，第 114、128 页；和 A/CONF. 62/L. 63/Rev.1（1980 年），附件一，第三节，同上，第 139 页。

⑪　第三委员会第 40 次会议（1979 年），第 28 段，《正式记录》第十一卷，第 71 页。

⑫　同上。第 50 段。

织，应顾及在本公约中规定的邻近内陆国和其他地理不利国的利益和权利，并应将提议的研究计划通知这些国家，应其要求提供第248条和第249条第1款（d）项和（f）项规定的相关情报和协助。

2. 这些邻近的内陆国和其他地理不利国应，应其请求，有机会通过由他们自己任命的合格专家在可行的情况下参加提议的研究计划。

254. 10. 在第八期会议续会上（1979年），秘鲁提交了一系列非正式修订（资料来源265），其中包括对第254条的三项修正。它提出标题应该是"内陆国和其他国家的参与"。更重要的是，建议修改第1款，以使内陆国/地理不利国的利益和权利应考虑与"各沿海国协商"。此外，根据"非正式综合协商案文第一次修订稿"第2款的规定，秘鲁提议增加一条最终条款，"按照与各沿海国商定的条件。"第三委员会主席在其关于委员会工作的报告中列入了仍在等待"邻近内陆国和地理不利国的权利"的实质性问题清单。⑬在其向第三委员会提交的初步报告⑭和他随后向全体会议提交的报告中，⑮第三委员会主席指出："最后一刻，提交了［秘鲁］提出的一项新提案，关于邻近内陆国和地理不利国的权利的第254条所载的规定。"然而，对该提案没有采取任何行动。

254. 11. 在第九期会议上（1980年），在进一步的非正式磋商和谈判过程中，非正式会议主席提交了第254条的一系列提案修正案。第一个提案（资料来源27）显然是从非正式综合协商案文第一次修订稿中提出的：

邻近的内陆国和地理不利国的权利*

1. 打算在沿海国的专属经济区或大陆架进行海洋科学研究的国家和主管国际组织应将提议的研究计划通知邻近的内陆国和地理不利国。经有关沿海国对此类提议的研究计划同意后，按照本公约第二四六条及其他有关规定，进行海洋科学研究的国家或主管国际机构应当向邻国提供按照第二四八条和第二四九条第1款（f）项的规定要求提供的有关资料。上述国家或主管的国际组织应向沿海国通报向内陆和地理位置不利的国家提供的情报。

2. 第1款所述的邻近的内陆国和地理不利，应其请求，根据本公约规定，在可行的情况下，并根据共同商定的研究项目的条件，向其提供通过合格的专家参加拟议的经有关的沿海国与进行海洋科学研究的国家或主管国际

⑬　A/CONF. 62/C. 3/L. 33（1979年），第5段，《正式记录》第十二卷，第114页。另见第三委员会第41次会议（1979年），第2段，同上，第37页。

⑭　A/CONF. 62/C. 3/L. 33，见前注⑬。

⑮　A/CONF. 62/L. 41（1979年），第4段，《正式记录》第十二卷，第94页。

组织商定的研究计划的机会。相应地，国家或主管国际组织应将此类参与通知相应的沿海国。

3. 本条第（1）款提及的国家和主管国际组织应按照第249条第1款（d）项规定的要求，向上述内陆国和地理不利国提供第249条第2款的规定的情报。

*海洋法会议应统一"地理不利国"和"具有特殊地理特征的国家"（用于第70条）的提法。

非正式综合协商案文第一次修订稿第1款的实质内容在主席提案的第1款和第3款中处理了。除了重新组织案文外，还引入了一些影响到邻近内陆国和地理不利国的权利范围的新条件，进行研究的国家和国际组织也承担了额外的义务。主席提出的变化可归纳如下：

（i）案文的标题增加了一条脚注，指出需要统一第254条和第70条的用语。[16]

（ii）在第1款的第一句中，所有对邻近国家"考虑到利益和权利"的一般义务的提法均被省略了。

（iii）在第1款第二句中，邻国有权收到关于提议的研究计划（第248条所述）的详细资料，以及关于研究计划任何重大变化的信息（第249条第1款（f）项规定，只有在沿海国同意进行提议的研究计划后才能提供这种资料）。

（iv）第1款的最后一句赋予了研究国和主管国际组织新的义务，向沿海国通报向邻近国家提供的资料。

（v）在第2款中增加了一项条件，说明沿海国与研究国或主管国际组织之间的约定，邻近国家的参与将受制于研究计划的条件。

（vi）第2款还提出了研究国或主管国际组织的新义务，邻近国家要将参加通知沿海国。

（vii）提供研究成果和协助其解释或评价（按照第249条第1款（d）项的规定）的提法从第1段中删除，并作为单独的第3款重新起草，加上一项新的条件，根据第249条第2款须根据沿海国所规定的任何条件将研究成果披露给沿海国。

254.12. 在关于海洋科学研究进一步非正式协商（资料来源28）出现的折衷提案

---

[16] 第七十条的语言已经在非正式综合协商案文第一次修订稿中修改，以便将"具有特殊地理特征的国家"的提法纳入"第254条"拟议案文的脚注中。第70条非正式综合协商案文第一次修订稿其实使用了该条第2款定义的"具有特殊地理特征的国家"，"为了本公约的目的"，为其地理条件使其依赖于发展同一分区域或区域的其他国家专属经济区内的生物资源，以供应足够的鱼类来满足其人民或部分人民的营养需要的沿海国，包括闭海或半闭海沿岸国在内，以及不能主张有自己的专属经济区的沿海国。但是，该定义后来变成了现在的形式（见下文第254.14（b）段），且只限于第五部分使用。见第184次全体会议（1982年），第17段，《正式记录》第十七卷，第5页。

中，主席在第1款中恢复提及"顾及邻近内陆国和地理不利国的权利"的一般义务。然而，经过进一步的协商，提出了一个新的折衷方案（资料来源29），扭转了修正案，并对主席的初步建议的格式和语言进行了进一步的修改（资料来源27）。经过只有小的起草文字上的变化，这个第二个折衷提案被列入了主席给全体会议的报告，作为"提供更好的协商前景"的协调方案，从而提供了一个充分改进的共识的前景（资料来源9）。

非正式综合协商案文第二次修订稿（资料来源10）反映了这些协商，几乎逐字记录了非正式会议主席提出的第254条的重组。非正式综合协商案文第二次修订稿的条款如下：

第 254 条

邻近的内陆国和地理不利国的权利 ＊

1. 已向沿海国提出一项计划，准备进行第246条第3款所指的海洋科学研究的国家和主管国际组织，应将提议的研究计划通知邻近的内陆国和地理不利国。这些国家或主管国际组织应向沿海国通知向内陆和地理不利的国家发出的通知。

2. 在有关的沿海国按照第246条和本公约的其他有关规定对该提议的海洋科学研究计划给予同意后，进行这一计划的国家和主管国际组织，经邻近的内陆国和地理不利国请求，适当时应向它们提供第248条和第249条第1款（f）项所列的有关情报。

3. 以上所指的邻近的内陆国的地理不利国，如提出请求，应获得机会按照有关的沿海国和进行此项海洋科学研究的国家或主管国际组织依本公约的规定而议定的适用于提议的海洋科学研究计划的条件，通过由其任命的并且不为该沿海国反对的合格专家在实际可行时参加该计划。

4. 第1款所指的国家和主管国际组织，经上述内陆国和地理不利国的请求，应向它们提供第249条第1款（d）项规定的有关情报和协助，但须受第249条第2款的限制。

非正式综合协商案文第一次修订稿草案第1款被分为两款，第1款和第2款，随后以下各款重新编号。通过这一重组，"通知沿海国向内陆国和地理不利国提供的情报"的义务仅限于向邻近的国家"通报沿海国此类通知"。在新的第2款中，邻近的内陆国和地理不利国收到项目细节的权利以及关于研究计划任何重大变化的资料都受到限制，在"经……请求"之后加上"适当时"。在第3款中（主席的初步建议第2款），增加了关于参与的额外条件，插入了关于"由他们［邻近的内陆国/地理不利国］任命的合格专家""不为该沿海国反对。"标题中增加了一个脚注（＊），再次表明他认为（在第70条中使用的）"地理不利国"和"具有特殊地理特征的国家"应由会议统一。

254. 13. 没有对第 254 条作出进一步的实质性修改。在第九期会议续会上（1980年），第三委员会主席提出的一些起草变更已转交起草委员会。[⑰]这些修改涉及删除例如"海洋科学研究计划"等繁琐的重复，起草委员会的统稿工作（资料来源 13 至资料来源 18）进一步完善，最后一系列起草文字上的变更已纳入《公约草案》（资料来源12）。[⑱]

奥地利代表团代表内陆国和其他地理不利国在本期会议期间提交了一份书面发言，特别是讨论了有关海洋科学研究的规定。该内容概述"内陆国/地理不利国"的立场，重点介绍第 254 条，内容如下：

> 该条款的立法理由在一定程度上是确定内陆国和地理不利国参与第三国海洋科学研究的利益得到尊重。但是，只有在本条给予沿海国的能力不等于将内陆国和地理不利国排除在海洋科学研究之外的方式行使的情况下，才能实现这一目标。内陆国和地理不利国的利益也涉及其他关于海洋科学研究的条款，即规定各国有义务合作促进和便利海洋科学研究的条款，即第 239条、第 242 条、第 243 条、第 244 条和第 255 条。这些条款对内陆国和地理不利国同样特别重要，因为它们创造了有利条件，使他们能够自己或以更一般的方式与其他国家合作参与和执行海洋科学研究计划，不需要提及第 254 条所体现的参与权。根据这些条款，内陆国和地理不利国也将能够发展自己的研究能力，这不仅仅是为了自己的利益，而且也是为了整个人类的利益。特别是考虑到这一前景，并按照上述规定，内陆国和地理不利国解读协商案文第十三部分。[⑲]

公约草案中所载的这些起草文字上的变化都不涉及第 254 条提请注意需要协调第70 条和第 254 条的措辞的脚注，并将该脚注留待海洋法会议第 182 次大会上表决。秘书处在 1982 年夏季为起草委员会编写的工作文件 1 中删除了该脚注，没有作任何解释。[⑳]（关于第 70 条的后续行动，见本系列丛书第二卷）。

254. 14(a). 第 254 条的发展表明，内陆国和地理不利国的利益与权利与沿海国以及在专属经济区或沿海国大陆架上从事海洋科学研究计划的国家或国际组织的利益和权利之间取得的平衡有明显的转变。第 254 条给邻近的内陆国和地理不利国赋予以下权利：

[⑰] 见 A/CONF. 62/C. 3/L. 34/Add. 1 and 2（1980 年），《正式记录》第十四卷，第 185 页（第三委员会主席）；和 A/CONF. 62/L57/Rev. 1（1980 年），同上，第 114 页（起草委员会主席）。

[⑱] 见 A/CONF. 62/L. 63/Rev. 1（1980 年），附件二，A 部分，《正式记录》第十四卷，第 139、142 页。

[⑲] 见 A/CONF. 62/WS/10（1980 年），《正式记录》第十四卷，第 146–147 页（奥地利）。

[⑳] 转载于《第三次联合国海洋法会议文件集》第三卷，第 1、111 页。

（i）有权收到与沿海国专属经济区或大陆架有关的海洋科学研究计划的通知（第 1 款）；

（ii）有获得有关这些计划的完整描述的权利和有关沿海国批准的研究计划任何重大变化的信息（第 2 款）；

（iii）通过合格专家参与此类计划的权利（第 3 款）；

（iv）收到由这些计划产生的资料的权利，并协助评价或解释此类资料（第 4 款）。

然而，这些权利中的每一项都受到某些资格和条件的限制，这些主要是在第八期会议续会（1979 年）和第九期会议（1980 年）期间大量制定的，并反映了会议承认扩大沿海国与经济区和大陆架排他性权利有关的权利，内陆国/地理不利国的权利减少。向沿海国递交海洋科学研究计划的通知时，必须通知邻近的内陆和地理不利国（第 1 款）；然而，只有在沿海国同意开展计划（第 2 款）之后，邻近国才有权收到研究计划的详细说明和有关变更的信息。沿海国可以反对由任何邻近国指定的专家，有机会参加授权的计划（第 3 款）。最后，邻近国参与的权利以及收到和协助分析研究成果的条件受到有关沿海国与研究国或国际组织之间商定的任何条件的约束（第 3 款和第 4 款）。

254.14(b)． 第 254 条涉及内陆国和地理不利国，无论是发达国家还是发展中国家。它规定了沿海国应行使对这些国家在专属经济区或大陆架上进行海洋科学研究的权利。然而，它仅限于对"邻近的"内陆国或地理不利国。该词在《公约》第十部分（第一二四条至第一三二条）中没有出现。唯一试图定义该词的是在第二期会议（1974 年）制定内陆国/地理不利国时（见上文第 254.3 段）。另一方面，就《公约》而言，第一二四条第 1 款（a）项将"内陆国"的含义称为"没有海岸的国家"。为了第五部分的目的，"地理不利国"的含义出现在第七十条；在海洋科学研究与专属经济区有关的情况下，这个含义可以适用于第二五四条。第七十条第 2 款描述"地理不利国"是

"地理不利国"是指其地理条件使其依赖于发展同一分区域或区域的其他国家专属经济区内的生物资源……，以及不能主张有自己的［专属经济区］的沿海国。

在第 254 条重新定义内陆国和地理不利国利益作为这些国家的权利，代表着这些利益与沿海国和进行海洋科学研究项目的国家或国际组织的权益的平衡。

254.14(c)． 第 254 条第 1 款与第 246 条第 2 款的交叉参照并不直接涉及邻近的内陆国和地理不利国的任何权利。然而，它间接地做到了这一点，即通过对向沿海国提交了一个在其专属经济区或其大陆架进行海洋科学研究的计划的国家和主管国际组织施加义务，将提议的研究计划通知邻近的内陆国和地理不利国。此外，沿海国在向邻近国家发出通知时，应由提交国或国际组织通知沿海国。

254. 14(d). 第 1 款几乎没有引起什么评论意见。在根据第 246 条向沿海国提交海洋科学研究计划的提议之后，并没有提供给邻近的内陆和地理不利国的通知的内容。因此，第 1 款所要求的初始通知可以是一般性质的。

第 2~4 款具体提及第 246 条和第 249 条，要求通报详细资料，第 250 条规定了这些通知的方式。只要这些条款给予沿岸国斟酌决定权——例如，如果在适用第 246 条的情况下出现争议，那么则适用第 297 条第 2 款。在所有其他情况下，本条款的原生性产生的争议将受第 264 条和第 265 条的约束，其规定的执行必须符合第 300 条的规定。

254. 14(e). 如果英文 "内陆国和地理不利国" 有歧义，那么在与《公约》的其他语言版本比较中就会消失。因此，在法文文本中，该条标题为 "*Det des Etats voisins sans littoral et des Etats voisins geographification*"，西班牙文标题为 "*Derechos de los Estados vecinos sin litoral o an situacion geografica desventajosa*"，表明被设想的是两个不同类别的国家。起草委员会在第九期会议续会上指出了这一点。[21]

254. 14(f). 第 3 款规定，邻近的内陆国和地理不利国应有机会根据三项条件参加计划：（i）可行性；（ii）由他们任命的不受沿海国反对的 "合格专家" 参与实施；（iii）符合 "按照本公约的规定"，沿海国和进行研究的国家或组织之间为本计划所规定遵守的条件。立法历史表明，可行性必须根据可利用的研究设施实际参与来确定，并可能受到沿海国预期参与程度的影响。

对 "合格专家" 这一表述没有解释，事情由指定国斟酌决定。然而，附件八第二条规定了由海委会制定和保存用于解释或适用《公约》关于海洋科学研究规定的争议的 "专家名单"。但这并不是说包括在列表中的专家都是为第 254 条的目的是 "合格的专家"。

254. 14(g). 第 4 款规定，研究国或组织必须按照第 249 条第 1 款（d）项规定向邻近的内陆国和地理上不利的国家提供资料和协助。

---

[21] A/CONF. 62/L. 63/Rev. 1（1980 年），附件一，第 3 节，《正式记录》第八卷，第 139、142 页（起草委员会）。

第二五五条　便利海洋科学研究和协助研究船的措施

各国应尽力制定合理的规则、规章和程序，促进和便利在其领海以外按照本公约进行的海洋科学研究，并于适当时在其法律和规章规定的限制下，便利遵守本部分有关规定的海洋科学研究船进入其港口，并促进对这些船只的协助。

资料来源

1. A/AC.138/SC.III/L.18，原则 11，转载于 1972 年《海底委员会报告》第 203、205 页（加拿大）。

2. A/AC.138/SC.III/L.23，原则 4，转载于 1972 年《海底委员会报告》第 206~207 页（保加利亚、乌克兰苏维埃社会主义共和国和苏联）。

3. A/AC.138/SC.III/L.31（1973 年，油印本），第 8 条（保加利亚、波兰、乌克兰苏维埃社会主义共和国和苏联）。

4. A/AC.138/SC.III/L.42（1973 年，油印本），最后编号第 1 款（中国）。

5. A/AC.138/SC.III/L.44（1973 年，油印本），第 6 条（美国）。

6. A/CONF.62/C.3/L.26（1975 年），第 8 条，《正式记录》第四卷，第 213~214 页（保加利亚、白俄罗斯苏维埃社会主义共和国、捷克斯洛伐克、德意志民主共和国、匈牙利、蒙古、波兰、乌克兰苏维埃社会主义共和国和苏联）。

7. A/CONF.62/C.3/L.29（1975 年），第 9 条，《正式记录》第四卷，第 216、218 页（哥伦比亚、萨尔瓦多、墨西哥和尼日利亚）。

8. A/CONF.62/WP.8/Rev.1/Part III（非正式单一协商案文，1975 年），第二部分，第 24 条，《正式记录》第四卷，第 171、178 页。

9. A/CONF.62/WP.8/Rev.1/Part III（订正的单一协商案文，1976 年），第 67 条，《正式记录》第五卷，第 173、182 页（第三委员会主席）。

10. A/CONF.62/WP.10（非正式综合协商案文，1977 年），第 256 条，《正式记录》第八卷，第 1、43 页。

11. A/CONF.62/RCNG/2（1978 年），第三委员会主席的报告（C.3/Rep.l），美国非正式提案（MSR/2），第 256 条和《正式记录》第十卷，第 126、173、191 和 193 页。

12. A/CONF.62/WP.10/Rev.1（非正式综合协商案文第一次修订稿，1979 年，油印本），第 255 条。转载于《第三次联合国海洋法会议文件集》第一卷，第 375、483 页。

13. A/CONF. 62/L. 41（1979 年），第 4~6 款，附件，第 255 条，《正式记录》第十二卷，第 94~95 页（第三委员会主席）。

14. A/CONF. 62/C. 3/L. 33（1979 年），第 7 款和第 8 款，第 255 条，《正式记录》第十二卷，第 114~115 页（第三委员会主席）。

15. A/CONF. 62/L. 50（1980 年），第 4 款和附件，第 255 条，《正式记录》第十三卷，第 80、82 页（第三委员会主席）。

16. A/CONF. 62/WP. 10/Rev. 2（非正式综合协商案文第二次修订稿，1980 年，油印本），第 255 条。转载于《第三次联合国海洋法会议文件集》第二卷，第 3、112 页。

17. A/CONF. 62/WP. 10/Rev. 3*（非正式综合协商案文第三次修订稿，1980 年，油印本），第 255 条。转载于《第三次联合国海洋法会议文件集》第二卷，第 179、289 页。

18. A/CONF. 62/L. 78（1981 年《公约草案》），第 255 条，《正式记录》第十五卷，第 172、216 页。

起草委员会

19. A/CONF. 62/L. 67/Add. 11（1981 年，油印本），第 114~118 页。

20. A/CONF. 62/L. 72（1981 年），《正式记录》第十五卷，第 151 页（起草委员会主席）。

非正式文件

21. Draft Article［s］on Marine Scientific Research（1975 年，油印本），第 8 条（匿名）。转载于《第三次联合国海洋法会议文件集》第十一卷，第 10、13 页。

22. EEC（1976 年，油印本），第 24 条。转载于《第三次联合国海洋法会议文件集》第十一卷，第 67、70 页。

23. 厄瓜多尔（1976 年，油印本），第 67 条。转载于《第三次联合国海洋法会议文件集》第十一卷，第 74、76 页。

24. 美国（1978 年，油印本），第 256 条。转载于《第三次联合国海洋法会议文件集》第十一卷，第 117~118 页［下文资料来源 25 初版］。

25. MSR/2（1978 年，油印本），第 256 条和说明（美国）。转载于《第三次联合国海洋法会议文件集》第十卷，第 360、361、363 页［见上文资料来源 11］。

26. MSR/2/Rev. 1（1979 年，油印本），第 256 条（美国）。转载于《第三次联合国海洋法会议文件集》第十卷，第 386、388 页。

27. MSR/3（1979 年，油印本），第 256 条（苏联）。转载于《第三次联合国海洋法会议文件集》第十卷，第 390 页。

28. MSR/8（1980 年，油印本），第 255 条（非正式会议主席）。转载于《第三次联合国海洋法会议文件集》第十卷，第 395、398 页。

评 注

255. 1. 第 255 条的主题在海底委员会首次讨论，提交给 1972 年和 1973 年第三委员会的各种提案（资料来源 1 至资料来源 5）设想了通过为从事海洋科学研究这项工作的船舶和科学家扩大提供必要的设施的步骤促进海洋科学研究。由 4 个社会主义国家（资料来源 3）提出的一项提案提出了以下条文：

科学研究船舶进入港口和内部海洋水域的简化程序
为了国际合作和为了便利科学研究，各国应采取措施，包括立法，简化
在世界海洋进行科学研究工作的船舶进入其港口和内部海洋水域的程序。

美国（资料来源 5）的一项提案回应了这项提案的一般要求（资料来源 5）。加拿大的提案（资料来源 1）和中国的提案（资料来源 4）更为具体，提出沿海国要便利获得其同意的科学研究计划。

255. 2. 在 1975 年的第三期会议上，一个匿名的国家集团提交的一份非正式文件（资料来源 21）提出了以下条款，题目是"协助研究船只"：

为了国际合作和为了促进海洋科学研究的开展，沿海国应采取措施，包
括立法，简化根据本公约进行科学研究的船舶进入其港口和内部水域的程序。

由 9 个社会主义国家提出的提案（资料来源 6）改写了早期的社会主义国家文件（资料来源 3），但没有增加任何实质性的内容。然而，在第三委员会第 21 次会议上，有几个国家反对这一提案，因为该提案被认为是不必要的，或者是多余的，或是通过对沿海国强加义务侵犯了其主权。[1]

一个四国集团随后提出了对社会主义国家案文的修订版，其中纳入了更为详细的介绍（资料来源 7）。该案文内容为：

进入港口和协助海洋研究船只
根据各国和有关国际组织缔结的双边、区域和多边协定，本着为促进海

---

[1] 见南斯拉夫的发言，第 22 段，《正式记录》第四卷，第 97 页；巴基斯坦的发言，第 25 段，同上；中国的发言，第 30 段，同上，第 98 页；和比利时的发言，第 45 段，同上，第 99 页。

洋科学研究活动开展国际合作的精神，沿海国应采取措施，包括国内立法，便利进入其港口，并向根据本公约的规定进行科学研究的海洋研究船只提供协助。

这个案文像早些时候的案文一样只针对沿海国。

在这些正式和非正式协商之后，非正式单一协商案文/第三部分（资料来源8）第24条基本上纳入了重新起草后的四国提案的案文，内容如下：

沿海国应在双边或区域和其他多边协定的基础上，本着国际合作精神，促进按照本公约进行的海洋科学研究活动，采取措施，包括国内立法，为便利进入其港口提供协助，并为进行此类活动的海洋科学研究船提供协助。

第三期会议后，非正式法律专家小组审议了关于海洋科学研究的规定，并对案文作了缩短修改，内容如下：

沿海国应——为提倡海洋科学研究，便利依照本公约进行的*海洋科学研究活动*[斜体为原文所加]。②

该案文仍然限于沿海国的职责。它也要对沿海国"促进海洋科学研究活动"施加一般义务。

非正式法律专家小组继续进行审查，随后建议删除非正式单一协商案文/第三部分的第24条，理由是已经包含在其他条款里（即指第238条、第242条第1款和第243条)③。

255.3. 在第四期会议上（1976年），非正式会议继续进行协商。欧洲经济共同体提交了一份非正式提案（资料来源22），其中删除了各国"采取措施，包括国内立法，便利进入其港口"的要求。

经过这些协商，在订正的单一协商案文第三部分（资料来源9），采用"国内立法"的文字被删除。否则，就逐字重复了非正式单一协商案文的文字。

255.4. 在第五期会议上（1976年），厄瓜多尔提交了一项提案（资料来源23），其中提出沿海国只有在"沿海国的利益不因此受到损害的情况下"才有可能采取行动。

255.5. 在第六期会议上（1977年），进一步非正式协商后，对非正式综合协商案

---

② 海洋科学研究：折衷建议（1976年1月，油印本），第25条（非正式法律专家小组）。转载于《第三次联合国海洋法会议文件集》第十一卷，第516、523页。

③ 同上（1976年3月，油印本），第24条，同上，第544、554页。

文（资料来源 10）的第 256 条进行了大幅度修改，为：

第 256 条　便利海洋科学研究和协助研究船的措施

为了执行双边或区域和其他多边协定，并本着国际合作精神便利和促进按照本公约开展的海洋科学研究活动，沿海国应制定适用于希望在专属经济区或大陆架上进行研究活动的国家和主管国际组织的合理和统一的适用规则、规章以及行政程序，并应为了相同目的采取措施，便利进入其港口并促进对根据本公约开展此类活动的海洋科学研究船舶的协助。

这个案文将对沿海国强加了"采取合理统一适用的规则、规章和行政程序"的义务，适用于希望在专属经济区或在大陆架上开展研究活动的国家和主管国际组织。

255. 6. 在第七期会议续会上（1978 年），美国对非正式综合协商案文（资料来源 25）提出了一系列修正案，其中包括将第 256 条提案重新修改为：

各国应采取措施，便利进入其港口，并促进对根据本公约从事海洋科学研究的船只的协助。

案文中附有的说明表示，修正案旨在简化和澄清该条。在第三委员会主席的报告中，他表示只对美国的提案作了初步评论，因此，对此的审议结果并不确定，需要进一步讨论（资料来源 11，第 177 页，第 16~17 段）。④

255. 7. 在第八期会议上（1979 年），美国提交了第 256 条（资料来源 26）的修订提案，内容如下：

为了执行双边或区域或其他多边协定并本着国际合作的精神，沿海国应尽力制定合理的规则、规章和程序，促进和便利按照本公约进行的海洋科学研究活动，并方便进入其港口，促进对海洋科学研究船舶的协助。

同时苏联提出（资料来源 27）：

各国应尽力制定合理的规则、规章和程序，促进和便利根据本公约进行的海洋科学研究活动，并在其国家立法的基础上促进进入其港口并促进对海洋科学研究船只的协助。

---

④　例如，见在第三委员会第 39 次会议上（1978 年）巴西的发言。第 13 段，《正式记录》第九卷，第 166 页；索马里的发言，第 22 段，同上，第 167 页。

这个提议像美国早些时候的提案（资料来源22）一般都是向"各国"提出的，不仅仅是向沿海国提出。这些建议都不适用于具体的海洋区域。随后第三委员会主席报告说，关于这些提案的讨论是详尽无遗的，尽管不一定是决定性的。⑤非正式综合协商案文第一次修订稿（资料来源12），其中该条重新编号为第255条，重复了非正式综合协商案文的方案。

255. 8. 在第八期会议续会上（1979年），第三委员会主席报告说，出现了一种折衷方案，它有足够的支持来提供一个合理的共识的前景（资料来源13和资料来源14）。⑥该折衷案文涉及第255条的内容，修改为：

> 各国应尽力制定合理的规则、规章和程序，以促进和便利其领海以外的海洋科学活动，并酌情在其国内法规定的前提下便利进入其港口并促进对符合本部分有关规定的海洋科学研究船舶的协助。

该案文反映了苏联早些时候提出的处理"国家"义务的提议。还引入了其他创新。首先，该条款适用于在沿海国领海以外开展的研究活动。其次根据本条采取的规则、规章和程序，"符合本部分"的有关规定，而不是整个《公约》。

255. 9. 在第九期会议上（1980年），继续进行非正式会议协商。非正式协商导致非正式会议主席提交了他以前的文本（资料来源28）的修正案，内容如下：

> 各国应尽力制定合理的规则、规章和程序，促进和便利在其领海以外按照本公约进行的海洋科学研究，并于适当时在其法律和规章规定的限制下，便利遵守本部分有关规定的海洋科学研究船进入其港口，并促进对这些船只的协助。

该案文的唯一变化是适用于根据本公约进行的研究活动。

第三委员会主席向全体会议报告说，这是一项得到广泛支持的提案，并大大改善了共识的前景（资料来源15）。该案文随后并入非正式综合协商案文第二次修订稿（资料来源16）。

255. 10. 在合并到非正式综合协商案文第三次修订稿（资料来源17）中出现的唯一重大变化是，将"其国内法"改为"其法律和规章"。起草委员会在第九期会议续

---

⑤ 第三委员会第40次会议（1979年），第10段，《正式记录》第十一卷，第70页。
⑥ 另见第三委员会第41次会议（1979年），第3段和第4段，《正式记录》第十二卷，第37页。

会上（1980 年）提出的建议，后来被第三委员会所接受。⑦

255.11. 尽管本条款一般适用于各国，但"在其领海以外"则表示沿海国普遍承担特殊义务，并不限于与特定海洋科学研究计划有关的沿海国。原则上，"领海以外"的含义是模棱两可的，但在目前的情况下，只能意味着领海外部界限之外的海洋。

联合国海洋事务和海洋法办公室在《海洋法公报》（不定期发布）中包括有关这些事项的国家立法的相关资料。此外，该办公室出版的一些出版物还提供了相关国家立法的进一步细节和案文。⑧

---

⑦　见 A/CONF. 62/L. 63/Rev.（1980），"审议中的项目"，第 1 段，同时参见《正式记录》第十四卷，附录 A，第 139、141 页（起草原委会）。

⑧　本出版物（到目前为止）包括关于专属经济区、经济区和专属渔业区的国家方法（联合国出版物销售号：E. 85. V. 10）；在国家管辖范围以外的区域中进行科学研究的国家立法、规章和补充文件（联合国出版物销售号：E. 89. V. 9）；国家实践的现状（联合国出版物销售号：E. 87. V. 3）；国家实践和现状第二期（联合国出版物销售号：E. 89. V. 7）。这些出版物为《海洋法公报》的一部分。

第二五六条　"区域"内的海洋科学研究

所有国家，不论其地理位置如何，和各主管国际组织均有权依第十一部分的规定在"区域"内进行海洋科学研究。

资料来源

1. A/AC. 138/SC. III/L. 18，原则 13，转载于 1972 年《海底委员会报告》第 203、205 页（加拿大）。

2. A/AC. 138/SC. III/L. 23，原则 15，转载于 1972 年《海底委员会报告》第 206、208 页（保加利亚、乌克兰苏维埃社会主义共和国和苏联）。

3. A/AC. 43/89，declaration G，第 3 段，转载于 1973 年《海底委员会报告》，第 4、7 页（非洲统一组织）。

4. A/AC. 138/SC. III/L. 42（1973 年，油印本），第 2 段（中国）。

5. A/CONF. 62/33（1974 年），declaration G，第 3 段，《正式记录》第三卷，第 63 ~64 页（非洲统一组织）。

6. A/CONF. 62/C. 3/L. 9（1974 年），第 5 条，《正式记录》第三卷，第 252 页（孟加拉国、巴西、中国、圭亚那、印度尼西亚、伊朗、肯尼亚、科威特、马达加斯加、巴基斯坦、秘鲁、菲律宾、塞内加尔、塞拉利昂、索马里、特立尼达和多巴哥、突尼斯、南斯拉夫和扎伊尔）。

7. A/CONF. 62/C. 3/L. 13（1974 年），项目 2（a）项，第 2 款，《正式记录》第三卷，第 254 页（哥伦比亚（七十七国集团））。

8. A/CONF. 62/C. 3 L. 17（1974 年），第二部分，备选案文 D，第 4 条，《正式记录》第三卷，第 263、265 页（第三委员会，非正式会议）。

9. A/CONF. 62/C. 3/L. 13（1975 年）项目 2（a）项，第 2 款《正式记录》第四卷，第 199 页（伊拉克（七十七国集团））。

10. A/CONF. 62/C. 3/L. 29（1975 年），第 8 条第 1 款，《正式记录》第四卷，第 216、218 页（哥伦比亚、萨尔瓦多、墨西哥和尼日利亚）。

11. A/CONF. 62/WP. 8/Part. III（非正式单一协商案文，1975 年），第二部分，第 25 条第 1 款，《正式记录》第四卷，第 171、179 页（第三委员会主席）。

12. A/CONF. 62/WP. 8/Rev. 1（订正的单一协商案文，1976 年），第 68 条，《正式

记录》第五卷，第173、182页（第三委员会主席）。

13. A/CONF. 62/WP. 10（非正式综合协商案文，1977年），第257条，《正式记录》第八卷，第1、43页。

14. A/CONF. 62/WP. 10 Rev. 1（非正式综合协商案文第一次修订稿，1979年，油印本），第256条。转载于《第三次联合国海洋法会议文件集》第一卷，第375、483页。

15. A/CONF. 62/WP. 10/Rev. 2（非正式综合协商案文第二次修订稿，1980年，油印本），第256条。转载于《第三次联合国海洋法会议文件集》第二卷，第3、113页。

16. A/CONF. 62/WP. 10/Rev. 3 *（非正式综合协商案文第三次修订稿，1980年，油印本），第256条．转载于《第三次联合国海洋法会议文件集》第二卷，第179、289页。

17. A/CONF. 62/L. 78（1981年《公约草案》），第256条，《正式记录》第十五卷，第172、216页。

起草委员会

18. A/CONF. 62/L. 67/Add. 11（1981年，油印本），第119~121页。

19. A/CONF. 62/L. 72（1981年），《正式记录》第十五卷，第151页（起草委员会主席）。

非正式文件

20. CRP/Sc. Res. /8（1974年，油印本），第（ii）段（巴西、中国、伊朗、科威特、黎巴嫩、巴基斯坦、秘鲁和南斯拉夫）。转载于《第三次联合国海洋法会议文件集》第十卷，第302页。

21. CRP/Sc. Res. /8/Rev. 1（1974年，油印本）。转载于 A/CONF. 62/-C. 3/L. 9（1974年），第5条［上文资料来源6］。

22. CRP/Sc. Res. /9（1974年，油印本），第2段（孟加拉国、巴西、中国、圭亚那、印度尼西亚、伊朗、肯尼亚、科威特、马达加斯加、巴基斯坦、秘鲁、菲律宾、塞内加尔、塞拉利昂、索马里、特立尼达和多巴哥、突尼斯、南斯拉夫和扎伊尔）。转载于《第三次联合国海洋法会议文件集》第十卷，第302页［见上文资料来源6］。

23. CRP/Sc. Res. /10（1974年，油印本），第2段（爱尔兰）。转载于《第三次联合国海洋法会议文件集》第十卷，第303页。

24. CRP/Sc. Res. /29/Add. 1（1974年，油印本），第（2）段（第三委员会）。转载于《第三次联合国海洋法会议文件集》第十卷，第317页。

25. CRP/Sc. Res. /39（1974年，油印本），项目4（第三委员会）。转载于《第三次联合国海洋法会议文件集》第十卷，第323~324页。

26. CRP/Sc. Res. /40（1974 年，油印本），第 7 条（第三委员会）。转载于《第三次联合国海洋法会议文件集》第十卷，第 325~326 页。

27. CRP/Sc. Res. /40 Rev. 1（1974 年，油印本），第 4 条（第三委员会）。转载于《第三次联合国海洋法会议文件集》第十卷，第 327 页。

28. Draft Article［s］on Marine Scientific Research（1975 年，油印本），第 5 条（匿名）。转载于《第三次联合国海洋法会议文件集》第十卷，第 10~11 页。

29. 美国（1978 年，油印本），第 257~258 条。转载于《第三次联合国海洋法会议文件集》第十一卷，第 117~118 页。

30. MSR/2（1978 年，油印本），第 257~258 条（美国）。转载于《第三次联合国海洋法会议文件集》第十卷，第 360~361 页。

评　　注

256. 1. 第 256 条规定了所有国家（包括内陆国和地理不利国）和所有主管国际组织在"区域"内进行海洋科学研究的权利，但规定此类研究应按照第十一部分进行。它在第十三部分中的地位构成海洋科学研究法律制度的一个基本要素，它将在"区域"内进行的海洋科学研究纳入了整个海洋法。

256. 2. 1972 年和 1973 年向海底委员会第三委员会提交的若干提案（资料来源 1 至资料来源 4）含有关于"国家管辖范围以外"（资料来源 1 和资料来源 3）"大陆架界限以外的海床洋底"（资料来源 2），或简称"国际海域"（资料来源 4）的海洋科学研究的一般性建议。但在建立规范这些活动的框架方面却存在不同意见。有些人把它放在"国际制度和与之有关的国际机制"（资料来源 3 和资料来源 4），而另一些人则认为它属于"国际组织制定的规章"规范的范畴（资料来源 1）。

256. 3. 在海洋法会议第二期会议上（1974 年），提出了若干有关的正式和非正式提案（资料来源 5 至资料来源 8，资料来源 20 至资料来源 27）。由 19 个内陆国和地理不利国提出的非正式提案其后提到了第三委员会（资料来源 6），该条规定：

> 2. 国际海域的科学研究应由国际管理局直接进行，适当时，由个人、法人或实体，通过服务合同或协会或国际管理局通过其可能决定的任何其他手段进行，这些手段应确保其随时对这种研究进行直接有效的控制。

随后，哥伦比亚代表七十七国集团（资料来源 7）提交的提案中重复了发展中国家的规定。然而，该案文的脚注区分了第一委员会正在处理的"国际区域"（即国家管辖范围以外的海底和底土）和"剩余的国际区域"（即该区域的水体），这将在稍后阶段讨论（同上，脚注⑤）（见第二五七条评注）。

非正式会议上提出的一系列提案（资料来源 25 至资料来源 27）采用了所有国家和有关国际组织有权在国际水域进行"与海床、底土和上覆水域有关的"海洋科学研究的一般原则。这个一般原则随后在非正式会议中商定的一系列案文中重复（资料来源 8）。在这些案文中，水体（"上覆水域"）被列为国际区域的一部分，与七十七国集团的立场形成鲜明对照。这一规定在第三委员会中普遍遇到一些反对意见，①许多国家倾向于国际管理局对国际区域的海洋科学研究具有管辖权。

256. 4. 在第三期会议上（1975 年），在正式和非正式的会议都进行了协商。七十七国集团重复了其早些时候提出的一系列经修订的关于"科学研究"的条款草案，删除了"海洋"一词。然而，在现阶段，对这一规定的意见颇多。②一个四国集团（资料来源 10）重申了国家和主管国际组织有权在国际海底区域进行海洋科学研究的一般原则，尽管水体被特别排除在该区域之外。虽然对这种限制较少的做法表示了一些支持，但也有反对意见。③

经过这些协商，非正式单一协商案文/第三部分（资料来源 11）重申了以下一般原则

　　1. 所有国家，无论是沿海国还是内陆国，以及适当的国际组织，均有权按照本公约的规定，在国际海底区域进行海洋科学研究。

另有一个单独的条款涉及在水体的研究（见下文第 257.3 段）。

继第三期会议后，非正式法律专家小组审议了海洋科学研究的规定。然而，在第四期会议开始时其准备的文件中，其发现自己无法为该条款提出一个方案，认为"这将取决于对国际管理局权力范围讨论的结果。"④

---

① 例如，见第三委员会第 20 次会议（1975 年）上肯尼亚的发言。第 44 段，《正式记录》第四卷，第 93 页；和尼日利亚的发言，第 53 段，同上，第 94 页；以及在第 21 次会议上爱尔兰的发言，第 19 段，同上，第 96 页；巴基斯坦的发言，第 24 段，同上，第 97 页。巴西的发言，第 27 段，同上；中国的发言，第 29 段，同上，第 97 页；以及乌克兰社会主义共和国的发言，第 39 段，同上，第 98 页。

② 见在第三委员会第 22 次会议（1975 年）上伊拉克的发言，第 54 段，《正式记录》第四卷，第 105 页；中国支持七十七国集团的立场，第 77 段，同上，第 107 页。美国在第 22 次会议上发表了反对意见。第 62 段（不理解"为什么在国际区域需要对科学研究的限制"），同上，第 105 页；法国的发言，第 71 段（"预判第一委员会关于国际权力机构的审议结果"），同上，第 106 页。在第 23 次会议上瑞士的发言，第 22 段，同上，第 109 页；瑞典的发言，第 31 段（"通知制度……应该足够"），同上，第 110 页。

③ 参见例如在第 24 次会议（1975 年）上英国的发言，第 16 段，同上，第 112 页。法国的发言，第 26 段（"在国际区域的研究应该是无限制的"），同上，第 113 页；巴基斯坦的发言，第 44 段（"国际管理局应该在国际上拥有全面的对研究活动的控制权，包括水体"），同上，第 114 页。

④ 海洋科学研究（1976 年 3 月，油印本），第 25 条（非正式法律专家组）。转载于《第三次联合国海洋法会议文件集》第十一卷，第 544、554 页。

256.5. 在第四期会议上（1976 年），协商在非正式会议上进行。由于这些会议的结果，订正的单一协商案文第三部分中所载有的该条款案文的修订版本内容如下：

> 各国，不论其地理位置如何，和主管国际组织，有权依照本公约第一部分［现在第十一部分］的规定，在国际海底区域进行海洋科学研究。

最重要的变化是具体提及第一部分（现为第十一部分）关于国际海底区域的规定，而不是公约一般管理该区域的海洋科学研究。

在非正式综合协商案文中（资料来源 13），该条款编为第 257 条，但重复了订正的单一协商案文，仅以"区域"（现在第 1 条第 1 款第（1）项）定义）一词取代了"国际海底区域"。

256.6. 在第七期会议续会上（1978 年），美国提出，为了清晰起见，第 257 条应与第 258 条（在专属经济区以外的水体的研究）（资料来源 29 和资料来源 30）结合在一起。然而，这没有被接受，而非正式综合协商案文第一次修订稿（资料来源 14）重复了非正式综合协商案文的内容。

此后，案文基本维持不变，只是按照起草委员会（资料来源 18 和资料来源 19）的建议进行了一些起草文字上的修改。

256.7(a). 根据第 256 条，"区域"内的海洋科学研究将按照《公约》第十一部分进行，其中第 143 条具体规定了这一点。通过"区域"的提法，本条仅适用于国家管辖范围以外的海床和底土。该"区域"内的水体是第 257 条的事。

256.7(b). 本条的发展表明，"无论其地理位置如何"的提法不仅一般地适用于沿海国，也适用于内陆国和地理不利国。

256.7(c). 关于"主管国际组织"（复数）的提法表明，本条适用于希望并有能力在国家管辖范围以外的海域进行海洋科学研究的任何一个组织和所有组织。

第二五七条　在专属经济区以外的水体内的海洋科学研究

所有国家，不论其地理位置如何，和各主管国际组织均有权依本公约在专属经济区范围以外的水体内进行海洋科学研究。

资料来源

1. A/CONF.62/C.3/L.13（1974 年），项目 2（a）项，第 2 段，注⑤，《正式记录》第三卷，第 254 页（哥伦比亚（七十七国集团））。

2. A/CONF.62/C.3/L.17（1974 年），第二部分，备选案文 C，项目 4，《正式记录》第三卷，第 363~364 页（第二委员会，非正式会议）。

3. A/CONF.62/C.3/L.26（1975 年），第 5 条，《正式记录》第四卷，第 213~214 页（保加利亚、白俄罗斯苏维埃社会主义共和国、捷克斯洛伐克、德意志民主共和国、匈牙利、蒙古、波兰、乌克兰社会主义共和国和苏联）。

4. A/CONF.62/WP.8/Part III（非正式单一协商案文，1975 年），第二部分，第 26 条，《正式记录》第四卷，第 171、179 页。

5. A/CONF.62/WP.8/Rev.1/Part III（订正的单一协商案文，1976 年）第 69 条，《正式记录》第五卷，第 173、182 页（第三委员会主席）。

6. A/CONF.62/WP.10（非正式综合协商案文，1977 年），第 258 条，《正式记录》第八卷，第 1、43 页。

7. A/CONF.62/WP.10/Rev.1（非正式综合协商案文第一次修订稿，1979 年，油印本），第 257 条。转载于《第三次联合国海洋法会议文件集》第一卷，第 375、484 页。

8. A/CONF.62/WP.10/Rev.2（非正式综合协商案文第二次修订稿，1980 年，油印本），第 257 条。转载于《第三次联合国海洋法会议文件集》第二卷，第 3、113 页。

9. A/CONF.62/WP.10/Rev.3*（非正式综合协商案文第三次修订稿，1980 年，油印本），第 257 条。转载于《第三次联合国海洋法会议文件集》第二卷，第 179、290 页。

10. A/CONF.62/L.78·（1981 年《公约草案》），第 257 条，《正式记录》第十五卷，第 172、216 页。

起草委员会

11. A/CONF. 62/L. 67/Add. 11（1981 年，油印本），第 122~124 页。

12. A/CONF. 62/L. 72（1981 年），《正式记录》第十五卷，第 151 页（起草委员会主席）。

非正式文件

13. CRP. /Sc. Res//41（1974 年，油印本），项目 2（b）项，第 4 条（第三委员会，非正式会议）。转载于《第三次联合国海洋法会议文件集》第十卷，第 328、334 页［见上文资料来源 2］。

14. Draft Article［s］on Marine Scientific Research（1975 年，油印本），第 5 条（匿名）。转载于《第三次联合国海洋法会议文件集》第十一卷，第 10~11 页。

15. 特立尼达和多巴哥（1976 年，油印本），第六十九条。转载于《第三次联合国海洋法会议文件集》第十一卷，第 77 页。

16. 美国（1978 年，油印本），第 257 条和第 258 条。转载于《第三次联合国海洋法会议文件集》第十一卷，第 117~118 页。

17. MSR/2（1978 年，油印本），第 257 条和第 258 条（美国）。转载于《第三次联合国海洋法会议文件集》第十卷，第 360~361 页。

18. MSR/2/Rev. 1（1979 年，油印本），第 257 条和第 258 条（美国）。转载于《第三次联合国海洋法会议文件集》第十卷，第 386、389 页。

评　　注

257. 1. 完善了《公约》下海洋科学研究法律制度的第二五七条，规定所有国家和主管国际组织都有权在专属经济区以外的水域进行海洋科学研究。因此，它重申了受制于第六部分和第八部分的第八十七条规定的公海科学研究自由。第二五七条仅限于水体本身，不涉及第二五六条所述的海床及其底土，因为海床及其底土的问题根据第七十六条在沿海国的管辖范围内（第六部分），或根据第十一部分属于国际海底管理局的职权范围。该条也不影响任何国家或任何主管国际组织在领海外部界限以外的海洋的上空进行海洋科学研究的权利（受关于空气和大气的法律的约束）。

257. 2. 本条自第三委员会在第二期会议（1974 年）举行的正式和非正式会议的协商中演变而来，其中大量的讨论是关于国家管辖范围以外的水体中的海洋科学研究是否应当在与海底和底土的研究（"国际区域"）相同的背景下处理（见上文第 256. 3 段）。哥伦比亚代表七十七国集团（资料来源 1）提出了第一个证据。关于国际海洋科学研究条款的脚注表明，它旨在适用于"第一委员会涉及的区域"（即国家管辖范围以外的海床和底土）；"剩余的国际水域"（即水体）的问题将在稍后阶段进行讨论。

随后，在该期非正式会议上商定的一系列备选案文（资料来源 2 和资料来源 13）
中提出：

> 在国际区域，所有国家，不论是沿海国还是内陆国，以及适当的国际组
> 织，都享有进行与海床、底土和上覆水域有关的海洋科学研究的自由。

在这个案文中，国际区域的两个组成部分被一块处理了。

257.3. 在第三期会议上（1975 年），协商在正式和非正式会议进行。一份匿名的
非正式文件提出（资料来源 14），所有国家和主管国际组织都应享有在"包括经济区
和大陆架以外的海床在内的开放海域"进行海洋科学研究的自由。这里再一次将水体
和海底结合在一起，尽管把经济区和大陆架分开处理。这项规定随后在 9 个社会主义
国家（资料来源 3）的提案中逐字重复，尽管后一项提案的提法是在"high seas"（公
海）而不是在"open seas"（开放海域，公海）的研究。

在非正式单一协商案文/第三部分（资料来源 4），明确区分了"国际海底区域"
与"经济区范围以外的公海水域"的海洋科学研究。后一个问题在另一个条款中讨论：

> 所有国家，不论是沿海国还是内陆国，以及适当的国际组织，均有权按
> 照本公约的规定，在经济区范围以外的公海进行海洋科学研究。

第三期会议后，非正式法律专家小组开始审查非正式单一协商案文关于海洋科学
研究的规定。在第四期会议开始时编写的文件载有本条的订正文本，内容如下：

> 在符合本公约规定的情况下，不论是沿海国还是内陆国，以及主管国际
> 组织，都应有在经济区界限以外的水域进行海洋科学研究的权利［斜体为原
> 文所加]①。

257.4. 在第四期会议上（1976 年），继续在非正式会议上进行协商。特立尼达和
多巴哥的非正式提案（资料来源 15）建议在本条款的最后增加"或大陆架"一词，以
区分经济区和大陆架，但该提案未反映在后续案文中。

经过这些非正式会议的协商，订正的单一协商案文第三部分（资料来源 5）所载
的非正式单一协商案文的修订案文内容如下：

---

① 海洋科学研究（1976 年 3 月，油印本），第 26 条（非正式法律专家组）。转载于《第三次联合国海洋法
会议文件集》第十一卷，第 544、554 页。

各国，不论其地理位置如何，以及主管国际组织，都有权按照本公约的规定，在经济区范围以外对水体进行海洋科学研究。

该案文采用了一种更为通用的方式"各国，不论其地理位置如何"代替了"所有国家，不论是沿海国还是内陆国"的提法。另外，案文中提到了在经济区外部界限以外的"水体"进行海洋科学研究。

非正式综合协商案文（资料来源6），其中条款被赋予了现在的标题，随后重复了案文，在"经济区"之前增加了"专属"。

257.5. 美国在第七期会议（1978年）和第七期会议续会（1979年）上再次提出，为了清楚起见，第257条和第258条［现为第二五六条和第二五七条］应合并起来（资料来源16至资料来源18）。然而，这并未被接受，只做了一些轻微的起草文字上的修饰就纳入了非正式综合协商案文第一次修订稿（资料来源7）。

此后没有进行实质性更改，只是后来根据起草委员会的建议纳入了起草文字上的修饰（资料来源11和资料来源12）。

257.6(a). 为了符合本公约的要求，纳入了其他的海洋自由，特别是航行自由和有关义务（第88~115条）。更具体地说，它纳入了有关拆除设施的义务（第60条、第80条和第249条第1（g）款）以及海洋环境的保护和保全（第十二部分第一九二条至第二三七条）作为对科学研究自由的条件或限制。此外，第十三部分（第二三八条至第二四一条）以及第三〇〇条至第三〇四条的一般规定适用于第二五七条所适用的海洋科学研究。

257.6(b). 根据第二五七条进行的海洋科学研究，不论是研究国还是组织机构，均没有征求任何国家或其他国际组织或机构的同意，[2] 或公开任何方面研究活动的结果的义务。

257.6(c). "water column"（水体）一词只出现在本条中，从涉及"区域"内海洋科学研究的第二五六条中消除了第二五七条。该术语对应于第五十六条第1款（a）项、第七十八条、第一三五条和第一五五第2款中关于专属经济区、大陆架和"区域"的"superjacent waters"（上覆水域）一词。

---

② 在第八期会议上（1979年），世界气象组织（WMO）对世界气象观察网（WWW）和全球海洋综合服务系统（IGOSS）等气象组织计划对海洋科学研究的影响表示关切。关于气象组织在第三次联合国海洋法会议上关于海洋科学研究课题中的普遍利益，见气象组织1979年5月4日在日内瓦举行的第八届大会上通过的第16号决议（Cg-VIII），应气象组织秘书长的要求分发给了会议，见A/CONF. 62/80（1979年），《正式记录》第十二卷，第56页。关于这些方案的进一步细节见气象组织1985年年度报告，气象组织文件656号，部分转载于荷兰海洋法研究所《国际组织和海洋法年鉴》第二卷，第742、758和775页。

联合国海洋事务和海洋法办公室在审议基线时,③将"水体"定义为"从海面到海床的垂直连续水体"。此外,它将"上覆水域"定义为"正好位于海床或深海底水面之上的水体"。

---

③ 联合国海洋事务和海洋法办公室。《基线:审查"联合国海洋法公约"有关规定,附录一》(技术术语词汇表),第 46 页,联合国出版物出售品编号 E. 88. V. 5 (1989 年)。

第四节　海洋环境中科学研究设施或装备

第二五八条　部署和使用

在海洋环境的任何区域内部署和使用任何种类的科学研究设施或装备，应遵守本公约为在任何这种区域内进行海洋科学研究所规定的同样条件。

资料来源

1. A/AC. 138/SC. III/L. 34（1973 年，油印本），第 4 条第 1 款和第 3 款以及第 5 条第 1 款和第 3 款（马耳他）。

2. A/CONF. 62/C. 3/L. 17（1974 年），第三部分 B 节，阿根廷、肯尼亚［保加利亚、波兰、乌克兰苏维埃社会主义共和国和苏联］和法国提出的提案，《正式记录》第三卷，第 263、265~266 页（第三委员会，非正式会议）。

3. A/CONF. 62/C. 3/L. 26（1975 年），第 9 条第 1 款，《正式记录》第四卷，第 213~214 页（保加利亚、白俄罗斯苏维埃社会主义共和国、捷克斯洛伐克、德意志民主共和国、匈牙利、蒙古、波兰、乌克兰苏维埃社会主义共和国和苏联）。

4. A/CONF. 62/C. 3/L. 31（1975 年），A 节和附件，B 节（巴西、巴基斯坦、墨西哥、法国、荷兰、特立尼达和多巴哥、土耳其和突尼斯的提案，以及德意志联邦共和国的提案），《正式记录》第四卷，第 221~222 页（第三委员会，非正式会议）。

5. A/CONF. 62/WP. 8/WP. 8/Part. III（非正式单一协商案文，1975 年），第二部分，第 27~29 条，《正式记录》第五卷，第 171、179 页（第三委员会主席）。

6. A/CONF. 62/WP. 8/Rev. 1/Part. III（订正的单一协商案文，1976 年），第 70 条，《正式记录》第五卷，第 173、182 页（第三委员会主席）。

7. A/CONF. 62/WP. 10（非正式综合协商案文，1977 年），第 259 条，《正式记录》第八卷，第 1、42 页。

8. A/CONF. 62/WP. 10/Rev. 1（非正式综合协商案文第一次修订稿，1979 年，油印本），第 258 条。转载于《第三次联合国海洋法会议文件集》第一卷，第 375、

484 页。

9. A/CONF. 62/WP. 10/Rev. 2（非正式综合协商案文第二次修订稿，1980 年，油印本），第 258 条。转载于《第三次联合国海洋法会议文件集》第二卷，第 3、113 页。

10. A/CONF. 62/WP. 10/Rev. 3*（非正式综合协商案文第三次修订稿，1980 年，油印本），第 258 条。转载于《第三次联合国海洋法会议文件集》第二卷，第 179、290 页。

11. A/CONF. 62/L. 78*（1981 年《公约草案》），第 258 条，《正式记录》第十五卷，第 172、216 页。

起草委员会

12. A/CONF. 62/L. 67/Add. 11（1981 年，油印本），第四节标题，第 125~126 页和 127~130 页。

13. A/CONF. 62/L. 72（1981 年），《正式记录》第十五卷，第 151 页（起草委员会主席）。

非正式文件

14. CRP/Sc. Res. /30（1974 年，油印本）（阿根廷）。转载于《第三次联合国海洋法会议文件集》第十卷，第 318 页［见上文资料来源 2］。

15. CRP/Sc. Res. /31（1974 年，油印本）（肯尼亚）。转载于《第三次联合国海洋法会议文件集》第十卷，第 318 页［见上文资料来源 2］。

16. CRP/Sc. Res. /35（1974 年，油印本）（保加利亚、波兰、乌克兰苏维埃社会主义共和国和苏联）。转载于《第三次联合国海洋法会议文件集》第十卷，第 320 页［见上文资料来源 2］。

17. CRP/Sc. Res. /37（1974 年，油印本）（法国）。转载于《第三次联合国海洋法会议文件集》第十卷，第 321 页［见上文资料来源 2］。

18. Draft Article［s］on Marine Scientific Research（1975 年，油印本），第 9 条第 1 款（匿名）。转载于《第三次联合国海洋法会议文件集》第十一卷，第 10、13 页。

19. Legal Status of Installations（1975 年，油印本），巴西和巴基斯坦提出的提案（第三委员会，非正式会议）。转载于《第三次联合国海洋法会议文件集》第十一卷，第 14 页

20. C. 3/3 会议/CRP/Sc. Res. /1（1975 年，油印本），巴西、巴基斯坦、墨西哥、法国、荷兰、特立尼达和多巴哥、土耳其和突尼斯、德意志联邦共和国（第三委员会，非正式会议）。转载于《第三次联合国海洋法会议文件集》第十卷，第 341~343 页［见上文资料来源 4］。

21. C. 3/3rd session CRP/Sc. Res. /2（1975 年，油印本）（第三委员会，非正式会

议）。转载于《第三次联合国海洋法会议文件集》第十卷，第 344 页 ［见上文资料来源 4］。

22. 主席提议（1975 年，油印本）（非正式会议主席），项目 13 和项目 14。转载于《第三次联合国海洋法会议文件集》第十一卷，第 17 页。

23. 主席提议（1975 年，油印本）（非正式会议主席），项目 13 和项目 14。转载于《第三次联合国海洋法会议文件集》第十一卷，第 19 页。

24. 苏联（1976 年，油印本），第 27 条。转载于《第三次联合国海洋法会议文件集》第十一卷，第 49~50 页。

25. 美国（1977 年，油印本），第 70 条。转载于《第三次联合国海洋法会议文件集》第十一卷，第 99~100 页。

评　　注

258.1. 第十三部分第四节载有处理海洋环境科学研究设施或设备的 5 条（第二五八条至第二六二条）。第四节的标题从非正式单一协商案文（资料来源 5，第 179 页）"海洋科学装备的地位"，扩大到订正的单一协商案文（资料来源 6）的"海洋科学研究设施与装备的法律地位"。在非正式综合协商案文第二次修订稿（资料来源 9），"装备"改为"或装备"。在《公约草案》中（资料来源 11），根据起草委员会主席的建议（资料来源 12）在标题删除了这些设施和设备的"法律地位"的提法。①

258.2. 第二五九条（法律地位）、第二六〇条（安全地带）、第二六一条（不干扰航路）和第二六二条（识别标志和警告信号）在很大程度上与涉及专属经济区和大陆架的类似问题的条款 —— 即第六十条（涉及专属经济区）、第八十条（涉及大陆架）和第一四七条第 2 款（涉及"区域"）重复。事实上，起草委员会在第九期会议的续会（1980 年）上建议，第二五九条、第二六〇条和第二六一条与第六十条和第一四七

---

① 在 1961 年的第一届会议上，海委会认识到需要澄清载人和无人锚泊浮标和平台的法律地位。1972 年，根据一批专家编写的《公约草案》初稿，联合国教科文组织和海事协商组织会召集了一次政府专家筹备会议，以制定"海洋数据采集系统（ODAS）法律地位公约草案"。尽管筹备委员会未能就《公约草案》达成一致，但它确实对执行某些安全条款提出了建议，这些规定在 3 个技术附件中进行了概述。这些附件一起发表在联合国教科文组织/海事协商组织联合出版物"海洋数据采集系统（ODAS）与装置安全条款"上（1972 年）。关于 ODAS 法律地位的其他背景资料载于 H. U. Roll，《海洋研究的重点—政府间海洋学委员会：历史，功能成就》，联合国教科文组织，海委会技术系列第 20 期，第 38 页（1979 年）。

最近，第三次海洋法会议和 1982 年《公约》对 ODAS 的法律地位已重新考虑，各种制度下 ODAS 的地位的讨论情况见海委会的两种出版物，IOC/EC-XIX/3（1986 年，油印本）和 SC/MD/86（1987 年，油印本），转载于联合国海洋和海洋法司《海洋事务年度回顾：法律和政策的主要文件》第二卷，1985—1987 年，分别在第 922、925 页（仅有摘要）。

条所处理的事项重复……因此 [这两条] 可能会被删除，并在其中用与第六十条的提法有关的段落代替。② "但是，第四节后续条款的范围，除第二六〇条可能的情况例外，依赖于第二五八条的规定，绝不仅仅是简单地重复第六十条和第一四七条。第二五八条的简要草案包括《公约》的所有规定，涉及适用于沿海国主权和管辖权下不同海域海洋科学研究的不同的同意制度，以及在这些不同海域部署或使用设施和各种设备的具体提法。虽然第二五八条和类似条款之间的术语和结构存在差异，但相似之处就足以支持第二五八条提供这些条款之间的广泛联系。

258. 3. 在 1973 年的海底委员会会议上，马耳他代表团向委员会第三分委员会提交了一系列关于科学研究的条款草案（资料来源 1）。在马耳他提交的草案中，区分了沿海国管辖下的"栖息地、设施、装备和用于海洋空间海床或海底的固定或可移动装置"（第 4 条第 1 款）和"浮动装置或根据沿海国管辖的科学目的放在海床上的任何性质的装置"（第 5 条第 1 款）。关于这两种装置，规定沿海国"可以在其管辖下的海床上或其内的海底建造、维护和操作"这种装置，并且未经该国同意不得在沿海国管辖的海洋空间设立这种装置（第 4 条第 3 款；第 5 条第 3 款）。此外，沿海国也有权拆除未经其同意而设立的任何此类设备，并保留其中的任何科学数据（同上）。

258. 4. 在第二期会议上（1974 年），在非正式会议期间，提交了关于在海洋环境中科学研究设施的法律地位的 4 个备选案文（资料来源 14 至资料来源 17）。这些案文没有在非正式会议上讨论，而是随后被列入提交给会议的非正式会议上商定的一系列案文（资料来源 2）。阿根廷的案文（资料来源 2，第 265 页；和资料来源 14），其中仅涉及大陆架上任何类型的科学研究设施的安置，前提是这种安置"应由沿海国授权"，并且这种设施"应在 [沿海国] 管辖权之下"。其他 3 个案文（资料来源 2，第 265 页；资料来源 15 至资料来源 17）提到了更广泛的海洋区域，但与沿海国同意和管辖权问题有很大差异，规定：

肯尼亚

1. 位于国家管辖和/或主权范围内的固定或浮动科学研究设施或装备，应受沿海国的管辖。

2. 位于国家管辖范围以外区域的固定或浮动科学研究设施或设备，应按照本公约规定的国际制度运行。

---

② A/CONF. 62/L. 56（1980 年），附件 C，第 3 段，《正式记录》第十三卷，第 94、96 页（起草委员会主席）。这个提案没有被第三委员会接受。见 A/CONF. 62/L. 63/Rev. 1（1980 年），附件二，《正式记录》第十四卷，第 134、142 页（起草委员会主席）；A/CONF. 62/C. 3/L. 34 和 Add. 1 和 2（1980 年），附件，同上，第 185、187 页（第三委员会主席）。

保加利亚，波兰，乌克兰苏维埃社会主义共和国，

苏维埃社会主义共和国联盟

根据本公约及其他国际法规则，固定的科学研究设施，无论是固定在海底的还是锚系的，以及在海洋环境中建立的浮动站或移动设施，均应受安装它们的国家的管辖权的管辖，除非根据本公约第……条研究国与沿海国之间可能缔结的协议另有规定，进行研究须经沿海国的同意。

法国

在国家管辖范围内设置科学研究设施（ODAS）应在与科学研究相同的条件下得到该国的同意。除非进行研究的国家与沿海国另有约定，否则这种设施应受其所在国家的管辖。

这些案文都没有重复马耳他草案（资料来源1）中的"栖息地"和"装置"的提法。

258.5. 在1975年的第三期会议上，海洋科学研究安置法律地位的问题在由社会主义九国集团向第三委员会提交的一系列条款草案中得到了解决。该草案是4个东欧国家提交的早期提案的修改版本（资料来源16；见上文）。早先的案文的开头条款修改为"在海洋环境或海床上建立的科学研究设施，无论是固定的还是移动的"的提法。但是，要求沿海国同意的条款，通过在经修改的要求沿海国同意在领海内、大陆架上或在经济区进行海洋科学研究案文的条款增加具体的提法改变了。

非正式讨论还导致提交了9份非正式提案（资料来源4，附件，B节；和资料来源20）和两份可能的综合文本提案（资料来源4，A节；和资料来源21）。非正式提案反映了沿海国同意和管辖权问题的各种意见，与会议期间所表达的相似（资料来源2和资料来源14至资料来源17）。特别是在法国、荷兰、特立尼达和多巴哥、土耳其和突尼斯联合提出的提案和德意志联邦共和国提出的一个额外的要素（资料来源20），即纳入同时承认沿海国管辖权的条款和放置这种科学装置的国家或登记这种装置的国家的管辖权。

在第三期会议结束时提出的两个备选案文反映了两种不同办法之间巧合的主要方面。关于海洋科学研究设备法律地位的综合案文（资料来源4，A节；资料来源21）规定：

备选案文1

1. 在海洋环境中部署和使用任何类型的海洋科学研究设施，应遵守与进行海洋科学研究同样的条件。

2. 部署国应行使使用和维护此类设施所必需的权力，而不影响沿海国根

据本公约在特定安装部署地区的权利和义务。

3. 上述各款均不影响本公约第一章规定的沿海国的管辖权。

备选案文 2

1. 在海洋环境中部署和使用任何类型的科学研究设施或设备，应遵守与进行海洋科学研究同样的条件。

2. 在沿海国主权和/或管辖的区域，这些设施和设备的部署和使用应经上述国家同意：

（a）科学设施或设备的所有权、操作和管理以及责任归属于部署的国家；

（b）确保按照科学研究项目规定的目的和条件使用设施和设备的全部管辖权应属于沿海国。

项目 13 和项目 14 的非正式会议主席随后准备了这些提案的修改版本（资料来源 22 和资料来源 23），但它们主要纳入了一些起草文字上的变更。

为了适应这些各种建议，非正式单一协商案文/第三部分（资料来源 5）载有从第二期和第三期会议工作中得出的 3 个不同的条款（第 27～29 条）。后来发展成为第二五八条的第 27 条规定：

在海洋环境中部署和使用任何类型的科学研究设施或设备，应遵守本公约规定的进行海洋科学研究的条件。

第 28 条和第 29 条是管辖权问题的进一步变体，并增加了两个新的要素：（i）提及国际组织部署设施或设备（第 28 条）；（ii）提及沿海国执行管辖权（第 29 条）。这些条款的内容如下：

第 28 条

对这些设施或设备操作和管理所需的所有权利以及责任，应依照本公约的规定属于部署或代表他们部署的国家或国际组织，除非有关各方另有约定。

第 29 条

在按照本公约需要沿海国同意的区域进行海洋科学研究，沿海国有权检查并确保所使用的设施或设备符合进行研究计划规定的目的和条件，包括在部署国或国际组织违反的情况下，采取一切适当的司法和行政措施的权利。

第三期会议后，非正式法律专家小组审议了非正式单一协商案文关于海洋科学研究的规定。它在第四期会议开始时编写的案文体现了与非正式单一协商案文中所采取的方法截然不同的做法。③该小组提出将第 27 条改为：

> 在海洋环境为进行科学研究的任何类型的人工岛屿、设施或结构、或任何其他装备的部署，应受制于第二部分第 45 条、第 48 条、第 66 条和第 75 条［现为第五十六条、第六十条、第八十条和第八十七条］以及本公约第一部分第 16 条［现在第一四七条］的规定。
>
> 科学研究使用的任何人工岛屿、设施或结构或任何其他装备，应遵守本公约规定的进行海洋科学研究的同样的条件［斜体为原文所加］。

该条款试图将所有用于"科学研究"的所有"人工岛屿、设施或结构"的部署都受第一委员会和第二委员会制定的规定的制约。它也区分了科学研究和海洋科学研究的区别，但没有分类。此外，非正式法律专家小组建议删除第 28 条和第 29 条，认为它们是多余的。

258.6. 在第四期会议上（1976 年），非正式会议继续进行协商。第三委员会主席指出，在订正的单一协商案文第三部分（资料来源 6）的准备中，"在委员会考虑了在本期会议非正式会议期间提出的所有提案、修正案和建议、非正式闭会期间的协商结果以及会议前的其他文件。"④虽然关于项目 13 和项目 14 的非正式会议主席已经向委员会报告了非正式单一协商案文/第三部分的讨论结论，⑤但报告和讨论都没有反映在会议文件中。然而，订正的单一协商案文第二部分反映了非正式法律专家小组提出的建议，因为它只涉及科学研究设施和设备的部署和使用的一条（而不是 3 条）。第 70 条的订正的单一协商案文第三部分与现在的第二五八条非常相似，内容如下：

> 在海洋环境的任何区域部署和使用任何类型的科学研究设施或设备，应符合本公约规定的在该区域进行海洋科学研究的同样的条件。

与非正式单一协商案文/第三部分的第 27 条相比，本案文涉及海洋环境的"任何区域"的研究设施或设备，而不是一般的海洋环境。结合这一改变，新的案文还提到了"在这一区域"的海洋科学研究，受《公约》的有关规定的约束。

---

③ 见海洋科学研究（1976 年 3 月，油印本），第 27 条和第 28-31 条（非正式法律专家组）。转载于《第三次联合国海洋法会议文件集》第十一卷，第 544、555 页。

④ 资料来源 6，介绍性说明，第 2 段，第 174 页。

⑤ 同上，第 3 段。

258. 7. 在第六期会议上（1977 年），美国提出修改这一规定，使“本部分关于管理海洋科学研究的条件同样适用于海洋科学研究设施和装备的部署和使用”（资料来源 25）。然而，这个提议没有被接受，而非正式综合协商案文（第 259 条）重复订正的单一协商案文第三部分条文，加上了“部署及使用”的标题。

258. 8. 在第九期会议和第九期会议续会上（1980 年），第三委员会继续进行非正式协商和磋商。非正式综合协商案文件第二次修订稿（资料来源 9）对本案文进行了重组，将同样的条件的提法修改为“如本公约所述”，但没有关于本修订的文件说明。在第九期会议续会上，第三委员会将注意力转移到起草事项上，并在主席编制的列表中，在非正式会议期间通过了一些起草文字上的变更。⑥“任何区域”建议修改为“任何这种区域”，由起草委员会采纳，并被纳入非正式综合协商案文第三次修订稿（资料来源 10）。

起草委员会在第九期会议续会上发布的报告中建议，为确保第十三部分的贯彻使用，应在“第二五八条”的“科学研究”之前插入“海洋”一词。⑦起草委员会还在同一份报告中指出，正在考虑一项关于统一“人造岛屿、设施和结构”等类似术语的建议，这将要求在第二五八条、第二五九条和第二六〇条中插入“结构”一词。⑧然而，后者的建议并没有纳入非正式综合协商案文第三次修订稿。

258. 9. 这项条款似乎是不言自明的。它简单指出，《公约》关于海洋科学研究的规定适用于部署和使用“海洋环境任何地区的任何类型的科学研究设施或设备”。

----

⑥ A/CONF. 62/C. 3/L. 34 和 Add. 1 和 2（1980 年），附件，《正式记录》第十四卷，第 185、187 页（第三委员会主席）。

⑦ A/CONF. 62/L. 57/Rev. 1（1980 年）第 14 节，《正式记录》第十四卷，第 114、124 页（起草委员会主席）。

⑧ 同上，第 7 节，第 120 页。

第二五九条　法律地位

本节所指的设施或装备不具有岛屿的地位。这些设施或装备没有自己的领海，其存在也不影响领海、专属经济区或大陆架的界限的划定。

资料来源

1. A/AC. 138/SC. III/L. 31（1973 年，油印本），第 9 条（保加利亚、波兰、乌克兰苏维埃社会主义共和国和苏联）。

2. A/CONF. 62/C. 3/L. 17（1974 年），第三部分，B 节，（保加利亚、波兰、乌克兰苏维埃社会主义共和国和苏联）的提案第 9 条第 2 款，《正式记录》第三卷，第 263、265 页（第三委员会，非正式会议）。

3. A/CONF. 62/C. 3/L. 26（1975 年），第 9 条第 2 款，《正式记录》第四卷，第 213~214 页（保加利亚、白俄罗斯苏维埃社会主义共和国、捷克斯洛伐克、德意志民主共和国、匈牙利、蒙古、波兰、乌克兰苏维埃社会主义共和国和苏联）。

4. A/CONF. 62/WP. 8/Rev. 1/Part III（非正式单一协商案文，1975 年），第二部分，第 30 条，《正式记录》第四卷，第 171、179 页（第三委员会主席）。

5. A/CONF. 62/WP. 8/Rev. 1/Part III（订正的单一协商案文，1976 年），第 71 条，《正式记录》第五卷，第 173 页（第三委员会主席）。

6. A/CONF. 62/WP. 10（非正式综合协商案文，1977 年），第 260 条，《正式记录》第八卷，第 1、43 页。

7. A/CONF. 62/WP. 10/Rev. 1（非正式综合协商案文第一次修订稿，1979 年，油印本），第 259 条。转载于《第三次联合国海洋法会议文件集》第一卷，第 375、484 页。

8. A/CONF. 62/WP. 10/Rev. 2（非正式综合协商案文第二次修订稿，1980 年，油印本），第 259 条。转载于《第三次联合国海洋法会议文件集》第二卷，第 3、113 页。

9. A/CONF. 62/WP. 10/Rev. 3*（非正式综合协商案文第三次修订稿，1980 年，油印本），第 259 条。转载于《第三次联合国海洋法会议文件集》第二卷，第 179、290 页。

10. A/CONF. 62/L. 78（1981 年《公约草案》），第 259 条，《正式记录》第十五卷，第 172、216 页。

起草委员会

11. A/CONF. 62/L. 67/Add. 11（1981 年，油印本），第 131~133 页。

12. A/CONF. 62/L. 72（1981 年），《正式记录》第十五卷，第 151 页（起草委员会主席）。

非正式文件

13. CRP/Sc. Res. /35（1974 年，油印本），第 2 段（保加利亚、波兰、乌克兰苏维埃社会主义共和国和苏联）。转载于《第三次联合国海洋法会议文件集》第十卷，第 320 页［见上文资料来源 2］。

14. CRP/Sc. Res. /41（1974 年，油印本）第三部分，B 节。（保加利亚、波兰、乌克兰苏维埃社会主义共和国和苏联）提出第 2 段（第三委员会，非正式会议）。转载于《第三次联合国海洋法会议文件集》第十卷，第 328、335 页［见上文资料来源 2］。

15. Draft Article［s］on Marine Scientific Research（1975 年，油印本），第 9 条第 2 款（匿名）。转载于《第三次联合国海洋法会议文件集》第十一卷，第 10、13 页。

16. 苏联（1976 年，油印本），第 28 条。转载于《第三次联合国海洋法会议文件集》第十一卷，第 49~50 页。

评　　注

259. 1. 关于"科学研究装置和设施的法律地位"的提案首先出现在东欧四国向 1973 年海底委员会第三委员会提交的一份文件中（资料来源 1）。该提案如下：

> 固定的科学研究设施，无论是固定在海底还是锚系，以及浮动站或移动设施，都应受安装国家的管辖。但是，它们不得拥有岛屿的地位或拥有自己的领水，其存在不得影响大陆架界限的划定。

259. 2. 在海洋法会议第二期会议上（1974 年），同样的 4 个国家提交了关于这个问题的非正式提案（资料来源 13），随后列入了一系列"非正式会议商定的案文"，并提交给会议（资料来源 2 和资料来源 14）。该案文将原来的提案分为两段，第 2 段规定：

> 本条所指的设施不得拥有岛屿地位或拥有自己的领水，其存在不得影响沿海国的领水、大陆架或经济区的划定。

在本案文中，条文的适用范围得到了扩大和更具体化。它不是仅仅适用于"大陆架界限的划定"，而是适用于沿海国"领海、大陆架或经济区的划定"。

259.3. 在第三期会议上（1975 年），一个由社会主义国家九国集团提出的一个关于科学研究设施的适用范围更大的条文，逐字重复了四国提案。在草拟非正式单一协商案文/第三部分时（资料来源 4），第三委员会主席将这一条文另行列入了一个单独的条款：

> 本条所指的设施或设备不得拥有岛屿地位或拥有自己的领水，其存在不得影响沿海国的领水、大陆架或经济区的界限的划分。

该草案除了将其扩大到适用于"设施和装备"而不仅仅是"设施"外，几乎逐字地重复了社会主义国家的提案。

第三期会议后，非正式法律专家小组在对非正式单一协商案文/第三部分的海洋科学研究规定审查中建议删除本条，理由是其实质内容已经涵盖在非正式单一协商案文/第二部分第 48 条和第 66 条之内（现为第六十条和第八十条）。[①]

259.4. 在第四期会议上（1976 年），苏联建议将设施或设备的"存在"的提法的英文从"existence"改为"presence"（资料来源 16）。经非正式协商后，订正的单一协商案文第一部分重复了非正式单一协商案文，仅纳入了起草文字上的变更，包括苏联提出的变更。

非正式综合协商案文（资料来源 6）随后重复订正的单一协商案文草案，内容如下：

第 260 条　法律地位

> 本条所指的设施或装备不得拥有岛屿或拥有自己的领海地位，其存在不得影响沿海国的领海、专属经济区和大陆架界限的划分。

本文唯一的区别在于用"领海"取代了"领水"，在"经济区"的前面加上了"专属"这个词。

259.5. 起草委员会在第九期会议（1980 年）期间提出，由于本条是对第六十条所涉及事项的重复，因此可以以提及第六十条的有关段落取代。[②]然而，这没有被接受，

---

① 见海洋科学研究（1976 年 3 月，油印本），第 27 条和第 28-31 条（非正式法律专家组）。转载于《第三次联合国海洋法会议文件集》第十一卷，第 544、555 页。

② A/CONF. 62/L. 56（1980 年），附件 C，第 3 段，《正式记录》第十一卷，第 94、96 页（起草委员会主席）。

在这两个句子中的目前的形式，首次出现在非正式综合协商案文第二次修订稿（资料来源8）。这是与起草委员会的统稿工作一起完成的，第259条符合第六十条第8款。[3]

259.6. 第259条在很大程度上是不言自明的。它基本上重复了关于人造岛屿、设施和结构的第六十条第8款（专属经济区）、第八十条（大陆架）和第一四七条第2款（e）项（"区域"）。然而，一个重要的区别是，通过参考"本节"中提到的设施或设备，根据第258条，它适用于"在海洋环境的任何地区"的科学研究设施或设备，因此不适用任何限制条件。

---

③　A/CONF. 62/L. 63/Add. 1（1980年，油印本），附件二，B段，《正式记录》第十卷，第139、143页（起草委员会主席）。

第二六〇条　安全地带

在科学研究设施的周围可按照本公约有关规定设立不超过五百公尺的合理宽度的安全地带。所有国家应确保其本国船只尊重这些安全地带。

资料来源

1. A/AC.138/SC.III L.23，原则10，转载于1972年《海底委员会报告》第206~207页（保加利亚、乌克兰苏维埃社会主义共和国和苏联）。

2. A/AC.138/SC.III/L.31（1973年，油印本），第10条第1款（保加利亚、波兰、乌克兰苏维埃社会主义共和国和苏联）。

3. A/AC.138/SC.III/L.34（1973年，油印本），第4条第1款（b）项，第5条第4款和第6条第3款（马耳他）。

4. A/CONF.62/C.3/L.26（1975年），第9条第3款，《正式记录》第四卷，第213~214页（保加利亚、白俄罗斯苏维埃社会主义民主共和国、捷克斯洛伐克，德意志民主共和国、匈牙利、蒙古、波兰、乌克兰苏维埃社会主义共和国和苏联）。

5. A/CONF.62/WP.8/Part III（非正式单一协商案文，1975年），第二部分，第31条，《正式记录》第四卷，第171、179页。

6. A/CONF.62/WP.8/Rev.1/Part III（订正的单一协商案文，1976年），第72条，《正式记录》第五卷，第173、183页（第三委员会主席）。

7. A/CONF.62/WP.10（非正式综合协商案文，1977年），第261条，《正式记录》第八卷，第1、43页。

8. A/CONF.62/WP.10/Rev.1（非正式综合协商案文第一次修订稿，1979年，油印本），第260条。转载于《第三次联合国海洋法会议文件集》第一卷，第375、484页。

9. A/CONF.62/WP.10/Rev.2（非正式综合协商案文第二次修订稿，1980年，油印本），第260条。转载于《第三次联合国海洋法会议文件集》第二卷，第3、113页。

10. A/CONF.62/WP.10/Rev.3*（非正式综合协商案文第三次修订稿，1980年，油印本），第260条。转载于《第三次联合国海洋法会议文件集》第二卷，第179、290页。

11. A/CONF.62/L.78（1981年《公约草案》），第260条，《正式记录》第十五

卷，第 172、216 页。

起草委员会

12. A/CONF. 62/L. 67/Add. 11（1981 年，油印本），第 134 页。

13. A/CONF. 62/L. 72（1981 年），《正式记录》第十五卷，第 151 页（起草委员会主席）。

非正式文件

14. Draft Article[s] on Marine Scientific Research（1975 年，油印本），第 9 条第 3 款（匿名）。转载于《第三次联合国海洋法会议文件集》第十一卷，第 10、13 页。

15. 苏联（1976 年，油印本），第 29 条。转载于《第三次联合国海洋法会议文件集》第十一卷，第 49、51 页。

评　　注

260. 1. 第二六〇条起源于 4 个东欧国家在 1972 年海底委员会会议上提交的工作文件，其中呼吁各国防止对公海上科学设备和设施的"正常运作和安全保护"的障碍。在 1973 年的海底委员会会议上，一个社会主义四国集团提交了一套条款草案，建议列入关于世界海洋科学研究公约（资料来源 2）。该提案第 10 条相关部分的内容为：

航行安全和公海自由原则

可以在距离固定和暂时的设施和设备外边缘周围不超过 500 米的距离建立其安全地带。这种设施和设备不得放置在可能阻碍国际海上航路或航空路线的地方，也不得放置在有频繁捕鱼活动的区域。

与此同时，马耳他将一些关于保护海洋科学研究设施的可比规定纳入其关于科学研究的条款草案（资料来源 3）。

260. 2. 在第三期会议上（1975 年），9 个社会主义国家（资料来源 4）的提案较为简明扼要。该文本的相关部分内容为

第 9 条

科学研究设施

……

3. 可以在设施周围创建本条中所指的从设施的最外点测量的宽度不超过 500 米的安全地带。所有国家应确保其安全地带受其船只的尊重。

对该提案的讨论没有出现在记录上。

在非正式单一协商案文/第三部分（资料来源5），社会主义国家的规定作为单独条款列为：

第31条

可以在设置周围创建从本文中提到的设置的最外点测量的宽度不超过……米的安全地带。所有国家应确保其安全地带受其船只的尊重。

该文本未规定要建立的安全地带的允许宽度。

第三期会议后，非正式法律专家小组在审查非正式单一协商案文的海洋科学研究规定时，提出删除第31条，理由是它已经包含在不断演变的第二委员会关于专属经济区和大陆架的案文的其他条文中。[①]

260.3. 在第四期会议上（1976年），苏联提交了一项非正式提案（资料来源15），可以围绕科学研究设施建立"合理宽度"的安全地带。后来的非正式协商导致在订正的单一协商案文第三部分（资料来源6）中修改了该条文：

根据本公约的有关规定，可以在科学研究设施周围建立合理宽度不超过500米的安全地带。所有国家应确保其安全地带受其船只的尊重。

案文中纳入了几项变更。允许建立"符合本公约有关规定"的"合理宽度不超过500米的安全地带"。另外，"船只"一词的英文由"ship"替换为"vessel"（相当于第三委员会的一般用法）。

260.4. 根据起草委员会的建议（资料来源12和资料来源13），在《公约草案》中，"宽度"一词的英文由"width"替换为"breadth"（资料来源11）。然而，这种变化只影响了《公约》的英文文本，且符合《公约》的一般用法。

260.5(a). 第260条对应于第五十条的关于专属经济区、第八十条的关于大陆架、第一四七条第2款（c）项的关于"区域"。

260.5(b). 该条还与第九十四条关于船旗国有效行使管辖权和控制悬挂其旗帜的船只的责任有关。第260条与第十三部分其他条款的区别在于其简称"其船只"，而不是"悬挂其旗帜或其登记注册的船只"（参见第二一一条、第二一二条、第二一六条、第二一七条和第二二二条）。这里所说的"其船只"显然是指拥有其国籍的船只。

---

① 海洋科学研究（1976年3月，油印本），第28-31条（非正式法律专家小组）。转载于《第三次联合国海洋法会议文件集》第十一卷，第544、555页。

260.5(c). 关于建立安全地带，国际民用航空组织得出结论认为，由于《公约》提到了安全区的"宽度"，"这种设施以上空域似乎不允许有这样的限制，飞越的权利不能被沿海国……削减。"②

260.5(d). 海事组织大会 1987 年 11 月 19 日第 A.621（15）号决议涉及防止侵犯海上设施或结构物的附近安全地带的措施。其序言引用了《公约》第六十条和第八十条。③

---

② 见国际民航组织文件。C-WP/7777（1984 年，油印本），第 11.7 段．国际民航组织还指出，"国际民航组织制定的航空规则可以在必要时对往返于或飞越专属经济区内的人工岛屿、设施或结构物的飞行进行特别规定"，见国际民航组织文件。C-WP/8077（1985 年，油印本），第 35 页，转载于荷兰海洋法研究所《国际组织和海洋法年鉴》[1985 年]，第 310、318 页；1985—1987 年联合国海洋和海洋法司《海洋事务年度回顾：法律和政策的主要档》，第一卷，第 114、121 页。

③ 海事组织大会第十五届会议（1987 年），《决议和其他决定》120。转载于荷兰海洋法研究所《国际组织和海洋法年鉴》[1985 年]，第 330 页；1985—1987 年联合国海洋和海洋法司《海洋事务年度回顾：法律和政策的主要档》，第一卷，第 338 页。

第二六一条 对国际航路的不干扰

任何种类的科学研究设施或装备的部署和使用不应对已确定的国际航路构成障碍。

资料来源

1. A/AC. 138/SC. III/L. 23，原则 12，转载于 1972 年《海底委员会报告》第 206、208 页（保加利亚、乌克兰苏维埃社会主义共和国和苏联）。

2. A/AC. 138/SC. III/L. 31（1973 年，油印本），第 10 条第 1 款（保加利亚、波兰、乌克兰苏维埃社会主义共和国和苏联）。

3. A/AC. 138/SC. III/L. 34（1973 年，油印本），第 4 条第 1 款（a）项，第 5 条第 1 款（c）项和第 6 条第 1 款（马耳他）。

4. A/CONF. 62/C. 3/L. 26（1975 年）第 9 条第 4 款，《正式记录》第四卷，第 213 ~214 页（保加利亚、白俄罗斯苏维埃社会主义共和国、捷克斯洛伐克、德意志民主共和国、匈牙利、蒙古、波兰、乌克兰苏维埃社会主义共和国和苏联）。

5. A/CONF. 62/WP. 8/Part III（非正式单一协商案文，1975 年），第二部分，第 32 条，《正式记录》第四卷，第 171、179 页（第三委员会主席）。

6. A/CONF. 62/WP. 8/Rev. 1/Part III（订正的单一协商案文，1976 年），第 73 条，《正式记录》第五卷，第 173、183 页（第三委员会主席）。

7. A/CONF. 62/WP. 10（非正式综合协商案文，1977 年），第 262 条，《正式记录》第八卷，第 1、43 页。

8. A/CONF. 62/WP. 10/Rev. 1（非正式综合协商案文第一次修订稿，1979 年，油印本），第 261 条。转载于《第三次联合国海洋法会议文件集》第一卷，第 375、484 页。

9. A/CONF. 62/WP. 10/Rev. 2（非正式综合协商案文第二次修订稿，1980 年，油印本），第 261 条。转载于《第三次联合国海洋法会议文件集》第二卷，第 3、113 页。

10. A/CONF. 62/WP. 10/Rev. 3*（非正式综合协商案文第三次修订稿，1980 年，油印本），第 261 条。转载于《第三次联合国海洋法会议文件集》第二卷，第 179、290 页。

11. A/CONF. 62/L. 78（1981 年《公约草案》），第 261 条，《正式记录》第十五卷，第 172、216 页。

起草委员会

12. A/CONF. 62/L. 67/Add. 11（1981 年，油印本），第 135~137 页。

13. A/CONF. 62/L. 72（1981 年），《正式记录》第十五卷，第 151 页（起草委员会主席）。

14. A/CONF. 62/L. 152/Add. 25（1982 年，油印本），第 43 页。

15. A/CONF. 62/L. 160（1982 年），《正式记录》第十七卷，第 225 页（起草委员会主席）。

非正式文件

16. Draft Article［s］on Marine Scientific Research（1975 年，油印本），第 9 条第 4 款（匿名）。转载于《第三次联合国海洋法会议文件集》第十一卷，第 10、13 页。

17. 苏联（1976 年，油印本），第 30 条。转载于《第三次联合国海洋法会议文件集》第十一卷，第 49、51 页。

评　　注

261.1. 第二六一条补充了第二四〇条（c）项，其中表达了"海洋科学研究不得无理地干扰与本公约相适应的海洋的其他合法用途"的一般原则。第二六一条规定的义务适用于科学研究设施或设备，但不应构成对"已建立的国际航运路线的障碍"。

261.2. 第二六一条所载的基本思想首先出现在 1972 年由 3 个东欧国家提交给海底委员会第三委员会的文件（资料来源 1）。该文件表达了"进行科学研究而不应造成对航行的危险"的一般原则。

由东欧 4 国在 1973 年的海底委员会会议上提交的一份文件中（资料来源 2），这一义务以更具体的形式表达，除其他外，规定了固定和临时装置和设施"不应放置在可能阻碍国际海上通道的地方"（资料来源 3）。马耳他提交的一份文件提到了确保设施、设备或装置不干扰"使用国际航海所需的海道"的几种提法。

261.3. 在第三期会议上（1975 年），在非正式会议上提交的匿名的文件（资料来源 16）规定，固定或流动的研究装置"不得构成对国际航运通常路线的障碍"。9 个社会主义国家提出的一项提案，包括一个类似的规定，尽管更绝对地规定，"这些设施不许（must not）成为传统国际航运路线的障碍"。

在非正式单一协商案文/第三部分（资料来源 5），该条文在另一个条款中详细阐述为：

　　任何类型的科学研究设施或装备的部署和使用，不许构成对已确定的国际航运路线的障碍。

这项条款使用的是一个绝对的词来表达（"不许"）。

第三期会议后，非正式法律专家小组审议了非正式单一协商案文关于海洋科学研究的规定。拟议的文件提出将这一规定与第二委员会拟订的规定协调（参见《公约》第六十条第 7 款）。非正式法律专家小组提出的措辞如下：

科学研究设施和装备不得部署在对至关重要的国际航行公认的海道的使用造成干扰的地方。①

但是，这一措辞没有为会议所接受。

261. 4. 在第四期会议上（1976 年），经进一步非正式协商后，订正的单一协商案文第三部分逐字重复了非正式单一协商案文。

经过第五期会议（1976 年）和第六期会议（1977 年）的进一步讨论，对非正式综合协商案文（资料来源 7）进行了一些起草文字上的修正，内容如下：

第 262 条　对航运路线的不干扰
任何类型的科学研究设施或装备的部署和使用，不应对已确定的国际航路构成障碍。

该案文采用了以更强调的义务性语言而不是宽容的术语来表达。另外，它一般性地提到"已确定的国际航运路线"，英文用的是 "established international shipping routes"，而不是 "*the* established international shipping routes"。所有后来的文本中的文字都没有改变。

261. 5. 《公约》中其他地方没有出现"确定的国际航线"的表述。第六十条第 7 款使用的是"公认的海道"，第一四七条第 2 款（c）项使用的是"国际海道"。虽然这两个表达方式都没有被接受，但假设"已确定的国际航路"一词必然具有正常意义。②

---

① 海洋科学研究（1976 年 3 月，油印本），第 32 条（非正式法律专家小组）。转载于《第三次联合国海洋法会议文件集》第十一卷，第 544、555 页。

② 关于第二六一和二六二条，海事组织秘书处表示："海事组织似乎是制定确保海上安全的国际规则和标准的最适当机构。"在这方面，它提到有必要与其他有关国际组织，如国际民航组织、国际电联、海委会、水文组织等协商。见《1982 年联合国海洋法公约对国际海事组织的影响》，海事组织秘书处的研究报告，LEG/MISC/1（1986 年，油印本），第 127 段。转载于荷兰海洋法研究所《国际组织和海洋法年鉴》[1987 年]，第 340、388 页；1985—1987 年联合国海洋和海洋法司《海洋事务年度回顾：法律和政策的主要文件》，第一卷，第 123、157 页。

第二六二条　识别标志和警告信号

本节所指的设施或装备应具有表明其登记的国家或所属的国际组织的识别标志，并应具有国际上议定的适当警告信号，以确保海上安全和空中航行安全，同时考虑到主管国际组织所制订的规则和标准。

资料来源

1. A/AC. 138/SC. III/L. 31（1973 年，油印本），第 10 条第 3 款（保加利亚、波兰、乌克兰苏维埃社会主义共和国和苏联）。

2. A/AC. 138/SC. III/L. 34（1973 年，油印本），第 4 条第 1 款（b）项，第 5 条第 1 款（b）项和第 6 条第 1 款（马耳他）。

3. A/CONF. 62/C. 3/L. 26（1975 年），第 9 条第 5 款，《正式记录》第四卷，第 213～214 页（保加利亚、白俄罗斯苏维埃社会主义共和国、捷克斯洛伐克、德意志民主共和国、匈牙利、蒙古、波兰、乌克兰苏维埃社会主义共和国和苏联）。

4. A/CONF. 62/WP. 8/Part III（非正式单一协商案文，1975 年），第二部分，第 33 条，《正式记录》第四卷，第 171、179 页（第三委员会主席）。

5. A/CONF. 62/WP. 8/Rev. 1/Part III（订正的单一协商案文，1976 年）第 74 条，《正式记录》第五卷，第 173、183 页（第三委员会主席）。

6. A/CONF. 62/WP. 10（非正式综合协商案文，1977 年），第 263 条，《正式记录》第八卷，第 1、43 页。

7. A/CONF. 62/WP. 10/Rev. 1（非正式综合协商案文第一次修订稿，1979 年，油印本），第 262 条。转载于《第三次联合国海洋法会议文件集》第一卷，第 375、484 页。

8. A/CONF. 62/WP. 10/Rev. 2（非正式综合协商案文第二次修订稿，1980 年，油印本），第 262 条。转载于《第三次联合国海洋法会议文件集》第二卷，第 3、113 页。

9. A/CONF. 62/WP. 10/Rev. 3*（非正式综合协商案文第三次修订稿，1980 年，油印本），第 262 条。转载于《第三次联合国海洋法会议文件集》第二卷，第 179、290 页。

10. A/CONF. 62/L. 78（1981 年《公约草案》），第 262 条，《正式记录》第十五卷，第 172、216 页。

起草委员会

11. A/CONF. 62/L. 67/Add. 11（1981 年，油印本），第 138~139 页。

12A/CONF. 62/L. 72（1981 年），《正式记录》第十五卷，第 151 页（起草委员会主席）。

非正式文件

13. Draft Article[s] on Marine Scientific Research（1975 年，油印本），第 9 条第 5 款（匿名）。转载于《第三次联合国海洋法会议文件集》第十一卷，第 10、13 页。

14. 苏联（1976 年，油印本），第 31 条。转载于《第三次联合国海洋法会议文件集》第十一卷，第 516、524 页。

评　　注

262. 1. 本条款起源于 1973 年由 4 个东欧国家提交给海底委员会第三委员会的提案（资料来源 1）。该提案的案文除其他外，规定

> 固定和浮动的台站和设施应当具有指示其所属国家或国际组织的识别标志，并应携带必要的永久警告装置，如标志和信号，以确保公海航行和飞越的安全。

马耳他提交的一套条款草案（资料来源 2）提到了规定存在的科学研究设施提供"永久和充分的警告手段"的若干提法。

262. 2. 在第三期会议期间（1975 年），在非正式会议（资料来源 13）中提交的匿名文件扩大了东欧国家的提案，规定识别标志和警告信号应符合适用的国际协定。这个条文在 9 个社会主义国家（资料来源 3）的一项提案中得到了更为清晰的阐述，其将条文分成了两段，内容如下：

> 固定和移动设施和浮动台站应具有表明其所属国家或主管国际组织的标识标志和必要的永久警告信号，以确保海上航行和空中飞行的安全。
>
> 本条规定的识别标志和警告信号由国际协定规定，它们应当符合协定的规定。

在这次会议的正式和非正式协商中，社会主义国家提案的第 2 款显然未被接受，如非正式单一协商案文/第三部分（资料来源4），条文只包含一段，内容为：

本章所指的设施或装备应具有指示其所属国家或国际组织的识别标志，并要具有足够的警告信号，以确保海上航行和空中飞行的安全。

案文通常提及科学研究"设施或装备"，代替了早期草案中使用的更麻烦的措词。

262. 3. 在第四期会议上（1976 年），苏联提出的非正式提案（资料来源 14）建议修改本条，内容如下：

本章所指的设施或装备应具有指明国家或国际组织登记的识别标志，并要具有足够的国际商定的警告信号，以确保海上航行和空中飞行的安全性，同时考虑到主管国际组织所制定的原则。

在订正的单一协商案文第三部分（资料来源 5）第 74 条中，几乎逐字反映了苏联文本中提出的措辞，唯一的改变是用"本节"代替了"本章"。该案文中所指的设施或装备上标记的，是"登记"的而不是"它们所属的"国家或国际组织。另外，使用的警告信号是"国际认同的"。此外所指的装备中，还增加了一条款，即"考虑到主管国际组织制定的原则"，执行此类标志。

262. 4. 在第五期会议（1976 年）和第六期会议（1977 年）非正式协商之后，非正式综合协商案文（资料来源 6）大部分重复了订正的单一协商案文，内容为：

第 263 条　识别标志和警告信号

本节所指的设施或装备应具有指示登记的国家或其所属国际组织的识别标志，并应具有足够的国际上议定的适当警告信号，以确保海上安全和空中航行安全，同时考虑到主管国际组织制定的原则。

案文中纳入了几项变更。识别标志是指"登记的国家或它们所属的国际组织"。此外，警告信号是确保"海上安全和空中航行安全"。

这反映了本条目前的措辞，此后没有作出实质性的改变。

262. 5. 该规定的义务包括若干国际组织的活动。空中航行安全与国际民航组织有关;①海上安全是海事组织的职责;②"国际商定的警告信号"主要由国际电联决定。③

---

① 这符合国际民航组织确定的航空规则。有关一般性讨论,请参阅国际民航组织文件 C-WP/7777(1984 年,油印本),第 9.7—9.13 段。

② 在这个方面,请参见关于第二六一条的评述,上文注②。

③ 见国际电信联盟,《无线电规则》,1982 年版(1985 年、1986 年和 1988 年修订),特别是第九章(遇难和安全通信),第 41 条(警报和警告信号),由 1987 年 7 月 1 日起生效的世界无线电移动业务无线电会议(WARC Mob-87)的最文件部分修改和补充。在国际电联本身,诸如"科学研究设备"和"海洋环境"等术语未被定义。见于 1989 年 4 月 4 日国际电联秘书长(巴勒斯坦)给维也纳法律图书馆档案馆档案的海洋法和竞争政策中心(Rosene)的信。

第五节　责任

第二六三条　责任

1. 各国和各主管国际组织应负责确保其自己从事或为其从事的海洋科学研究均按照本公约进行。

2. 各国和各主管国际组织对其他国家。其自然人或法人或主管国际组织进行的海洋科学研究所采取的措施如果违反本公约，应承担责任，并对这种措施所造成的损害提供补偿。

3. 各国和各主管国际组织对其自己从事或为其从事的海洋科学研究产生海洋环境污染所造成的损害，应依据第二三五条承担责任。

资料来源

1. A/AC. 138/SC. III/L. 18，原则 14，转载于 1972 年《海底委员会报告》第 203、205 页（加拿大）。

2. A/AC. 138/SC. III/L. 23，原则 13，转载于 1972 年《海底委员会报告》第 206、208 页（保加利亚，乌克兰苏维埃社会主义共和国和苏联）。

3. A/AC. 138/SC. III/L. 31（1973 年，油印本），第 13 条（保加利亚、波兰、乌克兰苏维埃社会主义共和国和苏联）。

4. A/AC. 138/SC. III/L. 34（1973 年，油印本），第 4 条第 2 款，第 5 条第 2 款和第 6 条第 2 款（马耳他）。

5. A/CONF. 62/C. 3/L. 17（1974 年），第三部分 C 节，［保加利亚、波兰、乌克兰苏维埃社会主义共和国和苏联］，委内瑞拉、西班牙和加拿大的提案，《正式记录》第三卷，第 263、266 页（第三委员会，非正式会议）。

6. A/CONF. 62/C. 3/L. 26（1975 年），第 10 条，《正式记录》第四卷，第 213、215 页（保加利亚、白俄罗斯苏维埃社会主义共和国、捷克斯洛伐克、德意志民主共和国、匈牙利、蒙古、波兰、乌克兰苏维埃社会主义共和国和苏联）。

7. A／CONF. 62／C. 3／L. 31（1975 年），B 节和附件，C 节，由印度、［比利时、法国、德意志联邦共和国、爱尔兰和荷兰］、苏联，特立尼达和多巴哥、加拿大提出的提案，《正式记录》第四卷，第 220、222～223 页（第三委员会，非正式会议）。

8. A／CONF. 62／WP. 8／Part III（非正式单一协商案文，1975 年），第二部分，第 34～36 条，《正式记录》第四卷，第 171 页（第三委员会主席）。

9. A／CONF. 62／WP. 8／Rev. 1／Part III（订正的单一协商案文，1976 年）第 75 条，《正式记录》第五卷，第 173、183 页（第三委员会主席）。

10. A／CONF. 62／WP. 10（非正式综合协商案文，1977 年），第 264 条，《正式记录》第八卷，第 1、44 页。

11. A／CONF. 62／WP. 10／Rev. 1（非正式综合协商案文第一次修订稿，1979 年，油印本），第 263 条。转载于《第三次联合国海洋法会议文件集》第一卷，第 375、485 页。

12. A／CONF. 62／WP. 10／Rev. 2（非正式综合协商案文第二次修订稿，1980 年，油印本），第 263 条。转载于《第三次联合国海洋法会议文件集》第二卷，第 3、114 页。

13. A／CONF. 62／WP. 10／Rev. 3*（非正式综合协商案文第三次修订稿，1980 年，油印本），第 263 条。转载于《第三次联合国海洋法会议文件集》第二卷，第 179、291 页。

14. A／CONF. 62／L. 78（1981 年《公约草案》），第 263 条，《正式记录》第十五卷，第 172、216 页。

起草委员会

15. A／CONF. 62／L. 67／Add. 11（1981 年，油印本），第 140～146 页。

16. A／CONF. 62／L. 72（1981 年），《正式记录》第十五卷，第 151 页（起草委员会主席）。

17. A／CONF. 62／L. 152／Add. 25（1982 年，油印本），第五节标题和第 263 条标题，第 44～45 页。

18. A／CONF. 62／L. 160（1982 年），《正式记录》第十七卷，第 225 页（起草委员会主席）。

非正式文件

19. CRP／Sc. Res. ／32（1974 年，油印本）（印度）。转载于《第三次联合国海洋法会议文件集》第十卷，第 319 页。

20. CRP／Sc. Res. ／33（1974 年，油印本）（委内瑞拉）。转载于《第三次联合国海洋法会议文件集》第十卷，第 319 页［见上文资料来源 5］。

21. CRP／Sc. Res. ／34（1974 年，油印本）（西班牙）。转载于《第三次联合国海洋法会议文件集》第十卷，第 320 页［见上文资料来源 5］。

22. CRP/Sc. Res. /36（1974 年，油印本）（加拿大）。转载于《第三次联合国海洋法会议文件集》第十卷，第 321 页［见上文资料来源 5］。

23. CRP/Sc. Res. /41（1974 年，油印本），第三部分，C 节，［保加利亚、波兰、乌克兰苏维埃社会主义共和国和苏联］、委内瑞拉、西班牙、印度和加拿大的提案。转载于《第三次联合国海洋法会议文件集》第十卷，第 328、336 页［见上文资料来源 5］。

24. Draft Article［s］on Marine Scientific Research（1975 年，油印本），第 10 条（匿名）。转载于《第三次联合国海洋法会议文件集》第十一卷，第 10、13 页。

25. C. 3/3rd session/CRP Sc. Res. 3（1975 年，油印本）（印度）。转载于《第三次联合国海洋法会议文件集》第十卷，第 345 页［见上文资料来源 7］。

26. C. 3/3rd session/CRP Sc. Res. /4（1975 年，油印本）（比利时、法国、德意志联邦共和国、爱尔兰和荷兰）。转载于《第三次联合国海洋法会议文件集》第十卷，第 345 页［见上文资料来源 7］。

27. C. 3/3rd session/CRP Sc. Res. /5（1975 年，油印本）（苏联）。转载于《第三次联合国海洋法会议文件集》第十卷，第 346 页［见上文资料来源 7］。

28. C. 3/3rd session/CRP Sc. Res. /6（1975 年，油印本）（特立尼达和多巴哥）。转载于《第三次联合国海洋法会议文件集》第十卷，第 346 页［见上文资料来源 7］。

29. C. 3/3rd session/CRP Sc. Res. /7（1975 年，油印本）（加拿大）。转载于《第三次联合国海洋法会议文件集》第十卷，第 347 页［见上文资料来源 7］。

30. C. 3/3rd session/CRP/Sc. Res. /8（1975 年，油印本）（匿名）。转载于《第三次联合国海洋法会议文件集》第十卷，第 347 页。

31. C. 3/3rd session/CRP/Sc. Res. /8/Rev. 1（1975 年，油印本）（匿名）。转载于《第三次联合国海洋法会议文件集》第十卷，第 348 页。

32. C. 3/3rd session/CRP/Sc. Res. /8/Rev. 2（1975 年，油印本）（匿名）。转载于《第三次联合国海洋法会议文件集》第十卷，第 348 页。

33. C. 3/3rd session/CRP/Sc. Res. /8/Rev. 3（1975 年，油印本）（匿名）。转载于《第三次联合国海洋法会议文件集》第十卷，第 349 页。

34. 主席提议（1975 年，油印本）（项目 13 和项目 14，非正式会议主席）。转载于《第三次联合国海洋法会议文件集》第十一卷，第 20 页。

35. 主席提议（1975 年，油印本）（项目 13 和项目 14，非正式会议主席）。转载于《第三次联合国海洋法会议文件集》第十一卷，第 22 页。

36. 主席提议（1975 年，油印本）（项目 13 和项目 14，非正式会议主席）。转载于《第三次联合国海洋法会议文件集》第十一卷，第 23 页。

37. 苏联（1976 年，油印本），第 34~36 条。转载于《第三次联合国海洋法会议文件集》第十一卷，第49、51~52页。

38. 埃及和摩洛哥（1976年，油印本），第34~36条。转载于《第三次联合国海洋法会议文件集》第十一卷，第65~66页。

39. 美国（1977年，油印本），第75条。转载于《第三次联合国海洋法会议文件集》第十一卷，第99~100页。

40. ［M］SR/1（1978年，油印本），第264条（巴林、民主也门、埃及、伊拉克、约旦、科威特、黎巴嫩、阿拉伯利比亚民众国、毛里塔尼亚、摩洛哥、阿曼、葡萄牙、卡塔尔、沙特阿拉伯、索马里、苏丹、阿拉伯叙利亚共和国、突尼斯、阿拉伯联合酋长国和也门）。转载于《第三次联合国海洋法会议文件集》第十卷，第358页。

［另见第三〇四条（本系列丛书第五卷）。］

评　注

263. 1. 1972年由加拿大提交给海底委员会的一份工作文件（资料来源1），其中包括各国应制定手段"使得能够确定国家或国际组织在海洋科学研究过程中或其管辖下的人员的活动造成损害或对海洋环境或任何国家或其国民造成的损害的责任的原则。"同时，3个东欧国家提出，各国应"对与海洋科学研究有关的国家活动承担国际责任，无论这些活动是由政府机关还是由其管辖下的个人或团体进行"（资料来源2）。

东欧国家将其提案提交到1973年海底委员会的"世界海洋科学研究公约草案"（资料来源3），其中第13条内容如下：

在科学研究过程中可能造成的损害的责任

国家应对在世界海洋中的国家活动承担国际责任，不论是由政府机关、法人还是实体人员执行的，并确保按照本公约的规定进行国家活动。

国家对在世界海洋、海床及其底土进行科学研究可能对其他国家、其法人或实体人员或国际组织造成的损害应承担国际责任。

马耳他的一项提案（资料来源4）还包括关于不遵守在安装和浮动装置方面提出的规定"在航行事故发生时"的各种义务的责任。①

263. 2. 在海洋法会议第二期会议上（1974年），提交了一些非正式提案（资料来源19至资料来源23），其中有几项提出了对东欧国家提案的修改（资料来源3）。这些

---

① 马耳他提交给第二委员会的提案也包含了类似的规定，这些提案将与第三委员会提案一并解读。见 A/AC. 138/SC. II/L. 28，第74条和第75条第2款，转载于1973年第三次海底委员会会议报告，第35、60页（另见该案文的注释㊴）（马耳他）。

提案中的大多数是转载于提交给会议的综合文本（资料来源5）。该文件中的加拿大提案（资料来源22）中出现了一个新的理念，具体如下：

> 国家应对海洋环境中由其自己或其国民、自然人或法人进行的海洋科学研究负责。
>
> 国家应对海洋环境造成的损害负责，包括由于海洋科学研究而导致的对其他国家及其环境造成的损害。当这种损害归因于其国民时，各国承诺提供追索权，以确保对其受害者给予公平的赔偿。

这项建议区分了一般责任和损害赔偿责任。该提案附有一条说明，即在任何关于海洋科学研究、责任和损害赔偿责任的任何案文都应与关于海洋污染损害的任何类似规定一起制定，因此，本案文可能必须在以后的日子里修改或扩大。

263. 3. 在1975年的第三期会议上，东欧国家（资料来源6）重新拟订了以前的建议：

第10条 科学研究的责任

> 各国应负责确保无论是其从事或其国民、实体或法人从事海外科学研究，均按照本公约的规定和其他国际法规则进行。
>
> 国家对海洋科学研究产生的损害，对其他国家或其他国家的法人或实体造成的损害负责。当这种损害归因于其管辖或控制的人员时，各国承诺向其适当机构提供追索权，以确保对其受害者给予公平的赔偿。

该案文将确保海洋科学研究是"按照本公约和其他国际法规则进行"的义务施加给了各国。第二段反映了早先的加拿大提案，规定了海洋科学研究对海洋环境造成的损害的责任和"公平补偿"。

随后，在非正式会议上，提出了大量关于责任和损害赔偿责任问题的提案（资料来源24至资料来源36）。其中包括来自项目13和项目14的非正式会议主席（资料来源34至资料来源36）的一些提案，这些提案综合了其他一些提案。经过非正式协商，这些非正式提案（资料来源25至资料来源29）正式提交给会议（资料来源7，附件）。该文件还载有一份更详尽的综合案文（资料来源7，B节）的提案，内容如下：

B. 责任

1. 国家和主管国际组织应负责确保无论是其从事还是为其从事的海洋科学研究均按照本公约进行。

对于由其自己或代表其进行的海洋科学研究造成的损害，他们应对国际法和本公约的规定负有损害赔偿责任。

2. 各国还应采取必要的立法或管理措施，禁止其本国国民、自然人或法人或其管辖下的其他人员违反本公约的规定进行海洋科学研究，并对此建立制裁措施。

3. 各国应确保根据海洋科学研究造成的损害赔偿或其他救济的法律制度提供追索权。

4. 各国之间［应］在制定有关评价损害程序、确定责任、支付赔偿和解决有关争端的国际法方面进行合作。

5. 对在沿海国国家管辖范围内和/或主权下的区域之内或之外的海洋科学研究活动，但在上述范围内产生不利影响，应根据沿海国的法律予以管理，同时考虑到国际法的有关原则。

第 1 款和第 2 款载有关于责任和损害赔偿责任的规定，第 3 款规定了"补偿或其他救济"的法律诉求。第 4 款是新的，规定了与"损害评价程序、赔偿责任的确定、赔偿和解决有关争端的国际法的制定"。作为一项可选规定，第 5 款提出了关于"损害赔偿的责任"。

非正式单一协商案文/第三部分（资料来源 8）随后反映了综合文本所载的所有条文。然而，对责任和损害赔偿责任的基本规定进行了重组，并在一个单独的部分中列出，其中包含 3 条，其内容如下：

第五章　责任

第 34 条

国家和主管国际组织应负责确保无论是其从事还是为其从事的海洋科学研究均按照本公约进行。

根据国际法，他们应对由其自己或代表其进行的海洋科学研究造成的损害承担损害赔偿责任。

第 35 条

1. 各国还应采取必要的立法或管理措施，禁止其本国国民、自然人或法人或其管辖下的其他人员违反本公约的规定进行海洋科学研究，并对违反行为进行制裁。

2. 各国应确保根据赔偿或其他救济的法律制度对海洋科学研究所产生的损害提供追索权。

3. 海洋科学研究活动对沿海国国家管辖范围内或主权下的区域造成的损害赔偿责任应由沿海国的法律予以管理，同时考虑到国际法的有关原则。

第 36 条

各国［应］承诺在制定有关评价损害程序、确定责任、支付赔偿和解决有关争端的国际法方面进行合作。

第 34 条逐字重复了综合案文第 1 款；第 35 条重复了第 2 款和第 3 款以及第 5 款的大部分内容；第 36 条重复了第 4 款。

这些案文体现了"责任"的双重要素，即确保按照《公约》适当进行海洋科学研究活动的责任，以及为不能遵守《公约》可能造成的任何损害提供赔偿的"责任"适用的规则和条件。另一方面，第 36 条更具有与这个事实有关的一个方案的性质，即国际法委员会已经正在积极考虑国家责任这一问题，联合国大会已经要求，研究国际法不加禁止的行为产生的损害性后果的国际责任的新课题（1973 年 11 月 30 日第 3071（XXVIII）号决议）。

263. 4. 在第四期会议期间（1976 年），在非正式会议上，苏联对非正式单一协商案文/第三部分（资料来源 37）的条款提出了一系列拟议的修正案。对非正式单一协商案文责任和赔偿责任条款的唯一实质性修改是提出了第 35 条第 3 款的提案，其内容为：

3. 沿海国经济区或大陆架内的海洋科学研究造成的损害赔偿责任应受本公约所载争端解决程序规定的法律和条例的约束。

在本案文中，"国家管辖和/或主权区域"被修改为指"经济区内或大陆架"区域。此外，赔偿责任要由"本公约中的争端解决程序中的规定"决定，而不应该"受到沿海国的法律管辖"，同时考虑到国际法的有关原则。

埃及和摩洛哥采取了非常不同的做法（资料来源 38），提出非正式单一协商案文/第三部分第 34~36 条的修正案，内容如下：

第 34 条

1. 如果因科学研究而造成对海洋环境或其财产或人员损害，应予以赔偿。
2. 如果损害是由一个国家造成的，应视为该国负有责任：
（a）按照国际法，国家执行主权行为；
（b）按照私法规定，如果国家正在进行商业交易等其他行为。

应当要求国家赔偿或者补偿。为此，国家应指定代理人在法律程序中代表它。

3. 损害是由其他自然人或法人的行为造成的，按照私法责任，应当赔偿或者补偿。

第 35 条

各国应确保采取必要的立法或管理措施，禁止在其国家管辖和/或主权领土内违反本公约规定进行海洋科学研究。各国还应确保对其管辖下的其他人采取同样的措施，并对违反行为进行制裁。

第 36 条

1. 各国应确保采取必要的立法或管理措施，使受害方能够诉诸其法庭和国家当局，以便在国家管辖和/或主权领土内或通过除主权行为以外的行为，或通过自然人、法人或其他国家管辖下的其他人的行为造成损害时要求赔偿或补偿。如果多方造成损害，受害方可以决定，他将由哪一方寻求赔偿或补偿。

2. 各国应在区域和国际两级设立财务和技术机构，在损害赔偿当事人未知或无法全额赔偿或补偿的情况下提出赔偿或补偿要求或部分赔偿或补偿要求。各国还应合作制定有关保护和维护海洋环境的国际法，评价损害，赔偿和解决有关争端。

该案文更加重视责任"根据私法"，以及各国采取"必要的立法或监管措施"来控制研究活动和处理损害赔偿问题。

经过进一步的非正式协商，第三委员会主席成功地将各种文本减少到了订正的单一协商案文第三部分中的单独一节的一个条文（资料来源 9），内容如下：

第五部分　责任
第 75 条

1. 各国和各主管国际组织应负责确保其自己从事或为其从事的海洋科学研究均按照本公约进行。

2. 各国和各主管国际组织对其他国家、其自然人或法人或主管国际组织进行的海洋科学研究所采取的措施如果违反本公约，应承担责任，并对这种措施所造成的损害提供补偿。

3. 各国和各主管国际组织对其自己从事或为其从事的海洋科学研究产生海洋环境污染所造成的损害，应依据第 44 条［现为第二三五条］承担责任。

该案文第 1 款从非正式单一协商案文/第三部分第 34 条第 1 款开头开始逐字照搬。第 2 款将第 34 条第 2 款与第 30 条第 1 款的构成要素组合起来。根据第 3 款，海洋科学研究活动造成的损害的责任和赔偿责任应根据《公约》关于保护和保全海洋环境的规定（现为第十二部分，第二三五条）决定。所有这 3 款都适用于各国"和主管国际组织"。

263. 5. 在第六期会议上（1977 年），美国在非正式会议上提交了一项提案，要在第 2 款和第 3 款"赔偿责任"之后插入"按照国际法"（资料来源 39）。但是，这个提案没有得到足够的支持，但非正式综合协商案文（资料来源 10）的编号为第 264 条的案文实质上没有变化。然而，在某些方面，第二三五条第 3 款的交叉参照可能会改变案文的方向。

263. 6. 在第七期会议上（1978 年），一个由 19 个国家组成的阿拉伯国家集团与葡萄牙一起提出了一项修正案，其作用大大改变了案文的重点（资料来源 40）。该案文对应于关于第二三五条的类似提案（见上文第 235. 8 段），内容如下：

第 264 条

将案文改为：

对海洋环境或科学研究中的财产或个人造成的任何损害，应当引起对这种损害赔偿的索赔。

2. 如果这种损害是由某一国家的行为造成的，该国应负责任：

（a）按照国际法规则，执行主权行为；

（b）按照私法规则执行任何其他行为，如商业交易。国家有义务为此类损害提供赔偿或修复，为此目的，有关国家应指定该方在任何法律程序中的代表。

3. 如果这种损害是由其他自然人或法人的行为造成的，则此类人员应依照私法规则负责，并有义务对此造成损害提供赔偿或者修复。

4. 各国和专门的国际组织应在其主权或管辖范围内履行防止任何海洋科学研究违反本公约规定的必要立法和组织要求。他们也应履行与本国国民或其管辖下的自然人或法人相同的规定，并规定适用于此类违法行为的处罚。

5. 各国应履行必要的立法和组织规定，以便向受害方提供诉诸其法院或国家当局的追索权，以使该方可以在任何情况下对在其主权或管辖范围内的区域或通过非主权行为或通过其管辖下的自然人或法人的行为发生或造成的此类损害获得损害的赔偿或修理。如果有不止一个此类当事方，受害方有权选择要对其提出赔偿或修复损害的一个当事方。

6. 各国应设立区域和国际财务和技术机构，对于那些对这些损坏负责的人仍然未知或不能或部分不能或全部不能提供赔偿或修理这种损害的情况，可以就赔偿索赔或修复损害赔偿，为此类损害提供赔偿或修复。这些机构一般应共同制定有关保护和保全海洋环境的国际法，评价损害赔偿，赔偿和解决在这种情况下产生的争端。

该提案是根据埃及和摩洛哥提出的一项先前的提案编写的（资料来源 38）（见上文第 263.4 段）。

阿拉伯的提案在第三委员会主席在提交大会会议的报告中得到适当注意，表明已经提出的只是初步意见，必须在下期会议上加以审议。②在第三委员会第 39 次会议（第七期会议续会（1978 年）），作为这一提案的共同发起人之一的摩洛哥代表解释说，他们打算使第二六四条与［第二三五条］一致起来。③给出的理由是非正式综合协商案文中的条款"把重点放在刑事而不是民事责任"上，而对"遭受科学研究造成损害或污染的国家和个人来说，……他们更关心赔偿而不是惩罚制裁。"

263. 7. 在第八期会议上（1979 年），第三委员会主席报告说，第二三六条［第二三五条］的规定已经成功地与阿拉伯国家的提案合并（见上文第 235.8 段）；该提案随后被提案国撤回。④该条款在非正式综合协商案文第一次修订稿（资料来源 11）中重新编号为第 263 条，但其他原则未变。

第二六三条后来的唯一实质性变化是由非正式综合协商案文第二次修订稿（资料来源 12）第 3 款由海洋科学研究产生的"海洋环境污染造成的损害"的提法，从而更具体地说明了"海洋科学研究造成的损害"的一般提法。起草文字上的变更后来纳入了起草委员会的建议（资料来源 15 至资料来源 18）。

263. 8. 该案文本身并不具有争议性，被视为为了第十三部分的目的由于未履行起源于国际条约的义务而产生的国家责任的一般规则的特殊情况。在这个意义上，责任与量化的损害不相关。第三○四条重复了这项条款的一般主题（见第五卷，第 163 页）。

虽然英文文本使用了反映普通用法的"Responsibility and liability"（责任和损害赔偿责任），但其他语言则使用一个词。这对应于基本法律概念，构成司法上的协调。

一般来说，上述第 235.10 段的有关各项适用于第二六三条。

---

② 见 A/CONF. 62/RCNG/2（1978 年），第三委员会主席的报告（C. 3/Rep. 1），关于第二六四条（SR1）的提案，《正式记录》第十卷，第 173、176、188 页［见上文资料来源 40］。

③ 第三委员会第 39 次会议，第 15~16 段，《正式记录》第九卷，第 166 页。

④ 见在第三委员会第 40 次会议上主席的发言，第 7 段，《正式记录》第十一卷，第 69 页；摩洛哥的发言，第 17 段，同上，第 71 页。关于阿拉伯国家的提案和关于第二三五条的平行发展，见上文 235.5~235.9 段。

第六节　争端的解决和临时措施

第二六四条　争端的解决

本公约关于海洋科学研究的规定在解释或适用上的争端，应按照第十五部分第二和第三节解决。

资料来源

1. A/AC. 138/SC. III/L. 34（1973年，油印本），第7条（马耳他）。

2. A/AC. 138/SC. III/L. 44（1973年，油印本），第8条（美国）。

3. A/CONF. 62/C. 3/L. 17（1974年），第二部分，备选案文C，项目3，第4段，《正式记录》第三卷，第263~264页（第三委员会，非正式会议）。

4. A/CONF. 62/C. 3/L. 19（1974年），第6条第5款，《正式记录》第三卷，第266~267页（奥地利、比利时、玻利维亚、博茨瓦纳、丹麦、德意志联邦共和国、老挝、莱索托、利比里亚、卢森堡、尼泊尔、荷兰、巴拉圭、新加坡、乌干达、上沃尔特和赞比亚）。

5. A/CONF. 62/C. 3/L. 28（1975），第2款和第3款，《正式记录》第四卷，第216页（荷兰（内陆国/地理不利国家集团））。

6. A/CONF. 62 C. 3 L. 29（1975年），第7条第9款，《正式记录》第四卷，第216、218页（哥伦比亚、萨尔瓦多、墨西哥和尼日利亚）。

7. A/CONF. 62 WP. 8/Part. III，（非正式单一协商案文，1975年），第二部分，第20条和第37条，《正式记录》第四卷，第171、178、180页（第三委员会主席）。

8. A/CONF. 62 WP. 8/Rev. 1/Part. III（订正的单一协商案文，1976年），第76条，《正式记录》第五卷，第173、183页（第三委员会主席）。

9. A/CONF. 62 WP. 10（非正式综合协商案文，1977年），第265条，《第三次联合国海洋法会议文件集》第八卷，第1、44页。

10. A/CONF. 62 WP. 10 Rev. 1（非正式综合协商案文第一次修订稿，1979年，油

印本），第 264 条。转载于《第三次联合国海洋法会议文件集》第一卷，第 375、485 页。

11. A/CONF. 62/L. 41（1979 年），第 6 段和第 8 段，附件，第 264 条，《正式记录》第十二卷，第 94~95 页（第三委员会主席）。

12. A/CONF. 62/C. 3/L. 33（1979 年），第 8 段和第 264 条，《正式记录》第十二卷，第 114~115 页（第三委员会主席）。

13. A/CONF. 62/L. 50（1980 年），第 4 段和附件，第 264 条，《正式记录》第十三卷，第 80、82 页（第三委员会主席）。

14. A/CONF. 62/WP. 10/Rev. 2（非正式综合协商案文第二次修订稿，1980 年，油印本），第 264 条。转载于《第三次联合国海洋法会议文件集》第二卷，第 3、114 页。

15. A/CONF. 62/WP. 10/Rev. 3*（非正式综合协商案文第三次修订稿，1980 年，油印本），第 264 条。转载于《第三次联合国海洋法会议文件集》第二卷，第 179、291 页。

16. A/CONF. 62/L. 78（1981 年《公约草案》），第 264 条，《第三次联合国海洋法会议文件集》第十五卷，第 172、216 页。

起草委员会

17. A/CONF. 62/L. 67/Add. 11（147~148 页）和 Corr. 2（1981 年，油印本）。

18. A/CONF. 62/L. 67/Add. 14（1981 年，油印本），第 29~30 页。

19. A/CONF. 62/L. 72（1981 年），《正式记录》第十五卷，第 151 页（起草委员会主席）。

非正式文件

20. Amorphous Group（1975 年，油印本），第 6 条第 5~6 款。转载于《第三次联合国海洋法会议文件集》第十一卷，第 18 页。

21. LL/GDS（1975 年，油印本），第 6 条第 5~6 款。转载于《第三次联合国海洋法会议文件集》第十一卷，第 21 页。

22. 荷兰（1976 年，油印本），第 20 条。转载于《第三次联合国海洋法会议文件集》第十一卷，第 39 页。

23. 欧洲经济共同体（1976 年，油印本），第 20 条。转载于《第三次联合国海洋法会议文件集》第十一卷，第 67、69 页。

24. 美国（1977 年，油印本），第 76 条第 1 款。转载于《第三次联合国海洋法会议文件集》第十一卷，第 99~100 页。

25. 巴西（1977 年，油印本），第 76 条。转载于《第三次联合国海洋法会议文件集》第十一卷，第 103~104 页。

26. 苏联（1977，油印本），第76条。转载于《第三次联合国海洋法会议文件集》第十一卷，第104~105页。

27. 厄瓜多尔（1977年，油印本），第76条。转载于《第三次联合国海洋法会议文件集》第十一卷，第105页。

28. 德意志联邦共和国、爱尔兰、意大利和荷兰（1977年，油印本），第76条。转载于《第三次联合国海洋法会议文件集》第十一卷，第115页。

29. 美国（1978年，油印本），第265条。转载于《第三次联合国海洋法会议文件集》第十一卷，第117、119页［资料来源30初版］。

30. MSR/2（1978年，油印本），第265条（美国）。转载于《第三次联合国海洋法会议文件集》第十卷，第360、362页。

31. MSR/2/Rev. 1（1979年，油印本），第265条（美国）。转载于《第三次联合国海洋法会议文件集》第十卷，第386、389页。

32. MSR/8（1980年，油印本），第264条（非正式会议主席）。转载于《第三次联合国海洋法会议文件集》第十卷，第395、399页。

33. MSR/9（1980年，油印本），第264条（非正式会议主席）。转载于《第三次联合国海洋法会议文件集》第十卷，第400、402页。

评　注

264. 1. 第十三部分第六节包含两个条款：关于解决争端的第二六四条和有关解决争端前的临时措施的第二六五条。第二六四条涉及有关本公约关于海洋科学研究的规定的解释或适用的所有争端，不限于第十三部分解释或适用的争端。必须与第二四六条、第二五三条和第二九七条第2款一并解读。

第二六四条规定的这些争端"按照第十五部分第二和第三节的规定解决"，首先看起来是多余的。作为第十五部分第二节开头的第二八六条规定：

> 根据第三节，任何有关本公约的解释或适用的争端，如果没有通过诉诸第一节达成解决，则应争端任何一方的请求，提交根据本节具有管辖权的法院或法庭。

就海洋科学研究而言，第二九七条第2款载有对此的一个重要限制，内容如下：

> 2. （a）本公约关于海洋科学研究的规定在解释或适用上的争端，应按照第二节解决，但沿海国无义务接受提交此类解决办法引起的任何争端：
>
> （i）沿海国对第二四六条行使权利或斟酌决定权；或

（ii）沿海国决定按照第二五三条规定暂停或停止研究计划。

（b）研究国指称，对于沿海国不按照本公约适用的第二四六条和第二五三条行使其权利的具体计划，应按照以下要求提交：任何一方，根据附件五第二节进行调解，条件是调解委员会不得质疑沿海国行使其指定第二四六条第 6 款所述的具体方面的斟酌决定权，或根据第二四六条第 5 款拒绝同意的其斟酌决定权。

第二六四条结合第二九七条第 2 款解读，完善了其中第二四六条为核心的海洋科学研究的新法律制度。

264. 2. 在 1973 年的海底委员会会议上，马耳他和美国向第三分委员会提交了一套关于海洋科学研究的条款草案。这些提案都载有关于解决争端的一般条款。在马耳他的案文中（资料来源 1），提出"国际海事法院有权裁定不符合第三、四、五、六条规定的争端"，即这些条款处理国家管辖范围以内、内水以外的科学研究的制度。同时规定了由"国际海洋空间机构"在国家管辖范围以外区域开展的海洋科学研究。然而，这项建议没有规定解决与这种规定有关的争端。相比之下，美国的提案（资料来源 2）则提出了更广泛和更慷慨的规定：

> 关于解释或适用本章规定的"海洋科学研究"的任何争端，如争端双方当事一方重新质疑，均由第……条所载的强制性争端解决程序解决。

综合的强制性争端解决的概念，于是与没有沿海国同意加上领海以外的一系列义务，包括在沿海国管辖的地区进行研究要事先通知的海洋科学研究制度的条款的概述联系起来。

264. 3. 在海洋法会议第二期会议上（1974 年），由 17 个内陆和地理不利国发起的一系列关于海洋科学研究的条款草案（资料来源 4）随后重复出现在第三委员会非正式会议（也在第二期会议）关于项目 13 和项目 14 的综合备选案文的相关部分（资料来源 3）。该草案与建立一个具有一系列义务的制度相联系，包括事先通知，但没有要求在大陆架或专属经济区进行海洋科学研究需要沿海国同意。有关规定如下：

> 有关本条的解释或适用的争端，应争端任何一方的要求，按照本公约有关条款规定的程序解决。

这项规定的一般性似乎是由于时间太紧而阻碍了关于项目 13 和项目 14 的非正式会

议期间对关于海洋科学研究的争端解决程序的充分讨论。①

264. 4. 在第三期会议上（1975 年），协商在正式和非正式的会议都进行了。一个匿名的国家集团根据内陆国/地理不利国集团提出的案文（资料来源 4）提交了一项非正式提案（资料来源 20）。它提出将前面的案文拟订为：

5.（a）沿海国有理由认为拟议的研究计划不符合本条规定，或研究机构或组织未能履行沿海国事先履行的义务的，在收到通知后的两个月内，尽快向研究国或组织通知其拒绝的理由。

（b）除非双方另有协议，否则各方应在两个月内从由联合国教科文组织总干事设立的海洋科学研究领域的合格专家小组成员中选出一名专家，他将任命第三名该小组成员的专家。

（c）专家协助双方达成协议。如果不能达成协议，专家应至少在任命两个月后集体或个别地向有关各方发表意见。

（d）在上述程序之前，拟议的研究计划将被暂停。

6. 如果沿海国继续反对拟议的研究计划，则应任何一方的要求，争端应按照本公约第……章规定的程序解决。

内陆国/地理不利国家集团随后提出了类似的案文（资料来源 21），虽然它没有包括（d）项，但也纳入了一些起草文字上的变化。

荷兰代表内陆国和地理不利国提出了一项经修订的提案（资料来源 5）。该案文大部分重复了内陆国/地理不利国的非正式提案，并加入了一些额外的起草文字上的变更，内容如下：

2. 用以下内容代替第 5 款：

5.（a）如果沿海国有合理理由相信拟议的研究计划不符合本条的规定，或研究国或组织未能履行本条关于事先（通知）沿海国的义务，该国可以相应地通知研究国或组织。此类情况应尽早通知研究国或组织，但无论如何应在收到通知后的……天内。

（b）除非双方另有协议，各方应在通知情况后的……天内，经与其他适当的国际组织的执行主管磋商，从由联合国教科文组织总干事建立的海洋科学研究所有领域的合格专家名单中选出一名专家，并由教科文组织总干事任命该小组的第三名专家。

----

① 见例如在第三委员会第 17 次会议（1974 年）上荷兰代表的发言，第 7 段，《正式记录》第二卷，第 381 页。

（c）专家协助双方达成协议。如果不能达成协议，专家应在其任命之日内，集体或个别地向所涉当事方发表意见。

3. 增加以下内容作为第 6 款：

6. 如果当事双方未通过上述程序达成协议，则应双方的请求，按照《公约》第……章规定的争端解决程序解决争端。

荷兰代表解释说，如果第 5 款的程序没有导致达成协议，则必须根据第 6 款遵循正常的强制解决程序。[2]然而，这个提案引起了争议，在第三委员会的正式协商中产生了许多不同意见。[3]为了回应这些反对意见，荷兰代表解释说，该文件

提出了解决争端程序的两个阶段。在第一阶段，研究国和沿海国将进行讨论，以解决可能出现的任何困难。如果没有结果，公正的专家将被召进来，如果双方当事人都不相信专家的意见，则将遵循解决争端的一般程序：这将构成第二阶段。条款草案的简明可能使程序看起来比实际更复杂。[4]

然而，内陆国/地理不利国提案的两段只涉及与在专属经济区或大陆架有关的海洋科学研究方面产生的争端。

一个四国集团提交了一项对该问题采取不同做法的提案（资料来源 6）。它规定了沿海国和研究国或主管国际组织对研究性质（即基础性或应用性）达不成一致的情况，并规定：

9. 除非各方另有约定，各方应从由联合国适当机构设立的海洋科学领域专家名单中选出一名人员。
专家协助双方达成协议。在继续达不成一致意见的情况下，应任何一方的要求，应由联合国合格机构任命第三名专家，目的是协助双方协调分歧。

---

② 第三委员会第 22 次会议（1975 年），第 55 款，《正式记录》第四卷，第 105 页。

③ 例如，见在第 23 次会议（1975 年）上厄瓜多尔的发言，第 9 段（反对"设立影响沿海国管辖区域的任意争端机制"），《正式记录》第四卷，第 108 页；印度的发言，第 19 段（提案"忽视沿海国的切身利益"，"解决争端程序应由沿海国决定"而不是提出），同上，第 109 页；伊拉克的发言，第 26 段（反对第 5 款（a）项，因为"有疑问的研究计划必须立即暂停或终止"，而且如果违反协议的决定留给"由联合国教科文组织或另外一个国际组织挑选的专家，对于发展中国家来说可能没有前途"），同上；和阿尔及利亚的发言，第 27 段（"合格专家的提法意味着专家可能来自发达国家，因此可能会有偏见"。此外，这些建议"非常复杂和太灵活"，而且"只要提出争端应按照公约规定的程序来解决"就简单了），同上。

④ 见第 23 次会议上的发言，第 45 页，《正式记录》第四卷，第 111 页；在第 24 次会议上继续，同上，第 1 段。

如果协商和调解不能达成一致意见，则沿海国有权拒绝同意。

　　哥伦比亚的代表解释说，这项提案是为了让研究国能够决定研究计划是纯科学研究还是应用研究。如果该决定被沿海国接受，该计划可以继续进行；然而，在存在反对意见、直接协商无法解决问题的情况下，双方可以诉诸独立专家。这些安排"将消除任何一个国家的任意行动。"⑤

　　鉴于目前正在进行的关于应用研究与基础研究的区分的辩论以及有关解决争端问题的各项提案，非正式单一协商案文/第三部分（资料来源7）包含了该主题的两个条款：

第 20 条

　　关于确定研究计划性质的任何争端，如果不是通过双方协商解决，应争端当事方的要求，应按照本公约的有关条款中规定的程序提交解决。

　　……

第六章　争端的解决
第 37 条

　　本公约关于海洋科学研究的规定在解释或适用上的任何争端，应按照本公约第……章所载的争端解决程序解决。

　　第 20 条是试图解决关于研究性质的争端问题，反映了在这个阶段的新观点的一个重要的讨论点。第 37 条仅将"海洋科学研究争端的解决"提交给《公约》另一部分的争端解决程序。

　　会议主席在非正式单一协商案文/第四部分（关于争端的解决）的介绍性说明中指出：

　　第二委员会主席在其非正式单一协商案文（A CONF. 62 WP. 8/Part Ⅱ）第 137 条和第三委员会主席在其案文第 37 条（A/CONF. 62/WP . 8/第三部分）没有为解决争端作出特别规定。⑥

　　虽然第二六四条的格式和语言因此出现在第一次非正式协商案文中，但其后来的

---

⑤　见在第23次会议上哥伦比亚的发言，第9页，《正式记录》第四卷，第112页。另见英国的反对意见，第18段，同上，第113页；肯尼亚的发言，第21段，同上；法国的发言，第24段，同上；苏联的发言，第30段，同上；以及巴西的发言，第38段，第114页。

⑥　A/CONF. 62/WP. 9/Rev . 2（订正的单一协商案文第四部分，1976 年），《正式记录》第六卷，第 144 页（主席）。

会议作出的广泛修改彻底改变了其实质性影响。

第三期会议后，非正式法律专家小组审议了非正式单一协商案文第 20 条，但没有审查第 37 条。第四期会议开始时编写的案文涉及 "研究计划的性质或目标"，并在第 20 条结尾增加了一句话，内容为：

> 在争端解决之前，研究国或组织不得启动有关沿海国的经济区或大陆架的计划下的研究活动，除非被争端的机关另有决定⑦

该提案后来作为一个新的单独条款（见下文第 265.2 段）并入订正的单一协商案文第三部分（资料来源 7）。

264.5. 在第四期会议上（1976 年），继续在非正式会议上进行协商，欧共体根据内陆国/地理不利国提案（资料来源 5）提交了一项非正式提案（资料来源 20）。由于这些非正式协商，非正式单一协商案文的两篇文章合并为订正的单一协商案文第三部分第 76 条（资料来源 8），内容如下：

第六节　争端的解决
第 76 条

1. 与海洋科学研究相关的任何争端，应通过协商、调解或其他双方达成一致的解决争端方式解决，尽管本公约可能载有任何相反的规定。

2. 如果关于研究计划的性质或目标的争端没有通过协商或根据第 1 款的程序解决，经有关各方同意，则应应争端当事方的请求提交按照下列和解程序进行解决：

（a）除非另有约定，争端各方应从海洋科学研究领域适当的联合国机构建立的专家名单中提名一名专家；

（b）专家协助各方达成协议。如果争端首次提交调解之日起两个月之后，争端继续存在，第三名专家应由联合国有关机关应任何有关方面的要求提名，以协助调解分歧。本段概述的程序的最长期限不得超过争端提交调解之日起四个月。如果本程序未达成协议，则争端应由本公约有关条款规定的争端解决程序解决。

3. 依本条规定的程序未解决的其他争端，应当依照本公约第四部分［现为第十五部分］予以解决。

---

⑦　海洋科学研究（1976 年 3 月，油印本），第 21 条（非正式法律专家小组）。转载于《第三次联合国海洋法会议文件集》第十一卷，第 544、552 页。该小组之前的草案转载于同上（1976 年 1 月，油印本），第 20 条，同上，第 516、522 页。

第 2 款反映了第 20 条的修订措辞，而第 2 款（b）项的最后一句反映了经修订的第 37 条。其余的可以追溯到早期的内陆国/地理不利国提案。

虽然强制提交调解的概念，其次是诉诸《公约》其他地方提供的争端解决程序，可以追溯到以前的提案，但订正的单一协商案文引进了两个新的要素。在第 7 条第 6 款第 1 项中，除了提及协商和争端各方商定的其他程序外，第十三部分关于海洋科学研究争端的首要地位是以"尽管本公约可能载有任何相反的规定"。第 2 款和第 3 款分别规定了"关于研究计划的性质或目标"和解决"任何其他争端"的不同程序，将解决限制类别的争端的具体方法与解决广泛类别的争端的方法结合进一个条款。

264. 6. 在第五期会议上（1976 年），第三委员会主席将海洋科学研究争端的解决视为在该期会议期间研究的"关键问题"之一。⑧然而，除了注意到与订正的单一协商案文第四部分的规定（后来成为第十五部分）的相互关系外，主席在该期会议上的正式报告并没有提及这个问题。⑨同时，通过卡斯塔涅达小组的工作（见第一卷，第 108 页），海洋科学研究的问题与另外两个问题互相联系起来，这一点显而易见：定义了专属经济区和沿海国在这些水域的权利；并将所有科学研究（而不仅仅是海洋科学研究）纳入公海自由的概念，在这方面，在第四部分（后来的第十五部分）争端的解决中将需要特别规定。这两个问题反映在订正的单一协商案文第四部分第 17 条中，⑩涉及对现行《公约》第十五部分强制性争端解决规定的适用性的限制。该建议的有关部分如下：

  1. 与沿海国行使有关本公约所确认的主权权利、专属权或专属管辖权的争端，仅在以下情况下应遵守第二节规定的程序：

   ……

  （c）当声称沿海国采取违反适用于沿海国并由本公约或根据本公约行事的主管国际机构规定的国际标准或保护海洋环境的标准或进行海洋科学研究时；或

   ……

  2. 第 1 款所排除的任何争端只有在有关沿海国明确同意的情况下才可以提交给第二节规定的程序。

  3. 争端当事方之间关于本条适用性的任何争端均应根据第 10 条第 3 款决定。

---

⑧ 第三委员会第 28 次会议（1976 年），第 6 段和第 7 段，《正式记录》第六卷，第 85 页。

⑨ A/CONF. 62/L. 18（1976 年），第 37 段，同上，第 139、142 页。

⑩ 见前注⑥，第 17 条，第 147 页。

（关于《公约》这一部分后来发展情况的说明载于本系列丛书第五卷，第 297. 12 ~ 297. 18 段，第 98 ~ 105 页。）

264. 7. 在第六期会议上（1977 年），协商完全在非正式会议上进行，第三委员会主席指出，第 76 条仍然是协商工作应集中精力的突出问题之一。[⑪]因此，它被列入了卡斯塔涅达小组的工作范围（见上文第 246. 10 段）。

巴西（资料来源 25）和厄瓜多尔（资料来源 27）提出的非正式提案建议删除第 76 条，而美国（资料来源 24）提交的一系列提案则是建议将第 1 款改写为：

　　1. 本章的任何内容不得排除缔约各方在任何时候同意通过双方协商、调解或其他程序解决与海洋科学研究有关的争端的权利。

苏联的一项提案（资料来源 26）改写了美国的提案，但也提出了另外一款：

　　在海洋科学研究过程中产生的任何争端，尚未通过应依照本公约第四部分第……条的规定予以解决。

随后纳入非正式综合协商案文（文件来源 9），文字大大缩短，内容如下：

第 265 条　争端的解决

　　除非有关各方另有约定或解决办法，否则与本公约有关海洋科学研究的解释或适用相关的争端应按照本公约第十五部分第 2 款予以解决，但沿海国不得将以下争端提交此类解决办法解决：

　　（a）沿海国根据第 247 条［现第二四六条］行使权利或斟酌决定权。或

　　（b）沿海国决定根据第 254 条［现第二五三条］终止研究计划。

这种文字上的简化至少部分是第 296 条（现为第二九七条）（见本系列第五卷，第 297. 12 段和第 297. 13 段）平行发展的结果，其第 3 款（a）项大部分重复了第二六五条。

264. 8. 在第七期会议上（1978 年），第三委员会主席报告了协调第 265 条和第 296 条第 3 款（a）项的努力，尽管有人考虑到第 265 条与第 296 条的重复建议将第 265 条删除，但仍然将它保留了下来。[⑫]第五协商小组委员会主席的报告也指出，需要"协调

统一"第 296 条第 3 款与第 265 条的条文。⑬

在第七期会议续会上（1978 年），美国再次提出第 265 条应删除，因为其内容已被列入第 296 条［现为第二九七条］（资料来源 29 和资料来源 30）。但是，这个建议没有被接受。

在第八期会议上（1979 年），美国提出了一些起草文字上的变化，以使本条案文符合第 296 条［第 297 条］第 3 款（a）项（资料来源 31）。然而，这些建议也没有被接受，而非正式综合协商案文第一次修订稿（资料来源 10）逐字重复了非正式综合协商案文的条文。

在第八期会议续会上（1979 年），第三委员会主席向全体会议报告说，第 264 条第 2 款的折衷方案是从该期会议的密集非正式协商中产生的，它为达成共识提供了"一个合理的前景"（资料来源 11）。⑭该方案需要增加一个新的第 2 款，内容如下：

> 2. 由研究国指称所产生的争端，就具体项目而言，沿海国未按照本公约规定行使第 246 条和第 253 条所规定的权利所产生的争端，尽管有第 284 条第 3 款的规定，应根据任何一方的要求，提交附件四所述的调解程序，但调解委员会不得根据第 246 条第 4 款行使斟酌决定权拒绝同意。

然而，后来的辩论表明，这一方案是不可接受的。同时，有人再次强调，有必要确保第 264 条与第 296 条（现第二九七条）的协调一致。主席在提交给第三委员会的报告中指出，虽然他以前曾建议将有关解决争端的一切规定转移到第十五部分，但并没有达成共识，问题仍然存在。⑮例如从巴西的发言看来，尽管两个条款之间存在逻辑关系，但经修订的协商案文却体现了一个关于解决争端的"一揽子协议"，如果内容改变了，达成的共识将会无效。⑯因为这个原因，第 264 条被保留在第十三部分。

264.9. 在第九期会议（1980 年）上的非正式讨论之后，非正式会议主席向非正式会议提出了关于第 264 条的以下提案（资料来源 32 和资料来源 33）：

第 264 条　争端的解决

1. 除非有关各方另有约定或解决办法，与本公约关于海洋科学研究的规

---

⑬　见 NG5/16 号文件，载于 A CONF. 62/RCNG/1（1978 年），《正式记录》第十卷，第 120-121 页（注②）。关于协商小组的核心问题，见第一卷，第 126 页。

⑭　另见第三委员会第 41 次会议（1979 年）。第 4 段。第 264 条，《正式记录》第十二卷，第 38 页。

⑮　第三委员会第 43 次会议（1979 年），第 10、13 段，《正式记录》第十二卷，第 47-48 页。

⑯　美国代表团关于第九期会议的报告说明了这种"一揽子协议"的性质。参见 M. Nordquist 和 C. Park（主编），参见第三次海洋法会议的美国代表团的报告，美国海洋法研究所，临时文件第 33（1983 年）号，第 391 页。另见荷兰外交部的报告。*De Derde Zeerechtconferentie van de Verenigde Naties* 188（出版号 132（1984 年））。

定的解释或适用有关的争端应按照第十五部分第 2 节的规定解决，但沿海国不得将以下任何争端提交此类解决方案解决：

（a）沿海国按照第 246 条行使权利或斟酌决定权，或

（b）沿海国决定按照第 253 条规定暂停或停止研究计划。

2. 研究国指称，对于沿海国不按照本公约规定行使第 246 条和第 253 条规定的权利的具体项目所引起的争端，尽管有第 284 条规定，应根据任何一方要求提交附件四［现在的附件五］中所述的调解程序，但调解委员会不得根据第 246 条第 5 款行使斟酌决定权拒绝同意。

在介绍非正式综合协商案文第二次修订稿时（资料来源 14），大会主席解释说，第三委员会主席同意他报告中出现的第 264 条的案文（见上文）。

应作为第 296 条［第 297 条］的第 2 款，以取代现有的第 2 款。将修改第 264 条，以便与第 296 条［第 297 条］新的第 2 款交叉参照。⑰

因此，非正式综合协商案文第二次修订稿第 264 条大幅度精简，内容如下：

争端的解决

与本公约关于海洋科学研究的规定的解释或适用有关的争端，应按照第十五部分第 2 节的规定解决。

（关于第二九七条第 2 款的平行发展，见第五卷，第 104 页，第 297.17 段）。

264.10. 在第九期会议续会上（1980 年），第三委员会集中讨论了起草文字上的问题，并在此方面接受了主席在第 264 条中用"3"代替"2"的提案。⑱但是，在非正式综合协商案文第三次修订稿中（资料来源 15），这个条款没有改变。

根据起草委员会的建议，现在的方案（提及第十五部分第 2 节和第 3 节）已列入《公约草案》（资料来源 16）。这是一个不影响实质内容的澄清，但第三委员会决定将第 3 节的引用作为参考，强调第 297 条第 2 款是对第十五部分第 2 节的适用性的限制，因此也是对第 264 条的适用范围的限制。

264.11（a）. 因此，根据研究是否在沿海国拥有主权权利或行使管辖权的一部分海域进行，解决与海洋科学研究有关的争端有两种制度——即在沿海国领海以外毗邻领

---

⑰　资料来源 14，引言，第 12 段，第 21 页。

⑱　A/CONF. 62/C. 3/L. 34 和 Add. 1 和 2（1980 年），附件，第 264 条，《正式记录》第十四卷，第 185、187 页（第三委员会主席）。

海的大陆架或专属经济区内的上覆水域进行的海洋科学研究，以及在公海上进行的海洋科学研究。在第一种情况下，与海洋科学研究有关的所有争端都属于第十五部分第二节和第三节的适用范围，但须符合第264条和第265条。在第二种情况下，适用第十五部分，即使海洋科学研究是在"区域"内进行的，除非研究属于第1条第1款第（3）项所定义的"区域内活动"一词的范围。在这种情况下，根据第一八七条，争端将属于国际海洋法法庭海底争端分庭的专属管辖权（附件六第35~40条；见第五卷，第399~416页）。这个有一点复杂的安排是从第八条第7款所述的澄清出发的，根据第六部分（大陆架）和第十三部分的规定，公海自由除其他外包括科学研究的自由，海洋科学研究受第十三部分的规定管辖。这反映了第五十八条的精神。

264.11(b). 为了完整起见，除了第十三部分（第二三八条至第二六五条）之外，《公约》的以下规定还提到海洋科学研究：第二十一条第1款（f）项、第四十条（包括第五十四条）、第五十六条第1款（b）、（ⅱ）项，第一四三条、第二六六条、第二七五条、第二七六条、第二七七条、第二九七条第2款和附件八第2条。事实上，所有这些规定都属于第十五部分的争端解决条款的范围（见上文 XII.13 段）。

264.11(c). 与第十五部分第2节有关的是关于特别仲裁的附件八（见第五卷，第441页）。海洋科学研究是可以使用特殊仲裁程序的领域之一。政府间海洋学委员会是指定保管该附件所要求的专家名单的机构。

264.11(d). 第二六四条的意义是双重的。首先，即使关于解决这些争端的实体法在第十五部分中有所规定，它也为解决《公约》中有关海洋科学研究的规定的解释或适用的争端建立了独立的制度。这为第二六五条提供了一个背景。其次，它将海洋科学研究与海洋的其他合法用途区分开来，包括将科学研究作为公海自由的一部分。这是对在沿海国可以行使《公约》规定的主权权利或管辖权的领海外部界限以外的海域进行海洋科学研究的内在敏感性的回应。

第二六五条　临时措施

在按照第十五部分第二和第三节解决一项争端前，获准进行海洋科学研究计划的国家或主管国际组织，未经有关沿海国明示同意，不应准许开始或继续进行研究活动。

资料来源

1. A/CONF. 62/WP. 8/Rev. 1/Part III（订正的单一协商案文），第 77 条，《正式记录》第五卷，第 173 页（第三委员会主席）。

2. A/CONF. 62/WP. 10（非正式综合协商案文，1977 年），第 266 条，《正式记录》第八卷，第 1，44 页。

3. A/CONF. 62/WP. 10/Rev. 1（非正式综合协商案文第一次修订稿，1979 年，油印本），第 265 条。转载于《第三次联合国海洋法会议文件集》第一卷，第 375、485 页。

4. A/CONF. 62/WP. 10/Rev. 2（非正式综合协商案文第二次修订稿，1980 年，油印本），第 265 条。转载于《第三次联合国海洋法会议文件集》第二卷，第 3、114 页。

5. A/CONF. 62/WP. 10/Rev. 3*（非正式综合协商案文第三次修订稿，1980 年，油印本），第 265 条。转载于《第三次联合国海洋法会议文件集》第二卷，第 179、291 页。

6. A/CONF. 62/L. 78（1981 年《公约草案》），第 265 条，《正式记录》第十五卷，第 172、216 页。

起草委员会

7. A/CONF. 62/L. 67/Add. 11（第 149~150 页）和 Corr. 2（1981 年，油印本）。

8. A/CONF. 62/L. 67/Add. 14（1981 年，油印本），第 30 页。

9. A/CONF. 62/L. 72（1981 年），《正式记录》第十五卷，第 151 页（起草委员会主席）。

非正式文件

10. Amorphous Group（1975 年，油印本），第 5 款（d）项。转载于《第三次联合国海洋法会议文件集》第十一卷，第 18 页。

11. 挪威（［1976 年］，油印本），第 21 条。转载于《第三次联合国海洋法会议文件集》第十一卷，第 28~29 页。

12. 美国（1977 年，油印本），第 77 条。转载于《第三次联合国海洋法会议文件集》第十一卷，第 99~100 页。

13. 苏联（1977 年，油印本），第 77 条。转载于《第三次联合国海洋法会议文件集》第十一卷，第 104~105 页。

14. 厄瓜多尔（1977 年，油印本），第 77 条。转载于《第三次联合国海洋法会议文件集》第十一卷，第 105 页。

15. 德意志联邦共和国、爱尔兰、意大利和荷兰（1977 年，油印本），第 77 条。转载于《第三次联合国海洋法会议文件集》第十一卷，第 115 页。

评　　注

265. 1. 本条的起源与第二六四条是不能分开的，见于在大会第三期会议（1975 年）的非正式会议上所谓的"非固定国家集团"（Amorphous Group）提出的一项提案，（资料来源 10）。该提案采取了对第二期会议（1974 年）提交的关于解决海洋科学研究的争端的荷兰（代表内陆国/地理不利国）的正式提案的修正案（见上文第 264.4 段和第 264.5 段）。非固定国家集团建议，在内陆国/地理不利国提案中设想的原调解方式中，应列入以下规定：

(d) 在上述程序之前，拟议的研究计划将被暂停。

然而，当时并没有做任何事情，因此，非正式单一协商案文/第三部分没有规定临时措施。

第三期会议后，非正式法律专家小组专门准备了一项关于解决争端的规定，其中包括对临时措施的一句话（见上文第 264.4 段）。那句话为：

在争端解决之前，研究国或组织不应准许在沿海国经济区或大陆架开展项目下的研究活动，除非经争端机关确定。①

265. 2. 在第四期会议上（1976 年），再次在非正式会议上进行了协商。挪威建议，

---

① 海洋科学研究（1976 年 3 月，油印本），第 21 条（非正式法律专家组）。转载于《第三次联合国海洋法会议文件集》第十一卷，第 544、552 页。该小组之前的草案转载于同上（1976 年 1 月，油印本），第 20 条，同上，第 516、522 页。

634

根据《公约》第三十七条的规定，非正式法律专家小组拟增加一个单独的条款，将适用于争端的解决（资料来源11）。

在非正式协商的基础上，订正的单一协商案文第一部分载有一个关于临时措施的单独条款，内容如下：

> 根据《公约》本部分第七十六条规定的争端调解或解决，在未经沿海国明确批准的情况下，国家或主管国际组织不应准许开始或继续进行研究活动。

在订正的单一协商案文之前的协商，提出了与专属经济区和大陆架的实体法的微妙联系。他们还指出，需要对争端解决条款进行适当协调，以及将被接受为解决专属经济区水域法律定义问题的办法（这个问题是关于专属经济区第五部分讨论的），以及在何种程度上将包括对专属经济区的争端解决条款的适用限制。

265.3. 在第六期会议上（1977年），美国提交了非正式提案（资料来源12），将第77条修改为：

> 根据《公约》第七十六条对争端进行调解或解决之前，研究活动只能在适当的争端解决机制明确批准的情况下进行。

值得注意的是，本草案只针对在调解或解决争端之前进行的研究活动，规定"只能在适当的争端解决机制明确批准的情况下"，而不是经过沿海国的批准。

苏联还提交了一个非正式提案（资料来源13），提出新的第77条，内容为：

> 本公约关于在海洋科学研究过程中产生的争端程序的任何规定都不应涉及沿海国根据第60条［现为第二四六条］作出的关于同意或者拒绝同意在经济区或大陆架上进行海洋科学研究的决定。

该草案试图从"解决争端程序"所述的条款（现为第二九七条第2款（b）项）中删除第二四六条的同意条文。

另一方面，厄瓜多尔提议删除第76条和第77条（资料来源14）。4个西欧国家为第77条（资料来源15）提出了一个较短的版本：

> 在根据《公约》第七十六条解决争端之前，研究活动只能在已经提交争端的机构的明确批准的情况下进行。

然而，这是不能接受的，作为协商一致的基础，持续的非正式协商导致将以下案文列入非正式综合协商案文（资料来源2）：

第 266 条　临时措施

在依照第 265 条规定的争端解决之前，获准进行研究计划的国家或主管国际机构，未经沿海国明确批准，不应准许开始或继续进行研究活动。

本案文大部分重复了订正的单一协商案文条款，仅作了一些小幅度的变动，其中包括在开头一行删除关于调解的提法。

265.4. 在第八期会议上（1979 年），非正式综合协商并没有引起案文的任何改变，非正式综合协商案文第一次修订稿（资料来源3）原封不动地重复了非正式单一协商案文关于临时措施的规定的文字。

在第八期会议续会（1979 年）和第九期会议上（1980 年），没有对第二六五条的进一步实质性讨论，以下列形式并入非正式综合协商案文第二次修订稿（资料来源4）：

在按照第十五部分第二条解决争端的情况下，获准进行海洋科学研究计划的国家或主管国际组织，未经有关沿岸国明确同意，不应准许开始或继续进行研究活动。

在这里，争端的解决正式被提到第十五部分第二节的程序（这是由于对第二六四条所作的根本性修改以及后来对第二六七条第 2 款的修改（见上文第 264.9 段；第 297.17 段，第五卷，第 104 段）。

265.5. 最终案文根据起草委员会（资料来源7 至资料来源9）的建议而解决，第十五部分第二节及第三节的提法对应于第二六四条的相同提法（见上文第 264.10 段）。

265.6. 英文本中这项条款的标题是 Interim measures（临时措施），因此与第二九〇条和附件六第二十五条的英文文本的标题 Provisional measures（临时措施）不同。然而，在其他语言中，所有 3 个地方都使用相当于 Provisional measures（临时措施）这个词。在《国际法院规约》第 41 条中提到 Provisional measures（临时措施），而在 1978 年《法院规则》D 节第 1 小节题为 Interim protection（临时保护），但第 73 条的文字恢复为 Provisional measures（临时措施）。在《规约》和《法院规则》中（相信在实践中和大多数文献中），这两个术语可以互换使用。然而，似乎在目前情况下并非如此。临时措施（Provisional measures）原则上由对争端具有管辖权的法院或法庭规定（第二九〇条；附件四第二十五条）。

这就是美国和西欧 4 个国家（资料来源12）提交的非正式提案采用的方法。然而，这种做法没有被接受，所形成的共识就是涉及沿海国的斟酌决定权（即根据第二四六条和第二五三条的斟酌决定权），而有关该斟酌决定权的争端涉及争端解决程序的十五部分，有争端的海洋科学研究活动可能会在沿海国同意的情况下才能解决争端。"临时措施"一词与第二六五条执行的功能相对应。就专属经济区和大陆架而言，这体现了沿海国在这些海域的主权权利或专属管辖权。

在这方面，必须强调，第二六五条与沿海国可以采取某种斟酌决定权（即对专属经济区和大陆架上的活动）的研究活动密切相关。然而，在所有其他方面，科学研究总体上属于《公约》第五十八条和第八十七条（分别涉及专属经济区和公海）的范围。

265. 7. 这项条款的立法历史表明，条款的重点在于第十三部分，是针对涉及沿海国的斟酌决定权的情况。第十三部分第六节在某种程度上是作为澄清第十五部分的例外情况，是对沿海国在海洋和海底进行海洋科学研究行使主权权利或行使管辖权所达成的折中形式的一部分。第十三部分的实质性条文规定了斟酌决定权的范围，第二九七条第2款规定了第十五条第2款适用于海洋科学研究争端的限制。如果沿海国接受的正常争端解决程序被排除在外，这些争端将被强制转交附件五第2节下的调解程序。毫无疑问，通过不同的起草第二九七条可能取得同样的结果，但是正如某些代表团所指出的那样（见上文第264.9段），政治因素决定了对第十三部分第二六四条和第二六五条的保留。

第十四部分
海洋技术的发展和转让

导　　言

XIV. l.（一般地）向发展中国家技术转让的问题首先是由加拿大根据海洋环境保全的一般标准（包括海底）以及海洋环境污染和科学研究在海底委员会第三委员会1972年3月提交的建议工作方案中提出的。①因此，技术发展和转让的议题被列入小组委员会1972年工作方案。同时，第二委员会根据1970年12月17日大会第2750 C（XXV）号决议（第一卷，第178页）正在拟定一份拟在会议上处理的与海洋法有关的综合议题和问题清单。在这方面，一份由32个发展中国家提交的工作文件，包括了一个题为"培训、知识分享和技术转让"的项目。②在1972年，题目和问题清单中的这个项目修改为：

　　14 技术发展和转让

　　　14.1 发展中国家的技术能力发展

　　　　14.1.1 发达国家和发展中国家之间的知识和技术共享

　　　　14.1.2 培训发展中国家的人员

　　　　14.1.3 向发展中国家的技术转让

　　该项目首先以这种形式由海底委员会通过，被列入议题和问题清单（第14项）并分配给第三委员会，随后由会议分配给第三委员会。③

XIV. 2. 与此同时，受委托处理国家管辖范围以外海域的新制度的一般性专题的海底委员会第一委员会，面对着提出的有关各国分享在国际"区域"开发资源的好处的提案和建议。这包括提供培训和其他便利，秘书处编写了一份研究报告。④ 同时还与关

---

　　① A／AC. 138／SC. III／L. 7／Rev. 1（1972年，油印本）（加拿大）。

　　② A／AC. 138／58，转载在1971年《海底委员会报告》第202页（阿富汗、阿尔及利亚、喀麦隆、锡兰、刚果民主共和国、埃塞俄比亚、加蓬、加纳、印度、印度尼西亚、伊朗、伊拉克、象牙海岸、肯尼亚、科威特、利比亚、马达加斯加、马来西亚、毛里塔尼亚、毛里求斯、摩洛哥、尼日利亚、菲律宾、新加坡、索马里、苏丹、突尼斯、阿拉伯联合共和国、坦桑尼亚联合共和国、也门、南斯拉夫）。

　　③ 见1972年《海底委员会报告》，第5、8页；和A／CONF. 62／29（1974年），《正式记录》第三卷，第59-60页。

　　④ A／CONF. 62／C. 3／L. 3（1974年，油印本），技术取得和转让问题，秘书处的报告。［将转载在《第三次联合国海洋法会议文件集》第十九卷］。

于在"区域"内开展活动的合同一起（参见附件三第五条第3款（a）项），提出了将技术转让给管理局的问题。与国际"区域"活动相关的技术转让（不限于"海洋"技术）与《公约》第十四部分所涉及的问题保持完全不同，并将在本系列丛书除第三卷，第二七三条、第二七四条和第二七五条之外的适当的地方论述。因此，在解释第十四部分时，重要的是要保持其政策声明条款与第十一部分和附件三之间更具技术和法律约束力的规定之间的区别（特别是第五条）。第十四部分的总的特点是强调在海洋技术发展和转让方面开展国际合作的必要性。

XIV. 3. 虽然在1972年和1973年的第三委员会的辩论中提到了这个议题，但没有提出具体的提案。然而，小组委员会确实是请秘书长编写过一份背景文件，以便协商会议审议该议题。秘书处关于获得和转让海洋技术问题的报告直到在第二期会议（1974年）末才提交给第三委员会。从性质上说，是在1975年由另一份报告进行了初步补充，该报告中载有一些类型的海洋技术和可能的转让方法。⑤这些报告是第三委员会审议该专题的基本文件，这些文件在1975年第三次会议上就这个项目开始了它采取的实质性行动。

XIV. 4. 关于第十四部分，必须牢记，技术转让和技术援助整个议题，特别向发展中国家，几乎在每个国际组织各自主管的领域内的议程上都占据了显著地位，该专题一直是联合国大会两项关于重要的政策性宣言的决议的议题，并在1974年《非洲统一组织关于海洋法问题的宣言》也有具体提及。⑥这些案文构成了一个总的框架，第十四部分的大部分规定必须放在这个框架里。它们也为这些规定提供政治和哲学背景。

大会有关决议的第一项是1974年5月1日由大会第六次特别会议通过的《建立国际经济新秩序行动纲领》的第3202（S-VI）号决议。该决议第四节涉及技术转让，内容如下：

> 应作出一切努力：
> （a）制订一套关于技术转让的国际性行动准则，这种准则应当符合发展中国家当前的需要和条件；
> （b）按照改善了的条件提供现代技术，并使这种技术因地制宜地适合于发展中国家具体的经济、社会和生态条件，适合于这些国家的不同发展阶段；
> （c）大力扩大发达国家对发展中国家的援助范围，帮助发展中国家实现

---

⑤ 见A/CONF. 62/C. 3/L. 22（1975年），对一些类型的海洋技术及其可能的转让方法的说明，秘书长的报告，《正式记录》第四卷，第201页。该报告由秘书长的特别代表在第三委员会第18次会议（1975年）上进行了特别概括，见第10-14段，同上，第81页。

⑥ A/CONF. 62/33（1974年），《宣言》，F节，《正式记录》第三卷，第63-64页（非洲联盟）。欲知该宣言的早期文本，见A/AC. 138/89，转载于1973年《海底委员会报告》第二卷，第4页。在这方面，两个版本之间没有什么区别。

各种研究计划和开发计划，并创建切合需要的本地技术；

（d）使支配着技术转让的各种商业惯例同发展中国家的需要协调一致，并且防止滥用技术卖方的权利；

（e）在自然资源和一切能源的勘探、开发、保护以及合理利用的研究工作和开发工作方面，促进国际性的合作。在采取上述措施时，应当考虑照顾最不发达的国家和处于内陆的国家的特殊需要。

其后是大会 1974 年 12 月 12 日第 3281（XXIX）号决议通过的《各国经济权利和义务宪章》。《宪章》第十三条规定：

1. 每个国家都有权分享科学和技术进步和发展的利益，以加速它的经济和社会发展。

2. 所有国家都应促进国际间的科学和技术合作和技术转让，要适当照顾到一切的合法利益，特别是包括技术持有者、供应者和接受者的权利和义务。特别是，所有国家都应促进发展中国家获得现代科学技术成果，技术转让，以及为发展中国家创造有利于发展中国家的技术，其形式和程序要按照适合发展中国家的经济及其需求。

3. 因此，发达国家应与发展中国家合作，建立，加强和发展其科学和技术基本建设及其科学研究和技术活动，以帮助发展中国家的经济扩大和转型。

4. 所有国家应合作开展研究工作，以期制定进一步的国际接受的技术转让准则或规章，同时充分考虑到发展中国家的利益。

《非洲统一组织关于海洋法问题的宣言》包括强调非洲国家加强自身基本建设的义务的宣言（F），以便有利于勘探和开发其海底和底土资源。该规定如下：

培训和技术转让

13. 非洲国家为了受益于勘探和开发其海床和底土的资源，应加强各国和区域在海洋科学和技术各个领域的人员培训和援助工作。此外，他们应敦促适当的联合国机构和技术先进国家加快海洋科学和技术转让进程，包括人员培训。

在整个《宣言》的语境内，被解读为提及可能进行所有海洋资源的勘探和开发活动，这是一个有点狭隘的措词。

XIV. 5. 从秘书长关于这个问题的两份报告都可以清楚地看到，⑦第十四部分的规定必须加入构成会议最后文件附件六的决议，在联合国对技术发展和转让的一般做法的背景下去理解。事实上，关于这一部分的大部分协商都是为了确保作为《公约》条款通过的案文仍然在大会决议的范围之内。这样做的其中一个后果是，第十四部分在很大程度上是宣布政策目标性的，而且常常以缔约承诺的语言来表达。

尽管海底委员会普遍同意有必要促进海洋技术的发展和转让，但关于这一主题而不仅限于深海的唯一案文载于《非洲统一组织宣言》中（见上文 XIV. 4 段）。

XIV. 6. 海底委员会的初步讨论，最初制定该专题的方式和秘书长的报告都结合起来，以阐明技术发展和技术转让的一般议题与第三委员会面前的其他两个实质性议题之间的密切联系——海洋环境的保护和保全（第十二部分）与海洋科学研究（第十三部分）。坦桑尼亚代表曾经指出："没有技术转让的科学研究对发展中国家而言是无意义的。"⑧

虽然第十四部分本身在严格的法律上可能很少技术义务，但它是《公约》为处理海洋各个方面所需要应用的技术或现代科学方法制定的总体格局的组成部分。第十四部分涉及的海洋技术转让给各国并不仅限于第十二部分和第十三部分所涉及的问题，而且涉及整个海洋活动领域。

XIV. 7. 鉴于这种情况，从以下逐条评论将会显而易见，导致第十四部分的主要举措来自发展中国家。正如联合国大会审议一般性条款的情况一样，工业化国家对它们不满意。而且，一方面是这个议题的新颖性；另一方面是其缺乏互惠利益，也对协商产生了影响。这些因素以及基于协商一致意见的会议决策程序，为第十四部分大部分条款普遍缺乏真实和绝对义务提供了解释。

XIV. 8. 关于解决与第十四部分有关的争端，在非正式协商的一个阶段，项目 13 和项目 14 非正式会议主席提出在第十四部分中纳入以下内容：

第 12 条　争端的解决

在不影响本公约第……章所确定的争端解决程序的前提下，技术转让产生的分歧和争议应受接受国法律和法院的专属管辖。⑨

然而，这一想法并没有得到解决，与第十四部分的解释或适用有关的争议也完全属于第十五部分（第 279~299 条）和相关附件的范围。

---

⑦　前注④和前注⑤。

⑧　第三委员会，第 29 次会议（1973 年，油印本），第 84 页。

⑨　主席提案，非正式协商案文第三部分修正案（1976 年，油印本）。转载在《第三次联合国海洋法会议文件集》第 53、55 页。

XTV. 9. 第三委员会在第 8 次会议（1979 年）完成了第十四部分的实质性工作，但在第九次会议续会期间（1980 年）审议了一些起草的问题。

XTV. 10. 《最后文件》附件六所载的关于发展国家海洋科学、技术和海洋服务基本建设的决议与第十四部分密切相关。虽然在某些方面比第十四部分更广泛，但它反映了相同的一般哲学，因此是第十四部分解释和适用的总体背景的重要组成部分。

XIV. 11. 很明显，很少有正式的讨论用于十四部分的规定，而案文主要是非正式协商的产物。这也反映了第十四部分的意图应该非常广泛和具普遍性，重点放在为发展目的而开展的合作行动上，而不是放在对每种具体情况下技术转让条件和机制的详细规定的演变上。在第二次（1974 年）和第三次（1975 年）会议期间，第三委员会的一般性辩论反映了对促进海洋技术发展和转让的必要性以及对发展和转让的主要方法的广泛共识。唯一具有严重争议的方面专利技术是否应纳入第十四部分的范围是被避免了，而不是以《公约》的最后措词解决。这一结果在很大程度上是由《公约》第十一部分和附件三中存在的独立条款解释，涉及与"区域"内开展的工作合同有关的技术转让更具争议性问题。⑩

---

⑩ 作为向"管理局"就"区域"活动转让技术范围的指示，可以参考《"区域"内多金属结核探矿、勘探和开采条例草案》。见 LOS/PCN/SCN.3/WP.6/Add.4（1988 年，油印本），秘书处的工作文件《关于直到企业开始商业生产十年后的技术转让条例草案》。转载于《第三次联合国海洋法会议文件集》筹委会文件，第 417 页。该事项仍在预备委员会讨论中。

第一节　一般规定

第二六六条　海洋技术发展和转让的促进

1. 各国应直接或通过主管国际组织，按照其能力进行合作，积极促进在公平合理的条款和条件上发展和转让海洋科学和海洋技术。

2. 各国应对在海洋科学和技术能力方面可能需要并要求技术援助的国家，特别是发展中国家，包括内陆国和地理不利国，促进其在海洋资源的勘探、开发、养护和管理，海洋环境的保护和保全，海洋科学研究以及符合本公约的海洋环境内其他活动等方面海洋科学和技术能力的发展，以加速发展中国家的社会和经济发展。

3. 各国应尽力促进有利的经济和法律条件，以便在公平的基础上为所有有关各方的利益转让海洋技术。

资料来源

1. A/AC. 138/89,《宣言》，F 节，转载于 1973 年《海底委员会报告》第二卷，第4、6 页（非统组织）。

2. A/CONF. 62/33（1974 年），《宣言》，F 节，《正式记录》第三卷，第 63～64 页（非洲统一组织）。

3. A/CONF. 62 C. 3/L. 11（1974 年，油印本），第 1 段（斯里兰卡）。

4. A/CONF. 62 C. 3/L. 12（1974 年），第 1 条第 1 款，《正式记录》第三卷，第253 页（巴西、哥伦比亚、刚果、厄瓜多尔、埃及、冈比亚、伊朗、牙买加、利比里亚、阿拉伯利比亚共和国、墨西哥、摩洛哥、尼日利亚、阿曼、巴基斯坦、巴拿马、秘鲁、韩国、越南、塞内加尔、索马里、斯里兰卡、特立尼达和多巴哥、坦桑尼亚联合共和国、突尼斯、乌拉圭、委内瑞拉和南斯拉夫（七十七国集团））。

5. A/CONF. 62/C. 3/L. 12 Rev. 1（1975 年），第 1 条第 1 款和第 5 条《正式记录》第四卷，第 198～199 页（伊拉克（七十七国集团））。

6. A/CONF. 62/C. 3/L. 31（1975 年），C 节第 1 段，《正式记录》第四卷，第 220

~221 页（第三委员会，非正式会议）（另见附件 D 节，第 1 段（巴西））。

7. A/CONF. 62 WP. 8/Part III（非正式单一协商案文，1975 年），第三部分，第 1 条，《正式记录》第四卷，第 171、183 页（第三委员会主席）。

8. A/CONF. 62/WP. 8/Rev. 1/Part III（订正的单一协商案文，1976 年），第 78 条第 1 款，《正式记录》第五卷，第 173、183 页（第三委员会主席）。

9. A/CONF. 62/WP. 10（非正式综合协商案文，1977 年），第十四部分，第 267 条第 1 款。《正式记录》第八卷，第 1、44 页。

10. A/CONF. 62/WP. 10/Rev 1（非正式综合协商案文第一次修订稿，1979 年，油印本），第 266 条。转载于《第三次联合国海洋法会议文件集》第一卷，第 375、485 页。

11. A/CONF. 62/WP. 10/Rev. 2（非正式综合协商案文第二次修订稿，1980 年，油印本），第 266 条。转载于《第三次联合国海洋法会议文件集》第二卷，第 1、14 页。

12. A/CONF. 62/WP. 10/Rev. 3*（非正式综合协商案文第三次修订稿，1980 年，油印本），第 266 条。转载于《第三次联合国海洋法会议文件集》第二卷，第 179、291 页。

13. A/CONF. 62/L. 78（1981 年《公约草案》），第 266 条，《正式记录》第十五卷，第 172、216 页。

起草委员会

14. A/CONF. 62/L. 67/Add. 12（1981 年，油印本），第 3~10 页。

15. A/CONF. 62/L. 67/Add. 14（1981 年，油印本），第 31 页。

16. A/CONF. 62/L. 72（1981 年），《正式记录》第十五卷，第 151 页（起草委员会主席）。

17. A/CONF. 62/L. 152/Add. 25（1982 年，油印本），第 46 页。

18. A/CONF. 62/L。160（1982 年），《正式记录》第十七卷，第 225 页（起草委员会主席）。

非正式文件

19. 荷兰（1975 年，油印本），第 1 条第 1 段，转载于《第三次联合国海洋法会议文件集》第十一卷，第 25 页。

20. C. 3/3rd Session/CRP/Sc. Res. /9（1975 年，油印本），［资料来源 5］第 1 段（起草和协商小组）。转载于《第三次联合国海洋法会议文件集》第十卷，第 351 页。

21. 由印度、索马里、丹麦、苏联、马来西亚和哥伦比亚，对［资料来源 5］第 1 段的拟议修正案，C. 3/3rd/Session/CRP/Sc. Res. /9/Add. 1，利比里亚和保加利亚（起草和协商小组）。转载于《第三次联合国海洋法会议文件集》第十卷，第 353~354 页。

22. 爱尔兰（欧共体）（1975 年，油印本），第 1 条第 1 款。转载于《第三次联合国海洋法会议文件集》1975 年的文件，第 299~300 页。

23. 欧共体（1976 年，油印本），第 8 条第 1 款。转载于《第三次联合国海洋法会议文件集》第十一卷，第 40、42 页。

24. 欧共体（1976 年，油印本），第 8 条第 1 款。转载于《第三次联合国海洋法会议文件集》第十一卷，第 43、46 页。

25. 主席提案（1976 年，油印本），第 1 条。转载于《第三次联合国海洋法会议文件集》第十一卷，第 53 页。

26. 欧共体（1976 年，油印本），标题和第 1 条。转载于《第三次联合国海洋法会议文件集》第十一卷，第 71 页。

评　　注

266. 1. 在第二期会议期间（1974 年），在第三委员会第 7 次至第 9 次会议上进行了关于技术发展和转让的简短一般性辩论。① 斯里兰卡提出的关于海洋技术发展和转让的正式提案（资料来源 3）特别规定：

> 1. 各国应促进发展中国家在所有海洋资源的勘探、开发、养护和管理以及合法利用海洋空间方面的科学和技术能力的发展。

（该案文的第 2 款后来演变成第二六九条（见下文第 269. 2 段）。

该案文后来被撤回，赞成由七十七国集团（资料来源 4）的 28 个国家提出的一项提案，②这多多少少扩大了提案的范围，而将"should"替换为"shall"，也加重了措辞的语气。该提案在相关部分的内容为：

> 1. 所有国家应积极促进发展中国家在海洋资源的开发、养护和管理、保护海洋环境和海洋空间合法利用方面的科学和技术能力的发展，以加速其社会和经济发展。

这个专题也在非正式会议上与海洋科学研究专题一起进行了讨论，但是从这些非正式讨论中没有出现这个议题的文本。

266. 2. 在第三期会议上（1975 年），伊拉克代表七十七国集团提出了本集团提案

---

① 一般见第三委员会第七次至第九次会议（1974 年），《正式记录》第 335–354 页。
② 见斯里兰卡在第三委员会第 16 次会议上（1974 年）的声明，第 8 段，《正式记录》第二卷，第 377 页。

的修订版本（资料来源5），内容如下：

1. 各国应直接或通过适当的国际组织，积极促进包括内陆国和地理不利国在内的发展中国家在勘探、开发、养护和管理海洋资源、维护海洋环境，以及公平合理地使用符合本公约的海洋空间方面符合其经济和需要的海洋科学和技术能力的发展*，以加速其社会和经济发展。

该案文强调，各国要"直接或通过国际组织合作"实现所设想的目标。它也适用于"内陆国和地理不利国"，虽然脚注（*）表示，在会议的一个合适论坛上需要进一步审议"地理不利国"的定义。最后，这项规定将适用于来协助"符合经济和需要"的发展中国家，不仅包括对海洋资源的勘探，也包括对其进行的开发，在第三委员会的讨论中，一般接受了七十七国集团的立场。③

在有关条款中，七十七国集团订正案文中的新条款（资料来源5，第5条）载有下列规定：

考虑到发展中国家的经济能力和发展需要，技术转让将以优惠的速度向发展中国家转让。

尼日利亚代表在第三委员会第二十二次会议上讨论这一提案时说：

第五条新条文的目的，是强调技术转让不仅仅是向发展中国家提供的另一种形式的援助：它涉及购买和销售，商品的进出口，以现金或实物支付等。技术转让作为加快发展中国家发展的手段不是一个新的想法；大会，联合国贸易和发展会议（贸发会议），联合国教育、科学和文化组织（教科文组织）和联合国工业发展组织（工发组织）最近的工作已经为这一进程制定了一些计划。④

荷兰（资料来源19）和欧共体（资料来源22至资料来源24）在该期会议上也提交了若干非正式提案。此外，项目13和项目14的非正式会议主席提交了由起草和协商小组编写的七十七国集团关于项目14的案文的修订草案（资料来源20），以及该草案

---

③　一般见第三委员会第22次会议（1975年），第1-52段，《正式记录》第四卷，第101-104页。关于七十七国集团发展和转让海洋技术的立场的更加清晰的见解，见伊拉克在会议上的发言。同上，第1-2段；同上，第101页；尼日利亚的发言，同上，第4段和中国在会议上的发言，第10段；同上，第102页。

④　第三委员会，第22次会议（1975年），第5段，同上，第101页。

一连串的修正案（资料来源21）。

巴西的提案被列入提交给会议的一系列综合案文（资料来源6，附件）。该提案内容如下：

> 1. 所有国家都应直接或通过适当的国际组织，在其能力范围内合作，以公平合理的条款、条件和价格积极促进海洋科学和海洋技术的发展和转让。
>
> 各国尤其应根据其经济和需要，在海洋资源的勘探、开发、养护和管理，维护海洋环境和符合本公约的海洋环境的公平合理用途方面，促进发展中国家，包括内陆国和地理不利国，海洋科学和技术能力的发展，以加速发展中国家的社会和经济发展。

该提案首次将案文分为两款。

由于有了这些提案，第三委员会主席在非正式单一协商案文/第三部分（资料来源7）关于一般规定的章节中列入了以下条文：

> 第 1 条
>
> 1. 所有国家应直接或通过适当的国际组织合作，以公正合理的条款、条件和价格积极促进海洋科学和海洋技术的开发和转让。
>
> 2. 各国尤其应根据其经济和需要在海洋资源的勘探、开发、养护和管理，维护海洋环境和符合本公约的海洋环境的公平合理用途方面促进发展中国家，包括内陆国和地理不利国*，海洋科学和技术能力的发展，以加速发展中国家的社会和经济发展。

在脚注（*）中，有人建议，在《公约》的特别介绍性章节中可以考虑"地理不利国"以及所有其他定义（此说明后来被删除）。该提案紧跟七十七国集团的提案，但按照巴西的建议将其分为两款。主要的显著变化在第 1 款中，其中涉及海洋科学和海洋技术的转让"以公平合理的条款、条件和价格"。

266.3. 在第四期会议上（1976 年），非正式会议进行了协商。这些协商的重点是第 2 款，导致非正式会议主席提出以下建议（资料来源25）：

> 2. 各国尤其应促进发展中国家，包括内陆国和地理不利国，特别是在海洋资源的勘探、开发、养护和管理，海洋环境保护，科学研究和其他与本公约相适应的海洋环境的使用方面海洋科学和技术能力的发展，以加速发展中国家的社会和经济发展。

欧共体随后提出以"共同商定的条款、条件和价格"替代"公平合理的条款、条件和价格"(资料来源26)。还建议在标题中"技术"之前加上"海洋"限制。此外，它还建议在文中增加一个新的第3款，内容如下：

3. 各国应努力促进有利于转让海洋技术的经济和法律气氛，以便在公平的基础上惠及所有有关各方，为此，它们应向源头企业和政府提供有关社会和经济目标的适当资料以及海洋技术转让方面的立法。

其中一些想法在非正式协商中得到接受，第三委员会主席在修订的单一协商案文/第三部分(资料来源8)中列入了以下修改后的措词：

第78条

1. 各国应直接或通过适当的国际组织，在其能力范围内合作，以公平合理的条款、公平的条件和价格积极促进海洋科学和海洋技术的发展和转让。

2. 各国应对在海洋科学和技术能力方面可能需要并要求技术援助的国家，特别是发展中国家，包括内陆国和地理不利国，促进其在海洋资源的勘探、开发、养护和管理，海洋环境的保护和保全，海洋科学研究以及符合本公约的海洋环境内其他活动等方面海洋科学和技术能力的发展，以加速发展中国家的社会和经济发展。各国应对在海洋科学和技术能力方面可能需要并要求技术援助的国家，特别是发展中国家，包括内陆国和地理不利国，促进其在海洋资源的勘探、开发、养护和管理，海洋环境的保护和保全，海洋科学研究以及符合本公约的海洋环境内其他活动等方面海洋科学和技术能力的发展，以加速发展中国家的社会和经济发展。

3. 各国应尽力促进有利的经济和法律条件，以便在公平的基础上为所有有关各方的利益转让海洋技术。

除了提及"公平合理的条款、公平的条件和价格"外，第1款基本上重复了非正式单一协商案文草案。它也是一般性地针对各国提出的，而不是"所有国家"。第2款不仅涉及"发展中国家"，而且提到"可能需要和要求在这一方面提供技术援助的国家，特别是发展中国家"。第3款是欧共体提案的第一部分。

266.4. 在第五期会议上(1976年)，主席提交了关于第三委员会工作的冗长报告，其中第39~50段涉及技术转让。[5] 在此阶段，关于该项目的非正式协商集中在国际海底管理局在海洋技术转让方面的参与，现在是与第二三三条有关的事项。他报告说，

---

[5] A/CONF. 62/L. 18 (1976年)，第39-50段，《正式记录》第六卷，第139、143页。

对第七十八条提出了一项修正案，但没有提出任何细节。

266.5. 在第六期会议上（1977年），第三委员会主席在总务委员会第31次会议的报告中，就海洋技术转让概念的范围作了发言。他表示：

> 协商的主要内容应是寻求海洋技术和技术诀窍的供应者和接受者之间的平衡，他在经过修订的单一协商案文中试图反映出来。如果这个平衡被打乱，关于海洋科学研究的整套规定也将受到影响。应将技术援助和海洋技术领域的交易区别开来。在某些情况下，供应者可能会起到捐助者的作用，但在许多其他情况下，他们需要采取一些激励措施来进行技术转让。接受者应了解两种不同类型的转让。⑥

在非正式协商之后，非正式综合协商案文第267条（资料来源9）大幅度重复了修订的单一协商案文，并进行了以下变动。在第1款中，"以公平合理的条款、公平条件和价格"这个词被"公平合理的条款和条件"所取代。在非正式综合协商案文"导言"中，主席解释说，第三委员会主席认为这样做不那么麻烦。⑦ 在第2款中，增加了"海洋"限定了"科学研究"。

在起草委员会协调进程过程中，在非正式综合协商案文/第二次修订稿中（资料来源11）），第2款已经作出从海洋环境中的"其他用途"向"其他活动"的改动。⑧该条款的最终形式包含了起草委员会提出的改动（资料来源14至资料来源18）。

266.6. 第二六六条确定的目标超过法律规则，这样做符合《公约》的基本概念。它体现了《公约》序言中所表达的海洋法会议的愿望，即体现了海洋的公平有效利用，以及"公正和公平的国际经济秩序，这种秩序将照顾到全人类的利益和需要，特别是发展中国家的特殊利益和需要，不论其为沿海国或内陆国"（序言，第5段；见第一卷，第462页）。

第二〇六条的政策性声明方面包括两种不同类型的国际活动，这两种国际活动在不同国际组织的议程上和实际双边外交方面占据突出地位。一个是第1款所述的海洋科学和海洋技术的发展和转让。第二个是向可能需要并要求它的国家特别是发展中国家提供技术援助，如第2款所述。两个方面中的每一个都是不同的国际行动的主题。

266.7（a）. 在这种语境中，"主管国际组织"一词非常广泛，足以容纳任何有能力提供请求的援助的国际政府间组织，无论是根据其一般特征和活动范围，还是凭借其

---

⑥　总务委员会第31次会议（1977年），第14段，《正式记录》第七卷，第23页。

⑦　CONF.62/WP.10/Add.1（1977年），《海洋技术发展与转让》，《正式记录》第八卷，第65、70页（大会主席）。

⑧　CONF.62/L.57/Rev.1（1980年），第八节，《正式记录》第十四卷，第114、120页。又参见 A/CONF.62/C.3/L.34 and Add.1 与 Add.2（1980年），附件，同上，第185、187页（第三委员会主席）。

区域协会。虽然是缔约承诺，但第 2 款强调技术援助须经要求。这项规定的范围不仅限于发展中国家，尽管它们是特别被提到的。可能要求提供技术援助的目的涵盖海上所有已知的活动。

自海洋法会议结束以来，不同的主管国际组织一直在积极参与审查执行第十四部分的方案。这些活动的一般性调查情况载于秘书长每年向大会提交的报告中。⑨

266.7(b). "发展中国家"一词目前在联合国和各专门机构中使用，在这里也是一样的意思。

在没有任何限制词的情况下使用"各国"一词在第三委员会的案文中是惯例，在本条中也是适当的。这并不一定意味着该条款是从一般国际法编撰而来；但是与此同时，这并不矛盾。

266.7(c). "海洋科学研究"一词在第十三部分中没有明确规定（见上文第 238.3 ~238.5 段）。因此，在第十四部分中，它指的是第十三部分涵盖的所有类型的海洋科学研究，第十三部分第二四二条至第二六五条将与此有关。至于"海洋技术"这个新的表达方式，秘书处《关于海洋技术取得和转让问题的报告》说明了这个术语可以被理解为，出于所有实际目的，

> 海洋空间利用和海洋资源调查所需的一系列知识和硬件。在一般意义上，它由以下组成：技术信息、设计、专有技术、工程、硬件、加工技术和管理。它包括传统海洋工业如海军建筑和造船、渔业或沿海开发以及深海矿物和碳氢化合物勘探开发的新活动所使用的设备和技术知识。⑩

可以假设在第十四部分中，该术语的使用包含了全部意义。

266.7(d). 第一二四条，为本公约的目的，"内陆国"是指没有海岸的国家。至于"地理不利国"，具体的定义出现在第五部分第七十条第 2 款对专属经济区作出的规定。为了这些目的，这个词汇的意思是指

> 其地理条件使其依赖于……其他国家专属经济区内的生物资源，以供应足够的鱼类来满足其人民或部分人民的营养需要的沿海国，包括闭海或半闭海沿岸国在内，以及不能主张有自己的专属经济区的沿海国。

---

⑨ 见 A/44/650（1989 年，油印本），第 70-95 页（一般）；A/43/718（1988 年，油印本），第 112-124 页；A/42/688（1987 年，油印本），第 73-79 页；A/41/742（1986 年，油印本），第 85-91 页；A/40/923（1985 年，油印本），第 95-106 页；和 A/39/647（1984 年，油印本），第 74 页。

⑩ 秘书处的报告，载于 A/CONF.62/C.3/L.3（1974 年，油印本）；尤其要参见导言，第 2 段，第 6 页〔待转载于《第三次联合国海洋法会议文件集》第十九卷〕。

虽然这一定义特别限于第五部分的目的，但是对于将技术转让给发展中的地理不利国，它是一个有用的指南。

266.7(e). 虽然第二六六条是以宣言性的方式表达的，但它的主要意义见于第 1 款，其指导各国"按照其能力进行合作，在公正合理的条款和条件下，积极促进……"。这与第二六七条相称。这些条款合在一起意味着提供海洋科学和技术的国家的合法利益也得到承认和保护。同时，第三〇二条可以保护一个国家不提供其披露与其安全的基本利益相违背的信息。

第二六七条　合法利益的保护

各国在依据第二六六条促进合作时，应适当顾及一切合法利益，除其他外，包括海洋技术的持有者、供应者和接受者的权利和义务。

资料来源

1. A/CONF. 62/C. 3/L. 31（1975 年），C 节，第 1 段，第 3 段，《正式记录》第四卷，第 220~221 页（第三委员会，非正式会议）。

2. A/CONF. 62/WP. 8/Part III（非正式单一协商案文，1975 年），第三部分，第 2 条，《正式记录》第四卷，第 171、180 页（第三委员会主席）。

3. A/CONF. 62/WP. 8/Rev. 1/Part III（订正的单一协商案文，1976 年），第 79 条，《正式记录》第五卷，第 173、183（第三委员会主席）。

4. A/CONF. 62/WP. 10（非正式综合协商案文，1977 年），第 268 条，《正式记录》第八卷，第 1、45 页。

5. A/CONF. 62/WP. 10/Rev. 1（非正式综合协商案文/第一次修订本，1979 年，油印本），第 267 条。转载于《第三次联合国海洋法会议文件集》第一卷，第 375、486 页。

6. A/CONF. 62/WP. 10/Rev. 2（非正式综合协商案文/第二次修订稿，1980 年，油印本），第 267 条。转载于《第三次联合国海洋法会议文件集》第二卷，第 3、115 页。

7. A/CONF. 62/WP. 10/Rev. 3*（非正式综合协商案文/第三次修订稿，1980 年，油印本），第 267 条。转载于《第三次联合国海洋法会议文件集》第二卷，第 179、292 页。

8. A/CONF. 62/L. 78（1981 年《公约草案》），第 267 条，《正式记录》第十五卷，第 172、217 页。

起草委员会

9. A/CONF. 62/L. 67/Add. 12（1981 年，油印本），第 11 页。

10. A/CONF. 62/L. 72（1981），《正式记录》第十五卷，第 151 页（起草委员会主席）。

11. A/CONF. 62/L. 152/Add. 25（1982 年，油印本），第 47~48 页。

12. A/CONF. 62/L. 160（1982 年），《正式记录》第十七卷，第 225 页（起草委员会主席）。

非正式文件

13. 荷兰（1975 年，油印本），第 1 条第 2 款。转载于《第三次联合国海洋法会议文件集》第十一卷，第 25 页。

14. 爱尔兰（欧共体）（1975 年，油印本），第 1 条第 2 款。转载于《第三次联合国海洋法会议文件集》，1975 年文件，第 299~300 页。

15. C. 3/3 Session/CRP/Sc. Res. /9/Add. 1（1975 年，油印本），丹麦关于第 1 款的提案和爱尔兰关于第 2 款的提案。转载于《第三次联合国海洋法会议文件集》第十卷，第 353~354 页。

16. 主席提案（1976 年，油印本）第 2 条。转载于《第三次联合国海洋法会议文件集》第十一卷，第 53 页。

17. 欧共体（1976，油印本），第 2 条。转载于《第三次联合国海洋法会议文件集》第十一卷，第 71 页。

评　　注

267. 1. 在海洋法会议第三期会议上（1975 年），第二六七条所涉及的问题是在关于项目 13 和项目 14（资料来源 13 至资料来源 15）的非正式会议上提出的一系列修正案中提出的。由于非正式协商的结果，主席列入向第三委员会提交的报告（资料来源 1），作为可能的综合案文，提出在案文中增加的内容后来成为第二六六条：

> 各国在促进这种合作时，应适当顾及一切合法利益，除其他外，包括技术的持有者、供应者和接受者的权利和义务。

经进一步非正式协商后，第三委员会主席将该案文（略作调整）作为单独条款列入非正式单一协商案文/第三部分（资料来源 2）。该条文字为：

> 所有国家在促进这种合作时，都应适当顾及一切合法利益，除其他外，包括技术的持有者、供应者和接受者的权利和义务。

这体现了《国家经济权利和义务宪章》第 13 条第 2 款（见上文第 XTV. 4 段）。

267. 2. 在第四期会议上（1976 年），非正式协商继续进行（资料来源 16 和资料来源 17），并导致将以下略作修改的文本列入非正式单一协商案文/第三部分（资料来源 3）：

各国在促进这种合作时，应适当顾及一切合法利益，除其他外，包括海洋技术持有者、供应者和接受者的权利和义务。

该案文一般提到"各国"，而不是"一个国家"。它还引入了"海洋"一词来限定"技术"。

随后，该案文未做任何变动作为第 268 条在非正式综合协商案文中重复（资料来源 4），并在非正式综合协商案文/第一次修订稿（资料来源 5）中重新编号为第 267 条（资料来源 5）。作为技术调整，在非正式综合协商案文/第二次修订稿引入了与第二六六条的正式联系（资料来源 6）。在融入了起草委员会建议的调整后，该条通过（资料来源 9 至资料来源 12）。

267.3(a)．与第二六六条相反，第二六七条代表了工业化国家在转让海洋技术（所有技术）方面的主要关切，它构成了技术供应者与接受者的利益之间的平衡（见上文第 266.5 段）。

267.3(b)．与第十四部分的大多数条款不同，第二六七条使用的是义务性的语言。然而，这种语言是灵活的，并没有试图解释有关机构或个人的"合法利益"或"权利和义务"的含义。这个表达明确地扩展到个人的权利和义务，而不仅仅是一个国家之间的问题。① 此外，"适当顾及"作为对义务的限定意味着要考虑到所有有关的情况。

267.3(c)．由于本条款的解释或适用而产生的任何争议，对整个第十四部分的情况而言，均属于第十五部分（第二七九条至第二九九条）的争端解决条款的范围，包括在有关情况下，关于用尽当地补救办法的第二九五条。

---

① 在第九期会议的续会上（1980 年），第三委员会主席建议，作为起草文字上的问题，在本条中用"obligation"（义务）代替"duty"（义务，责任），但未被委员会接受。见 A/CONF. 62/C. 3/L. 34 和 Add. 1 and 2（1980 年），附件，《正式记录》第十四卷，第 185、187 页（第三委员会主席）；以及 A/CONF. 62/L. 63/Rev. 1（1980 年），附件二，同上，第 139、143 页（起草委员会）。

第二六八条　基本目标

各国应直接或通过主管国际组织促进：

（a）海洋技术知识的取得、评价和传播，并便利这种情报和资料的取得；

（b）适当的海洋技术的发展；

（c）必要的技术方面基本建设的发展，以便利海洋技术的转让；

（d）通过训练和教育发展中国家和地区的国民，特别是其中最不发达的国家和地区国民的方式，以发展人力资源；

（e）所有各级的国际合作，特别是区域、分区域和双边的国际合作。

资料来源

1. A/CONF.62/C.3/L.12（1974 年），第 1 条第 2 款，《正式记录》第三卷，第 253 页（巴西、哥伦比亚、刚果、厄瓜多尔、埃及、冈比亚、伊朗、牙买加、利比里亚、阿拉伯利比亚共和国、墨西哥、摩洛哥、尼日利亚、阿曼、巴基斯坦、巴拿马、秘鲁、韩国、越南、塞内加尔、索马里、斯里兰卡、特立尼达和多巴哥、突尼斯、坦桑尼亚联合共和国、乌拉圭、委内瑞拉和南斯拉夫（七十七国集团））。

2. A/CONF.62/C.3/L.12/Rev.1（1975 年），第 1 条第 2 款，《正式记录》第四卷，第 198 页（伊拉克（七十七国集团））。

3. A/CONF.62/C.3/L.31（1975 年），C 节，第 2 款，《正式记录》第四卷，第 220~221 页（第三委员会，非正式会议）（另见附件 D 节，第 2 款（巴西））。

4. A/CONF.62/WP.8/Part III（非正式单一协商案文，1975 年），第三部分，第 3 条，《正式记录》第四卷（第三委员会主席）。

5. A/CONF.62/WP.8/Rev.1/Part III（修订的单一协商案文，1976 年），第 80 条。《正式记录》第五卷，第 173、183 页（第三委员会主席）。

6. A/CONF.62/WP.10（非正式综合协商案文，1977 年），第 269 条，《正式记录》第八卷，第 1、44 页。

7. A/CONF.62/WP.10/Rev.1（非正式综合协商案文/第一次修订稿，1979 年，油印本），第 268 条。转载于《第三次联合国海洋法会议文件集》第一卷，第 375、486 页。

8. A/CONF.62/WP.10/Rev.2（非正式综合协商案文/第二次修订稿，1980 年，油印本），第 268 条。转载于《第三次联合国海洋法会议文件集》第二卷，第 3、115 页。

9. A/CONF. 62/WP. 10/Rev. 3* （非正式综合协商案文/第三次修订稿，1980 年，油印本），第 268 条。转载于《第三次联合国海洋法会议文件集》第二卷，第 179、292 页。

10. A/CONF. 62/L. 78 （1981 年《公约草案》），第 268 条，《正式记录》第十五卷，第 172、217 页。

起草委员会

11. A/CONF. 62/L. 67/Add. 12 （1981 年，油印本），第 12~14 页。

12. A/CONF. 62/L. 67/Add. 12/Corr. 3 （1981 年，油印本）。

13. A/CONF. 62/L. 67/Add. 14 （1981 年，油印本），第 31 页。

14. A/CONF. 62/L. 72 （1981 年），《正式记录》第十五卷 151 页 （起草委员会主席）。

15. A/CONF. 62/L. 152/Add. 25 （1982 年，油印本），第 49 页。

16. A/CONF. 62/L. 160 （1982 年），《正式记录》第十七卷，第 225 页 （起草委员会主席）。

非正式文件

17. 荷兰 （1975 年，油印本） 第 2 条。转载于《第三次联合国海洋法会议文件集》第十一卷，第 25 页。

18. C. 3/3rd Session/CRP/Sc. Res. /9 （1975 年，油印本），［资料来源 2］第 2 款 （起草和协商小组）。转载于《第三次联合国海洋法会议文件集》第十卷，第 351～352 页。

19. C. 3/3rd Session/CRP/Sc. Res. /9/Add. 1 （1975 年，油印本），爱尔兰关于［资料来源 2］第 2 款的提案。转载于《第三次联合国海洋法会议文件集》第十卷，第 353～354 页。

20. 爱尔兰 （EEC） （1975 年，油印本），第 2 条 （a） 项和 （c） 项。转载于《第三次联合国海洋法会议文件集》1975 年的文件，第 299~300 页。

21. 欧共体 （1976 年，油印本），第 8 条第 2 款。转载于《第三次联合国海洋法会议文件集》第十一卷，第 43、46 页。

22. 主席提议 （1976 年，油印本），第 3 条。转载于《第三次联合国海洋法会议文件集》第十一卷，第 53 页。

23. 欧共体 （1976，油印本），第 3 条。转载于《第三次联合国海洋法会议文件集》第十一卷，第 71 页。

评　　注

268.1. 在海洋法会议第二期会议上（1974 年），七十七国集团的提案（资料来源 1）将以下内容列为第一条第 2 款：

> 2. 为此，各国应除其他外直接或通过国际组织：
> （a）促进海洋科学和技术知识的取得、发展和传播；
> （b）便利技术转让，包括技术诀窍、专利和非专利技术；
> （c）促进人力资源开发和人员培训；
> （d）便利科学和技术情报和资料的取得；
> （e）促进所有各级，特别是区域、次区域和双边各级的国际合作。

（本条第 1 款演变为第二六六条（见上文第 266.1 段），第 3 款变成第二六九条（见下文第 269.2 段）。

268.2. 在第三期会议上（1975 年），七十七国集团提出了这一提案的修订版本（资料来源 2），内容如下：

> 2. 为此，各国应直接或通过适当的国际组织，除其他外：
> （a）促进海洋科学技术知识的取得、评价和传播和发展适当的海洋技术；
> （b）根据受援国的经济和需要，促进海洋科学技术的转让和发展必要的技术基本建设；
> （c）通过培训和教育促进发展人力资源，特别是培养较不发达国家的国家工作人员；
> （d）便利科学和技术情报和资料的取得；
> （e）促进人力资源的开发，特别是在区域、次区域和双边各级。

（a）项、（b）项和（c）项从早先的草案中扩大出来，（e）项的重点放在促进"人力资源开发"而不是"各级国际合作"。

会议通过一个起草和协商小组进行了非正式协商，侧重于七十七国集团提案的第 1 条，该小组将该提案的第 2 款（资料来源 18）改为：

> 2. 为此，各国应直接或通过适当的国际组织，除其他外：
> （a）促进海洋科学和技术知识的取得，评价和传播；
> （b）促进发展适当的海洋技术；

（c）便利海洋科学技术的转让和符合受援国经济和需要的必要的技术基本建设的发展；

（d）通过培训和教育，特别是培训较不发达国家的国家工作人员，促进人力资源的发展；

（e）便利科学和技术情报和资料的取得；

（f）促进所有各级的国际合作，特别是区域、次区域和双边各级的合作。

该案文的（b）项摘自前面案文的（a）项。再次提到的其他相应的各款，都重复了前面的案文的文字，（f）项回到以前提出的要求各国"促进各级国际合作"的规定。

爱尔兰提交了该案文的修正案（资料来源19）。它提议用以下措词替代该条的导言条款：

> 为此，所有国家应适当顾及技术供应者和接受者的权利和义务，直接或通过适当的国际组织，除其他外：

（"适当顾及……"的提法现在包含在第二六七条。）

非正式协商导致在非正式单一协商案文/第三部分（资料来源4）中列入了大致符合七十七国集团提交的案文，但对（c）项作了重大修改。该案文文字为：

> 所有国家都应直接或通过适当的国际组织，除其他外：
> （a）促进海洋科学和技术知识取得、评价和传播；
> （b）促进适当的海洋技术的发展；
> （c）促进必要的技术基本建设的发展，以促进符合受援国经济和需要的海洋科学技术转让；
> （d）通过培训和教育，特别是对较不发达国家的国家工作人员进行培训，促进人力资源的发展；
> （e）便利取得科学和技术情报和资料；
> （f）促进所有各级的国际合作，特别是区域、次区域和双边各级的合作。

（c）款的变化强调"必要的技术基本建设的发展"，而不仅仅是转让海洋科学技术。这种变化似乎是基于爱尔兰代表欧共体提交的提案（资料来源20）。

268.3. 在第四期会议上（1976年），根据非正式协商的结果（资料来源21至资料来源23），第三委员会主席将经修改的一个案文列入修订的单一协商案文/第三部分（资料来源5），内容为：

各国应直接或通过主管国际组织促进：

（a）海洋和技术知识的取得、评价和传播，并便利这些情报和资料的取得；

（b）适当的海洋技术的发展；

（c）必要的技术方面基本建设的发展，以便利海洋科学技术的转让；

（d）通过训练和教育，特别是对较不发达国家的国民进行培训，以发展人力资源；

（e）所有各级的国际合作，特别是在区域、次区域和双边各级的合作。

在导言条款中，根据欧共体的建议（资料来源 23），"除其他外"等词被删除，"促进"一词被移动，以避免重复。它也一般提到"各国"。（c）项缩短了对"受援国的经济和需要"的提及。非正式单一协商案文草案中的（e）项在修订的单一协商案文中成为（a）项的一部分。

268.4. 在第六期会议上（1977 年），该条大体上重复了非正式综合协商案文（资料来源 6）第 269 条，但（d）项被修改为：

（d）通过培训和教育为发展中国家特别是最不发达国家的国民来发展人力资源［。］

这使得该条款实质上成为现在的形式，此后根据起草委员会的建议（资料来源 11 至资料来源 16），仅对此作了文字上的润色。

然而，在这个问题上，起草委员会建议把在英文本（a）项中的"这种情报和资料的取得"改为"相关情报和资料的取得"（并对阿拉伯文、中文和西班牙文版本也提出了相应的建议）（资料来源 11，第 13 页）。显然这是为了确保与法文和俄文版本一致。首先，非正式全体会议推迟作出决定，待起草委员会进一步审查（资料来源 13）。起草委员会没有对（a）项提出进一步建议，但它提出修改适用于所有语言的（d）项，包括增加"的国民"一词限定"其中最不发达国家"（资料来源 15）。这一改变是在该条的最后文本中作出的。

268.5(a). "促进"一词取代了第二六六条的标题。与第二六六条的情况一样，第二六八条基本上是政策性宣告，因此不会引起许多问题。

268.5(b). 然而，（d）项中有两个有问题的短语：首先是出现在非正式综合协商案文中的"and countries"（和国家）一词；其次是发展中国家的"the least developed［countries］"（最不发达国家）一词。

由于该条款是政策性声明，技术转让的受益人不必局限于缔约国（该术语在第一条第 2 款和第三○五条中界定）。如果发现不可能对"State"（国家）这个词达成可接受的法律含义，则更难以界定"country"（国家）这个词的含义。该词在《公约》的几个地方出现，特别是第一五○条、第一五一条、第一六四条和附件三第十三条。第十四部分体现了联合国大会 1974 年通过的两项决议（见上文 XIV.4 段）。这个词似乎是指本身就具有能达成有关技术转让的必要协议的能力的任何可识别的政治单位。① 至于发展中国家中的"最不发达国家"，就像"发展中国家"这个术语在联合国的实践中是很好理解的一样，不同的发展中国家的发展程度也可以通过联合国的实践来确定。

268.5(c). 在第三委员会第 22 次会议上，加拿大代表对七十七国集团的修正提案进行了评论（资料来源 2），他指出，该条款具有一些"非常积极的特点，包括基于《各国经济权利和义务宪章》的条文（其中关于技术转让的有关规定在上文 XIV.4 节中引用)。② 《宪章》第 2 段呼吁为发展中国家的利益以按照适合其经济和需要的方式以及程序创造独特的技术。第 3 段呼吁发达国家与发展中国家合作建立、加强和发展其科学和技术基本建设。这些理念对第二六八条的影响是显而易见的。

该宪章还忆及必须适当顾及所有合法权益，包括特别是技术持有者、供应者和接受者的权利和义务。在《公约》中，它在第二六七条被给予一个特别的地方。

268.5(d). 本条中的其他术语，例如（a）项中的"取得"一词反映了秘书处《关于海洋技术取得和转让问题的报告》的影响。③ 同样，（b）项中的"适当的海洋技术"一词体现了秘书处报告中的一个重要段落：

> 通常，最先进的设备，最先进的技术或最新的专家不一定是一些发展中国家需要的最佳选择。也许更简单的技术可能更适合于所设想的业务规模或当地劳动力的技能水平。

268.5(e). （d）项要求各国通过对发展中国家国民的训练和教育来促进"人力资源的发展"。国际海事组织在这方面采取了两个重大步骤：（1）1983 年 7 月建立世界海事大学；及（2）于 1989 年 9 月成立海事组织国际海事法研究所。④

----

① 这些未必是 1969 年《维也纳条约法公约》或 1986 年《关于国家和国际组织间或国际组织相互间条约法的维也纳公约》正式意义上的"条约"。

② 第三委员会第 22 次会议（1975 年），第 44 段，《正式记录》第四卷，第 104 页。

③ A/CONF.62/C.3/L.3（1974 年，油印本）（秘书处），特别是导言，第 7 段，第 9 页［待转载于《第三次联合国海洋法会议文件集》第十九集］。

④ 世界海事大学是根据海事组织 1981 年 11 月 20 日第 A.501（XII）号决议成立的。见海事组织，《大会第十二届会议，决议和其他决定》，第 391 页（1982 年，伦敦）。海事组织《国际海事法研究所的章程》列为 1989 年 7 月 10 日海事组织 IMO doc. A 16/19（c）文件的附件二（油印本）。

第二六九条　实现基本目标的措施

为了实现第二六八条所指的各项目标，各国应直接或通过主管国际组织，除其他外，尽力：

（a）制订技术合作方案，以便把一切种类的海洋技术有效地转让给在海洋技术方面可能需要并要求技术援助的国家，特别是发展中内陆国和地理不利国，以及示能建立或发展其自己在海洋科学和海洋资源勘探和开发方面的技术能力或发展这种技术的基本建设的其他发展中国家；

（b）促进在公平合理的条件下，订立协定、合同和其他类似安排的有利条件；

（c）举行关于科学和技术问题，特别是关于转让海洋技术的政策和方法的会议、讨论会和座谈会；

（d）促进科学工作者、技术和其他专家的交换；

（e）推行各种计划，并促进联合企业和其他形式的双边和多边合作。

资料来源

1. A/AC.138/SC.III/L.23，原则 5，转载于 1972 年《海底委员会报告》，第 206~207 页（保加利亚、乌克兰苏维埃社会主义共和国和苏联）。

2. A/AC.138/SC.III/L.31（1973 年，油印本），第 5 条（保加利亚、波兰、乌克兰苏维埃社会主义共和国和苏联）。

3. A/CONF.62/C.3/L.11（1974 年，油印本）第 2 款（斯里兰卡）。

4. A/CONF.62/C.3/L.12（1974 年），第 1 条第 3 款，《正式记录》第三卷，第253 页（巴西、哥伦比亚、刚果、厄瓜多尔、埃及、冈比亚、伊朗、牙买加、利比里亚、阿拉伯利比亚共和国、墨西哥、摩洛哥、尼日利亚、阿曼、巴基斯坦、巴拿马、秘鲁、韩国、越南共和国、塞内加尔、索马里、斯里兰卡、特立尼达和多巴哥、突尼斯、坦桑尼亚联合共和国、乌拉圭、委内瑞拉和南斯拉夫（七十七国集团））。

5. A/CONF.62/C.3/L.12/Rev.1（1975 年），第 1 条第 3 款，《正式记录》第四卷，第 198 页（伊拉克（七十七国集团））。

6. A/CONF.62/C.3/L.31（1975 年），C 节，第 3 段，《正式记录》第四卷，第220~221 页（第三委员会，非正式会议）。（另见附件 D 节，第 3 段（巴西））

7. A/CONF.62/WP.8/Part III（非正式单一协商案文，1975 年），第三部分，第 4

条，《正式记录》第四卷，第 171、180 页。(第三委员会主席)。

8. A/CONF. 62/WP. 8/Rev. 1/Part III（修订的单一协商案文，1976 年），第 81 条，《正式记录》第五卷，第 173、184 页（第三委员会主席）。

9. A/CONF. 62/WP. 10（非正式综合协商案文，1977 年），第 270 条，《正式记录》第八卷，第 1、44 页。

10. A/CONF. 62/WP. 10/Rev. 1（非正式综合协商案文/第一次修订稿，1979 年，油印本），第 269 条。转载于《第三次联合国海洋法会议文件集》第一卷，第 375、486 页。

11. A/CONF. 62/WP. 10/Rev. 2（非正式综合协商案文/第二次修订稿，1980 年，油印本），第 269 条。转载于《第三次联合国海洋法会议文件集》第二卷，第 3、116 页。

12. A/CONF. 62/WP. 10/Rev. 3*（非正式综合协商案文/第三次修订稿，1980 年，油印本），第 269 条。转载于《第三次联合国海洋法会议文件集》第二卷，第 179、292 页。

13. A/CONF. 62/L. 78（1981 年《公约草案》），第 269 条，《正式记录》第十五卷，第 172、217 页。

起草委员会

14. A/CONF. 62/L. 67/Add. 12（1981 年，油印本），第 15~19 页。

15. A/CONF. 62/L. 67/Add. 12/Corr. 2（1981 年，油印本），第 1 页。

16. A/CONF. 62/L. 72（1981 年），《正式记录》第十五卷，第 151 页（起草委员会主席）。

17. A/CONF. 62/L. 152/Add. 25（1982 年，油印本），第 50 页。

18. A/CONF. 62/L. 160（1982 年），《正式记录》第十七卷，第 225 页（起草委员会主席）。

非正式文件

19. 美国（1974 年，油印本），第 10 条。转载于《第三次联合国海洋法会议文件集》第十一卷，第 3、6 页。

20. C. 3/3rd Session/CRP/Sc. Res. /9（1975 年，油印本），第 3 款［资料来源 5］（起草和协商小组）。转载于《第三次联合国海洋法会议文件集》第十卷，第 351~352 页。

21. C. 3/3rd Session/CRP/Sc. Res. /9/Add. 1（1975 年，油印本），爱尔兰和英国关于第 3 款的提案［资料来源 5］，转载于《第三次联合国海洋法会议文件集》第十卷，第 353~354 页。

22. 爱尔兰（欧共体）（1975 年，油印本），第 2 条（b）项。转载于《第三次联合国海洋法会议文件集》1975 年的文件，第 299~300 页。

23. 欧共体（1976 年，油印本），第 8 条第 2 款。转载于《第三次联合国海洋法会议文件集》第十五卷，第 40、42 页。

24. 欧共体（1976 年，油印本）第 9 条。转载于《第三次联合国海洋法会议文件集》第十一卷，第 43、46 页。

25. 主席提案（1976 年，油印本），第 4 条。转载于《第三次联合国海洋法会议文件集》第十一卷，第 53 页。

26. 欧共体（1976 年，油印本），第 4 条。转载于《第三次联合国海洋法会议文件集》第十一卷，第 71 页。

评　　注

269.1. 第二六九条的依据首先出现在 1972 年由 3 个社会主义国家提出的海底委员会第三委员会的提案（资料来源 1）。该提案在 1973 年的海底委员会会议上进行了修改（资料来源 2），内容如下：

向发展中国家和内陆国家提供援助

各国应合作制定旨在扩大发展中国家和内陆国家研究的措施，包括来自这些国家的科学家参与科学考察、培训其国民中的科学人员和转让进行科学研究工作的专门知识。

269.2. 美国在海洋法会议第二期会议之前编写的非正式文件（1974 年）（资料来源 19）阐述了这一概念。该提案内容如下：

为了加强发展中国家利用科学知识和经验实现经济效益的能力，发达国家应促进和便利向发展中国家转让海洋技术。为此，发达国家应在多边或双边技术援助方案的框架内，

（a）为发展中国家的技术人员提供广泛的教育和培训；

（b）派技术专家到发展中国家；

（c）提供技术设备以及使用和维护的知识和能力；

（d）建立海洋技术共同应用的联合企业。

在海洋法会议第二期会议上（1974 年），斯里兰卡的提案（资料来源 3）在说明了关于技术发展和转让的基本目标（现为第二六六条，见上文第 266.1 段）后继续说道：

2. 为此，各国应直接或通过适当的政府间组织：

（a）特别是通过直接技术援助、教育和培训人员、联合企业和混合企业，促进将适当类型的海洋技术迅速转让给发展中国家的方案，同时考虑到这些国家普遍存在的需要和条件；

（b）便利发展中国家在公正和合理的条件下获得这些领域的专利和非专利技术；

（c）促进国际、区域和次区域各级在海洋科学和技术研究方面的合作，特别是通过海洋科学和技术信息交流、人员交流、建立区域海洋科学和技术研究所和召开有关海洋科学和技术专题研讨会。

该案文随后被撤回，赞成七十七国集团的提案（资料来源4），其中相关部分内容为：

3. 为了实现上述目标，并考虑到发展中国家的利益、特殊需要和条件，各国应特别：

（a）制定有效转让各种海洋技术给发展中国家的技术援助方案；

（b）在公平合理条件下缔结协议、合同和其他类似安排；

（c）召开有关适当科学技术课题的会议、研讨会；

（d）促进科学家、技术专家和其他专家的交流；

（e）开展项目，包括联合企业、混合企业和其他形式的双边和多边合作。

（该案文第1款和第2款演变为第二六六条和第二六八条（见上文第266.1和268.1段）。该提案的重点是创造适当条件，使技术转让成为可行。

这取代了《国家经济权利和义务宪章》第13条第3款的主题（引自上文 XIV.4段）。该款呼吁发达国家与发展中国家合作，建立、加强和发展其科学和技术基本建设及其科学研究和技术活动，以帮助扩大和转变发展中国家的经济。

然而，会议采用的做法并不是建立技术转让与其他想法之间的直接联系。

269.3. 在第三期会议上（1975年），七十七国集团（资料来源5）大大扩展了其早先的案文，内容如下：

3. 为了实现上述目标，各国应直接或通过适当的国际组织，除其他外：

（a）制定技术合作方案，以便把一切种类的海洋技术有效地转让给发展中国家，特别是由于其不利的地理条件，无法建立或发展其自己的海洋科学技术和勘探开发海洋资源、发展技术基本建设的能力的发展中的内陆国家；

（b）在公平合理的条件下，缔结协议、合同和其他类似安排。

（c）召开有关适当科学技术课题的会议、研讨会；

（d）促进科学家、技术专家和其他专家的交流；

（e）开展包括联合企业、混合企业（含国有企业）等多种形式的双边和多边合作项目。

最重要的变化是（a）项，其中规定了"发展中的内陆国家"。导言条款也被完全修改，指出各国要"直接或通过适当的国际组织"来实现基本目标。

经过非正式协商提出了一些提案之后（资料来源 20 至资料来源 22），第三委员会主席将七十七国集团的提案列入了非正式单一协商案文/第三部分（资料来源 7）。唯一的变化是根据英国提出的修正案（资料来源 21）和对（e）项的类似修正在介绍性段落插入了"endeavour"（尽力）一词（爱尔兰代表欧共体（资料来源 22）提出的）。于是该案文第四条文字成为：

为了实现上述目标，各国应直接或通过适当的国际组织，除其他外，尽力：

（a）制定技术合作方案，以便把一切种类的海洋技术有效地转让给发展中国家，特别是由于其不利的地理条件，无法建立或发展其自己的海洋科学技术和勘探开发海洋资源、发展技术基本建设的能力的发展中的内陆国家；

（b）促进在公平合理的条件下，订立协定、合同和其他类似安排的有利条件；

（c）举行有关适当科学技术问题的会议、研讨会；

（d）促进科学工作者、技术专家和其他专家的交换；

（e）推进各种计划，并促进联合企业，混合企业（包括国有企业）和其他形式的双边和多边合作。

案文中的修正部分将该条变成了一个缔约承诺的条款。

269. 4. 在第四期会议上（1976 年），非正式会议进行了协商，欧共体提交了若干提案（资料来源 23、资料来源 24 和资料来源 26）。非正式会议主席随后提出修改（b）项和（c）项（资料来源 25）。

在进一步非正式协商之后，第三委员会主席在修订的单一协商案文/第三部分（资料来源 8）中列入了以下订正案文：

第 81 条

　　为了实现上述目标，各国应直接或通过主管国际组织，除其他外，尽力：

　　（a）制订技术合作方案，以便把一切种类的海洋技术有效地转让给在海洋技术方面可能需要并要求技术援助的国家，特别是发展中内陆国和地理不利国，以及不能建立或发展其自己在海洋科学和海洋资源勘探和开发方面的技术能力或发展这种技术的基本建设的其他发展中国家；

　　（b）促进在公平合理的条件下，订立协定、合同和其他类似安排的有利条件；

　　（c）举办关于科学和技术问题，特别是关于转让海洋技术的政策和方法的会议、讨论会和座谈会；

　　（d）促进科学工作者，技术专家和其他专家的交换；

　　（e）推进各种计划，并促进联合企业和其他形式的双边和多边合作。

　　对（a）项略有改动。扩大了（c）项，强调"海洋技术转让的政策和方法"。在（e）项中，根据欧共体的建议（资料来源 26），删除了"混合企业（包括国有企业）"。

　　269.5. 在第六期会议上（1977 年），该条款被作为第二七〇条列入了非正式综合协商案文（资料来源 9），仅纳入了一些小的起草文字上的变更。在非正式综合协商案文/第一次修订稿中（资料来源 10），该条款被重新编号为第二六九条，基本上作为最终形式纳入了公约草案（资料来源 13），其中吸收了起草委员会建议的修改（资料来源 14 至资料来源 16）。起草委员会在会议的后期阶段（资料来源 17 和资料来源 18）进一步审查了这 6 种语言的最终制定方式。

　　在这方面，可以指出，起草委员会在其统稿过程中曾建议进一步考虑（a）项中"all kinds of"（一切种类的）一词，第三委员会主席甚至提出过用"all types"（所有类型）替代。但是，第三委员会倾向于将文本保留不变。[①]

　　269.6(a). 根据欧共体的一项提案（见上文第 269.3 段），在本条导言条款中插入"endeavour"（尽力）一词大大削弱了本条可能另外暗示的义务的要素。这种做法虽然表明了为有效的海洋技术转让制度采取的一些必要步骤，但仍然符合这些事项的总趋势，因为显而易见，联合国大会和其他机构在处理技术转让给发展中国家的问题上——也就是把重点放在国际合作上而不是正式的义务上。

---

　　① 见 A/CONF. 62/L. 57/Rev. 1（1980 年），"起草委员会的其他建议"，《正式记录》第十四卷，第 114、128 页（起草委员会主席）；A/CONF. 62/L. 63/Rev. 1（1980 年），附件二，第十四部分，同上。第 139、143 页（起草委员会）；和 A/CONF. 62/C. 3/L. 34 和 Adds. 1 和 2（1980 年），附件，第 269 条，同上，第 185、187 页（第三委员会主席）。关于"内陆国和地理不利国"一词的解释，见上文第 266.7（d）节。

269.6(b). 第二六九条完成了第十四部分的一般规定。在会议早期阶段作为单一条款提出（见上文第269.2段），将该部分分为4个由交叉引用相连的条款——第二六七条与第二六六条，以及第二六九条与第二六八条，从而保持了基本统一的主题。这个主题是将《各国经济权利和义务宪章》所阐述的一般原则适用于《公约》作为一个整体所处理的特定事项，以及适用于总体上提高发展中国家科学技术能力，而不损害版权、专利等所有者的私法权利（和义务）。

（b）项中"公平合理的条件"这一表述，以第二六六条第3款为主题，但略有不同。

第二节　国际合作

第二七〇条　国际合作的方式和方法

发展和转让海洋技术的国际合作，应在可行和适当的情形下，通过现有的双边、区域或多边的方案进行，并应通过扩大的和新的方案进行，以便利海洋科学研究，海洋技术转让，特别是在新领域内，以及为海洋研究和发展在国际上筹供适当的资金。

资料来源

1. A/CONF. 62/C. 3/L. 31（1975 年），C 节，第 2 段，备选案文《正式记录》第四卷，第 220~221 页（第三委员会，非正式会议）。（另见附件 D 节，第 5 段（巴西））。

2. A/CONF. 62/WP. 8/Part III（非正式单一协商案文，1975 年），第三部分，第 5 条，《正式记录》第四卷，第 171、180 页（第三委员会主席）。

3. A/CONF. 62/WP. 8/Rev. 1/Part III（修订的单一协商案文，1976 年），第 82 条，《正式记录》第五卷，第 173、184 页（第三委员会主席）。

4. A/CONF. 62/WP. 10（非正式综合协商案文，1977），第 271 条，《正式记录》第八卷，第 1、44 页。

5. A/CONF. 62/WP. 10/Rev. 1（非正式综合协商案文/第一次修订稿，1979 年，油印本），第 270 条。转载于《第三次联合国海洋法会议文件集》第一卷，第 375、487 页。

6. A/CONF. 62/WP. 10/Rev. 2（非正式综合协商案文/第二次修订稿，1980 年，油印本），第 270 条。转载于《第三次联合国海洋法会议文件集》第二卷，第 3、116 页。

7. A/CONF. 62/WP. 10/Rev. 3*（非正式综合协商案文/第三次修订稿，1980 年，油印本）第 270 条。转载于《第三次联合国海洋法会议文件集》第二卷，第 179、293 页。

8. A/CONF. 62/L. 78（1981 年《公约草案》），第 270 条，《正式记录》第十五卷，第 172、217 页。

起草委员会

9. A/CONF. 62/L. 67/Add. 12（1981 年，油印本），第 20 页。

10. A/CONF. 62/L. 72（1981 年），《正式记录》第十五卷，第 151 页（起草委员会主席）。

非正式文件

11. 爱尔兰（欧共体）（1975 年，油印本），第 2 条，导言条款，转载于《第三次联合国海洋法会议文件集》，1975 年文件，第 299~300 页。

12. 厄瓜多尔、印度、巴基斯坦和索马里（1976 年，油印本）。转载于《第三次联合国海洋法会议文件集》第十一卷，第 56 页。

13. EEC（1976 年，油印本），第五条。转载于《第三次联合国海洋法会议文件集》第十一卷，第 71 页。

评　　注

270. 1. 在海洋法会议第三期会议上（1975 年），非正式会议主席将巴西提出的一项非正式提案纳入提交作为会议室文件的项目 13 和项目 14 文本中（资料来源 1）。这项提案建议，关于海洋技术转让：

> 在可行和适当的情况下，国际合作应通过现有的双边、区域或多边方案，并通过扩大的和新的方案，便利海洋科学研究和新领域的海洋技术转让。

在主席收到的提案中，在同一份没有注明出处的报告中也有类似的提案，作为可能的综合案文。然而，该提案构成了七十七国集团非正式协商中出现的关于基本提案的更全面的案文的一部分。[①]同一措词载于爱尔兰代表欧共体提交的提案（资料来源 11）。

作为这些非正式协商的结果，第三委员会主席在非正式单一协商案文/第三部分中列入了以下条款（资料来源 2）作为一个单独的条款，本身就作为第二节更笼统地介绍了关于国际合作。该条文如下：

第二节　国际合作

第五条

发展和转让技术的国际合作，应在可行和适当的情形下，通过现有的双

[①] 见 A/CONF. 62/C. 3/L. 12/Rev. 1（1975），《正式记录》第四卷，第 198 条（伊拉克（七十七国集团））。

边、区域或多边的方案进行，并应通过扩大的和新的方案进行，以便利在新的领域海洋科学研究和海洋技术转让。

270.2. 在第四期会议上（1976 年），经进一步的非正式协商，这一案文在修订的单一协商案文/第三部分（资料来源 3）中得到扩大，改为：

第二节　国际合作
第 82 条

发展和转让海洋技术的国际合作，应在可行和适当的情形下，通过现有的双边、区域或多边方案进行，并应通过扩大和新的方案进行，以便利海洋科学研究和海洋技术转让，特别是在新的领域，以及为海洋研究和发展在国际上筹供适当的资金。

该案文专门提及了"海洋"技术。此外，最后增加了一个条款，为"海洋研究和发展在国际上筹供适当的资金"。

4 个国家的相关提案（资料来源 12）提出将设立一个"国际组织"，以便利技术转让方面的国际合作。会议没有接受这一点，也没有进一步讨论这个提案。然而，其中的一些要素，如建立国家和区域技术转让中心，已被纳入第十四部分其他条款（第二七五条和第二七六条）。

该条款随后以这种形式与标题一起被列入非正式综合协商案文（资料来源 4），作为第二七一条。在非正式综合协商案文/第一次修订稿（资料来源 5）中重新编号为第二七〇条，此后未作改变，仅根据起草委员会的建议作了起草文字上的润色，（资料来源 9 和资料来源 10）。

270.3(a). 这是另一条基本上声明约定政策的条款。它将现有的方案——无论是双边的、区域的还是多边的——作为起点，同时承认需要新的方案。从该条款中可以看到海洋科学研究与海洋技术转让之间的概念联系，但这并不限于可以设想海洋技术转让的目的。

该条款也很重要的另一点是，认识到需要为海洋研究和发展提供适当的国际资金。

270.3(b). 关于"海洋技术"的含义见上文第 266.7（c）节。

270.3(c). 在事情的性质上，就是否表明什么会是"适当的"来说，无论是在国际合作的方式上还是在国际上提供资金上，它都不符合本条的目的。但是，会议通过并列为"最后文件"附件六（见下文议案）的决议，可能包含表明在这些事项上应采取的方向的一些迹象。

第二七一条　方针，准则和标准

各国应直接或通过主管国际组织，在双边基础上或在国际组织或其他机构的范围内，并在特别考虑到发展中国家的利益和需要的情形下，促进制订海洋技术转让方面的一般接受的方针、准则和标准。

资料来源

1. A/CONF. 62/WP. 8/Part III（非正式单一协商案文，1975 年），第三部分，第 6 条，《正式记录》第四卷，第 171、180 页（第三委员会主席）。

2. A/CONF. 62/WP. 8/Rev. 1/Part III（修订的单一协商案文，1976 年），第 83 条，《正式记录》第四卷，第 173、184 页（第三委员会主席）。

3. A/CONF. 62/WP. 10（非正式综合协商案文，1977 年），第 272 条，《正式记录》第三卷，第 1、45 页。

4. A/CONF. 62/WP. 10/Rev. 1（非正式综合协商案文/第一次修订稿，1979 年，油印本），第 271 条。转载于《第三次联合国海洋法会议文件集》第一卷，第 375、487 页。

5. A/CONF. 62/WP. 10/第二次修订稿（非正式综合协商案文/第二次修订稿，1980，油印本），第 271 条。转载于《第三次联合国海洋法会议文件集》第二卷，第 3、116 页。

6. A/CONF. 62/WP. 10/Rev. 3*（非正式综合协商案文/第三次修订稿，1980 年，油印本），第 271 条。转载于《第三次联合国海洋法会议文件集》第二卷，第 179、475 页。

7. A/CONF. 62/L. 78（1981 年《公约草案》），第 271 条，《正式记录》第十五卷，第 172、217 页。

起草委员会

8. A/CONF. 62/L. 67/Add. 12（1981 年，油印本），第 21~22 页。

9. A/CONF. 62/L. 72（1981 年），《正式记录》第十五卷，第 151 页（起草委员会主席）。

10. A/CONF. 62/L. 152/Add. 25（1982 年，油印本），第 51 页。

11. A/CONF. 62/L. 160（1982 年），《正式记录》第十七卷，第 225 页（起草委员会主席）。

非正式文件

12. 爱尔兰（欧共体）（1975 年，油印本），第 2 条（d）项。转载于《第三次联合国海洋法会议文件集》，1975 年的文件，第 299~300 页。

13. 主席提议（1976 年，油印本）第 6 条。转载于《第三次联合国海洋法会议文件集》第十一卷，第 53~54 页。

14. 欧共体（1976 年，油印本）第 6 条。转载于《第三次联合国海洋法会议文件集》第十一卷，第 71~72 页。

评　注

271. 1. 在海洋法会议第三期会议上（1975 年），欧共体提交了关于便利海洋科学研究和海洋技术转让的非正式提案（现为第二七〇条）（资料来源 12）。该提案呼吁进行国际合作，除其他外，特别要：

（d）特别考虑到发展中国家的利益，制订普遍接受的海洋技术转让的自愿准则，以及在国际组织和其他论坛范围内技术转让方面的和其他工作［。］

该案文的修改版未经第三委员会正式讨论，出现在非正式单一协商案文/第三部分（资料来源 1）的第 6 条，规定

各国应直接或通过适当的国际组织，在双边基础上或在国际组织和其他论坛的框架内，并特别考虑到发展中国家的利益和需要，促进制定普遍接受的转让方面的海洋技术和其他工作技术转让的准则。

271. 2. 在第四期会议上（1976 年），关于项目 13 和项目 14 的非正式会议主席提出的建议大大扩展了该案文（资料来源 13），内容如下：

各国应直接或通过适当的国际组织，促进制订普遍适用的准则，以进一步转让技术转让方面的海洋技术和其他工作，以服务于发展中国家的利益和满足发展中国家的需要；在不影响技术持有者的合法权益的情况下，指导原则在与受援国有关的情况下应考虑以下因素：

（a）尊重该国对其财富、自然资源和其他经济活动的永久主权；

（b）消除限制性商业惯例或垄断活动；

（c）为发展受援国的科学和技术能力和更有效地实现其国家政策作出贡献。

相应地，欧洲经济共同体提出了几条建议（资料来源14）来修改非正式单一协商案文。欧共体建议在"普遍接受"之后，加上"和自愿接受"。它还提出在"技术"之前增加"海洋"，并在"其他论坛"之后列举例如贸发会议和知识产权组织（世界知识产权组织）。

进一步的非正式协商导致在修订的单一协商案文/第三部分（资料来源2）中列入了修订案文，内容如下：

各国应直接或通过主管国际组织，促进在双边基础上或在国际组织和其他论坛的范围内制订可接受的海洋科学技术转让方针、准则和标准，同时特别考虑到发展中国家的利益和需要。

该案文早些时候提到了普遍接受的"方针"的提法改成提及"方针、准则和标准"。同时也更多提到"海洋科学技术"，比"技术转让方面的海洋技术和其他工作"更加简明扼要。

271. 3. 在第六期会议上（1977年），该案文以几乎相同的语言作为第二七二条列入非正式综合协商案文（资料来源3），并增加了本标题。该条在非正式综合协商案文/第一次修订稿（资料来源4）中被重新编号为第二七一条，在根据起草委员会的建议（资料来源8至资料来源11）的对起草文字进行润色后通过，其后保留未作任何改变。

271. 4. 第二七一条是针对各国提出的，无论是直接地在双边一级还是间接通过主管国际组织行事。通过使用"promote"（促进）这个词，它不会束缚自己的个人行动自由。在这个性质上，该条仍然是一项政策声明，应该指出的是，项目13和项目14非正式会议主席曾经提出列入本条案文的具体考虑因素没有存活下来（见271.2段以上）。假设将在制订涉及技术转让的国际行动计划和方案的更广泛的背景下进行，其实际应用将会发生。

第二七二条　国际方案的协调

在海洋技术转让方面，各国应尽力确保主管国际组织协调其活动，包括任何区域性和全球性方案，同时考虑到发展中国家特别是内陆国和地理不利国的利益和需要。

资料来源

1. A/CONF. 62/C. 3/L. 12/Rev. 1（1975 年），第 1 条第 4 款，《正式记录》第四卷，第 198 页（伊拉克（七十七国集团））。

2. A/CONF. 62/C. 3/L. 31（1975 年），C 节，第 4 款，《正式记录》第四卷，第 220~221 页（第三委员会主席）（另见附件 D 节，第 4 款（巴西））。

3. A/CONF. 62/WP. 8/Part III（非正式单一协商案文，1975 年），第三部分，第 7 条，《正式记录》第四卷，第 171、180 页（第三委员会主席）。

4. A/CONF. 62/WP. 8/Rev. 1/Part III（修订的单一协商案文，1976 年），第 84 条，《正式记录》第五卷，第 173、184 页（第三委员会主席）。

5. A/CONF. 62/WP. 10（非正式综合协商案文，1977 年），第 273 条，《正式记录》第八卷，第 1、45 页。

6. A/CONF. 62/WP. 10/Rev. 1（非正式综合协商案文/第一次修订稿，1979 年，油印本），第 272 条。转载于《第三次联合国海洋法会议文件集》第一卷，第 375、487 页。

7. A/CONF. 62/WP. 10/Rev. 2（非正式综合协商案文/第二次修订稿，1979 年，油印本），第 272 条。转载于《第三次联合国海洋法会议文件集》第二卷，第 3、116 页。

8. A/CONF. 62/WP. 10/Rev. 3*（非正式综合协商案文/第三次修订稿，1980 年，油印本），第 272 条。转载于《第三次联合国海洋法会议文件集》第二卷，第 179、293 页。

9. A/CONF. 62/L. 78（1981 年《公约草案》），第 272 条，《正式记录》第十五卷，第 172、217 页。

起草委员会

10. A/CONF. 62/L. 67/Add. 12（1981 年，油印本），第 23~25 页。

11. A/CONF. 62/L. 72（1981 年），《正式记录》第十五卷，第 151 页（起草委员

会主席）。

非正式文件

12. C. 3/3rd Session/CRP/Sc. Res/9（1975 年，油印本），第 4 段（起草和协商小组）。转载于《第三次联合国海洋法会议文件集》第十卷，第 351～352 页。

13. C. 3/3rd Session/CRP/Sc. Res/9/Add. 1（1975 年，油印本），苏联和哥伦比亚关于第 4 段的提案。转载于《第三次联合国海洋法会议文件集》第十卷，第 353～354 页。

14. 主席提议（1976 年，油印本），第 7 条。转载于《第三次联合国海洋法会议文件集》第十一卷，第 53～54 页。

15. 欧共体（1976 年，油印本）第 7 条。转载于《第三次联合国海洋法会议文件集》第十一卷，第 71～72 页。

评　　注

272. 1. 在海洋法会议第三期会议上（1975 年），七十七国集团提出的一项提案（资料来源 1）将以下增加的内容纳入 1974 年该集团的原始提案:①

> 4. 在适当情形下，主管技术转让方面的国际组织应努力协调其在这一领域的活动，包括任何区域或国际方案，同时考虑到发展中国家，包括内陆国和地理不利国的利益和需要。

在随后的非正式协商过程中，根据七十七国集团提案的第 1 条起草小组向关于项目 13 和项目 14 的非正式会议主席提交了下列案文（资料来源 12）:

> 4. 主管技术转让方面的国际组织应努力协调其在这一领域的活动，包括任何区域或国际方案，同时考虑到发展中国家，包括内陆和地理不利国的利益和需要。

随后是苏联提出的修订版本（资料来源 13），内容如下:

---

① 见 A/CONF. 62/C. 3/L. 12（1974 年），第 1 条，《正式记录》第三卷，第 253 页（巴西、哥伦比亚、刚果、厄瓜多尔、埃及、冈比亚、伊朗、牙买加、利比里亚、阿拉伯利比亚共和国、墨西哥、摩洛哥、尼日利亚、阿曼、巴基斯坦、巴拿马、秘鲁、韩国、越南共和国、塞内加尔、索马里、斯里兰卡、特立尼达和多巴哥、突尼斯、坦桑尼亚联合共和国、乌拉圭、委内瑞拉和南斯拉夫（七十七国集团））。关于该提案的其他段落，见第 266. 1、268. 1 和 269. 2 节。

4. 各国应通过主管技术转让方面的国际组织行事，确保协调这些组织在这一领域的活动，包括任何区域或国际方案，同时考虑到发展中国家，包括内陆国和其他地理不利国的利益和需要。

该案文规定各国有义务确保协调国际组织的活动，而不是组织本身。哥伦比亚（资料来源 13）建议增加以下注意事项："避免将其仅用做实验方面和受过培训的人员来源"。

经非正式协商后，第三委员会主席在非正式单一协商案文/第三部分（资料来源 3）中列入了以下条款：

各国应尽力确保技术转让方面的国际组织协调其在这一方面的活动，包括采取任何区域或国际方案，考虑到发展中国家，包括内陆国和地理不利国的利益和需要。

该案文强调，各国要"尽力确保"国际组织协调其在技术转让方面的活动。

272. 2. 在第四期会议上（1976 年），关于项目 13 和项目 14 的非正式会议主席提议将该条款的介绍性措辞（资料来源 14）改为：

各国应直接或通过适当的国际组织，协调其活动……

同时，欧共体提出在"技术"之前插入"海洋"一词（资料来源 15）。

于是，该期会议的非正式协商导致第三委员会主席将以下条文列入了非正式综合协商案文/第三部分（资料来源 4）：

第 84 条

各国应尽力确保海洋技术转让方面的主管国际组织协调其在这一领域的活动，包括任何区域或国际方案，同时考虑到发展中国家，特别是内陆国和地理不利国的利益和需要。

本条款与非正式单一协商案文基本相同，但略有改动。

272. 3. 在第五期会议上（1976 年），第三委员会主席报告说，在非正式会议上提到了该案文，但他没有进一步澄清。[②]

在第六期会议上（1977年），非正式协商的结果导致将以下经修订的案文列入非正式综合协商案文（资料来源5）：

第273条 国际方案的协调

在海洋技术转让方面，各国应尽力确保主管国际组织协调其在这一方面的活动，包括任何区域性或全球性方案，同时考虑到发展中国家特别是内陆国和地理不利国的利益和需要。

开始条款只是重组了一下，而没有改变实质内容，而早先提到的"国际"方案被"全球性"方案所取代。

该条在非正式综合协商案文/第一次修订稿（资料来源6）中重新编号为第272条。随后，根据起草委员会的建议（资料来源10和资料来源11）还吸收了一些小的起草文字上变化。根据起草委员会基于第三委员会的建议，在《公约草案》中删除了"在这一方面"一语（资料来源8）。[③]

272.4(a). 虽然这项条款在形成最终形式之前已被大幅度修改，但其总的主旨一直保持未变，而且即使有变化，也基本上是表达方式上的些变化。立法历史表明，在制定该条款所涉及的实体时遇到困难。原先的案文以提及主管国际组织的形式开始，但后来被直接提及各国取代。在最后的文本中，重点放在海洋技术转让方面，就各国而言，必须尽力确保主管国际组织协调其在这一方面的活动。

272.4(b). 技术转让现在几乎是所有国际政府间组织都关心的问题，协调这些广泛活动的问题不仅限于海洋技术或本公约所涉及的事项。因此，该条的主旨是普遍鼓励协调这一领域的活动，但这里特别提到海洋技术的转让。

272.4(c). 第二七二条的最后一句，就在其背景下并因其出处而言，显然已经考虑到发展中内陆国和地理不利国（关于"内陆国"和"地理不利国"的说明，见上文第266.7(d)节）。

---

② 见 A/CONF.62/L.18（1976年），第41段，《正式记录》第六卷，第139、143页（第三委员会主席）；和第三委员会第31次会议（1976年），第45段，同上，第103页。

③ 见 A/CONF.62/L.63/Rev.1（1980年），附件二，《正式记录》第十四卷，第139、143页（起草委员会）；和 A/CONF.62/C.3/L.34 和 Add.1 和 2（1980年），附件，同上。第185、187页（第三委员会主席）。

第二七三条　与各国际组织和管理局的合作

各国应与主管国际组织和管理局积极合作，鼓励并便利向发展中国家及其国民和企业部转让关于"区域"内活动的技能和海洋技术。

资料来源

1. A/CONF. 62/C. 3/L. 8（1974 年），第 4 条，《正式记录》第三卷，第 251 页（尼日利亚）。

2. A/CONF. 62/C. 3/L. 12（1974 年），第 2 条，《正式记录》第三卷，第 253 页（巴西、哥伦比亚、刚果、厄瓜多尔、埃及、冈比亚、伊朗、牙买加、利比里亚、阿拉伯利比亚共和国、墨西哥、摩洛哥、尼日利亚、阿曼、巴基斯坦、巴拿马、秘鲁、韩国、越南共和国、塞内加尔、索马里、斯里兰卡、特立尼达和多巴哥、突尼斯、坦桑尼亚联合共和国、乌拉圭、委内瑞拉和南斯拉夫（七十七国集团））。

3. A/CONF. 62/C. 3/L. 12/Rev. 1（1975 年），第 2 条，《正式记录》第四卷，第 198 页（伊拉克（七十七国集团））。

4. A/CONF. 62/WP. 8/Part III（非正式单一协商案文，1975 年），第三部分，第 8 条，《正式记录》第四卷，第 171、180 页（第三委员会主席）。

5. A/CONF. 62/WP. 8/Rev. 1/Part III（修订的单一协商案文，1976 年），第 85 条，《正式记录》第五卷，第 173、184 页（第三委员会主席）。

6. A/CONF. 62/WP. 10（非正式综合协商案文，1977 年），第 274 条，《正式记录》第八卷，第 1、45 页。

7. A/CONF. 62/RCNG/2（1978 年），第三委员会主席的报告（C. 3/Rep. 1），美国关于第 274 条的提案（MSR/2）和《正式记录》第十卷，第 126、173、192、194 页。

8. A/CONF. 62/WP. 10/Rev. 1（非正式综合协商案文/第一次修订稿，1979 年，油印本），第 273 条。转载于《第三次联合国海洋法会议文件集》第一卷，第 375、487 页。

9. A/CONF. 62/WP. 10/Rev. 2（非正式综合协商案文/第二次修订稿，1980 年，油印本），第 273 条。转载于《第三次联合国海洋法会议文件集》第一卷，第 116 页。

10. A/CONF. 62/WP. 10/Rev. 3*（非正式综合协商案文/第三次修订稿，1980 年，油印本），第 273 条。转载于《第三次联合国海洋法会议文件集》第二卷，第 179、

293 页。

11. A/CONF. 62/L. 78（1981 年《公约草案》），第 273 条，《正式记录》第十五卷，第 172、217 页。

起草委员会

12. A/CONF. 62/L. 67/Add. 12（1981 年，油印本），第 26~29 页。

13. A/CONF. 62/L. 67/Add. 12/Corr. 1（1981 年，油印本）。

14. A/CONF. 62/L. 67/Add. 12/Corr. 2（1981 年，油印本），第 1 页。

15. A/CONF. 62/L. 67/Add. 14（1981 年，油印本），第 31~32 页。

16. A/CONF. 62/L. 72（1981 年），《正式记录》第十五卷，第 151 页（起草委员会主席）。

非正式文件

17. Proposals on article 85（1976 年，油印本），由英国、葡萄牙、哥伦比亚、埃及、美国和苏联提出的提案。转载于《第三次联合国海洋法会议文件集》第十一卷，第 92 页。

18. 巴基斯坦（1977 年，油印本），第 85 条。转载于《第三次联合国海洋法会议文件集》第十一卷，第 116 页。

19. 美国（1978 年，油印本），第 274 条。转载于《第三次联合国海洋法会议文件集》第十一卷，第 117、119 页 [资料来源 20 的初版]。

20. MSR/2（1978 年，油印本），第 274 条（美国）。转载于《第三次联合国海洋法会议文件集》第十卷，第 360、362 页。

评　注

273. 1. 在海洋法会议第二期会议期间（1974 年），尼日利亚的提案（资料来源 1）提出：

> 所有国家都有义务与国际海底管理局积极合作，以便利将海洋科学研究和技术的技能转让给发展中国家及其国民。

七十七国集团提交了一项对其略有修改后的提案（资料来源 2），内容如下：

> 所有国家都有义务与"管理局"积极合作，鼓励并便利向发展中国家及其国民转让海洋科学研究活动和有关技术的技能。

该案文规定，各国应"鼓励和便利"海洋科学研究"活动和相关"技术的技能的转让。

273.2. 在第三期会议上（1975年），七十七国集团提出了其早先提案的修订稿，但仅纳入了较小的起草文字上的变更（资料来源2）。虽然大多数代表团普遍接受，但这一提案并非没有引起争议。①

非正式协商之后，第三委员会主席在非正式单一协商案文/第三部分中（资料来源4）列入了以下条款：

> 所有国家应与根据本公约设立的国际海底管理局积极合作，鼓励和便利向发展中国家及其国民人员转让关于国际海底区勘探，开发资源和相关活动的技能和技术。

273.3. 在第四期会议上（1976年），虽然没有提供非正式协商的细节，但在修订的单一协商案文/第三部分中（资料来源5）修改了这一规定：

第85条

> 各国应与根据本公约设立的国际海底管理局积极合作，鼓励并便利向发展中国家及其国际技术和技术国家转让国际海底区勘探，资源开发利用等相关活动。

该案文的唯一变化是一般性地针对"各国"，而不是"一个国家"。

273.4. 在第五期会议上（1976年），非正式会议提出了若干非正式提案（资料来源17）。葡萄牙建议将这一条款扩大到国家、国际海底管理局"和主管国际组织之间的合作"。类似地，哥伦比亚也提议在"国家"之后插入措词"直接或通过主管国际组织"。英国、苏联和埃及提出起草文字上的变动，而美国则提出删除第85条。②在第三委员会第31次会议上，第三委员会主席汇总了这些提案，指出：

> 关于第85条，一些修正案力求加强管理局的作用，使其在国际上技术转让方面发挥协调作用。其他修正案则旨在将管理局在技术转让中的作用与第一委员会进行的管理局范围的审议联系起来。③

---

① 例如，见美国在第三委员会第22次会议（1975年）上的发言，第20段（"转让海洋技术与国际……管理局之间的联系是第一委员会的议题"），《正式记录》第四卷，第103页。肯尼亚和特立尼达和多巴哥都反对这一点，指出3个主要委员会的工作不可避免的重叠。同上，第36、48段，同上，第103-104页。

② 大概与其早些时候的观点一致。见前注①。

③ 第三委员会第31次会议（1976年），第46段，《正式记录》第六卷，第103页。

273. 5. 在第六期会议上（1977 年），巴基斯坦提交了一项修正案（资料来源 18），该修正案建议在修订的单一协商案文/第三部分第 85 条末尾加上"以及与勘探和开发大陆架资源有关的技术"。

第六届会议的非正式协商导致将以下案文列入非正式综合协商案文（资料来源 6）：

第 274 条
与国际组织和管理局合作，将技术转让给发展中国家
各国应与主管国际组织和管理局积极合作，鼓励并便利向各国、其国民和企业部转让在"区域"勘探和开发其资源等相关活动方面的技能和技术。

该案文提到了各国与"主管国际组织和管理局"积极合作的国家，向发展中国家、其国民和企业部转让技能和技术。对企业部的提及与第一委员会正在处理的事项有明确联系。

273. 6. 在第七期会议上（1978 年），第三委员会主席报告说，非正式会议提出了非常重要的意见和建议，特别是关于第二七四条。④ 在第三委员会第 37 次会议上，主席以非正式会议主席的身份发言指出，对第二七四条和第二七五条［现在的第二七三条和第二七四条］提出了"实质性修正案的建议"。但他解释说，他认为

在这个问题上提出的意见……更适合第一委员会讨论国际海底管理局的职能。有关条款是相当笼统的，并没有损害第一委员会就这个问题可能采取的任何决定。⑤

273. 7. 在 1978 年第七期会议续会上（1978 年），美利坚合众国提出将"区域勘探、资源开发和其他有关活动"改为"'区域'内活动"（资料来源 19 和资料来源 20）。在该提案附注中，有人记录说，"'区域'内活动"是第一委员会选定的，并在非正式综合协商案文第一条中定义的一个词"（同上，第 194 页）。第三委员会主席在提交全体会议的报告（资料来源 7）中报告了该提案，但没有进一步阐述。

273. 8. 在第九期会议上（1979 年），第三委员会主席报告说，由于这项建议没有

---

④ 主席的报告转载于 A／CONF. 62／RCNG／1（1978 年），《正式记录》第十卷，第 13、96、102 页。

⑤ 第三委员会第 37 次会议（1978 年），第 23 段，《正式记录》第九卷，第 153 页．另见丹麦（代表欧共体）在该次会议上的发言，第 43 段，同上，第 155 页；以及南斯拉夫的发言，第 74 段（"考虑到管理局的权限，第 274 条应符合第 151 条第 8 款［现在的第一四四条第 1 款］"），同上，第 157 页。

再出现在美国提出的修正案的修订版本中，他认为美国并不坚持修改该修正案。⑥ 然而，在非正式综合协商案文／第二次修订稿中（资料来源9），根据起草委员会的建议，该条款按照美国建议的方式进行了修订。⑦

该条款随后吸收了起草委员会建议的变更（资料来源12至资料来源16），包括删除标题的后半部分，形成其最终形式（资料来源12，第27页）。

273.9(a). 第二七三条、第二七四条和第二七五条是第十四部分中唯一具体提及管理局的条款，也是最有争议的条文，

第三委员会讨论的第十四部分，例如从委员会第31次会议的辩论中可以看出⑧（见上文第273.4节）。通过在第十一部分和第十四部分中列入有关规定来解决这一辩论。

273.9(b). "管理局"是根据《公约》第一五六条设立的国际海底管理局。企业部是由第一五八条第2款设立的，作为管理局履行第一七○条所述职能的机关。《企业部章程》见《公约》附件四。"区域"（字母A大写）在第一条第1款（1）中被描述为"国家管辖范围以外的海床和洋底及其底土"，"'区域'内活动"在第一条第1款（3）中被描述为"勘探和开发'区域'的资源的一切活动"。根据第一三三条，为了第十一部分的目的，"资源"一词是指"'区域'内在海床及其下原来位置的一切固体、液体或气体矿物资源，其中包括多金属结核"，而"从'区域'回收的资源称为'矿物'"。管理局关于技术转让的（一般）职能在第一四四条中有更详细的规定，其中第二七三条是平行的（但对海洋技术有限制）。（关于"海洋技术"一词的含义见上文第266.7（c）节。）

273.9(c). 在提及"发展中国家"时虽然第十四部分通常使用"developing countries"，但在第二七三条、第二七四条和第二七五条则使用了"developing States"。这是为了对应于第十一部分的语言，特别是第一四四条和第一四八条。

273.9(d). 第二七三条涉及将有关"区域"内的活动的技能和海洋技术转让给发展中国家。因此，与附件三第五条的目的基本上不同，附件三涉及承包者通常对其在"区域"内的活动的技术转让。这一问题正在由"区域"内多金属结核探矿、勘探和开发规章，即由筹备委员会第三特别委员会编写的所谓"海底采矿法典"规管。关于筹备委员会工作安排的早期说明，秘书处将国际海底管理局的责任纳入"区域"内海洋技术的发展和转让，作为筹备委员会应为管理局大会第一届会议提出一致的建议的

---

⑥　第三委员会第40次会议（1979年），第13段，《正式记录》第十一卷，第70页。主席提到载有美国提出的一系列非正式修正案的订正案文的非正式文件MSR/2/Rev.1（1979年，油印本）。转载于《第三次联合国海洋法会议文件集》第十一卷，第386页。在该文件中未提及第二七四条，但稍后进行进行了更改。

⑦　见A/CONF.62/L.40（1979年），第XVII节，《正式记录》第十二卷，第95、100页（起草委员会主席）。

⑧　第三委员会，第31次会议（1976年），第44-54页，《正式记录》第六卷，第103-104页。

一项议题。⑨ 发展中国家获得技术程序的问题也正在第三特别委员会审议中。当然，把技术转让给管理局和由管理局将技术转让给发展中国家之间的程序有联系。第三委员会讨论的第十四部分，例如从委员会第 31 次会议的辩论中可以看出（见上文第 273.4 节）。通过在第十一部分和第十四部分中列入有关规定来解决这一辩论。

273.9(e). 在第二七三条中，"主管国际组织"是指在当前情况下有权限的任何国际组织；然而，在第十四部分中，它没有与第十二部分具有相同的具体内涵。至于管理局，其权力和权限将在第十一部分中阐述。

---

⑨ LOS/PCN/1（1983 年，油印本）。转载于第三次联合国海洋法会议文件集 筹委会》第一卷，第 183、186 页。在编写本文时（1990 年 1 月），筹备委员会尚未完成关于这些专题的工作。

第二七四条　管理局的目标

管理局在一切合法利益，其中除其他外包括技术持有者、供应者和接受者的权利和义务的限制下，在"区域"内活动方面应确保：

（a）在公平地区分配原则的基础上，接受不论为沿海国、内陆国或地理不利国的发展中国家的国民，以便训练其为管理局工作所需的管理、研究和技术人员；

（b）使所有国家，特别是在这一方面可能需要并要求技术援助的发展中国家，能得到有关的装备、机械、装置和作业程序的技术文件；

（c）由管理局制订适当的规定，以便利在海洋技术方面可能需要并要求技术援助的国家，特别是发展中国家，取得这种援助，并便利其国民取得必要的技能和专门知识，包括专业训练；

（d）通过本公约所规定的任何财政安排，协助在这一方面可能需要并要求技术援助的国家，特别是发展中国家，取得必要的装备、作业程序、工厂和其他技术知识。

资料来源

1. A/CONF. 62/C. 3/L. 8（1974 年），第 3 条，《正式记录》第三卷，第 251 页（尼日利亚）。

2. A/CONF. 62/C. 3/L. 12（1974 年），第 3 条，《正式记录》第三卷，第 253 页（巴西、哥伦比亚、刚果、厄瓜多尔、埃及、冈比亚、伊朗、牙买加、利比里亚、阿拉伯利比亚共和国、墨西哥、摩洛哥、尼日利亚、阿曼、巴基斯坦、巴拿马、秘鲁、韩国、越南共和国、塞内加尔、索马里、斯里兰卡、特立尼达和多巴哥、突尼斯、坦桑尼亚联合共和国、乌拉圭、委内瑞拉和南斯拉夫（七十七国集团））。

3. A/CONF. 62/C. 3/L. 12/Rev. 1（1975 年），第 3 条，《正式记录》第四卷，第 198 页（伊拉克（七十七国集团））。

4. A/CONF. 62/WP. 8/Part III（非正式单一协商案文，1975 年），第三部分，第 9 条，《正式记录》第四卷，第 171、181 页（第三委员会主席）。

5. A/CONF. 62/WP. 8/Rev. 1/Part III（修订的单一协商案文，1976 年），第 86 条，《正式记录》第五卷，第 173、184 页（第三委员会主席）。

6. A/CONF. 62/WP. 10（非正式综合协商案文，1977 年），第 275 条，《正式记录》第八卷，第 1、45 页。

7. A/CONF. 62/WP. 10/Rev. 1（非正式综合协商案文/第一次修订稿，1979 年，油印本），第 274 条。转载于《第三次联合国海洋法会议文件集》第一卷，第 375、488 页。

8. A/CONF. 62/WP. 10/Rev. 2（非正式综合协商案文/第二次修订稿，1980 年，油印本），第 274 条。转载于《第三次联合国海洋法会议文件集》第二卷，第 3、116 页。

9. A/CONF. 62/WP. 10/Rev. 3*（非正式综合协商案文/第三次修订稿，1980 年，油印本），第 274 条。转载于《第三次联合国海洋法会议文件集》第二卷，第 179、293 页。

A/CONF. 62/L. 78（1981 年《公约草案》），第 274 条，《正式记录》第十五卷，第 172、217 页。

起草委员会

11. A/CONF. 62/L. 67/Add. 12（1981 年，油印本），第 30~41 页。

12. A/CONF. 62/L. 67/Add. 12/Corr. 1（1981 年，油印本）。

13. A/CONF. 62/L. 67/Add. 12/Corr. 2（1981 年，油印本），第 2 页。

14. A/CONF. 62/L. 67/Add. 14（1981 年，油印本），第 32 页。

15. A/CONF. 62/L. 72（1981 年），《正式记录》第十五卷，第 151 页（起草委员会主席）。

非正式文件

16. Proposals on article 86（1976 年，油印本），英国、伊拉克、巴西、美国、厄瓜多尔、苏联和澳大利亚。转载于《第三次联合国海洋法会议文件集》第十一卷，第 92~93 页。

17. 巴基斯坦（1977 年，油印本），第 86 条。转载于《第三次联合国海洋法会议文件集》第十一卷，第 116 页。

18. 美国（1977 年，油印本），第 86 条。转载于《第三次联合国海洋法会议文件集》第十一卷，第 116 页。

评 注

274. 1. 在海洋法会议第二期会议上（1974 年），涉及国际海底管理局在向发展中国家转让技术方面的作用提出了两项完全相同的提案。第一个是尼日利亚提出的（资料来源 1），规定了国际海底管理局在勘探和开发国际海底区域的执照和合同并在这方面协助发展中国家的义务。该提案随后被七十七国集团提交的提案所取代（资料来源 2），内容如下：

第 3 条

"管理局" 在其职权范围内应确保：

（a）在其与从事海洋科学活动、对国际区域进行勘探、对该区域资源进行开发和相关活动的法人和自然人的法律安排中，要在公平地理分配的基础上，对有关培训做出充分规定，作为为这些目的组建的管理、研究和技术人员，不论是沿海国、内陆国还是地理不利的发展中国家的国民；

（b）应所有发展中国家的要求向所有发展中国家提供在国际区域的勘探、资源开发和有关活动中使用的设备、机械、装置和程序的所有蓝图和专利；

（c）要作出充分的规定，以便利任何发展中国家或其国民获得必要的技能和专门知识，包括管理局对国际区域勘探、资源开发和相关活动的任何任务的专业培训；

（d）设立一个专项基金来协助发展中国家获得勘探和开发其海洋资源所需的必要设备、作业程序、工厂和其他技术知识。

274. 2. 在第三期会议上（1975 年），七十七国集团修改了其提案（资料来源 3），在（a）项末尾增加了 "考虑到该管理局在作为人类共同继承财产的海洋空间行使职责"。同时（d）项也略有修改，适用于发展中国家，包括内陆国和地理不利国。

在这个阶段，所建议的有关管理局的建立和职能，以及第三委员会是否有权讨论管理局的任何问题，都有相当多的讨论。例如，在第三委员会第 22 次会议上，尼日利亚代表作了如下解释：

由于国家和国际两个领域的科学研究将在技术转让中发挥重要作用，因此必须提及国际管理局，但提案国认识到，管理局应该建立和运行的方式不是第三委员会的议题。然而，委员会将履行其职权，在技术转让范围内，就管理局进行讨论。①

然而，一些国家对七十七国集团的提案表示保留。②美国认为，海洋技术转让与国际管理局之间的联系是第一委员会的事情。它还强调，专利技术是 "私有财产，因此不受政府转让"。

---

① 第三委员会，第 22 次会议（1975 年），第 4 段，《正式记录》第四卷，第 101 页。

② 见苏联在第三委员会第 22 次会议（1975 年）上的发言。第 15 段，《正式记录》第四卷，第 102 页；保加利亚的发言，第 22 段，同上，第 103 页；德意志民主共和国的发言，第 30 段，同上，第 104 页；芬兰的发言，第 52 段，同上。

经过这些协商，第三委员会主席在非正式单一协商案文/第三部分中纳入了以下条款（资料来源 4）：

> 国际海底管理局应在其根据第……条规定的关于国际海底区域的勘探、对其资源的开发和相关活动权限内，确保：
> （a）要接受发展中国家的公民，不论为沿海国、内陆国或其他地理不利国的国民，在公平地区分配的基础上，以便训练其任务而组成的管理、研究和技术人员的成员；
> （b）根据要求向所有发展中国家提供关于相关设备、机械、工厂和作业程序的技术文件；
> （c）要有足够的规定，便利任何发展中国家或其国民取得专业培训所需的技能和专门知识；
> （d）协助发展中国家通过特别基金或为此目的设计的任何其他财务安排获得必要的设备、工作程序、工厂和其他技术知识。

274.3. 在第四期会议上（1976 年），非正式会议继续进行协商。因此，在修订的单一协商案文/第三部分中（资料来源 5），本条的导言条款修改为：

> 国际海底管理局应按照本公约的规定，确保在所有合法利益，除其他外，包括技术持有者、供应者和接受者的权利和义务：

这种变化体现了考虑"所有合法利益，包括持有着、供应者和技术人员的权利和义务"的愿望。该条款的其余部分作为第 86 条插入了修订的单一协商案文/第三部分，纳入了起草文字上的小幅变更。

同时，第一委员会在修订的单一协商案文/第一部分插入了一个平行条款。[③]

274.4. 在第五期会议中（1976 年），提出了对第 86 条的一些非正式修正案（资料来源 16）。英国和美国都提出删除该条。但是苏联采取的方式较为明确，并提出该条应如下："在执行第一部分第［十一］条所述的活动时……"。对导言条款提出了两项修正案，涉及在第四期会议上插入的短语，"在所有合法利益［等］的条件下"）。伊拉克提出删除。巴西对这些措辞丝毫未动，要在条款的适当位置插入"在公平和公平的条件下是否获得专利"。厄瓜多尔提议在（c）项"便利"之后插入"通过整体协调制度和联合国际基金"。它还建议用"使用上述（c）项规定的方式来替换（d）项的最

---

③ A/CONF.62/WP.8/Rev.1/Part I（修订的单一协商案文，1976 年），第 11 条，《正式记录》第五卷，第 125、130 页。另见在本系列丛书第三卷，第一四四条评述。

后一句。澳大利亚建议在（b）、（c）和（d）各项中将"发展中国家"一词改为"可能需要并要求在这个方面提供技术援助的国家，特别是发展中国家"。

还是涉及后来成为第二七三条（见上文第273.4段）的一部分的非正式协商是第三委员会主席的详细报告的主题。④ 该报告的有关部分内容如下：

> 43. 关于第86条，这些修正案主要涉及：特定利益的提法，例如技术持有者、供应者和接受者的权利和义务，以及为管理局在技术转让方面的活动建立一个最重要的协调和联合制度及国际基金。没有人反对关于在（b）、（c）和（d）项中将"发展中国家"改为"在这个方面可能需要并要求技术援助的国家，特别是发展中国家"。

> 44. 第85条和第86条［即现在的第二七三条和第二七四条］所述的国际海底管理局的作用导致了建议删除这两条的修正案。根据一些意见，如果要保留第85条，则修改后的单一协商案文第一部分的交叉参考就足够了。

> 45. 在进行的广泛讨论中，似乎出现了一个想法，即应该找到一个程序性手段，以便于第一委员会和第三委员会之间的协调，以便处理第85条和第86条。

> 46. 我深信，我们会议提出的修正案和对第85条和第86条所表达的不同看法，将有助于我们大力寻找解决这些问题的办法。解决这一问题将有助于就关于技术转让的一章达成最后协议。

274.5. 在第六期会议上（1977年），再次在非正式会议上进行了协商。巴基斯坦（资料来源17）提议增加一个新的（e）项，内容如下：

> （e）设立了一个特别基金，以协助发展中国家加强其海洋科学研究和勘探开发海洋资源的国家能力。

另一方面，美国（资料来源18）提出，除了以下内容外，应删除整篇条款：

> 国际海底管理局应与各国合作，制定根据本公约第一部分规定的技术转让的方案，并遵守所有合法利益，除其他外，包括技术持有者、供应者和接受者的权利和义务。

---

④ 见 A/CONF. 62/L. 18（1976年），第39-48段，《正式记录》第六卷，第139、143页（第三委员会主席）。另见第三委员会，第31次会议（1976年），第44-54页，同上，第103-104页。

作为非正式协商的结果，载有案文的修订版本的非正式综合协商案文（资料来源6），内容如下：

第 275 条

管理局关于技术转让的目标

管理局在一切合法利益，其中除其他外包括技术持有者、供应者和接受者的权利和义务的限制下，在"区域"内活动方面应确保：

（a）在公平地区分配原则的基础上，接受不论为沿海国、内陆国或地理不利国的发展中国家的国民，以便训练其为管理局工作所需的管理、研究和技术人员；

（b）使所有国家，特别是在这一方面可能需要并要求技术援助的发展中国家，能得到有关的装备、机械、装置和作业程序的技术文件；

（c）由管理局制订适当的规定，以便利在海洋技术方面可能需要并要求技术援助的国家，特别是发展中国家，取得这种援助，并便利其国民取得必要的技能和专门知识，包括专业训练；

（d）通过本公约所规定的任何财政安排，协助在这一方面可能需要并要求技术援助的国家，特别是发展中国家，取得必要的装备、作业程序、工厂和其他技术知识。

该文本与修订的单一协商案文基本上没有变化，尽管它的措辞更清楚。导言条款强调，该条款的规定适用于所有合法利益。（b）～（d）项反映了澳大利亚提出的"可能需要并要求在这一方面提供技术援助的国家"来限定"发展中国家"的建议。这样，协商基本完成。

该条款随后在非正式综合协商案文/第一次修订稿中重新编号为第274条（资料来源7）。在非正式综合协商案文/第二次修订稿中（资料来源8），根据起草委员会的建议，将"对该地区的勘探和资源的开发"缩短为"'区域'内的活动"。⑤ 根据起草委员会接受的第三委员会的建议，纳入了其他起草文字上的变更。⑥ 在《公约草案》（资料来源10）中，简化了"关于技术转让"的标题，并改写了（c）项。这些和其他调整也是根据起草委员会的建议（资料来源11至资料来源15）作出的。

274.6(a). 就第二七三条而言，第二七四条在第十一部分第一四四条和第一六七

---

⑤　见 A/CONF. 62/L. 40（1979 年），第 XVII 节，《正式记录》第十二卷，第 95、100 页（起草委员会主席）。

⑥　见第三委员会主席的提案，在 A/CONF. 62/C. 3/L. 34 和 Add. 1 和 2（1980 年），附件，第 274 条，《正式记录》第十四卷，第 185、187 页；和起草委员会的报告，A/CONF. 62/L. 63/Rev. 1（1980 年），附件二，第 274 条，同上，第 139、143 页。

条（a）项关于管理局工作人员都有对应的内容。这代表了第一委员会和第三委员会之间职责范围问题上的妥协。第二七四条指出管理局关于海洋技术转让与"区域"内活动有关的一些义务，特别是发展中国家的需要。另一方面，第一四四条涉及管理局在取得和转让技术和科学知识方面的作用的一般原则。

第二七四条使用的是业务程序的语言。但是，它并未试图规定管理局及其各机构如何执行该计划，而不会减损第十一部分的规定，也不减损凭借第十一部分的规定而制定的任何规则和条例。由于第二七四条完全涉及"区域"内的活动，其修正案属于第三一四条的范围。与第二七三条一样，筹备委员会第三特别委员会正在既处理技术转让，也处理海洋技术转让。

274.6(b). 关于"内陆国"和"地理不利国"的含义，见上文第266.7（d）节。关于"权限"的含义，"区内的活动"及有关事项，见上文第273.9（b）节。

274.6(c). 第二七四条的导言条款按照第二六七条的规定重复了保护持有者专利、版权和其他形式的知识产权。

274.6(d). 在提及"发展中国家"时虽然第十四部分通常使用"developing countries"，但在第二七三条、第二七四条和第二七五条则使用了"developing States"。这是为了对应于第十一部分的语言，特别是第一四四条和第一四八条。

274.6(e). 巴基斯坦的提案（上文第274.5节，资料来源17）虽然已经从本条中删除，但在海洋法会议第182次会议通过的《发展国家海洋科学、技术和海洋服务基本建设的决议》中以更全面的形式通过，[⑦] 并纳入"最后文件"附件六（见下文附件六评注，FA.A.VI.3段）。

---

⑦　见第192次全体会议（1982年），第166–168段，《正式记录》第十六卷，第165页。

第三节　国家和区域性海洋科学和技术中心

第二七五条　国家中心的设立

1. 各国应直接或通过各主管国际组织和管理局促进设立国家海洋科学和技术研究中心，特别是在发展中沿海国设立，并加强现有的国家中心，以鼓励和推进发展中沿海国进行海洋科学研究，并提高这些国家为了它们的经济利益而利用和保全其海洋资源的国家能力。

2. 各国应通过各主管国际组织和管理局给予适当的支持，便利设立和加强此种国家中心，以便向可能需要并要求此种援助的国家提供先进的训练设施和必要的装备、技能和专门知识以及技术专家。

资料来源

1. A/CONF.62/RCNG/1（1978 年），第三委员会主席向全体会议提出的报告，巴基斯坦提出的新的第二七五条之二提案（TT/1），《正式记录》第十卷，第 13、96、115 页。

2. A/CONF.62/RCNG/2（1978 年），第三委员会主席的报告（C.3/Rep.1），巴基斯坦提出的新的第二七五条之二提案（TT/1），《正式记录》第十卷，第 126、173、195 页。

3. A/CONF.62/L.34（1979 年），第 17 段，《正式记录》第十一卷，第 83、85 页（第三委员会主席）。

4. A/CONF.62/WP.10/Rev.1（非正式综合协商案文/第一次修订稿，1979 年，油印本），第 275 条。转载于《第三次联合国海洋法会议文件集》第一卷，第 375、488 页。

5. A/CONF.62/WP.10/Rev.2（非正式综合协商案文/第二次修订稿，1980 年，油印本），第 275 条。转载于《第三次联合国海洋法会议文件集》第二卷，第 3、117 页。

6. A/CONF. 62/WP. 10/Rev. 3* （非正式综合协商案文/第三次修订稿，1980 年，油印本），第 275 条。转载于《第三次联合国海洋法会议文件集》第二卷，第 179、294 页。

7. A/CONF. 62/L. 78（1981 年《公约草案》），第 275 条，《正式记录》第十五卷，第 172、218 页。

起草委员会

8. A/CONF. 62/L. 67/Add. 12（1981 年，油印本），第 42~45 页。

9. A/CONF. 62/L. 67/Add. 12/Corr. 2（1981 年，油印本），第 4 页。

10. A/CONF. 62/L. 67/Add. 14（1981 年，油印本），第 33 页。

11. A/CONF. 62/L. 72（1981 年），《正式记录》第十五卷，第 151 页（起草委员会主席）。

12. A/CONF. 62/L. 152/Add. 25（1982 年，油印本），第 52 页。

13. A/CONF. 62/L. 160（1982 年），《正式记录》第十七卷，第 225 页（起草委员会主席）。

非正式文件

14. 厄瓜多尔、印度、巴基斯坦和索马里（1976 年，油印本）。转载于《第三次联合国海洋法会议文件集》第十一卷，第 56 页。

15. TT/1（1978 年，油印本）提出新的第 275 条之二（巴基斯坦）。转载于《第三次联合国海洋法会议文件集》第十卷，第 357 页［参见上文资料来源 1 和资料来源 2］。

评　　注

275. 1. 建立区域中心以鼓励和推进发展中国家进行海洋科学研究的想法早在第三次海洋法会议之前就出现了（见下文第 276.1 段）；然而，建立国家中心的想法是后来才出现的。

设立国家中心的提法首先出现在海洋法会议第四期会议（1976 年）4 个国家提交的一项非正式提案中（资料来源 14）。在规定设立"国际组织"以促进技术发展和转让方面的国际合作时，该提案载有关于国家中心的以下说明：

> ［国际组织］的每个成员国都可以根据其需要设立国家技术转让中心；国际组织应为其组织和运作提供技术和经济合作，其方案应与国际中心和区域中心的方案协调。

这个想法没有被包括在修订的单一协商案文/第三部分中，像非正式单一协商案文/第三部分一样，只包含有关区域中心的规定。它也没有被包括在非正式综合协商案文中。

275. 2. 在第七期会议上（1978 年），巴基斯坦提交了第三委员会非正式会议的以下提案（资料来源 15）：

新的第 275 条之二

新的第 3 节：建立国家中心

[1.] 各国、主管国际组织和管理局应单独或共同促进设立国家海洋科学和技术研究中心，特别是在沿海国设立，并加强现有国家中心，以鼓励和推进发展中沿海国开展海洋科学研究，并加强这些国家为了它们的经济利益而利用和保全其海洋资源的国家能力。

2. 各主管国际组织和管理局应提供足够的财务供给，便利和加强这种国家中心；以便向可能需要并要求这种援助的国家提供先进的训练设施和必要的设备、技能和专门知识，以及提供技术专家。

该提案提出了在 1974 年《非洲统一组织关于海洋法问题的宣言》中所阐明的一个主题。[①] 该宣言在关于技术转让的 F 节中要求非洲国家"加强国家和区域努力，在海洋科学和技术各个方面培养和协助人员。"

在第三委员会第 37 次会议上，委员会主席以非正式会议主席身份发言，就巴基斯坦提出的建议作了以下评论：

在第十四部分中，巴基斯坦代表提出了一项非正式提案，其基本思想是各国、主管国际组织和管理局应作出安排，建立国家海洋科学和技术研究中心，特别是在沿海发展中国家建立，并为这些中心提供充足的财务便利。有些代表团支持这一建议，而其他代表团则表示反对。[②]

随后，第三委员会主席报告说，应在下届会议上恢复对这一提案的审议。[③]主席在第七期会议和第七期会议续会的两次全体会议的正式报告中，将这一提案列为"由于

---

① A/CONF. 62/33（1974 年），《宣言》F 节，《正式记录》第三卷，第 63-64 页（非洲统一组织）

② 第三委员会第 37 次会议（1978 年），第 24 段，《正式记录》第九卷，第 153 页。在第 38 次会议上，土耳其表示支持这一提案。第 32 段，同上，第 160 页；在第 39 次会议上，葡萄牙表示支持这一提案，第 10 段，同上，第 166 页；索马里表示支持这一提案，第 22 段，同上，第 167 页；以及利比里亚表示支持这一提案，第 30 段，同上。

③ 第三委员会第 39 次会议，第 7 段，同上，第 165 页。

缺乏时间或分歧意见"而提出的建议，不存在妥协方案（资料来源 1 和资料来源 2）。

275.3. 在第八期会议中（1979 年），第三委员会主席在经过详尽的讨论后表示，他的印象是"压倒性支持"，但有一些变化。④他根据巴基斯坦的提案提出了第二七五条之二的修订案文（资料来源 3），但提出了一些建议的修改。随后将该案文逐字列入非正式综合协商案文/第一次修订稿第二七五条（资料来源 4），内容如下：

第二七五条　国家中心的设立

1. 各国应通过主管国际组织和管理局单独或共同促进设立国家海洋科学和技术研究中心，特别是在沿海国家设立，并加强现有的国家中心，以鼓励和推进发展中沿海国进行海洋科学研究，并加强其这些国家为了它们的经济利益而利用和保全其海洋资源的国家能力。

2. 各国应通过各主管国际组织和管理局给予适当的支持，便利设立和加强这种国家中心，以便向可能需要并要求这种援助的国家提供先进的训练设施和必要的设备、技能和专门知识，以及提供技术专家。

主要的变化是两段都要求各国通过主管国际组织和管理局进行。同时，将第三节的标题改为"国家和区域海洋科学技术中心"（重点为后来增加的）。

非正式综合协商案文/第二次修订稿（资料来源 5）只反映了一些小的起草文字上的变化，包括第 1 款的变化，即国家直接或通过主管国际组织和管理局采取行动。根据第三委员会批准的起草委员会的建议，在非正式综合协商案文/第三次修订稿（资料来源 6）中纳入了其他起草文字上的变更。⑤ 随后对起草委员会的建议进行了微小的调整（资料来源 8 至资料来源 13）。

275.4(a). 这项条款是针对发展中沿海国的需要，因此"海洋资源"一词主要涉及沿海国家行使主权（对内水和领海）或主权权利或其他权利（对在专属经济区和大陆架上的自然资源和矿产资源）。但是，对管理局的提法还涉及国家在国际上的任何权利和管辖权。在这方面，第二七五条的主旨比第十四部分的其他条款以及最后文件附件六的决议更为狭隘。

275.4(b). 在提及"发展中国家"时虽然第十四部分通常使用"developing countries"，但在第二七三条、第二七四条和第二七五条则使用了"developing States"。这是为了对应于第十一部分的语言，特别是第一四四条和第一四八条。

---

④ 另见第三委员会第 40 次会议主席的报告（1979 年），第 12 段，《正式记录》第十一卷，第 70 页。

⑤ 见 A/CONF. 62/L. 63/Rev. 1（1980 年），附件二，第 275 条，《正式记录》第十四卷，第 139、143 页（起草委员会）；和 A/CONF. 62/C. 3/L. 34 和 Add. 1 和 2（1980 年），附件，第 275 条，同上，第 185、187 页（第三委员会主席）。

第二七六条　区域性中心的设立

1. 各国在与各主管国际组织、管理局和国家海洋科学和技术研究机构协调下，应促进设立区域性海洋科学和技术研究中心，特别是在发展中国家设立，以鼓励和推进发展中国家进行海洋科学研究，并促进海洋技术的转让。

2. 一个区域内的所有国家都应与其中各区域性中心合作，以便确保更有效地达成其目标。

资料来源

1. A/CONF. 62/C. 3/L. 8（1974 年），第 2 条第 1 款，《正式记录》第三卷，第 251 页（尼日利亚）。

2. A/CONF. 62/C. 3/L. 12（1974 年），第 4 条第 1 款，《正式记录》第三卷，第 253 页（巴西、哥伦比亚、刚果、厄瓜多尔、埃及、冈比亚、伊朗、牙买加、利比里亚、阿拉伯利比亚共和国、墨西哥、摩洛哥、尼日利亚、阿曼、巴基斯坦、巴拿马、秘鲁、韩国、越南共和国、塞内加尔、索马里、斯里兰卡、特立尼达和多巴哥、突尼斯、坦桑尼亚联合共和国、乌拉圭、委内瑞拉和南斯拉夫（七十七国集团））。

3. A/CONF. 62/C. 3/L. 12/Rev. 1（1975 年），第 4 条第 1 款和第 3 款，《正式记录》第四卷，第 198~199 页（伊拉克（七十七国集团））。

4. A/CONF. 62/WP. 8/Part III（非正式单一协商案文，1975 年），第三部分，第 10 条，《正式记录》第四卷，第 171、181 页（第三委员会主席）。

5. A/CONF. 62/WP. 8/Rev. 1/Part III（修订的单一协商案文，1976 年），第 87 条，《正式记录》第五卷，第 173、184 页（第三委员会主席）。

6. A/CONF. 62/WP. 10（非正式综合协商案文，1977 年），第 276 条，《正式记录》第八卷，第 1、45 页。

7. A/CONF. 62/WP. 10/Rev. 1（非正式综合协商案文/第一次修订稿，1979 年，油印本），第 276 条。转载于《第三次联合国海洋法会议文件集》第一卷，第 375、488 页。

8. A/CONF. 62/WP. 10/Rev. 2（非正式综合协商案文/第二次修订稿，1980 年，油印本），第 276 条。转载于《第三次联合国海洋法会议文件集》第二卷，第 3、117 页。

9. A/CONF. 62/WP. 10/Rev. 3*（非正式综合协商案文/第三次修订稿，1980 年，

油印本），第 276 条。转载于《第三次联合国海洋法会议文件集》第二卷，第 179、294 页。

10. A/CONF. 62/L. 78（1981 年《公约草案》），第 276 条，《正式记录》第十五卷，第 172、218 页。

起草委员会

11. A/CONF. 62/L. 67/Add. 12（1981 年，油印本），第 46~49 页。

12. A/CONF. 62/L. 67/Add. 12/Corr. 2（1981 年，油印本），第 2 页。

13. A/CONF. 62/L. 72（1981 年），《正式记录》第十五卷，第 151 页（起草委员会主席）。

14. A/CONF. 62/L. 152/Add. 25（1982 年，油印本），第 52~53 页。

15. A/CONF. 62/L. 160（1982 年），《正式记录》第十七卷，第 225 页（起草委员会主席）。

非正式文件

16. 荷兰（1975 年，油印本），第 3 条第 1 款，转载于《第三次联合国海洋法会议文件集》第十一卷，第 25~26 页。

17. 爱尔兰（欧共体）（1975 年，油印本），第 2 条（e）项。转载于《第三次联合国海洋法会议文件集》，1975 文件，第 299~300 页。

18. 主席提议（1976 年，油印本），第 10 条，转载于《第三次联合国海洋法会议文件集》第十一卷，第 53~54 页。

19. 厄瓜多尔、印度、巴基斯坦和索马里（1976 年，油印本）。转载于《第三次联合国海洋法会议文件集》第十一卷，第 56 页。

20. 美国（1978 年，油印本），第 276 条。转载于《第三次联合国海洋法会议文件集》第十一卷，第 117、119 页［资料来源 21 的初版］。

21. MSR/2（1978 年，油印本），第 276 条（美国）。转载于《第三次联合国海洋法会议文件集》第 360、362 页。

评　注

276.1. 在第二期会议上（1974 年），首先提到区域中心的设立的是尼日利亚的一项提案（资料来源 1），其中载有以下规定：

第 2 条

1. 在发展中国家建立区域科学研究中心，作为国际海底管理局的子机构。

2. 区域科学研究中心的职能包括：

（a）对海洋科学研究，特别是海洋生物学、海洋学、制图学、海洋采矿、工程和矿物学的所有方面进行高级培训和教育；

（b）高级管理研究；

（c）在现成的期刊上及时公布海洋科学研究成果。

该提案第1款规定设立区域中心作为国际海底管理局的"子机构"。随后该提案又被七十七国集团一个更详细的提案所取代（资料来源2），内容如下：

第4条

1. 各国应促进在发展中国家建立区域海洋科学和技术研究中心，与管理局、国际组织和国家海洋科学和技术机构保持一致。

2. 区域科学和技术研究中心的职能，除其他外，包括：

（a）对海洋科学和技术研究的各方面，特别是对海洋生物学，包括生物资源的养护和管理、海洋学、水文学、工程学、海底地质勘探、采矿和海水淡化技术的各级训练和教育方案；

（b）管理方面的研究；

（c）与保护海洋环境和控制污染有关的研究方案；

（d）区域讨论会、会议和座谈会的组织；

（e）取得和处理海洋科学和技术资料和情报，以便作为区域数据中心；

（f）在现有出版物上迅速传播海洋科学和技术研究成果；

（g）作为该地区各国的海洋技术储存库，涵盖专利和非专利技术和专门知识；

（h）向该区域各国提供技术援助。

该案文呼吁各国与管理局和其他组织和机构协调，以促进在发展中国家建立区域中心。

276.2. 在第三期会议上（1975年），在非正式会议和正式会议上进行了协商。七十七国集团的提案被修改为（资料来源3）：

第4条

1. 国际管理局应确保在各国设立区域海洋科学和技术研究中心，与国家、国际组织和国家海洋科学和技术机构协调。

2. 区域科学和技术研究中心的职能，除其他外，包括：

（a）对海洋科学和技术研究的各方面，特别是对海洋生物学，包括生物资源的养护和管理、海洋学、水文学、工程学、海底地质勘探、采矿和海水淡化技术的各级训练和教育方案；

（b）管理方面的研究；

（c）有关保护海洋环境和控制污染的研究方案；

（d）区域讨论会、会议和座谈会的组织；

（e）取得和处理海洋科学和技术资料和情报，以便作为区域数据中心；

（f）海洋科学和技术研究成果由易于取得的出版物迅速传播；

（g）作为该地区各国的海洋技术储存库，涵盖专利和非专利技术和专门知识；和

（h）与该地区各国的技术合作。

3. 当采用区域性技术转让方式时，应特别注意构成该地区一部分的每个国家的特殊利益、需求和科学和技术优先事项。

主要的变化是将设立区域中心的责任从国家转移到管理局，但这种做法没有被接受。第 1 款（h）项也发生了变化，增加了第 3 款。这一建议得到普遍接受，尽管在第三委员会第 22 次会议上表示了一些保留。①

在该期会议的非正式协商中，荷兰提出了以下订正措词（资料来源 16）：

第 3 条

1. 所有国家，特别是发展中国家，应（在其能力范围内）设立专门负责培训和教育的区域海洋科学和技术研究中心，与主管国际组织和现有的区域和国家海洋科学和技术研究中心技术机构协调，以便通过这些区域中心，鼓励和推进发展中国家本身，集体地或单独地进行海洋科学研究的进程。

2. 这些区域海洋科学和技术研究中心的职能可以包括：

（a）各级海洋研究各个方面的培训和教育方案；

（b）管理方面研究；

（c）有关保护海洋环境和污染控制的研究计划；

（d）区域研讨会、会议和座谈会的组织；

（e）取得、交换和处理海洋科学和技术资料和情报，以作为区域数据中心；

（f）海洋科学和技术研究成果由易于取得的出版物迅速传播；

---

① 见苏联在第三委员会第 22 次会议（1975 年）上的发言，第 15 段，《正式记录》第四卷，第 102 页；保加利亚在该次会议上的发言，第 22 段，同上，第 103 页；德意志民主共和国的发言，第 30 段，同上，第 104 页；以及芬兰的发言，第 52 段，同上。

（g）向该地区各国提供技术援助。

另一方面，欧洲经济共同体提议将条款简化（资料来源17），将其纳入作为国际合作条款中的一个项。

作为这些协商的结果，第三委员会主席在非正式单一协商案文/第三部分（资料来源4）中列入了以下条款：

> 各国应在其能力范围内促进特别是在发展中国家建立区域海洋科学和技术研究中心，在适当的情况下与国际海底管理局协调，并与国际组织和国家海洋科学和技术机构协调，以鼓励和推进发展中国家进行海洋科学研究。

该案文反映了欧共体提案和荷兰提案中第1款的重点。

在现阶段，制定了一项协商一致意见，以区分设立区域中心的问题，第277条的规定，从其功能的描述来看，现在已经在第277条中处理了。因此，早先提案的第2段规定为非正式单一协商案文中的另一篇条款（见下文第277.1段）。

276.3. 在第四期会议上（1976年），非正式协商导致了关于项目13和项目14的非正式会议主席的以下建议：

> 第10条
>
> 1. 各国应在其能力范围内，为发展中国家的利益，促进区域海洋科学和技术研究中心的设立，在适当情况下与国际海底管理局协调，并与国际组织和国家海洋科学和技术机构，鼓励和推进发展中国家海洋科学研究的开展，促进技术转让。
>
> 2. 发展中国家应与区域中心正式合作，以确保更有效地达成其目标。

4个国家（资料来源19）关于便利技术发展和转让的国际合作的"国际组织"的提案也载有关于区域中心的规定，内容如下：

> 在国际中心的协调下，为了传播和实施其方案，应设立区域中心，其结构应适应各区域的特点和需要，同时考虑到该地区的每个国家的特殊利益和需要。

进一步的非正式协商导致在修订的单一协商案文/第三部分中列入了以下条款（资料来源5）：

第 87 条

1. 各国应酌情促进与国际海底管理局的协调，以及与主管国际组织和国家海洋科学和技术机构的协调，特别是在发展中国家建立区域海洋科学和技术研究中心，以促进和推动发展中国家海洋科学研究的开展，促进技术转让。

2. 该区域所有国家应与区域中心正式合作，以确保更有效地达成其目标。

该案文第 1 段基本上是非正式单一协商案文/第三部分第 10 条的重新起草，最后增加了各国应"促进技术转让"的规定。第 2 款是从非正式会议主席编写的案文中提出的，针对的是"该区域的一些国家"，而不是针对"发展中国家"。

276. 4. 在第五期（1976 年）和第六期会议上（1977 年），进一步进行了非正式的讨论，并导致对文本进行了修订，其中包括作为非正式综合协商案文的第 276 条（资料来源 6），内容如下：

第 276 条　区域中心的设立

各国应与主管国际组织、管理局和国家海洋科学和技术机构协调，促进区域海洋科学和技术研究中心的设立，特别是在发展中国家的设立，以鼓励和推进发展中国家进行海洋科学研究，促进技术转让。

2. 该区域所有国家应与区域中心正式合作，以确保更有效地达成其目标。

该文本重复了修订的单一协商案文规定的实质内容，尽管重新起草了第 1 款，要求各国"foster"（增进）而不是"promote"（促进）技术转让。

276. 5. 在第七期会议续会上（1978 年），美国提交了一项非正式提案（资料来源 20 和资料来源 21），重新起草了第 276 条的开头词，内容如下：

各国应酌情与主管区域组织、国际组织、管理局和国家海洋科学机构协调……

在解释性说明中，美国解释说，"各国应与区域组织以及［其他组织］就建立区域海洋科学研究中心进行磋商和合作"（资料来源 20，第 364 页）。

第三委员会主席在该次会议结束时向全体会议所作的报告中指出，有人对该条提出了批评性的意见和建议，但他没有详细说明。[②] 但是，在第三委员会的第 39 次会议

---

② 见 A/CONF. 62/RCNG/1（1978 年），《正式记录》第十卷，第 13、96、102 页；A/CONF. 62/RCNG/2（1978 年），同上，第 126、173、176 页。美国非正式提案（MSR/2，资料来源 21）及其附注，转载于同上，第 190、192、194 页。

上，主席报告说，由于美国提案只收到初步意见，所以应在下届会议上恢复审议。③

276.6. 美国在第八期会议（1979 年）提交了一项以前案文的修正案，但删除了对第 276 条提出的修正案。④第三委员会主席因此认为美国代表团不会坚持维持这些修正案。⑤

在非正式综合协商案文/第三次修订稿中（资料来源 9），第三委员会提出的一些起草文字上的变更是根据起草委员会的建议而做的。⑥随后的修改，包括对第 2 款的重新修改，已被纳入起草委员会（资料来源 11 至资料来源 15）关于《公约草案》的建议中（资料来源 10）。

276.7. 这一规定与第十四部分的大部分规定一样，通过使用"促进"一词本质上是一种政策声明，各国可以自行决定如何在执行第二七六条方面采取行动。

---

③ 第三委员会第 39 次会议（1978 年），第 7 段，《正式记录》第九卷，第 165 页。

④ 见 MSR/2/Rev.1（1979 年，油印本）（美国）。转载于《第三次联合国海洋法会议文件集》第十卷，第 386 页。

⑤ 第三委员会第 40 次会议（1979 年），第 13 段，《正式记录》第十一卷，第 70 页；另见 A/CONF.62/L.34（1979 年），第 18 段，同上，第 83、85 页（第三委员会主席）。

⑥ 见 A/CONF.62/C.3/L.34 和 Add.1 和 2（1980 年），附件，第 276 条，同上第 185、187 页（第三委员会主席）；和 A/CONF.62/L.63/Rev.1（1980 年），附件二，第 276 条，《正式记录》第十四卷，第 139、141 页（起草委员会）。

第二七七条　区域性中心的职务

这种区域性中心的职能，除其他外，应包括：

（a）对海洋科学和技术研究的各方面，特别是对海洋生物学，包括生物资源的养护和管理、海洋学、水文学、工程学、海底地质勘探、采矿和海水淡化技术的各级训练和教育方案；

（b）管理方面的研究；

（c）有关保护和保全海洋环境以及防止、减少和控制污染的研究方案；

（d）区域性会议、讨论会和座谈会的组织；

（e）海洋科学和技术的资料和情报的取得和处理；

（f）海洋科学和技术研究成果由易于取得的出版物迅速传播；

（g）有关海洋技术转让的国家政策的公布，和对这种政策的有系统的比较研究；

（h）关于技术的销售以及有关专利权的合同和其他安排的情报的汇编和整理；

（i）与区域内其他国家的技术合作。

资料来源

1. A/CONF. 62/C. 3/L. 8（1974年），第2条第2款，《正式记录》第三卷，第251页（尼日利亚）。

2. A/CONF. 62/C. 3/L. 12（1974年），第4条第2款，《正式记录》第三卷，第253页（巴西、哥伦比亚、刚果、埃及、冈比亚、伊朗、牙买加、利比里亚、阿拉伯利比亚共和国、墨西哥、摩洛哥、尼日利亚、阿曼、巴基斯坦、巴拿马、秘鲁、韩国、越南共和国、塞内加尔、斯里兰卡、特立尼达和多巴哥、突尼斯、坦桑尼亚联合共和国、乌拉圭、委内瑞拉和南斯拉夫（七十七国集团））。

3. A/CONF. 62/C. 3/L. 12/Rev. 1（1975年），第4条第2款，《正式记录》第四卷，第198～199页（伊拉克（七十七国集团））。

4. A/CONF. 62/WP. 8/Part III（非正式单一协商案文，1975年），第三部分，第11条，《正式记录》第四卷，第171、181页（第三委员会主席）。

5. A/CONF. 62/WP. 8/Rev. 1/Part III（修订的单一协商案文，1976年），第88条，《正式记录》第四卷，第173、184页（第三委员会主席）。

6. A/CONF. 62/WP. 10（非正式综合协商案文，1977年），第277条，《正式记录》

第八卷，第 1、45 页。

7. A/CONF. 62/WP. 10/Rev. 1（非正式综合协商案文/第一次修订稿，1979 年，油印本），第 277 条。转载于《第三次联合国海洋法会议文件集》第一卷，第 375、489 页。

8. A/CONF. 62/WP. 10/Rev. 2（非正式综合协商案文/第二次修订稿，1980 年，油印本），第 277 条。转载于《第三次联合国海洋法会议文件集》第二卷，第 3、117 页。

9. A/CONF. 62/WP. 10/Rev. 3*（非正式综合协商案文/第三次修订稿，1980 年，油印本），第 277 条。转载于《第三次联合国海洋法会议文件集》第二卷，第 179、294 页。

10. A/CONF. 62/L. 78（1981 年《公约草案》），第 277 条，《正式记录》第十五卷，第 172、218 页。

起草委员会

11. A/CONF. 62/L. 67/Add. 12（1981 年，油印本），第 50~58 页。

12. A/CONF. 62/L. 72（1981 年），《正式记录》第十五卷，第 151 页（起草委员会主席）。

13. A/CONF. 62/L. 152/Add. 25（1982 年，油印本），第 54 页。

14. A/CONF. 62/L. 160（1982 年），《正式记录》第十七卷，第 225 页（起草委员会主席）。

非正式文件

15. 荷兰（1975 年，油印本），第 3 条第 2 款，转载于《第三次联合国海洋法会议文件集》第十一卷，第 25~26 页。

16. 主席提案（1976 年，油印本），第 11 条。转载于《第三次联合国海洋法会议文件集》第十一卷，第 53~54 页。

评　　注

277. 1. 在会议的早期阶段，不论正式还是非正式提案都将该条与设立区域中心（现为第二七六条）联系起来（见上文第 276.1 和 276.2 段）。在第二期会议（1974 年）上尼日利亚提出的提案中首次出现缩写版本（资料来源 1），后来在七十七国集团提出的提案（资料来源 2）中扩展了该版本。

在第三期会议上（1975 年），七十七国集团进一步修订了其提案（资料来源 3），荷兰还提出了一些修正意见（资料来源 15）。作为非正式协商和正式讨论的结果，第三委员会主席在非正式单一协商案文第三部分（资料来源 4）将区域中心的设立与其职能规定分开。关于区域中心职能的条款如下：

第 11 条

这种区域中心的职能，除其他外，应包括：

（a）对海洋科学和技术研究的各方面，特别是对海洋生物学，包括生物资源的养护和管理、海洋学、水文学、工程学、海底地质勘探、采矿和海水淡化技术的各级训练和教育方案；

（b）管理方面的研究；

（c）有关保护海洋环境和控制污染的研究方案；

（d）区域性会议、讨论会和座谈会的组织；

（e）海洋科学和技术资料和情报的取得和处理；

（f）海洋科学和技术研究成果由易于取得的出版物迅速传播；

（g）作为本区域各国的海洋技术储存库，涵盖专利和非专利技术和专门知识；

（h）与该地区各国的技术合作。

除了重新介绍条款之外，该案文重复了七十七国集团的提案（见上文第 276.2段）。

277.2. 在第四期会议上（1976 年），非正式协商的重点是区域中心的职能是否完善。在这些非正式协商过程中，主席提议将以下职能列入清单（资料来源 16）：

（h）有关海洋技术转让的国家政策的公布，和对这种政策的有系统的比较研究；

（i）关于技术的销售以及有关专利权的合同和其他安排的情报的汇编和整理；

（j）与该区域其他国家的技术合作。

（j）项重复了非正式单一协商案文规定的（h）项，但规定与其他国家"合作"。

继续进行非正式协商后，导致在修订的单一协商案文/第三部分中（资料来源 5）列入了经修订的案文，内容如下：

第 88 条

这种区域中心的职能，除其他外，应包括：

（a）各级海洋科学和技术研究各个方面的培训和教育方案，特别是海洋生物学，包括养护和管理生物资源，海洋学，水文学，工程，海底地质勘探，采矿和海水淡化技术等方面的培训和教育方案；

（b）管理方面的研究；

（c）有关保护和保存海洋环境和控制污染的研究方案；

（d）区域性会议、讨论和座谈会的组织；

（e）海洋科学和技术资料和情报的取得和处理；

（f）海洋科学和技术研究成果由易于取得的出版物迅速传播；

（g）有关海洋技术转让的国家政策的公布，和对这种政策的有系统的比较研究；

（h）关于技术的销售以及有关专利权的合同和其他安排的情报的汇编和整理；

（i）与该地区其他国家的技术合作。

除了（g）项被删除外，该案文重复了非正式单一协商案文，新的款项（g）和（h）项是按非正式会议主席的建议加入的。

该案文后来被纳入非正式综合协商案文第 277 条（资料来源 6），并作了一些小的起草文字上的变动，包括（c）项中提及"防止，减少和控制污染"（见上文 XII.13 段））。此后，它基本上保持不变，并根据起草委员会的建议（资料来源 11 至资料来源 14）进行了最后的修改。

277.3(a). 这个条款中最重要的发展发生在修订的单一协商案文中，其中将非正式单一协商案文提到的"涵盖专利和非专利技术和专有技术"的海洋技术知识库的区域中心的提法被"关于技术的销售以及有关专利权的合同和其他安排的情报的汇编和整理"所取代。这反映了第十四部分的主题的连贯性，世界许多地方的专利和相关权属于私有财产，各国政府不能随意处置它们（另见例如美国在这方面的评注，第 274.2 段）。

277.3(b). 第二七七条没有引起严重的解释问题，导言条款中提到"such"（这种）一词还引起了注意。它是指第二七六条所述的两类区域中心：根据该条第 1 款设立的区域中心，而且特定地区的所有中心都属于第 2 款的范围。在阿拉伯文、中文、英文和俄文版的《公约》中都有相当于"such"（这种）的词，但在法国和西班牙版本中没有。①

277.3(c).（f）项反映了关于海洋科学研究的第二四四条（以及第二四九条第 1 款（e）项）详细阐述的关于出版和传播情报和知识的规定。然而，（f）项通过提及

---

① 事实上，起草委员会使得西班牙文本与法文本一致起来。见资料来源 11，第 50 页。

"技术研究"——这一《公约》中没有明确定义的词而走得更进一步。

277.3(d). 当第二七七条列入《公约》时，没有任何做法或先例指导各国和国际组织在区域中心的运作。因此，这项条款完全是前瞻性的，为合作行动提供了广泛的框架。"除其他外"表示，第二七七条并没有详尽列出区域中心的职能。

第四节 国际组织间的合作

第二七八条 国际组织间的合作

本部分和第十三部分所指的主管国际组织应采取一切适当措施，以便直接或在彼此密切合作中，确保本部分规定的它们的职务和责任得到有效的履行。

资料来源

1. A/CONF. 62/WP. 8/Rev. 1/Part III（修订的单一协商案文，1976年），第89条，《正式记录》第五卷，第173、184页（第三委员会主席）。

2. A/CONF. 62/WP. 10（非正式综合协商案文，1977年），第278条，《正式记录》第八卷，第1、45页。

3. A/CONF. 62/WP. 10/Rev. 1（非正式综合协商案文/第一次修订稿，1979年，油印本），第278条。转载于《第三次联合国海洋法会议文件集》第一卷，第375、489页。

4. A/CONF. 62/WP. 10/Rev. 2（非正式综合协商案文/第二次修订稿，1980年，油印本），第278条。转载于《第三次联合国海洋法会议文件集》第二卷，第3、118页。

5. A/CONF. 62/WP. 10/Rev. 3*（非正式综合协商案文/第三次修订稿，1980年，油印本），第278条。转载于《第三次联合国海洋法会议文件集》第二卷，第179、295页。

6. A/CONF. 62/L. 78（1981年《公约草案》），第278条，《正式记录》第十五卷，第172、218页。

起草委员会

7. A/CONF. 62/L. 67/Add. 12（1981年，油印本），第59~63页。

8. A/CONF. 62/L. 72（1981年），《正式记录》第十五卷，第151页（起草委员会主席）。

非正式文件

9. Proposal for an article 89 *bis* by Portugal（1976 年），转载于《第三次联合国海洋法会议文件集》第十一卷，第 92~93 页。

评　　注

278. 1. 在海洋法会议第三期会议上（1975 年），显而易见，在非正式会议和正式协商中，有一些国际方案和国际组织对海洋科学研究提供了支持，并提供了技术来促进这种研究。①然而，在非正式单一协商案文/第三部分中，没有关于国际组织之间合作的规定。

在第四期会议上（1976 年），修订的单一协商案文/第三部分（资料来源 1）包括以下新的一节和条款：

第四节　国际组织的合作

第 89 条

公约本部分提及的主管国际组织应采取一切适当措施，以便直接或在彼此密切合作中，确保《公约》（本部分）规定赋予他们的职能和责任的有效履行。

在记录上没有出现关于此添加的说明。②

278. 2. 在第五期（1976 年）的非正式协商中，似乎没有修改这一规定的提案。不过，葡萄牙建议增加一项新的第 89 条之二（资料来源 9），内容如下：

各国应采取一切适当措施，包括协调，使主管国际组织有效履行根据《公约》（本部分）规定赋予他们的职能和责任。

在这次会议的报告中，第三委员会主席曾两次提到该提案的存在。但没有详细说明，他表示，协商仍在继续。

278. 3. 在第六期会议上（1977 年），非正式协商继续进行，并导致将以下案文列

---

① 例如参见第三委员会第 18 次会议的讨论。第 10-18 段，《正式记录》第四卷，第 81-82 页；在第 22 次会议上，第 1-52 段，同上，第 101-104 段。

② 见他在第三委员会第 31 次会议上的发言（1976 年），第 45 段，《正式记录》第六卷，第 103 页。另见 A/CONF. 62/L. 18（1976 年），第 41 段，同上，第 139、143 页（第三委员会主席）。

入非正式综合协商案文（资料来源2）：

第四节　国际组织的合作

第288条　国际组织间的合作

本公约第十三部分和第十四部分提及的主管国际组织应采取一切适当措施，确保直接或密切合作，有效履行根据本部分赋予的职能和责任。

该案文扩大了适用于第十三部分和第十四部分提及的所有主管国际组织的规定。

该案文结束了关于这一条款的协商，根据起草委员会的建议（资料来源7和资料来源8）将其作为最终形式。

278.4(a). 第二七八条涉及第十三部分（第二三八条至第二六五条）以及第十四部分提及的那些"主管国际组织"。一般来说，不可能列举出本条款所想到的主管国际组织，因为"主管"组织会（或可能）因第十三部分和第十四部分的条款而异。因此，第二七八条应被视为适用于对任何某项活动具有资格（不论是属物理由还是属地管辖）的国际组织（见上文第238.11（c）段）。

278.4(b). 参与第十四部分处理事宜的不同国际组织之间的协调与合作，并不仅限于海洋方面。它是处理技术转让和技术援助各个方面的联合国和其他有关组织面临的一个普遍问题。因此，第二七八条中的劝诫并不新鲜。

278.4(c). 如果第二七八条被解读为有意对有关国际组织强加义务，那么这一指导原则大概是1986年3月21日《关于国家和国际组织间或国际组织相互间条约法的维也纳公约》第35条。③根据这一规定，并遵循1969年《维也纳条约法公约》第35条，④接受义务必须是书面形式，而在国际组织的情况下，接受这一义务"应受该组织规则的管辖"。

278.4(d). 实际上，政府间海洋学委员会（IOC）有助于协调许多国际组织在海洋科学研究和技术转让方面的活动。事实上，该委员会《规约》第1条规定了该委员会的目的是促进科学调查，以便更多地了解海洋的性质和资源（第2款）。此外，第3款指示委员会"寻求与有关国际组织合作"。此外，《规约》第2条规定，委员会的职能应特别是：

(f) 促进和协调海洋科学及其技术的发展和转让，特别是向发展中国家

---

③　A/CONF.129/15（1986年，油印本），杂项，第11号（1987年），《英王敕令》第244号；《国际法资料》第25卷，第543页（1986年）；《一般国际公法评论》第90卷，第501页（1986年）。本公约尚未生效。

④　见《联合国条约集》第1155卷，第331页；《美国国际法期刊》第63卷，第875页（1960年）；《国际法资料》第8卷，第679页（1969年）。

的转让；

（g）提出加强海洋科学及其技术教育和训练计划的建议，并将这些领域的相关项目推广到每个项目的组成部分；

（h）制定和提出海洋科学及其技术援助方案；

（i）就拟订和执行联合国教育、科学及文化组织海洋科学计划提出建议并提供技术指导；

（j）促进对海洋的科学调查及其结果为全人类的利益应用，并应要求协助希望合作的成员国。根据本项进行的活动，应遵守国际法规定在国家管辖区域进行海洋科学研究的制度；

（k）促进、规划和协调关于海洋环境的物质和质量的观测和监测系统，以及编制和传播加工的海洋学数据和信息以及评价研究；

......

2. 委员会在履行职能时应考虑到发展中国家的特殊需要和利益，特别是需要进一步提高这些国家在海洋科学和技术方面的能力。⑤

因此，似乎至少部分实施第二七八条规定的基本建设已经到位。

---

⑤ 政府间海洋学委员会，《海委会手册》：《宪章》和其他正式文本（修订版，1989 年 3 月），第 1-2 段（联合国教科文组织 IOC/INF-785）。请注意，自 1985 年以来，委员会在这一条款下的职能大大扩大。参考《海委会手册》（1985 年 12 月，修订版），第 9 页。

最后文件，附件六

关于发展各国海洋科学、技术和海洋服务基层结构的决议

第三次联合国海洋法会议，

认识到《海洋法公约》的目的在于为海洋建立一种新的制度，以便通过为海洋区域的和平利用、其资源的公平有效的管理和使用以及海洋环境的研究、保护和保全作出规定，对实现公正公平的国际经济秩序作出贡献，

铭记着这一新的制度必须顾及特别是发展中国家的特殊需要和利益，不论其为沿海国、内陆国或地理不利国，

意识到海洋科学和技术领域所取得的迅速进展，以及为达成上述目标而让发展中国家——不论其为沿海国、内陆国或地理不利国——分享这些成果的必要，

深信除非采取紧急措施，发达国家和发展中国家在海洋科学和技术上的差距将进一步扩大，从而危及这一新制度的根本基础。

相信在国家和国际级别上采取旨在加强各国，特别是发展中国家，在海洋科学、技术和海洋服务方面的能力的行动，以期确保迅速吸收和有效应用它们可以取得的技术和科学知识，将有助于对这一新制度所提供的社会及经济发展新机会作最适度的利用，

认为国家和区域海洋科学及技术中心是各国，特别是发展中国家借以促进和进行海洋科学研究以及取得并传播海洋技术的主要机构，

认识到《海洋法公约》所设想到的主管国际组织的特殊作用，特别是在成立和发展国家和区域海洋科学及技术中心方面的作用。

注意到目前在联合国系统内在海洋科学与技术以及海洋服务领域内所进行的训练、教育和援助工作，与当前的需要相去甚远，尤其不足以满足《海洋法公约》执行时所引起的种种需要。

欢迎各国际组织内为促进和协调各主要国际援助方案，以加强发展中国家海洋科学基层结构而于最近提出的种种倡议，

1. 要求所有会员国确定加强海洋科学、技术和海洋服务在其发展计划中的适当优先次序；

2. 要求发展中国家制定方案以促进它们彼此间在海洋科学、技术和海洋服务发展领域中的技术合作；

3. 促请工业化国家协助发展中国家拟订并执行其海洋科学、技术和海洋服务发展方案；

4. 建议世界银行、各区域银行、联合国开发计划署和联合国科学和技术筹资系统以及其他多边筹资机构扩大和协调其业务活动，向发展中国家提供资金以拟订和执行加强其海洋科学、技术和海洋服务的主要援助方案；

5. 建议联合国系统内所有主管国际组织在其各自职权范围内扩大其在海洋科学技术和海洋服务领域中向发展中国家提供援助的方案，并在整个系统的基础上协调它们的努力以执行这些方案，特别注意发展中国家的特殊需要，不论其为沿海国、内陆国或地理不利国；

6. 请联合国秘书长将本决议提交大会第三十七届会议。

资料来源

1. A/CONF. 62/L. 64（1980 年），《正式记录》第十四卷，第 143 页（阿尔及利亚、阿拉伯利比亚民众国、毛里求斯、菲律宾、斯里兰卡、特立尼达和多巴哥、乌拉圭和南斯拉夫）。

2. A/CONF. 62/L. 68（1981 年），《正式记录》第十五卷，第 147 页（巴基斯坦（七十七国集团））。

3. A/CONF. 62/L. 79（1981 年），《正式记录》第十五卷，第 240 页（巴基斯坦（七十七国集团））。

4. A/CONF. 62/L. 127（1982 年），《正式记录》第十六卷，第 233 页（秘鲁（七十七国集团））。

5. A/CONF. 62/120（1982 年），《正式记录》第十七卷，第 176 页（由会议通过）。

6. A/CONF. 62/121（1982 年，最后文件），附件六，《正式记录》第十七卷，第 138，149 页。

非正式文件

7. FA/1/Annex 2（1982 年，最后文件草案，油印本）。转载于《第三次联合国海洋法会议文件集》，Dokumente，I Schluss-Session 1982 年，第 327 页。

评　注

FA. A. VI. l. 在海洋法会议第九期会议续会上（1980 年），斯里兰卡代表提到在该期会议期间举行的关于技术转让的一般性辩论中，提到希望将与国际海事组织（海事组织）、联合国教科文组织政府间海洋学委员会（海委会）和国际水文组织（水文组织）等组织合作，在科学和科学研究，以及与联合国渔业和农业组织（粮农组织）等组织合作，在渔业领域的渔业和海洋资源开发以及渔业管理技术发展和应用等熟悉的领域的技术转让采取"新措施"。①他后来回到这个问题,表示他的代表团和其他 7 个国家提交了一项决议草案(资料来源 1),他希望对此采取适当行动。② 该决议草案内容如下:

第三次联合国海洋法会议,

认识到《海洋法公约》的目的在于为海洋建立一种新的制度,以便通过为海洋区域的和平利用、其资源的公平有效的管理和使用,以及海洋环境的研究、保护和保全作出规定,对实现公正公平的国际经济秩序作出贡献,

铭记着这一新的制度必须顾及特别是发展中国家的特殊需要和利益,不论其为沿海国、内陆国或地理不利国,

意识到海洋科学和技术领域所取得的迅速进展,以及为达成上述目标而让发展中国家——不论其为沿海国、内陆国或地理不利国——分享这些成果的必要,

深信除非采取紧急措施,发达国家和发展中国家在海洋科学和技术上的差距将进一步扩大,从而危及这一新制度的根本基础。

相信在国家和国际级别上采取旨在加强各国,特别是发展中国家,在海洋科学、技术和海洋服务方面的能力的行动,以期确保迅速吸收和有效应用它们可以取得的技术和科学知识,将有助于对这一新制度所提供的社会及经济发展新机会作最适度的利用,

认为国家和区域海洋科学及技术中心是各国,特别是发展中国家借以促进和进行海洋科学研究以及取得并传播海洋技术的主要机构,

认识到《海洋法公约》所设想到的主管国际组织的特殊作用,特别是在成立和发展国家和区域海洋科学及技术中心方面的作用。

注意到目前在联合国系统内在海洋科学与技术以及海洋服务领域内所进行的训练、教育和援助工作,与当前的需要相去甚远,尤其不足以满足《海洋法公约》执行时所引起的种种需要。

欢迎各国际组织内为促进和协调各主要国际援助方案,以加强发展中国家海洋科学基层结构而于最近提出的种种倡议,

1. 要求所有会员国确定加强海洋科学、技术和海洋服务在其发展计划中的适当优先次序;

2. 要求发展中国家制定方案以促进它们彼此间在海洋科学、技术和海洋服务发展领域中的技术合作;

3. 促请工业化国家协助发展中国家拟订并执行其海洋科学、技术和海洋

---

① 见第 137 次全体会议(1980 年),第 22 段,《正式记录》第十四卷,第 43 页。

② 见第 140 次全体会议(1980 年),第 58 段,同上,第 84 页。

服务发展方案；

4. 建议世界银行、各区域银行、联合国开发计划署和联合国科学和技术筹资系统以及其他多边筹资机构扩大和协调其业务活动，向发展中国家提供资金以拟订和执行加强其海洋科学、技术和海洋服务的主要援助方案；

5. 建议联合国系统内所有主管国际组织在其各自职权范围内扩大其在海洋科学技术和海洋服务领域中向发展中国家提供援助的方案，并在整个系统的基础上协调它们的努力以执行这些方案，特别注意发展中国家的特殊需要，不论其为沿海国、内陆国或地理不利国；

6. 请联合国秘书长将本决议提交大会第三十七届会议。

会议主席（阿梅拉辛格）的反应是，决议草案不属于海洋法会议的职权范围，而是联合国大会的职权范围。③

FA. A. VI. 2. 在第十期会议上（1981年），七十七国集团通过巴基斯坦代表恢复了这项倡议。④巴基斯坦代表在第150次全体会议上介绍一个新的案文（资料来源2）时解释说，执行部分是一般性质的。但是，鉴于该决议草案遇到困难，他建议推迟该草案的决定，希望能以协商一致的方式通过该决议草案，"因此可以避免就这个问题进行辩论"。新案文实际上与前面提到的案文完全相同。

后来在会议上，会议主席（许）解释说，以前的草案已经被新的草案（资料来源3）所取代，七十七国集团主席被要求与各代表团进行协商，因为早先的草案提出了"一些实质性的困难"。⑤

作为七十七国集团主席的巴基斯坦代表解释说，只在原来的决议草案序言部分作了修改。他说："这些变化并不是实质性的，而是为了确保通过该决议草案。他接着解释说，在与区域集团进行协商的过程中，没有对实质内容提出异议，但程序可能会造成问题，因此，七十七国集团同意将该草案的审议推迟到下一期会议。⑥ 新的序言部分现在的内容为：

> 第三次联合国海洋法会议，
> 意识到海洋科学和技术领域所取得的迅速进展，
> 考虑到所有国家，特别是发展中国家——不论其为沿海国、内陆国或地

---

③ 同上，第59段。

④ 见第150次全体会议（1981年），第56-59段，《正式记录》第十五卷，第31页。

⑤ 见第155次全体会议（1981年），第13段，同上，第44段。

⑥ 同上，第14段。

理不利国*——分享这些成果的必要，

深信除非采取紧急措施，发达国家和发展中国家在海洋科学和技术上的差距将进一步扩大，从而危及这一新制度的根本基础。

相信在国家和国际级别上采取旨在加强各国，特别是发展中国家，在海洋科学、技术和海洋服务方面的能力的行动，以期确保迅速吸收和有效应用它们可以取得的技术和科学知识，将有助于对这一新制度所提供的社会及经济发展新机会作最适度的利用，

认为国家和区域海洋科学及技术中心是各国，特别是发展中国家借以促进和进行海洋科学研究以及取得并传播海洋技术的主要机构，

注意到目前在联合国系统内在海洋科学与技术以及海洋服务领域内所进行的训练、教育和援助工作，以及协调重大国际援助方案，旨在加强发展中国家的海洋科学基础建设。

认识到迫切需要增强这些工作，以便使得所有国家，特别是发展中国家——不论其为沿海国、内陆国或地理不利国——充分参与海洋的和平利用、公平有效的管理、海洋及其资源的利用，以及海洋环境的研究、保护和保全。

相信海洋法公约将建立的海洋新制度将反映并为实现这一目标作出重大贡献［。］

序言部分第二段所附的脚注（*）解释说，使用"地理不利"这个词，不会妨碍会议关于统一《公约》所用术语的任何决定。

在接下来的简短讨论中，奥地利代表以内陆国和地理不利国集团的名义发言说，该集团虽然大体上同意该草案，但却不能接受关于使用"地理不利"这个词。⑦这一观点引起了秘鲁代表的尖锐回应，他指出，"脚注中使用的语言是公约草案中使用的语言。"⑧会议主席又建议七十七国集团加入其他有关代表团之间进一步协商，以期在下届会议通过该决议草案。（在会议的这个阶段，"地理不利国"一词也造成了对第七十条讨论的困难。）

FA. A. VI. 3. 在第十一期会议（1982 年）第 182 次全体会议上，会议在将《公约》作为一个整体和"最后文件"附件一所载的有关决议通过后，转而审议本次的决议草案。以前的协商似乎没有成功，因此，作为执行管理委员会成员之一的扬科夫大使（和第三委员会主席，但不是以这种身份行事）进行了磋商。从这些磋商中，普遍同意秘鲁代表七十七国集团提出的新决议草案（资料来源 4）可以协商一致通过。该案文与前一案文中提到的脚注相同，但应奥地利的请求被删除，因为《公约》同时被

---

⑦ 同上，第 15 段。

⑧ 同上，第 17 段。

通过，并已就"地理不利国"这一术语的意义达成妥协解决办法⑨（见第七十条第2款；上文第266.7（d）节所述）。该文本未经进一步修改获得通过（资料来源5）。在第十一期会议续会（1982年）第184次全体会议上，核准了作为"最后文件"附件六的决议（资料来源7）。

FA. A. VI. 4(a). 会议通过的决议纳入该会议的最后文件中是正常的会议惯例。该文件还将说明该决议是否与通过的《公约》有什么直接关系。《公约》最后文件第42段（第一卷，第404，421页）只是指出这一决议是"最后文件"。与"最后文件"附件一所列决议不同，该决议与《公约》没有直接关系。另一方面，它是"联合国密切合作框架内逐步发展海洋法"的一部分，大会1970年12月17日第2750 C（XXV）号决议提到了这一点（见第一卷，第138页）。

FA. A. VI. 4(b). 正如斯里兰卡代表在其初次介绍中所确实强调的那样，无论从自己的语言还是作为"最后文件"的附件列入这一决议，该决议将被解读为一项纲领性的声明（见上文FA. A. VI. 1段）。⑩

FA. A. VI. 4(c). 该决议连同海洋法会议其他文件已经在适当时候转交给联大第三十七届会议。1982年12月3日第37/66号决议第7段核可了秘书长承担根据《公约》及有关决议交给他的责任，并为秘书长海洋法特别代表办公室今后的作用奠定了基础⑪（1988年改为海洋事务和海洋法司）。

FA. A. VI. 4(d). 因此，本着这一决议的精神，政府间海洋学委员会1985年通过了"提高发展中国家海洋科学能力的重大援助方案综合计划"。⑫

---

⑨ 见第182次全体会议（1982年），第166-168段，《正式记录》第十六卷，第165页。

⑩ 关于现代最后文件的起源和法律地位，请看Sh. Rosenne，《条约法的发展，1945—1986年》，第107页（1989年）。

⑪ 第三十七届联大会议《正式记录》，附件，a. i. 28. 关于将这项决议提交大会，见A/37/566和Corr. 1（1982年，油印本）。有关秘书长关于通过《公约》及相关决定的责任的说明，见A/37/561（1982年，油印本）；和A/38/570（1983年，油印本），第21-29页。另参考1984—1989年期间提出的中期计划草案，第25章"海洋事务"，第三十七届联大会议《正式记录》，补编，第6A号（A/37/6，/Add. 1）。这是大会通过1982年12月3日第37/66号决议第7段和1983年12月14日第38/59号决议第7段（见第一卷，第201，203页）核准的。关于海洋法特别代表办事处，海洋事务和海洋法办事处的职能，其职能的扩大，参见"海洋法"，秘书长的报告，第四十二届联大会议《正式记录》，附件，a. i. 32（A/42/688），第168-173（1987年）；另见1987年11月18日第42/20号决议，第10段. 对于秘书长早些时候的研究报告，在会议最后通过该决议之前，见A/CONF. 62/L. 76（1981年），"根据公约草案关于秘书长的未来职能的研究以及各国特别是发展中国家在新法律制度下的信息，咨询和援助的需求"，《正式记录》第十五卷，第153页。关于自1966年以来经济及社会理事会监测海洋活动，特别是海洋经济和技术方面的经验和技术方面的情况，参较其关于1989年7月27日E/1989/180号问题的最新决议。该议题每两年检查一次。

⑫ 见联合国教科文组织文件UNESCO SC-85/WS/1；IOC/INF-612（1985年，油印本），第二部分。转载于荷兰海洋法研究所《国际组织和海洋法年鉴》第一卷［1985年］，第616，622页。

附　　件

第一条　评注摘要

为方便第四卷用户，编辑们决定将《公约》第一条评注摘要列入以下内容。本评注全文在本系列丛书第二卷中出现。

《公约》第一条为《公约》第一部分（序言）的唯一条款：

第一条
用语和范围

1. 为本公约的目的：

（1）"'区域'"是指国家管辖范围以外的海床和洋底及其底土。

（2）"管理局"是指国际海底管理局。

（3）"'区域'内活动"是指勘探和开发"区域"的资源的一切活动。

（4）"海洋环境的污染"是指：人类直接或间接把物质或能量引入海洋环境，其中包括河口湾，以致造成或可能造成损害生物资源和海洋生物、危害人类健康、妨碍包括捕鱼和海洋的其他正当用途在内的各种海洋活动、损坏海水使用质量和减损环境优美等有害影响。

（5）（a）"倾倒"是指：

（i）从船只、飞机、平台或其他人造海上结构故意处置废物或其他物质的行为；

（ii）故意处置船只、飞机、平台或其他人造海上结构的行为。

（b）"倾倒"不包括：

（i）船只、飞机、平台或其他人造海上结构及其装备的正常操作所附带发生或产生的废物或其他物质的处置，但为了处置这种物质而操作的船只、飞机、平台或其他人造海上结构所运载或向其输送的废物或其他物质，或在这种船只、飞机、平台或结构上处理这种废物或其他物质所产生的废物或其他物质均除外；

（ii）并非为了单纯处置物质而放置物质，但以这种放置不违反本公约的目的为限。

2.（1）"缔约国"是指同意受本公约拘束而本公约对其生效的国家。

（2）本公约比照适用于第三〇五条第1款（b）、（c）、（d）、（e）和（f）项所指的实体，这些实体按照与各自有关的条件成为本公约的缔约国，在这种情况下，"缔约国"也指这些实体。

评　注

与1958年《公约》不同，1982年《公约》载有部分、节和各个条款的标题，以及必要时的附件及其详细划分。部分和节以及一些条款用标题已被纳入国际法委员会1956年的条款草案。第一次海洋法会议第一委员会坚持了这些条款，而不是任何其他人。该会议起草委员会在其第九次报告中建议不加任何标题，[①]这在该会议第18次全体会议上被接受（第70段）。

在第三次海洋法会议上，无论是非正式单一协商案文还是修订的单一协商案文的四个部分的有关于部分（或章节）、节和条款的标题之间都没有一致性。当组合修订的单一协商案文的四部分时，系统格式和演示文稿首先被纳入非正式综合协商案文。每篇条款都添加了标题，其中许多条款经起草委员会讨论和后来审查。在第184次全体会议上，起草委员会主席回答了前一次非正式会议提出的标题的功能问题时指出，在与语言小组协调员协商的基础上，"《公约》各部分的标题、章节和条款［应］被理解为有助于了解草案的结构并促进易于参考"。[②]

在第三次海洋法会议期间，为了在第一条中列入《公约》所用术语的解释提出了许多建议。在大多数情况下，这些都是出自第一委员会和第三委员会的工作。然而，决定限制要将成为第1款的用语列为最重要的用语，要求其对《公约》的整体理解具有某种意义。第1款第（1）至第（3）项由第一委员会提出，第（4）和（5）项由第三委员会提出。第一条第1款不包含来源于第二委员会或非正式全体会议的条款的解释。另一方面，第2款来源于讨论非正式全体会议的第三〇五条参加条款。

第一条的标题是"用语和范围"，包含两个要素。"用语"一词的表达于1965年在其条约法条款草案二读期间由国际法委员会引入到一般国际惯例。1962年，一读通过的相应条款的标题被指定为"定义"。但是，在该委员会第777次和第778次会议（1965年）讨论期间产生了问题，即在这方面使用"定义"这个词可能导致国内法和国际法词汇普遍化的风险。从那次讨论开始，"用语"一词的表达通常限于给予国际文书具体条款的含

---

① A/CONF. 13/L. 45（1958年），第5段，第一次海洋法会议，《正式记录》第二卷，第59页。

② 见第184次全体会议（1982年），第3段，《正式记录》第十七卷，第4页。另见A/CONF. 62/L. 160（1982年），第4段，《正式记录》第十七卷，第225页（起草委员会主席）。英语语言小组（ELGDC/41（1982年，油印本））首先提出这一说法，并遵循国际法条约法委员会报告（A/6309/Rev. 1）第37段，见《国际法委员会年鉴》第二卷，1966年，第二部分，第37段，第177页。

义，现在已经变得很平常了。③ 在起草委员会对第 2 款进行审查之后，根据其建议将"和范围"加到本条的标题里。但是，这并不涉及《公约》的属物原则范围（scope），即在这种背景下该词汇的通常含义，而是指从参与意义上的属人原则的范围。

在第一条引语中"this Convention（本公约）"的说法是遵循了国际文书惯用的做法。由国际法委员会拟定于 1956 年的条款草案通篇使用"these articles"（原意为"这些条款"，在 1958 年海洋法四公约中也译为"本公约"——译者注。）的表述方式，在这种情况下，该表述方式是指在 1956 年通过的关于海洋法的所有条款。第一次海洋法会议没有改变这种表述方式，但是，这些条款分成了 4 个单独的公约，并因此在《1958 年公约》的表述中"these articles"是指各个公约的条款。自从第一次海洋法会议以来，这种做法已经改变。国际法委员会在其起草的各种决议草案中仍继续使用"这些条款"（these articles），但这在外交会议上（或在联大相应机构的会议上）通常被修改成为"本公约"（this Convention）。

第一条第 1 款没有将《公约》使用的术语全部列出；应属于其他术语的含义全文都有出现。下面列出了适用于整个《公约》的具体含义或描述的术语，所有这些都来源于第二委员会（在这里，这些都遵循了第一次联合国海洋法会议的先例）：

群岛基线（第四十七条）
群岛海道通过（第五十三条第 3 款）
群岛和群岛国（第四十六条）
海湾（第十条第 2 款）
毗连区（第三十三条）
大陆架（第七十六条）
闭海或半闭海（第一二二条）
专属经济区（第五十五条）
无害通过（第十九条）
内水（第八条）
内陆国（第一二四条第 1 款（a）项）
低潮高地（第十三条第 1 款）
运输方式（第一二四条第 1 款（d）项）
海盗行为（第一〇一条）

---

③ 《国际法委员会年鉴》第二卷，1965 年，9 ff。起草委员会在其第 810 次会议上没有任何意见地通过了"用语"通过了用语的使用。同上，第 244 页。委员会在其关于条约法的报告中痛惜地解释说，标题和介绍性词语[为了本条的目的]表示该条的目的只是想说明"所使用的词的意思是条款草案中的词语意思"，《国际法委员会年鉴》第二卷，1966 年，第二部分第二条第（1）款评注，第 188 页。自维也纳条约法会议（1968—1969 年）以来，已经成为一般用法。

海盗船舶或飞机（第一〇三条）

领海（第二条）

过境通行（第三十八条第 2 款）

过境国（第一二四条第 1 款（c）项）

未经许可的广播（第一〇九条）

军舰（第二十九条）

除了适用于《公约》的上述条款外，还有一些术语的含义是为《公约》的个别部分或条款规定的。但是，对于这样一个具体目的而言，并不意味着该术语在《公约》的其他部分将不具有相同的含义，前提是某些含义是在其他条件下固有地适用与另一种语境。此类别中的词汇包括：

开发合同区域收益净额（附件三第十三条第 6 款（e）项和第 6 款（n）项（i）目）；

证明国（最后文件，附件一，决议二，第一条（c）项）；

协商一致（第一六一条第 8 款（e）项）；

承包者的发展费用（附件三，第十三条第 6 款（h）项和第 6 款（n）项（iv）目））；

承包者的收益毛额（附件三，第十三条第 6 款（g）项（i）目和（ii）目和第 6 款（n）项（iii）目）；

承包者收益净额（附件三，第十三条第 6 款（f）项）；

承包者的经营费用（附件三，第十三条第 6 款（k）项和第 6 款（n）项（v）目）；

债务担保（附件四，第十一条第 3 款（h）项）；

采矿部门发展费用（附件三，第十三条第 6 款第（l）项）；

地理不利国（第七十条第（2）款）；

国际组织（附件九，第一条）；

海难（第二二一条第（2）款）；

矿物（第一三三条（b）项）；

开辟活动（"最后文件"，附件一，决议二，第一条（b）项）；

开辟区（最后文件，附件一，决议二，第一条（e）项）；

先驱投资者（最后文件，附件一，决议二，第一条（a）项）；

多金属结核（最后文件，附件一，决议二，第一条（d）项）；

加工金属（附件三，第七条（a）项）；

资源（第一三三条（a）项）；

投资回报率（附件三，第十三条第 6 款（m）项和第 6 款（n）项（vi）目）；

定居物种（第七十七条第（4）款）；

技术（附件三，第五条第（8）款）。

第（1）至（3）项合在一起说。这些定义的必要性来自第一委员会在第二期会议上（1974 年）从海底委员会收到的条款草案（资料来源 3）的一系列非正式讨论。这些讨论导致了对"区域"说明的备选案文，备选案文 C 与第（1）款几乎是相同的。

在此语境使用带有大写字母 A 开头的单词"Area"（区域）与具有小写字母 a 开头的"area"（区域），与它们在字典上意义是有区别的。《公约》的英文、法文、俄文和西班牙文本均采用了这种用法。在阿拉伯文中，不区分大写和小写字母，使用两个不同的单词；在中文文本中已经作了特别安排以示区别。在整个《公约》中，经常出现带有小写字母 a 开头的"area"（区域）一词，但发现是不可能完全省略的。在某些情况下，在英文本中，起草委员会无论如何都能用其他内容替换"area"（区域）一词，并以其他语言作相应修改。在这些评注中，尽一切努力避免使用小写字母 a 开头的"area"一词，但是还没有发现可以完全省略它。

第（1）款和第（3）款中的定义的必要性及其在整个《公约》开始时的性质也与《公约》的混合性质有关。当然部分是说明习惯法，部分是说明新的法律（逐步发展），部分是两个新的国际组织的组成文书，国际海底管理局和国际海洋法法庭。《最后文件》第 42 段规定，《公约》和第一号至第四号决议通过"组成一个整体"。然而，与"区域"和"区域"内的活动有关的规定原则上与其他与海洋有关的规定不同，尽管有些重叠是无法避免的。第二委员会和第三委员会以及关于争端解决和最后条款的非正式全体会议都不时考虑对"区域"内的活动（由谁进行）的影响。可以从以下个条看出这一点，关于"区域"活动污染问题的第二○九条，关于执行保护海洋环境防止"区域"活动造成污染的国际规则、规章和程序的第二一五条；关于在"区域"的海洋科学研究的第二五六条；关于海洋技术转让的第二七三条和第二七四条；以及关于修改《公约》中有关"区域"内活动条款的第三一四条。

在第（4）款中，"污染海洋环境"这一术语在整个《公约》中出现的概念非常接近"海洋污染科学问题专家组（GESAMP）"提出的污染的定义，引自海底委员会 1970 年报告第 27 段。该报告本身是根据 1968 年 12 月 21 日联大第 2467 D（XXIII）号决议第 4 段（见第一卷，第 163 页）的要求由联合国教科文组织政府间海洋学委员会编写的说明摘录，并在秘书长关于长期和扩大的海洋学研究方案的报告中提出。④随后，

---

④ A/7750，附件，海洋勘探和研究长期和扩大计划范围的综合纲要，第一部分，第 3 节（1969 年，油印本）。

在联合国人类环境会议通过的"海洋污染问题政府间工作组（IWGMP）"提出的"海洋污染评价和控制总则"中，对这一定义稍微进行了修改。⑤

在讨论过程中，还提出了其他相关提案。例如，肯尼亚的提案⑥要包括"海洋环境养护"、"海洋环境"、"海洋污染物"和"海洋环境污染"等的定义。在非正式单一协商案文/第三部分第一条中，提出了"海洋环境污染"的不同定义：

> ……人类将物质或能源直接或间接引入海洋环境（包括河口），从而导致对生物资源的伤害、对人体健康的危害、对包括捕鱼和其他合法用途等海洋活动的阻碍、海水使用的质量受损和减少舒适性。

修订的单一协商案文（第一条）中重复提到单一协商案文中关于海洋污染的定义以及所有其他定义的条款可以体现在《公约》特别介绍性章节中。在审议海底委员会遗留的未决提案的过程中，第二委员会和第三委员会都提出了这个想法，正是在这些讨论中，在本公约中，提到了《防止倾倒废物及其他物质污染海洋的公约》中"倾倒"一词的含义。⑦

因此，与第（4）款密切相关是第（5）款。关于"倾倒"一词的具体解释的提案在1975年第四期会议上列入了非正式单一协商案文/第三部分（第一条）。希腊提议了一种含义，并在第三委员会第21次会议上正式提出。它照搬自《伦敦倾废公约》，但是在纳入修订的单一协商案文（第二十条）中进行了缩略，其内容如下："为了本公约的目的，'倾销'一词按照［伦敦倾废公约］中的解释。"

非正式综合协商案文的第一条第5款包含了与现在最后文本的（a）项和（b）项的格式略有差异的内容。在后来变成（a）项的案文中，在开头语"任何蓄意处置"之后加上了"焚烧"的提法。此外，第5款还包含另外一个（c）项：

> （c）处置由勘探、开发和相关海底矿产资源加工直接产生的废物或其他物质不属于本公约的规定。

在第三委员会第七期会议（1978年）的辩论中，有人对这些方案进行了批评，并就两点达成共识：（1）在第（4）款中，有人理解"海洋环境"一词包括"海洋生

---

⑤ 斯德哥尔摩会议报告，附件三，第73页。

⑥ A/CONF. 62/C. 3/L. 2（1974年），《正式记录》第三卷，第245页。

⑦ 以下称《伦敦倾废公约》。1972年12月29日在伦敦、墨西哥城、莫斯科和华盛顿签订，《联合国条约集》第1046卷，第120页；《美国条约和其他国际协定》第26卷，第2403页，《条约和其他规章集》第8165页；《英王敕令》第43号（1976年），《英王敕令》第6486页；《美国国际法期刊》第67卷，第626页（1973年）；《国际法资料》第11卷，第1284页（1973年）。

物";（2）第 5 款（c）项要被删除（现在第二〇九条涉及此事）。第 5 款（a）项的悬而未决的问题留待以后解决。在第七期会议续会上（1978 年），第十二部分非正式协商主席报告说，虽然对删除"焚烧"的概念表示担忧，但是有一项协商一致的意见，即不保留这一规定。⑧因此，它没有出现在非正式综合协商案文/第一次修订稿中。自此以后案文保持未变。

虽然"海洋环境"一词首先出现在第五十七条中，并最后一次出现在附件八中，但《公约》本身除上述之外并没对该术语进行解释，但其含义首先可以从第十二部分推断出来，特别是《公约》第一九二条至第一九六条。对这一术语没有任何具体含义，使得《公约》能够适应不断扩大的与海洋环境有关的人类知识和人类活动，包括环境的保护和保全。

非正式单一协商案文/第二部分第 1 条要使用"海洋科学研究"一词来表示"任何旨在增加人们对海洋环境知识的研究或相关实验工作"。这在修订的单一协商案文/第三部分重复不变。但是，它从非正式综合协商案文中省略了。在第七期会议续会上（1978 年），美国提交了一项非正式提案，将该定义恢复为第一条第 6 款，认为在定义被删除时，在起草非正式综合协商案文时，似乎是无意遗漏了第一条。⑨然而，根据大会在 A/CONF. 62/62 号文件中通过的修改"议事规则"的新规定，对这一恢复没有足够的支持。从"关于第二三八条的评注"（见上文第 238.3～238.9 段）看来，该术语的含义与实质内容密切相关，并且发现在《公约》中列入正式定义的企图有损于达成对实质性问题的妥协。

第 2 款既是定义和预防性的。正如许主席原来提出的，⑩内容是：

范围

本公约应比照适用于根据与本公约所指的成为本公约缔约国的第三〇五条第 1 款（b）、（c）、（d）、（e）和（f）项的实体，就这方面来说，"缔约国"是指和包括这些实体。

后来根据起草委员会的建议插入的第（1）款与 1969 年《维也纳条约法公约》第二条第 1 款（g）项所述的"缔约方"的定义相呼应。它为主席提出的提案提供了一个

---

⑧ A/CONF. 62/RCNG/2（1978 年），第三委员会主席的报告（C. 3/Rep. 1），附件二，《正式记录》第十卷，第 126、173、196 页。

⑨ 同上，第 190 页。美国最初的非正式提案（MSR/2），转载于《第三次联合国海洋法会议文件集》第十卷，第 360 页。

⑩ A/CONF. 62/L. 86（1982 年），第一条之二，《正式记录》第十六卷，第 197、199 页。关于执行管理委员会将这一案文列入大会议事规则草案的情况，见 A/CONF. 62/L. 93（1982 年），第 5 款（a）项和附件一，同上，第 210-211 页。

锚点，使其成为第（2）款，只有为了本公约的目的，才将"缔约国"的资格授予第三〇五条第1款（b）项至（f）项所指明的所有实体，但不被或不得被视为国家，只要它们成为《公约》缔约国。这项规定的预防性内容只适用于实际使用"缔约国"表达的条款，即将其中的所有其他实体（包括某些作为《公约》缔约方的愿望者）从任何可能性中排除在外被认为是《公约》目的的"缔约国"，尽管它们可能被赋予《公约》规定的权利—例如根据第一五六条第3款、第一六〇条第2款（f）项和（i）项，或第三一九条第2款（e）项和第3款（b）项。另一方面，许多条款是指没有"缔约方"资格的"国家"。"国家"和"缔约国"之间的区别由起草委员会进行了仔细审查。

在《公约》中使用的体现"国"一词的其他术语，总是具有从上下文中得出的特定意义，其中包括（提法第一次出现）：

群岛国（第四十六条）

沿海国（第二条）

发达的沿海国（第六十九条）

发达的地理不利国（第七十条）

发达的内陆国（第六十九条）

发展中地理不利国（第七十条）

发展中内陆国（第六十九条）

发展中国家（第六十一条）

船旗国（第二十七条）

外国（第四十五条）

地理不利国（第六十九条）

内陆国（第六十九条）

国际组织成员国（附件九，第一条）

港口国（第二一八条）

研究国（第二四六条）

被告国（第一九〇条）

担保国（第一九〇条）

闭海或半闭海沿岸国（第一二三条）

海峡沿岸国（第三十四条）

提起司法程序的国家（第二二八条）

文化上的发源国（第一四九条）

历史和考古上的来源国（第一四九条）

溯河产卵种群的渔源国（第六十六条）

登记国（第一〇九条）

缔约国（第一条）

第三国（第一一一条）

过境国（第一二四条）

使用国（第四十三条）

根据第三〇五条第 2 款被承认为缔约国的所有实体都可以属于任何这些类别—背景将始终表明，非《公约》缔约国的国家是否也属于这些类别之内，以及在多大程度上。此外，偶尔会保留"国家"一词。起草委员会在 1979 年提出一般性建议，即"developing States"（发展中国家）一词应该取代"developing countries"（发展中国家），"除非提及的是一个实体，而非一个国家，"而且一般都是遵循这种原则。

《联合国海洋法公约》没有对"海洋"或"海洋空间"的定义。在 1972 年《伦敦倾废公约》中，"海洋"是指"除国家内水以外的所有海洋水域"。但是，对本公约来说在某种程度上这一术语的解释是不够的 —— 至少考虑到承认无害通过某些内水的权利的第八条第 2 款时是如此。因此，《公约》适用于距离陆地一定距离的海洋空间，无论这些海洋空间的水域的技术法律或物理分类如何。

虽然没有直接说明，但是人们普遍认为，为了本公约的目的，遵循海牙会议（1930 年）、日内瓦会议（1958 年）和若干海事组织公约，1 海里等于 1 852 米或 6 080 英尺，计算纬度每度在 60 海里。秘书处提请起草委员会注意与整个案文有关的起草性质的一系列意见。⑪这没有正式纳入《公约》，没有正式的定义可能更符合现代海洋制图。国际重量和度量局接受了海里的定义。⑫

《公约》的英文文本交替使用"ship"（船舶）和"vessel"（船只）两个词。在俄

---

⑪ 非正式文件 17（1981 年，油印本）。

⑫ "nautical mile"（海里）是用于海洋和空中航行的特殊单位，用于表达距离。1929 年在摩纳哥举行的第一次国际特别水文会议通过了"国际海里"的常规值为 1 852 米，并一直被保留为"国际计量系统暂时使用的单位"（国际度量衡局局长致海洋法和政策中心罗森纳（Sh. Rosenne）的信，1989 年 8 月 10 日）。局长还回顾说，国际标准 ISO 31/0-1981（E）的内容是："为便于阅读多位数字，可分为合适的组，最好是 3 个数字一组，小组应该分开一小段空格，但不要以逗号、点或任何其他方式。"美国商务部的国家标准与技术研究所通知了海洋中心，美国关于使用逗号和小数点的做法远非统一（国际和学术事务副主任凯斯勒（Karl G. Kessler）致罗森纳（Sh. Rosenne）的信，1989 年 8 月 23 日）。因此，本评述的编辑于是决定在必要时写数字用逗号和小数点。因此，一海里写为 1 852 米或 6 080 英尺。另见国际法委员会 1956 年条款草案，第 32 段，II《国际法委员会年鉴》第二卷，1956 年，第 256 页。第一次海洋法会议用"mile"这个词，根据国际法委员会的解释应被理解是海里的意思，但无论是第一次海洋法会议还是第二次海洋法会议都没有在其文书中加入正式的定义。然而，第三次海洋法会议起草委员会建议使用海里的全称"nautical mile"。见 doc. A/CONF. 62/L. 57/Rev. 1（1980 年），《正式记录》第十四卷，第 114，126 页（起草委员会主席）。欲了解困难之处，见加拿大外交部法律局备忘录，《加拿大国际法年鉴》第 18 卷，第 310 页（1980 年）。

文本的早期版本中，也存在类似的现象。第二委员会倾向于使用"ship"（船舶），而第三委员会则选择了使用"vessel"（船只）（第二三三条除外）。在《公约》的其他作准文本中没有发现这种区别，而这些词语不被解释为意味着不同的东西。起草委员会在早期的工作中审议了这一事项，看看这些表达是否可以协调一致。它确定：

> 此问题只影响英文和俄文版本，因为在其他语言中只有一个词，例如：在西班牙语中为 buque。案文中的"ship"（船舶）和"vessel"（船只）不解释为意味着不同的东西。[13]

英语语言小组在各个英语国家的法规和判例法的基础上，表示不能确定两个词之间的法律区别（如果有的话）。还有人指出，处理海洋事务的不同国际公约没有一致性。起草委员会后来建议在第一条的英文和俄文版本中增加一个条款，即这两个词具有相同的含义，[14]但没有被接受。另一个建议是，英语和俄语小组应该试图解决这个问题，也导致没有共同的结果，尽管在俄语文本中达成了一致的倾向，这个词一般喜欢用"sudno"，"voyenniy korabl"用来表示"warship"（军舰）。因此，就本公约而言，两个英文词语之间的意义没有差异，无论英语国家的国内法或法律制度以及其他国际公约用语的含义可能存在什么区别（见上文 XII. 19 段）。

本公约中这种区分的原因可能是历史性的。第三委员会从政府间海事协商组织（IMCO，现在的海事组织）的工作吸收了很多灵感，该机构经常使用"vessel"（船只）一词，尽管许多海事组织公约都使用"ship"（船舶）一词——那么，其意义就要根据文书的主题进行详细的解释，而且从文书到文书之间也有不同。

一个经常反复出现的没有任何地方正式解释的词汇是"沿海国"。它是从海岸或测量领海和专属经济区的宽度的基线的国家，这些基线本身是根据《公约》第五条至第七条确定的。

术语"船旗国"的含义也不断地反复出现，可以从第九十一条和第九十四条的组合中推断出来。实际上，是指船舶（或船只）登记或有权悬挂其国旗的国家。另一个经常性的术语，其意义是从语境和一般航海用途中推断出来的是"适航性"（见第九十四条，第 3 款（a）项，第二一九条和第二二六条，第 1 款（c）项）。"适航"的基本含义是："在适应条件下进行航行，并能抵御暴风雨天气"。[15] 在其语境下并根据第二十一条第 2 款，本公约中的措词可以假定包括船舶或船只的设计、建造、配员和设备以及

---

⑬　A/CONF. 62/L. 40（1979 年），第六节，《正式记录》第十二卷，第 95，97 页（起草委员会主席）。

⑭　A/CONF. 62/L. 57/Rev. 1（1980 年），其他建议，（b）项，《正式记录》第十四卷，第 126 页（起草委员会主席）。

⑮　《牛津英语词典》第九卷，第 346 页（1989 年）。

维护标准，特别提到其抵御预期的暴风雨天气的能力。实际上，这个术语最近被定义为"在特定的贸易中，船只的船体和设备、其货物及其储存、机械和船员被认为足以进行特定海上航行或被雇用的合理安全和适当的条件"。⑯ 这个术语也出现在国内立法以及私法交易中（如特许双方），当然还有很多与理解这一术语有关的国家判例法和立法。

---

⑯　W. A. McEwen 和 A. H. Lewis，《航海知识百科全书》，第 487 页（1953 年，1985 年）。